世界文化遺產

聯合國教科文組織世界遺產概覽

發行人：李明玉

原著：【德】席梅爾等

翻譯：邵思嬋 邵靈俠 周何法等

主編：蘇新益

行政編輯：李建成

版面編排：大拇哥 二拇弟

封面設計：林欣穎

出版社：京中玉國際股份有限公司

地址：臺北市104建國北路二段33號9樓之7

電話：02-25167911 / 25065956

傳真：02-25069625 / 25055846

E-mail：green.land@msa.hinet.net

劃撥帳號：19040532

登記證：行政院新聞局局版北市業第945號

印刷：永光彩色印刷股份有限公司

出版日期：2003年9月初版

ISBN：986-7672-00-3

定價：NT1300元

總經銷：時報出版

Published in its OrinGinal Edition in 1999 with theTitle

SCHÄTZE DER WELT-ERBE DER MENSCHHEIT by Bertelsmann

Lexikon Verlag GmbH,Gütersloh,München

世界文化遺產

聯合國教科文組織「世界遺產」概覽

 京中玉國際股份有限公司

非洲　　美洲　　亞洲　　澳洲/大洋洲　　歐洲

雙頁結構說明：

1.頁碼

2.世界遺產所在的洲

3.彩色頁眉：

黑色=非洲，

紅色=美洲，

黃色=亞洲，

綠色=澳洲/大洋洲，

藍色=歐洲

4.世界遺產的名稱

5.世界遺產的圖示(使用本洲的顏色)

6.章節的序號

7.文本：由專人撰寫的、勾勒出世界遺產精神的文章。

8.概況：框內是關於所有學術觀點的簡短資訊：

—世界遺產及其組成部分的描述

—準確的地理位置

—列入聯合國教科文組織「世界遺產名錄」的年份

—特殊的意義和分類

—大事記和動植物志

9.圖片：獨特的雙頁設計，多張精選的圖片、以及部分由他人提供的圖片，包括藝術品、舊明信片等。

10.解釋圖片的文字。

11.地圖以及相應的鳥瞰圖：標明每個世界遺產所在的大洲以及在所屬國中的準確地理位置

96　　歐洲

俄國通向西方的窗口
古都聖彼德堡

聖·伊薩克斯大教堂的穹頂展示了宏偉壯麗的畫面。

復活教堂，建於沙皇亞歷山大二世被謀殺的地點。

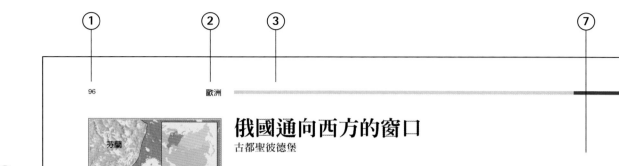

俄國為爭奪北歐的霸權，與當時強盛的瑞典進行了長達數年的北方大戰。其間，沙皇彼得一世於1703年在涅瓦河的一個島嶼上修建了彼得一保羅要塞。在這個巨大防禦工事的保護下，在河的南岸出現了一家巨大的造船廠，它就是俄國艦隊的搖籃。今日海軍部莊嚴雄偉的石建築標明了這家造船廠的方位，它那高聳入雲、鍍金的塔尖就像是一艘俄國大型驅逐艦的風帆。

在芬蘭灣的東隅，朝波羅的海望去，便可見到俄羅斯帝國的新首都展露在涅瓦河畔，這是依照彼得一世的設想在短短的幾十年裡建成的。沙皇按照與他同名的聖人彼得的名字，將新首都命名為聖彼得堡。400多座橋將幾十個涅瓦湖一帶的島嶼連接了起來，還有無數的支流和運河，使這座城市成了「俄國的阿姆斯特丹」。聖彼得堡無疑是俄國進入歐洲強國圈的象徵，是「俄國通向西方、通向歐洲的窗口」。

在沙皇將首都從莫斯科的克里姆林宮搬遷到涅瓦河以後，一些外國的大使館、商人、官員和手工業者都追隨沙皇接踵而至。在1721年簽署了卓有成效的《尼斯塔特和約》以後，歐洲各國的建築師、畫家和雕刻家紛至沓來，為了在這裡建設一個無與倫比的「水上城市」——一個有著長長的馬路，寬闊的廣場，精美的宮殿，雄偉的教堂家級建築的首都，同時還有

碼頭和修飾的園林。在最初幾十年裡人們建造了多弧形的和裝飾華麗的巴洛克建築，比如彼得·保羅大教堂和多宮，隨後就是冷峻的、時髦的、多柱的古典主義的建築，像小「艾爾米塔什」博物館、陶里斯宮、喀山大教堂和聖·伊薩克斯大教堂，其中聖·伊薩克斯大教堂是世界上最偉大的教堂穹頂建築之一。

美麗的林蔭大道熠熠發光，人們把從海軍部出發，綿延幾千公尺長、穿越歷史古城的筆直馬路叫做「Prospekte」。這些華美絕倫的大道中最長、最寬和最美的是涅夫斯基路，它使人回憶起俄國大公、陸軍統帥和神聖的亞歷山大·涅夫斯基。1242年他與德國的騎士團作戰，在「楚德湖冰上激戰」中，他是獲得勝利的英雄。這條大道先是通往

俄國「通向西方的窗口」沿著涅瓦河延伸，它是一首巴洛克和古典主義風格相結合的建築藝術交響樂。

④　　⑤　　⑥

古都聖彼德堡　　　　　　　　97

第44號

左圖：艾爾米塔什博物館（外觀圖），
今日以成爲世界上最重要的藝術收藏之一；
在艾爾米塔什博物館內的約旦樓梯（右圖）
繪出了巴洛克建築藝術的另一種令人難忘的
證明。

　　　　　　　　　　　　　　　　　　　　　⑩

諾夫哥羅德和莫斯科的古老商業街，終點是亞歷山大一涅夫斯基大修道院。彼得一世讓人把聖者涅夫斯基的遺體安放在這里，這個修道院也因此升級爲東方教堂一個最卓越的修道院。在這條華美的大道上，燦爛輝煌的宮殿、城市別墅、商店和很多教派的教堂鱗次櫛比。在這裡還呈現出近300年來一種多元文化的市民群體，這些市民在這個最非俄國化的城市中，卻有著比俄國其他任何城市市民都更加純粹俄國化的思維和感覺。

　　多宮是這座城市中最富麗堂皇的建築，它是受彼得大帝的女兒伊麗莎白女皇的委託而建造的。宮殿白綠色相間，恰似意大利的巴洛克交響樂，還有巴伐利亞宮廷建築師雷奧·馮·克倫策所設計的古典主義的附屬物作爲補充。德國公爵的女兒、俄國女皇葉卡特琳娜二世把多宮變成了她的「艾爾米塔什」，變成了博物館，它已成爲人類最偉大的

和最重要的藝術和歷史博物館。當沙皇尼古拉二世的軍隊血腥鎮壓冬宮前工人們和平的遊行示威時，1905年的冬宮散發的就不再是愛好藝術的精神。在血腥星期日的12年後，紅軍戰士攻佔了冬宮，掀起了十月革命的風暴。

　　地球上最北的百萬人口城市的古老中心，以它富麗堂皇的建築、整齊分布的街道以及無數的支流、運河和橋樑，在今天構成了一個無與倫比的巴洛克和古典主義風格相結合的藝術品，在每年六月的「白夜」，它銀裝素裹，就像是鍍上了一層銀色。法國作家安德烈·吉德在談到聖彼得堡時說：「我不知道還有更美麗的城市，能讓石塊、金屬和水如此和諧地融合。」

　　　　　　　　　　　　　　　　　艾哈德·戈里斯
　　　　　　　　　　　　　　　　　（邵思嬋　譯）

古都聖彼得堡
文化遺產：素稱「北方威尼斯」，彼得大帝
建造了聖彼得堡，1914-1924年稱之為彼得
格勒，此後至1991年稱列寧格勒：古城有
建築遺產，如尼古拉－瑪麗娜大教堂、
聖·伊薩克大教堂、擁有1,057個房間的
冬宮、今日已成為國家的「艾爾米塔什」
博物館，宮中有拉斐爾的傑作《聖家族》
和艾勒·格勒考的名畫《耶穌使徒彼得和
保羅》：有復活教堂、沿著涅夫斯基大街
的荷蘭教堂和作為波蘭末代國王的墓葬地
的卡特琳娜教堂、喀山大教堂和阿涅茶科
夫宮
所屬洲：歐洲
所屬國：俄國
地　點：聖彼得堡
列入名錄年份：1990年
意　義：是巴洛克和古典主義風格相結合
的沙皇首都，使人回憶起俄國十月革命
大事記：
1689年　彼得一世成為俄國沙皇
1703年5月17日　在哈森島為彼得一保羅要
塞奠基
1753-1762年　建造尼古拉－瑪麗娜大教堂
1754-1762年　建造冬宮
1764-1767年　建造小「艾爾米塔什」博物
館
1806-1823年　建造今日海軍部
1783-1789年　為葉卡特琳娜二世建造陶里
斯宮
1801-1811年　建造喀山大教堂
1818年　以24,000多根塗了焦油的松樹木樁
為基礎，新建聖·伊薩克斯大教堂
1881年3月1日　亞歷山大二世在復活教堂被
謀殺
1917年11月7日　十月革命風暴
自1941年9月8日　列寧格勒被包圍900天，
結果有641,803人死在城裡

　　　　　　　　　　　　　　　　⑧

聯合國教科文組織（簡稱UNESCO將保護和保存歷史文化的見證以及獨特的自然景觀作爲自己的目標。隨著這些文物古蹟和自然景觀被確認爲聯合國教科文組織「世界遺產名錄」的文化遺產和自然遺產，所有簽署了《保護世界文化和自然遺產國際公約》的國家，便都有義務積極保存他們最美麗與最重要的世界遺產。至1999年止，已有156個國家簽署了這項公約。

聯合國教科文組織世界遺產委員會每年評審、確認文物古蹟和自然景觀一次，並列入「世界遺產名錄」。收入名錄的標準是文化遺產的「獨特性」或「眞實性」（此處指歷史的眞實性）以及「完整性」，即自然遺產的完整保存。

自1978年聯合國教科文組織「世界遺產委名錄」的工作推行以來，到1999年11月止，該名錄已包括了114個國家的582處遺產，其中445個文化遺產、117個自然遺產和20個文化自然雙重遺產。聯合國教科文組織在一份「紅色目錄」上記錄了那些特別面臨坍塌或是正在遭受破壞的世界遺產。

《世界文化遺產－聯合國教科文組織「世界遺產」概覽》一書提供了聯合國教科文組織「世界遺產名錄」中所有世界遺產的概況。本書以其獨特的方式，透過文字和圖片，詳盡地展現了120個最美麗和最重要的世界遺產。書中所列的世界遺產是按照各大洲和國家的順序（從西北到東南）來編排。對所有其它的世界遺產（按照國家名稱的首字英文字母依序由A～Z排列），則是透過詳實、有插圖的基本訊息逐一進行介紹。

從北方造船業獲得的靈感

烏爾內斯的條木教堂

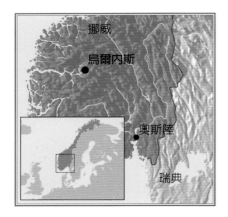

烏爾內斯的條木教堂

文化遺產：也許是挪威最古老的木構建築，嘗試建造一個多柱的羅馬式大教堂，原來的形式是沿著縱向的牆豎立六根船桅，這是一座直至18世紀還沒有塔頂的教堂，在同一地方有兩個前人建造的建築物

所屬洲：歐洲

所屬國：挪威

地　　點：狹長海灣的一個沙嘴上

列入名錄年份：1979年

意　　義：是斯堪地那維亞半島木構建築藝術的一個特別顯著的證明，而且是凱爾特藝術、諾曼人的傳統和羅馬式設計的一種結合

大事記：

11世紀中葉　最早的教堂建築

12世紀下半葉　改建和部分新建

12世紀末　雕刻美觀的螺旋形花紋和龍

13世紀　聖壇上，釘在十字架上處死的人群

1600年前後　擴建成長方形的聖壇

1704年　鐘樓

1956-1957年　考古發掘和研究，一枚哈拉爾特‧哈德拉達斯時代的硬幣出土，這枚硬幣在1046-1066年間鑄造

成為一座為數不多、有其特殊風格的木結構教堂，烏爾內斯的條木教堂經歷了幾個世紀的文化更迭，它是在凱爾特、諾曼人和羅馬式所謂「三位一體」的藝術概念中建造而成的。

石材建築的神話作爲堅固耐用的原始概念深深縈根於西歐的文明中，木頭卻相反，它只是充當臨時性的和應急住處的材料。木構教堂與宗教性建築所要求的永久性相比，是矛盾的。但是，挪威的條木教堂由於它結實的木結構和極佳的平衡態勢，無疑成了建築藝術的一大傑作。

北歐文明的文化是建立在木材料基礎上的。作爲北歐文明的遺產，保存下來爲數不多的木構建築，在斯堪地那維亞藝術史上佔有重要的地位。與平行展開的羅馬式石材建築相比，木構建築特別適用於藝術裝潢。北方佔優勢的造船業給人靈感，人們創造性地發明了一種框架結構的建築物，在大門和外層的承重木嵌板上飾以大量精緻的木雕。這些用最完美的技術製作出來的藝術品，是與凱爾特－日爾曼人那種清晰嚴謹的裝飾藝術傳統緊密相連的。作爲一種新的宗教的木構教堂，依照日爾曼人對形式的感悟，它同時也意味著撤退路上一個難以佔領的堡壘。

諾曼人在中世紀早期所進行的一些流血戰爭，逐漸迫使這些掠奪成性的、野蠻的北方人，開始面對羅馬時代以後的、基督教西方國家的現實。起初，對於斯堪地那維亞人的襲擊——他們使用最新的航海工藝、肆無忌憚的恐怖、但同時又使人感到時髦的遠洋貿易策略，歐洲大陸對此無可奈何，只能聽任擺佈。然而，相互的影響不可阻擋，必然超越一切文化界限。來自最北方的、到處搶劫的冒險者，作爲可預見的和不可預見的因素，迅速地融入歐洲大陸複雜的文化權力結構中。同時，羅馬－日爾曼的文明思想和基督教的使命感從新鮮的、毫無損耗的北方文化中獲益。

中世紀早期的基督教，原本是一種一體化的力量，此時也挺進到挪威偏僻的狹灣，同時有目的地強佔了異教的神廟。早在11世紀初期，就已經出現了數百座獨特的教堂建築。這些教堂用榫頭垂直接合厚木板，使得盛產木料的東方那種使用大塊木料的結實建築方式，和各方面都更加時髦的框架結構建築

第1號

左圖：被人用心製作的烏爾內斯條木教堂，連山牆十字架這樣的細節都沒有被忽視。

上圖：佈道台上耶穌被釘在十字架上的木雕，因其簡樸的風格，更使人感到親切。

左圖：教堂內，一組彩色木雕描繪出耶穌背著十字架殉難的情景。

物相結合。雖然這些早期的教堂已不復存在，但這些教堂結構的基本模式和一些珍貴的遺物在後世的建築中保存了下來。

烏爾內斯風格簡樸的教堂，雖然進行過多次擴建，並且很講究形式，卻仍不失爲那時結構上突破的一個卓越典範。爲了地面結構，日爾曼條木屋夯入地基的柱子，由筆直的「船梲」所代替。即使在特別惡劣的氣候條件下，堅實的橫向支撐和外牆典型的垂直寬厚板條，也都表現出一種經久耐用與美觀的高度和諧。在屋內刻有木雕的立方體的柱頂和裝飾有條紋的圓拱廊，在特有的昏暗中會喚起一種感覺，那就是對典範的羅馬石砌教堂的讚美。

然而，這種對當時建築趣味的迎合，並不能使大多數木條教堂倖存下來。這些木條教堂並不因爲年代久遠而消失，卻成了嚴肅的新教改革熱情的犧牲品。

尤其是那些被當今如此讚賞，而終於使人感到震驚的史前圖騰崇拜，以及這種圖騰崇拜所散發出陰鬱、神秘的氣氛，使得原本適應能力就差的建築物不合潮流。

亨德里克‧克里斯登
（邵思嬋譯）

史前神話式的圖書館

阿爾塔的岩畫

阿爾塔的岩畫
文化遺產：希邁盧弗特有四個發現地，它
們分別是基普馬盧克塔、波塞科普、阿姆
特曼斯內斯和凱弗約德。這裏共有3000多
幅岩畫和山岩雕刻，大多數有20-40公分那
麼大，年代在2500-6000年前，在阿爾塔聚
集著北歐大多數的岩畫
所屬洲：歐洲
所屬國：挪威（芬蘭邊境）
地　　點：阿爾塔，阿爾塔狹灣
列入名錄年份：1985年
意　　義：以拼圖的方式，證明了史前斯堪
地那維亞北部定居的歷史
大事記：
西元前4000-前500年　獵人和漁夫的山岩雕
刻
1973年　發現遺產
1978年　置於文物保護之列
1993年　授予阿爾塔博物館「歐洲博物館年
度獎」

　　咒語——不論是針對此岸還是彼岸，自史前時代以來，它一直屬於人對生活的理解。祈求多子多孫的宗教儀式是這種咒語的組成部分。對這幅岩畫中的古人來說，是否真正涉及到一個有著超尺寸生殖器的男人，在今天已經是純粹的推測了，因爲朝下也有一個特別大的。爲什麼那個較小的人沒有任何性別特徵？在史前藝術家的生活世界和理解世界之外，對這樣問題只能進行推測與解釋了。

　　有時，人們彷彿聽見馴鹿不安地用腳扒地，發出擊鼓的節奏；而弓箭已瞄準了目標，「嗖」的一聲射中了這頭野獸。希邁盧弗特的基普馬盧克塔岩畫就是如此的自然主義而富有情趣。這是阿爾塔鎮史前岩畫的四個發現地之一。首批大約2500-6200年前的古老岩畫，直到1973年才被發現。這些岩畫分佈在被薩米土著居民稱之爲「羅奔海灣」的阿爾塔狹灣的彎曲處。從那時起，這些沿海岸的堅硬岩石便成了仿佛是取之不盡的「史前圖書館」。大量岩畫的出現，並不能只通

過土著居民在北海這片受到保護的沃土上定居得以解釋。更確切地說，挪威北部海岸在從舊石器時代到新石器時代的過渡中，曾是一個人們喜愛進行宗教儀式的地方。寬闊的「羅奔海灣」有利地形——它位於開闊的海洋和內陸之間——爲宗教儀式和典禮活動提供聚會的場所。在幾十年的進程中，岩畫創作越多，這個地方被賦予的意義也就越大。

　　在被加固而做了標記的條條小路上，來訪者正進行一次從早期石器時代到早期鐵器時代廣泛的考察探

險旅遊。他們看到了畫著的駝鹿、馴鹿和游禽，看到了人、船隻、武器和神秘的模型。事實表明，那些岩畫早已存在，畫面的各種不同位置也得到了研究。在冰河時期末期，地面升高了，以致原來在海岸邊創作的岩畫，如今要在高出水平面26.5公尺的地方才能看到。塗成紅褐色的雕刻畫只是向人們顯示出多樣性及其效力，即那些能夠接受「所有的解釋都必須保留在推測的範圍裏」觀點的人；而時代所需要的一種全面整體的解釋，人們是無法提供的。這些岩畫可能是在顯示部落的休戚相關的親情，或顯示宗教的觀點和宗教儀式、思想、權勢。總之，在這些圖畫中，表現出了石器時代原始人的世界觀，表現了他們關於人、動物、植物、水域、石頭和衆神之間的世界秩序的觀點。一個獵人正將他的武器瞄準一群馴鹿——因此人

第2號

左圖：這幅山岩雕刻畫表現了一個喧鬧的狩獵場面。

一隻用著版畫模式製作出來的馴鹿輪廓；就算我們不去理解這些圖畫的內容，只要單純的看到這幅畫，那神秘的魅力和魔力就會讓人感動。

左圖：由於地質構造變化產生的力量，阿爾塔峽灣岩畫被提高到距離海平面26公尺的高度。岩畫的前面是一條船，它表現了一種源遠流長的文化交流。

們很容易想到這是一次狩獵的情景。但是，爲什麼所畫的馴鹿是如此地千姿百態？如果這幅岩畫所表現的僅僅是狩獵和獲取食物，那麼，爲什麼每頭鹿都有它自己的特徵？難道說這些岩畫是其他完全不同的東西的象徵？又出自什麼原因，那種巨大的庸鰈（一種產於波羅的海，長2公尺、重200公斤的大魚）是唯一在任何時期的岩畫中都出現的魚？衆所周知，魚作爲生命的基礎，是有著極其重要意義的。雖然有祈求多子多孫的宗教儀式和分娩的岩畫，但在幾千幅岩畫中，只出現唯一的一個兒童？這幅畫好像是說，象徵和信仰是成人世界的組成部分。

最新的岩畫回到了一種可以掌握的現實之中：這

是一些大船，最大的船可以容納32個男子，正如人們只有在挪威南方才能看到的那樣。不論大船在那時是眞實存在的，還是具有某種象徵的意義，其本身就證明了人們已能超越地域的限制，很有可能是商人和士兵從國家的南方進軍到了北方。

在這次「漫遊活動」以後，似乎不再有其他的畫刻在岩石上，以致這些人與人、人與超自然的關係的那種迷人的方式在上個千年就已經結束了。

頓因哈德・伊爾格
（邵思嬋　譯）

一份有魅力的木構遺產

佩泰耶維齊教堂

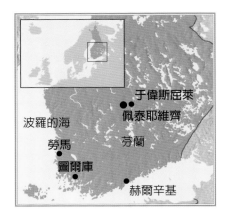

佩泰耶維齊教堂

文化遺產：按照十字架平面圖建造的教
堂，覆蓋著木片瓦的高高的斜屋頂，用大
樹幹與地面平行排列而建，所依據的是雅
科‧克萊梅廷波伊卡‧萊佩南的一張設計
圖，教堂的中殿和側殿各17公尺長

所屬洲：歐洲

所屬國：芬蘭

地　　點：佩泰耶維齊，凱烏魯以東

列入名錄年份：1994年

意　　義：路德式鄉村教堂，屬於斯堪地那
維亞東部的傳統木構建築

大事記：

1763–1764年　　主建築採用文藝復興的風
格，並與哥德式建築相聯繫

1778年　小教堂的落成典禮

1821年　建造鐘樓，埃爾基‧萊佩南擴建教
堂

1843年　聖壇的雕刻

1879年　成為佩泰耶維齊獨立教區的教堂

1953年　木片瓦屋頂的翻新

右上圖：平行排列的木板創造出溫暖的
氣氛，使教堂內產生一種特殊魅力。作為由
一個巨大木板平行排列而成的教堂，它展現
了依份罕見的芬蘭傳統建築藝術珍貴遺產。

　　一切經由人手建造的物體，其
中也包括教堂，都有著它自己的命
運。當古老的佩泰耶維齊教堂在
100年前不能再滿足教區的要求
時，它就被剔除於教堂之外。後繼
者又建造了另一座新教堂，要比那
座老教堂時髦一些。這座老教堂是
他們在湖濱一處風景區建造的，這
樣，人們就可以在夏天划著船，或
在多天溜著冰、滑著雪板來到教
堂。然而，這座古老的教堂只能用
來充當儲存木料的簡易倉庫了。所
幸的是，早在20世紀20年代奧地利
建築師約瑟夫‧斯特齊戈弗斯基就
意識到這座小教堂所具有的歷史意
義，並在赫爾辛基向凱斯基－蘇米
省當局陳述了自己的堅定主張，即
決不能讓這個宗教史上的建築珍品
毀滅。此後，人們才放棄了拆除這
座木構教堂的計畫。

　　現在，展現在來訪者面前的是
芬蘭傳統建築藝術的一份遺產。當
北方的教堂建築藝術廣泛地以木構
教堂為代表時，用大樹幹所建造的
芬蘭教堂確是罕見的，它是用與地
面平行的樹幹排列而成。現在保存
下來的教堂是木工雅科‧克萊梅廷
波伊卡‧萊佩南的作品。在18世紀
中葉，他僅用了三年時間建成了這
座教堂。由於一次頗費周折的教堂
募捐，才得以開工教堂建造。然
而，在舉行落成典禮時還缺少一座鐘樓，因為「虔誠
的捐贈」還不夠用來建造鐘樓。幾十年以後，由埃爾
基‧萊佩南來補充完成鐘樓。其餘的捐款用來建造兩
層樓高、連接教堂和鐘樓的短通道。異乎尋常的是，
這座鐘樓當時作為武器庫來使用，這在歷史上是絕無
僅有的事情。因為害怕熊和狼的襲擊，很多男子荷槍
實彈來到教堂，但在參加禱告之前必須把武器擱下。

　　兩位萊佩南都是「赤腳建築師」，自學成才。他們
與村民們一道，把袖子挽得高高的，在未經許可的情
況下，開始動工建造教堂。這貧困的鄉鎮屬於揚姆沙
教區。起初，這個教區只把它作為教區教堂使用，過
了十幾年後，當地人舉行儀式使之成為正式的教堂。

　　當今有藝術感的觀察者站在這座用木片瓦覆蓋的
教堂面前，可以看到教堂很陡的斜屋頂，它體現出哥
德式建築的傳統。走進這座古老的教堂，迎面就會撲
來一股老木頭所散發出特有的沁人心肺的氣味。這座
教堂的外形俯視好似一個十字架，在十字交叉點上有
一個八角的圓屋頂，這種建築形式在派亞內湖地區隨
外可見，它可以追溯到16世紀中葉芬蘭建造的首批文
藝復興時期的建築——十字架教堂的造型。但是，法
國哥德式教堂的精湛藝術在這裏是很難找到的，就像
人們很少見到富麗堂皇的巴洛克建築風格的大教堂一
樣。如果再進一步仔細觀察，人們就可以感受到這座
古老教堂的嫵媚之處。教堂中的佈道台，裏面是用未
加工的木頭作框架，外用塗上顏色的木雕作裝飾，這
些木雕是一些很可愛的小天使和聖者。在聖壇牆邊站
著摩西，他的手中拿著摩西十戒。還有一位若有所思
的路德，看著人們，手臂下緊緊夾著《聖經》。

　　這座教堂今日能作為芬蘭木構建築藝術的珍品，
它沒有被拆除，也沒有變成長滿野玫瑰的荒野。一方
面要歸功於一個奧地利人，另一方面要感謝剛從外族
統治下解放出來的芬蘭十分關注保護文化遺產。這座

作為歷史性教堂建築藝術瑰寶的古老教堂，由於資金
短缺，不再進行昂貴的改建，只進行恢復和保存教堂
原狀的修繕。

諾貝特・奈
（邵思嬋　譯）

第3號

後來建造的鐘
樓，卻被拿來當作
武器庫。男人們進
教堂前，先把身上
防禦野獸的武器放
在這裡。

教堂中很多裝
飾品具有純樸的特
點。在木製的佈道
台上，裝飾著一些
可愛的小天使和聖
者的雕像。

格奧爾克山谷中的娛樂——溫泉浴

巴斯城

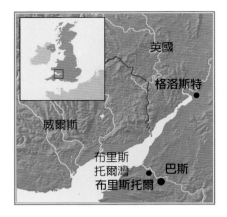

巴斯城

文化遺產：原來的羅馬海濱浴場，18世紀
新古典主義城市的一個設施，依據帕拉迪
奧的設想，大約有5,000個受到保護的文物
古蹟，其中有「國王圓形廣場」和「皇家
新月廣場」以及女王的正方形廣場和蘭斯
道的新月廣場

所屬洲：歐洲

所屬國：英國（埃溫）

地　　點：巴斯，位於布里斯托爾的東南面

列入名錄年份：1987年

意　　義：羅馬海濱浴場的建築和基本上保
存完好的新古典主義城市的和諧結合

大事記：

554年　建造阿奎爾·蘇利斯

577年　被薩克遜人佔領，改名為阿克曼西
斯特

676年　建造一個女修道院

1090-1244年　威爾斯主教的官邸

1107年　建造一個諾曼人的主教教堂

1499年　修道院教堂開工建造

1616年　修道院教堂落成典禮

1755年　羅馬海濱浴場的重新發現

1758年　「國王圓形廣場」住宅完工

1767-1774年　建造「皇家新月廣場」

1770年　建造帕爾坦尼大橋

1789-1792年　建造蘭斯道新月廣場

1790-1795年　建造巴斯礦泉水飲用室

1942年　遭德國空襲

右上圖：風景如畫的帕爾坦尼大橋橫跨
在埃溫河上

右圖：「皇家新月廣場」的住宅今天也
變成文物，列入保護之列

考茨華茲南端，蜿蜒曲折的埃溫山谷中，有一座被森林覆蓋的圓形露天劇場，這裏曾經是巴斯城的發源地。一個傳奇故事說，在西元前9世紀，凱爾特的王子布拉杜德，即莎士比亞悲劇中李爾王的父親，創建了這座城市。據說他得了痲瘋病後，被發配到那裏當養豬官，無意中發現了這個溫泉。他的好運從天而降，因為他的豬群患了一種皮膚病，但當這些病豬在溫泉中洗了澡，爛泥裏打了滾後，就痊癒了。王子想親身試一試這水的治病效力，就毫不猶豫地跳進溫泉，在泥裏打了滾後，他居然恢復健康離開了溫泉。後來根據國王的命令，在這個治癒疾病的神奇地方建造了一個溫泉，並將它獻給了凱爾特的蘇爾神。

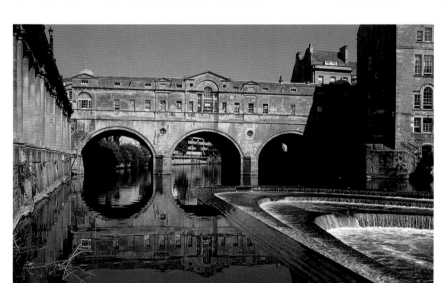

西元1世紀上半葉，就在羅馬佔領不列顛群島後，一些新主人來到了巴斯的發源地——阿奎爾·蘇利斯。漸漸地，在那裏出現了一些可觀的浴場設施，也有羅馬式多柱環繞的海濱浴場，這些海濱浴場是西歐最令人神往的羅馬式建築。

在羅馬以後的時期，巴斯城發展成為一個重要的宗教中心，而修道院教堂則是中心的中心。英國首位國王於西元973年在這裏舉行加冕儀式，以後英王朝所有莊嚴隆重的加冕儀式都可以追溯到這一次。現在的聖彼得修道院和聖保羅修道院教堂建於16世紀，教堂的地址是當時薩克森教堂和諾曼第人教堂的所在地。奧利弗國王——巴斯和威爾斯的主教，在一次夢中見到了天使，她正在天地之間登上一架天梯，並說：「讓一棵橄欖樹成為一個王國的根基，讓一個國王去建造教堂。」於是，他敦促建造修道院教堂。主教夢中的畫至今裝飾著石制塔樓朝西的牆面。

後來這座城市被遺忘了。到了18世紀，人們又想起了巴斯城，並將其成為一個英國的溫泉浴場。新城的改造要歸功於三個男子。首先是老約翰·伍德，是他萌發了改建舊城的想法；第二個是拉夫·艾倫，他從自己的探石場準備好建築材料；最後是理查·（波）·奈許，他作為未加冕的「巴斯國王」，建造英國療養地，豐富了社會生活。他穿著飾有尖端和鑲邊的華麗服裝，不僅對那時男人們習慣在接待客人時穿馬靴表示反感，而且也不允許人們佩帶長劍在城市大街上行走。多虧了奈許，使這個「娛樂的山谷」成為除倫敦之外上流社會最重要的聚會地點。

女王的正方形廣場和國王的圓形廣場是約翰·伍德的傑作。廣場周圍被埃奧尼亞柱——一種柱頭有渦漩形裝飾的古希臘柱子，與科林斯式圓柱所環繞，這使人聯想起古典主義大師安特拉·帕拉迪奧的傑作，更使人感到彷彿是羅馬圓形廣場由內而外翻新了一次。這位天才的建築大師逝世後，他的兒子繼承了父業。在1754年負責建造豪華的皇家新月廣場，這是英國最早建造

的半月形街道建築。其他的建築師也爲格奧
爾克城的建設作出了貢獻。比如羅伯特・亞
當，他受到佛羅倫斯的龐蒂・凡齊奧的影
響，設計了埃溫河上風景如畫的帕爾坦尼大
橋。最後是建築師湯瑪斯・巴爾特文，他爲
建造巴斯的礦泉水飲用室進行募款活動。這
個通向羅馬海濱浴場的過道入口處有一句題
詞：「在所有元素中水是最好的一種。」至
於水給予人類的恩惠，不論來自何處的旅遊
者，至今都對此深信不疑。

傑克・柯隆
（邵思嬋　譯）

豪華的修道院教堂向西而建，是晚期哥德式都鐸風
格的一塊瑰寶。

純正帝王式的：大教堂裡的聖米歇爾小教堂是富麗堂皇的墓室。

教堂裏的謀殺和虔誠的朝聖者

坎特伯雷大教堂，昔日的聖奧古斯丁修道院和聖馬丁教堂

　　國王的四個騎士殺害了湯瑪斯‧貝基特，對此，國王作了痛苦的懺悔。幾百年來，有成千上萬的人去湯瑪斯的墓地朝拜。坎特伯雷沒有一位主教像湯瑪斯‧貝基特那樣受到百姓的尊敬。他出身平民，是國王亨利二世的知心朋友，曾被國王任命爲英國教會的精神領袖。他試圖將自己的命令置於上帝之上，確切地說，是置於羅馬教皇之上，於是他與他的世俗統治者一國王亨利二世鬧翻了。因爲在12世紀下半葉還存在著世俗權力與宗教權力比高低，存在著由誰來支配教會大量收入的紛爭。這個起初如此俯首聽命，到後來卻如此倔強的湯瑪斯‧貝基特，爲了他的信仰被流放法國。當不屈的他返回坎特伯雷時，國王的忠實隨從在他的大教堂謀殺了他。

　　1170年耶誕節的「聖壇謀殺」引起了歐洲歷史上最大的朝聖者運動。這個運動甚至可以同追隨聖者雅各的足跡去西班牙的聖地牙哥‧德‧孔波斯特拉的那個朝聖運動相提並論。200年後，英國最古老的偉大作家之一喬弗雷‧喬叟，生動地描寫了這次朝聖運動。

最左圖：教堂
的南面

第5號

左圖：大教堂
的大廳，展現出哥
德式建築以及富麗
堂皇的室內裝飾

下圖：用許多雕刻裝飾的教堂大門

走「朝聖者之路」確實是一件相當愉快的事情，人們
花費很多天甚至幾個星期，從溫徹斯特的大教堂出
發，徒步或騎馬穿過敘登蘭特到坎特伯雷大教堂及貝
基特的墓前去朝拜。朝拜無疑是虔誠的，但旅途是快
樂的，甚至常常有些輕率。喬叟在他的《坎特伯雷故
事集》中形象地描寫了在漫長的途中，商人和女修道
院院長、或是小和尚和騎士夫人是如何逐漸相互瞭解
的。那時，人們為了信仰可以去死，但更多的是要生
活和愛情。

當然，坎特伯雷的成名比湯瑪斯·貝基特要早得
多。西元6世紀時，聖奧古斯丁受教皇委託，要使異教
的盎格魯薩克遜人（西元5世紀遷居英國的日爾曼人總
稱）改變其信仰。他自以為在坎特伯雷找到了一處羅
馬教堂的遺址，於是便在那裏定居。這座教堂可能是
建於西元1世紀，也就是基督徒還在遭受迫害的那個年
代。這座最古老的教堂就是聖馬丁教堂的前身，作為
信仰地，它與豪華得多的大教堂進行著競爭。坎特伯
雷的第三個可敬的遺跡是有著傳教士墓地的聖奧古斯
丁修道院，現已成了一片廢墟，儘管它曾是歐洲最重
要的木篤會教團的一個修道院。在16世紀時，「改革
者」亨利八世將這個修道院連同它富有的財產收歸國
有，並拆除了這個修道院。

大教堂的確是英國最富麗堂皇的教堂。1066年，
當諾曼人在威廉指揮下入侵英國奪取政權時，一座盎
格魯薩克遜的建築被燒毀。他們的主教蘭弗朗斯建造
了一座標誌新國王政權的更大的羅馬式紀念物，但這
個紀念物在12世紀晚期的火災中被破壞，後又大規模
地擴建。這座直聳雲霄的早期哥德式建築，令來自全
世界的遊人讚歎不已。教堂旁邊有許多側翼的小教堂
及附屬建築物、殉教者的墓室和晚期哥德式的塔樓，
顯得有些雜亂無章。甚至西邊入口處的通往教堂半圓
形後殿的過道到東邊就中止了。然而，在豪華和多樣
性方面，英國沒有一座教堂能勝過坎特伯雷大教堂—
—英國聖公會教堂的精神領袖的所在地。

亨利八世國王拒絕給被贈與很多禮物的殉難者湯
瑪斯·貝基特永久的安寧。對死者因「背叛國王」而
起訴，並給他30天時間進行辯護。由於死者一直未到

法庭應訴，為了懲罰，死者的遺體被焚燒，財產被沒
收。沒想到這些金銀和珠寶是如此的重，以致七個身
強力壯的男子必須走兩次，才把大教堂的箱子全部搬
完。對於急需用錢的亨利八世來說，打這場官司是值
得的。

萊因哈特·里克爾
（邵思嬋 譯）

坎特伯雷大教堂，昔日的聖奧古斯丁修道
院和聖馬丁教堂文化遺產：大教堂內有十
字形迴廊，它的拱頂用825塊彩色的拱頂石
裝飾；還有基督教堂大門，教士會議室，
殉教者的墓室，其中有湯瑪斯·貝基特從
前的墓室，他是亨利二世統治時期的地區
總管和主教，有「黑色王子」愛德華的
墓，和亨利四世和王后約翰娜·馮·那瓦
勒（1437年）的墓室；有黑色王子的小教
堂（胡格諾派教徒的祈禱室）；聖奧古斯
丁學院（1848年）的校園是昔日的聖奧古
斯丁修道院和聖馬丁教堂的所在地
所屬洲：歐洲
所屬國：英國（肯特）
地 點：坎特伯雷
列入名錄年份：1988年
意 義：幾百年以來英國教堂的精神中心
大事記：
1070-1077年 建造第一個大教堂
約1160年 恩塞爾姆小教堂的後殿中，弗勒
斯科的《瑪爾塔的保羅與蛇》
1162年 湯瑪斯·貝基特被任命為坎特伯雷
主教
1170年 貝基特在大教堂的西北側殿被謀殺
1174年 重建教堂中被燒毀的唱詩班聖壇
1220年前後 在三位一體的教堂（大教堂）
的巡行中的貝基特視窗
1391-1405年 拆除諾曼第風格的中殿和側
殿，建造用垂直線裝飾的哥德式建築
1397-1411年 修建十字形迴廊
1512年 鹿特丹的人文主義者艾拉斯姆斯來
訪
1517年 建造基督教堂大門——通往教堂區
的門廳
1520年 亨利八世接見年輕的卡爾五世皇帝
1531年 湯瑪斯·貝基特的墓被毀，遺體被
焚燒
1935年 T．S.艾略特的神秘劇《教堂裏的
謀殺》在教士大會堂首演

格林威治——宮廷生活的中心

格林威治皇家海軍學院和皇家公園

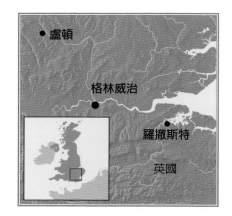

「從格林威治遠眺倫敦」，佛蘭德學派的油畫（約1620年）

對於全世界來說，格林威治是國際標準時間的產生地。1884年，格林威治被宣佈為計算西歐時間——即格林威治平均時間的地方。今天，人們在古老的皇家天文臺內院，還能看到一段本初子午線——那段把東半球和西半球分開的想像中的線。

卡爾二世在1675年決定，「在格林威治我們公園的最高點上，建造一個小天文臺……」目的是規定「這個地方為經線的起點，使航海學和天文學更臻完善」。當時的科學應該解決航海的定位問題，但是海員們一再陷入困境，因為他們不能確定經度，因而也不能確定他們的位置。

克里斯多夫·倫先生，一位數學家、天文學家和倫敦聖保羅大教堂的英國設計大師，為第一位皇家天文學家約翰·弗蘭姆斯迪德設計了深紅色磚瓦的皇家天文臺。這座天文臺矗立在格林威治公園一個綠草如茵的山丘上，格林威治公園是倫敦最古老的皇家公園，它緊靠著一個小漁村。

在泰晤士河畔停著「卡蒂·薩克」，這是保存至今的最後一艘快速帆船。泰晤士河上常有霧氣繚繞，人們從河上可以看到遠處聳立

1888年的木刻版畫，天文台望遠鏡

著一群富麗堂皇的建築物，這些建築物被稱為17、18世紀英國建築的傑出典範。在皇家海軍學院兩側建築物的中央是閃著耀眼白光的皇宮，皇宮是伊尼戈·瓊斯設計的。這座「夏宮」是通過柱廊與國家航海博物館相連結。在航海博物館裏，人們可以觀看到昔日航海大國的航海文化遺產。

皇宮的落成，也是對古老的都鐸宮殿「普雷森蒂」的一種現代的補充。這座「夏宮」是為雅各一世的王后安娜女王設計的，最終是由卡爾一世為他的王后亨利塔·瑪麗

建成的。瑪麗稱這座佈局完美的宮殿是她的「歡樂宮」。這宮殿是遵循著一種被稱為安琪拉·普雷迪奧的「現代的古代文化」的建築傳統建造的。亨利八世以及他的女兒瑪麗和伊莉莎白，都誕生在這座古老的都鐸宮殿。當格林威治還是宮廷生活中心的那個年代，女王伊莉莎白一世有時從「普雷森蒂」宮張望英國海盜法蘭西斯·傑克先生回家。這位先生曾經在環球旅行後，駕駛著他的「金鹿」號帆船逆流航行在泰晤士河上。據說在1585年，女王也是在格林威治簽署了馬利亞·斯圖亞特的死亡判決書。隨著時間的推移，這座古老的皇宮逐漸失去了它的重要性，並最終被拆除。直至18世紀中葉，在皇宮的原址上建成了皇家海軍學院。這個被認為是「英國建築藝術輝煌一瞥」的建築群，直至1869年被當做海軍醫院來使用，後來才成為皇家海軍學院。在世紀末有一所大學遷入皇家海軍學院內的一個區域。皇家海軍學院「美術館」華麗的屋頂和美妙的壁畫是由詹姆士·通恩希爾創作的。這位藝術家花了近20年的時間，才完成如此豐富生動的作品。他的繪畫反映了英國作

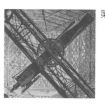

左圖：在天文台內現在還能看到當時牛頓時代使用的儀器。

上圖：為了要確定一個地方的地理位置，人們還是需要一條傳統確定的本初子午線，格林威治古老的皇家天文台被國際公認為本初子午線的地點。

為航海大國的輝煌成就，然而他所得的報酬只有6,685英鎊2先令4便士。當貴族尼爾松在特拉法爾加戰役中陣亡後，他的屍體被保存在這個金碧輝煌的美術館。皇家海軍學院瑪麗女王宮中的教堂也是光彩奪目的。經歷了1779年的一次火災以後，這個教堂由詹姆士・亞森尼恩・斯圖亞特和威廉・牛頓修復。纖柔的屋頂裝飾，以及淡雅柔和的色彩，使人想起易碎的「威齊伍德」瓷器。

科內利亞・伯克爾
（邵思嬋　譯）

北海
荷蘭
阿姆斯特丹
鹿特丹
肯德代克‧艾爾斯豪特
德國

肯德代克‧艾爾斯豪特的風車群
文化遺產：在圍墾地建造的19個磨坊，用
以抽乾圍墾地的水和調節水資源，其中有
「低處磨坊」、「高處磨坊」以及「德‧布
羅克」——一種風車，每一個風車就是一
個風車塔房，其底部呈金字塔形，牆壁自
上而下逐漸向裏傾斜，風車的四塊長方形
翼板固定在塔房頂部的風標上
所屬洲：歐洲
所屬國：荷蘭
地　　點：肯德代克‧艾爾斯豪特，鹿特丹
之東南
列入名錄年份：1997年
意　　義：荷蘭人戰勝水的力量象徵
大事記：
1676年「水鄉代表大會」在雷可迪克，建
造鄉村別墅
1738年「下游」（「De Nedderwaard」）水協
會建造圓形風車
1740年「上游」（「De Overwaard」）水協會
建造有屋頂的、八角形的磨坊，並建造
「高處風車」
1761年　建造「低處風車」
1766年「上游」水協會擴建水道，以容納
風車抽掉的水
1868年　建造電動抽水機
1950年「上游」水協會建造風車廠
1953年　再建造一個電動抽水機
1956年　建造「德‧布羅克」風車廠
1971年「下游」水協會建造一個新的抽水
馬達廠

上圖：肯德代克‧艾爾斯豪特的風車
群，曾戰勝過潮水的肆虐；而今日卻成為了
旅遊勝地。

右圖：這裡是堤防協會召開會議的場
所。

不聞磨坊格格響，也不見小溪潺潺流
肯德代克‧艾爾斯豪特的風車群

「潺潺的小溪旁，磨坊在格格響。」一首有名的德
國民謠是這樣唱的。然而，誰要是參觀德國西面的鄰
居荷蘭，在那裏要想找到這般田園風光是徒勞的。磨
盤輪子的格格聲和帆的簌簌響，在風中多半會沉寂下
來。作為荷蘭明信片題材的風車，並非來自阿姆斯特
丹和鹿特丹之間的文雅居民區。肯德代克村的風車如
同錫製的玩具兵士一樣，在一片翠綠的草場上排成
行，頭頂藍灰色的天空，在紅咚咚的夕陽中，剪影般
地矗立著。

荷蘭是這樣一個國家：它位於海平面6公尺以下，
經常遭到潮汐的襲擊。幾百年來，
荷蘭人民就與潮水進行著不屈不撓
的鬥爭。洪水的威脅已是常事，
1421年洪水釀成的悲劇，與1953年
肯德代克村所在的廢水地帶被水淹
沒時所遭受的災害是一樣的。修建
水閘、防水堤和沿海大壩，更是雄
心勃勃的規劃，比如柴德澤專案，
都是抵禦洪水的卓有成效的嘗試。
早在15世紀荷蘭人就把磨糧食的磨
坊發展成最初的汲水設備，即一種
借助於風力的「磨水」風車，它的
功能是給地勢低的圍墾地排水。17
世紀初，西蒙‧史泰文更加完善了
圍墾地排水的技術，他將多個風車
一個接一個地排列起來，這就誕生
了所謂的「風車道」。很多年來，
這種道路在沼澤地是很典型的。

在萊克河和瓦爾河之間的平坦土地上，聳立著八
角形和圓錐形的風車，它們的扇葉不再常年轉動，大
多數的帆被收起來。只有在週末，風才吹動張開的
帆，這就是供旅遊者觀光用的旅遊者風車。然而，那
些靜立著的風車也並不「沈默不語」：由於風葉呈十
字交叉形，這就告訴人們，它們正在休息。自從現代
抽水機投入使用，風車便在廢水地區出現，這些磚結
構風車的拱形圓頂連同風葉一起在風中轉動，其葉片
幾乎要接觸到地面。於是，人們又製造出一種支架風
車，即「德‧布洛克」，每一個風車就是一個風車塔
房，塔房下面呈金字塔形狀，塔房呈圓錐形。這是一
種所謂的桿筒風車。在支架風車的沉重支架上鑽洞，
支架是呈筒狀的，在筒裏向下拉動的軸上可以安裝多
個齒輪，這些齒輪再推動抽水輪或是阿基米德槓桿，
將水從低地抽入較高的水道。風車的上部建築，建在
塔房上端的細處，與以前風車的拱形圓頂一樣，會在
風中轉動，這樣就充分利用了風力。

在肯德代克‧艾爾斯豪特，「水車」的運作分為
兩步。下游圍墾地水車把水抽到下游的水道，荷蘭語
稱之為「1age　boezem」，從那裏開始，再經過另一個
水車，即「Boezem　molen」，把水抽入更高的水道，即
「hoge　boezem」。然後在淺水處，水經過一個泄水閘，
被排到萊克河裏。不論是冬天，還是夏天，不斷調節
水位，使圍墾地最大限度地為農業生產服務，這始終
是水車的任務。即是在夜裏，它也抽水不止，而且只
有一個水車工人值班。如果起風了，或是風力加大，
那麼其他的水車工人也要被叫醒，他們必須讓水車的
拱形圓頂迅速地轉動起來，或是把帆張開。儘管在水
車房裏住宿免費，但由於薪水微薄，他們不得不分割

沼澤地並將其出賣，用來種菜供自用和外賣，這無疑能改善工人的生活境遇。但是這一切都已屬於過去。在電腦時代，「水車工」的職業已經消失。現在，抽乾圍墾地積水的任務則由電腦加抽水馬達來完成。

斐迪南‧杜普伊斯-龐特
（邵思嬋　譯）

第7號

一個個風車筆直地排列在風車道上，如同放大版的錫製玩具士兵在行軍禮。

洗滌、漂白和禱告

佛蘭德的半俗尼慈善院

佛蘭德的半俗尼慈善院
文化遺產：半俗尼慈善院分佈在安特衛普省的霍克斯特拉特、里爾、梅赫倫（大型半俗尼院）和圖恩豪特，在林布赫省的聖特賴登和通厄倫，以及東佛蘭德省的登得蒙德和根特（小型半俗尼院和聖阿曼茲貝赫的半俗尼院），還分佈在佛蘭德－布拉班特省的勒芬（大型半俗尼院）和迪斯特，以及在西佛蘭德省的布呂赫和科特賴克
所屬洲：歐洲
所屬國：比利時（佛蘭德）
地　　點：霍克斯特拉特、里爾、梅赫倫、圖恩豪特、聖特賴登、通厄倫、登得蒙德、根特、勒芬、迪斯特、布呂赫和科特賴克
列入名錄年份：1998年
意　　義：一種多數在低層出現的虔誠婦女的生活團體
大事記：
1242年 在科特賴克建立半俗尼慈善院
1259-1578年 在梅赫倫城外的大型半俗尼慈善院
1288年 在登得蒙德建立聖阿列休斯半俗尼慈善院
1311年 教皇克萊門斯五世禁止半俗尼運動
1318年 教皇約翰內斯十二世廢除禁令
1340年 文件上首次提及圖恩豪特的半俗尼慈善院
1372年 布拉班特的公爵夫人馬利亞頒佈命令，解除對半俗尼的任何負擔
1798年 解散半俗尼慈善院
1873-1875年 在聖阿曼茲貝赫，建造新哥特式半俗尼慈善院
1960年 在勒芬，修復大型的半俗尼慈善院

左上圖：梅赫倫的半俗尼慈善院教堂，命名為聖阿列克修斯和聖卡塔琳娜

是假設？抑或是眞事？

人們至今還在思考，半俗尼的「婦女宗教同盟」是否可以追溯到聖貝加，因為她早在961年曾資助了阿黛娜修道院。婦女宗教同盟為了與修道院劃清界限，在12世紀便出現了半俗尼。誰走過里爾和克特賴克的半俗尼慈善院的大門，自然就會經過聖貝加的石雕像。然而一些業內人士卻另有解說，他們試圖從半俗尼所穿的傳統衣服上來尋找在中世紀建立的這個婦女同盟名稱的由來。人們也多次使用這個名字，對異教徒進行諷刺和咒罵。儘管這個字眼名聲不佳，但至少可以排除的是，這裏大概曾有過一個托缽修會，因為半俗尼們常常是非常富有的。

這是一個不同尋常的婦女同盟：寡婦和單身女子們，在暫時沒有教皇賜福的條件下，聚合一起，成立了一個宗教團體。開始的時候，她們分散居住在城裏自己家中，只是在集體禱告時才相聚。除了服從誓言以外，半俗尼還負有禁欲的義務。但值得注意的是，這種義務任何時候都可以撤銷。與修道院生活的習慣相反，這些半俗尼可以在半俗尼慈善院外的地方生活，或者完全脫離婦女同盟，重新去過世俗的生活。如果一個半俗尼要結婚，她可以這樣做，而不會受到社會的譴責。

半俗尼慈善院的大門從日出到日落始終是開著的。就是在今天，如果情況確切的話，半俗尼慈善院現在只是作為老年人和社會弱勢群體的住處，或者像在勒芬一樣，住宅的一部分歸大學使用，那麼，也只是在夜裏才關閉大門。

半俗尼可以自由支配她們的財產和一些地產。對她們來說並不窮困。相反，她們致力於改善生計，織亞麻布、編織和鉤織花邊，洗滌和漂白衣物。此外，她們還為信任她們的「住宅之女」上課。關心老人和照顧病人也屬於她們的任務。每個半俗尼慈善院是獨立自主的，她們有一個從半俗尼中選出來的負責人，被稱為「大婦人」或是"Groote Juffrouw"。比較大的半俗尼慈善院，如勒芬的半俗尼慈善院甚至有4個「大婦人」。

當時的半俗尼慈善院是由半俗尼住宅區、新半俗尼修道院、大婦人住房、病人護理室和給窮人用膳

昔日虔誠婦女的住處，如今成為大學生愉快生活的地方：勒芬的半俗尼慈善院

的「聖餐桌」組成。除了這些圍繞著小教堂的慈善院設施外，就像在里爾和通厄倫一樣，人們還在設計街道半俗尼慈善院。

不只是由於她們廣施善行而遠近聞名，而且，多虧里爾出身的「家鄉詩人」菲力克斯・蒂默曼，

她們也走進了文學殿堂。蒂默曼把半俗尼慈善院作為浪漫主義的田園風光來描寫。在很多的半俗尼慈善院，日子一直過得平靜安逸。然而，時至今日半俗尼慈善院已經不再是虔誠婦女的家了。根特小半俗尼慈善院的「大婦人」，年邁的赫爾米娜·霍赫魏斯和她的尤利亞·多格，是這個慈善院最後的半俗尼。在整個國家只剩下5位半俗尼。難怪霍赫魏斯老姐姐失望地對來訪者說：「隨著我們離開人世，半俗尼將永遠消失，這是一件悲傷的事情。在我們過世後，半俗尼慈善院會發生什麼事，我不得而知。作為最後的半俗尼，並且被媒體推進公眾視野，實在不是一件開心的事。我仿佛感到自己成了動物園的一部分……這就是生活。」

斐迪南·杜普伊斯－龐特
（邵思嬋　譯）

第8號

下圖：布呂赫的半俗尼慈善院

聖母崇拜

沙特爾大教堂

沙特爾大教堂
文化遺產：位於法蘭西島的哥德式大教堂，有一個長130公尺、高37公尺、飾以突紋的拱頂，以及一個105公尺高的老尖塔（12世紀）和一個115公尺高的新尖塔（16世紀）；華麗的彩繪玻璃窗的面積達2,000平方公尺。
所屬洲：歐洲
所屬國：法國（厄爾·盧瓦爾省）
地　點：沙特爾，巴黎西南
列入名錄年份：1979年
意　義：法國12-13世紀哥德式建築的典範
大事記：
1194年　在昔日大教堂的基礎上新建教堂，包括保存下來的西立面（國王大門，約1150年）
1220年　教堂建成
1260年　路易九世親臨落成儀式
1507年　雷電擊毀了北尖塔，重新修復
1594年　亨利四世加冕
1836年　大火燒毀了鉛製的屋架
1840年　生鐵製的屋架，屋頂由銅綠色的銅製成

中間上圖：大教堂北翼，也有著無數燦爛的彩繪大玻璃窗，使大教堂內流光四射。

中間下圖：西立面的國王大門是精湛藝術的典範，而早期哥德式的浮雕和人物裝飾已經顯示了這種藝術。

　　坐落在山丘上的著名聖地教堂，作為哥德式建築藝術的傑作，高聳在一座古老的聖廟中。據說這聖廟是獻給遠古時一位多產的聖母，這實在令人難以置信。因此，在神秘流傳下來的史前漫長歲月和精神史中，這個聖地找不到它的起源。直至凱爾特－羅馬的古代文化晚期，備受土著卡爾努特人崇拜的女神，可以說是更改了名字，更確切地說，是以「聖母」代替了「我們親愛的婦人」的稱呼。此後，這種傳奇般的根源，就成了為人仿效的基督教聖母崇拜成功的秘密。

　　自西元876年以來，在沙特爾，也就是從前的「卡爾努圖姆」，保存著一件聖母的衣服。這件無與倫比的遺物，據說引起了很多的奇事。比如在防禦諾曼第掠奪部隊的戰鬥中，當這些掠奪者看到城牆上掛著聖母的衣服便奪路而逃，就是一個例子。

　　這件聖母的衣服也同樣吸引著另一個宗教團體，朝聖者在每年6月21日前往沙特爾朝拜。夏至的太陽，在午間一點鐘會有一縷陽光通過聖阿波里耐的彩繪大玻璃窗照射到石塊地面上。有人張開雙手，去捕捉太陽黑子，也有人讓太陽照在自己身上。

　　這座被命名為「馬利亞升天」的大教堂，由於社

　　會各階層的熱心參與，在不到70年的時間內建成，的確令人驚訝。對此，同時代的年鑑學家羅伯特·托里尼報告稱：「這一年在沙特爾第一次出現這樣的情景：為了建造教堂，人們推著滿載石頭、木頭、穀物和其他物品的沉重小推車。於是，教堂的尖塔很快地聳立起來。如果沒有目睹這一情景，那麼就很難再看到相同的場景了。不僅在這裡，幾乎是在整個法國，在諾曼第省和許多其他地方，人們充滿了悲痛和後悔，低聲地懺悔，原諒他們的敵人。」

　　這是由三個部分組成的大教堂，連同十字大廳、五片聖壇和一座建在更古老的地基上的小教堂。在巴黎方圓幾百里內，是最早的哥德式教堂建築。它的中堂經過14公尺高的側堂，被柱子和雙拱組成的扶垛支撐著。對於建築物的造型和建築藝術細節十分關鍵的是：教堂在1194年被焚燒後，由一位天才建築師所設計，即將「古老的尖塔」成為新建教堂的一部分。

　　不僅是對於建築史，而且對於沙特爾大教堂也有著特別重要的意義。在西元9世紀，在聖壇下面就出現了宗教秘密地下室聖盧班，也包括古代希臘、羅馬文化的很多殘存城牆。而在聖壇開端的下面，以及在側

堂下面的諾曼第地下密室聖福爾貝，則是整個法國最大的宗教地下密室。它的中間部分在中世紀建築施工中已被填平，然而，在這個中間段肯定埋藏著許多考古的寶藏，尤其在離「地下聖母」祈禱室不遠處，人們特別標明了一處地點，直到基督教成為國教的時刻，史前的聖母仍在這裏受到崇拜。至今被許多朝聖者頂禮膜拜的「地下聖母」，恰恰是與地上的「處女柱」教堂相對應的，這是產生於16世紀早期的孩子們的保護人。沙特爾最古老的聖母當然是「美麗的彩繪大玻璃窗上的聖母」，和藹可親的聖母，正透過聖壇右端一扇華麗的彩繪大玻璃窗，向著一群信徒和讚賞者微笑示意。

烏韋・安霍伊澤
（邵思嬋　譯）

第9號

做為哥德式建築藝術的傑作，沙特爾大教堂的線條是如此活潑強烈地直插天際。教堂內還有基督教最寶貴的一件遺物，至今仍受到無數朝聖者的崇拜－聖母的衣服。

拉斯科石器時代的畢卡索

威澤爾山谷的石窟繪畫

右圖：除了馬以外，公牛是被人臨摹的最多的動物。

下圖：是自成一體的佈景，還是單一圖畫偶而拼在一起？許多繪畫究竟代表什麼意思，至今仍是一個謎團。

要認識人類的搖籃，就必須到威澤爾山谷去一趟！這種說法無疑有些誇張。但是，誰要是想看一眼「文明的曙光」，那就應該去法國西南部作一次短程旅行。威澤爾河是多爾多涅河的一條支流，位於「黑色佩里格」的中心地帶。這裏風景優美，「黑色佩里格」的別名來自「常青的橡樹黑葉子」。長久以來，美食人士喜歡在這裏宴請賓友。這山谷是一個迷宮，有很多舉行宗教儀式的場所，因而是早期人類歷史的見證。

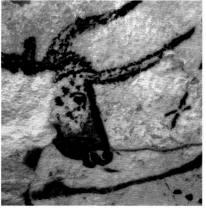

這裏有無數史前居住區的遺跡，如在勒·姆斯蒂爾的石灰石山岩上，有些受到保護的壁龕和洞穴；在長達50,000多年的石器時代裏，就不間斷地有人居住；還有19世紀在勒斯·埃齊·塔亞克小村落的附近，發現了5具骷髏化石，這是至今鮮為人知個子很高類型的人類，與尼安德塔人有明顯的區別。教父曾用發掘地「克羅·瑪諾」命名這些狩獵者和果實採集者。他們被看成是現代人直接的祖先。

威澤爾山谷首先由於它的洞穴

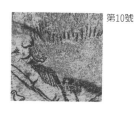
第10號

左圖：石器時代的藝術家給予他們的繪畫多大的表現力，是令人驚訝的：動物們似乎是「活蹦亂跳」無聲地掠過岩壁。

左下圖：「洛澤爾的維納斯」因豐滿的胸部、隆起的肚皮和寬大的骨盆，被認爲是多產的象徵。

聞名於世。這些洞穴可以被炫耀爲是一個「舊石器時代晚期的佛羅倫斯」。這些飾以繪畫、刻鑿畫、浮雕和雕塑的洞穴，同樣令人難忘地證明了這些無名藝術家的天賦和高度發展的文化階段。這些「石器時代的畢卡索」很靈巧地利用洞穴石壁的不規則性，使他們用赭色、氧化鐵和錳酸土壤來完成的作品，更具立體感，而陰影線和顏色的層次更突出了這種效果。在洞穴壁上，有無數動物畫，比如有古代美洲野牛、鹿、歐洲野牛、北山羊、長毛象、毛犀科動物、熊和一再出現的馬。還有虛構畫，如「拉斯科的獨角獸」，是一幅令人讚歎的畫：鬆弛下垂的腹部，大斑點的毛皮，短而平的口鼻部，一點殘餘尾巴。就是這種「獨角獸」，幾十年來，自然科學家一直難以將它進行動物分類和命名。

這些繪畫究竟是什麼意思，對此人們常常冥思苦想。這些畫是數千年前的藝術家，用歐洲剌柏作燈芯，在油脂點燃的暗淡燈光下創作的。毋庸置疑，這些洞穴從未有人居住過。它被用來作爲舉行宗教儀式的場所，這種假設是很有可能的，因爲這種神話般的精神藝術的象徵語言，大多圍繞著富饒多產和狩獵這個主題。

在威澤爾山谷有20多個繪有岩畫的洞穴。特別值得一提的是馮‧戈默洞穴、孔巴勒斯洞穴和巴拉‧巴奧洞穴，但它們都不能與拉斯科洞穴媲美，因爲拉斯科洞穴的岩畫有一種無與倫比的表現力。這個「史前第六小教堂」是偶然被發現的。當孩子們在一棵連根拔起的大樹洞裏，尋找他們的狗時，在手電筒的光亮中發現了在藝術史上引起轟動的遺產。這個洞穴在二次大戰後三年中對公衆自由開放，但拉斯科洞穴不得不在1963年關閉，因爲參觀者人潮洶湧，岩畫受到嚴重的損害：石灰碎片剝落，苔蘚和蕈類叢生。爲了能滿足公衆持續的興趣，主管部門找到了一個兩全其美的辦法：借助現代技術對洞穴進行測量，在200公尺遠處修建一個酷似眞洞穴的「拉斯科II號」。這樣一來，參觀者又可以如願以償地觀賞拉斯科洞穴珍貴的岩畫了。

拉爾夫‧內斯特邁爾
（邵思嬋　譯）

威澤爾山谷的石窟繪畫
文化遺產：147個史前發掘地和23個繪有岩畫的洞穴，拉斯科洞穴有600幅岩畫和1,500幅刻鑿畫，其中有幾乎5公尺長的公牛畫；馮‧戈默洞穴有300多幅動物畫；孔巴勒斯洞穴有500幅刻鑿畫，還有毛犀科動物、一頭北山羊和一頭母獅子；雕飾花紋長達14公尺的凱爾‧布朗洞穴繪有與眞馬一樣大的馬匹；魯菲亞克洞穴有150幅巨大的刻鑿畫
所屬洲：歐洲
所屬國：法國（佩里格）
地　　點：威澤爾山谷的拉斯科洞穴（離蒙蒂尼亞克2千公尺遠），以及在勒斯‧埃齊‧塔亞克附近的洞穴
列入名錄年份：1979年
意　　義：舊石器時代史前繪畫的重要線索
大事記：
約西元前15000-前10000年　拉斯科岩畫（舊石器時代的晚期）
約西元前9000年　關閉拉斯科洞穴
1868年　在勒斯‧埃齊‧塔亞克發現骷髏化石
1940年　發現拉斯科洞穴（拉斯科I號）
1963年　關閉拉斯科I號
1983年　修建拉斯科II號

大天使的寶塔形糖塊

聖米歇爾山及其海灣

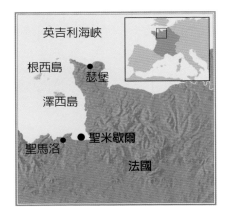

聖米歇爾山及其海灣
文化遺產：聖米歇爾山修道院，包括螺旋
形要塞、修道小屋、修道院教堂以及後期
哥德式藝術風格的聖壇
所屬洲：歐洲
所屬國：法國（諾曼第）
地　點：在聖馬婁海灣的一個島嶼上
列入名錄年份：1979年
意　義：洶湧波濤中的一個基督教聖地。
出類拔萃的哥德式總體藝術風格，使這一
神秘的修道院更加光彩奪目，令人神往
大事記：
709年　建起一座小教堂
10世紀　建立本篤會修士的修道院
1022-1135年　修道院教堂
1203-1288年　修道院建築群及十字形回廊
13-15世紀　加固擴建成「要塞」
15世紀　哥德式建築風格的火焰形修道院聖
壇
1810-1863年　監獄
1874年　文物保護
1879年　用堤壩與大陸連接起來
從1969年起　重新恢復修道院的宗教活動

整天熙熙攘攘的聖米歇爾村主要街道
「格蘭特·魯厄」

顯而易見，這座讓全世界都癡迷的聖米歇爾山修道院，尤其令西方人敬佩得五體投地。

關於聖米歇爾山修道院，基督教有一則美麗的傳說：大天使於西元708年授權阿夫朗什的大主教——神聖的奧伯特，在露出海面的錐形花崗岩山峰上建造一座小教堂。物換星移、滄桑巨變，兩個世紀後，矗立在這裏的不是一座小教堂，而是一座氣勢恢弘的修道院。其間，諾曼公爵爲該修道院的發展作出了不可磨滅的貢獻。聖米歇爾山修道院每隔10年便大興土木，修葺擴建一次，使這座山岡不斷「長高」。直到最後，整座山便成爲一個莊嚴肅穆的宗教聖地，在晨曦暮靄中尤顯得神秘、朦朧。百年戰爭期間（1337-1453年爆發於英、法之間），信徒們把修道院加固得像要塞一樣堅不可摧，並構築了自衛的高牆，但這並沒有破壞該建築物原有莊嚴肅穆的特色：它風采依舊，令人神

往。這座被加上塔樓「桂冠」的花崗岩山峰，在落日餘暉中像一團光芒四射的火焰，熠熠生輝，神秘莫測。嚴格地說，這座被世人推崇爲「西方國家奇蹟」的聖米歇爾山被看做是諾曼人建築藝術的頂峰。

聖米歇爾山修道院遠離繁華喧囂的城鎮，獨踞一隅，四周環抱著茫茫的大海。這對於虔誠的朝聖者來說，則隱藏著巨大的危機和風險：他們必須與流沙抗爭，與高約13公尺的巨浪搏鬥，最後涉淺灘，踏泥濘，抵達魂牽夢縈的聖米歇爾山。在西方，一首淒涼又不失詼諧的歌謠勸導人們：「當你準備前往聖米歇爾山時，請不要忘記立下遺囑。」聽了這首淒慘的歌

謠，使人又一次回憶起那些被驚濤駭浪吞噬的無數朝聖者。直到19世紀後，一條人工長堤才將聖米歇爾山與大陸連接起來，但這卻加速了海灣的淤塞。從此，聖米歇爾山一個月只有兩次，即在滿月和新月時被大海環繞。

法國作家古斯塔夫·福樓拜張開想像的翅膀，用飽蘸激情的筆觸，詩情畫意地描寫了聖米歇爾海灣美麗的潮汐和大腹便便的船隻：「茫茫大海中的地平線在不斷擴展、延伸，最終將自己的蒼白融入黃色的海灘。由此，沙灘顯得更加堅硬、踏實，大海絲絲縷縷的鹹味撲鼻而來……潮汐漸漸向遠方退去，直到匯入浩瀚的大海。人們聽不到潮汐的低吟，耳畔只迴盪著在空氣中顫慄的嗡嗡聲，就像佇立曠野的孤獨者發自肺腑的聲音……」在中世紀，聖米歇爾山成爲成千上萬信徒的朝聖地。今天，每年仍有200多萬參觀者，追尋著修道院那神秘的光環，長途跋涉，不辭勞苦，以求得心靈的淨化。與此對應，在修道院旁邊有一個同名的村莊，其房屋都緊挨著修道院的高牆，鱗次櫛比。在村子的主要街道上，車水馬龍，熙熙攘攘。只有在破曉時分，整個村莊才漸漸沉寂下來，三三兩兩的村民和十幾個遊客躑躅街頭。爲了抵達修道院，人們不辭勞苦，拾級而上，一直攀登到大門入口處。錐形花崗岩山峰覆蓋著後期哥德式藝術風格的修道院教堂，其正大門與一個觀景平臺相連接。從建築學角度看，修道院的頂點應該是別致的十字回廊——懺悔堂，其尖形的拱頂、新穎獨特的拱門，精妙絕倫、高聳入雲的十字回廊出沒在雲霧中，似乎在天空和大海中蕩漾。在十字回廊旁，緊挨著三層哥德式修道院建築、筒形拱頂的餐廳（齋堂）和會堂。該建築群被譽爲「西方國家的奇蹟」，這是對其卓越建築藝術的最高褒獎。這些層層疊疊、迂迴曲折、參差有致的迷人宮殿和略帶神秘色彩的教堂地下室，在世界建築史上確實是一個成功的典範，其藝術價值可謂登峰造極。

難以置信的是，在法國大革命後的幾十年裏，這座虔誠的小島竟被當做囚禁犯人的國家監獄。根據社會上普遍存在的「不畏司法，畏神靈」的陳腐觀念，政府將修道小屋改造成監獄囚室，旨在仰仗神聖的教堂來感化罪人，重新塑造新人。直到著名作家維克多·雨果痛心疾首地指出，在聖米歇爾山上設置監獄無異於在「保藏聖人遺骨的匣子裏裝上蟾蜍」。該監獄才於1863年關閉，並將其列入國家文物保護名錄。此後大約又過了100年，這座舉世聞名的修道院才來了幾個本篤會的修道士，重新恢復了宗教活動，還其本來的面目。

拉爾夫·內斯特邁爾
（邵靈俠　譯）

第11號

最左圖：傳統與現代的融合－吉恩‧米歇‧耶爾在聖米歇爾山上展示雷射表演藝術。

左圖：修道院的十字迴廊誕生於1225-1228年間。

下圖：由於修築了長堤，修道院現在每月只被大海環繞兩次。

權力的象徵

凡爾賽宮和花園

「朕即國家」——法國太陽王路易十四這句顯得極端狂妄自大的言辭，在一定程度上反映了集權專制時代的社會關係。這個君王與中世紀的君主及專制暴君有很大的不同，他既不與各地強大的諸侯結盟，也不器重宮廷中的朝臣。太陽王在其周圍豢養了一大批貴族和奴僕。他每天召見數百名貴族，並通過加官晉爵等手段將他們籠絡在自己的周圍。

路易十三時代在巴黎附近的一塊沼澤地上所建立起來的王家狩獵行宮，常常勾起路易十四對幸福童年的美好回憶。為了處理朝政，充分顯示其至高無上的王權，當23歲的路易十四接掌政權時，便決定在此大興土木，建造凡爾賽宮，5年後該計畫才真正付諸實施。在極富靈感的建築師路易‧勒沃、朱爾‧阿杜安‧芒薩爾和羅伯特‧德科特，與天才的園林建築師

左頁：金碧輝煌的「鏡廳」

最左邊圖：愛神維納斯大廳，身穿古羅馬甲胄的路易十四塑像矗立其間。

左圖：矗立在一組平均環繞且寓意深遠、幽默詼諧的人物塑像水池邊上的主體建築物。

下中圖：J.-B.圖比於1670年創作的「阿波羅噴泉」

安德列‧勒諾特爾，以及2萬多名工人的共同努力下，一座金碧輝煌、巍峨莊嚴的王家宮殿和配套園林設施終於一展新姿，並成爲全歐洲王家園林的典範。該建築工程整整持續了50多年時間，當路易十四首次踏入宮殿的教堂時，已是72歲的耄耋老人。

又過了近100年，即從1682年到1789年的法國大革命期間，凡爾賽宮一直是法國國王的官邸。太陽王的繼任者路易十五爲了結交更多的知心朋友，讓工人們在巨型的「特里亞農宮」旁建造了一座玲瓏別致的宮殿，以及一些供王親國戚們居住的私宅。此外，他還擴建了花園，改造、修葺了園林設施。

路易十六在原有的主體建築上只進行一些局部調整，並爲其夫人瑪麗‧安托瓦妮建造了一座極富田園牧歌風格的人造村落—英國式花園，其中包括農舍、牛奶場、磨坊和鴿棚等。

「立體的詩篇，凝固的畫卷。」這是人們今天對凡爾賽宮的總體感悟。氣勢恢弘、壯麗輝煌的歐洲王家園林精品—凡爾賽宮是歷代法國君王的「權力象徵」。寬闊、筆直的林蔭大道通往拾級而上的主樓，一個對稱的由三個廂房構成的「側翼」擁有三個階梯狀的庭院，它在無數巴洛克風格的宮殿中屢屢被人

模仿，但規模卻要小得多—此風在德國「小公國」的諸侯中尤其興盛。在宮殿後面是一個風景如畫的王家花園，其人工水渠、亭台樓閣和叮咚泉水，更襯托出宮殿的巍峨壯麗。它是詩、是畫，更是一首歌，給人以寧靜安逸和回歸自然的親和感，令人流連忘返、心曠神怡。這如歌的「畫卷」與藍天、綠地、碧水交相輝映，組成一幅風光旖旎、色彩斑斕的「風景畫」。宮殿與園林相映成趣，相得益彰，人們恍若遁入了瑤池仙境、世外桃源。君主們不僅統治著其臣民，而且還統治著法國花園的典範—凡爾賽宮花園中呈對稱幾何

形狀的，美妙絕倫的園藝世界。

凡爾賽宮最著名的內廳當屬由夏爾‧勒布倫佈置的豪華長廊「鏡廳」。17面鏡子安裝在幾乎及地的17扇圓肚窗正對面，散發出一種似夢似幻的光澤，「鏡廳」即由此而得名，它是路易十四在內依梅根和平後令人建造的，1678年的這一和平確立了他在歐洲的霸主地位。

「鏡廳」是文武大臣們拜見君王的朝見地，卻很少在這裏舉行慶典。普魯士國王威廉一世於1871年打破了這一戒律，在鏡廳舉行了隆重的加冕儀式：在普法戰爭勝利後，他在這裏宣佈自己成爲新興的德意志帝國的皇帝。第一次世界大戰失敗和威廉帝國壽終正寢之後，這裏成爲《凡爾賽和約》的簽約地。

布列吉特‧拜爾
（邵靈俠　譯）

凡爾賽宮和花園

文化遺產：國王的官邸和宮殿教堂；大力神海克力斯大廳；綴有繽紛石膏花飾的著名戰神瑪爾斯大廳，該石膏花飾描繪了路易十四策馬揚鞭、衝鋒陷陣的場景；二樓西側73公尺長的鏡廳是歷代王后的居室；路易十六的歌劇院和圖書館；擁有巨型人工水池、拉托納及阿波羅噴水池、巨型大理石臺階和巴洛克式花廳的園林設施。

所屬洲：歐洲

所屬國：法國

地　點：凡爾賽，巴黎南部

列入名錄年代：1979年

意　義：法國國王路易十四至路易十六的官邸。幾百年來一直是歐洲王宮的典範。

大事記：

1610-1643年　路易十三年代，小規模宮殿。

1643年　路易十四登上王位。

1661年起　路易十四時期，由園林建築師勒諾特爾、建築師勒沃和宮廷畫師勒布倫合作，對小型宮殿和花園進行修葺、改建。

1699-1710年　建造宮殿教堂。

1715年「太陽王」路易十四去世。

1722年　路易十五（1710-1774年）把凡爾賽宮改造成官邸。

1733-1746年　由宮廷畫師勒莫安在大力神海克力斯大廳的穹頂上描繪壁畫。

1770年　歌劇院竣工。

1833-1837年　按照國家博物館的標準進行翻建。

1919年6月28日　在「鏡廳」簽署《凡爾賽和約》，結束了第一次世界大戰。

高盧人的羅馬

阿爾勒古典浪漫的羅馬文物古蹟

阿爾勒古典浪漫的羅馬文物古跡
文化遺產：古羅馬遺址，譬如古羅馬競技
場、橢圓形露天劇場、古羅馬劇場、地下
儲藏室的隱蔽門廊、康斯坦丁大帝的溫泉
浴場，以及隱匿在中世紀城牆裏的浪漫傑
作——聖·特羅菲姆大教堂。
所屬洲：歐洲
所屬國：法國（普羅旺斯）
地　　點：阿爾勒，在勒恩河入海口支流的
一個岔口上
列入名錄年代：1981年
意　　義：古典時期和中世紀城市建築學和
諧統一的重要範例之一
大事記：
西元1世紀　創建阿雷拉特城（西元前46
年），建造橢圓形露天劇場（萊斯·阿雷納
斯）和古典劇場（古羅馬劇場）。
150年　古羅馬競技場（羅馬競技場）
3-12世紀　古羅馬和早期基督教墳場阿呂斯
堪普斯
308年　康斯坦丁大帝的國都
11-12世紀　建造羅馬式藝術風格的大教堂
聖·特羅菲姆
1888-1889年　文森·梵谷（1853-1890年）
的藝術創作時期，以及以《阿爾勒吊橋》
系列出名的油畫《拉博第爾大橋》。

古典時期，普羅旺斯城將自己從名不見經傳的「凱爾特-利古裏亞商貿集散地」發展成爲古代世界貿易中心，期間店鋪林立，商賈雲集，車水馬龍，熱鬧非凡。人們把這一繁榮的景象歸功於尤利烏斯·凱撒，而絕非一些微不足道的小人。凱撒把該城變成與其對手龐培進行軍事抗衡的大本營，當時龐培得到了馬賽人的鼎力支持。戰爭勝利後，凱撒命令自己第6軍

然能從兩條街道的走向上辦認出昔日的繁榮和滄桑：東西縱向爲呂埃·德勒卡拉德大街，南北橫向爲德維萊飯店大道。儘管當時國內權力爭奪激烈，但阿爾勒仍然聲名遠播。特別是在後古典時期，人民安居樂業，社會財富迅速增長；康斯坦丁三世——西羅馬帝國的皇帝選擇阿爾勒作爲自己的國都，並在市中心讓人爲自己建造了一座帶有巨型溫泉浴場的寬敞雅致、

在橢圓形露天劇場中進行的古羅馬鬥士
之間的血腥互搏場面早已成爲歷史。現在取
而代之的是鬥牛，以及挑撥動物互相搏鬥。

團的部分老兵退役，定居阿爾勒。這座後來演變爲羅馬人移居地的城市，即尤利婭·帕泰爾納·阿雷拉特·塞克斯湯諾烏姆城，在短短幾十年時間裏，經歷了一段出乎意料的繁榮鼎盛時期，並取代馬賽成爲該省份最重要的經濟中心。其間，阿爾勒大興土木，基礎設施日臻完善，樓宇殿堂拔地而起：寺廟、戲院、溫泉浴場、競技場、橢圓形露天劇場、凱旋門、石子街道等，不一而足。當時還誕生了所有城市公共建築的特徵標誌，根據羅馬建築工程師維特魯威的觀點：只有其建築確立了自己特有的特徵標誌，才可能成爲一座真正的羅馬城市。維特魯威編纂的《建築十書》成爲古典建築學唯一的教科書。

當時的作家們把這個擁有大約10萬人口的城市讚譽爲「高盧人的羅馬」。在泛黃的古老地圖上，人們仍

富麗堂皇的王家宮殿。

現在，康斯坦丁大帝溫泉浴場的牆基還依稀可辨，但許多豪華的建築物往往讓人回憶起昔日輝煌的羅馬，譬如規模宏偉的橢圓形競技場，當時就坐落於現在城門前的「萊斯·阿呂斯堪普斯」墳場上，當阿呂斯堪普斯墳場的石棺在白楊樹的遮蔽下，散發出縷縷寧靜和憂鬱的氣息時，那些在中世紀後陸續建起房屋的橢圓形競技場舊址，現在仍然與古典時代一樣，成爲吃喝玩樂的場所。當西班牙鬥牛士們飲下摻進競技場沙塵的祭血時，人們肯定會回憶起古羅馬神鬼戰士們你死我活的血腥殺戮場面：這一爲市民們所津津樂道的競技活動最終被廢除了。

古典時期的歷史遺跡可從地下發掘出來，碩大、精緻的秘密穀倉門廊給人以無限的遐想。還有那知名

第13號

最左圖：文森·梵谷於1888年創作的油畫《阿爾勒吊橋與洗衣婦》

圖：古典劇場被中世紀的建築師們當作採石場，但人們卻非常願意寬恕他們⋯

上圖：聖特羅菲姆大教堂十字形迴廊中的柱頭用極爲豐富的表現手法描繪了「舊約聖經」跟「新約聖經」的情境

左圖：⋯他們就是如此這般地創造了美侖美奐的聖特羅菲姆大教堂，其中輝煌的藝術傑作就是這扇主大門，它用細膩流暢的浮雕將「末日審判」故事情節刻畫的惟妙惟肖、栩栩如生

的古羅馬劇場，它因法國作家古斯塔夫·福樓拜的《包法利夫人》（1857年）而一舉出名，並吸引了衆多的參觀者。福樓拜曾經抗拒了一次女色的誘惑：「妓院位於該劇場的對面，然後，我與一位來自妓院的風塵女子搭訕，但卻沒有隨其進入閨房，我不願意因此破壞這種詩情畫意般的美好意境。」

在中世紀，該劇場還被當做採石場，其石料用於建造聖·特羅菲姆大教堂。該教堂的建築師們缺乏保護古典文化的意識，卻採用羅馬式建築藝術風格，建造了一座美輪美奐的神聖教堂，奉獻給阿爾勒城的信徒們。大教堂的十字形回廊和西大門是眞正的藝術精品，其石板上鑴刻著一幅幅描寫有關聖經故事的浮雕：約瑟夫的夢境、基督出世、貝特萊姆殺戮孩子、耶穌手裏拿著蓋有七個戳記的書簡、遭詛咒的小人被打入十八層地獄歷盡磨難⋯⋯雖然西大門的藝術風格耐人尋味，但外表卻顯得十分陰森可怕。印象派大師文森·梵谷認爲，阿爾勒的旖旎風光，以及普羅旺斯璀璨的燈火尤其令人振奮和神往。因此，他在短時間裏創作了幾百幅油畫，這些畫意境高遠雋永，具有很高的藝術欣賞價值。總之，一部缺少了梵谷的《向日葵》、《波濤起伏的莊稼地》、《柏樹》，或者著名的《阿爾勒吊橋》等作品的藝術史，是不可想像的，其藝術欣賞價值將大打折扣。

拉爾夫·內斯特邁爾
（邵靈俠　譯）

世界上最漂亮的「水管」

古羅馬的高架渠道——加爾橋

　　「在這裏，我見到了只有在夢幻中才能一見的奇蹟，為此，我的心靈深處受到了強烈的震撼，甚至在古羅馬的大競技場前，我也未曾有過如此的感覺。」隨筆作家和小說家司湯達——今天，他被推崇為19世紀法國最有影響的作家——在參觀了加爾橋之後，充滿深情地娓娓道來。他深有感觸地在其旅遊日記中寫道：「加爾橋匠心獨運，令人神往，完成這一精美傑作必然要耗費當時的所有人力、物力和財力。站在風景如畫的高架渠——加爾橋前，似乎聽到了一曲從遠古傳來的莊嚴樂章，相比之下，我顯得格外渺小，它是上帝賜予的出類拔萃建築藝術精品。人們在讚美其高峻、雄奇和精妙絕倫之後，對當時的君主斥鉅資興建加爾橋驚歎不已。」

　　興建加爾橋到底耗資多少，迄今無法查證。據傳

說，為完成這座莊嚴、雄偉的古羅馬高架渠，至少有1,000人辛苦工作長達3年時間。三層橋拱系列高達49公尺，橫跨加登河。用於造橋重達6噸的方形石材必須精確地切割，以便石材準確無誤地相互疊壘，並透過其相互之間的作用力使橋樑更加穩固。因此，用於粘連石材的灰漿在這竟無用武之地。橋拱寬度從中間開始向兩旁不斷變窄，這一構思獨特的建築結構使加爾橋更加雄偉穩健。此外，這些略帶弧形、變化有致的橋拱，在春天加登河水上漲的季節，還兼具洩洪的功能，使加爾橋能夠更安全地承受洪水的衝擊。

加爾橋只是一條長約50公里的高架渠中的一段，該高架渠提供古羅馬大都會尼姆城清潔的飲用水，今天它以「佩里」的美名而著稱。該飲用水發源於烏茲附近的奧勒泉。這項無與倫比的工程具有很高的藝術和實用價值，觀賞性強，令人回味無窮。為了使渠水暢通無阻，羅馬人充分利用位於塞文山脈邊緣的泉眼與尼姆城之間高達17公尺的落差，即每公里只有34公分的落差，從而使清澈的泉水汩汩流入尼姆城。

為了保持這種落差，高架渠必須繞過崇山峻嶺，甚至開鑿隧道，以避開7條河谷天塹。特別困難的工程是跨越萬丈深淵的加登河谷，根據虹吸原理，泉水應該在一個「巨大的顛倒的虹吸管裏」穿越河谷，當然水渠必須用石板緊密覆蓋，以便產生必要的水壓，保證虹吸效果。當時，高架渠每天提供古羅馬大都會尼姆城2萬多立方公尺的水量，以滿足公共浴場、私人浴室和公共蓄水池的巨大耗水量。直到20世紀初，尼姆城才建起了一個具有同樣規模的供水系統。「在建築領域，古希臘人疏於研究，缺乏重視；而古羅馬人卻表現出深謀遠慮、高瞻遠矚的前瞻意識，如在修築街道、水渠、陰溝等方面便可

見一斑。」雲遊四方的希臘歷史學家、地理學家斯特拉博如是說。面對加爾橋，人們不得不贊同《地理志》作者的觀點。該書收集了古典時期來自日爾曼尼亞、大不列顛、亞洲和非洲的旅行見聞，並裝訂成數冊。

儘管加爾橋在美學上魅力無窮，但它仍然是一座實用性極強的建築。從現場看，無數曾被用於加固的建築石材仍零亂地堆砌在橋墩旁的河床上，以備將來修葺時使用。

加爾橋取自天然的石材構築而成，可謂天然去雕飾，平凡而偉大。因此，橋樑沒有任何雕飾花紋和銘文。該水渠直到18世紀上半葉才進行第一次建築工程改造，當時把下面兩層的橋面拓寬，以便成為可供馬車行駛的橋樑。這次改造幸好沒有破壞加爾橋與河面所形成的絢麗光學視覺效果。在午後和煦的陽光下，拱橋與波光粼粼的河面交相輝映，閃爍著一道道迷人的金光，儼然是一件剛剛出爐的羅馬人藝術品，神聖絢爛，妙不可言。

拉爾夫・內斯特邁爾
（邵靈俠　譯）

第14號

左頁：在擁有獨特圓拱形的加爾橋下，河水滔滔向前。人們普遍以為在石頭之間無法用灰漿固定的情況下，石橋仍能屹立不搖、穩如泰山，這是世界建築史上的一大奇蹟。從1944年起，為了保護文物古蹟的考量下，禁止遊客登上加爾橋

左圖：在十八世紀，下層被拓寬成為高架橋。H・羅伯特的這幅畫作展現了1787年加爾橋那雄健、莊嚴的迷人風采

古羅馬的高架渠──加爾橋
文化遺產：橫跨加登河谷的三層高架水渠高達49公尺、長約275公尺。下層有6個寬度為15至24公尺的圓拱，中間層有11個圓拱，上層有35個小圓拱。它們承載著深1.45公尺、寬1.22公尺的密封水道。
所屬洲：歐洲
所屬國：法國（普羅旺斯）
地　點：尼姆城的東北部
列入名錄年代：1985年
意　義：羅馬建築藝術中的一件瑰寶
大事記：
西元前1世紀　受奧古斯都皇帝的女婿和高盧人的統治者馬庫斯・維珀斯安紐斯・阿格里帕的委託，開始斥鉅資建造。
5世紀　部分坍塌
18世紀中期　拓寬下層，變為高架橋
19世紀　在拿破崙三世執政時代進行修葺

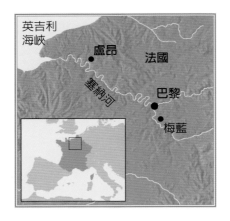

英吉利海峽
盧昂　法國
塞納河
巴黎
梅藍

博物館和古蹟——西方國家的文化遺產

巴黎蘇利橋和第納橋之間的塞納河沿岸的迷人風光

1843年，當弗里德里希·黑貝爾在法國巴黎居住長達三個月後，他用既興奮又沮喪的心情，表述了在巴黎的矛盾心態：「巴黎是一座美麗的城市，又是一個色彩斑斕的花花世界。人們無法在世界其他地方尋覓到這樣一個城市，有如此眾多的藝術瑰寶歡聚一堂。如果你想瞭解世界上的一切事情，那麼巴黎就是你的最佳選擇。當然，眾多藝術精品也會使你眼花繚亂，失去耐心。」一個半世紀過去了，世事滄桑巨變，但他的感觸和見解依然切中要害，受到普遍認同。在巴黎市中心，文化藝術精品薈萃，宛如一隻五光十色的「百寶箱」，組成了一個天然的文化藝術博物館，這是西方國家的文化遺產，也是世界藝術的瑰寶。在塞納河畔，宮殿和教堂以其華貴絢麗的外表，莊嚴肅穆的雄姿，與現代建築藝術交相輝映，構成了

一幅生機勃勃的生活和藝術畫卷。在這背景下，無數
遊客置身其間，但他們只不過充當了跑龍套的角色。

　　現在，巴黎到處都是歷史文物古蹟：河中的聖路
易島和西岱島是巴黎古代文明的搖籃，早在2000年
前，人類就在此生息繁衍；而今天，這裏卻出現了翻
天覆地的變化，新事物和新景象層出不窮。早期凱爾
特人把自己的居住地選擇在塞納河的支流邊，而現在
那裏的地價和房租早已處於世界的領先水準。在巴黎
聖母院的廣場上，國家級水泥公路和公路標誌牌依稀
可見。離廣場一箭之遙處，中世紀的塔樓和看門人的
小屋掩蓋了吃人大革命最黑暗的歷史。大約在200年
前，人們在這裏用斷頭臺的「鮮血洪流」換來了資產
階級的自由。

　　在蘇利橋和第納橋之間共有23座橋樑橫跨塞納

榮軍院，拿破崙一世的安息之地。

第15號

左頁：金光閃閃的鍍金雕像雄偉壯觀地
聳立在夏佑宮的兩側台階上，並且凝視著艾
菲爾鐵塔，頻送秋波。艾菲爾鐵塔是1889年
巴黎世界博覽會的標誌性建築

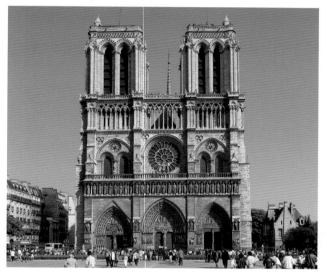
巴黎聖母院，法國最後一座早期哥德式大教堂。

新橋，巴黎現存最古老的塞納河大橋。

河，沿著塞納河順流而下直到西岱島，一座座橋樑把
兩岸具有悠久歷史的藝術瑰寶緊密地連接，似縷縷絲
線將顆顆珍珠串聯起來。羅浮宮和奧塞現代博物館的
展廳及收藏庫，完好地保存著世界上眾多價值連城的
真跡和原物，其中包括具有悠久歷史和來自重要藝術
派別的一些代表作品。「誰能就看到的一切為自己作
出圓滿的詮釋呢！」黑貝爾在羅浮宮裏莊嚴宣佈。
「那麼，我就在最古老的遺產中漫步、徜徉，這種悠閒
自得的漫步能夠與逝去的千年和傑出的現代作品相交
流。對此，跨上凱旋的戰車駛向歐洲大陸的拿破崙可
以作證。」

　　事實上，巴黎市區美麗的市容市貌和旖旎風光都
凝結著歷代君主和勞動人民的智慧和汗水，但主要還
應歸功於深謀遠慮的拿破崙及其繼任者們，他們領導
了一場聲勢浩大的「建城革命」。歷史車輪滾滾向前，
留下了舉世驚歎的藝術瑰寶——從羅浮宮穿越杜利伊
花園，經過「協和廣場」以及香榭麗舍大街，一直到
拿破崙的「凱旋門」——而喬治·歐仁·奧斯曼男爵
林蔭大道和大型環城公路的各類設施更使沉積著悠久

文化底蘊的巴黎錦上添花。此後，分別於1878年、
1889年和1900年召開的世界博覽會，進一步促使塞納
河沿岸及其橋樑不斷更趨完善，逐步成為建築藝術的
精品。當時建造的大王宮和小王宮，以及為1937年第
四次世界博覽會專門在托加花園內建造的夏佑宮，與
艾菲爾鐵塔一起組成了一幅雅緻、洗鍊、多姿多彩的
立體藝術畫卷。自從拿破崙決定在「托加花園」和
「戰神廣場」之間的對角線上建造第納橋，以紀念耶拿
戰役之後，我們確實應該由衷地為具有遠見卓識的拿
破崙喝采。距今最近的一次城市改造主要針對未來城
區第凡斯中的「大公避難所」，它應該搬出內城，因為
巴黎這個大都會的市中心被開闢為完善的文物保護
區，雖然部分不相稱的建築物已經搬遷或者拆除，但
還不得不容忍一些與周圍景觀不協調的建築物，譬如
1989年在拿破崙庭院中建立起來的玻璃「金字塔」，其
高度超過了羅浮宮的正門。

烏韋·安霍伊澤
（邵靈俠　譯）

巴黎蘇利橋和第納橋之間的塞納河沿岸的
迷人風光
文化遺產：在蘇利橋和第納橋之間的塞納
河畔，保存著舉世公認的建築藝術瑰寶，
譬如艾菲爾鐵塔，一座由15,000個零件組
成，重達7,500噸的金屬結構物；大王宮和
小王宮、波旁王族宮殿、五堂大教堂巴黎
聖母院、擁有40餘萬件展品的羅浮宮博物
館、奧塞現代博物館、新橋、擁有盧梭方
尖石碑的協和宮殿、香榭麗舍大街和杜利
伊大花園。
所屬洲：歐洲
所屬國：法國
地　點：巴黎
列入名錄年代：1991年
意　　義：根據奧斯曼計畫，給路易十四之
前的文化中心注入現代化的浪漫氣息，它
是古今建築藝術合璧的成功典範。
大事記：
西元前52年　成為羅馬人的移居地路特
1163-1330年　建造巴黎聖母院
1180-1210年　建造城牆
1430年　英國亨利六世在巴黎聖母院加冕為
法國國王。
1607年　新橋舉行落成典禮。
1793年　將羅浮王當時的府邸改建成博物
館。
1804年　拿破崙一世自己加冕為皇帝。
1809-1891年　喬治·歐仁·奧斯曼男爵，
拿破崙三世的行政長官是改造的「天才」。
1831年　維克多·雨果的著作《巴黎聖母院》
出版。
1864年　整修一新的巴黎聖母院重新舉行落
成典禮。
1887-1889年　建造艾菲爾鐵塔
1993年　羅浮宮的黎塞留教堂正式對外開
放。

「極樂山」附近的昂貴投資

中央運河

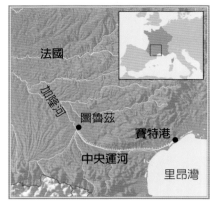

以前，商人要支付昂貴的運輸費用。今天，法國的業餘船長們都可以駕駛遊艇在運河上「兜風」，飽覽兩岸秀麗的湖光山色。

　　在尼拉船閘處，世界似乎走到了盡頭。儘管「兩海之間的高速公路」在僅距船閘1千公尺處蜿蜒伸展，但點綴其間的小村落在茂密的森林和碧綠草地的映襯下顯得格外靜謐。

　　村落瓦舍儼然，其倩姿麗影倒映在波光粼粼的中央運河上，組成一幅風光秀麗的水墨畫。

　　自古以來，流淌在法國中央山脈與庇里牛斯山脈之間的中央運河發源於「洛里開」，即多羅斯盆地。在「兩海之間的陸地」上，其著名的制高點附近聳立著要塞蒙特菲朗特村，它的城門和堅固的防禦城牆是古典時期文化遺產的傑出代表。在這條古老的貿易交通線路上，人們設置了「埃利塞杜蒙」和「極樂山」兩個公路站點，因為商人們經過這條貿易線路耗費巨大，所以該石子公路被看做是費用昂貴的交通線路。例如，葡萄酒商人每運輸一瓶古希臘的雙耳陶罐酒必須繳納6個第納爾。因此，古羅馬人試圖開闢一條連接地中海和比斯開灣的水路航線，但水資源缺乏是阻撓古運河工程的最大阻礙。

　　在蒙特菲朗特邊境地區，中央運河橫穿地中海和大西洋之間194公尺高的分水嶺。來自附近黑山地區的

溪流——蒙塔尼・諾伊爾——在這個「瑙魯澤的門檻」上匯聚成一個環狀的水庫，並從其源頭向兩邊順流而下，灌溉下游廣袤的良田。在瑙魯澤水庫及其支流上，安裝著古老的抽水站，它是蒙特菲朗特大洋船閘上運轉良好的古代文物。一塊高聳的紀念碑讓人想起了天才的皮埃爾・保羅・里凱——中央運河的「精神之父」。里凱注意到，在蒙塔尼・諾伊爾，水流大約一半流向東面的地中海；另一半流向西面的大西洋。他

為此籌畫了一項長期的供水計畫，並為建造運河草擬了工程藍圖。由於其計畫和藍圖深得托羅塞主教的賞識，主教便設法讓法國經濟和財政部長雷・巴蒂斯特・科爾貝為里凱開出修築運河的許可證，以支持這項恩澤萬代的水利工程。在這項水利工程中，國王路易十四全力支持建築專家里凱，他把未來運河即將流經的采邑地稅收包括鹽稅悉數交給里凱用於水利工程。

　　為了完成這項宏偉浩大的水利工程，成千上萬的勞工夜以繼日，辛苦勞動長達10餘年。其間，勞工們劈山挖土，讓高山低頭、岩石讓路，共建造了64座橢圓形水閘和近百座橋樑，至今它們留著其原有的風貌，並繼續發揮其應有的作用。里凱為這項水利工程嘔心瀝血，並耗盡了自己的所有財產，然而卻沒有親眼目睹運河的落成。但其未竟的事業後繼有人，並且卓有成效，繁榮昌盛。運河建成後，大大縮短了航距，降低了運輸成本。以前的海上航運都必須繞過伊比利半島，現在便捷了。從此，里凱的繼承人從中央運河的船隻稅收中獲得了巨額財富，直到1792年，革命政權才收回他們的控制權。

　　幾年後，拿破崙創建了「南方公司」，並宣佈運河為國家財產，以便讓其巨額的收益上交國庫。1856年，各地經濟繁榮、貿易頻繁，運載量倍增，全年共有10萬名乘客和1.1億噸貨物通過運河進出。今天，只有少量旅遊船悠閒地從一個船閘開到另一個船閘。直到19世紀中葉，這條被譽為「法國南部小舟」的中央運河仍然被世人看做是世界上最偉大的技術奇蹟，它甚至越過加隆河，把地中海和大西洋連接起來。但這

條變化無常的河流往往隱藏著殺機，所以在19世紀開挖加隆河支渠時，有意將其作為中央運河的延伸段。最近，「兩海之間的通道聯盟」極力主張建造一條能夠行駛大型遠洋輪船的新型大運河。

烏韋・安霍伊澤
（邵靈俠　譯）

第16號

最左圖：沿著中央運河航行，兩岸風光旖旎，景色如畫。寧靜溫馨的港灣，就像阿格達的港口一樣

左上圖：福賽朗船閘，即人工瀑布旁

左下圖：沿途兩岸無數的停泊點

中央運河

文化遺產：一條240.129公里長，2.25至2.50公尺深，沿途擁有328座運河建築的航運水路，是連接地中海和大西洋的「橋樑」之一；運河高架渠跨越奧普船閘，這樣就形成了福賽朗的7座船閘人工瀑布、隧道、高架渠、49個跨越河流和溪澗的運河導向裝置。

所屬洲：歐洲

所屬國：法國

地　　點：從埃姆勃拉齊碼頭（特羅塞）到安格勒斯碼頭（陶池塘）

列入名錄年代：1996年

意　　義：一條通往工業革命的商業性交通大動脈

大事記：

1609-1680年　皮埃爾・保羅・裏凱，中央運河工程的總建築師

1663-1664年　向國王鑒定委員會提出建造中央運河的建議

1664年11月　在蒙塔尼・諾伊爾的側翼準備建造運河支流，並進行運河幹流線路的測量。

1667年　開始動工建造中央運河

1676年、1679年和1682年　以檔次的形式強制推行車主服徭役制度。

1686年　路易十四委託要塞建築師塞巴斯蒂安・普雷斯特・沃邦（1633-1707年）設計跨越49條河流和溪澗的運河高架渠。

1687年　排乾運河水

1688-1689年　確立來自附近地區的運河勞工地位

1694年　完成了計畫規定的工程項目

1858年　建造奧普交叉高架渠

歷史要塞：卡爾卡松城堡

文化遺產：周邊由兩堵完整的圍牆環繞、
體現中世紀風格的城堡，包括52座塔樓、
孔塔別墅、80×30公尺的伯爵宮殿，組成
了「堡壘中的堡壘」；古老羅馬式風格的
聖‧納澤爾廳式大教堂，其玻璃窗上描繪
的「耶西樹」和「生命之樹」屬於法國南
部最美麗的窗戶，建於13世紀的聖‧米歇
爾大教堂。通過納博訥港口和奧德港口，
可以進入舊城（上城）的入口。

所屬洲：歐洲

所屬國：法國（奧德）

地　　點：卡爾卡松

列入名錄年代：1997年

意　　義：仍然完好地保存著中世紀獨特風
格的歐洲最大城堡

大事記：

西元前122年　加固羅馬的奧庇多姆‧卡爾
卡索

460年 成為西羅馬帝國的一部分

725年　被薩拉遜人佔領，並改名為卡爾斯
克魯納

759年 被矮子丕平率領的法蘭克人佔領

1069–1130年　建造羅馬式風格的聖‧納澤
爾大教堂

1082–1209年　深受特倫卡維爾的馮‧阿爾
比子爵、卡爾卡松、貝濟耶和尼姆王朝的
影響

1209–1218年　被西蒙‧德蒙福特的東征十
字軍佔領

1229年 落入國王路易八世手中

1269年 由羅馬教皇于爾邦二世主持聖‧納
澤爾大教堂的落成典禮

1320年　按照朗格多克哥德式風格改建的
聖‧納澤爾大教堂

1355年 摧毀新城巴斯蒂德‧聖路易

1803年 聖‧納澤爾失去了大教堂的地位

1849年 重建聖‧納澤爾大教堂

電影佈景都難以演繹其美的眞諦

歷史要塞：卡爾卡松城堡

俯瞰歐洲保存最完好的中世紀最大城堡，令人歎為觀止。

古老的卡爾卡松城堡及其壁壘森嚴的城牆昂起高傲的「頭顱」，俯瞰著奧得河河谷。面對卡爾卡松要塞的城牆，人們恍若置身於中世紀。杜巴杜爾人在一首英雄讚歌中，把美麗漂亮的巾幗英雄卡爾卡斯隱喻為堅強不屈的城牆。人們認為，即使是好萊塢攝影棚裏的美工人員，也無法營造出卡爾卡松城堡那獨特而富有夢幻色彩的迷人意境！

城堡冠名為卡爾卡松，據說引自一部電影《刀與劍》的部分故事情節：與薩拉遜國王巴拉克有著曖昧關係的女子卡爾卡斯在被卡爾大帝的軍隊圍困長達幾個月後，急中生智，想出了只有電影中才能見到的妙計。她把城堡內惟一的一頭豬用糧食餵得腦滿腸肥，然後將它拋向城堡外的敵人，霎時豬的腹肚崩裂，肝腦塗地，滿腹穀物狼藉一地。對此，敵軍不禁愕然，城堡的主人必定儲備了用之不竭的糧食。因此，卡爾大帝及其軍隊放棄了徒勞無益的圍困，沮喪地悄然撤退。智勇雙全的卡爾卡斯奏響了勝利的號角：卡爾卡斯之歌。

卡爾卡松城堡是保存最完好歐洲最大的中世紀要塞，兩堵冠以城垛的圍牆以及無數的塔樓環繞著巨型建築群。如果誰進入這高翹的大門，在某種意義上可說是一次時光之旅。人們恍若步入時光隧道，躑躅於中世紀的神聖殿堂。那裏遊客稀少，甚至旅遊紀念品商店、畫廊、餐館和咖啡屋也少得可憐，只有在傍晚或者清晨的幾個小時裏，鋪著鵝卵石路面的小巷才顯示出原有的嫵媚。在12世紀，卡爾卡松城堡經歷了黃金時代，特倫卡維爾的主人們有計劃地繼續擴建城堡，修築了聖‧納澤爾大教堂，其哥德式的玻璃窗聞名於世。此外，還誕生了壯麗輝煌的「堡壘中的堡壘」——孔塔別墅。儘管高牆壁壘森嚴，但卡爾卡松的居民們在1209年8月對東征十字軍的阿爾比戰役中，由於受圍困長達12天，烈日炎炎，缺水少糧，同時瘟疫爆發，不得不棄械投降。

幸運的是，該城只遭到侵略者的搶劫，卻沒有被洗劫一空，因為它被勝利者的統帥西蒙‧德蒙福特選為自己的官邸。幾十年後，法國國王聖路易讓人在該城週邊再修築第二道城牆，從此，卡爾卡松城堡便形成了其獨特的「剪影」。在1659年後，簽訂《庇里牛斯山脈條約》，它作為防

路易九世命人在城牆外圍再擴建一道圍牆。

禦加泰隆的邊界要塞的戰略意義喪失殆盡，卡爾卡松城堡漸漸被人們遺忘，直至出現坍塌。19世紀中葉，人們甚至想拆除該建築，但法國歷史文物總監普羅斯珀‧梅里美下令停止實施拆除計畫。在著名建築師和飯店老闆歐仁‧埃馬紐埃爾‧維奧萊勒公爵的大力支持下，當地唯一的考古學家讓‧皮埃爾‧克羅梅萊維爾成功地讓城堡重新煥發出哥德式建築藝術風格的迷人風采。

那些受託修繕大教堂的飯店老闆們，偶爾也會在其原有的基礎上繼續發揮自己浪漫的豐富想像力：在中世紀空白的地方，他們增添了尖尖的塔樓和城垛，從而使其更加豐滿、嫵媚，當然這應該以不損害原有的風格為前提。總之，他們的義舉充分表明，歐洲人開始頓悟和覺醒，並對自己悠久歷史和燦爛文化的根源備加關注。維奧萊勒公爵及其同仁們看到了卡爾卡松城堡哥德式建築中充分體現出來的中世紀鼎盛時期歐洲文化的博大精深。

拉爾夫‧內斯特邁爾
（邵靈俠　譯）

第17號

左圖：古老的橋樑以其美麗如畫的橋拱從城堡的一側橫跨奧德河

成為「堡壘中的堡壘」，孔塔別墅絕對引人注目。

洋溢著羅馬建築藝術的古韻

亞琛大教堂

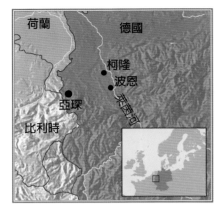

亞琛大教堂
文化遺產：擁有加洛林王朝行宮小教堂的
亞琛大教堂
所屬洲：歐洲
所屬國：德國（北萊茵-威斯特法倫州）
地　點：亞琛市中心
列入名錄年代：1978年
意　　義：宗教經典建築學中完美的典範之
一，是到施陶芬王朝時代為止的宗教藝術
精美絕倫的唯一見證。
大事記：
8世紀　在卡爾大帝執政時期建造的行宮小
教堂
813-1531年　神聖羅馬帝國的32位皇帝在此
加冕
935年之後「卡爾大帝的皇位寶座」
從1215年起　卡爾大帝的遺骨在一個鍍金的
卡爾神龕中安息
1350年　在行宮小教堂附近擴建一座塔樓
1355-1414年　擴建聖壇
1664年　在行宮小教堂上搭建一個巴洛克藝
術風格的穹頂裝飾建築
1719年　繼續推行巴洛克建築風格
1879年之後　在歷史主義思想意識的影響下
進行藝術改造
第二次世界大戰期間遭戰爭破壞
直到1966年　進行全面修繕
直到2000年　解決靜力學難題，譬如聖壇的
傾斜

經過幾個世紀的滄桑歲月，亞琛大教堂
從原來的行宮小教堂發展成為給人印象深刻
的城市建築群，它與這座雄偉壯麗的大教堂
相得益彰、和諧共存。

第18號

卡爾大帝在其根深蒂固的帝國興旺觀念中，首先讓加洛林王朝的文藝復興藝術——「古典時期的神話」重新復活。從此以後，中央建築佈局那永恆、雅緻的風格影響了亞琛行宮小教堂的中央八角形建築群周圍的樓層。這個新的「西羅馬帝國的凱撒」——卡爾大帝將其府邸和加冕地設置在一個微不足道的古羅馬溫泉浴場的舊址上。

顯而易見，這個法蘭克帝國的中心是連接羅馬帝國傳統文化的起點。從此，法蘭克地區的建築風格雛形初顯，自成一派——木質的教堂中廳和用木柵欄加固的土坯牆。現在，這種傳統建築風格面臨著新的挑戰，即通過一種指導性的建築規範，對繼續發展「日爾曼民族古典時期」的建築風格進行新的詮釋。在尋找一種合適的古典時期的範例中，法蘭克王國的國王——未來的皇帝和天主教羅馬的第一個保護者卡爾，把自己看做是西羅馬帝國日爾曼人攝政王的繼承者。施蒂利科、阿拉里希和偉大的特奧德利希都是其學習的榜樣。亞琛把自己看做是歐洲國家的雙重中心，其石制的建築古蹟及命中註定的地位應該歸功於卡爾大帝的建築師們用聰明才智創造的奇蹟：他們按照嚴格的要求，通過深思熟慮把不同的主題在「復古」中加以統一完善。卡爾大帝手下眾多頭腦靈活、經驗豐富的建築專家，從拉維那宏偉壯麗的圓頂教堂聖·維塔爾，即特奧德利希官邸的建築風格中獲得靈感，找到了建造亞琛行宮小教堂的「金鑰匙」。直到現在，聖·維塔爾教堂一直是拜占庭的中央主建築。它多少能夠讓人回憶起耶路撒冷的「墓地教堂」和古羅馬的「萬神廟」，它們都是經典建築學中不可多得的完美精品。

亞琛行宮小教堂是一座巍峨壯麗、精美絕倫的「保存聖人遺骨的小教堂」，內部廊柱林立，氣氛凝重，斑駁的石柱表面反映了所經歷的滄桑歲月。部分石柱肯定是來自羅馬或者拉維那的原物，至少是其流傳下來的「古董」。在古羅馬廢棄的道路上長途運輸石柱是一項極其艱難的工程，但這保證了所有的石柱都是正宗的羅馬貨……

不管它是否是正宗的原物，但整件事情與其說是超越了一個善意謊言的範疇，倒不如說是對「古羅馬」藝術作品的尊重。總之，這主要取決於當時的時代精神。卡爾大帝一開始就成功地確立了歐洲中世紀的主要行為規範，他本人、亞琛和其行宮小教堂的八角形建築物都成為「首個完整的古典時期復活的聖人遺物」。

行宮小教堂極富創造性的主題和構思被多次援引、改變和「磨光」，並且被神似的模仿。因為每一個時代都竭力留下自己的「名片」，所以僅僅在亞琛就出現了一種擁有1,000多年建築歷史的無與倫比的藝術成就。

從行宮小教堂發展成一座雄偉壯麗的大教堂後，整個建築群或多或少地「述說」了其發展演變的傳說和神話。當然，當時在位的最後一位德國皇帝也意識到這個石制的聖人遺物的藝術價值。

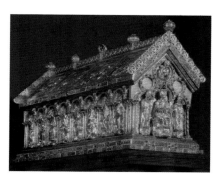

關於這個具有歷史意義的大理石建築的藝術價值，德皇威廉二世同樣也被這個昂貴的加洛林王朝遺產所震撼，貪婪地將其封閉，妄圖據為己有，並為加洛林王朝遺產中最卓越的藝術價值爭論不休。令人費解的是，這個皇帝竟然擁有如此想法：即把該大教堂升格為民族和國家的一個聖地。這種想法無疑與卡爾大帝的設想大相徑庭，也與亞琛大教堂作為歐洲重要文化遺產的地位相違背。值得慶幸的是，人們今天與亞琛大教堂仍有著密切的聯繫。

亨德里克·克爾斯登
（邵靈俠　譯）

鑲嵌著寶石的卡爾大帝半身塑像出自具有高超技藝的哥德式藝術風格的金匠之手，塑像內部藏著存放聖人遺骨的匣子。

上圖：大約出自1020年左右的聖壇，正面展示了耶穌基督端坐在皇位上，四周環繞著四個福音傳教士的象徵性標誌。

中圖：在鍍金的卡爾大帝神龕裡保存著他的遺骨。

下圖：在大教堂的中央大廳，也就是八角形建築中的巴巴羅薩燭台，直徑有4.2公尺。

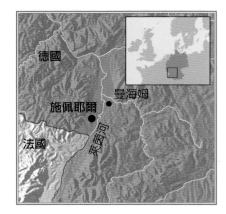

爲歷史主義辯護
施佩耶爾大教堂

施佩耶爾大教堂
文化遺產：聖·馬利亞和聖·斯特凡大教
堂，一個四層樓的大教堂，其別名為「皇
帝大教堂」，長133公尺，是德國最大的羅
馬式風格大教堂。
所屬洲：歐洲
所屬國：德國（萊茵蘭－普法爾茨州）
地　　點：施佩耶爾，位於流入萊茵河的施
佩耶爾支流河口
列入名錄年代：1981年
意　　義：具有羅馬式風格的神聖羅馬帝國
最重要的建築之一
大事記：
1030-1061年　在撒利安人國王康拉德二世
執政時期出現，自此，三個世紀以來一直
作為德國國王和皇帝的墓地。
1041年　安放棺木的廳堂式教堂地下室竣工
1082-1106年　在海因里希四世的統治下進
行改建
1689年　法國路易十四軍隊破壞部分教堂設
施
1772年　按照巴洛克藝術風格進行重建
19世紀中葉　尊重歷史原貌，重新對「西部
作品」進行佈局、設計，並進行內部繪畫
裝飾
從1957年起至今，一直採取措施保護文物

中圖：顯然藝術歷史學家威廉·平德並
非完全沒有道理，大教堂東側外觀猶如一艘
輪船的船頭，在大地上不停地向前航行

右圖：就在主跨廊的高高拱門上，保存
著十九世紀具有爭議性的壁畫

「這座巍峨壯觀的教堂中央大
廳仿佛一艘威武雄壯的戰艦，從西
向東進發，以便讓自己那金碧輝煌
的船頭撥正航向，直迎萊茵河的萬
頃碧波。」——在創建海軍艦隊的
1912年，藝術歷史學家威廉·平德
胸懷弘揚民族主義和愛國主義的高
遠志向，憑藉其獨特的富有震撼力
的時代藝術語言，向世人介紹了一
座教堂的建築藝術。除了該建築，
沒有任何東西可以替代德意志帝國

對整個世界的感悟，以及迄今為止
德國歷史上所發生的悲劇事件。
　　按照現代人的眼光，那時的建
築空間尺寸比例非常清晰、務實，
隱隱傳遞出一種隨和、簡樸而又神
聖的莊嚴氣氛。但是，在外城牆雄
偉壯觀的現代施佩耶爾大教堂中，
保留著讓人感到明顯痛苦的「真空
地帶」，這個時代異乎尋常地徹底
摧毀了其做禮拜儀式的原始功能。
總而言之，這座大教堂是一種持續
了幾百年之久的文物保護嘗試和紕
漏的結果。
　　「西方建築是對19世紀50年代
一種暗淡無光的復辟，因此其內部
的彩色花紋也令人不得其解。」這
種對古老藝術成就微不足道的獨特
偏愛，便通過上述言辭表達出來。

這位藝術史家平德甚至還可能故意忽視了卡爾斯魯厄的建築師海因裏希·許布施的批評意見，許布施既是一位歷史至上主義之父，又是一位純粹照舞先人風格的好鬥批評家。許布施爲施佩耶爾設計的像皇帝大教堂一樣的「西部作品」，是在幾乎絕望的情形下未完成的作品，這是代表當時建築風格的惟一實物檔案。 施佩耶爾大教堂的總工程師許布施終於發現，其圓拱式建築風格已逐漸展現出強勁的生命力。特別在剛剛興起的工業革命時期，新工藝、新材料和新方法層出不窮，掀起了模仿圓拱式建築風格的浪潮。

　　放眼望去，施佩耶爾的「西部作品」明顯透露出羅馬風格的古韻，儘管與中世紀沒有直接聯繫，但經過仔細觀察，仍然能夠隱隱約約地找到中世紀的痕跡。亮麗的赤紅砂岩預製板材構築成房屋門面，使之更加和諧統一，從而大膽地突出於其他的建築物體。歷史性的「西部作品」以醒目的立體建築語言表明：羅馬式建築藝術風格，實際上是古老德國建築藝術的寫照。

　　除了伊格納茨·米歇爾·諾伊曼之外，房屋門面巴洛克式風格的獨特折衷辦法，都必須屈從於這種雄心勃勃的建築計畫，對此沒有一個建築師例外。這種明顯有爭議卻能推動「文物保護」的決定應該引起重視，因爲被毀壞的教堂中廳橫樑具有卓越的巴洛克式風格，所以應該重建並保存下來。

　　在此期間，大教堂受到蹂躪，部分設施被炸毀，成爲政治衝突中悲劇性的文物犧牲品，其教堂建築多次遭到諸如此類的野蠻侵犯。只有寬敞的教堂地下室，由於它作爲撒利安人國王的墓地，才得到部分保護。德國皇帝大教堂的美名被法國騎兵的戰馬有意踐踏，因爲他們把這座古老的大教堂改爲馬廄和補給的倉庫。

　　第二次世界大戰結束後，國家掀起了一股「純淨和美化建築領域」的浪潮，把聯邦德國的教堂打掃或修葺一新。同時，現代感的白色牆壁被普遍接受，而古老教堂裏的大量繪畫裝飾將逐步死亡。憑主觀臆斷盲目地發掘羅馬風格的文化遺產，只能受到現代文物保護者的鄙夷，還有那發生於70年代的野蠻和罪孽，至今令人記憶猶新，痛心疾首。

　　當然，今天也無人能夠預言，現代的保護措施在幾十年後又會得到怎樣的評價！

亨德里克·克爾斯登
（邵靈俠　譯）

第19號

左圖：在國王的授意下，施佩耶爾大教堂高高聳立，並超過了周圍的樹冠。康拉德二世希望它成爲其統治下基督教團結、統一的象徵

左下圖：在大教堂的地下室，空氣中彌漫著一種特別神聖的氣息，人們置身其間彷彿步入了橫跨900年的歷史殿堂

在教堂的前地下室中，這塊浮雕反映了四位薩利安君王大權在握，神聖不可侵犯的模樣（約1480年左右）。

在教堂的前地下室中，人們還能夠找到哈布斯堡王朝的魯道夫一世（1218-1291年）的墓碑，也就是後來所有哈布斯堡家族的祖先。

精通聖經的爵士樂在建築藝術上的完美演繹

聖地教堂「維斯」

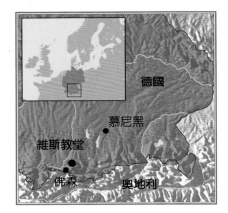

聖地教堂「維斯」
文化遺產：在維斯的聖地教堂也被稱為
「維斯教堂」
所屬洲：歐洲
所屬國：德國（巴伐利亞州）
地　　點：在施泰因加登附近，位於加米
施‧帕滕基興的西北面。
列入名錄年代：1983年
意　　義：位於巴伐利亞州的一座具有洛可
可藝術風格，色彩斑斕、五光十色的藝術
傑作。
大事記：
1745-1754年　根據多米尼庫斯‧齊默爾曼
（1685-1766年）的計畫，在1740年原計劃
建立一個小教堂的位置上，為遭鞭笞的耶
穌基督一幅珍貴顯靈聖像建造一座教堂。
1753-1754年　由約翰‧巴普蒂斯特‧齊默
爾曼（1680-1758年），即巴伐利亞選帝侯
的宮廷畫師創作主題為「憑藉神的恩澤，
讓世界充滿愛」的穹頂彩繪畫。
1757年　建造管風琴
1985-1991年　斥鉅資修葺。此外，還恢復
了濕壁畫原有的彩色邊框。

上圖：從外觀上看，幾乎難以察覺到
「維斯」這座玲瓏小巧的教堂內部深藏著奧
妙無窮的絢麗光輝

中上圖：唱詩班在豪華奢侈的主祭壇上
向人們呈現了多采多姿的壯麗景象

「這裏是幸福、溫馨的家……」
——鐫刻在神甫房間一扇玻璃窗上
的這句令人愉快的箴言，被認爲是
修道院院長馬里亞努斯二世，即該
教堂的主人「維斯」留下的格言。
該教堂歷時近10年才建造完工，起
初它具有傳統的簡樸風格，反映了
民眾對神靈的虔誠和崇拜，後來逐
步發展成南德意志洛可可藝術風格
的一顆璀璨明珠。於是，修道院院
長馬里亞努斯可能用一枚鑽戒把自
己的箴言刻鑿在玻璃上：「心靈在
這裏可以得到安寧。」

一個時代如果把自己理解爲一
件完全按照美學理念塑造的總體藝

約翰‧巴普蒂斯特‧齊默爾曼兄弟
倆竭盡全力，用完美的燈光效果、
繪畫藝術、調節視線角度和建築結
構等方法，使教堂更顯得神秘、莊
嚴。像18世紀的其他教堂建築師一
樣，他們必須精通聖經，其名言警
句、插圖繪畫都必須一字不漏地被
預先安排在刀光劍影的情節之中。
維斯教堂的版面構圖必須達到和
諧、精美，準確無誤。最後，在光
和影的變幻中，人們可以在富麗堂
皇的教堂中看到顯靈的聖像——一
幅不引人注目的遭鞭笞侮辱而鮮血
淋淋的耶穌受難圖，其旁邊純樸的
小塑像描述了當時信徒們徒步朝聖

一個形式和色彩逼真的「原始霹靂聲」拓展了維斯教堂的室內空間，並讓空間充滿了光明，同時卻沒有在洋溢著富麗堂皇的鋪陳中失去洛可可藝術風格婀娜輕盈的姿態。

術作品，那麼其絕對的藝術風格觀念既不會被「糖罐」也不會被「髮夾」所嚇倒，而是把「戲劇的隆隆雷聲」那完全世俗的表達方式看做是宗教虔誠，那完全恰如其分的理性表達方式。維斯教堂是一座能夠永遠發掘其魅力的藝術寶庫，天才的藝術創造者多米尼庫斯和

的場景。這一獨特的景觀給當時的維斯教堂帶來了短暫的繁榮，一時成爲信徒們嚮往的聖地。

維斯教堂竣工幾十年後，這一溫馨的家險些遭到破壞。人們費了好大的勁，才勉強制止了教堂裝飾藝術品被拆除。19世紀初期，經過幾十年冷靜和理智的

分析思考，人們認爲古典主義的嚴謹要比沒落的舊秩序、舊社會和舊制度輕佻的嫵媚更爲高雅。一些人錯誤地認爲這種洛可哥藝術風格是「鬧著玩」的藝術，其貝殼素材和鑰匙裝飾排擠了古典主義的柱式序列藝術，打破了嚴格的空間佈局，因此，古典主義的清規戒律被洛可可藝術碾得粉碎。中央建築大廳和教堂中

來讓外觀上雍容華貴，卻對空間結構提出了更高的要求。維斯教堂裏令人注目的「柱身」看起來似乎不太眞實，這種「鑲嵌著大理石花紋的頗具藝術性的石材」是由經過著色和高度抛光處理的石膏所構成的。

當別處建築的拱頂因爲其厚實的建築材料所產生的巨大重力而毀壞時，維斯教堂稚嫩的木質交叉穹隆

第20號

廳被巧妙地融合在一起，使洛可可藝術風格達到了光輝的頂點。大廳和中廳有機的結合使大廳顯得更加寬敞明亮，盡顯「維斯」教堂宏偉壯觀的建築藝術風采。

　　幾根高聳的立柱擎起教堂巨大的穹頂，光線透過柱間和廊台投射進來，因此殿堂的光亮度欠佳，略顯昏暗。跨度極大的「穹頂」穩如磐石，似乎與牛頓的「萬有引力定律」相悖。砂石、灰漿和凝灰岩對於這種令人激動的建築結構來說無疑是行不通的。維斯教堂放棄了所有這些普通材料，而是使用一種特殊的木楔將木板天衣無縫地拼裝成天花板，並通過約翰・巴普蒂斯特・齊默爾曼盡善盡美的濕壁畫加以掩飾，從而改善了天花板的視覺效果。抹過石膏粉的秸稈、經特殊處理的木炭和「巴洛克藝術風格的聚苯乙烯泡沫塑料」在教堂的殼式結構建築中投入使用。這些建材被完美地配合使用，雖然沒有展現出貴重建材所表現出

則主要面臨來自超音速噴射機的氣浪和爆炸衝擊波的威脅。隨著冷戰的結束和政治局勢的緩和，那些整日疲於檢測古蹟的文物官員們才眞正鬆了一口氣，因爲以前維斯教堂所產生的裂縫和灰漿的破裂程度與低空飛行的總次數相吻合。

亨德里克・克爾斯登
（邵靈俠　譯）

　　即使從建築學的角度來看，空間最後受到限制，但在維斯教堂裡卻未曾感受到絲毫的擁擠，那裡的空間似乎能無限延伸。這一奇妙的感官錯覺應該歸功於 J.B.齊默爾曼的卓越技藝，他用神來之筆將穹頂與牆壁之間的連接處飾以美妙絕倫的淫壁畫加以掩飾，打破了建築空間的物理限制，眞可謂是天衣無縫、鬼斧神工。

北航商、搬運工和磚塊
漢撒城市盧貝克

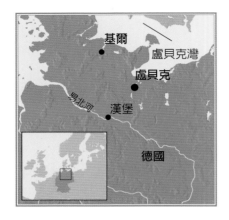

豪斯登門是15世紀盧貝克城防禦工事的一部份。因爲門旁邊兩座宏偉的塔樓而被俗稱爲「胖妞」。

「我主耶穌基督！風和海洋聽命於你，請用你仁慈的手保佑船員，使我們遠離風暴、海盜和危險。主啊，請你永遠替我們護航。」在當年船員聯合會會館的山牆上，現在仍能看到這樣的字句。然而，航海的黃金時代已成過去，特拉沃河邊的老鹽倉裏再也找不到白色的金子。在那條將食鹽從呂內堡運到盧貝克的道路上，如今只有一些愛好騎自行車的人在追隨歷史的足跡。這是一座具有豐富歷史的城市，是「漢撒同盟的母親城市」。與以往一樣，盧貝克仍是構成特拉沃河不同支流間的一個島嶼，從其護城壕溝的走向依然可以感覺到它當年的牢不可破。距鹽倉不遠處是氣勢宏偉的豪斯登門，過去曾是盧貝克的城門，如今完成了使命的它失落地守在一個廣場邊緣，任車水馬龍在周圍川流不息。不過，假如你想在魚街探尋遠航斯德哥爾摩的商人、在屠戶街拜訪當年的屠戶，或在運河街附近追尋亞麻織工的蹤跡，你將會徒勞無功。隨著中世紀和漢撒同盟時代的結束，這些熱門行業及其傳統活動區都不復存在。今天，只有史書和褪色的歷史地圖上還能找到它們的蹤影。

在盧貝克的特拉沃河上，經常能看到一些漂亮的雙桅船，如「弗裏德約夫號」和來自挪威羅姆達爾的「北方號」等。有時滿懷鄉愁的業餘船長將它們鼓足了帆，在風中全速前進。然而，從這裏啓航將貨物經波羅的海運往朔南*和斯德哥爾摩的北航商，則是歷史的陳跡。漢撒同盟時期用來卸藏調味料、胡椒、薑、義大利絲絨、佛蘭德織物和挪威鱈魚的碼頭，已經荒廢

《七塔城》畫中的雙尖塔式馬利亞教堂

多年，再沒有什麼能令人回憶起當年在此做苦力的搬糧工、鯡魚堆疊工或倒煤工。第七橫街等處各式山牆及突出正面的磚房則留存至今，有幾幢略微傾斜，仿佛正被狂風吹個不停。

在漢撒商人的手下，胡椒和織物變成了馬克和杜卡特金幣。證明他們成就的不僅僅是孟街那幢華麗的沙貝爾屋，其中一位商人甚至留下了一筆多達24,000多枚金銀幣的硬幣財寶。財寶主人的姓名至今不得而知，只知他住在特拉沃河上游。依照16世紀初的批發價，這筆

錢可以換取3小袋藏紅花（這種調味料現在論公克出售）、160張白鼬皮、6,000張松鼠皮、257公斤鱈魚、12噸鯡魚、725公斤青薑和10幅英國布料，而且還無法花完這筆財寶。

除了儲存和積攢，捐獻也是漢撒商人的義務。沒有他們的慷慨解囊，盧貝克的慈善事業就無從談起。例如，他們捐資創辦了鑄鐘匠街的費希廷救濟院，用以收留無依無靠的船員遺孀。接納窮人和病人的聖靈醫院，也是靠商人的資助而建立的。起初，醫院將收容物件全部安置在長近86公尺的大廳（俗稱「長屋」），至19世紀早期，才設置了「男子走廊」和「女子走廊」，各由平均6平方公尺的小房間組成。

假如沒有眾多的教堂，漢撒城市盧貝克迄今仍是無法想像的。大教堂、埃吉迪安教堂、馬利亞教堂和雅各教堂的尖塔，已經成為城市景觀的有機組成部分。市政廳的正面亦是如此，這座核心部分為哥德式風格的大樓，曾一直是商人協會召開會議和決定城市命運的地方。

費迪南德·杜普伊斯·龐特
（周何法　譯）

第21號

馬利亞教堂內壯麗的馬利亞聖壇是雕刻藝術的傑作。

盧貝克最著名的作家托馬斯曼以其長篇小說「魂斷威尼斯」獲得1929年諾貝爾文學獎。

*朔南（Schonon）：瑞典南部的一個歷史省份，相當於今馬爾默胡斯和克里斯蒂安斯塔德兩省所在地區。

漢撒城市盧貝克
文化遺產： 漢撒城市，擁有：豪斯登門、城堡門（Burgtor）、聖雅各海員教堂、城堡修道院（Burgkloster）、大教堂（波羅的海地區第一座大型宗教建築）、埃吉迪安教堂、馬利亞教堂、一度為曼氏（Mann）家族擁有的布登勃洛克之屋、哈申莊園（Haasenhof）等修道院附屬莊園和附屬走廊（Stiftsgang）
所屬洲： 歐洲
所屬國： 德國
地　點： 漢堡東北的盧貝克
列入名錄年份：1987年
意　　義： 前漢撒同盟首都及其中世紀的城市面貌
大事記：
約1000年 索布人在此建立一個名「留別克」的定居點
1138年 留別克被毀
1143年 在瓦科尼茨和特拉沃河之間建立一個商人居住點
1157年 商人居住點被毀
1158-1159年 在「雄獅」亨利推動下重建商人居住點
1173年 羅馬式大教堂動工
1229年 城堡修道院建成
1250-1330年 建造馬利亞教堂
1319年 城堡教堂落成
1464-1478年 建造豪斯登門
1535年 建造船員聯合會會館
1630年 德意志漢撒同盟各成員市最後一次全體會議
1806-1813年 盧貝克被法國佔領
1866年 加入北德意志聯邦
1942年 舊城的五分之一被炸彈摧毀
1981年 修復城堡修道院的裝飾畫
1984年 發現「盧貝克硬幣寶藏」

尖塔也許是盧貝克人的愛好之一，核心部份為哥德式風格的市政廳正面也有多座裝飾性的尖塔。

普魯士的阿卡狄亞*
波茨坦－桑蘇西及柏林（格利尼克和孔雀島）的宮殿和公園

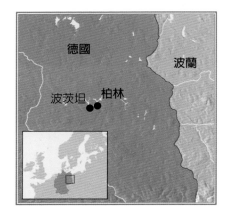

普魯士宮廷建築師路德維希‧佩爾修斯（Ludwig Persius）受義大利文藝復興時期宮殿的啓發，設計了奧朗雪里暖房。1851-1860年間，該暖房最終在無憂公園內興建。

當第一抹朝陽把「王座上的哲學家」**的葡萄園宮映照得金碧輝煌時，下面六塊依次向下排列的階地和公園苗圃還籠罩著輕紗似的夜霧。這種迷人的氛圍，當時的王家業主已用法文詩作了描繪。而頂著中午的陽光攀登葡萄園的遊客，其費力之狀猶如搬運食物的螞蟻，他們對這裏清晨時分展現的魅力是一無所知的。葡萄園宮有著別墅般的隨意和舒適，每一扇窗

都像一道門，邀請你登上寬闊的屋頂平臺，從那兒眺望波茨坦市中心尼古拉教堂穹頂的丰姿。這座教堂由建築大師迅克爾設計，以表示對羅馬剪影的敬意。附近馬利花園的樹梢上方聳立著的是和平教堂的尖塔，這座教堂由腓特烈大帝的後裔－虔誠的國王腓特烈‧威廉四世委託建造。

在他的關注下，隨著噴泉和其他藝術水景首次潺潺作響，桑蘇西（無憂）公園終告竣工。在2千公尺長的花園軸線盡頭，矗立著新王宮及其附屬建築。這個1769年竣工的龐大宮殿區與小巧舒適的無憂宮形成鮮明的對比。站在無憂宮石柱環抱的紀念庭（der Ehrenhof），可以望見北面的遺址山及山上仿古羅馬遺

址的裝飾性建築，當時建造者即已將這些建築佈置在蓄水池的周圍。今天，從那邊的諾曼塔上可以發現，整個波茨坦市都被宮殿和公園所環抱，無憂宮只是這環狀地帶的一部分。

除無憂宮外，屬於這一環狀地帶的還有與其相鄰的夏洛登霍夫公園、哈韋爾河畔的新花園（內有大理石宮）、孔雀島、薩克羅夫宮和公園、格利尼克宮和公園、巴貝斯貝格宮和公園。波茨坦之所以擁有如此豐富的宮殿和公園景觀，首先應歸功於保護現存文物、並爲後代尋找藝術發揮的新場所這一傳統。另一方面，園林藝術家彼得‧約瑟夫‧勒內自1816年起，在波茨坦一直工作了50年。

在這50年裡，他不辭辛勞，力圖將國王和王子們的興趣轉向那些對景觀佈局具有重要意義的地點，並從美化風景的意義上創造一個和諧整體。極爲幸運的是，勒內的那些委託人和建築師迅克爾及其弟子佩爾修斯等人也有這種思想，這才使幻想變成現實。勒內及後來接替其巴貝斯貝格公園設計工作的赫爾曼‧菲爾斯特‧馮‧皮克勒莫斯考一起，使自然風景公園內的路徑在藝術上臻于完善。以路徑作爲出發點，與城市、周圍景觀和其他公園及其建築物建立起視野上的聯繫，從而將一系列畫面緊密地、有機地交織在一起。大片多種多樣的景觀被融合爲一個和諧的整體，這正是該文化遺產的獨特之處。

1921年在紀念腓特烈大帝誕辰之際，作家魯道夫‧博爾夏特（Rudolf Borchardt）就作了這樣的獨特評價：「由於德國人對波茨坦的價值幾乎一無所知，因此，我們有必要強調，這裏的成就是舉世罕見的…一片如此廣闊的地區，既有江河湖泊、山丘叢林，又有城市村莊、大街小徑，竟被佈置成一件精緻的藝術品！在這件藝術品的宏偉規劃面前，呈現出一種與既有、存在的景觀所不同的景觀，一個古代世界的景觀：一種文藝復興思想，穿梭於德意志精神結構的各個層面，貫穿於荷蘭巴洛克和腓特烈‧威廉四世對義大利風格的追求，從阿卡狄亞到托斯卡那，從奧菲士（Orpheus）到拉斐爾，都有他的影子。」

米夏埃爾‧賽伊勒
（周何法　譯）

*阿卡狄亞：以田園風光和淳樸民風著稱的古希臘地名，在今伯羅奔尼薩半島中部。
**指腓特烈二世。

第22號

最左圖：格利尼克宮被視為遜克爾（Karl Friedrich Schinkel）古典主義創作的焦點之一

左圖：浪漫主義時期流行的焦點－孔雀島上的小宮殿

下圖：這塊舒適的地方曾是腓特烈二世尋求「無憂」的避風港。今天，無憂宮和葡萄園裡的台階更添魅力

礦工的鐵錘聲消失了

戈斯拉爾的拉默斯貝格礦山和舊城

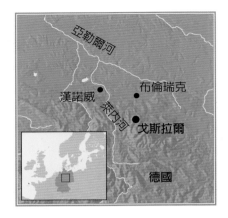

1988年6月30日，是戈斯拉爾歷史的一個重大轉折。由於礦床開採始盡，最後一趟滿載著礦石的運輸車於這一天離開拉默斯貝格礦山，從而結束了該地區近2,000年的採礦史。最後一班作業使用的一輛運礦車，經保加利亞包裝藝術家克里斯多福的包裝，成為一件藝術作品，寄託著人們對過去的回憶。

大約在西元3世紀時，戈斯拉爾遠未形成城市，歷史還處於羅馬皇帝時代，這一地區就已在採礦了。迄

拉默斯山麓的舊礦山樓群。

拉默斯貝格採礦博物館一角

今為止，從拉默斯貝格礦山運走的礦石累計已達3千萬噸之巨！如今，跟著導遊參觀這一條已闢為旅遊景點的礦山，千餘年的採礦發展史歷歷在目。一旦邁入這座由坑道和柱子構成、只有部分向遊客開放的迷宮，你就開始追隨一個悠久的傳統。在懷著好奇心走進這一地下世界的先人中，既有歌德和克萊斯特這樣的德國作家，也有安徒生這位來自丹麥的童話作家，他們曾用文學的形式寫下當時的部分經歷。與過去不同的是，現在有一條現代化的礦用鐵路送遊客去參觀13世紀的拱頂式地下工具室，這是歐洲現存最古老的礦用地下室。最初，人們只是用鐵鎚和鑿子吃力地往地下

掘出幾百公尺長的坑道，巨大的輪子和木柵欄則顯示出18-19世紀時較高的工程技術水準。引人注目的還有五彩繽紛的硫酸鹽，以及牆壁和天花板上閃耀著各種顏色的結晶殘餘礦石：綠色、黃色、紅色來自綠礬，深藍光來自膽礬，散發白光的則是鋅礬。

不過，這些硫酸鹽在染坊、製革廠和製藥廠發揮經濟用途的時代，早已一去不復返了。

戈斯拉爾的歷史是與採礦密不可分的，豐富的銀礦資源是它形成的基礎。11世紀初，皇帝亨利希二世在此興建了一座行宮，也非出於偶然。今天，人們從這座龐大的兩層建築中，仍不難看出中世紀帝國的輝煌。諸如薩利爾和霍恩斯陶芬家族出身的亨利希三世和亨利希四世等君主的名字，也與這座行宮聯繫在一起。

富麗堂皇的「效忠堂」（Huldigungssaal）裡的市議員們。

據史書記載，至13世紀中葉，共有100多位德意志國王和皇帝到過或定都戈斯拉爾。市民階層也尾隨而至，他們同樣懂得利用此地的寶藏。作為漢撒同盟的發起者之一，戈斯拉爾日趨繁榮。在未遭破壞的舊城區漫遊，隨處可見豪華的中世紀樓房，它們大多是當時的礦主和冶金廠主人的住宅，體現了他們的富裕殷實。尤其令人駐足的是市集廣場旁飾有帝王木雕像的「凱瑟伏爾特」（Kaiserworth），它建於15世紀，曾經是屬於富裕階層的裁縫和批發商的行會會館。它對面的市政廳同樣建於15世紀，其牆壁和天花板上的繪畫堪稱中世紀末繪畫藝術的典範。近1,800幢木框架房屋，其中包括西門子工業家族的總部和市內最華麗的貴族住宅之一「圍嘴（Brusttuch）」，展示著數百年七彩繽紛的城市建築史。

此外，戈斯拉爾還有不少保存下來的教堂，其中最古老的諾埃韋爾克教堂（Neuwerkkirche）還保持著羅馬式支柱教堂的原貌。城市的四周環繞著最厚達8公

尺的城牆，寬闊門和迴廊等雄偉的圓形建築
似乎在默默地講述著戈斯拉爾昔日的強固。

赫爾穆特・韋斯
（周何法　譯）

第23號

市集廣場旁的
排鐘展示的是引領
戈斯拉爾繁榮的創
造者—礦工。

右圖：渴望財
富「阿杜卡特金幣
小人」是凱塞伏爾
特最吸引人的裝飾
之一

從前富有的裁縫和批發商的商會會館—
凱塞伏爾特，其正面奢侈的裝飾以木刻雕
像。

法蘭克的羅馬

班貝克舊城

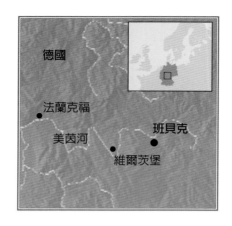

「法蘭克的羅馬」美麗如畫的舊城幾乎完好無缺地呈現在遊客面前，這裡共有兩千多處受保護的歷史建築。

　　班貝克地處七山之上，擁有阿爾卑斯山北部唯一的教皇陵墓，以及一種深深植根於人們日常情景的宗教生活。這一切令人聯想到「永恆之城」*，並替班貝克帶來了「法蘭克的羅馬」這一別稱。

　　班貝克最初是東法蘭克地區巴本貝爾格伯爵家族的居住地，後由皇帝御賜給巴伐利亞大公「好爭吵者」亨利希。1007年，亨利希之子－後來登上皇位的亨利希二世將此地升格為主教駐地，從而揭開了班貝克數百年繁華的序幕。不僅如此，亨利希二世還希望這一新的帝國主教管區效法亞琛和羅馬，成為世俗統治者的行宮。在此後數十年裏，已有一些宗教建築落成，如聖米歇爾本篤會修道院及大教堂附屬的聖雅各教堂和聖斯特凡教堂。12世紀時，班貝克不僅僅是一個宗

教中心，同時也是一個世俗中心。它從大教堂山麓的一個商人居住地，逐漸發展成一座為兩條雷格尼茨河支流環抱的市民階層的城市。三十年戰爭（1618-1648年）後，愛好藝術的侯爵主教羅塔爾・弗朗茨・馮・迅博恩建造了「新官邸」（Neue Residenz），替這個主教駐市抹上濃重的巴洛克色彩。

　　大教堂是班貝克的標誌。它由4座給人金碧輝煌感覺的尖塔環繞，散發著羅馬式建築藝術的理想樣板氣息。由於巴洛克裝飾在19世紀又遭擯棄，所以大教堂內部樸實無華，令人賞心悅目。其中有德國中世紀最著名的雕塑－「班貝克騎士」。迄今為止，人們一直不知雕像的作者是誰，也不知那位驕傲地望著遠方青年的身份。成為猜測對象的有腓特烈大帝（腓特烈・巴

第24號

左圖：大教堂廣場上的建築之一「新官邸」（1697-1703年），現爲州圖書館所在地

右圖：威武的「班貝克騎士」也許是德國中世紀最著名的雕像之一

下圖：高達81公尺的大教堂尖塔

巴羅薩之孫）、康拉德三世，以及997-1038年間在位的匈牙利國王斯特凡。不過也許正是因爲這些不解之謎，才使雕像不斷吸引著四方來客。即使沒有大教堂，班貝克城本身也堪稱一件整體藝術作品，一本活生生的歐洲建築畫冊。浪漫主義、哥德、文藝復興和巴洛克等多種風格像年輪一樣貫穿著整座城市。在大教堂與老市政廳、米歇爾教堂及霍夫曼劇院之間，呈現出一幅完美無瑕的舊城景象。撇開眾多重要的宗教建築及雄偉的貴族和平民宅第不談，光是在那些坡度較大的石子路上，就充滿著藝術史的細節：這裏是一扇哥德式大門，那裏是一個外伸的巴洛克陽臺，陽臺旁邊是一個纖巧帶裝飾的木框架山牆；再過兩條街，新洛可可風格的明朗裝飾在展示其魅力。雷格尼茨河岸，一排從前的漁夫住房美麗如畫，並因此而被稱爲「小威尼斯」…保存完好的歷史性建築之多，在德國堪稱獨一無二。作家赫爾曼・凱斯登（Hermann Kesten）順訪雷格尼茨河畔時，曾禁不住讚歎說：「班貝克眞是個幸運兒，經歷了吞噬城市的戰爭，卻幾乎安然無恙。」

　　班貝克並不是一座大而無當的露天博物館，舊城內交通紓解後的巷弄和酒館總是生機盎然。8月底歡慶五彩繽紛的「桑特凱爾瓦」**時，活躍的並非只有班貝克人。這座雷格尼茨河畔的城市也是文化和啤酒之城。班貝克交響樂團是世界最著名的樂隊之一，夏季在「舊宮廷」舉行的卡爾德隆戲劇節同樣是吸引觀眾的磁石。屆時，人們不僅可在露天觀看狄倫馬特的《老婦還鄉》，還可欣賞到最著名的「法蘭克的羅馬之子」—E.T.A.霍夫曼的作品。至於爲數眾多的啤酒廠，有人一本正經地宣稱，有三條河流經班貝克：雷格尼茨河的右支流、雷格尼茨河的左支流及啤酒。

*永恆之城：羅馬的別稱。
**桑特凱爾瓦：每年八月底在班貝克的桑特區（Sandviertel）舉行的教堂落成紀念節，包括市集以及其他娛樂活動。

拉爾夫・內斯特邁爾
（周何法　譯）

班貝克舊城
文化遺產：基本未遭破壞的內城，擁有2,000多處受保護的建築，其中有以精美「仁慈門」和格奧爾格歌壇樓梯左側的「班貝克騎士」著稱的大教堂、「舊宮廷」和「新宮廷」（die Alte und die Neue Hofhaltung）、聖米歇爾修道院（其屋頂繪畫描繪了600多種本地和外地植物）、巴洛克風格的肯考迪亞宮、霍夫曼故居
所屬洲：歐洲
所屬國：德國（巴伐利亞州）
地　點：紐倫堡以北的班貝克
列入名錄年份：1993年
意　義：「法蘭克的羅馬」，19世紀一個重要的文化和哲學中心
大事記：
902年　在雷吉諾・馮・普呂姆的編年史中首次提及
973年　由皇帝奧托二世賜與「好爭吵者」亨利希
1002-1024年　建造第一座大教堂
1007年　成立主教管區
1015年　創辦聖米歇爾修道院
1046年　班貝克主教蘇伊德格當選爲教皇克萊門斯二世
1234年　獲開市權
1237年　現大教堂落成
1261-1300年　特裏姆貝格（Hugo von Trimberg）在聖甘高爾夫神職學校創作了一首24,000行的道德教育詩
1693-1746年　在迅博恩家族的主教們主持下進行城市改造
1807-1808年　哲學家黑格爾在此逗留並發表《精神現象學》
1808-1813年　作家E.T.A.霍夫曼在此逗留，其代表作有《睡魔》和《史德雷小姐》等

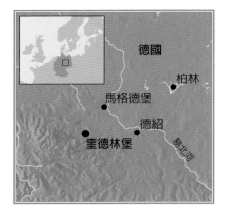

門檻、立柱、角撐和底撐
奎德林堡的修道院教堂、宮殿和舊城

矗立於宮殿山上的文藝復興宮和修道院教堂俯視著美麗如畫的舊城。

　　建築物是一個有機體，是功能、形狀和結構的統一，這也是奎德林堡典型的木框架房屋的指導思想。它們在本質上不過是一個充實了的樑木架構：立柱式門衍裝在門檻上，下面用底撐支承，上面則用角撐架住樑木；房屋的角落處用雙樑加固，樑與樑之間的格子填以黏土和磚，樓層呈階梯狀立於巷子和大街上方，瓦屋頂猶如深淺不一的拼縫地毯……木框架房屋堪稱現代預製式建築的先驅，在其為數不多的裝飾主題後面，在那些樑端、嵌板和支架後面，曾經有一位

名叫克洛普史托克的作家降生，他也許是最著名的奎德林堡之子。

　　這座城市的古老內城裏，集中了六個世紀的木框架房屋，因此人們順理成章地把奎德林堡稱作「木框架建築的百科全書」。現已成為木框架建築博物館的伏爾特街3號屋，完全是用立柱建築方式建造的，而集市街2號屋和「山徑」28號屋則形成於木框架建築的繁盛時期——哥德後期和文藝復興時期。也許是時代趣味變化所致，離舊城尼古拉教堂不遠的糧食市場旁的那

幢五層樓房，已沒有立柱和橫樑，而代之以一個歷史主義風格的豪華磚結構立面。

　　然而，奎德林堡的興盛並非始於木框架建築盛行的中世紀後期，而是從薩克森大公亨利希時代即已開始。據傳，亨利希大公經常一大早出去捕鳥。一天清晨，當他像往常一樣前往捕鳥場時，命運突然將他與中世紀的德意志歷史聯繫在一起。在法蘭克和薩克森高官顯貴們的要求下，他不得不戴上神聖羅馬帝國的王冠，從此告別悠閒的生活，再也享受不到捕捉哈爾茨山雲雀之樂。這則傳說反映出人們的一個心願：希望奎德林堡古堡山下的捕雀場就是當年亨利希大公的捕鳥場。

　　西元10世紀時，奎德林堡是德國乃至歐洲的一個文化政治中心。今天，如果你去探尋這座城市的標誌——建有文藝復興宮和羅馬式聖塞爾瓦蒂烏斯修道院教堂的宮殿山，你仍能獲得這種印象。在這座橢圓形的沙岩山上，亨利希一世建了一座行宮，王后瑪蒂爾德聖者設立了一家有影響的貴婦養老院。修道院教堂是

「寬街」39號屋精美的木刻裝飾

第25號

擁有兩根特別的柱子支撐凸窗，使得這幢房子很容易辨認。作家克洛普史托克誕生於此。

「寬街」53號屋精美的木刻裝飾

一座內屋頂為平面狀的巴西利卡式教堂，矗立在舊城上方，其尖塔驕傲地俯視著文藝復興宮。這座教堂似乎在向人們宣告，它不僅是該市最古老和最高的建築，而且直到當今都是多變歷史的見證，因為這裏長眠著德國第一代國王和王后，一筆不再缺漏的大教堂寶藏也被它的圍牆看護著。除此以外，位於宮殿山西南的聖維佩爾蒂修道院教堂，也是輝煌歷史的重要見

證。這是一座羅馬風格的柱石式教堂，其南邊的列柱門廊來自硬幣山上的原馬利亞修道院。

　　如果說宮殿和硬幣山代表著中世紀封建時代的奎德林堡，那麼包括集市廣場和兩層高、核心部分為哥德式風格的市政廳在內的舊城則象徵著市民階層的崛起。奎德林堡一度是漢撒同盟的成員，市政廳前的鐵甲武士似乎還在展現這個商人集居地市民階層的自豪。然而，成為帝國自由市的努力卻以流血告終，強大的教會機構占了上風。幸運的是，為數不多的歷史性世俗建築，如市集廣場上的格林哈根屋和建於文藝復興時期的三層市城堡——「哈根的自由之屋」（das Hagensche Freihaus），與需維護的木框架建築和紅磚為主體的城市景觀一直顯得非常諧調。

蓋哈爾德・亨德爾

（周何法　譯）

*伊塔拉（Itala）：《聖經》最早的拉丁文譯本之一。

奎德林堡的修道院教堂、宮殿和舊城

文化遺產：遍佈「高街」、「長街」、「山徑」和「石路」的15-18世紀木框架建築珍品，共有1,200幢木框架房屋，其中150幢瀕臨倒塌；此外還有一些屬於保護之列的建築，如聖維佩爾蒂教堂及其奧托式地宮（ottonische Krypta）、聖尼古拉禮拜堂、聖博拉西禮拜堂、聖貝內迪克蒂集市教堂、宮殿山上的宮殿和聖塞爾瓦蒂烏斯修道院教堂

所屬洲：歐洲

所屬國：德國（薩克森・安哈爾特州）

地　點：馬格德堡西南的奎德林堡

列入名錄年份：1994年

意　義：以大量木框架建築成為中世紀城市景觀非同尋常的見證

大事記：

922年　文獻提及薩克森王國領地奎德林堡

936年　創辦一所貴婦養老院

1017-1129年　在前教堂遺址上建造聖塞爾瓦蒂烏斯教堂

1179年　證明舊城曾築有防禦工事

1321年　建造聖塞爾瓦蒂烏斯教堂的哥德式歌壇頂部

1337年　舊城與新城連為一體

1426年　加入漢撒同盟

1427年　市政廳前豎起鐵甲武士塑像

16-17世紀　在皇帝行宮處建造文藝復興宮

1648年　製作晚期哥德式風格的聖貝內迪克蒂教堂的洗禮盆

1724-1803年　出生於奎德林堡的作家克洛普史托克在世

1803年　奎德林堡劃歸普魯士

1862-1882年　建造聖塞爾瓦蒂烏斯教堂南塔

1992年起　包含塞爾瓦蒂烏斯遺物盒、奎德林堡「伊塔拉」*和奧托・阿德爾海德福音書（das Otto-Adelheid-Evangeliar）的著名教堂寶藏重歸聖塞爾瓦蒂烏斯教堂

1995年　提供3 200萬馬克資金用於城市改造

一座「紫禁城」

弗爾克林根冶煉廠

弗爾克林根冶煉廠
文化遺產：西歐最後創辦的煉鐵工廠
所屬洲：歐洲
所屬國：德國（薩爾州）
地　點：弗爾克林根
列入名錄年份：1994年
意　　義：具有工業考古學意義的建築群，
19-20世紀煉鐵業和科技史的傑出見證
大事記：
1873年　尤里烏斯・巴哈建廠
1881年　被卡爾・洛希林收購
1882-1883年　第一座高爐建成
1928-1930年　安裝大型燒結設備
1914-1918年及1939-1944年　介入德國戰時
經濟，一次大戰中生產90%的鋼盔，二次大
戰中製造榴彈
1981年　由博爾巴哈・艾希・迪德林根聯合
鋼鐵廠（ARBED）接管
1986年7月4日　最後一次開爐後停業
1987年　成為保護文物
1993年　六號高爐向遊客開放

在世界文化遺產之林，面對永恆的金字塔、古老的大教堂和巴洛克風格的宮殿，鏽跡斑斑的冶鐵廠仿佛是個暴發戶。龐大、單純的規模和浪漫的衰落氣息，是弗爾克林根冶煉廠的內在秘密。這個鋼製龐然大物由鉚釘和手指般粗的焊條連接而成，它是人類的智慧和力量所鑄造的一個令人讚歎之作品。

他們的勞力創造出熱火朝天的景象。而如今，這裏籠罩著的肅穆氣氛成為參觀者難以抗拒的魅力。弗爾克林根冶煉廠不是一件古老的文物，而是一座「敘述著故事的紀念碑」，象徵著自身的短暫易逝。當年，熾熱的金屬令濕氣無法立足，而現在，濕氣卻在鋼鐵上紮根。雜草在昔日的熱風管上滋長，墨綠色的苔蘚茂盛

今天，裝有巨大飛輪的鼓風機房彷彿還在宣告當年「摩登時代」的來臨。

洛林的礦石和薩爾的含硫煤，給弗爾克林根的冶金業打下了原材料方面的基礎。這裏曾有大量熔化的生鐵帶著2,000度的熾熱高溫，日夜不停地從6座高爐中冒出來。在生產規模持續擴大的100多年後，突然有一天，最後一次開爐出鐵結束了這種沸騰的景象。令人欽佩的是，最後一班正規作業剛結束，人們就自發地採取了保護文物的行動。當地一群積極的文物保護主義者和市民立刻鎖住了大門，從而使龐大的冶煉廠未像其他廢棄工廠那樣被搜刮一空。此外，在20世紀80年代末，拆除這裏的全部設備所幸已無經濟利益可圖，於是，一個舉世罕見的工業建築群得以完好地保存下來。

回想昔日的弗爾克林根冶煉廠，17,000名工人用

樂隊以斑斑鏽跡為背景演奏音樂。

在彩色燈光的投射下，這些鐵漿似乎仍在流動。

得如日本花園，蓋住了粗糙的鋼板。鼓風機也不再隆隆作響，它們其實不過是簡單的發動機：四衝程，配有巨大的飛輪和煙囪般粗的活塞，簡直是機器時代末期的恐龍。

作爲一項文化遺產，弗爾克林根老冶煉廠的任務是：把傳統產業工人這一沒落世界的日常工作情形和生活感受，介紹給沒有機會瞭解昔日的艱苦和魅力的後人。

弗爾克林根曾是一座打上了輪班制工作烙印的城市。冶煉廠主宰著人們的日常生活，包括給他們肺部帶來中等密度的有害物質。廠區位於薩爾河岸的蒸汽吊車與落滿爐灰的圍牆之間，看上去猶如一座不得擅入的「紫禁城」。每當換班時分，成千上萬名口乾舌燥的工人蜂擁而出，他們的外貌帶著從事繁重體力勞動之人的固有特徵。與此同時，同等數量的另一批工人消失在工廠的大門裏面。怪物般的工廠內，滿眼都是密密麻麻的焦爐、中心煉鐵機、轉爐和軋鋼機，大有把空間擠爆之勢。作爲工業化的動力和不成文信條，技術的進步有時能在僥倖逃脫鋪天蓋地革新浪潮的特殊小環境裏，將某一段過去保存下來。在弗爾克林根，一百年的工業史就是由此積聚而成，並以獨特的方式豐富起來。

亨德里克・克爾斯登
（周何法　譯）

第26號

鼓風機房建於20世紀初期。

投射燈照射下的鋼柱。

弗爾克林根冶煉廠：令人矚目的廣大建築群，具有工業考古的價值。

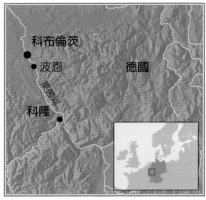

萊茵河畔的「通天塔」*
科隆大教堂

科隆大教堂
文化遺產：聖彼得和聖馬利亞大教堂，是一座五堂巴西利卡式教堂，面積28,266平方公尺，是科隆的地標
所屬洲：歐洲
所屬國：德國（北萊茵－威斯特法倫州）
地　點：萊茵河畔的科隆
列入名錄年份：1996年
意　義：哥德式和新哥德式（歷史主義）建築的典範，19世紀民族主義的實例
大事記：
1248年8月15日　奠基儀式
1164年「東方三王」遺骸運抵
1180-1230年　安放「東方三王」遺骨的三王遺骨盒，這是西方最大的聖骨盒
約1311年　擁有104個座位，屬德國最大的歌壇座位區
1322年　大歌壇落成典禮
約1355年　高157米的尖塔動工
1774年　歌德首次參觀大教堂
1814年　部分中世紀時的西部正面設計圖失而復得
1816年　發現另一半中世紀時的西部正面設計圖
1842年　重新動工
1880年10月15日　建造時間長達632年又兩個月的大教堂終於竣工。第二次世界大戰期間，遭14枚空投炸彈重創
1948年　700周年慶典
1998年　750周年慶典

左圖：科隆大教堂夜景

右圖：約翰·齊格勒的套色銅版畫《科隆大教堂廣場景觀》（1798年）

落成於9世紀加洛林王朝時期的老科隆大教堂，已被稱爲「德國所有教堂之母」。在建造其哥德式後繼教堂時，人們依然懷著使之成爲德意志帝國第一教堂的目標，要求它在規模上超越以往所有的教堂。這一宏大工程的委託方是科隆大教堂諮議會，它聘請了當時最具才華的建築師之一蓋哈爾德大師承擔設計任務。

蓋哈爾德及其繼任者阿諾爾德和約翰內斯父子設計的聖壇，成爲哥德式建築藝術的典範。他們主要以法國的亞眠大教堂爲樣本，並將其建築樣式發展到成熟的、經典的境界。自14世紀上半葉起，聖壇內供奉了著名的三王聖骨盒，裡面保存著被視爲首批基督徒的「東方三王」的遺骸。這件中世紀最大的金製品及其不同凡響的存放物，奠定了科隆大教堂的精神地位。曾在亞琛由科隆大主教加冕的德意志國王們首次造訪科隆大教堂，其主要目的便是爲了朝拜三王聖骨盒。

聖壇落成後，工程的進展變得十分緩慢。人們很快發現，這一工程規模之龐大已超越了中世紀的承受能力。當時，大教堂諮議會在財政上主要依賴科隆自由市商人和手工業者的捐贈，但自15世紀後，後者更喜歡把錢投到作爲市民階層自我表現的項目，如市政廳鐘樓和格爾策尼希歌舞慶典館。

16世紀上半葉，科隆大教堂終於停工，成爲一件未完成的作品。在長達3個世紀的時間裡，一台中世紀的起重機高掛於造到第三層延伸部分、高達60公尺的南尖塔，昭告著工程的半途而廢。除南尖塔外的其他部分——主要是側堂和南十字形耳堂，幾乎未超出底層區域，不得已蓋上了臨時屋頂。難怪歌德第一次參觀大教堂時大失所望，抱怨無人領他「走出計劃與實際、行動與意圖、所建與擬建的迷宮」。他覺得科隆大

教堂像一個「創造到一半、遠未完成就凝固了的宇宙」，並感嘆說：「又一個宏大的構想未能實現！」

19世紀早期，隨著浪漫派對中世紀的緬懷和謳歌，形成了一種新的思想氣候，從中孕育出續建科隆大教堂的設想：而失落已久的繪在羊皮紙上的另一半大教堂西部正面設計圖重見天日，更是給主張完成此項工程的人們莫大的鼓舞。這張高達4公尺的北尖塔和南尖塔正面圖估計是約翰內斯大師於14世紀初所繪。它的發現保證了大教堂可以完全按照中世紀時的原始計劃進行續建。

1840年，普魯士君王腓特烈·威廉四世執掌政權。這位「御座上的浪漫派成員」對大教堂續建工程起了決定性的推動作用。人們終於可以著手實施計劃，成立了大教堂重建協會，並落實了資金來源：協會和國王每年各提供五萬塔勒資助。儘管海涅在1844

年出版的《德國，一個冬天的童話》中還在諷刺說
「科隆大教堂不會竣工」，但事實否定了他的預言：在
短短38年時間裡，原來遺留的空白得到了填補，這座
被視爲「德意志民族紀念碑」的巨型建築宣告落成。
其間一度出現資金危機，最後靠發行大教堂重建彩券
得以克服。這項工程共計耗資6,628,035塔勒，相當於
現在的12.5億歐元。當北尖塔的冠石放上時，大教堂
最高達到157.38公尺，連續9年保持世界最高建築的地
位。1880年10月15日，科隆大教堂落成典禮舉行，德
皇威廉一世作爲慶典的發起者，巧妙地將霍恩索倫王
朝置於宣傳的中心，歷時632年之久的建造工作也隨之
圓滿地正式結束了。

烏利希・保克
（周何法　譯）

＊通天塔：一譯「巴別塔」。據《聖經・創世紀》
載，諾亞的子孫東遷至示拿，見一平原，欲在此建一
個城市（即「巴別城」）和一座直通天上的高塔（即
「通天塔」）。上帝恐其從此無所不能，乃混亂其語言，
使其互不通意，遂無功而散。

第27號

它最終還是建成了。在38年的「創紀錄
時間」裡，科隆大教堂由「殘缺的雕像」變
成一座高157.38公尺的完整建築，直插科隆
的天空。

「教會非木非石，而是基督信徒的集合」（馬丁・路德）

艾斯雷本和維登堡的路德紀念場所

維登堡市政廳前的路德紀念像。

在一座處於文明邊緣的城市，曾有一位修士「出於對真理的熱愛和探求」，在選帝侯城堡教堂門口張貼了95條論綱。他再也無法忍受教會為了世俗利益而拿永恆的解脫作交易。以造福於眾生的教會的名義宣布上帝是小販（上帝的仁慈要用金錢換取！）。這種行徑令修士義憤填膺。他是一位神學教授，曾在奧斯定會學習，但令他受益最深的還是《聖經》的原始文字：信仰如果只停留於錢袋，而不深入心靈，乃是一種罪孽；一個人如果不進行全心全意的、脫胎換骨式的懺悔，僅靠外在的宗教贖罪行為是無濟於事的。

神聖的憤怒湧上這位來自艾斯雷本礦工之子的心頭。除了手中的《聖經》，他沒有別的武器，但他毫不畏懼，單槍匹馬地向不可一世的羅馬教會挑戰。《聖經》使他確信，是基督令他受磨難。基督是他的希望所在，是他力量的源泉。正因為如此，他向宗教教會發出了福音派的吶喊。人必須清楚，什麼是最重要的，什麼是無足輕重的。「唯基督，唯信仰，唯經文！」伴隨上帝的權威要求而形成的人間清規戒律，他都棄如敝屣，從而擾亂了神聖羅馬帝國不容觸犯的秩序。他相信自己的言行會使渴望擺脫桎梏的人們歡欣鼓舞，也將觸怒羅馬的教皇追隨者。果不其然，後者斷然將他逐出教會，甚至以火刑相威脅。

面對這種情形，這位來自平民的樸素而博學的修士，在小城維登堡的城門口當眾焚燒教會驅逐他的文告，並稱此為「一次解放行動」。後來，他與德皇一起前往沃爾姆斯。在那裡，他發表了一次舉世聞名的演講，神情時而膽怯，時而激昂，這從他的結束語中可見一斑：「我立於此處，懇請上帝保佑，阿門！」在選帝侯的關照下，他在瓦爾特古堡安頓下來，並以容克・耶爾格的筆名將新約聖經譯成德文。在翻譯過程中，他細心學習民間表達方式，以其語言上的建樹克服了一條討厭的千年鴻溝，使《聖經》成為大眾的財富。

路德認為，教區民主化的前提是教育。每個人都應知情並能參與決策。重要的是每一個個人而非某些機構或禮拜用品。一個人受過洗禮即是主教，是為上帝所接納的人。而上帝的接納者明白自己是能夠獲得仁慈的永恆有罪者──他們既是罪人又是義人。

在路德的影響下，維登堡的「黑色修道院」解体了：修士們紛紛結婚成家，在教區向信徒們發放麵包和葡萄酒。然而民眾卻產生了誤解：有些地區出現了騷亂，統治當局面臨崩潰的危險。斧子成了世界的主宰，而不是真理。路德不能再袖手旁觀；較之暴政，他更擔心的是無政府狀態。於是，他全力規勸那些王公貴族和受壓迫的農民。他要用真理的証明，而不是用暴力消除社會弊端，因為他深知治國是件十分困難的事，應當採取誠惶誠恐的態度。路德認為，言語能使人明理，所以必須無所畏懼地向人們提供真理的証明，不管其身份地位如何。「自由」成了路德

生命是一個循環，它終於開始之處。1483年馬丁·路德出生於艾斯雷本（上圖：其誕生之屋），1546年，這隻「維登堡的夜鶯」又在艾斯雷本去世（下圖：臨終之屋）。

路德在城堡教堂大門上張貼95條論綱是否確有其事，至今仍在爭議。該教堂大門原為木製，1760年火災後換上了現在看到的青銅門。

完成於1490年的城堡教堂也是路德和梅藍西頓的長眠之地。19世紀時，該教堂改建為紀念堂。

的偉大字眼。擺脫了一切外在羈絆後，每一位基督徒都能獲得自由，走向上帝，因為祂在注視著他。

弗里德里希·蕭爾雷默

（周何法　譯）

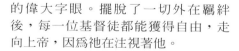

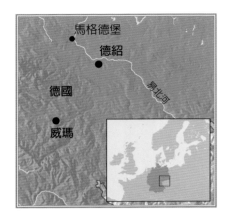

現代派的搖籃

威瑪和德紹的包浩斯學院院址

　　也許難以置信，但「古典的魏威瑪」的確也是包浩斯*的發源地。當初，比利時建築師和設計師馮·德·費爾德與熱衷於花形線條的新藝術告別已久，在威瑪擔任工藝學校校長，而哈利·格拉夫·凱斯勒則任大公藝術和工藝博物館館長，他們替包浩斯奠定了思想基礎。後來，原薩克森大公造型藝術學院與薩克森大公工藝學校合併為威瑪國立包浩斯學院，由從戰場返回並醒悟過來的建築師格羅皮伍斯任首任院長。

　　在格羅皮伍斯起草的包浩斯學院章程中，最初並未提及反思立方體和矩形的經典線條，也未提及轉向工業用鋼這種現代建築材料：「包浩斯學院力圖集所有藝術創作於一體，將所有價值藝術學科——雕塑、繪畫、工藝美術和手工藝統一成一種新的建築藝術…其最終而遙遠的目標是—沒有紀念性（monumental）藝術和裝飾性（dekorativ）藝術界限的一體化藝術作品。」以這種各學科一體化的基本思想為準則，共同執教於包浩斯學院的有著名畫家范寧格、康定斯基，雕塑家馬爾克斯（Gerhard Marcks）及負責家具工作室的建築師布羅伊爾等。

　　在革命的氛圍中，他們也受到其他思想的影響：「階級分明的狂妄心理總是力圖在工匠與藝術家之間築起一堵高傲的牆，而我們要建立的是一個沒有這種狂妄心理的工匠行業。」根據這種想法，割除學術辮子似乎是恰當的行為：教授成了師傅，他們發揚中世紀建造教堂的石匠和雕塑家協力的精神，在一學期的預備教學後，在10個工作室培養來自社會各階層的學生，其中有一半為女生。

　　然而，在戰後威瑪這個德國沙文主義和四處泛濫的排猶主義的重鎮，他們無法免遭敵視。由於必須的預算資金被縮減，威瑪包浩斯學院於1925年4月1日解散，移址德紹。在這座穆爾德河畔和易北河畔的新興工業城市，按照「藝術和技術———一個新的聯合體」的思想，包浩斯學院得以持續實現面向現代工業這一目標。1928年，漢尼斯·梅爾（Hannes Meyer）接替格羅皮伍斯的院長職位後，公眾利益受到了包浩斯的重視：建築藝術應當體現大眾需求而非奢侈需求。

　　隨著第一批自有的教學樓的落成，工作條件得到了顯著的改善。行家們談起德紹包浩斯大樓時的興奮之情，彷彿是在談論一塊光彩奪目的水晶，或是一個工業大教堂和現代衛城的迷人混合物。對於大樓嚴謹的幾何形狀，右翼保守的家鄉風土文物保護主義者一直深感不滿。那些視四坡屋頂為德意志古風的人，則認為包浩斯大樓是「非德意志的」，「墮落」的罵聲迫不及待地出口了。

　　掩映在艾伯特林陰大道旁松樹林裡的幾幢「師傅之屋」，與包浩斯大樓建於同一時期。這些半獨立式住宅內設有格羅皮伍斯、范寧格、克利和康定斯基等人的工作室。其中只有修繕後的原范寧格住所，以封閉面積和開放面積的緊張交替及交叉立方體的組合，至今仍透徹地反映包浩斯建築的本質。

　　儘管包浩斯學院在希特勒統治時期改作他用，二次大戰末期又遭毀壞，其代表人物也被迫流亡國外，但包浩斯的思想至今沒有消滅。眾所周知，思想的生命力是長久的。

蓋哈爾德·亨德爾

（周何法　譯）

*包浩斯：德語Bauhaus的音譯。該德語詞系由Bau（建造，建築）和Haus（房屋）二詞組合而成。一譯「包浩斯學院」。

1926年，「師傅」們在包浩斯大樓工作室的屋頂上自信地擺好姿勢。自左至右：謝佩爾（Scheper）、穆禾（Muche）、莫荷伊—納吉（Moholy-Nagy）、拜爾（Bayer）、施密特、格羅皮伍斯、柏勒伊爾、康定斯基、克利、范寧格、施德爾查、史雷穆爾。

史雷穆爾（Oskar Schlemmer）的油畫作品《包浩斯的樓梯》（1932年）

第29號

格羅皮伍斯（Walter Gropius, 1883-1969）

1930-1933年間的包浩斯院長路德維‧米斯‧馮‧德爾羅埃（Ludwig Mies Van der Rohe, 1886-1969）

范寧格（Lyonel Feininger, 1871-1956）

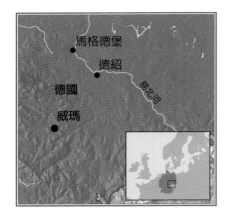

古典的威瑪
文化遺產：作家歌德（1749-1832年）、席
勒（1759-1805年）和哲學家赫爾德爾
（1744-1803年）的創作地點，擁有：市教
堂聖彼得和聖保羅、市城堡、女士平地旁
（am Frauenplan）的歌德故居、席勒故居
（1777年）、李斯特故居、德意志民族劇
院、安娜‧阿馬利亞圖書館、4個威瑪自然
風景公園（其中一個位於伊爾姆河畔，園
內有「羅馬屋」）
所屬洲：歐洲
所屬國：德國（圖林根州）
地　　點：伊爾姆河畔的威瑪
列入名錄年份：1998年
意　　義：威瑪古典時期是一個雖屬過去，
但其影響卻綿延至今的文化時代
大事記：
899年　見於文獻
1547年　韋廷王族駐地
1708-1716年　巴哈任威瑪宮廷的管風琴師
和室內樂師
1735-1745年　三堂式市教堂聖彼得和保羅
（赫爾德爾教堂）改為巴洛克風格
1767-1769年　建造巴洛克風格的維圖姆宮
1779年　歌德任樞密顧問
1782年　歌德任財政大臣
1789-1803年　重建毀壞的王城宮
（Residenzschloss）
1869-1896年　作曲家李斯特在威瑪居住、
創作
1919年　威瑪國民議會在民族劇院舉行；通
過威瑪共和國憲法
1999年「歐洲文化之都」

曾有兩位王公作家……

古典的威瑪

　　在美麗的王城威瑪，曾有兩位王公作家一邊飲著葡萄美酒，一邊認為又該復興古典文化了，而一切也真的開始運轉起來。然而，誰若以為「古典」這樣非同凡響的東西縱然席勒和歌德這兩位民族文化功勛貴族的核心人物聯手也不能可以一廂情願地計劃，那他也許對古典這一難以企及的概念神話表現得過於敏感了。「古典」代表著頂峰，是貼有標籤優質產品的同義詞。這個頂峰可能達到，卻無法長期佔領：它是優秀的文化，其真正價值也只應由驚美的後人中的精英來評定。

　　由於這個熱門商標已被用於許多概念層面，因而其含義早已變得模糊不清。即使在理論上，古典也不再符合公正的學術範疇，而更像一個貴族稱號。我們這個時尚意識濃厚的時代，還把這一富有肯定意義的

巴洛克風格的「歌德故居」是這位王公作家1782至1832年間居住與工作的場所。

邏輯上的類概念，愈來愈轉變為一系列公開的營銷戰略。例如，嚴肅音樂自然意味著古典音樂，不管是莫札特還是史托克豪森寫的總譜。而披頭四樂隊則被視為「經典樂手」。為了擴大概念的膨脹，這個歐洲的古老商標甚至呈現出供貨全球化的趨勢。舉例而言，公元9世紀的瑪雅文化與此前1300年希臘伯里克利時代令人贊嘆的時代精神，又有何種深刻的關聯呢？

　　古典的感受作為古希臘文化繁榮時期的時代精神，主要留存於少數保存下來的雕塑作品中。每隔一定歷史階段，總會產生對新的古典主義的需求，古典

19世紀的套色鋼板雕刻《赫爾德爾廣場旁的赫爾德爾教堂》。

望景閣宮（Schloss Belvedere, 1724-1732年）現在設有一個洛可可博物館。

全才的歌德也參與了王城宮火災後的重建工作。

在德意志民族劇院前，歌德和席勒憂鬱地望著遠方：啊～繆思，請給我桂冠…

的感受即是繁殖這種需求的生殖細胞。

　　自古希臘羅馬後期以來，這個生殖細胞一直是歐洲一切重要文化領域的共同特徵，並成為人類最高貴的傳統之一。從造型藝術到標準語的文學作品，人們以優美的韻律刻意呼喚、追求或直接摹倣著「古典」。

　　這種現象的前提條件由所處時代自行創造，而商標的授予權則掌握在下一代人手裡。當他們回顧時，可能發現一個「真正的古典時期」，或一種新的古典主義，但也可能只看到一個「後現代時期」。

　　威瑪的古典時期遠不止單純的文學繁榮。一個以歌德和席勒為核心的圈子深入許多不同的專業領域，創造了一種完全古典意義上的普遍的時代精神。他們懷有一個共同願望是：在文學和世界史領域工作的形式和形象方面，追隨人文主義和為所有同時代人所敬仰的古希臘羅馬時期。

　　儘管這種努力缺乏新意，但在18世紀末走向現代的轉折時期，圖林根的威瑪卻出現了科學史上罕見的天才人物適時適地出現的局面。原汁原味的希臘古典主義首次展開在解剖台上。對它的研究為持續數十年的人文科學繁榮打下了共同的基礎。這一時期思想的力量凝結成鉛字，社會哲學的宇宙具體化為發行數百萬冊的書籍。

　　然而，真正具有文物性質的則是今日威瑪的文化景觀。人們似乎希望用紀念性建築使精神遺產變得具體形象，威瑪眾多的建築物和園林就展現了這種努力。

亨德里克・克爾斯登
（周何法　譯）

北方的直布羅陀要塞

盧森堡的舊城區和堡壘

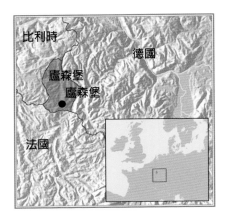

　　相傳建在保克岩上的呂策爾堡的首任堡主是西格弗里德伯爵。他的夫人梅露西娜是位絕色仙女，後被伯爵逐出家門，流放到阿爾澤特河上方的山崖裡。她在那兒一邊縫著一件襯衣，一邊期待著獲救。幸而她縫衣從容不迫，每7年才穿一針，因為襯衣一旦做成，盧森堡就將淪為廢墟。

　　然而，盧森堡並未馬上毀滅，而是發生著日新月異的變化。它最初是在兩條羅馬大道交叉處環堡而建的一個居民區，在貢獻過4位德意志皇帝的盧森堡家族的影響下不斷發展，最終在灰黃的山岩上形成一個巨大的要塞，並以其難以攻克而被稱為「北方的直布羅

從過去的市區圖就可以看出盧森堡的確難以攻克。

紅橋只是盧森堡百座橋樑之一。

陀要塞」。自被勃根第人侵佔直至1839年獨立，盧森堡受外族統治達400年之久。在這段漫長的歲月裡，它吸引了歐洲著名的將領和軍事建築師，「太陽王」路易十四的傑出軍事建築師沃邦即是其中一位。超凡脫俗的作家歌德也於1792年漫遊至此，並在文中描述說，盧森堡「棱堡、多面堡、鉤月堡連成一片，鉗形工事和歪線狀工事比比皆是，似乎他們唯一能做的便是將防禦藝術發揮至匪夷所思的地步」。同樣到過此地的卡諾議員，在1795年的法國國民議會上曾經這樣說：「守住盧森堡不僅使敵人面對一座如直布羅陀那樣最堅固、最危險的堡壘，同時也守住了自己的邊界。」

　　保克岩牢不可破地矗立著，三面為阿爾澤特河所

包圍。在這座軍事碉堡下面的岩崖深處，層層疊疊地布滿了鼴鼠洞似的防禦通道，這就是保克掩體群，其每一段最多可容納50門大砲。建於西格弗里德伯爵時期的第一座堡壘的最低層，與法國革命軍圍攻期間（29週）82歲高齡的陸軍元帥馮·本德爾的住所一樣，都是歷史風雲的見證。

佩特呂塞河上方的堡壘和掩體爲中世紀所建，後

「檢閱場」旁邊的露天咖啡館。

按沃邦元帥的設計作了擴建。數十年來，這裡一直吸引著眾多的遊客。「峭壁之路」（Chemin de Corniche）的防護側面和圍牆，以及通往保克岩的地上和地下通道——城堡橋，均屬盧森堡的標誌性建築。文策爾牆是這個歐洲要塞一個引人注目的地面標記，它包圍著格隆特低城區和拉姆高地。格隆特低城區曾有一座新明斯特修道院，現已歸屬於文化事業。拉姆高地則以從前的兵營聞名。100座橋對於盧森堡這樣的地形顯得

十分必要，它們將市區各個部分貫通起來。阿道夫大橋即是其中之一，在它的下面，佩特呂塞河蜿蜒流淌。

如今，格隆特門和特里爾門前的崗哨早已撤走，再沒有人在「三座尖塔」的陰影裡躲避槍林彈雨。砲聲早就消失，硝煙亦已散盡，所有壕溝和碉堡都沉浸在睡美人的夢鄉裡。漫步在文策爾步行環路的現代遊客，彷彿穿上了一雙一步七里的魔靴，在100分鐘左右的時間就遨遊了1,000年的歷史。圓圓的瞭望塔和三道護城牆，都是他們不能忽視的景點。在高城區熙熙攘攘的大公國政府所在地，在眾多堅固堡壘的守護之下，世俗統治者在文藝復興風格的大公宮裡運籌帷幄。距此不遠的耶穌會老中學及其典型哥德風格的聖母大教堂，象徵著當年天主教會代表的支柱作用。幽靜的廣場和「呂拉敘」（Rue Large）等曲折漂亮的巷子，則讓人渾然忘卻一支4,000人的衛戍部隊主宰全城命運的時代。

自19世紀以來，盧森堡不斷發揮著自身的特色。1859年10月4日，人們用大合唱的形式爲第一列由盧森堡開往鄰國的列車送行，從合唱的最後一句可以清楚地聽出，這座城市的生活感受建築在悠久的傳統之上：「我們固有的，一定要保持！」

費迪南德·杜普伊斯·龐德
（周何法　譯）

第31號

阿爾澤特河流經的格隆特低城區，與高居其上的高城區相互輝映。

堅固城牆圍繞的城市景觀，凝聚著千年動盪的歷史。

「確實是個美麗舒適的地方」（莫札特）

布拉格舊城

左圖：作家佛朗茲・卡夫卡1883年出生於布拉格

下圖：長達515公尺的查理大橋橫跨伏爾塔瓦河

在這座位於伏爾塔瓦河畔的城市，音樂天才莫札特的作品曾經受到熱烈的歡迎，人稱「歌劇之王」的《唐璜》即在此首演。然而，與布拉格有著特殊關係的不只是莫札特，還有眾多的文學家，他們以多種形式記述了自己對這座「金色城市」的不同感受和矛盾態度。

來自盧貝克的諾貝爾文學獎得主托馬斯曼表示「很高興重遊此地」，並稱「這座城市的建築魅力在世界所有城市中堪稱絕無僅有」。出生於布拉格的詩人里爾克用獨

特的語言宣布：「這座山牆和尖塔之城建造得十分奇特：偉大的歷史無法在此激起迴響。轟轟烈烈的日子的餘音盤桓在殘垣斷壁間，輝煌的名字猶如看不見的光線，停留在寂靜的宮殿正面。」

布拉格舊城的興建，最早可追溯到公元10世紀末。當時，在今舊城環行路（這是公認的舊城中心地帶）有一個市集廣場。自11世紀起，外國商人在距此不遠的泰恩宮安身。不過，成為真正的城市則是13世紀以後的事，那時城防工事開始修

築，「大布拉格市」（舊城當時的名稱）獲准實施城市法。

從那以後，不同的時代及其建築風格被刻入舊城的街道和房屋，但先前的印記並未完全消失。如此狹窄的空間內集中了如此豐富的歷史建築，這樣的地方並不多見。漫步在那些幽靜的街道，至今仍能感受到一種中世紀古城特有的氣氛，以及其後數百年間不同民族、文化和宗教的交融。

這種印象在觀賞僅存的幾處猶太文化遺址時顯得尤為強烈，如建於13世紀的「新舊猶太教堂」（這是布拉格最古老的哥德式建築之一），以及作為布拉格一處重要名勝的猶太人老公墓。公墓裡密密麻麻地豎立著來自3個世紀的12,000塊墓碑，彷彿在向人們講述布拉格猶太人居住區的歷史。這既是他們為布拉格創造財富的歷史，也是他們遭受迫害和屠殺的歷史。

舊城內為數眾多的教堂，是各種宗教興衰沉浮的見證。哥德風格的泰恩教堂建於12世紀，一度成為胡斯運動的主教堂——當時這一抨擊天主教會腐朽墮落的運動深得民心。泰恩教堂內保存著波西米亞不同時期的工藝精品，如許多巴洛克風格的聖壇。

面積頗大的克萊門第農校園（Clementinum）緊靠熙熙攘攘的查理大街，令人想起當年耶穌會在布拉格的巨大影響。這個組織是16世紀中葉為對抗宗教改革運動而進入布拉格的，但它也為大學的創辦作出了重大貢獻。「卡洛林農」（Karolinum）是皇帝查理四世1348年創辦的中歐第一所大學的遺址。

第32號

胡斯紀念碑是為了紀念捷克民族英雄胡斯（約1370-1415年）所建立。這位宗教改革家曾在布拉格傳道，後來被德皇和教皇以異端的罪名用火刑處死。

而，如果僅僅把這裡視作名勝古蹟的堆積地，未免過於膚淺。

正如出生於布拉格的詩人保爾·拉賓（Paul Leppin）所說，這座舊城「替每個人都準備了一點東西：給夢想家的是喜憂參半的景象：對扶牆偷聽者及想要遠離喧囂、傾聽自己內心聲音的怪人，它提供的是虛幻的、危險的經歷……」它希望被追求和體驗，以便吸納一切精緻的細節。

赫爾穆特·韋斯
（周何法　譯）

查理大橋上的眾多雕像。

這所大學曾經匯集了歐洲許多民族的成員。今天，它的遺址仍然令人想起布拉格的這段光輝歲月。

在布拉格舊城，歷史、藝術和日常生活以多種形式交織在一起，而且這種交織常常是隱晦的。然

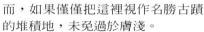

「歐洲花園」裏的一座光塔

萊德尼采和瓦爾蒂采的人造園林

精巧的風景布置令萊德尼采公園魅力無窮。

　　邊界開放以來，南摩拉維亞成了奧地利鄰居週末遠足的目的地：去嘗嘗那裡的紅燒辣味牛肉和丸子，或許再來上一兩杯當地出產的濃烈的紅葡萄酒；此外，那兒的汽油也比較便宜。

　　不過，等車子駛上萊德尼采和瓦爾蒂采兩個小鎮間7千公尺長的筆直栗樹林蔭道，映入眼簾的景像便會將滿腦子對客棧、酒館和加油站的嚮往擠得無影無蹤：觀景樓廳上滿是遊客的那座近60公尺高獨特建築物是什麼？是一座清眞寺裡才有的光塔！爲什麼曠野上會有一座人稱「約會」的巨型凱旋門？在一片翠綠中顯得耀眼奪目的白色小神廟，又有什麼含義呢？

　　如果說，南波西米亞的捷克克魯姆勞夫的城市建築令羅森貝格、埃根貝格和施瓦岑貝格等貴族世家名垂千古，那麼捷奧邊境的這個公園區則是列支敦士登王侯們的不朽遺產。自公元13世紀直至1938年，這個顯貴世家一直在這兩處當時名爲艾斯格魯普和費爾茨貝格的駐地行政。

瓦爾蒂采宮的小教堂。

　　這個歐洲最大的園林建於19世紀初親王約翰·約瑟夫一世時期，它向列支敦士登家族提供了展示其財富和藝術品味的機會。數百名工人在塔亞河的沼澤和水災區進行此項巨大的工程，園林建築師貝恩哈特·佩特里負責工程設計。他們改河道，堆地基，建小島，將水流轉入人工池塘……於是，在巴洛克風格的費爾茨貝格宮和英國都鐸哥德風格的艾斯格魯普宮之間，「歐洲的花園」誕生了。爲了裝飾這座花園，人們從美洲進口的樹苗和各類種子達36,000多種！在此之前，種植稀有柑果、橄欖和無花果的暖房及薈萃珍稀蘭花的溫室，已使兩處親王駐地聲名遠播。

　　今天，遊人漫步這座巨大的花園，在照顧良好的英國式草坪、五彩繽紛的花圃和溪邊池旁幽靜的樹林裡，不時地會遇到令人驚嘆的建築。它們有的洋溢著浪漫主義的氣息，有的模仿英國自然風景公園的典範，有的則反映出當時風行的希臘多利斯時尚的敬仰。

至於前面提到的那座光塔，建於1797-1802年間，是親王阿洛伊斯‧約瑟夫一世報復艾斯格魯普鎮議員的一個舉動。他早就看中了這塊寶地，欲在上面建造教堂，議員們卻遲遲不同意。於是親王乾脆命令由家庭建築師約瑟夫‧哈默特負責，建造了這座繪有摩爾風格作品的「東方之塔」，以示對異教徒的懲罰。

在這一公園區，富有田園韻味的神廟不時映入眼簾：磨坊池邊的這座是獻給阿波羅的，居中池旁的那座是獻給歡樂三女神的，瓦爾蒂朵護林員之家的凱旋門則是獻給黛安娜女神的。突現於綠草地上的一排古典主義風格的石柱，則是列支敦士登家族爲紀念祖先而建的。仿造的古羅馬高架渠遺址或遺址狀的「約翰尼斯堡」夏宮等浪漫主義主題，也會贏得遊人頻頻按下快門。現在，高架渠看上去像是一座奧斯曼帝國時期獨有的亭子。

這個自然風景公園同時也是自然保護區的一部分，許多珍稀鳥類在此棲息。然而，也有些人是衝著其他東西而來的：每年5月在瓦爾蒂朵騎士堂舉行的「葡萄酒市集」已經遠近聞名。

韋爾納‧斯克倫特尼
（周何法　譯）

第33號

列支敦士登的王侯們委託建造了他們數百年的宮殿—巴洛克風格的瓦爾蒂朵宮。

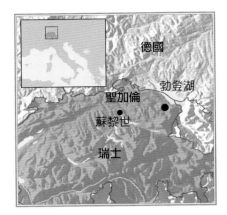

在權力的交鋒地
聖加倫修道院

當愛爾蘭遊僧蓋勒斯帶著幾名修士踏上南行之路時，瑞士尚未誕生。有一天，在博登湖與聖提斯峰之間鄰近阿爾卑斯山脈的施丹納哈谷，蓋勒斯夢見這片蠻荒之地突然冒出許多石造尖塔，苔蘚地變成了人來

聖加倫修道院
文化遺產：建於17-18世紀的本篤會修道院，其著名的附屬圖書館藏書約13萬冊，其中1,650種為古版書和手抄本，如《聖加倫修道院的沒落》和《尼伯龍之歌》等
所屬洲：歐洲
所屬國：瑞士（聖加倫州）
地　　點：聖加倫，位於蘇黎士以東、博登湖附近緊鄰阿爾卑斯山脈的一個山谷
列入名錄年份：1983年
意　　義：加洛林王朝時期大型修道院的最完美範例，其巴洛克後期風格的附屬圖書館擁有大量珍貴藏書
大事記：
約720年　修道院成立
816-837年　本篤會修道院
9-11世紀　繁盛期
1205-1805年　修道院院長兼封帝國侯爵
1524年　聖加倫市實行宗教改革
1755-1766年　大教堂（Domkirche），其地宮建於10世紀，為安葬聖加倫主教們之處
1758-1767年　巴洛克後期風格的修道院圖書館（Stiftsbibliothek）
1846年起　成為主教駐地

修道院大教堂（Stiftskathedrale）是短短11年間建成的，它如同神明的警示直指天空。

人往的廣場。他覺得這地方頗具潛力，便於公元612年建立了一處包括一個木結構禮拜堂的隱居點。禮拜堂附設床鋪，供虔誠的修士們休憩之用。足足一個世紀之後，阿雷曼人奧特馬爾作為首任聖加倫修道院院長掌管整個教區，並制定了本篤會修士規章。

除了祈禱，修士們還須根據規章從事艱苦的勞動。他們耕種和擴充田地，建城、經商、徵稅，並鑄造自己的錢幣。他們的成功吸引了越來越多的僧侶，漸漸地，這個緊鄰阿爾卑斯山脈的山谷成為西方的一個科學和文化中心。修道院圖書館是一座充滿明朗的洛可可風格的建築，它展示著修道院的精神魅力和廣泛影響：藏書達13萬冊，其中部分精緻地裝訂在黃金和象牙板內，如1,650種古版書。以「玫瑰之名」揭示修道院墮落生活的義大利作家埃科，也許會因這一巨大的知識寶庫而感到欣慰。

然而盛極必衰，每一位驕狂的勝利者都在促成自己的敗落。隨著時間的推移，修道院的紀律開始渙散，有些院長甚至再也不著修士服。儘管本篤會修士規章要求放棄塵世享受，倡導儉樸生活，但院長們卻極盡奢華。他們參與政治陰謀，追逐高官爵位，不但在主教坐鎮的康斯坦茨，而且在長期處於修道院影響之下的聖加倫市市民中也樹起強敵。宗教改革在聖加倫的實行，也許是修道院經歷的最苦澀的失敗。從此，修道院與聖加倫市分道揚鑣。為便於處理法律和財產關係，人們在修道院所轄區域與聖加倫市之間築起一道界牆。為了使院長毋需踏入聖加倫市的地盤即可離開修道院，開了一道專用的門，即刻有大型砂岩浮雕的卡爾門。這是八道牆門中迄今僅存的一道。

18世紀時，隨著巴洛克風格再度盛行，奢華之風迅速蔓延。在短短11年時間裡，一座雙尖塔大教堂拔地而起，代表著一種警示。兩座尖塔及突向堂前空地的聖壇正面，賦予大教堂力量和肅穆。在教堂內部，砂岩和木材搭配得水乳交融。華麗的主聖壇巍然屹立，石膏花飾直逼穹頂，人物眾多的繪畫栩栩如生地高掛於屋頂之下。除浮雕和塑像外，精心雕飾的懺悔室和胡桃木製成的坐席，也是裝飾物中的焦點。

當修道院內院長們忙於擴大封建權力及其在建築上的表現形式時，外面的世界卻在發生變化。法國大革命波及聖加倫，這裡的舊權威和舊秩序也受到震撼。院長們用盡武力抵抗新生力量，卻阻止不了修道院1805年的解體。界牆也被拆除。革命的幽靈消失後，為了成立一個獨立的主教管區，我們今天看到的馬蹄形修道院建築群落成了。在這個建築群裡，原有的各種矛盾現在似乎煙消雲散：原本篤會修道院的東翼成了州政府的辦公廳，原院長居室住進了一位主教。

貝亞特・許曼
（周何法　譯）

第34號

諾特科・巴爾勃魯斯的手抄本（9世紀）是舉世聞名的修道院圖書館的珍藏之一。

修道院大教堂的聖壇坐席，是約瑟夫・安東・福伊希特邁爾（1696-1770年）的藝術傑作之一。

資產階級的平等和持久

伯恩舊城

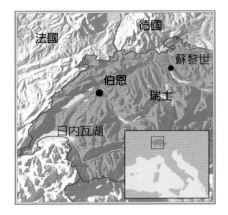

伯恩舊城
文化遺產：建於阿勒河一個之字形彎曲處
的中世紀城市，擁有：哥德後期風格的聖
溫岑茲教堂（1421年）、明斯特大道和明斯
特廣場（雛形1545年）、15世紀以來飼養伯
恩城徽動物「熊」的熊苑、正義大街及其
林蔭道和正義井（1543年）、哥德後期風格
的市政廳、鐘塔和籠塔
所屬洲：歐洲
所屬國：瑞士（伯恩州）
地　　點：伯恩
列入名錄時間：1983年
意　　義：一座保存完好的18世紀時修復的
中世紀舊城
大事記：
1191年　大公貝爾希托爾德五世建立居民點
1218年　成為帝國自由市
1218-1220年　在西側建造防禦工事
1270年　拆毀紐代克堡
1405年　城市毀於大火
1622-1634年　構築壁壘
1834-1845年　拆除部分軍事設施和城門
1848年　成為瑞士首都
1919年　城市向西擴展
1971年起　伯恩婦女享有選舉權和表決權

以前標準時間由鐘塔
（Zeitglockenturm）的大鐘確定。今天，天
文鐘及其聞鐘而動的人像仍是伯恩著名的標
誌，射手井（右前）建於1543年。

「它是我們見過的最
美麗的城市。所有的房屋
都是用灰色的軟砂岩建
成，每一幢看上去都相差
無幾，表現出各種階級的
平等。屋內佈置的均衡和
整潔令人十分愜意，因為
你感覺不出哪兒有空洞的
裝飾或專制主義的平均作
風。」這幾句贊語是王公
作家歌德遊覽伯恩後寫給
馮‧斯泰因夫人的。

當然，這是很久以前
的事了，確切地說，是在
1779年。儘管如此，這幾
句贊語仍有不尋常之處。
歷史上大多數描寫城市風
貌的文章都擺脫不了對陳
年舊事的回憶，而歌德的
這段描寫則超越了時間。
在歐洲的心臟地區，也許
再沒有哪座城市能像伯恩
舊城那樣保存了這麼多的
原始本色，那些具有悠久
歷史的建築把中世紀文化
一覽無遺地展現在人們面
前。

伯恩舊城1191年建於
阿勒河的一個半島上，三
面環水。它是中世紀少數
幾個有計畫地進行建築規
劃的城市之一。人們以一
個舊要塞為基礎，一開始
就建造了寬闊的街道，它
們如同一只手的手指一樣
平行地向西伸展，直至一
道當時的城牆。這個基本
結構一直留存至今，14-
17世紀的幾場大火對其未
造成根本性的破壞。只是
房屋正面有時會改變面
貌，時而改成巴洛克風
格，時而轉向文藝復興風
格。

中世紀規劃的遠見和
持久性，在正義和廢物大
街（Gerechtigkeits-

und Kramgasse）可見一斑。這條石子路是中世紀伯恩的主要街道，寬達25公尺，今天幾乎只有高速公路的寬度能與之匹敵。15世紀時，馬路兩邊的房子前造起拱廊，以遮蔽小販和工匠們的工作場所和攤位。這條俗稱「管子」的拱廊綿延數千公尺，至今仍把內城連爲一體。也許當時它也像今天一樣，成爲城市跳動的脈搏：高級女裝、古董、首飾和鞋類商店鱗次櫛比，飯店和咖啡館引人探訪，角落和長凳在邀請遊客落座開聊……下雨的日子，仍可漫步林蔭道，而且別有一番風味；烈日當空的時候，則有拱廊提供最好的庇護。

假如沒有水井，伯恩舊城的街道將會難以想像。這些中世紀的傑作以其彩色塑像和柱身，與幾近灰色的房屋正面形成生動的對比。他們是一個城市所能提供最值得一觀的交通障礙，體現了當年市民階層的力量。從射手井和旗手井旁全副武裝的雕像可以看出，作戰藝術對伯恩的繁榮作出了不小的貢獻。正義井的四種人間力量——教皇、皇帝、蘇丹和伯恩州州長，決非昔日伯恩人缺乏自信的證明。

從高處俯瞰舊城的結構，令人產生一種特別的感受。最合適的俯瞰點莫過於伯恩的修道院教堂，它那金碧輝煌的尖頂高於舊城其他所有屋頂之上。通向該教堂的第一層共有250餘級台階，再登90級才能到達第二層。由此俯瞰全城，大片黑壓壓的房屋煞是壯觀。其中鶴立雞群般聳立的是伯恩第一道西城門——鐘塔，過去所有鐘錶的時間都以該大鐘的顯示爲準。在城門的通道裡安裝有當時通用的長度量具「厄爾」和「尋」，作爲標準量具接受公衆監督。今天，爲了一睹聞鐘而動的人像（Figurenspiel）和天文鐘，許多遊客在整點鐘聲敲響前4分鐘準時趕到這裡。

赫爾穆特・韋斯
（周何法　譯）

左上圖：聖文森教堂西大門鐘門拱圈處擠滿人像的浮雕

左圖：薩姆森井（16世紀）是散布於伯恩舊城的11口文藝復興風格的水井之一

上圖：佛羅倫斯文藝復興風格的聯邦大廈建於1894-1902年

生機勃勃千餘年

薩爾斯堡舊城

古老的廣場靜享陽光
藍色和金色交相輝映
濃密幽靜的山毛櫸下
溫柔的修女如夢疾行

假如莫札特當初在格拉茲或英斯勃魯克擔任行政官員，那會是一種什麼樣的情形？《每個人》*只能在薩爾斯堡開始其世界性的成功生涯嗎？假如沒有充滿活力的週邊地區，薩爾斯堡是否也能這樣生機勃勃千餘年？作品中只有寥寥幾首明朗詩歌（如《美麗的城市》）的格奧爾格·特拉克爾，對這種環境又有什麼感受？第一次世界大戰爆發當年，這位憂鬱的詩人因過量服用海洛因而撒手人寰。對他來說，這是逃避重大戰役的唯一恰當的方式。

後期巴洛克風格的聖彼得教堂。

早在青少年時期，特拉克爾就經常待在聖彼得公墓。那種根深蒂固對死的渴望，使他在此有一種置身家園的感覺。公墓裡長眠著兩位替薩爾斯堡帶來傑出建築的男子：一位是大主教的建築主管、負責重建大教堂的義大利人桑蒂諾·索拉里（Santino Solari），另一位是設計音樂戲劇節大劇院（das Grosse Festspielhaus）的克萊門斯·荷爾茲麥斯特（Clemens Holzmeister）。約瑟夫·海頓之弟、首席小提琴兼大教堂管風琴師米歇爾·海頓，以及莫札特的姐姐娜內爾（瑪利亞·安娜），也在這裡找到了永久的安寧。不過，特拉克爾並未葬在此處。他在克拉考去世後，一位朋友託人將他轉到英斯勃魯克附近的繆勞安葬。

是什麼令薩爾斯堡如此獨特？1909年出生於薩爾斯堡附近的萊奧波德·科爾（Leopold Kohr）教授畢生都在探索這個謎，並提出了「小具有優勢」的理論：薩爾斯堡總共不過數十萬人，其中三分之二分布在週邊地區，只有三分之一居住在內城，這就形成了一種理想的共生現象，「因為只有在一個一目瞭然的小

巴洛克風格的大教堂構成舊城的中心。

國，管理、運輸和交流的費用才能維持在極低的水平，從而使國民生產總值的大部分不是用來解決社會問題，而是可以從各個領域，替各個階層美化生活。」

形成於8世紀的薩爾斯堡大主教區，最初是靠當地豐富的鹽和黃金強盛起來的。大約11世紀末，霍恩薩爾斯堡要塞建成，其陰沉和森嚴的景像透過後來的改建變得更加明顯。16和17世紀時，在自信的大主教們（如沃爾夫·迪特里希·馮·萊特瑙和帕里斯·格拉夫·馮·羅德隆）統治下，要塞下方薩爾拉哈河與薩爾察哈河的匯流處逐漸形成一座城市，不久即以其壯麗的巴洛克建築而被仰慕者稱為「德意志的羅馬」。城市的規劃由建築師文森諾·施卡莫齊（Vincenzo Scamozzi）負責，他在薩爾斯堡獲得了至少部分實現其理想城市藍圖的機會。對於這種理想城市，特拉克爾在詩中是這樣描述的：

教堂燃著暗紅的燈火，
死亡的純淨圖像
注視著王公們華麗的徽章。
冠冕在教堂裡閃爍。

1816年，隨著薩爾斯堡市和薩爾斯堡州加入奧匈帝國，兩者的衰落也開始了。進入20世紀，隨著音樂

戲劇節時代及後來大眾旅遊時代的來臨，這種衰落才告終止。不過，由於大眾旅遊依賴於經濟的繁榮，批評家們（如科爾）對之並不看好。

然而，他們也許低估了薩爾斯堡「守護神」的作用：1877年，首屆莫札特節在薩爾斯堡舉行。40年後，「薩爾斯堡音樂戲劇節劇院聯誼會」（Salzburger Festspielhaus-Gemeinde）成立，其發起者為作家霍夫曼斯塔爾、劇場經理馬克斯·萊恩哈德和作曲家理查·史特勞斯。1956年，莫札特音樂戲劇節誕生，新的音樂戲劇節劇院動工。

時至今日，歷史、建築和音樂構成了三和弦，最嚴重的經濟衰退也無法將它擾亂。

萊恩霍德·戴伊

（周何法 譯）

*後文提到的霍夫曼斯塔爾曾創作宗教神秘劇《每個人》（1911年），其主角名為「每個人」。

第36號

最左圖：官邸廣場旁的新官邸（Neue Residenz）

左圖：大教堂、修道院教堂和農貝格修道院（StiftNonnberg）的尖塔聚集成一個高聳入雲的建築群

下圖：嘉布遣會修士山上看到的薩爾斯堡城，矗立於城市上方的，是霍恩薩爾斯堡

"A.E.I.O.U." 一「普天之下，皆是奧地利領土」

迅博隆宮及其花園

這座擁有近1,500間房的宮殿，原來計畫作為狩獵行宮。看到這座傑出建築幾乎誰也不會相信在續建和擴建時，瑪麗亞‧特蕾西亞皇后曾不得不節約開支。

大約17世紀末，奧地利皇帝卡爾六世不僅像250多年前的前任弗里德里希三世那樣，想把A.E.I.O.U.五個母音字母的上述解釋刻入石頭，而且還想使之「成為石頭」（在建築中永恆之意）。他委託費瑟爾‧馮‧埃爾拉赫在迅博隆創立「帝國的中心」，即建造一個我們今天將稱為「巨型凡爾賽」的建築群。由於經費缺乏，他的宏願未能實現，這堪稱一件幸事。

此後，建造一座財力可以承受的狩獵行宮也成為一項半途而廢的工程，1711年皇帝下令停工，因為他又想在克洛斯特新堡（Klosterneuburg）建造一個「多瑙河畔的埃斯科里亞爾」**。幾十年後，在瑪麗亞‧特蕾西亞的推動下，人們終於計劃「修繕和擴建」狩獵行宮，「使之成為宮廷人士舒適的下榻處」。由於卷入與普魯士的戰事，瑪麗亞‧特蕾西亞不得不開源節流，因此可以說，迅博隆宮今天的面貌應該間接感謝普魯士的腓特烈大帝。

接受擴建狩獵行宮並興建花園任務的是尼可拉斯‧帕卡西，他設計的建築遍佈維也納。之所以選中他，是因為他既是女王的寵臣，也是一位天才的建築師。在他的努力下，洛可可風格佔據了統治地位，迅博隆宮第二層各廳室的諧調即體現了這種風格。

也許因為奧地利沒有海外殖民地，人們很早就有了把非洲、亞洲和美洲的各種珍稀動物集中到一個動物園內的想法。如今，這個動物園已成為文物保護者

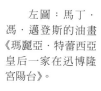

第37號

左圖：馬丁·馮·邁登斯的油畫《瑪麗亞·特蕾西亞皇后一家在迅博隆宮陽台》。

右上圖：迅博隆公園的棕櫚屋

右中圖：通往涼亭（Gloriette）的東階梯

右下圖：尼普頓噴泉和涼亭

與動物保護主義者爭論不休的話題。也許只有當世上只剩下虛擬飼養箱時，這場爭論才會劃下休止符。

「Austriae est imperare orbi universo.」——「統治世界是奧地利的使命。」皇帝弗里德里希三世對前述五個母音及其排列順序作了如是解釋。然而，瑪麗亞·特蕾西亞已不得不與邊疆的「嚙齒動物」開戰。儘管後來帝國將版圖擴展到巴爾幹半島，並通過瓜分波蘭推進到中歐東部，但實際上已是強弩之末。在以皇帝為中心的貴族階級統治下，最無能的人也能獲得最顯赫的職位，裙帶風和腐敗像章魚足一樣纏住了每一種改革嘗試。為了能夠忍受這一切，奧地利人培養了一種憂鬱的氣質，時至今日，這種憂鬱氣質仍被視作其性格的一部分。

為了消除弊端，瑪麗亞·特蕾西亞實行了一些改革，但其作用只是曇花一現。假如沒有戰爭的重負，又有一位像她那樣精明能幹的繼承者，奧地利或許成了歐洲第一個真正的多文化國家。而不像俄國，只是靠強權將多個被征服民族維繫在一起。

繼瑪麗亞·特蕾西亞之後，又有一位名女人的名字與迅博隆連在一起，她就是弗朗茲·約瑟夫一世的夫人伊麗莎白皇后。這不只是因為她有自己的見解，不，她甚至還是個固執的人，與管制嚴厲的宮廷生活格格不入。她的遇刺堪稱悲劇，因為刺客——義大利無政府主義者路易·盧凱尼原本要刺殺的是奧爾良公爵，後因公爵臨時取消訪問日內瓦的計劃，他才從報上的簡訊中偶然找到另一個犧牲品。

今天，在維也納這一個20世紀已不止一次瀕臨毀滅深淵的民族的首都，迅博隆已屬於珍品之列。倘若弗里德里希三世仍在執政，他會在宮殿的正面裝上

A.E.I.O.U.五個霓虹燈字母，並對它們作出新的解釋：「Austria erit in orbe ultima !」——「奧地利將堅持到世界末日！」

萊恩霍德·戴伊
（周何法 譯）

＊一譯「美泉宮」。
＊可參閱第314頁第500號遺產。

迅博隆宮及其花園
文化遺產：費瑟爾·馮·埃爾拉赫和尼可拉斯·帕卡西（Nikolaus Pacassi）設計的洛可可式宮殿，有近1,500間房，其中包括：老漆室、拿破侖室、萊希斯塔特公爵紀念室、瓷器室、小畫像室、百萬室（內有描繪印度蒙兀兒帝國宮廷生活的16-17世紀波斯微型畫）；迅博隆公園及園內的尼普頓噴泉、涼亭和方尖碑狀人工瀑布
所屬洲：歐洲
所屬國：奧地利
地　點：維也納
列入名錄年份：1996年
意　義：昔日哈布斯堡王族官邸，一件完美的整體藝術作品
大事記：
1696年　迅博隆宮動工
1705年　開闢第一個公園
1744-1749年　宮殿竣工
1752年　創辦世界第一個動物園
1767年　奉瑪麗亞·特蕾西亞皇后之命設立「百萬室」
1773年　設立內有布魯塞爾掛毯的哥白林陳列室
1781年　尼普頓噴泉
1804-1809年　法國佔領奧地利，迅博隆宮成為拿破侖一世的行宮
1854年　重新佈置弗朗茲·約瑟夫一世與皇后伊麗莎白共住的臥室，飾以里昂藍綢做的簾布和牆格，並配置紫檀木家具
1898年　伊麗莎白皇后在日內瓦湖畔遇刺身亡

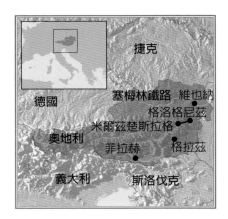

塞梅林鐵路及其沿線地區
文化遺產：建築在塞梅林山口上的長41公里的鐵路，共有16條隧道、16座高架橋和129座一般橋樑；所有這些人工構築物花去6,450萬塊磚；築路期間共有1,048名工人死於疾病或事故；斯特凡‧史格的小說《灼人的秘密》和卡爾‧克勞斯的戲劇《人類的末日》，均以塞梅林為題材
所屬洲：歐洲
所屬國：奧地利（下奧地利州和施蒂利亞州）
地　　點：格洛格尼茨與米爾茨楚施拉格之間
收入名錄年份：1998年
意　　義：克服特殊地形造成的困難而建成的世界最早的山區鐵路之一，是一項傑出的工程成就
大事記：
1803年　建築大師史克爾（Karl Friedrich Schinkel）和作家紹伊默（Johann Gottfried Seume）遊歷塞梅林
1839-1841年　在塞梅林山口上建造一條公路
1848-1854年　建築塞梅林鐵路
1851年　4輛機關車到貨，其中有比利時約翰‧考克里爾公司生產的「塞萊因號」
1851年「塞梅林鐵路之父」卡爾‧蓋伽獲貴族封號
1854年5月15日　塞梅林鐵路投入貨運
1854年7月17日　投入客運
1882年　建造豪華的南部鐵路飯店
1948年　經歷了戰時和戰後初期的紛亂後，南部鐵路飯店重新開業
1989年　計劃在原塞梅林鐵路下面挖掘隧道作為南部鐵路的高速路段，但迄今未實施

技術、自然和政治
塞梅林鐵路及其沿線地區

塞梅林鐵路及其沿線地區構成一件具有跨地區意義的整體藝術作品。

　　塞梅林鐵路工程曾被視作一次冒險，一個有爭議的政治決定。然而，工程師們的勇氣和探索精神最終結出了勝利的果實。

　　1829年，在帝國首都維也納與通往大海門戶的里雅斯特之間鋪設一條鐵路的設想首次產生。12年後，「皇家－王家南部國家鐵路」的維也納－格洛格尼茨路段宣告完工，又過了三年，米爾茨楚施拉格－格拉茨路段也開始使用。不過，如何克服難度最大的一段——塞梅林山口這一問題，最初並未擺上議事日程。

　　解決這個難題的人是卡爾‧蓋伽（Karl Ghega）。他17歲時就以「一致公認的優秀成績」獲得帕多瓦大學的數學博士學位，隨後進入政府部門工作。1842年4月，他被派往美國進行為期5個月的考察。在新大陸逗留期間，他參觀了39段不同的鐵路，並從中得出一個結論：採用比以往更大的坡度和更窄的轉彎處，機關車應該能將火車帶過塞梅林山口。在此基礎上，他確定了成熟的施工原則：為了獲得必要的高度，駛過旁側小山谷時須有最多達千分之25的坡度。

　　1846年，塞梅林路基方案基本確定，一年後細節規劃也告完成。然而，許多專業人士認為蓋伽的計劃是不可行的。有人提出了不同的方案，例如用之字線路減小坡度，修築纜索鐵路，借助壓縮空氣牽引車廂也即投入一條「空氣鐵路」，或者動用馬匹。

　　受1848年這一革命之年的影響，尤其是創造工作崗位的必要性，促使新上任的公共事務部長安德雷亞斯‧鮑姆加爾特南於當年6月在短短的幾天內選擇了蓋伽的方案。決定一公布，輿論大嘩，報紙和專業刊物上盡是反對文章。這是不難理解的，因為當時甚至還沒有一輛機關車能夠滿足蓋伽對坡度和線路半徑的要求。

　　然而，蓋伽相信科技的進步。1850年3月，通過招標確定由任職於政府部門的工程師威廉‧恩格爾特設計專門的「塞梅林機關車」，並在必要的試行後向比利時的考克里爾公司和埃斯林根的福登堡凱斯勒工廠訂購了26輛這種新型機關車，從而完成了實現蓋伽方案的關鍵步驟。

　　在此之前，鐵路線修築工程早已動工，成千上萬的人在此找到了工作。1853年10月22日，塞梅林鐵路全程竣工。9個月後，客運和貨運正式開始。

　　塞梅林鐵路克服了459公尺的高度。几乎2/3的路段達到了千分之20-25的極限坡度，最小線路半徑為190公尺。由於地勢不利，人工建築物的數量相當可觀：16條隧道、16座高架橋，118座砌築橋和11座鐵橋。

　　塞梅林鐵路建成後，充滿浪漫氣氛的沿線地區很快成為19世紀的「避暑勝地」。別墅、賓館與鐵軌、橋樑和其他建築物一起，把塞梅林變成一件工業時代的整體藝術作品，至今仍顯示其生命力。

曼弗雷德‧韋多恩
（周何法　譯）

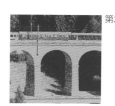

上圖：當時的
石版畫《冷水溝高
架橋》。

下圖：塞梅林
鐵路是歐洲工程藝
術的傑作。

海邊的童話佈景

塔林（雷維爾）舊城

構成一座城市特色的是其建築物還是地理位置，這是人們經常提出的一個問題。13世紀時，雷維爾（今愛沙尼亞首都塔林）的主教們在芬蘭灣附近的一座山上建起了國內第一座石材教堂，更迭頻繁的世俗統治者也在此築起一個城堡。雖然這座山並不算高，但由於芬蘭灣南部海濱只有這座令人注目的山，因而建城時就選在了此處。就自然條件而言，從前漢薩同盟的中心城市中，幾乎沒有哪座城市能與塔林媲美。

如果說，塔林的剪影打上了地貌的印記，那麼教堂的尖塔則似乎要反射這種地貌：從這座東依大教堂山的商業城市上端開始，首先矗立著的是聖尼古拉教

《塔林的大教堂山》，根據可能是奧古斯都‧延森所作油畫（約1940年）彩印。

尚存許多中世紀建築的塔林舊城是建築藝術的瑰寶。

塔林舊城

文化遺產：舊城，擁有作為俄國化標誌的亞歷山大－涅夫斯基大教堂、哥德風格的聖靈教堂、聖尼古拉教堂、聖瑪利亞大教堂（愛沙尼亞最古老的教堂）、尖塔高124公尺的聖奧拉夫教堂、哥德風格的市政廳和建於1442年的拉茲藥店及二者所在的市政廳廣場、「黑頂屋」、奧拉夫行會會館、騎士館、舊城城牆及其19座塔樓

所屬洲：歐洲

所屬國：愛沙尼亞

地　點：塔林（舊名「雷維爾」）

列入名錄年份：1997年

意　　義：一個值得注意的中世紀至近代的城市建築群

大事記：

1154年　塔林以「科雷萬」之名出現於阿拉伯地理學家伊德里斯的一張地圖上

1219年　成為丹麥王國的一部分；創辦第一座大教堂

1229-1233年　建造聖瑪利亞大教堂

1248年　獲准實施城市法

1284年　加入漢薩同盟

1346年　愛沙尼亞的丹麥屬地出售給德意志騎士團

1407-1410年　建造「大行會」大樓

1475-1483年　建造「俯視廚房」砲樓

1510-1529年　建造「胖瑪格麗特」砲樓

1561年　塔林由瑞典接管

1684年　大教堂山火災

1700-1721年　北方戰爭中瑞典失去愛沙尼亞

1881年　隨著亞歷山大三世登基，愛沙尼亞急遽俄國化

1941-1944年　處於德國佔領之下

1991年9月起　塔林再度成為愛沙尼亞首都

堂，儘管它的地勢較大教堂所在處要低，但它的頂部卻比大教堂高出不少。這兩座教堂又被宏偉的歐萊教堂垂直包圍。除了這種純視覺上的和諧，看到塔林舊城時還能感覺到另一種和諧，這種和諧的基礎也許是：即使一座保存更完好的城市，也不可能更直觀地展現其中世紀的結構。例如，人們無須介紹指引，從「大教堂」與低城區之間僅有的兩條直接通道上方的門樓，就可清楚地看出當年法律上獨立的城區並存的局面。遊客如果第一次站在大教堂山的某個石階上，望見高聳於民宅屋頂之上的市政廳和聖靈教堂纖細的八角尖塔，他根本就猜不出哪一個是宗教建築，哪一個是世俗建築。僅憑這種巧妙的隱藏技巧，二者即已堪稱塔林的標誌。

在幾條街以外的帕特庫爾看台，人們又會提出一

個問題：這個看台是以誰的姓氏命名的？帕特庫爾是那個以武力結束瑞典對北愛沙尼亞一個半世紀統治的抗瑞典聯盟的組織者，還是1710年不願繼續冒險守衛，而把塔林拱手讓給沙皇的最後一位瑞典副總督？從看台往下望，可以看見建於中世紀後期的環形牆中保存特別完好的一段，還有那能夠證明斯堪地那維亞人早已涉足愛沙尼亞的歐萊教堂。此時此景，恐怕誰都願意把榮譽授予那位使舊城建築群得以完好無損的副總督，而不是那位輕率地拿它冒險的帕特庫爾。

然而，塔林舊城建築群仍然遭受兩次誤傷。19世紀末，俄國化浪潮席卷由德意志上層管理的波羅的海沿岸省份愛沙尼亞、利夫尼亞和庫爾蘭，給當時的雷維爾增添了一座建在大教堂山山頂平地上的東正教大教堂。對一個統治象徵而言，這是最恰當的位置，但

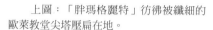

對一座異質文化的建築來說，卻是最不幸的。更令人痛心的是，在第二次世界大戰中，尼古拉教堂周圍有幾條街道毀於炸彈。重建時未按原貌，且造得比較簡陋，不過畢竟使舊城保持了8個世紀以來的風貌。

第9個世紀的任務是搶救這一塊寶，而這又意味著改變：工業化生產的磚塊首次登上了塔林破敗的屋頂，像「大行會」這樣莊嚴的大樓也未能倖免。不過，正如1710年的投降那樣，這也有利於整體的持久保存，而愛沙尼亞人為這種整體保存付出的努力是值得的。在波羅的海東岸國家第二個獨立年——1991年之前，他們的首府源於漢薩時期的建築遺產，也一直在證明他們擺脫孤立（這種孤立因莫斯科而加深）的決心。對這座「丹麥人之城」（這是「塔林」在其第一個經考證證實的佔領國國語中的含義）的建築物，塔林最後的佔領者同樣懷著尊敬之情。從「俯視廚房」和「胖瑪格麗特」兩座砲塔的名稱可以清楚地看出，

它們中哪一座追求高度，哪一座遵循水平防禦的原則——它們改變了用途，但並未失去作用。

安德雷亞斯·費貝爾特
（周何法　譯）

上圖：「胖瑪格麗特」彷彿被纖細的歐萊教堂尖塔壓扁在地。

右圖：舊城的街道有一種如詩如畫的氣氛。圖為市政府廣場附近的一條街道。

左圖：19世紀末塔林俄國化的一個重要標誌，是位於大教堂山山頂平地上的亞歷山大·涅夫斯基教堂。

「讚美已久的里加，我見到了你：
周圍是沙丘，里加在水中」

里加的舊城中心

石版畫《里加的市集和交易場》（約1820年）。

8個世紀以來，里加一直在歐洲起著重要的作用，是拉脫維亞的經濟和文化中心。對這座城市傳奇式的建立，文藝作品有過不同角度的描述。一首著名的民謠這樣唱道：

里加的公雞一早啼鳴，
我早早坐在船裡，
里加的主人們啊
請留在奴僕的鐵鏈聲裡……

里加在轟鳴，里加在轟鳴。
誰令里加轟鳴？
那兒在鍛造
金角銀邊的嫁妝，
給有三位兄弟的新娘。

在英德里庫斯編年史中，里加在1198年已被提及。歷史學家們甚至認為，此地成為居住點的歷史也許可以追溯到10至11世紀。不過，建城的正式年份卻是1201年，並與不來梅大教堂教士諮議會成員阿爾伯特的名字聯繫在一起。隨著時間的推移，這裡逐漸發展成一座典型的漢薩城市。寬闊的西德維納河和高聳的中世紀尖塔，構成里加舊城的主體輪廓。在數百年時間裡，一種既包含浪漫主義又包含後現代主義的建築美學，使中世紀的市中心得到擴大。決定里加城市面貌的是「新藝術」（其豐富為世所罕見）及中世紀和19世紀的建築。作為建築藝術的精品，它們以各自的

形式反映著人類的創造精神。整個城市宛如一座吸納了每個時代典型建築的露天博物館——它並非靜止不動，而是在不斷地發展。這一點表現在不計其數的珍貴建築中，擁有修道院樓房和十字形迴廊的大教堂即是一例。它始建於1211年，最後以巴洛克風格的尖塔告終。此外還有文藝復興形式的聖約翰內斯教堂和13世紀的聖佩特魯斯教堂，後者的木尖塔高120餘公尺，竣工時為歐洲同類尖塔之最高者。值得一提的還有哥德和巴洛克風格的建築群「三兄弟」，建於1863年的德意志劇院（今拉脫維亞國家歌劇院所在地），位於阿爾伯特街的「新藝術」風格的房屋及1930年建成當時最現代化的中央商場。

在里加數百年的城市發展中，一個明顯的特點是尊重過去的文化遺產。有一則古老的傳說提到，里加一旦完工，馬上就會淹沒於西德維納河的滔滔洪流

裝飾豐富的房屋正面是舊城的特徵之一。

中。里加的居民一直銘記著這一傳說。

　中世紀早期，隨著德意志移民的湧入，里加開始追隨西歐。在其後的幾個世紀裡，隨著波蘭、瑞典和俄國的介入，西歐的影響減弱了。憑藉自身的地理位置，里加一直是不斷發展著的重要工商業中心。作爲漢薩同盟的成員，它在歐洲貿易網中起著重要的作用。不僅如此，它還是一個重要的科學文化中心，李斯特、舒曼和華格納等著名音樂家均曾在此逗留並受到熱烈歡迎。

　美如音樂的里加同時又生動如人：它身披綠裝，充滿著明快的「新藝術」氣質，並通過不同建築風格的和諧共存確立了存在的意義，舊城的建築則是它的一顆明珠——這是一座應當爲人們理解、重視和呵護的城市。

尤里斯・丹比斯
（周何法　譯）

第40號

舊城中心的中世紀教堂尖塔醒目地聳立在里加的剪影中，現代派的建築在西德維納河對岸的高空與他們遙相呼應。

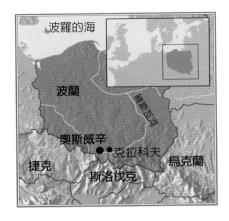

「最終解決」

奧斯威辛集中營

在《明鏡》周刊精心組織的對以往歷史的「反思」中，「晚輩的仁慈」可能是一種危險的假像。20世紀70年代這種以教育為指導的風格，以其冷靜客觀的數字排列和眞實的、顆粒狀的黑白圖片，來控訴人類歷史上首次以工業推動的種族滅絕暴行。面對這個事件所造成的整體上的影響，民族的集體無意識，拉開了人們情感上的距離。單單用恐懼是無法詮釋這種復雜感覺的：精力逐漸耗盡的犧牲者，赤裸裸的、毫無尊嚴地暴露在那些與其說是震驚，不如說是尷尬的觀看者的面前。

甚至那些受過教育的文科中學畢業生，及在信箋上寫了名字、經受考驗的反抗鬥士，也不想眞正地承認，歷史悠久的文化名城威瑪和集中營「山毛櫸樹林」

會融合成一對荒謬的概念，民族的詩人和劊子手，任何時候都不可分割地交織在一起。

在此期間，不論是東部還是西部，都用一貫正確的世界觀，對令人厭惡的歷史陰影進行著反思，這確實有很大的誘惑力。「反法西斯主義」、「對歷史進行反思」、「再創輝煌」！精力充沛的反思官僚們用廉價的空話，炫耀公眾組織起來的「紀念」所迅速形成的體系。在通常情況下，紀念碑所編織的密集的網，已經成為旅遊基本設施的一個組成部分。在令人恐怖的完善手段殺人之後，隨之而來的，至少是嘗試一種完善的紀念。如此純德國化的行為方式，被天眞、嚴格地組織起來後是如此的可愛，以致使得敏感的參觀者毛骨悚然。

「大屠殺」，那既有抱負、又很普通的電影配樂，

突然結束了情感上的休憩狀態，可以說是來自新世界的一種「解放」：媒體的密集攻勢排擠了冷靜客觀的數字統計者，首次把大部分民眾分成兩極。奧斯威辛有著幾乎被判了死刑的過去，同時又成為一個紀念地點。因為殘酷的夢魘「奧斯威辛」，如今已是德國「血和土地」的享有治外法權的一塊地方，它已忘卻自己毀滅的日期。

可憎的、吞吃人慘無人道的暴力，用當權者的道德外衣偽裝起來，正期待著他那毫無察覺的犧牲者：「工作使人自由」的秩序和紀律，這條用鐵製的印刷字母寫成的譏諷的標語口號，至今，還炫耀在奧斯威辛集中營的大門上。

德意志帝國鐵路局的火車正從月台有節奏地駛出，要把它們載運的貨物—人，送向死亡的終點站奧斯威辛。在斜坡上無情的選擇將決定後來的命運：「通過工作去死」或者是在勉強被稱是「淋浴間」的一間間儲藏室裡，集體被毒氣殺害。這種名為「Zyklon B」的毒氣，是德國最精密的化學產品，它持續顯示了企業眞正的特點。「最終解決猶太人問題」是「種族保健」的最後一個措施。這種方法只有一種目的。劊子手們所追隨的、剝奪犧牲者尊嚴的目的，始於在公眾場合焚燒黃色的猶太教六芒星形標誌——這是在德國納粹統治時期，猶太人被迫戴的符號；在一堆匿名的骨灰中達到了他們的目的。

奧斯威辛，不是砍頭場，也不是血腥的屠宰場，它決不是孤立的屠殺。人之存在展現於令人安慰的痕跡，那就是屍骨存放所，但這種痕跡也是儘量避免出現的；這種冷靜的、工業規格的殺人機器，是在一種瘋狂思想的指導下，完全自然地完成它的工作：冷酷、有效。

眞正的奧斯威辛是它火葬場的骨灰。骨灰是如此毋庸置疑地存在著，就像是被謀殺者鑲的金牙，作為乾淨且有價值的物件熔化後，已存到嚴肅的銀行保險櫃裡——因為「錢不會發臭」。

亨德里克·克爾斯登
（邵思嬋　譯）

從廢墟中得到新生

華沙古城

華沙古城

文化遺產：在第二次世界大戰中85%的城市被毀後，古城進行歷史的重建。古城有王宮（建於16世紀）、聖約翰教堂（建於13-14世紀），以及古城市集—呂納·斯塔·米阿斯托、古城最古老的房子—聖安娜、城牆和大門防禦設施

所屬洲：歐洲

所屬國：波蘭

地　點：華沙

列入名錄年份：1980年

意　義：13-20世紀一個歷史城市中心成功重建的典範

大事記：

10世紀　建立居民區

1307年　修建一堵城牆和一座城堡

1596-1611年　國王西吉斯孟德三世的首都

1655年　遭瑞典軍隊的破壞

1768-1780年　威尼斯畫家貝爾納多·貝洛托在華沙居住

1815年　出現「代表大會—波蘭」

1918年11月11日　波蘭共和國首都

1943年4月19日-5月16日　華沙猶太人居民區起義

1944年1月8日-2月10日　華沙起義，20多萬犧牲者

1952-1965年　古城重建

1971年　決定重建王宮

「一個莫斯科人要到巴黎去，一個巴黎人正在去莫斯科的途中，長途跋涉以後，在一個早晨到達了華沙，他們兩人都以為已經到達了目的地……」波蘭當代著名作家、華沙起義的參加者安德·契皮奧斯基曾這樣說過。

但是，當1945年1月17日紅軍進入華沙時，城內以及王宮、市集已是一片廢墟。德國轟炸機有目標地轟炸波蘭王國當時的首都，德國國防軍和希特勒衝鋒隊

己的機會，他們不肯模仿戰前市民階級的華沙城。戰爭時期的資產階級共和國——它在1939年德國國防軍和紅軍的攻擊下徹底地崩潰了，被認為是病態的和過時的，應該建立一個嶄新的、現代的華沙。對於這種觀點來說，必須要有空間讓年輕人施展才華，於是尚存的為數不多的戰前建築，被尖頭十字鎬剷平了。當然，這其間也有例外，華沙古城就屬於這例外。

華沙古城的重建是以中世紀的城市規劃和18世紀

把猶太人居住區夷為平地。在華沙起義以後，這座城市被有計劃地轟炸和燒毀，剩下的只有少數倖存者和一片焦土。哪位華沙人沒有死在集中營裡，或是在起義後沒有被拘留，那他真可說是死裡逃生了。這座被威尼斯著名畫家貝爾納多·貝爾洛托用朦朧的色彩描繪在亞麻布上的城市，已經不存在了。貝納多的藝名為卡納萊托，曾於18世紀在華沙生活了12年。

從未投降過的波蘭政府，其國家機構和軍事力量甚至在德國佔領區仍轉入地下繼續活動，因此，對波蘭來說從一開始就非常清楚：華沙必須重建，不論付出多大的代價。然而，在1945年後廢墟中成長起來新一代的建築師，在2,000萬立方公尺的廢墟上看到了自

的建築藝術為依據的。20世紀40年代和50年代，在「全體人民建設自己的首都」的口號下，所需的資金滾滾而來，從全國各地運來了建築材料。最先拔地而起的是沐浴著新光輝的市集旁居民住宅。而早期巴洛克的王宮，直到70年代在黨的領袖吉列克的領導下才得以重建。由於社會的不安定，他試圖通過重建象徵波蘭民族的王宮，來獲得國民的擁戴。

現在，這些建築又重新站起來：起源于16世紀的大門防禦設施，在戰前不久才發現的、通往新城的哥德式橋樑上的城市防禦工事，以及磚結構的聖約翰教堂，這裡是波蘭民族詩人和諾貝爾獎獲得者亨利·顯克維茲最後的安息地，誰不知道他的著名小說《你往

右上圖：王宮的舊接見大廳完全按照每個細節重建

第42號

何處去？》至於古城的口頭文學，重建的首都中心不能再繼承了。重建的建築物立面與以前是一樣的，但是，建築物後面的住宅，在分配時除了保留部分外，其餘的都由建立功勛的「工人階級和知識分子的代表」居住。華沙歷史性的市場上，不再有討價還價和做生意的事。在裝飾精美的居民住宅裡，不再是手工作坊，而是上層階級開的飯店在營業。文學和城市歷史，也有了它們自己的博物館。就這樣，古城完整地保存了下來。幾十年來被濫用爲停車場的古城市場廣場，如今成了遠近來訪者參觀的地方，他們在街道小商販那裡購買紀念品，在印有彩色廣告的大遮陽棚下面，喝一杯清涼的啤酒或咖啡，品嘗著點心；他們用讚嘆的目光，環視著周圍貴族住宅的石膏花飾和壁畫：這裡是一個獅子頭俯瞰著廣場，那裡是一條金色的龍蜿蜒伸展；最後，人們看到一個穿戴奇特的小伙子正興高采烈地翩翩起舞。

克勞斯・巴赫曼
（邵思嬋　譯）

1644年，在王宮廣場建造高22公尺的「齊格蒙特紀念柱」。

左圖：1945年後，首先重建古城市集的居民住宅，這些住宅正面有著巴洛克風格和文藝復興風格

中上圖：貝爾納多・貝洛托（1720-1780年），藝名卡納萊托，自1768年在華沙生活，他的城市風景畫，在減弱的色彩和深深的陰影下，逼眞地再現了華沙生氣勃勃的生活畫面。

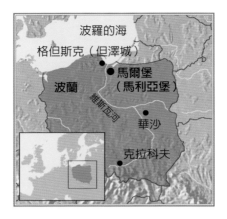

德意志宗教騎士團
馬爾堡城堡（瑪利亞堡）

馬爾堡城堡（瑪利亞堡）

文化遺產：14-15世紀德意志宗教騎士團的所在地（1226-1410年），騎士團首領由天主教教廷最高神職人員選出，五大總管輔助執政：元帥（軍事部門）、騎士團領地管轄者（行政管理）、醫院院長（護理）、後勤總管（服裝）、財務總管（財政）以及地方首領，他們共同維護騎士團的利益

所屬洲：歐洲

所屬國：波蘭

地　點：馬爾堡（瑪利亞堡）

列入名錄年份：1997年

意　義：德意志宗教騎士團首領當時駐地，是中世紀傑出的磚構城堡的典範

大事記：

1190年　作為護理病人的兄弟會，德意志兄弟騎士團在阿孔成立

1198年　兄弟騎士團轉為騎士團

1209-1239年　在騎士團首領赫爾曼・馮・薩爾查策劃下，皇帝頒給「金璽詔書」（1226年），普魯士歸薩爾查統治

1237年　德意志宗教騎士團與聖劍兄弟騎士團聯合

1309年　瑪利亞堡——德意志宗教騎士團首領駐地

1351-1382年　在溫利希・馮・克尼帕羅領導下，騎士團發展為騎士團國家

1410年　隨著坦能貝格戰役，騎士團國家開始衰亡

1411年2月1日　第一次托爾恩和約，割讓土地

1454年「普魯士同盟」反對騎士團的統治

1457年　波蘭卡西米爾四世的軍隊攻克瑪利亞堡，德意志騎士團首領駐地搬遷到柯尼斯貝格

1466年　第二次托爾恩和約：波莫瑞、庫爾姆蘭、埃爾姆蘭和瑪利亞堡與波蘭合併

奧斯卡・格拉夫的油畫「瑪利亞堡」（1942-1943年）。

　　吊橋叮鈴噹啷地降到城堡的土坑裡，一群威武的騎士最後一次檢查他們的頭盔，理順那波浪般下垂的白色掛袍，胸前一枚碩大的黑色十字架正閃閃發光，波蘭一立陶宛的騎士軍隊已進入他們的視線，戰鬥可以開始了。格倫瓦爾德戰役，或者像德國人所說的坦能貝格戰役，德意志騎士團屢敗屢戰。500多年前，也就是1410年，這個騎士團就開始走向沒落。13世紀，在波蘭公爵康拉德・馬索維恩要求普魯士人皈依基督教的召喚下，德意志騎士團逐漸在國內建立起一個騎士國家。在坦能貝格戰役失敗後的幾年裡，最後一批騎士離開了瑪利亞堡，這個歐洲中世紀最大的修道院城堡。

　　今天，這座城堡和城市有著波蘭的名字馬爾堡。幾百萬的資金用於修復這座在二戰期間大部分被毀壞的修道院城堡。用紅磚修築的巨大防禦工事內，現在建造了一個博物館，介紹德意志騎士團的歷史以及中世紀的貿易和貨幣。

從左到右遠眺莊嚴雄偉的城堡群，有城堡教堂、迪特里希塔樓和前堡。

　　12世紀末，在巴勒斯坦的阿孔成立的德意志騎士團，它的原名是「條頓人和伊羅索利米坦人（Ierosolimitanorum）的聖瑪利亞醫院的兄弟騎士團」；德意志騎士團在政治上的升遷，要感謝神聖羅馬帝國的皇帝弗里德里希二世。在反對異教的普魯士的軍事援助方面，皇帝保證給他們持續的、政治上的自決權。教皇格利高里四世宣稱，他將收復被騎士團騎士掠奪去的、已被教會佔用的土地。但是，那個希望自己成為一個政治上依賴人的助手的馬索維恩公爵，他的力量在以後變得太弱，不能抵抗騎士們從庫爾姆蘭不斷地擴張地盤。

　　經歷了幾百年風雨滄桑的瑪利亞堡，曾經是一個巨大的建築工地：大約在公元1275年，人們開始建造前堡，以及教堂、供僧侶和十字軍住的民居、一個集體用膳的大餐廳、一個地牢和一座圖書館。在騎士團首領駐地從威尼斯搬遷到瑪利亞堡以後，就出現了修

城堡博物館裡一件真正有價值的物品是由精美的雕刻人物組成的三翼聖壇。

道院教堂，教堂的外牆上是一個巨大的聖母像，聖母手中抱著孩子。瑪利亞——騎士團的精神，應該保護城堡和城市。這尊用非常珍貴的馬賽克裝飾起來的人物像，1945年在砲兵的砲擊下，成了無數的碎片。在教堂旁邊，出現了所謂的中央宮，還有一個可以容納幾百賓客富麗堂皇的禮堂。客人用銀杯喝酒，食用精選的美味佳肴，如烤鹿肉、烤熊肉等。整個中央宮有一個空調系統，從城堡地下室的一個爐子，將暖氣供應到所需的房間裡。醫院的病人、僧侶和十字軍的住處，像騎士團首領的浴室一樣，都有暖氣供應。

　　14世紀中葉，城堡外修築了最後一圈圍牆，這樣一來，修道院和防禦工事就不會被人佔領了。普魯士在波蘭分裂後接管了瑪利亞堡，並在那裡建造了兵營，從此衰落期開始了。士兵們大批地把「磚堆」運走，直到弗里德里希・威廉三世執政時，才收回允許拆除瑪利亞堡的命令。19世紀初，瑪利亞堡開始重建，二次大戰後繼續修建。今天的瑪利亞堡看上去就像是中世紀所建，有時還能看到騎士來光顧呢。

加布里勒・萊瑟爾
（邵思嬋　譯）

左圖：騎士團的騎士曾在集會廳開會

下圖：從諾加爾河面眺望瑪利亞堡，可以領略整個城堡群宏偉的氣勢，瑪利亞堡被認為是歐洲中世紀最宏偉的修道院城堡

俄國通向西方的窗口
古都聖彼德堡

俄國為爭奪北歐的霸權，與當時強盛的瑞典進行了長達數年的北方大戰。其間，沙皇彼得一世於1703年在涅瓦河的一個島嶼上修建了彼得一保羅要塞。在這個巨大防禦工事的保護下，在河的南岸出現了一家巨大的造船廠，它就是俄國艦隊的搖籃。今日海軍部莊嚴雄偉的石建築標明了這家造船廠的方位，它那高聳入雲、鍍金的塔尖就像是一艘俄國大型驅逐艦的風帆。

在芬蘭灣的東隅，朝波羅的海望去，便可見到俄羅斯帝國的新首都展露在涅瓦河畔，這是依照彼得一世的設想在短短的幾十年裡建成的。沙皇按照與他同名的聖人彼得的名字，將新首都命名為聖彼得堡。400多座橋將幾十個涅瓦湖一帶的島嶼連接了起來，還有無數的支流和運河，使這座城市成了「俄國的阿姆斯特丹」。聖彼得堡無疑是俄國進入歐洲強國圈的象徵，是「俄國通向西方、通向歐洲的窗口」。

復活教堂，建於沙皇亞歷山大二世被謀殺的地點。

在沙皇將首都從莫斯科的克里姆林宮搬遷到涅瓦河以後，一些外國的大使館、商人、官員和手工業者都追隨沙皇接踵而至。在1721年簽署了卓有成效的《尼斯塔特和約》以後，歐洲各國的建築師、畫家和雕刻家紛至沓來，為了在這裡建設一個無與倫比的「水上城市」———一個有著長長的馬路，寬闊的廣場，精美的宮殿，雄偉的教堂和國家級建築的首都，同時還有延伸的碼頭和修飾的園林。在最初幾十年裡人們建造了多弧形的和裝飾華麗的巴洛克建築，比如彼得·保羅大教堂和冬宮，隨後就是冷峻的、時髦的、多柱的古典主義的建築，像小「艾爾米塔什」博物館、陶里斯宮、喀山大教堂和聖·伊薩克斯大教堂，其中聖·伊薩克斯大教堂是世界上最偉大的教堂穹頂建築之一。

美麗的林蔭大道熠熠發光，人們把從海軍部出發，綿延幾千公尺長、穿越歷史古城的筆直馬路叫做「Prospekte」。這些華美絕倫的大道中最長、最寬和最美的是涅夫斯基路，它使人回憶起俄國大公、陸軍統帥和神聖的亞歷山大·涅夫斯基。1242年他與德國的騎士團作戰，在「楚德湖冰上激戰」中，他是獲得勝利的英雄。這條大道先是通往

聖·伊薩克斯大教堂的穹頂展示了宏偉壯麗的畫面。

俄國「通向西方的窗口」沿著涅瓦河延伸，它是一首巴洛克和古典主義風格相結合的建築藝術交響樂。

第44號

左圖：艾爾米塔什博物館（外觀圖），今日以成為世界上最重要的藝術收藏之一；在艾爾米塔什博物館內的約旦樓梯（右圖）繪出了巴洛克建築藝術的另一種令人難忘的證明。

諾夫哥羅德和莫斯科的古老商業街，終點是亞歷山大—涅夫斯基大修道院。彼得一世讓人把聖者涅夫斯基的遺體安放在這里，這個修道院也因此升級為東方教堂一個最卓越的修道院。在這條華美的大道上，燦爛輝煌的宮殿、城市別墅、商店和很多教派的教堂鱗次櫛比。在這裡還呈現出近300年來一種多元文化的市民群體，這些市民在這個最非俄國化的城市中，卻有著比俄國其他任何城市市民都更加純粹俄國化的思維和感覺。

　　冬宮是這座城市中最富麗堂皇的建築，它是受彼得大帝的女兒伊麗莎白女皇的委託而建造的。宮殿白綠色相間，恰似意大利的巴洛克交響樂，還有巴伐利亞宮廷建築師雷奧・馮・克倫策所設計的古典主義的附屬物作為補充。德國公爵的女兒、俄國女皇葉卡特琳娜二世把冬宮變成了她的「艾爾米塔什」，變成了博物館，它已成為人類最偉大的

和最重要的藝術和歷史博物館。當沙皇尼古拉二世的軍隊血腥鎮壓冬宮前工人們和平的遊行示威時，1905年的冬宮散發的就不再是愛好藝術的精神。在血腥星期日的12年後，紅軍戰士攻佔了冬宮，掀起了十月革命的風暴。

　　地球上最北的百萬人口城市的古老中心，以它富麗堂皇的建築、整齊分布的街道以及無數的支流、運河和橋樑，在今天構成了一個無與倫比的巴洛克和古典主義風格相結合的藝術品，在每年六月的「白夜」，它銀裝素裹，就像是鍍上了一層銀色。法國作家安德烈・吉德在談到聖彼得堡時說：「我不知道還有更美麗的城市，能讓石塊、金屬和水如此和諧地融合。」

艾哈德・戈里斯
（邵思嬋　譯）

古都聖彼得堡

文化遺產：素稱「北方威尼斯」，彼得大帝建造了聖彼得堡，1914-1924年稱之為彼得格勒，此後至1991年稱列寧格勒；古城有建築遺產，如尼古拉—瑪麗娜大教堂、聖・伊薩克斯大教堂、擁有1,057個房間的冬宮、今日已成為國家的「艾爾米塔什」博物館，宮中有拉斐爾的傑作《聖家族》和艾勒．格勒考的名畫《耶穌使徒彼得和保羅》；有復活教堂、沿著涅夫斯基大街的荷蘭教堂和作為波蘭末代國王的墓葬地的卡特琳娜教堂、喀山大教堂和阿涅赤科夫宮

所屬洲：歐洲

所屬國：俄國

地　點：聖彼得堡

列入名錄年份：1990年

意　　義：是巴洛克和古典主義風格相結合的沙皇首都，使人回憶起俄國十月革命

大事記：

1689年　彼得一世成為俄國沙皇

1703年5月17日　在哈森島為彼得—保羅要塞奠基

1753-1762年　建造尼古拉—瑪麗娜大教堂

1754-1762年　建造冬宮

1764-1767年　建造小「艾爾米塔什」博物館

1806-1823年　建造今日海軍部

1783-1789年　為葉卡特琳娜二世建造陶里斯宮

1801-1811年　建造喀山大教堂

1818年　以24,000多根塗了焦油的松樹木樁為基礎，新建聖・伊薩克斯大教堂

1881年3月1日　亞歷山大二世在復活教堂被謀殺

1917年11月7日　十月革命風暴

自1941年9月8日　列寧格勒被包圍900天，結果有641,803人死在城裡

莫斯科的克里姆林宮—權力的象徵

莫斯科的克里姆林宮和紅場

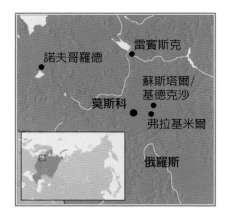

莫斯科的克里姆林宮和紅場

文化遺產：長500米、寬150米的紅場，曾經是集市廣場，在17世紀被稱為「美麗的廣場」；紅場緊依著克里姆林宮這個沙皇統治的所在地，在13世紀時，它僅僅是一個由橡樹柱筑成的城堡；還有大教堂廣場、以及由深紅色的斑岩和美洲黑色的拉布拉多石建造的列寧墓、瓦西里大教堂和蓋著三個玻璃屋頂過道的百貨大樓GUM

所屬洲：歐洲

所屬國：俄羅斯

地　點：莫斯科

列入名錄年份：1990年

意　義：自13世紀以來，是政治權力的中心，有著俄國東正教傑出的教堂建築

大事記：

1403年　在城市一次火災後，擴建了市集廣場「托爾克」，改稱為「波沙·普洛施查德（火場）」

1440-1505年　在沙皇伊凡二世的統治下，莫斯科作為權力中心的意義大增，克里姆林宮的擴建已具有今日的造型

1475-1479年　建造克里姆林宮的聖母升天大教堂

1484-1486年　建造聖母傳教大教堂

1485年　建造克里姆林宮的秘密通道鐘樓

1495年　建造克里姆林宮76米高的三位一體鐘樓

1557-1894年　沙皇在聖母升天大教堂舉行加冕大典

1559年「墓邊的聖母保佑祈禱大教堂」落成典禮，今天稱之為瓦西里大教堂

1875-1883年　建造歷史博物館

1888-1898年　建造百貨大樓GUM

1930-1924年　逝世的列寧被葬入階梯形的陵墓

眺望莫斯科的克里姆林宮。

「到莫斯科的第一個晚上，人們肯定是在紅場度過的。」原西德女作家克里絲塔·沃爾夫在她的莫斯科小說中如此寫道。許多旅遊者一到莫斯科，首先就前往具有傳奇色彩的紅場。莊嚴肅穆籠罩著這個用石塊鋪設的寬闊廣場，它是在一次火災後，作為克里姆林宮前的保護地帶而修建的。紅場曾經是遭火災的市集廣場，後來又作為貿易廣場使用，到17世紀才有了今天的名字。構成紅場設計結構中，建築藝術的重點是一個拾級而上的階梯形、用花崗岩建造的列寧陵墓。然而，還有另一個時代權力的象徵也吸引著人們前往觀瞻，那就是「墓邊的聖母保佑祈禱大教堂」，或者，正如為了紀念「上帝的傻子」瓦西里，教堂也常常被稱為瓦西里大教堂。這個教堂是一個石頭的神話——奇特的、富想像力、令人眼花繚亂的形式與色彩，卻有著結構上的精妙絕倫之處。這個建於16世紀的宏偉建築，是座信仰的教堂——戰勝可恨的韃靼人的一個標誌，是有意識地建造在克里姆林宮外的中央廣場和市集廣場上。在那裡，不論春夏秋冬，從早到晚每天都有無數行人擁擠而過。瓦西里大教堂前的紀念碑，還使人回憶起戰勝外來入侵者的另一個勝利，這就是為紀念在抵抗17世紀初期波蘭—立陶宛入侵的戰鬥中的英雄米寧和波沙斯基而修建的。為了使人們對歷史有一個完整的了解，19世紀末，在紅場的對面又建造了歷史博物館。它東臨俄羅斯最出名的百貨大樓GUM，這是個有著悠久歷史的廣場。富於想像力的玻璃屋頂大樓在一種新老俄國的童話風格中建成。巨大的枝狀吊燈，像鏡子一樣明亮的玻璃，石膏花飾，裝飾一新的橋樑、小路，以及中央噴泉，都營造了一種喜慶的節日氣氛。與此相諧調的是紅場上聳立的克里姆林宮—「權力的象徵」。「是的，不論是克里姆林宮，還是它呈齒形的圍牆、它的昏暗通道，以及它那富麗堂皇的宮殿，人們都無法描繪。對於這一切，人們必須去看，去仔細看，去感覺它們對心靈和想像力都說了些什麼。」俄國作家米歇爾·萊蒙托夫在談到克里姆林宮的觀感時如此現身說法。

圍繞著克里姆林宮長達2 000多公尺的圍牆，上有幾百個呈燕尾狀的城垛。圍牆盡頭是無數的鐘樓，它們之間的距離本是通過與克里姆林宮保持一臂的距離來決定的。大教堂廣場連同聖母升天大教堂——俄國東正教的主教堂，構成俄國政治權力中心的中心。自1498年以來，沙皇都在聖母升天大教堂舉行加冕大典，即使在聖彼得堡成為沙俄的首都之後也是一樣。俄國王朝的宮廷教堂是離此不遠的聖母傳教大教堂。在大教堂廣場的南邊是以誓死保衛莫斯科統治者的大天使米歇爾命名的天使大教堂，它是彼得大帝以前莫

沙皇宮廷教堂的金色圓頂：聖母傳教大教堂的鐘樓。

斯科歷代帝王的墓地。俄國中心權力的最高象徵是「伊凡大帝」，克里姆林宮的伊凡大鐘樓。鐘樓下，在一塊巨大的紀念碑地基上是「沙皇鐘樓」——一位體重210噸的豐滿女性和人們喜愛的攝影模特兒。德國作家史蒂芬·威格在1928年離開莫斯科時說了這樣一番話，他說：「在這個最無計劃的、彷彿完全是即興建造的城市中，沒有什麼是相互諧調的；但正是這種不協調性，使得這座城市格外地令人驚嘆。」這種親眼領略的對比而引起的驚嘆，人們在今天依然可以體會到。

艾維林·瑟爾

（邵思嬋　譯）

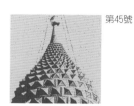

處處跟蹤著你的目光—維克多·米歇洛
維奇·瓦斯內左夫在1897年,為被人稱為
「可怕的伊凡」的沙皇伊凡四世瓦西里耶維
奇(1530-1584年)畫了這樣一幅畫。他因
其無法估量的和殘酷的行動而聞名於世;但
他委託在紅場旁建造童話般、富有想像力的
瓦西里大教堂(左圖),因此也証明了王朝
所具有的藝術靈感;在大教堂前豎立的是自
由戰士米寧和波沙斯基的紀念碑。

河畔的珍珠、羅馬遺跡和國王的幽靈

布達佩斯的布達城堡區和多瑙河中游平原區

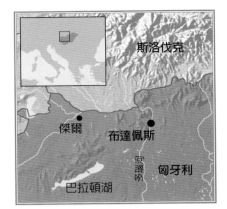

城堡山上的漁人堡。

布達佩斯的布達城堡區和多瑙河中游平原區

文化遺產：布達佩斯內城和瑪加雷特橋和格勒特山之間的多瑙河兩岸的全景，以及大市集廳（1897年）；內城的新教教堂、方形堡、大猶太教堂，以及布達的城堡區、城堡王宮；哈布斯堡王朝法爾茨伯爵墓、漁人堡和聖多爾宮，以及在塔諾克·烏特卡的貿易商家

所屬洲：歐洲

所屬國：匈牙利

地　　點：布達佩斯

列入名錄年份：1987年

意　　義：世界著名的、有城市特徵的風光，以及在多姿多彩的石建築中再現了匈牙利首都的歷史

大事記：

1061年　文獻記載首次提到佩斯

1247-1265年　在布達城堡山頂建造國王城堡

1255-1269年　在布達城堡建造馬蒂亞斯教堂

1308年　卡爾一世受安祝加冕，成為匈牙利國王

1347年　宮廷國家從維塞格拉德遷至布達

1387-1437年　盧森堡的西格蒙特成為匈牙利國王

1468年　佩斯城成為國王的自由城

1526年　布達城被掠奪和徵稅

1545-1686年　布達落入土耳其人手中

1686年　神聖同盟的軍隊將土耳其入侵者驅逐出境

1703年　布達城和佩斯城都成為自由城

1873年　布達城、奧布達城和佩斯城，三城合併成為布達佩斯

1899-1905年　建造漁人堡

1980年　方形堡（1821-1884年）重新開放

「城堡在高處，多瑙河在我腳下緩緩流淌，鏈橋橫跨在多瑙河上，氣勢非凡；而在橋的後面是佩斯城那一望無際的平原，在泛著紅光的夕陽中，它的輪廓逐漸變得朦朧起來。我看著多瑙河在佩斯城的左邊緩緩流過，在我左邊很遠很遠的地方，也就是多瑙河的右岸，最先映入眼簾的是奧芬城，而後是山脈，藍色的，遠處更藍一些，慢慢地，在晚霞的照映下變成了紅褐色，天邊布滿一片紅彤彤的晚霞。布達城和佩斯城的中間是多瑙河寬闊的水面，就像在林茨一樣，鏈橋和一個樹林茂密的島嶼擋住了我的視線。」奧托·馮·俾斯麥在1852年6月23日寫給他妻子喬娜的信中如痴如醉地描繪著多瑙河優美如畫的景色。歲月流逝，斗轉星移，即使在過了將近150年後的今天，布達佩斯這座城市的整體畫像還總是由多瑙河的流向決定著。多瑙河流經布達佩斯的長度為28公里，它把城區分為左右兩部分。河右岸多山，為布達；左岸是平原，稱佩斯。布達、佩斯和多瑙河，三位一體，不可分離。

美麗但並不總是藍色的多瑙河，流經匈牙利的首都；布達佩斯依山傍水，風光旖旎，是景色最優美的河畔城市之一，它也許還是歐洲風景最秀麗的城市呢。在西部，布達高地鬱鬱蔥蔥，在茂密的樹林裡，上流社會漂亮、雅緻的別墅點綴其中；而在下面的山谷裡，圓形露天劇場、古羅馬公共溫泉浴場以及立教冠聖壇，無疑都表明了這裡曾經是古羅馬軍團的倉庫和城市。在東部，則是佩斯一覽無遺的廣闊平原，這裡有城市和繁華的商業區，多瑙河寬闊美麗的林蔭大道聞名遐邇，構成了佩斯城一道亮麗的風景線；還曾有過高雅奢華的旅館如布里斯托、卡爾通和利茨；咖啡屋鱗次櫛比，音樂廳傳出美妙動聽的樂曲，人們常在這裡休閒散步。來往穿梭不停的交通工具，無疑使得優美如畫的林蔭大道魅力有所減弱，但這裡依然跳動著這座城市的脈搏——古色古香的嫵媚和新鮮活潑的動力交織在一起，奏響著時代的最強音。

王宮坐落在多瑙河上一個高高的、呈楔形的石灰岩高地上，週圍是有著悠久歷史的城堡區，哥德式和

城堡王宮中使用巴洛克風格建造的階梯形圍牆。

巴洛克風格的古典建築群就像顆顆晶瑩剔透的珍珠，鑲嵌在城堡王宮的四週。這些精美絕倫的古典建築不僅經受了土耳其的佔領和第二次世界大戰的蹂躪，而且也不得不經歷卡爾王朝，以及幾十年的共產主義。大門和入口處都有濃密的樹蔭，散發出沁人心脾的涼意；在安逸平靜的內院裡，有著祖父時代傳下來的水井和法國梧桐樹；人行道和大街上的石板路面，歷經滄桑，沐浴著秋天和煦的陽光。這個城區的美，與其說是城市氣息的，還不如說是田園風光的；在這裡飄逸著一種絲絨般柔軟細膩的寧靜，這種靜謐的氣氛有時會被井水的潺潺聲所打破。

步行穿過這座城市被列為文物保護的街區小道，

就會使人有機會以一種怡然自得的
方式，去感悟布達城歷盡幾百年滄
桑的變遷。朱拉・克魯迪所繪傳奇
式的時代——風俗畫「紅色郵車」
變得栩栩如生：「雷策達先生住在
布達的城堡裡，每當他晚上散步回
家，就能看見古代國王們是如何從
城牆裡走出來。雷策達彬彬有禮地
向馬蒂亞斯行脫帽禮，而國王看上
去穿得像文書員；接著，他又向臉
色陰沉的黑鬍子西格蒙特行禮；然
後低著頭，站在城堡前面，直到老
國王們的幽靈又消失在城堡的任何
一處圍牆裡。」部分用城堡的老石
塊建成呈波紋狀的漁人堡，用彩色
馬約利卡磚作屋頂的馬蒂亞斯教
堂，呈現一種威嚴的背景。眾多的
尖頂和小階梯，以及無數石製的寓

言動物，表現出建築上爐火純青的
精湛技藝。直到20世紀初，才在水
城上作爲「歷史的虛構」建造了漁
人堡。漁人堡不僅提供給遊人一個
童話般的世界，而且也讓遊人盡情
欣賞「多瑙河的珍珠」那令人驚嘆
的全景：極目遠眺，北面是蒼翠欲
滴的瑪格雷特島，新哥德式的國會
大廈，匈牙利科學院；遠處有聖施
特凡大教堂的鐘形屋頂，佩斯林蔭
大道及其豪華建築，富麗堂皇的教
堂和時髦漂亮的橋樑作背景。最南
面，在城堡下，主教聖・格勒特將
基督十字舉在城市和河流上，願基
督十字保佑百姓，他口中念道：
「上帝祝福匈牙利人。」

埃爾克・艾貝哈特
（邵思嬋　譯）

第46號

左圖：具有青春藝術風格的格雷沙姆宮
殿正面

下圖：用新哥德式風格建造、有著無數
尖頂的國會大廈，彷彿從精細的冰晶中聳立
起來一般

蘊藏著生動民間藝術的中世紀村莊

傳統村莊—霍洛克

傳統的村莊霍洛克

文化遺產：霍洛克，帕洛肯的一個村莊，
素稱「烏鴉石」，自17世紀以來，幾乎沒有
變化的是歷史中心，最具特徵的是建在斜
坡上的屋子，上面是陡峭的四坡屋頂，和
雕刻的小木屋

所屬洲：歐洲

所屬國：匈牙利

地　點：霍洛克，塞切尼之東南

列入名錄年份：1987年

意　義：20世紀鄉村建築「工業化的變化」
以前，保存至今的鄉村教堂的傑出典範

大事記：

13世紀　霍洛克城堡出現

1442年　捷克胡斯信徒的領袖吉斯克拉，與
匈牙利人在霍洛克談判

16世紀　土耳其人接管這個城堡

1703年　在費倫克二世拉克奇的領導下爆發
農民起義，其間，霍洛克城堡被損毀

上圖：哥德式小教堂以及簡樸的木塔
樓，構成了村莊的中心

右圖：帕洛肯文化給人最深刻的印象之
一是那些編織以及具有民族色彩的服飾

12121「隱藏在紅色繡花衣後面的生活是憂鬱和艱澀的，而在家織亞麻布製成的華美而精緻的花邊襯衣背後，則是艱苦的鬥爭、辛勤的勞動，是憂心忡忡、債務和打拼。世世代代，年復一年，這個村莊的人民深情地回憶著自己燦爛的文化，同時也不斷創造出精美絕倫的藝術珍品；人民呵護著、利用著這種文化。」作家左爾坦‧查博準確而貼切地描繪出匈牙利高地最主要的種族帕洛肯人民的生活。作為土耳其人和烏戈爾人的混血種族，由於逃避蒙古人，他們帶著自己的方言、民族服飾和獨特的烹飪技術，在12-13世紀從頓河逃到多瑙河轉彎處以北風景秀麗的高山地帶。

霍洛克地區和附近村莊的人民今日穿戴的服飾，並不僅僅因為色彩絢麗而特別給人以深刻的印象。已婚婦女用一塊絲巾蓋在帽子上，用紙把絲巾撐起來，並在頭頸後面打個結。由於絲巾在頭頸後面越纏越高，絲巾就在前額拖下來，這樣一來，帽子的大部分側面顯露了出來。起先，婦女們在這塊毫無修飾的地方縫上彩帶，在一次大戰後，她們把珍珠縫在由亞麻帶做成的褶口上。今天，這種華麗的珍珠飾物，已成

左圖：在編織房裡，至今仍是以傳統的方式進行手工編織

中圖：木構陽台也是鄉村建築的一個典型特徵，競相開放的各種鮮花更烘托出田園風光的街景

博物館村至今還有人居住。因此，霍洛克的參觀者可以特別真實地親眼目睹帕洛肯的傳統生活方式。

為帕洛肯服飾一個特別具有美學意義的細節。

頗具特色的還有重疊穿上的短裙。貼身穿的亞麻布裙子裁剪得很緊身，以前的女子，在外面還要再套上若干襯裙，最多可達15條，而今天的女子大多再穿上3至4條襯裙。窈窕淑女最外面穿的一條裙子往往有紅色的裝飾圖案。與這種服飾相配，可以繫兩種圍裙：在休假日綁一條黑色的寬圍裙，在工作日則綁一條窄的圍裙，質地為黑色的閃光棉布織物，圍裙邊繡著彩色的花邊。

霍洛克那田園風光的街景，幾乎是未被開發，處於原始狀態，不失為風景與鄉村建築和諧融合的一個優美範例。在古老的村莊裡，有一處韃靼人入侵時殘存下來的城堡遺址，而在遺址的山麓，至今還保存著城堡區典型的梳子狀莊園設施。在造有木塔樓的哥德式小教堂週圍，毗連著一片當時村莊博物館生氣勃勃的庄園，至今，村莊博物館裡還有人居住著。一個莊園裡有郵局，另一個莊園裡有紡織房，第三個是鄉村旅店，可以寄宿。

在周末，人們可以嘗試著雕刻、穿珍珠或是編籮筐；在舞蹈房，人們學習舞步的聯結和歌唱，這些歌曲和舞蹈都是歷經好幾代人流傳下來的。而房屋本身就保持了帕洛肯建築風格最美的傳統。在所謂的「樂隊地產」上，與街道垂直的石塊地基上，房屋的黏土牆都粉刷成白色。最具特色的是兩扇小窗戶、帶天窗的泥木板屋頂，以及莊園邊門出口處枝葉茂密的林蔭小道，葡萄藤向上攀爬著。有藝術天賦的農民則在木構山牆上雕刻十字架、心和年份的數字。玉米棒子、辣椒和大蒜則掛起來晾乾。在用籬笆細心圍起來的花園裡，鵝在嘎嘎地叫，雞也在咯咯叫。

在匈牙利文化中有一種鄉土民俗，即在舉行為時幾天的盛大的帕洛肯婚禮時，須請300多位賓客赴宴。這種婚禮不僅由於農民的慷慨而出名，而且還通過一則奇妙的、具有異國風情的繁殖後代象徵而更具特色：當男儐相端上一道中央是一條豬尾巴或是一條羊尾巴主菜時，女人們便忍不住地叫道：「這是我的尾巴！」

埃爾克・艾貝哈特
（邵思嬋　譯）

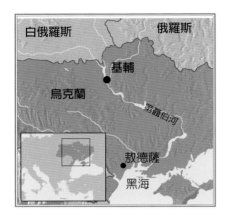

基輔索菲亞大教堂和洞穴大修道院

文化遺產：索菲亞大教堂是11世紀歐洲最
偉大的建築之一，有13個鐘形屋頂，5個鐘
樓和2個階梯尖塔，平面圖為37×55公尺，
在主穹頂裡，有一個4公尺的紀念章，上
面是全能統治者基督的畫像；在教堂半圓
形後殿裡，有聖母6公尺高的畫像，還有基
督門徒受聖餐的圖畫；以及基輔洞穴大修
道院連同地上和地下的修道院

所屬洲：歐洲

所屬國：烏克蘭

地　　點：基輔

列入名錄年份：1990年

意　　義：是「新康斯坦丁奧佩爾」的象
徵，和俄國東正教傳教的開端

大事記：

980–1015年　在聖弗拉基米爾攝政時期，引
進了拜占庭的禮拜儀式進行洗禮

988年　基督教成為國教

1019–1054年　智者雅羅斯拉夫攝政

1037年　為索菲亞大教堂奠基

1051年　建造基輔–佩徹斯卡亞修道院，即
基輔洞穴大修道院

1106–1108年　三重門教堂

1596–1647年　彼得·西莫諾維奇·莫西拉

1627年　被任命為洞穴大修道院院長

1631年　洞穴修道院學校的創始人

1632年　被任命為大主教

1680–1752年　約翰·戈特弗里德·瑟德爾
自1731年在基輔，是洞穴大修道院鐘樓的
建築設計師

1698–1701年　用環形圍牆和監視塔，加固
洞穴大修道院

1745年　基輔洞穴大修道院的鐘樓建成

1848–1863年　索菲亞大教堂的維修和改建

1926年　洞穴大修道院改為文化史博物館

智慧與虔誠

基輔索菲亞大教堂和洞穴大修道院

在梅澤堡的德國年鑑學家蒂特馬爾的描述中，基輔是一個有著400多座教堂和8個市集的城市。11世紀不來梅的大教堂院長，則視其為「康斯坦丁奧佩爾統治權的競爭者，和希臘文化圈的最璀璨耀眼的珍珠」。

即使基輔沒有在蒂特馬爾時代，也沒有在以後的時代出現如此眾多的教堂，那麼這種描述也恰恰證明了這個事實，也就是那時的基輔已經對旅遊者產生了巨大的吸引力。在今天，烏克蘭的首都，這座已具「俄羅斯城市母親」風格的城市，還是魅力不減當年，令無數遊人流連忘返。

光陰荏苒，索菲亞大教堂生命不息，傲然屹立，她那歷盡滄桑的命運是與古老的俄羅斯緊密相連。聖弗拉基米爾在公元988年就命令他的臣僕，按照拜占庭的禮拜儀式進行洗禮，「誰要是不願意這樣做，那也得出於對發佈命令者的畏懼而去洗禮；因為他集正統性和權力於一身。」他的兒子智者雅羅斯拉夫，於11世紀下令為索菲亞大教堂奠基，這塊奠基石是從「異教的黑暗統治下」獲得解放的象徵。

由5個十字架穹頂鐘樓組成的教堂，是按照康斯坦丁奧佩爾的哈基亞·索菲亞的樣板建造的，它顯示出俄羅斯與拜占庭勢均力敵的同等地位。鐘形屋頂的數字象徵著基督耶穌的12個門徒，以及可以追溯到本地木建築形式的金字塔似的建築，都使得這座教堂的剪影別具一格。在大教堂的內部，馬賽克反射出的微弱的燭光，和由於年代久遠而變得暗淡的溼壁畫，都將參觀者暫時帶回到古老基輔的那個年代。在主穹頂裡，耶穌基督作為全能的

上帝賜福的房間：索菲亞大教堂裡用馬賽克鑲嵌成的耶穌基督畫像。

索菲亞大教堂裡19世紀的墩柱溼壁畫。

統治者和世界法官的馬賽克鑲嵌畫，翻開了畫卷的第一頁；而在教堂半圓形的後殿裡，先聲奪人的則是聖母的畫像。人們都認為，在韃靼人入侵使基輔遭受破壞時，僅剩下繪有聖母像的城牆完好無損，因此她也被稱為「堅不可摧城牆的聖母」。

大教堂是大主教的所在地，而大主教是由康斯坦丁奧佩爾的大主教派遣的。於是，在不遠處的洞穴大修道院裡就逐漸形成一種與大主教抗衡的、老俄羅斯的民族的反對派力量。伊拉利昂—俄國第一任主教，和安托尼——個在阿托斯穿上袈裟的僧侶，被公認為是洞穴大修道院的創始人。

最初幾年僧侶們住在洞穴裡，這些洞穴是他們在第聶伯河坡度較陡的右岸挖掘的，它們是通往修道院群體建築的必經之地。後來，這些地下通道就用來作為死去的弟兄們的墓葬地。基輔洞穴大修道院很快就在國內贏得了卓著的聲譽，也許是幾百年來古老俄國最重要的文化和宗教中心。

修道院的修道士按照苦行主義的準則，終年在「眼淚、齋戒、戒備和祈禱」中生活。進入修道院區域的入口處是一座建於12世紀帶有弧形鐘樓屋頂的三重門教堂。像磁鐵一般吸引遊人前往參觀的是近洞穴和遠洞穴。微弱的燭光照亮了令人壓抑的狹窄過道。在壁龕裡，死去的修道士已變成木乃伊，被他們今日披著黑色袈裟的同伴們用疑惑的眼光守護著。

在這些逝者中，長眠著俄羅斯第一位畫家、修道士阿利姆皮和第一位年鑑學家內斯托的木乃伊。在以內斯托命名的《年鑑》，俗稱「過去年代的故事」中，講述了

「俄羅斯國家是從哪裡起源的，統治基輔的第
一人是誰，以及俄羅斯國家是以怎樣的方式
形成的。」

艾維林・瑟爾
（邵思嬋　譯）

第48號

左圖：在基輔洞穴大修道院的地下有一個
建有狹窄通道與壁龕的迷宮，這個迷宮通往近
洞穴和遠洞穴

下圖：作為基督教戰勝黑暗的異教信仰象
徵，索非亞大教堂至今仍傲然屹立著

保加利亞歷史上的一個露天博物館

古城內塞伯爾

古城內塞伯爾
文化遺產：40個宗教建築的殘存部分或遺
蹟，其中有聖·施特凡新大主教教堂、施
洗的聖約翰教堂、聖托多教堂、聖帕拉斯
克瓦教堂、聖約翰內斯·阿里圖格托斯教
堂和聖·大天使米歇爾教堂，以浪漫主義
的民族風格修建的小巷，建有向上翻起
的、外層是木頭的轉角和帶有寬簷板的房
屋，比如像伊凡·馬科夫和克里斯托·科
徹夫的房屋
所屬洲：歐洲
所屬國：保加利亞
地　點：內塞伯爾，位於面積為0.12平方
公里的一個半島上
列入名錄年份：1983年
意　義：古希臘建築藝術和中世紀宗教建
築、19世紀城市建築相結合的所謂普洛伏
迪夫風格的重要見證
大事記：
公元前2世紀　色雷斯人住宅區
公元前72年　被羅馬同盟佔領
680年　具有天主教主教的職權
9世紀末　施洗聖約翰教堂
13-14世紀　帶有陶器裝飾的潘托克拉托教
堂
1599年　新大主教教堂裡非常值得一看的東
正教三門畫牆
1913年　約翰內斯·阿里圖格托斯教堂在地
震中遭受嚴重損壞

上圖：聖施特凡新大主教教堂的內部全
都是用溼壁畫裝飾的，總共243幅場景完全
充滿拜占庭藝術的風貌，令觀賞者讚嘆不已

右圖：舊大主教教堂如畫般的遺址，人
們常在這裡舉行盛大的夏季音樂會

幾乎不存在更鮮明的對比了。這個有著綿延數千公尺沙質海灘的海水浴場，是保加利亞最受歡迎的浴場之一。從這裡望去，內塞伯爾的景色盡收眼底。從

海水浴場出發，人們只需騎自行車就可安然抵達小城內塞伯爾。這條短短的道路同時也意味著進入了另一個世界，翻開了保加利亞歷史的一個獨特的篇章。坐落在一個半島上的內塞伯爾「露天博物館」，是通過一條400公尺長的狹長堤壩與陸地相連接的。然而，伴隨著走在小街道上的每一個腳步，旅遊者便打開了保加利亞悠久歷史新的一頁。

佔優勢地位的希臘建築緊靠著無數中世紀教堂的遺址，旁邊就是建於18-19世紀帶有凸出樓層的住房，非常值得一看。在前往半島的唯一通道上，昔日高大的圍牆和塔樓的斷垣殘壁，給人以深刻的印象，如果它們都會說話，那麼它們就一定會向旅遊者講述公元前5世紀的歷史，當然也會講述公元14世紀的歷史。

拜占庭人加固和擴建了希臘的防禦圍牆，部分圍牆的厚度已達到4公尺，真可謂固若金湯，為經濟的繁榮提供了可靠的保證和前提。希臘的墾殖者將過去色雷斯人的居住區發展成一個城市，並給它取名為梅薩姆布利亞。正如無數的發掘和歷史的原始資料所證明的那樣，這座城市在希臘世界和內地色雷斯部落的中介上，扮演了一個舉足輕重的角色，使貿易關係已擴展到小亞細亞和埃及。古希臘文化的痕跡能保留至今，要歸功於羅馬沒有通過戰爭來接收這座城市。

幾乎在城市歷史的全部進程中，內塞伯爾在這個地區扮演了一個軍事的、尤其是貿易政策的重要角色。它在巴爾幹和黑海充當貿易中介，並擁有一支強大的艦隊和商貿船隊。在中世紀，內塞伯爾時而隸屬拜占庭王國，時而屬於保加利亞王國，但這並沒有使其經濟實力受到絲毫損害。從無數中世紀教堂建築的

遺址中可以看出，當時的宗教生活是很繁榮的。從早期拜占庭時期保存下來的就有四座大教堂的遺址。尤其是那時的主教堂——舊大主教教堂，連同它那重疊的拱廊，至今仍給人以難忘的印象。

在藝術和美學上更富魅力的是那些在後來幾個世紀中建造的教堂。在毀損和坍塌的情況下，那白、褐色相間的天然石塊砌成的條狀，也常與紅磚砌成的條狀相間，顯示出它美學上的效果。通常作為裝飾品的壁龕和呈版畫式樣的磚塊，使得教堂建

第49號

左圖：內塞伯爾港曾經是大軍艦與貿易商船的停泊場，如今在這兒輕輕晃動著的只剩下漁夫們的小船

白、褐色石塊相間，磚塊砌成的版畫樣式以及彩陶裝飾，給予建於13-14世紀的潘托克拉托教堂立面一種完全獨特的、跳躍的節奏。

築的正立面顯得生動活潑。而用上了釉的陶器，則更增強了教堂立面的節奏感，各種形狀的陶器製品，像色彩鮮艷的飾帶、小盆和玫瑰花飾，在燦爛的陽光下，給建築物一種特有的光亮。在施特凡教堂裡，繪有200多個情境的生動壁畫，則證明了16世紀保加利亞精湛的藝術技巧。

誠然，內塞伯爾絕非是已逝年代無生命的博物館。人們在這裡生活和工作著，婦女們坐在屋前，熟練地鉤著花邊，並熱心地向過往行人提供她們的編織物。現在的日常生活和悠久歷史的見證完全融合在一起了。

赫爾穆特・韋斯
（邵思嬋　譯）

綠色暖房中的童話

辛特拉城和辛特拉山脈

一道富有異國情調的井欄「達·沃爾托·多·杜赫（Da Volto do Duche）。

摩爾人城堡的遺跡。

　　彎曲的小徑，茂密的蕨類植物，青苔覆蓋的遺蹟和精妙絕倫的宮殿，使雲霧繚繞的塞拉·德·辛特拉，宛如一個童話世界，映入人們的眼簾。由於溫和、濕潤的地方性氣候，就像在蒙塞拉特公園裡，這裡也出現了一個十分壯觀的莊園，3,000多種植物就像在溫室裡，長得枝繁葉茂，蒼翠欲滴。時光流逝，歲月更替，塞拉那大量富有異國色彩的植物世界，給夢想者與浪漫主義者插上了理想的翅膀，於是他們唱出了有些朦朧的頌歌。對於丹麥童話作家安徒生來說，此處公園風景是「葡萄牙最美麗的地方」；而英國作家羅伯特·索泰則認為辛特拉是「地球上最成功的一處人居的地方」。葡萄牙浪漫主義者的代表若奧·巴普蒂斯塔·達·西爾瓦·萊陶·阿爾邁達·加雷特卻寫道：「……在這裡，春天有著它的寶座。」

　　在這片充滿田園風光的地方，有著夏季納涼的最理想的山坡，里斯本的貴族和富有的資產階級都在這富麗堂皇的宮殿和漂亮時髦並種有異國色彩植物的別墅度假。再遠眺那些早期所建的城堡和修道院，人們還真以為自己置身在好萊塢舞台佈景的電影裡呢。

　　在辛特拉中心聳立著一座最古老的宮殿辛特拉國家宮，素稱帕索·雷阿爾，廚房上那兩個閃耀著白光的巨大圓錐形煙囪，更烘托出國家宮的雄偉壯麗。

佩納宮被看成是「葡萄牙的新天鵝石」。

「它們是為了滿足國王的食慾而建造的，國王每天吞吃下一座王國。」葡萄牙小說家埃薩·德·凱羅茲於1888年如是說。這座雄偉壯麗的宮殿最初是由蘇丹建造的，後來被改建，從這裡可以清楚地看出宮殿後繼者的鑑賞力。精巧的窗戶和列柱門廊，摩爾人的馬蹄鐵拱門，船隻的纜繩和其他的航海裝飾物，都可以十分清楚地追溯到手工工藝的風格。宮殿所擁有的寶藏是精緻的瓷磚。西班牙藍色的牆面瓷磚，且繪有情境圖畫，幾乎所有的大廳，特別是阿拉伯大廳，都用這種牆面瓷磚來裝飾。

　　在辛特拉濃密樹林所覆蓋的山頂上，聳立著有異國情調的佩納宮。不容分說，它可以與迪士尼樂園相媲美。具有浪漫主義氣質的薩克森·科布克·戈塔·科哈呂的攝政王王子費迪南，即女王瑪麗亞二世葛羅麗亞的丈夫，於1839年購進了中世紀的修道院遺跡，

第50號

左圖：蒙塞特拉宮建築藝術所具有明快的東方特色，要歸功於弗朗西斯·科克先生對於浪漫主義的特殊愛好

下圖：帕索·雷阿爾閃耀著白色的圓錐形廚房煙囪，是城市剪影一個明顯的特色

並讓男爵埃施韋格將它改建成一個「葡萄牙的新天鵝石」。人們只需觀看石雕刻的葉叢和飾有水中世界巨妖的轉角，或者是大門口轉動的柱子，就會發現宮殿的主人並不缺少標新立異的勇氣。

　　從著名的山頂眺望遠處，山丘對面那座建於公元8世紀後來改建多次的摩爾人城堡，俗稱卡斯特洛·多斯·摩爾，便一覽無遺，盡收眼底。其間通過一堵雙牆連接起來的兩座防禦塔樓，是葡萄牙國王阿豐索一世在1147年佔領並於19世紀修復的摩爾人堡壘遺址。

　　在1540年，這裡是一個名叫蒙塞拉特的隱居者住宅，在18世紀，人們便在這裡建造起新哥德式的宮殿。1856年，百萬富翁弗朗西斯·科克先生接收了這座宮殿。經過改建，他遺留下來一座具有浪漫主義色彩和東方風格的統治階級的夏宮。他讓人在「蒙塞拉

特別墅」莊園種植巨大的銀樅和南洋杉等，使這些樹與當地的栗屬樹、橡樹自然地一起生長。蕨類植物、苔蘚和植物上的捲鬚，蓋住了大理石階梯、墓穴、岩洞，以及倒塌的小亭子和剛遺棄的別墅。這使人產生一種感覺，彷彿這暫時性的繁榮給它們帶來一種截然不同的風格。

貝亞特·許曼
（邵思嬋　譯）

辛特拉城和辛特拉山脈
文化遺產：文化風景區，有著摩爾人建築藝術的見證，比如摩爾人堡壘的遺址；還有莊園和宮殿，比如帕索·雷阿爾皇宮，連同它富麗堂皇的穹頂大廳，瓷磚牆面用紋章分格、花紋裝飾，和舞台佈景繪畫裝飾；還有鵲廳，在鵲廳裡有136位宮廷女子以鵲的形象被描繪；以及薩克森·科布克·戈塔·科哈呂的王子費迪南二世攝政的佩納宮
所屬洲：歐洲
所屬國：葡萄牙
地　　點：辛特拉，里斯本之西北
列入名錄年份：1995年
意　　義：歐洲第一個浪漫主義建築藝術和風景塑造的中心
大事記：
公元前1-2世紀：作為奧利齊（里斯本）的一部分被建造
713-1147年　摩爾人統治時期
1093年　首次被一支基督教軍隊佔領
1147年　葡萄牙第一位國王阿豐索·亨里奎斯佔領（阿豐索一世）
1385-1433年　若奧一世攝政，開始建造王宮
1432年　國王阿豐索五世在辛特拉誕生
1495-1521年　馬努埃爾一世攝政期間，辛特拉長期作為夏宮使用
1580-1640年　西班牙統治時期，放棄辛特拉王宮
19世紀　發現「浪漫主義辛特拉」
1904-1975年　電車辛特拉-普賴，馬薩斯
1998年　重新修建電車辛特拉-普賴，馬薩斯

聳立在花崗岩上

歷史名城波爾多

歷史名城波爾多

文化遺產：古老文化名城，它包括卡斯·德里貝拉，以及由貿易大亨布蘭登·佩雷拉家族文藝復興時期的墓穴、伊爾德方索二世（18世紀）教堂、佩德羅二世牧師教堂、多斯·格里洛斯教堂、仁慈大教堂、帕拉西奧·德博爾薩（證券交易所）和帕索大教堂（大主教宮殿）組成的系列大教堂

所屬洲：歐洲

所屬國：葡萄牙

地　點：波爾多，位於杜羅河的入海口

列入名錄年份：1996年

意　義：擁有1,000多年歷史的儒雅景觀和波爾多葡萄酒貿易中心

大事記：

716年　被摩爾人佔領

1050年　一支獲勝的基督教騎士團進駐

1336-1376年　建造第2堵城牆（穆拉利亞·費爾南迪那）

1384年3月4日　航海家亨利王子出世，即後來的騎兵團首領

1401年　第一家證券交易所創建

1415年　船隊出海攻佔休達（北非）

1703年　通過「梅休因條約」，英國布商享受進口優惠

1732-1748年　建造佩德羅二世牧師教堂

1756年　創建葡萄牙杜羅葡萄酒公司

1771年　開始建造「大主教宮殿」

1809年　被法國人佔領

1820年　鎮壓共和黨人起義

上左圖：伊爾德方索二世教堂

上右圖：帕索大教堂中的樓梯間

右下圖：系列大教堂集哥德式和羅馬式的藝術風格於一體

在杜羅河的入海處，矗立著一座凱爾特人創建的港口，並逐步發展成為葡萄牙的第二大城市波爾多，該城還成為主教府和大學城。波爾多城西臨大西洋，東接廣表、肥沃的葡萄種植園，是葡萄牙的經濟中心和民間公認的「地下首都」。它聳立在地質結構堅固的花崗岩石上，其欣欣向榮的經濟是建築在與大海有著千絲萬縷的聯繫、以及著名波爾多葡萄酒的貿易上。「在波爾多沒有享樂，只有工作。」這句諺語聽起來似

乎有悖於地中海地區的生活方式，倒更像是達爾文派的倫理哲學和漢薩同盟追逐利潤的寫照。

在這個深深打上航海和貿易烙印的城市，其建築結構與其他作為權力象徵的首都或者政治權力中心的城市略有不同，那裡的「官僚」大多營私舞弊，鯨吞國家財富，並為自己建造一座座紀念碑。在波爾多城，人們已經無法尋覓到昔日貴族的城堡，因為「貴族們」從中世紀起便無法在共和黨的波爾多城立足。1820年，共和黨在波爾多城發動了一場起義，並於1910年廢除了君主制度。但是，這座向世界敞開大門的港口城市，不能沒有巍峨壯麗的宮殿和大教堂。在葡萄牙，其北部的教會中心令人關注；而作為經濟權力中心的證券交易所卻遭冷落。在波爾多城，本地的銀行家和企業家在各自的經濟領域大展宏圖，結出豐碩的果實，其政治地位也與日俱增。在雄偉壯麗的古羅馬貴族城堡、寬敞明亮的市政大廳和許多花崗岩教堂等城市建築中，都醒目地打上了他們的烙印。

當經濟大都市的範圍逐漸擴展到城市邊緣時，其

歷史內涵卻幾乎沒有被現代觀念所觸動：在一成不變的柵欄窗戶和捲簾式百葉窗前，洗淨的衣服晾在鐵製陽台上，隨風飄蕩；房屋外牆上裝飾著美觀的瓷磚，或者塗抹上傳統的黃顏色；位於港口碼頭狹窄、歪斜、雜亂的舊式樓房，沿著崎嶇的花崗岩小山丘，依著地勢層層疊建，一直通往灰色的大教堂。在波爾多

城一隅，雜亂無章的巷弄猶如迷宮，令人眼花繚亂，這是當地窮人們，即漁民、工匠和小商小販們「濟濟一堂」的生活集居地。現在，由於其獨特的魅力，吸引了眾多的旅遊者，這裡逐漸成爲一個活躍的城區，現代雅緻的酒吧和餐館應運而生。

在城區下方的杜羅河畔，早在5個多世紀前，古老的海洋船隊爲了探索奧秘，尋覓新大陸，駕駛著三桅帆船從這裡出發，乘風破浪遠去。今天，在同一個地方，三桅帆船已灰飛煙滅，取而代之的是帶有廣告效應的退役葡萄酒運輸船停泊在這裡。造型獨特的「多姆·路易斯一世」橋線條流暢，似長虹臥波飛架兩岸，直抵加亞新城，然後沿著公路一直通往桑德曼斯、卡利墨斯和格雷哈姆斯的波爾多葡萄酒釀造工場。在葡萄酒釀造工場裡存放著著名的烈性葡萄酒，這些名酒在18世紀早期落入了英國商人的手中。

波爾多城還被世人譽爲「巴洛克城」，這一桂冠的獲得應該歸功於一位祖籍義大利的建築師尼可洛·納索尼。他在其繪圖桌上描繪出重要具有濃郁巴洛克藝術風格的建築藍圖，比如大主教宮殿、帕索大教堂、仁慈大教堂、波爾多城的標誌和象徵、佩德羅二世牧師教堂及其引人注目的鐘樓…當時正處於巴洛克時代，商人們把葡萄牙的殖民地巴西開採出來的金子帶入波爾多城，作爲「塔爾哈·多拉達」藝術的裝飾原料。在建築裝飾熱潮中，納索尼及其同事們把所有的木雕作品，諸如聖壇、佈道壇和牆壁等都粉飾的金光閃閃，然後再飾以亮麗的藍白色瓷磚，從而顯得光彩照人。其富麗堂皇的室內裝飾直到今天還能在聖克拉拉、聖弗朗西斯科、多斯·康格萊卡多斯和卡爾穆等教堂中看到。所以，人們對此絲毫不覺得奇怪：當葡萄牙人認爲某些東西美艷得難以言表時，便習慣地稱之爲「浮在藍色上的金子」。

貝阿特·許曼
（邵靈俠　譯）

第51號

從杜羅河畔穿過崎嶇狹窄的巷子深處，一直向上能夠到達花崗岩山崖，最後抵達帕索大教堂。它巍峨莊嚴地矗立於山崗之巔，波爾多舊城那美麗如畫的景致從這裡開始延伸。

西班牙
科爾多瓦
瓜達爾基維爾河
塞維利亞
馬加拉
地中海

科爾多瓦的清真寺和舊城
文化遺產：大馬士革以前的里瓦林、君士
坦丁堡和巴格達都擁有300座清真寺和無數宮
殿；帶有改造成大教堂，並擁有19個廳堂
的梅斯塔清真寺的老城，該清真寺聳立
在一座守衛門戶的兩面神廟的原來位置
上；洛斯雷耶斯·克里斯蒂亞諾城堡、帕
拉西奧大主教宮殿（16世紀）、蓬特·阿爾
莫多瓦後面的猶太人城區、福塔萊薩·德
拉·卡拉奧拉城垛和加上冠飾的大門
所屬洲：歐洲
所屬國：西班牙（安達盧西亞地區）。
地　　點：科爾多瓦
列入名錄年份：1984年，1994年擴大範圍
意　　義：西方的君士坦丁堡，摩爾人在西
班牙創造的珍品和雷孔基斯塔的聖像
大事記：
公元前152年　創建羅馬人的定居地科爾多
瓦
711年　被柏柏人（非洲北部的部落群）的
軍隊佔領
756年　阿布德·阿爾·拉赫曼一世的首都
785-796年　第一次運用古典時期的柱子建
造梅斯塔清真寺
833-848年　梅斯基塔清真寺向南擴建了8個
穹拱
10世紀　在奧馬亞登王朝統治下的繁榮時期
962-966年　梅斯基塔清真寺擴建12個穹拱
987-990年　梅斯基塔清真寺擴建了8個廳堂
1236年　被聖人費迪南三世的軍隊佔領
1377年　蓬特·德佩東
1486年　克里斯多夫·哥倫布在城堡內受到
了天主教國王的接見
1523年　在梅斯基塔清真寺內建造大教堂

右上圖：洛斯雷耶斯·克里斯蒂亞諾城
堡花園向人們展示了一幅真正的田園風光景
象

右下圖：舊城被明顯地打上了摩爾人建
築風格的烙印。這可以從福塔萊薩·德拉·
卡拉奧拉城垛的大門外觀上顯現出來

西方國家裏的東方藝術

科爾多瓦的清真寺和舊城

西方國家裡的東方藝術……西班牙城市裏的這一特色在世界上幾乎獨一無二。面對歷史遺產，人們不禁追憶起大馬士革的東方統治者曾經一度將觸角伸到伊比利亞半島的那段風光歲月。公元711年，北非的回教軍隊跨海作戰，以奇襲的方式佔領了西班牙。奧馬亞登王子阿布德·阿爾·拉赫曼一世將科爾多瓦選定為自己酋長國「阿勒·安達盧斯」的中心。

從此，史無前例的繁榮鼎盛時期開始了。在新君主的指揮下，通過精心規劃農田水利灌溉，使乾涸的坎皮納披上了綠裝，成為豐饒的沃土。貿易和手工業也蓬勃發展，蒸蒸日上。科爾多瓦逐步發展成為文化和科技中心，並躋身於歐洲最富裕和最重要的城市行列。

從此，阿拉伯文化開始在西班牙生根開花，這從部分歷史古建築中可以找到答案。卡斯科·別霍是西班牙地域面積最大的舊城，像千姿百態的奇石魅力四射。在白色的城牆後面，摩爾人傳統的建築結構基本沒有改變。狹長的巷弄與立體的房屋之間構成了大小不一的庭院和拱廊岔道，從而組成了錯綜複雜、四通八達的迷宮。帶有鐵製陽台的城市寓所屬於猶太人居住區，其猶太教堂一直保存至今。在這個酋長國中，君主們胸襟坦蕩，志向高遠，允許回教徒、猶太人和基督徒和平共處，這是一種別人無法效仿的文明成就，這也為科爾多瓦經濟騰飛奠定了基礎。

摩爾人稱自己的城市為「城市中的奇蹟」。梅斯基塔，這座西班牙唯一的清真寺在基督教雷孔基斯塔戰爭狂人面前，逃過了劫難，完好地保存了下來。它是摩爾人在建築領域所創造的一支奇葩，其樸實無華的外表下包藏著多姿多彩、富麗堂皇的內部設施。穿過「寬恕之門」和「橙色庭院」，人們可以抵達由856根大理石柱子所組成的柱林和由繪有紅白相間的條紋、雙層馬蹄形拱門所構成的巨大祈禱大廳。大廳石柱林立，構成了一幅嚴格按照幾何學建造的美麗圖畫，絢麗多姿，令人讚嘆不已。因為《可蘭經》規定禁止構築神像，回教藝術家們就用各種各樣的花紋圖案來裝飾牆壁、大門和穹頂，其主要花紋圖案由繽紛的抽象幾何形狀、以植物為主題的花飾和阿拉伯字符等構成。

穆斯林的聖物，即跪拜壁龕被製作成八角形的星

狀物，並將其放置在中跨盡頭指向麥加。高高的用浮雕和馬賽克裝飾的豪華穹頂給中跨架設了一個拱圈，在拱圈下面，清眞寺的教長（伊瑪目）吟誦著《可蘭經》的有關章節。因爲這裡的音響共鳴效果極佳，所以信徒們即使端坐在祈禱大廳的最後幾排，也能夠清晰地聽到教長的諄諄教誨。

地位的寬容得以繼續保持下去，從而使古城風采依舊。梅斯基塔作爲西班牙碩果僅存的一座清眞寺暫時躲過了劫難，絲毫無損。新國王在一個東方浴場的遺址上構築自己堡壘式的城堡，並從該城堡出發，推翻了位於格拉納達的最後一座摩爾人城堡。

直到1523年，這個梅斯基塔清眞寺始終安然無恙

幾乎令人覺察不到的是，該原始建築曾經多次被擴建。隨著城市的發展和人口的增長，在清眞寺的屋簷下必須設置越來越多的祈禱位置。因爲繼任的埃米爾（阿拉伯酋長）和哈里發（回教國家政教合一的領袖）保護了這種建築風格，所以這個祈禱大廳就像一個宏偉的建築單元一樣，產生了深遠的影響，並發揮了應有的作用。11世紀初，隨著科爾多瓦哈里發被推翻，這座清眞寺就以當時的面貌一直保存到今天。

在該城被聖人費迪南的軍隊佔領之後，也因統治

地保存了下來。同一年，教士們決定把基督教的勝利凌駕於伊斯蘭教之上，並設立一個明顯的標誌。從此，清眞寺的祈禱大廳被部分拆除，以騰出空位建造大教堂。從此，雄偉壯麗的大教堂就聳立在清眞寺的石柱和拱廊之間，與周圍的清眞寺建築構成異樣的離奇景觀。

貝亞特・許曼
（邵靈俠　譯）

人們無不爲這些由柱子與拱廊構成的神奇「森林」所震驚。梅斯基塔清眞寺的祈禱大廳裡一共有856根大理石柱子。

基督教和伊斯蘭教的交會處
格拉那達的古城、阿爾漢布拉宮和蓋奈拉利夫宮

格拉那達的古城、阿爾漢布拉宮和蓋奈拉利夫宮

文化遺產：納斯里丁‧穆罕默德‧伊本‧阿爾‧阿赫馬爾的軍事要塞—由雙層城牆環繞的紅色宮殿阿爾漢布拉、普埃爾塔‧德拉胡德蒂卡的正大門、阿達韋二世的花園（17世紀）和包括「金色房子」在內的親王宮殿、由愛神木灌木叢環繞的洛斯‧阿拉亞庭院、洛斯‧萊昂內庭院（14世紀）、蓋奈拉利夫，即「建築師們的花園」和納斯里丁的夏宮、阿爾瓦伊辛丘陵地區以及阿拉伯浴室（11世紀）、卡薩‧德爾卡斯特里的貴族宮殿（16世紀）和達拉荷拉的摩爾人宮殿（15世紀）

所屬洲：歐洲

所屬國：西班牙（安達盧西亞）

地　點：格拉納達，內華達山麓

列入名錄年份：1984年，1994年擴充內容。

意　義：摩爾人—安達盧西亞人的花園建築、要塞建築和城市建築的重要見證

大事記：

10–90年　柏柏人齊里頓的統治

1090年　阿爾莫瓦丁的統治

1238年　貝尼‧納斯爾的首都

13–15世紀　阿爾漢布拉

1491年　被基督教國王們的軍隊包圍

1492年1月2日　該城控制權進行移交，蘇丹統治區格拉納達的結束

1536年　佩德羅二世的格拉納達

1542年　創建大學

1568年　在阿爾瓦伊辛爆發起義

1840年　接見大廳加高一層樓

1890年　巴爾卡大廳失火

1936年　在西班牙內戰期間，聖薩爾瓦多大教堂付之一炬

1965年　修葺巴爾卡大廳

　　8月，晴朗的天空驕陽似火，毒辣辣的烈日下，大
地一片乾涸。稚嫩的小草在酷熱下病奄奄地垂著腦
袋，就像內華達山脈一樣變成一片土黃。然而，在險
峻山脈黑色輪廓的映襯下，阿爾漢布拉宮和其對面丘
陵上矗立著的古城阿爾瓦伊辛風姿綽約，令遊人們神
往。阿爾漢布拉宮也被稱為「紅色宮殿」，它完全被城
牆和宏偉的鐘樓所包圍，憑藉其盛大的名望和神聖不
可侵犯的霸氣傲居山巔，活像一個鷹鷲的巢穴。它那
超凡脫俗的建築風格令摩爾人的建築汗顏。阿薩比卡
山的斜坡垂直傾斜在達羅河上方，13至15世紀期間，
在這個戰事要地上出現了軍事堡壘般的要塞、清真
寺、科馬爾和洛斯·萊昂內宮殿。過去，每當夏天來
臨，那裡的蓄水池乾涸見底；而今天卻是泉水不絕，
樹木蒼翠，新芽綻放，鬱鬱蔥蔥。灌木叢環繞著簡陋
的城牆，月桂樹和橘樹栽種在道路、花壇、噴水池和
庭院的週圍——美不勝收。它與基督教權貴庭院中所
顯示出來火藥味極濃的權力之爭一樣，都是無與倫比
的。

　　雖然基督徒們早已佔領了整個伊比利亞半島，但
在1492年最後一位摩爾人總督博亞伯第爾不得不向基
督教首領移交該城鑰匙之前，格拉納達仍然是基督教
和伊斯蘭教的交會處，穿著長袍的阿拉伯人隨處可
見。格拉納達非常東方化地將其全部的美麗悄悄隱藏
在古城深處，於是人們在光禿禿的城牆後面展示了自
己的夢想。在其文化鼎盛時期，蘇丹讓人在石頭上構
建自己的宮殿。在大廳中，比如德洛薩·恩巴哈多大
廳中，由抽象寫意繪畫組成的一片茂密的原始森林展
現在遊客面前，因為這類繪畫多次重復出現，形成了
如統治者委託宮殿學者對幾何形的陶瓷片進行數學計
算一樣嚴謹的節奏，從而達到了完美無瑕的境地。其
間，真主阿拉的名字和《可蘭經》的格言在白色的大
理石上被多次鐫刻，大廳和房間幾乎被裝飾圖案所掩
蓋。這些裝飾圖案非常直接、感性，與瓷磚基座、石
膏花飾、馬蹄形圓拱大門、拱窗、穹頂、柱子和大廳
穹頂等建築結構完美結合，相得益彰。例如在洛斯·
萊昂內的庭院和德拉斯·埃馬納的大廳裡，所有的一
切都顯得輕鬆愉悅、優美和諧。雖然那裡僅用磚瓦、
石膏和瓷磚作為裝飾材料，但其美艷、雅緻卻是其他
建築裝飾無法超越的。

　　摩爾人的最後建築是阿爾漢布拉宮郊外的蓋奈拉
利夫宮殿，也就是夏宮。在其花園裡，園藝建築師們
張開想像的翅膀，實踐著自己對美的追求。露天式花
園、泉眼和滴水嘴錯落有致地分佈在棕櫚樹、無花果
樹、薔薇灌木叢和清香四溢的茉莉花之間，成為名副
其實的療養勝地。

　　古城阿爾瓦伊辛是由磚牆、馬蹄形圓拱、半圓
拱、馬賽克、溼壁畫、立柱和星狀物所組成，人們進
入其間恍若置身於一個剝蝕的世界——陡峭的巷弄和
彎彎曲曲的庭院一直延伸到達羅河沿岸，向上則抵達
丘陵地帶，現代意識的腳步在這古老的小徑深處止
步。在戰勝摩爾人之後，阿爾漢布拉宮的基督教國王
們給予建築師們崇高的榮譽：阿爾漢布拉宮幾乎能與

第53號

「阿爾漢布拉宮
堪與凡爾賽宮相媲
美」！這座文藝復
興風格的宮殿，其
嚴謹的形式主義流
派（在圖的左邊，
阿爾漢布拉科瑪爾
塔樓的後面）與摩
爾人建築學中繁縟
的裝飾流派形成鮮
明對比。

佛朗西斯·普
拉迪利亞的畫作
《格拉那達的移
交》。

凡爾賽宮相媲美。哈布斯堡王朝的皇帝卡爾五世讓佩德羅·馬丘卡，米開
朗基羅的學生，建造一座文藝復興式的宮殿，與阿爾漢布拉宮形成最好的
對比，相映成趣。在清真寺的遺址上，聖馬利亞教堂拔地而起，並且在規
模上超過了阿拉伯王子的宮殿——聖弗朗西斯科修道院。除了先前摩爾人
首領的阿拉伯浴室和宮廷式別墅外，人們在曲折迂迴的小巷中偶爾也會碰
上美觀漂亮的教堂和修道院。麥地那的摩爾人大教堂是文藝復興時期西班
牙最豪華的教堂建築之一，在其房屋的立面上浮雕密布，室內裝飾也打上
了崇尚繁縟的烙印。在國王的小教堂內，建築師恩里克·埃加斯向基督教
國王們的無上權力宣誓效忠，並且為伊莎貝拉和費迪南搭起一張用大理石
製作的床。

貝亞特·許曼
（邵靈俠　譯）

左頁圖：在金
絲編織的裝飾品所
構成的典雅華麗氣
氛中，拱廊雅緻環
繞著獅子噴泉，它
屬於阿爾漢布拉納
斯里丁國王行宮的
核心部份

建築學的典範或者生活樂園

巴塞隆納的奎埃爾公園、奎埃爾宮殿和安東尼‧高第的米拉宅第

巴塞隆那的奎埃爾公園、奎埃爾宮殿和安東尼‧高第的米拉宅第

文化遺產：受企業家歐塞比‧奎埃爾‧伊‧巴西加盧佩男爵的委託，安東尼‧高第在巴塞隆那西北部的一塊0.2平方公里的新區上進行設計規劃。從此，那裡聳立起一座用高牆環繞的奎埃爾公園，其中最為引人注目的是由碎陶瓷片鑲嵌點綴的建築物：佔地18×22公尺的奎埃爾宮殿，以及受佩雷‧米拉‧伊‧坎普斯的委託，由高第設計的富有加泰隆青春藝術風格的米拉宅第

所屬洲：歐洲

所屬國：西班牙（加泰隆地區）

地　　點：巴塞隆那

列入名錄年份：1984年

意　　義：對安東尼‧高第畢生事業的真實評價

大事記：

852年6月25日　安東尼‧高第出生于雷烏斯的一個銅匠家庭

1878年　巴塞隆那城委託高第設計一盞路燈

1883年11月3日　高第開始著手對聖家堂進行設計

1884-1887年　高第設計和改造企業家歐塞比‧奎埃爾‧伊‧巴西加盧佩的莊園

1886-1889年　高第為建造奎埃爾宮殿而忘我工作，描繪了25張設計草圖

1900-1914年　高第為奎埃爾公園進行設計籌劃

1906-1910年　高第為米拉宅第進行設計籌劃

1926年6月12日　令人尊敬的高第被安葬在聖家堂的地下室裡

上左圖：米拉宅第高峻挺拔，打破了建築學的傳統習俗

上右圖：供遊客小憩的長椅如一條五彩繽紛的巨龍，蜿蜒穿行於奎埃爾公園

奎埃爾宮殿和米拉宅第似乎是侵入城市景觀的「異族」，它們與周圍的城市風景格格不入。因為奎埃爾宮殿是建築師安東尼‧高第特意為其朋友和支持者歐塞比‧奎埃爾‧伊‧巴西加盧佩男爵建造的，它掩映在巴塞隆那舊城區的灌木叢中——倫布拉斯邊緣，即位於後來以「中國城」著稱的城區出口處。雖然此地名為中國城，但迄今為止這裡從來都沒有一個中國人在這邊生活過。與此相反，被稱為「採石場」的米拉宅第令驚詫不已的參觀者聯想起懸崖峭壁上的石級，它打破了原來在城外建立起來的中產階級城區裡小心謹慎維繫的和諧，這不亞於掀起一場挑戰。加泰隆的建築師高第以悲劇性的方式結束了人生旅程，並被安葬在其畢生力作—即由其成功設計，但迄今尚未竣工的聖家堂地下室　。他設計的另一個傑作奎埃爾宮殿通過鐵製的裝飾花紋特別顯示了其匠心獨運的風格，並比風靡一時的植物花飾裝潢風格領先一步。在這個典型的建築中，接二連三地出現了與傳統手法的矛盾，但卻給人以寬敞明亮之感。奎埃爾宮殿那獨樹一幟的建築結構被看做是高第後期一系列極富表現力作品的先導。

米拉宅第打破了當時中產階級建築風格中的矜持和體面，並且引起了極大的轟動和激烈的爭議。同時代的評論家把這幢房子定義為現代建築學的起源，並且認為是表現主義風格的開端。這不僅在房屋的立面上，而在屋頂平台的煙囪上也能夠找到其表現的手法。此外，它也嘗試著通過大自然的豐富素材來充實建築學的內涵，如將煙囪設計成夢幻般的巴洛克藝術風格建築，當然在其嚴謹的內部也能找到這種表現手法。在宅第內部，生活節奏必須與非傳統意義的房間、空間和功能相適應。西班牙建築師奧里奧爾‧迪奧拉‧博伊加斯——1992年巴塞隆那奧林匹克運動會的城市設施總設計師之一，這樣寫道：「所有房屋立面都是由隱蔽鋼樑所組成的一個奇特構架，鋼架主要用於支撐所有的石材，並且產生像用黏土塑造的模型

效果，人們根本想不到建築材料被大量浪費。」

高第推崇自由創作，以便達到最佳藝術效果，該藝術效果必須符合社會公眾的欣賞眼光。有時，其創作手法不得不受到內外因素的制約，並產生新的思路。設計草案不斷地隨意修改，並在設計奎埃爾公園時達到了頂峰。該公園原計劃設計成郊外綠蔭叢中的家庭住宅區，後來由於經費缺乏，反而促成了世界上一座最優美和最奇特的公園誕生。由傾斜的支柱和扶牆構成的高架道路與曲折蜿蜒的通道——就像達利鐘表一樣柔和——擁有多立克式立柱的圓柱式大廳和碎陶瓷片雕飾鱗片狀的圓形頂部，在高第與建築師何塞普‧馬里亞‧胡約爾的聯袂合作中誕生：他們都是超現實主義夢想的先驅者。在大型公園階梯的長椅上，該夢想在碎馬賽克和碎玻璃中成為現實，這種公共坐椅像一條五光十色的巨龍，蜿蜒穿行在公園各處，成為設計史中的傑作。奎埃爾家族也委託高第在聖科洛

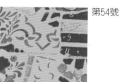

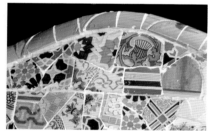

最上圖：位於公園入口處的亭子讓人想起了俄羅斯教堂夢幻般的童話世界

上圖：由型態豐富、色彩明快的碎陶瓷片構成的馬賽克裝飾建築物，獨具魅力，名聞遐邇

左圖：在設計奎埃爾宮殿穹頂時，建築師們可能受到了歌德最後的名言「光明無限」啓迪，利用無數細小的透光孔，使得隆起的穹頂顯得格外五彩斑斕、富麗堂皇

馬·德切爾威建造一個工人住宅區。在那裡，高第嘗試著用少得多的經費，完成了與奎埃爾公園相類似的空間與体積的最佳組合。在該設計方案中，高第也恪守其信條：即建築改變住戶的生活，而不是相反。

曼努埃拉·巴斯克斯·蒙塔爾萬
（邵靈俠 譯）

磚瓦屋頂上的輝煌

特魯埃爾的穆台亞建築藝術風格

偉大的西班牙學者馬塞利諾・梅德斯・佩拉葉預言：「毫無疑問，幾個世紀之後，穆台亞建築風格將成爲唯一可讓我們引以自豪的獨具西班牙風格的藝術瑰寶。」從中世紀後期開始，西班牙基督徒們的執著自信和摩爾人藝術家及工匠們的創造才能，在特魯埃爾舊城的山岡上達到了完美和諧與統一，相映成趣。這些建築風格主要體現在那裡的聖瑪利亞・德梅迪亞維利亞教堂和埃爾・薩爾瓦多、聖佩德羅以及聖馬丁等堡壘式教堂，及其穆台亞建築風格的塔樓裡。

四邊形塔樓高聳入天，底部有一個尖拱形的穿堂門洞。埃爾・薩爾瓦多堡壘式教堂式多釆多姿的穆台亞建築風格的典範。

12世紀，基督教重新佔領特魯埃爾之後，一些不知名的回教建築師在基督教和回教的傳統影響下，努力使自己無與倫比的建築藝術、裝飾藝術和穆台亞風格更加精美絕倫。眾多名字已淹沒在歷史塵埃中的工匠們以自己的勤勞和智慧，用金碧輝煌的磚瓦牆壘築成堅固結實的教堂，其建築風格像清眞寺和宮殿一樣，特色分明、美輪美奐。馬蹄形的窗拱和豐富的裝

飾圖案將教堂打扮得更加古樸雅緻。以穗形和菱形花飾有序排列裝飾的磚瓦和裂片及交叉弧線更迭所組成的網狀圖案，是穆台亞建築風格花紋裝飾藝術的主要特徵。在這些教堂塔樓中，黑色、綠色和銀白色的瓷磚巧妙地鑲嵌在房屋的外牆立面上，使塔樓尤顯得華彩、亮麗。這些瓷磚藝術品和完美和諧的色彩搭配風格是回教科爾多瓦建築藝術的「鼻祖」。所有這些用瓷磚裝飾品拼接而成的圖案和匠心獨運的拼接手法使塔樓一改以往笨拙的堡壘要塞特徵，給人以全新的美感：輕鬆愉悅、嫵媚纖麗、雅緻靈秀。

當人們攀登而上，到達第123級台階後，呼吸似乎略顯急促，但其目光立即被埃爾・薩爾瓦多教堂的屋頂欄杆平台所吸引，透過教堂拱廊門廳，南阿拉貢地區的荒山禿嶺謝拉・德卡馬雷那山丘盡收眼底。登高極目遠眺，舊城區中的磚瓦屋頂裝飾圖案──眞正代表著卓越的穆台亞建築藝術風格，一覽無遺。摩爾人留下的裝飾精美的教堂天花板穹頂是穆台亞建築藝術的最重要見證。

因爲直到15世紀末，阿拉貢地區的摩爾人在基督教統治下仍然保留著自己的居住地，所以摩爾人建築師，抓住有利時機，積極發展自己具有民族特色的建築藝術，並且能比其他地區持續更長的時間。同時代的美術史學家貢薩洛・博拉斯・瓜利斯認爲，「特魯埃爾對阿拉貢地區所作的貢獻要比向其索取的多得多。」1493年，摩爾人在特魯埃爾的輝煌業績從此偃旗息鼓。因爲他們的清眞寺被關閉，摩爾人在隨後的幾年裡不是被強制洗禮，就是流亡國外。

但特魯埃爾的美名並非只與摩爾人的建築藝術聯繫在一起，一則震撼人心的愛情故事千古流傳、膾炙人口。該故事講述了伊莎貝爾・德塞古拉和胡安・迭戈・馬丁內斯・德馬西利亞，即「特魯埃爾情侶」悲歡離合的愛情糾葛和悲慘命運。伊莎貝爾家族拒絕了「窮小子」胡安對其女兒求婚，但許諾在5年之內若能賺得萬貫家財，方能與其女兒成婚。胡安便披甲上戰場，最後功成名就，衣錦還鄉。當他滿懷成功的喜悅，造訪心儀已久的美麗姑娘時，卻被告知心上人已名花有主，胡安頓覺五雷轟頂，痛

左圖：聖馬丁教堂充分展示了穆台亞裝飾藝術風格的典型特色。在曲線柔和的拱廊上，彩色瓷磚鑲嵌在褐色磚瓦之間，構成了絢麗多彩的圖案

第55號

不欲生。因為胡安仍深深地愛著她，所以私闖伊莎貝爾宅院，請求她給自己一個吻，卻遭到其家族的拒絕。萬念俱灰的小伙子愛恨交織，憂鬱而死。接著在聖·佩德羅教堂舉行的安魂彌撒上，伊莎貝爾飄然而至，深情地吻著死去的情郎，由於悲痛至極，她也倒地身亡。

他們死後300多年，一對用雪花石膏製作的情侶塑像挺立在陵墓中，他們曾經渴望牽手，卻美夢難圓。該陵墓使人想起了在聖科姆─聖達米安小教堂裡發現的那對「特魯埃爾情侶」。在其塑像下面，兩具木乃伊在各自的水晶棺裡安息。但水晶棺裡安息的是否是真正的特魯埃爾情侶，目前尚不得而知。關於特魯埃爾情侶，有一首詼諧幽默的雙行詩寫道：「特魯埃爾情侶／傻里傻氣的她和他」

安德烈亞斯·德魯維
（邵靈俠　譯）

下圖：聖馬利亞·德梅迪亞維利亞大教堂的特魯埃爾鐘樓是最古老的穆台亞風格建築。直到16世紀才給鐘樓加蓋穹頂，這次的工程幸好美有破壞教堂的原有風貌，反而更顯露出穆台亞建築藝術風格的迷人魅力

巍峨壯麗、富麗堂皇—令人欣喜若狂

塞維利亞的大教堂、城堡和印第安檔案館

塞維利亞的大教堂、城堡和印第安檔案館
文化遺產：雄偉壯麗的聖瑪利亞大教堂全
長130公尺；在卡皮利亞·馬約拉的祭台後
面有一座23×20平方公尺的高架台，向人
們展示了耶穌的生活畫卷；克里斯多福·
哥倫布的墓碑；此外還有拉·希拉爾達，
即從前的回教寺院尖塔，現為塞維利亞鐘
樓和城標；由磚瓦牆構成的堡壘式建築和
宮殿，被稱之為「城堡」，其上面裝飾著用
彩色陶瓷和石膏花飾拼接而成的菱形圖
案；在德拉·隆哈之家（商品交易所）的
印第安將軍檔案館裡，保存著43,000綑檔
案，以及7,000張西班牙殖民時期的舊地圖
和行動計劃
所屬洲：歐洲
所屬國：西班牙（安達盧西亞）
地　點：塞維利亞，瓜達爾基維河
列入名錄年份：1987年
意　義：阿爾摩哈德王朝和基督教重新征
服安達盧西亞時非比尋常的歷史見證
大事記：
711年　阿拉伯人的移居地伊施比利亞
1091-1147年　阿爾摩拉維德統治時期
1147-1148年　阿爾摩哈德王朝統治時期
1184年　創建今天的希拉爾達
1248年　在被稱為聖人的費迪南三世領導
下，重新征服該城
在1364年左右　建造城堡
1391年　針對非基督教徒的大屠殺
15-17世紀　西班牙對海外領地實行貿易壟
斷，被稱為「黃金時代」
1526年　卡爾五世與葡萄牙公主伊莎貝爾舉
行婚禮
1583-1598年　建造德拉·隆哈之家
1785年　根據卡爾三世的願望，將所有關於
發現美洲的檔案文獻都保存在印第安將軍
的檔案館裡
1833年　擁有39位聖人雕像的普埃爾塔·馬
約爾大教堂竣工
1992年　舉辦萬國博覽會

當天主教元老決定在塞維利亞建造一座大教堂時，曾經這樣說道：「讓我們建造一座大教堂吧，它應該建造得精妙絕倫、美輪美奐，以便讓整個世界都為之瘋狂。」於是，他便讓人把由摩爾人建造的阿爾摩哈德王朝清真寺拆除，並於1401年在原廢墟上建造了一座大教堂。該教堂的完成令西班牙現存的所有教堂都黯然失色。五堂的聖瑪利亞·德拉塞德教堂以其69個拱頂、25間懺悔堂和7扇大門享譽海內外，成為世界上第三大教堂。如果人們穿過普埃爾塔·德聖·克里斯托瓦爾，踏入壯麗輝煌的教堂，一座突兀的「小石頭山」橫亙眼前。遠道而來的人們並非僅僅為了懺悔罪過，其巍峨壯麗、富麗堂皇的建築藝術到著實令人流連忘返。置身其間人們無不感到自己的渺小和孱弱，紛紛讚嘆大教堂的挺拔和宏偉。

在教堂中央聳立著哥倫布的墓碑，塞維利亞人以此來報答他在海外殖民地推行貿易壟斷，以及在16世

城堡德拉斯·東塞拉院子一瞥。

在大教堂裡靜靜躺著的的哥倫布豪華石棺（其中是否有遺骸，任憑人們猜測）。

紀「黃金時代」所作出的卓越貢獻。4個魁梧的男人用肩膀扛著哥倫布豪華的石棺，他們分別代表了卡斯第林、納瓦拉、萊昂和阿拉貢王國。至於他的遺骨是否真的葬在裡面，眾說紛紜。因為在聖多明各大教堂的地下室裡也存放著另一具鐫刻著其名字的棺材。

在清真寺的遺址上只留下了德洛斯·納蘭霍庭院—中央設有水池，可以舉行《可蘭經》中所規定的洗禮儀式；裝飾精美的「寬恕之門」和回教寺院的尖塔等3座建築物。在又細又高、微微泛紅的塔樓上，傳統的弧線網絡和火焰狀菱形結構相互交織所組成的圖案，在斑駁光影的映照下，透出誘人的魅力。這種用金絲編織物裝飾的回教寺院尖塔就像一個不協調的「外來者」緊挨在灰色的教堂圍牆邊。為了弘揚基督教

萬能的信仰，教堂的主人們在伊斯蘭寺院的尖塔上加建了一個鐘樓和一座4公尺高的女性青銅雕像「希拉爾迪諾」，這樣該尖塔以98公尺的高度直插天際，傲視週圍眾教堂。

就在大教堂的旁邊，還聳立著一座歐洲最古老的王宮——阿拉伯城堡。雖然該城堡於1370年在基督教統治下進行了擴建，但仍然還能明顯地看出摩爾人建築師的風格：這些裝飾藝術大師們設計出西班牙最美麗的穆台亞風格宮殿，在其用馬賽克、庭院和拱廊構成的錯落有致佈局中，同樣演繹了建築藝術那簡潔、通暢和奢華的風格。他們充分發揮自己的想像力，大膽地運用了熱情奔放、細膩柔和的裝飾藝術風格。當人們看到用黏土砌築的古樸圍牆環繞著一座幾近荒蕪的城堡時，總以為這裡是一片廢墟，其實在城堡內部卻是一個充滿神話色彩的華麗世界。在無數大廳中，用瓷磚、石膏拼接的裝飾花紋有序地縈繞在德拉斯·東塞拉的院落和德拉斯·穆內卡的內廳周圍，它們都是貴族們的豪華宅院。用金飾技術、馬蹄形拱門和幾何形圖案裝飾的瓷磚牆腳，以及浮雕密布的穹頂是德洛斯·恩巴哈多大廳的主要特徵，它們可謂是城堡中的珍品。在隨後的一段時間裡，在其牆面釉中嵌入亮麗的瓷磚壁畫，該壁畫向人們展示了歷史上的重大戰役和來自新大陸的生動主題。在宮殿南面，浪漫典雅的花園與充滿異國情調的植物、灌木叢、噴水池和雕塑組成的迷宮相互襯托，相映成趣。在這風姿綽約的花園裡，花團錦簇，空氣中彌漫著絲絲縷縷沁人心脾的馨香，置身其間的人們恍若看見了唐·胡安在談情

第56號

說愛，卡門敲著響板，頻送秋波。

在即將跨入17世紀的門檻前，一座文藝復興風格的建築—德拉·隆哈之家在該城堡附近拔地而起。在這個商賈雲集的商品交易所裡，商人們正忙於料理自己的商務，為買賣黑奴討價還價，盜賣從被徵服的印加人和瑪雅人那裡掠奪來的金銀。1785年，國王命令建造一座印第安檔案館，在這裡面首次搜集了曾經散落民間的有關新大陸的珍貴歷史資料，其中在紙板封面和防塵封面之間保存著4,000多萬份文獻檔案，這或許是西班牙發現和征服美洲歷史的最有力證明。

貝亞特·許曼
（邵靈俠　譯）

左圖：在原來的清真寺遺址上，一座大教堂於15世紀完成。「拉·希拉爾達」從原來的回教寺院尖塔被改建成鐘樓（鋼板雕刻畫，作於1850年左右）

下圖：金碧輝煌的大教堂南側外牆一瞥

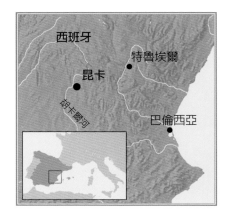

上圖：聖安東教堂

中圖：擁有引人注目「天使塔樓」的大
教堂是西班牙第一座哥德式大教堂

中世紀的摩天大樓
昆卡及其古代防禦工事

　　在卡斯蒂國王阿爾方斯世時代，驍勇善戰的基督
教騎士團在一次戰役中突破了以城牆為屏障的昆卡。
騎士們採用隱身術，身披羊皮，神不知鬼不覺地繞過
城門守軍，先發制人，出奇制勝，這肯定是一個略帶
傳奇色彩的古老傳說。現在，在每個星期五大約下午
六點左右，來自該城住宅區的青少年們一舉佔領了昆
卡的中心市區，接著便是馬約爾廣場一聳立著摩爾人
鐘樓「馬格納納塔」的自由廣場，以及聖米格爾，一
個以小教堂命名的舊城區。幾百名青少年佔據了這座
由城牆環繞的，自中世紀以來幾乎一成不變的古老城
區，及其無數酒樓飯店。

　　誰想領略昆卡那神奇美麗的風光，請務必在青少
年們占領市中心之前徜徉街頭。夏季每天下午2點起，
正是西班牙人吃午飯和懶散地消磨酷暑的時刻，此時
正是漫步街頭的大好時機。如果你穿行於昆卡狹窄的
巷弄，一定會感到不虛此行，受益匪淺。阿爾方斯八
世及其士兵們首先突破了北面的城門，而後長驅直
入，佔領古城。座落在那裡的摩爾人城堡呈現出一派
荒涼衰敗的頹勢，這一現狀既不是卡斯蒂國王的軍隊
所為，也絕非今天的青少年們恣意妄為所致，所有的
罪責都應該歸咎於拿破侖的軍隊，他們曾經砲轟該城
堡。所幸這只是昆卡古城在近代所遭受的唯一一次致
命的破壞。

　　從國王阿爾方斯八世征服阿拉伯人的昆卡之後直
到今天，只有城牆以及古城的街道經耐住了時代的滄

桑巨變，那些破舊的防禦工事在聖米格爾依然清晰可
辨。只有在城牆裡面，該城堡才能在被「基督教的西
班牙」佔領之後得以繁榮發展，並根據空間狹窄的狀
況迅速向空中伸展。

　　如果你從修道院出來，踏上沿途風光秀麗的龍
達·德聖·胡利亞山路，直抵馬約爾廣場，你偶然會
在途中發現凌空欲飛的懸空樓房和高聳入天的摩天大
樓。在12至14世紀這段時間裡，這些中世紀城市建築
學的最重要典範被相繼建造起來，連綿延伸至韋卡爾
河流深谷上方的大約30幢房屋外牆立面風格獨特，自
成一派。其個別建築的木質陽台風格與19世紀的流行

款式同宗。

　　在這些樓房中，其中一座是抽象派藝術博物館，即當時畫家費南多·索韋爾的私人藏品陳列館，珍藏著安東尼·塔皮斯、愛德華多·奇利達和安東尼奧·索拉的作品。從前聳立在龍達·朱利安·羅梅羅附近的加爾默羅會白衣修士修道院，如今已成為從事現代派藝術繪畫的「安東尼奧·佩雷斯基金會」和電版機藝術國際博物館的所在地。顯而易見，中世紀的昆卡對現代藝術獨具魅力。按照傳統習俗，每年的復活節期間，在古城腳下的無數教堂和現代大學課堂裡都要舉辦宗教音樂週以及音樂會。

　　就在馬約爾廣場附近溜達的遊客們也能瞥見西班牙的第一座哥德式大教堂。早在1182年，阿爾方斯八世就下令建造一座特大的三堂教堂，規模估計要超過當時最大的清真寺。在費迪南三世統治時期，加建了第一層哥德式建築藝術風格的外立面。17世紀建造起來的第二層裝飾外立面在3個世紀之後被毀壞，因為其

教堂的鐘樓當時正坍塌在該外牆的立面上。此後，人們決定按照新哥德式風格再建造一層新的外牆立面。但由於經費匱乏，該建築時至今日仍然給人以未完工的感覺。

　　在復活節文化週期間，出沒於大街小巷的昆卡青少年們特別引人注目，因為他們是「苦難生活歷程」市容的中心人物，即與西班牙流浪漢小說中所描述的人物完全一致，擁有粗魯失禮的陋習，在西班牙甚至比醉漢群更為出名。同時，人們還漸漸遺忘了耶穌受難劇《塞曼那·聖》是一部整體藝術作品，在該作品裡，昆卡城每一天都成為其舞台背景。

　　　　　　　　　　漢斯·京特·克爾納
　　　　　　　　　　（邵靈俠　譯）

第57號

左圖：在1929年萬國博覽會的西班牙展覽館裡陳列著這幅陶瓷畫，它是以1177年阿爾方斯八世佔領昆卡為主題創作的

下圖：科爾加達花園和懸空樓房以驚心動魄的架勢攀附在韋卡爾河流深谷上方陡峭的山崖上

理性穩健、嚴謹務實的美學理念

歷史名城佛羅倫斯

義大利
亞德里亞海
佛羅倫斯
比薩
聖馬利諾
阿爾諾河
利古里亞海
錫耶納

UNESCO

歷史名城佛羅倫斯

文化遺產：吉塔・德亞特，包括洗禮堂（1060-1150年）、聖瑪利亞・德菲奧倫大教堂、聖米尼亞托（11-12世紀）、聖克羅切和著名義大利人的墓地教堂等。此外還有德拉西尼廣場、迪丹特之家、烏菲齊和皮蒂宮殿（1450年左右），以及喬托、布魯內萊斯基、波底切利和米開朗基羅的傑作

所屬洲：歐洲

所屬國：義大利，托斯卡納

地　點：佛羅倫斯

列入名錄年份：1982年

意　義：文藝復興運動的標誌

大事記：

1250年　隨著弗里德里希二世去世，該城進入繁榮鼎盛時期

1333年　蓬特・韋基奧被洪水吞沒

1333年　建造大教堂鐘樓

1348年　暴發黑死病

1430年　梅迪奇家族執政

1494年　法國卡爾八世的軍隊佔領佛羅倫斯

1532年　亞歷山德羅・梅迪奇成為佛羅倫斯的大公

1559年　在科西莫一世統治下的大公國佛羅倫斯

1506-1580年　建造烏菲齊

1658年　擴建烏菲齊

1737年　開始哈布斯堡－洛特林格王朝統治時期

1865-1871年　建立以佛羅倫斯為首都的義大利王國

1993年　對烏菲齊實施定向爆破

1998年　「新興的烏菲齊」對外開放

米開朗基羅以《大衛》創造了藝術史上的整體人像雕塑里程碑—他把一塊完整獨特的大理石粗胚逐漸雕刻成這一個作品。同時，對身體的各部位進行了精雕細琢，曲線流暢完美！這尊雕像也被看作是道地文藝復興時期藝術風格的傑作。

　　由於政治上的無休止爭吵，但丁被統治者禁止返回家園，甚至在死後也無法尋覓到一塊寧靜的樂土。後來，人們在聖克羅切為其樹立起一座紀念碑，以紀念這位受人尊敬的偉人。方濟會修士的哥德式大教堂是一座「萬神廟」，那裡安葬著畫家米開朗基羅、天文學家伽利略、國家政務理論家尼科洛・馬基亞維利和作曲家羅西尼等先哲的靈柩——它是古義大利國都神聖莊嚴的寫照。

　　儘管都靈與佛羅倫斯一樣，都只留下了少量的歷史遺物，但都靈卻是義大利統一復興的起點。隨著國王和其龐大的管理機構遷都羅馬，這個托斯卡納大都會在1871年之後的發展歷程中卻沒有像6年前的皮埃蒙特中心那樣遭受到毀滅性打擊。這個城市儘管美景星羅棋布，但卻缺乏開朗的性格和坦蕩的胸襟，沒有像地域更大的米蘭一樣滿懷凌雲壯志，因為米蘭意欲在許多領域超越羅馬。對於許多花腔女高音來說，這座富麗堂皇、孤芳自賞的城市是她們心目中的首都。當它鎮定自如地讓梅迪奇的整個奢華都啟動起來後，在許多文化交流活動中，比如每年的馬焦音樂會或者異於尋常的國際會議中，這種矜持與自負心理在此暴露無遺。

　　當進行節日慶典活動時，皮蒂宮殿附近的建築物燈火通明，照亮了波波里花園。在阿爾諾河彼岸一些地勢較低的城市中心，人們用火炬照明，甚至使共和國權力象徵的韋基奧宮殿那原本傲慢的城堡，也給人留下和藹可親的印象。佛羅倫斯作為歐洲文藝復興

運動的發祥地，喜歡經常舉辦一些慶祝活動，以擴大城市知名度和影響。但這都無足輕重，事實上，首都的角色非世界性的大都市羅馬莫屬。

　　在風和月明的夜晚，擁有誇張外立面的文藝復興時期建築——聖斯皮里托教堂寬闊的石階上人山人海、摩肩接踵，就像門票售罄的劇院一樣座無虛席。這是一個奇特的劇院，因為演員與觀眾平等相待，融為一體。看、被看；演講、閒扯，端坐、退場…一切悉聽尊便，決無不適之感。這座城市的其他地方如聖蒂西瑪・安農齊亞塔廣場也被附近大學和藝術學院的學生們密密麻麻地擠滿。

　　人們給予佛羅倫斯以崇高的讚譽：還有哪個地方能夠像它一樣，在這個擁擠不堪的古羅馬發祥地城市裡保留著如此眾多的名勝古蹟？還有哪個地方能夠邀請如此眾多的一流藝術家濟濟一堂，共同合作完成驚世傑作？

　　如果人們從南北高速公路外圍和米開朗基羅廣場的觀景平台上眺望，那麼聳立於狹窄街道之間的聖瑪利亞・德菲奧倫大教堂尤顯得宏偉壯觀，並從遠處俯瞰著秀美的城貌。菲利波・布魯內萊斯基那高大的穹頂似乎是對位於該城週圍山崗上建築物的一次挑戰。在其旁邊，介於哥德式和文藝復興風格之間的大教堂高高聳立，其洗禮堂的喬托鐘樓和吉爾貝蒂青銅大門吸引著人們去尋幽攬勝。

　　儘管佛羅倫斯以其悠久的歷史和燦爛的文化享譽全球，但該城的富豪巨商們卻並不滿足，斥巨資或通過訂購來創造美，以豐富城市文化的內涵。在這個上層圈子裡，婦孺皆知的收藏熱如火如荼，一發不可收拾。這一經久不變的虛榮活動導致一些好奇者也紛紛加入收藏行列，這些大量的美麗佳品是否能夠長期保存？賞玩者的藝術鑑賞力究竟有多高？過猶不

及，過分痴迷收藏必然玩物喪志，甚至讓人瘋狂。這是否像法國作家司湯達在1817年參觀了該城之後在其日記中所描述的那樣？

德國作家賴納・馬里亞・里爾克在這個城市生活了兩星期後寫道：「佛羅倫斯不像威尼斯那樣，向匆匆過客展示其誘人的魅力。」幽靜的帕拉齊、時髦昂貴的店鋪、做工精細的手工藝品和零敲碎打的修補手藝…顯而易見，佛羅倫斯不是一座開朗活潑、胸襟坦蕩的城市。在這座文明的城市裡充滿了理性務實的規範，但其嚴謹、古樸的風格被無所不在的托斯卡納諷刺藝術所感化，更趨平和、安逸。

羅曼・亞倫斯
（邵靈俠　譯）

第58號

佛羅倫斯—文藝復興運動的搖籃和中心。早已經從城市風貌中露出其多采多姿的個性。圖中左邊是韋基奧廣場，右邊是聖瑪利亞・德菲奧倫大教堂的鐘樓和穹頂。

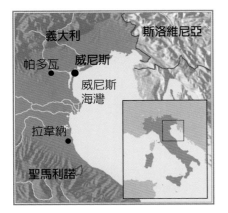

金碧輝煌和生態失衡的矛盾

威尼斯及其潟湖

威尼斯及其潟湖

文化遺產：建築學的頂峰。擁有95公尺高的畢亞契達鐘樓的馬庫斯廣場（聖馬可廣場）、精品薈萃的聖馬可大教堂、保存著丁托列托畫作的聖卡西亞諾教堂、外牆立面由安德烈亞・帕拉第奧設計的聖弗朗切斯科・德拉維尼亞教堂（16世紀）、聖瑪利亞・代・米拉科里教堂、杜卡爾宮殿（多傑宮殿）、擁有世界著名的彩色大理石外立面的卡達・奧羅宮殿、橫跨格蘭德運河的里亞爾托橋和嘆息橋

所屬洲：歐洲

所屬國：意大利（威尼斯）

地　點：威尼斯，位於帕多瓦東面

列入名錄年份：1987年

意　　義：在一個曾經強大的航海共和國裡，後期哥德式和文藝復興風格建築學的光輝典範

大事記：

421年　據傳創建了威尼斯城

828-829年　福音傳教士馬庫斯的聖人遺物從埃及亞歷山大港起錨，輾轉運抵威尼斯城

832年　開始建造聖馬可大教堂

1094年　建成聖馬可大教堂的第三座教堂

1171年　據說在畢亞契達教堂裡豎立起花崗岩石柱

1309-1442年　建造多傑宮殿

1312-1320年　建造聖馬可大教堂的洗禮堂

1453年　威尼斯成為義大利最大和最富裕的城市

1797年5月12日　最後一位多傑，洛多維科・馬寧退位

從1895年起　舉辦現代藝術國際博覽會

1902年　鐘樓倒塌。

1903-1912年　重建鐘樓

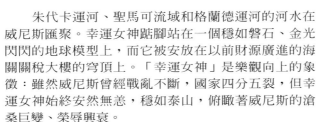

朱代卡運河、聖馬可流域和格蘭德運河的河水在威尼斯匯聚。幸運女神踮腳站在一個穩如磐石、金光閃閃的地球模型上，而它被安放在以前財源廣進的海關關稅大樓的穹頂上。「幸運女神」是樂觀向上的象徵：雖然威尼斯曾經戰亂不斷，國家四分五裂，但幸運女神始終安然無恙，穩如泰山，俯瞰著威尼斯的滄桑巨變、榮辱興衰。

離幸運女神不遠處，在彎彎曲曲、錯綜複雜的狹窄街道中，即離寬敞的馬庫斯廣場幾步之遙的地方，展現在人們面前的是一幅極其令人抑鬱沮喪的圖畫：泰亞特羅・拉費尼切劇院——這隻鳳凰不能再從死灰中重生、展翅飛翔。該劇院自從1996年葬身火海後，被高高的建築工地圍牆封閉多年，但期盼著出現鳳凰重生的意願卻從未泯滅，各地的人們為失去該劇院而痛心疾首。

自從19世紀《紅色公雞》舉行首演後，其他劇目也在此相繼舉行了首演。此外，從伊戈爾・史特拉溫斯基到路易・諾諾的同時代音樂作品也在此獻藝。當時，劇院曾遭受過一次火魔的襲擊，但一年後又重獲新生，以更加絢麗多姿、光彩照人的風貌，笑迎八方來客。

水都威尼斯，這個失去了昔日經濟和政治中心地位的潟湖島，充分挖掘和發揮其悠久文化的古老底蘊，並通過旅遊事業積累資金，開創未來。這個曾經

富甲天下的大都市，與遙遠的中國也有著貿易往來，是一座藝術宮殿和過分崇尚美學的城市——它受到了大自然威力的挑戰，並且屢屢遭遇險境。對此，幸運女神也無能為力。

幸運女神居高臨下，放眼富麗堂皇的哥德式多傑宮殿和其身後裝飾繁縟的馬庫斯教堂——其建築風格深受拜占庭的影響。她的目光還落在由古典主義大師安德烈・帕拉第奧設計的聖喬治・馬焦雷教堂上，該教堂坐落於城區南面的一個小島上。在該島嶼的海濱，廢棄的桅桿帆船在波濤起伏中相互碰撞，發出巨大的撞擊聲。這就是強烈反差中的威尼斯印象。

此外，還有另一幢建築物——聖瑪利亞・德拉薩盧塔教堂，以其巍峨雄偉的穹頂吸引了眾人的目光。為了加固威尼斯這個巴洛克藝術風格的建築，工人們在其疏鬆的地基上打入1,156,657根橡木和落葉松木樁頭。在挨過了黑死病瘟疫之後，倖存者們發誓要建造一座紀念性的建築物，以一座富麗堂皇的教堂來感謝救星聖母的恩澤，同時也是對1630年成為黑死病犧牲品的該城47,000居民的紀念。

在威尼斯的水道上，一隻隻與黑漆漆的棺材相似的「剛多拉」小船來往穿梭，它以人力為動力，從修飾一新的帕拉齊・卡達・莫斯托和斷壁殘牆邊輕輕掠過。這種「剛多拉」在威尼斯之外就不復存在。「剛多拉」主要在白天進行營運，一旦生意清淡便被拴在木樁上，迎著濕潤的和風隨波蕩漾。如果它們載著好奇、饒舌的遊客出沒於濛濛煙雨中，或者出沒於鉛灰色的天空下和悶熱潮濕的空氣中，那麼，小船就會像一把利劍劃破水幕，一路向前。

當無與倫比的石製藝術瑰寶在明媚的陽光下顯露出其輪廓分明的亮麗倩影時，整個城市都沐浴在奼紫嫣紅的斑斕色彩中。一些遊客只看見了灰濛憂鬱的時刻，卻忽略了其明媚樂觀的一面。由於年久失修和地層下陷，富麗堂皇的文物古蹟年復一年地漸漸下沉。反復出現的洪水一次次地抬高其水位，並且幾乎每3天就要淹沒馬庫斯廣場一次。威尼斯由於工業區的建立，使其生態平衡遭到嚴重破壞，最後漸漸被人們徹底遺忘。為了治理這日益嚴重的環境污染，拯救人類的藝術瑰寶和自然風光，我們應該做些什麼呢？

羅曼・亞倫斯
（邵靈俠　譯）

當年就是經過嘆息橋（在背景圖案上）將死刑犯押解到地牢。

第59號

最左圖：威尼斯狂歡節風格獨特，極具魅力

左圖：路易斯·德科萊里的油畫《在馬庫斯廣場上鬥牛》（1620年左右）

下圖：聖瑪利亞·德拉薩盧塔教堂被巍峨壯麗的巨大穹頂所覆蓋。與此對應，原來的海關大樓穹頂上，一顆碩大的鍍金地球閃閃發光，身材苗條的幸運女神單腳站立在地球上（在圖左邊）

中世紀的最高城邦

比薩大教堂廣場

　　1063年是比薩大教堂外牆立面的奠基之年，但相對於黑暗的中世紀來說，在草地上的大理石倩影似乎顯得輕盈閃亮和完美無瑕。對此，藝術史學家們深感迷惘、彷徨，人們是否弄錯了大教堂的創建日期？

　　專家們的疑惑甚至能夠寫滿整整幾卷書簡。文藝復興是指15世紀時歐洲文化從古典時期的經典理念中重生、光大。研究文藝復興時期的權威人士雅各·布克哈特覺得，比薩的「代·米拉科里小廣場」是一塊

神奇的土地，極富藝術魅力，因此他將它歸屬於前文藝復興時期的作品。阿爾諾城文物保護負責人克拉拉·巴拉基尼對異端邪說曾經發表過一些評論，認為用比薩城來論證藝術史是極其荒謬的：「在我們這裡既沒有中世紀，也沒有文藝復興，因為連接古典時期的臍帶從未斷過，大教堂是這種延續性的最終成果。」

　　比薩人建造大教堂完全是為了重振羅馬盛譽，這一點人們可以從碑文中了解到。比虔誠更強烈的資產

左頁：比薩斜塔自從建立在軟土地基上之後，便成為對抗萬有引力的象徵

最左邊：從鐘樓俯看代，米拉科里廣場那如畫般的景致

左中圖：尼古拉・皮薩諾在洗禮堂裡創造了由華麗浮雕鑲嵌的佈道壇

左圖：大教堂的外牆裝飾被看作是義大利浪漫主義風格的傑作

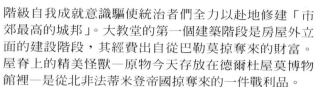

階級自我成就意識驅使統治者們全力以赴地修建「市郊最高的城邦」。大教堂的第一個建築階段是房屋外立面的建設階段，其經費出自從巴勒莫掠奪來的財富。屋脊上的精美怪獸—原物今天存放在德爾杜屋莫博物館裡—是從北非法蒂米登帝國掠奪來的一件戰利品。

　　比薩人在與阿拉伯人的「交往」中雖然流了不少血，但卻從其文化中攝取了養份，充實完善了自我。中世紀的人們崇尚旅遊，建築學家布斯凱托也是，並成為神奇土地上的天才，從拜占庭、大馬士革、開羅和科爾多瓦的清真寺裡獲得了藝術靈感。因為這個獨具異域風采的橢圓滿形穹頂出自博斯普魯斯王國，5個教堂正廳和3個交叉通道的柱子群無不打上了東方文化的烙印。這座將東西文化合璧的比薩大教堂在其理性的嚴謹中尤顯世界性和世俗性。總之，即使是一神論者—猶太教徒和穆斯林在布斯凱托建造的教堂裡也能感到像家一樣的親切。

　　古典時期是比薩大教堂出世的助產士。大教堂的大廳格局、洗禮堂的柱面—似乎是以羅馬人的摩索洛斯王陵和耶路撒冷聖墓中的風格融合而成—還有尼古拉・皮薩諾洗禮堂佈道壇上那史詩般的浮雕藝術等，都是新古典時期的傑出代表。東西方文化的相互碰撞，迸發出智慧的火花，並常常引發心靈的震撼。布斯凱托及其接班人拉伊納爾多和迪奧蒂斯拉維為同時代的人，只是把羅馬風格的圓拱和哥德式風格的尖拱作為建築裝飾的活動佈景來運用。水平的阿拉伯黑白相間條紋把大教堂與大地緊緊連接起來。因為大教堂首先是從半圓形後殿開始動工的，所以後殿建築最早體現了布斯凱托的風格理念。陰暗的拱門設置在底層，其上設置拱廊通道。牆、柱和拱三位一體組成光、影奇效，給人以虛無縹緲的感覺，這一光學效果在物理學上顯得非常重要。伽利略曾用大教堂中的枝形吊燈和比薩斜塔研究擺動定律，是千古流傳的佳話。

　　在大教堂停建很長一段時間後，比薩人在較高的位置上建造洗禮堂，即洗禮堂的柱面覆蓋上錐形體。那個布滿棺材的墓地被稱為「墓場」，在其週圍讚美大廳和溼壁畫大廳把蒼穹當做教堂正廳。由一個堅固的

室內圓柱和柱子群承載的外殼構成了大教堂的鐘樓，它比一般的教堂鐘樓更加豐富多彩。由於該鐘樓（俗稱比薩斜塔）位置傾斜，從而吸引了站在下面的人和登樓者，一圈圈地向上攀登。正如人面獅身與金字塔一樣，比薩與大教堂也有著千絲萬縷的淵源：洗禮堂位於大教堂的縱軸上，鐘樓則在洗禮堂和大主教宮殿之間的中心位置上。「憑直覺，這些建築並非隨意佈局，而是按照一種和諧的原則巧妙地策劃安排的。遺憾的是，我們今天還不能解讀其中的奧秘。」精力旺盛、勤奮好學的文物保護工作者巴拉基尼如是說。

法伊特・莫爾特
（邵靈俠　譯）

比薩大教堂廣場
文化遺產：擁有洗禮堂的大教堂廣場，距大教堂南面55.65公尺和北面55.80公尺，聳立著偏離垂直線約4公尺的比薩斜塔以及聖瑪利亞・阿孫塔大教堂、洗禮堂和墓地
所屬洲：歐洲
所屬國：意大利（托斯卡納）
地　點：比薩
列入名錄年份：1987年
意　義：中世紀建築藝術的4件傑作，它們對11-14世紀的意大利建築學產生了深遠的影響
大事記：
公元前89年　為羅馬—伊特拉斯坎的比薩制訂城市法
1063年　建造羅馬大教堂
1171年　開始建造洗禮堂
12-13世紀　在吉貝利家族的統治下，把比薩建成地中海西部的一個海軍強國
1260年　完成尼古拉・皮薩諾的佈道壇
1275年　建成洗禮堂
1302年　半圓形教堂後殿的穹頂用馬賽克裝飾
在1340年左右　在墓場的長廊上繪上溼壁畫《死亡的勝利》
1398-1405年　維斯孔蒂統治時期
1406年　弗洛倫茲和梅迪奇統治時期
1564年　伽利略出生
1990年　關閉洗禮堂
從1992年起　加固洗禮堂基礎部分

歷史名城聖吉米格那諾
文化遺產：聖吉米格那諾‧德拉‧貝拉‧
托里，最初的72座貴族家庭的家族塔樓，
至今還保存了13座；德波波洛宮殿——市
政廳擁有54公尺高的托雷‧格羅薩
所屬洲：歐洲
所屬國：義大利（托斯卡納地區）
地　　點：聖吉米格那諾，佛羅倫斯的南面
列入名錄年代：1990年
意　　義：擁有家族塔樓，是義大利封建時
代城市建築的典範之一
大事記：
929年　有文獻記載
12世紀　建造大教堂
1262年　建造聖巴泰奧和聖喬凡尼兩座城門
1288年　建造德波波洛宮殿市政廳
1300年　但丁在法官和孔西利奧將軍面前發
表演講
1323年　改建德波波洛宮殿市政廳
1456年　改建大教堂
1468年　以文藝復興風格建造聖‧菲娜小教
堂

古老家族在建築高度競賽上的最後瘋狂

歷史名城聖吉米格那諾

破曉時分，托斯卡納地區常常被濕氣所籠罩，從而給城市帶來清新和活力，昨日的緊張氣氛漸漸褪去。新的一天開始了，緊張和負重感又逐漸突顯出來，並且一直持續到夜闌人靜。這些來自河谷的水汽和霧氣密不透風地佔據了小城的角角落落——儘管托斯卡納地區位於略高的小山丘上，但伊特拉斯屯墾區的拓荒者們卻認爲其更爲安全和富有生氣。

在灰濛濛的霧靄中，人們仍然能夠從遠處得以一窺聖吉米格那諾引人注目的黑色側面剪影，其雄姿使人想起了它的綽號——中世紀的曼哈頓。由於聖吉米格那諾高峻、挺拔，其纖細高聳的居住塔樓刺破霧靄，高聳入雲，所以這些四邊形的塔樓不僅代表了一個城市的形象，而且還有著一段曾經充滿刀光劍影的歷史。驕者必敗的格言似警鐘長鳴，這些塔樓也鐫刻上它從鼎盛到衰亡的年輪，並再一次嘲諷了其道德倫理觀。幾百年後，積澱著深厚文化底蘊的聖吉米格那諾成爲觀光者嚮往的旅遊勝地。

多梅尼科‧吉蘭達奧在大教堂的濕壁畫上描繪了一種狂熱崇拜個人的塔樓景致，而在這些塔樓後面，即當地聖人的靈柩旁，菲娜把聚集在一起的紳士們排成行。在一幅由羅倫佐‧迪尼科洛‧迪馬蒂諾所創作的油畫前——該畫作現在可以在國家博物館裡看到——參觀者以懷疑的目光注視著聖‧菲娜，她以自己寬大猩紅的披風，庇護著塔樓之城，就像神聖的伊麗莎白守護著自己的麵包提籃。

據編年史記載，聖‧菲娜‧德恰爾迪渴望和平，並且結束效忠於教皇的歸爾甫派和效忠於皇帝的吉布林派之間的衝突，遺憾的是，在鼎盛時期沒有人聽從這位年輕女士的忠告。在她1253年去世的幾十年後，即這個歷經紛爭的城市歸屬於貪婪的佛羅倫斯之前，歸爾甫派的阿爾丁海力家族和吉布林派的撒烏齊家族之間的宗族糾紛卻愈演愈烈，其間，經濟、貿易和文化的鼎盛時期徹底完結了。當時，該國被一條2千公尺長的城牆所包圍，並且聳立著72座高大的塔樓。滄海桑田，世事變幻，最後只有13座塔樓保留至今，現在那裡已成爲全世界觀光者尋幽訪古的旅遊勝地。在聖喬凡尼城門前，遊客們從公共汽車和小汽車上走下來，匆匆忙忙地趕向奇斯泰納廣場。

在微微下沉、水井遍布的三角形廣場上，中世紀建築不但向人們傳達了安全感，而且還讓人想像不出以前的繁華和喧囂。只有阿爾丁海力家族的雙子塔聳立在那裡，其左邊塔樓要比右邊的稍微低一些——這就是撒烏齊家族復仇行爲的結果，因爲該家族的聚居地離此不遠：一條狹窄的通道連接著大教堂廣場。不久之後，在這個過去只有12,000名居民的小城裡出現了另一個家族的孿生塔樓。

雖然不是最高的，但至少也是第二名，因爲家族塔樓不允許超過54公尺高的托雷‧格羅薩（見照片背景）。通過這兩個塔樓，人們能夠想像得出這兩個家族得匠心獨運，如圖所示：阿爾丁海力家族得雙子塔聳立在德拉‧奇斯泰納廣場之上。

高度多少對於聖吉米格那諾來說是合適的？在金碧輝煌和爭相高度競賽的建築物中，托斯卡納地區的特色已經喪失殆盡，最後市議會不得不頒佈法律，規定那些珠光寶氣女士們的拖裙不准再長於1.70公尺，同時對瘋狂的建築高度熱潮也規定了界限：具有代表性的私人塔樓不允許超過54公尺高的市政廳。對此，阿爾丁海力和撒烏齊這兩個家族絞盡腦汁，想出用兩個相似的攣生塔樓來實現其獨特性的構思。

總督府裡的柱廊周圍常常被當地的開雜人員盤踞，他們喜歡評論附近大教堂的各種宗教活動，這一現象可能帶有一定的普遍性。當一對對新婚夫婦走下莊嚴、奢華的大教堂台階時，可能會遭到他們的冷嘲熱諷；當衣著樸素的新郎新娘從市政廳，即從德波波洛宮殿出來時，可能有一陣會帶來幸運的大米雨會劈頭蓋臉地從天而降。晚上，當旅遊車載著觀光客離去後，聖吉米格那諾漸漸恢復了平靜。第二天，小城又將迎接一批造訪古蹟的新遊客，

　　　　　　　羅曼・亞倫斯
　　　　　　（邵靈俠　譯）

第61號

左圖：具有古典主義色彩的溼壁畫是由藝術家索多馬（其實是喬瓦尼・安東尼奧・拉齊）在16世紀創作，並陳列在德波波洛宮殿市政廳的入口處。

「中世紀的曼哈頓」無法高聳入雲，因爲家族之間建造塔樓的規模和高度競賽被嚴格地加以限制。

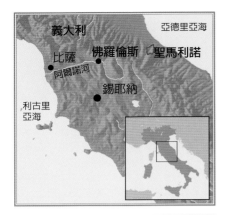

一個用紅磚壘砌的哥德式部落

歷史名城錫耶納

歷史名城錫耶納

文化遺產：城市的中心——卡帕廣場；那裡的帕布里科宮殿（市政廳）陳列了大量的由西莫內·馬丁尼和安布羅焦·洛倫采蒂創作的濕壁畫。桑塞多尼宮殿和奇吉·桑拉西尼宮殿；用白色、紅色和綠色大理石建造的聖瑪利亞大教堂是義大利哥德式建築藝術的代表；擁有多邊形洗禮泉眼的洗禮堂；位於布翁西格諾利宮殿的國家繪畫陳列館；「帕里奧」於每年7月和8月在卡帕廣場舉辦賽馬活動

所屬洲：歐洲
所屬國：義大利（托斯卡納）
地　　點：錫耶納，佛羅倫斯的南面
列入名錄年份：1995年
意　　義：幾百年來一個得到完好保護的哥德式建築經典範例和中世紀城市規劃的輝煌傑作。它匠心獨運，其建築風格與週邊環境相互協調，互為呼應

大事記：
12-14世紀　建造擁有洗禮堂的大教堂
1240年　建造大學
1267年　修建大教堂的八角形大理石佈道壇
1289-1309年　建造帕布里科宮殿市政廳和102米公尺高的托雷·德馬吉亞塔樓
1359年　烏菲錫亞利·戴爾奧那塔，一個中世紀建築規範的佐證
14-15世紀　建造卡帕廣場
1469年　建造皮科洛明尼宮殿
1555年　被佛羅倫斯人包圍，並且投降
1559年　錫耶納最終納入佛羅倫斯公國的版圖

上左圖：座落於卡帕廣場邊緣的托雷·德馬吉亞塔樓以102公尺的高度聳立著。它纖細挺拔、直沖天際

上右圖：在錫耶納最著名和漂亮的廣場——卡帕廣場上，摩肩接踵、熱鬧非凡，一片生機勃勃的繁忙景象

「那些可憐的錫耶納人怎麼可能膽敢反對我們開赴前線呢？」1260年，一位佛羅倫斯的軍隊統帥對自己的軍隊在蒙塔貝蒂遭到突然襲擊感到憤憤不平，這次進攻以佛羅倫斯人的慘敗而告終。對於錫耶納來說，一個獨立和充滿自豪感的夢想終於實現了，並且一直保持到14世紀中葉，當時共有4/5的居民成為黑死病的犧牲品。

儘管當時世事變幻、興衰無常、社會關係普遍緊張，然而該城卻又經歷了一場文化變革和經濟振興的繁榮時期。但隨後的一次長達9個月的成功包圍徹底碾碎了錫耶納獨立自由的夙願，該城不得不屈服於強大的對手——佛羅倫斯，並於16世紀下半葉被納入佛羅倫斯公國的版圖。從此，錫耶納的城市規劃遭到了嚴重的破壞，經濟徹底崩潰，雄心勃勃的計劃遭到割裂。

由高大的穹頂和房屋立面構成的豪華大教堂無須在奧爾維耶托和佛羅倫斯相類似的教堂面前遮遮掩掩，它只不過成為龐大建築群的交叉通道。一堵遺留下來的城牆既可以作為觀景台，又可以作為建築規範的標準，該標準直到今天一直是托斯卡納地區的傳統特徵。

按照人本主義理念構築的錫耶納是一座用紅磚砌成的哥德式部落城市，它既富庶又狹窄，既結實耐用又閉塞擁擠，但卻從不讓人感到沉悶，是一個平衡的世界，也是一個對外開放的世界。換句話說，錫耶納是一個由步行街、供人參觀的教堂和文物古蹟所構成的小世界。許多求知慾很強的外來者非常迫切地想了解這座鬼斧神工般的美麗城市，因為該城謹慎地繼承和發揚了讓錫耶納人引以為自豪的傳統和文化。

那些自我陶醉和不為城市喧囂所動的市民們漫步於兩個權力中心——市政廳和銀行大樓之間的一段小路上，當地人稱之為「班奇·迪索帕拉」。其中一個權力中心是帕布里科宮殿（市政廳），安布羅焦·洛倫采蒂把自己的巨幅濕壁畫《一個好政府對城市建設和國家的作用》安置在那裡的牆壁上。現在，市政廳的官員們都在為實現這一目標而努力工作。權力的另一個中心體現在蒙特·戴帕施·錫耶納銀行上，它座落於撒利姆奔尼廣場邊上的繁華地段，不僅扮演了財政管理的角色，而且還成為城市公共福利和文化深度開發的控制中心。

簡潔、自然和明快的城市形象，是由三座丘陵山脊相聚而成，並且自然而然地形成了城市廣場——卡帕廣場，它呈現出貝殼形狀。廣場上還聳立著修長、挺拔的市政廳塔樓，其陰影就像日晷儀的指針一樣，在周圍帕拉齊那美輪美奐的房屋立面上移動。聳立在廣場週圍的建築物規範嚴謹，沒有任何差錯，這是自14世紀以來普遍推行了嚴格的建築工程規範所帶來的結果。

在卡帕小廣場上，那些有一定文化素養的公民們懶洋洋地坐臥其間，呼吸新鮮的空氣，沐浴溫暖的陽光，同時，鴿子也愛在廣場上漫步和覓食。卡帕小廣

場可謂人人滿意，事事皆宜，只不過對於野蠻的賽馬活動來說，卻顯得不太適合。驍勇粗獷的騎士每年兩次沿著廣場邊緣疾馳，而此時動物保護者的抗議聲卻總是一浪高過一浪。著名的「帕里奧」為賽馬活動而將廣場上易碎的磚塊用沙子掩蓋起來，並且在每年的7月2日和8月16日兩天舉辦賽馬活動。它是錫耶納一年中最熱鬧的活動，比其他地方的庇護節、狂歡節和足球比賽更能釋放激情和情感。

當人們居高臨下俯瞰錫耶納全景時，由三個 Y 型構成的城貌一覽無遺地映入眼簾。錫耶納小戲劇分別到17個城區獻演，其規模可與賽馬活動相媲美。該城市仍然保留了其傳統特色：在比賽前夕，要在大教堂裡給那些比賽馬匹賜福，以懇求神靈的庇護，勝利能夠降臨，同時消除騎士間的猜忌和恐懼。總之，該城市神秘和矛盾的一面，就體現在其城徽上黑白顏色各佔一半。

羅曼・亞倫斯
（邵靈俠　譯）

過去，常以質樸無華、實用簡潔的風格來建造大教堂，今天，該大教堂卻以富麗堂皇的大理石立面和高大的穹頂傲然矗立於城市之中。

下右圖：無論是巨大的勇氣還是騎師與駿馬間原始的瘋狂，都能夠造就這種生命的危險遊戲，因為賽馬遊戲安全性不是百分之百。騎師駕馭著馬匹馳騁在撒滿沙子的卡帕廣場上，但繞行三圈後的勝利卻是由馬匹來決定的：騎師不見得要抵達終點，但重要的是馬匹必須要到達。

第62號

色彩豐富　光效強烈

拉韋納的早期基督教文物古蹟和馬賽克鑲嵌藝術

亞里安教派的信徒洗禮堂穹頂馬賽克描繪了耶穌基督的洗禮場景，周圍環繞的是耶穌的12位門徒。

　　特奧德利希大帝真的懼怕電閃雷鳴嗎？據聖徒們傳說，這位東哥德人的國王不堪忍受雷雨大作的恐懼，狼狽逃入為他預先準備的陵墓，藏匿於巨大的穹頂之下——他的命運前世就已注定，一道耀眼的閃電擊穿厚達一公尺的伊斯特石灰岩，並且當場將這位統治者送歸西天。今天，人們還能夠在其陵墓的穹頂上見到被雷電擊穿後的那條裂縫。這條裂縫也是對這個傳說的最好佐證。

　　許多人認為，由於沒有使用灰漿固定，重達300噸的石材被隨意疊壘成三層建築，便形成了這條據說是被雷電轟擊後所造成的裂縫。該陵墓及其神秘的謎團喚起了人們豐富的想像力，從而杜撰出許多引人入勝的傳說和佳話。人們試圖用各種理論去解釋裂縫形成的奧秘，但眾說紛紜，莫衷一是。

　　它們是靜力學作用的結果，還是在其地層底下埋藏著鮮為人知的寶藏？特奧德利希大帝陵墓所選用的建築材料完全不同於其他早期基督教的文物古蹟，其建築風格與典型的敘利亞和巴勒斯坦建築相類似，這在6世紀的義大利應該是少見的稀罕物。他的墓碑也與眾不同，引人注目，以便讓死者的榮譽永世保留，光

一處偏遠又荒蕪的平原上。在克勒塞的聖阿波利那勒大教堂也成為馬賽克的世界，馬賽克鑲嵌藝術充斥了教堂的半圓形後殿，並以其鮮艷奪目的綠色和藍色，給人以強烈的視覺光亮效果——耶穌基督作為牧羊者與描繪成羊的信徒們在一起。顯而易見，在明亮的大教堂裡，那些附加的電氣照明設備無疑是多餘的。

在拉韋納，那些名勝古蹟侷促在一個狹窄的空間裡，人們有時不得不長久地等待著參觀建於公元5世紀的加拉·普拉奇迪女王陵墓。因為太多的參觀者可能就意味著帶來太大的空氣濕度，這可能會對馬賽克小石子及其粘著度產生影響。當然，遊客們也不會排隊乾等著進入陵墓，隔壁的聖維塔勒教堂也是他們抽空涉足的好地方。在這座中央穹頂高高拱起的半圓形拜占庭式的教堂後殿裡，導遊能夠為遊客們講解有關查士丁尼皇帝和狄奧多拉女皇的生活軼事。「如果這裡的光線不是自然光的話，那麼光線就不會演繹得如此

左圖：特奧德利希的陵墓，在其生前就已經蓋好。它以其輝煌的建築藝術讓這位統治者流芳百世

淋漓盡致了。」這是安德烈斯小教堂——當時大主教宮殿禮拜堂的一堵牆壁上隨意題寫的一句格言，它描述了拉韋納馬賽克鑲嵌藝術的特色：色彩丰富、光效強烈。

羅曼·亞倫斯
（邵靈俠　譯）

耀千秋。從今天的角度看，該陵墓是建築藝術的成功範例。盡管其生機勃勃的建築藝術在拉韋納不可多得，難得一見，但由於它而引發的傳奇故事——以特奧德利希為原型的民間傳奇人物——伯爾尼的迪特里希的奇聞軼事卻長久地廣為流傳。

這位東哥德人的君王是亞里安教派的勒·諾沃，他並不相信耶穌基督的聖靈。其繼任者一心想把他的痕跡抹去，如將「該死的紀念物」——特奧德利希在聖阿波利那勒·諾沃建造的三堂大教堂重新命名，但這一招收效甚微。時間跨越了一個半世紀，拉韋納世事變幻，政權更迭。它首先成為沒落羅馬帝國的首都，然後是哥德人王國的首都，最後是拜占庭的政權中心。這些走馬燈似的政權交替，使得拉韋納在宗教建築和造型風格上保持著一種令人驚詫的繼承性。特別引人注目的是，其馬賽克鑲嵌藝術光彩奪目，出類拔萃，這種藝術在世界各地都被看做是歷史文物，並加以妥善保護。

在新涅阿洗禮小教堂——也被稱為東正教的洗禮堂的穹頂上，信奉東正教的天主教徒在一塊圓形的馬賽克上描繪了約翰給耶穌進行洗禮的場景。人們從圖中能夠明顯地看出，耶穌以男兒身站立在水中。在這幅羅馬時代的場景圖上，一隻鴿子在耶穌頭上飛翔，這是聖靈的標誌，並以此暗示羅馬天主教教義中的神聖三位一體。上述所有的一切還同樣展現在亞里安教派洗禮堂的穹頂馬賽克上，它距離東正教洗禮堂約幾百公尺，是哥德人時代的建築。在這兩幅馬賽克壁畫上，人們能夠看見約旦河的影子，它常常被當做非基督教的河流之神。

當時，眾多大教堂中最大的一座位於拉韋納郊外

上圖：聖維塔勒教堂的華麗馬賽克裝飾畫，內容是查士丁尼一世及其隨從

左圖：在克勒塞的聖阿波利那勒三堂大教堂及其圓形鐘樓

毀滅之後的重生
龐貝、海庫拉諾伊姆和托雷安農齊亞塔―考古發掘地

龐貝、海庫拉諾伊姆和托雷安農齊亞塔―
考古發掘地

文化遺產：龐貝古城、三角形的法庭、梅
南德之家、長、寬各為80和35公尺的農牧
神之家、尤麗婭・費利克斯之家、海庫拉
諾伊姆、150多具遺骸（1980年出土）、擁
有木製墜門的宅第以及擁有馬賽克鑲嵌畫
正廳的宅第，在托雷安農齊亞塔的奧普倫
提斯別墅中保存尚好的溼壁畫
所屬洲：歐洲
所屬國：義大利（坎帕尼）
地　　點：龐貝和海庫拉諾伊姆，那不勒斯
的東南面
列入名錄年份：1997年
意　　義：憑借早期羅馬帝國那兩個「湮沒
的城市」來展示古典時期的歷史風貌和公
元前一世紀一座省城中完整的生活畫卷
大事記：
大約在公元前600年左右創建龐貝古城
公元前80年在盧修斯・科爾內留斯・蘇利
亞統治下，龐貝成為羅馬的移民區。估計
當時還建造了一座136×104公尺的巨大圓
形露天劇場
1663年　地震摧毀了龐貝
1679年8月24日　維蘇威火山爆發，並掩埋
了龐貝和海庫拉諾伊姆
1738年　在波旁王朝卡爾三世的策劃組織
下，發起首次發掘
1861年　為了妥善保存出土文物，建造了文
物收藏館
1869年　開始有計劃的挖掘工作
1943年　盟軍轟炸機誤炸了龐貝
1980年　一場地震破壞了發掘出來的建築物
1998年　在波塔・諾拉和波塔・諾奇拉之間
沿著城牆開放一條人行通道

紅色再套紅色營繞著神話般的情侶―狄奧尼索斯與阿里亞德妮：在「維蒂之家」中的壁畫。

義大利是一個具有悠久歷史和燦爛文化的文明古國，其版圖像一隻靴子，在一次火山爆發之後，其古典城市文化被掩埋在熔岩和火山灰中。龐貝是那不勒斯繁華地區的一座小城，擁有眾多失業者，那裡的紡織工業和食品工業初具規模，一座主教府和一座聖地教堂是其主要的宗教建築。2000年前，龐貝曾是一座繁華的都市，比現在要熱鬧得多，也是重要商貿通道的交通樞紐。因爲龐貝出產葡萄酒和石油，所以出現了歷史上少有的鼎盛繁榮時期。在經歷了一次小地震之後，龐貝便開始了大規模的修復和重建工作。但10餘年後，另一場災難再次襲擊了這座城市，並將其埋入地底。這場毀滅性的災難將龐貝古城原封不動地保存了下來。壞事也可能變好事，它最終成爲世界著名的古典文化遺產。

將龐貝古城從熔岩和塵埃中發掘出來，使其重見天日。經過發掘的古城向遊人們展示了其本來的面目，供後人參觀。遊客們在古城的街道上漫步、逛店鋪、走民宅，並且用欽佩的目光欣賞其建築裝飾和藝術特色，或者觀看帶有情愛場面的溼壁畫，這些畫當時常常被描繪在妓院入口處的牆壁上。

這座略帶神秘色彩的古城給遊客以美的享受，遊客們徜徉於龐貝古城，恍若進入了時光隧道，須臾間便置身於古典時期的城堡之中。面對這如此快速的時空變幻，遊客們發出嘖嘖稱讚也就不足爲奇了。給人留下深刻印象的是，火山爆發將整個城市都完好地保存了下來，龐貝古城完全被火山熔岩、塵埃和浮石所覆蓋，城市中的許多人因此而喪命，但這場災難卻留下了一個完整的古典時期城市遺址。普利紐斯是龐貝被埋葬於灰燼、熔岩和浮石中的目擊者，當時他還很年輕。面對這突如其來的災難，他描述道：「許多人情不自禁地舉起了手，祈求上帝的保佑，但人人都明白，世上並沒有上帝。」因此，編年史詳細地記載了龐貝古城的覆滅過程，也就不足爲奇了。龐貝古城上

第64號

左圖：在「德拉·維那拉宅邸」中的一幅用溼壁畫繪製的維納斯

面的覆蓋物厚達1至7公尺，人們從18世紀中葉開始發掘古城，從而揭開了它那神秘的面紗。除了建築和藝術外，重見天日的古城還保存了許多人臨死之前那驚恐的面容——當熔岩似石膏注滿房屋時，龐貝人就定格在黑漆漆的「暗箱」裡，從而形成形像眞實的照片，這些場面是在古城被發掘出來後才展現在人們眼前的。因此，人們獲得了龐貝古城居民們精確的印痕。當厄運降臨時，人們或被硫磺蒸氣窒息而死，或突然暴死，神態各異，姿勢也各不相同，而且都絕望地抗拒著火山灰的覆蓋。

維亞德爾阿蓬德薩是這個羅馬省城中最長的街道，它是古典時期最繁華的鬧市區。在這條古街上店鋪林立，瓦舍儼然，其牆壁上偶爾也塗寫了幾條競選標語。在這條熙熙攘攘的街道上，來往車輪在這條用玄武岩鋪設的路面上留下了一道道深深的車轍，這當然不是當今每年200萬遊客所創造的奇蹟。如此眾多的遊客對於基督教牧師皮爾·喬凡尼·古佐來說無疑是一場災難：「400萬隻腳！」龐貝的這位最高守護者在爲招聘管理人員、研究文物古蹟、修葺逐漸衰敗的古城和發掘其他古遺址等方面籌募資金。大約90個足球場大的龐貝古城已經發掘了2/3，其中只有1/5完全對遊客開放。來自世界各地的遊客流連於古城最著名的一些文物古蹟週圍，嬉戲玩耍，沉溺於古典美的韻味之中。他們驚羨龐貝人的居住環境和宅第品質，以及根據一座風姿綽約的雕塑而命名的「農牧神之家」。如果無數參觀者擁入維蒂之家，那麼考古學家們不得不擔心其壁畫的安全，因爲這些畫作不是永恆不變的，它僅僅是爲房子主人的某一代人設計製作的。自從古城新區不斷被發掘和開闢出來後，並加以修葺和逐步對外開放後，遊客們的好奇心得到了充分的滿足，古城的收益也成倍地上升，其中一部分用於文物古蹟的科學研究。倘若古城的文物古蹟散落各處，那麼就可以分散參觀人流，減輕古城的壓力，從而減緩龐貝古城日益衰退的程度。

羅曼·亞倫斯
（邵靈俠　譯）

上圖：面對那些乾癟的殭屍，考古學家們有時會不寒而慄、目瞪口呆。從熔岩灰燼中挖掘出來時，他們仍保持著臨死之前刹那間的痛苦表情與姿態。

左圖：在古代，人們以爲維蘇威火山已經熄滅，但西元79年的火山爆發卻打破了他們美好的願望，並導致可怕的災難。今天，種種跡象表示，維蘇威仍然是一座活火山。如圖所示，遊客們漫步於重新發掘出來的古城街道，其身後挺立著的，正是維蘇威火山

石頭製作的神秘遊戲
摩德納的大教堂、托雷吉拉朗第那和格蘭德廣場

由維利格姆斯創作，並已經搬上舞台的「創世」和「原罪」故事，作爲引人入勝的戲劇場面被鐫刻在大教堂的立面上。

摩德納的大教堂、托雷吉拉朗第那和格蘭德廣場

文化遺產：蘭弗蘭科的羅馬大教堂建築、在12-14世紀經過改建，擁有維利格姆斯的雕刻、88米高的鐘樓，以及包括托雷德奧羅吉羅在內的穆尼齊巴宮殿市政廳

所屬洲：歐洲

所屬國：義大利（艾米利亞—羅馬涅區）

地　點：摩德納，在波河平原的邊緣上

列入名錄年份：1997年

意　義：在歐洲，大教堂是最重要的羅馬建築之一。擁有托雷吉拉朗第那和格蘭德廣場的一組城市建築群成爲義大利城市富貴和權力的象徵

大事記：

公元前183年　成爲羅馬的移民區

公元前45年　成爲布魯圖斯和馬庫斯·安東尼之間權力鬥爭的中心

4世紀　摧毀城市

5世紀　放棄城市

8-10世紀　在主教宮殿週圍進行重建

1099年　開始興建大教堂

1116年　成爲摩德納自由區，加入倫巴底城市同盟，反對巴爾巴羅薩皇帝

1169年　開始建造五堂的托雷吉拉朗第那大教堂

1178年　建造大教堂波塔·萊吉亞

1184年　舉行大教堂落成典禮

1288年　在埃斯特的統治下

1319年　托雷吉拉朗第那大教堂竣工

1336年　費拉拉推翻了埃斯特政權

1598年　摩德納成爲埃斯特公國的首都，並進入全盛的新時期

1634年　建造大公爵宮殿，作爲埃斯特的官邸

1796年　法國軍隊進駐

1814-1859年　由來自奧地利的埃斯特家族的大公門：弗朗切斯科四世和弗朗切斯科五世統治

1860年　與新的義大利王國聯合

摩德納大教堂就像一部用白色石頭雕刻成的圖片百科全書，9世紀之前値得記載的一切都囊括其中。福音傳教士、先知、天使和魔鬼、怪物及邋遢的男人——雕刻家維利格姆斯把他那個時代非凡的故事和傳說永世保留在大教堂上。「喔，維利格姆斯，你多麼令人欽佩啊！能在這裡展示你的作品，並成爲雕刻同行中的佼佼者。」這位大師在一座房屋立面的銘文上受到如此稱讚，該銘文兩側由先知約拿和以利亞守衛，即上帝最器重的兩個人，他們在世時就被上帝帶到了天堂。這兩位不朽的先知在這裡贊美這位天才雕刻家。在中世紀，藝術品創作者一般都是匿名的，惟有這位雕刻家例外，這確實是一個奇蹟。

「維利格姆斯是我戲劇作品的鼻祖。」諷刺作家達里奧·福這樣說。他嘲弄當權者，也是中世紀的一名戲劇專家。這位諾貝爾文學獎得主確信：維利格姆斯與他同宗，兩人都屬於倫巴底人，這支日耳曼民族把詼諧和諷刺帶入後古典時期那污濁沉悶的氣氛中。「這種親和力無法被證實，因爲兩人生活的社會相距竟達1500年」，摩德納城市博物館的女主管恩里卡·帕格拉博士闡明了這樣的觀點，「但能夠確定的是，維利格姆斯的藝術作品展現了尚未畸形的北方和南方古典藝術之間的共同特性」。

維利格姆斯在大教堂的立面上留下了自己的美名，而最新的研究結果也證明了達里奧·福的直覺：維利格姆斯在創世故事浮雕「遠足」中並不把拿《舊約全書》作爲藍本，而是把一部中世紀戲劇作品當做自己的樣板，因爲中世紀的戲劇作品《亞當的遊戲》

摩德納市政廳。

直到1175年才用文字記錄下來。在此之前至少50年，該作品已由這位雕刻家創作在大教堂的立面上。其雕刻藝術的部分情節、場面和插圖與原作一模一樣，甚至連主大門入口處雕刻的先知們的唱詩班和神秘的結局也與原作無異。

建築工程師蘭弗蘭科在建造拉韋納的拜占庭式教堂過程中，可能也看到過這個大教堂的模型——擁有鐘樓的三堂中廳大教堂。在奠基7年之後，該建築終於高高立起，因此，該城的庇護人赫米尼亞諾的遺骨被轉運到新的教堂地下室。除了維利格姆斯的圖文以外，在隨後的幾百年裡，房屋立面上的圓花窗飾和豪華的大門裝飾也作爲典型的建築裝飾藝術出現。原來

第65號

平坦的木頭屋頂被磚結構的拱頂所
替代，並且憑藉堅固結實的紅陶鑲
嵌藝術，把教堂塑造成一座溫馨神
秘且「大腹便便」的建築。在外
部，維利格姆斯在其設計中主要採
用了冷冰冰的大理石建築材料。

在房屋立面上，藝術家在石頭
上雕刻出上帝和人類同處一個層
面，並且相互交往的場景，從他們
的臉上也能看出這一結果來之不
易。亞當也以竊喜的表情偷吃禁
果，人們簡直能夠聽到其喀嚓喀嚓
的咀嚼聲。經過這次瘋狂行動之
後，顯而易見，亞當受到了良心的
譴責，後悔不已。被該隱砸死的亞
伯就像電影中的替身演員一樣快速
地墜入深淵。留著典雅髮型的諾亞
夫婦在諾亞方舟上嚴密地注視著這
一場面，似乎忘卻了身後的大洪水
即將襲來，悠閒得就像乘著遊艇旅
遊，從一開始他們就獲得了自由。
維利格姆斯將他們的故事情節直截
了當地加以展示，並使人物形象豐
滿逼真、栩栩如生。每一幅圖畫的
場景和人物面貌都有一定的變化，
由有血有肉的人物來佔據畫面的中
心位置，表現了雕刻家高超的技
藝。上帝顯得非常仁慈，《舊約全
書》的主角們與上帝相貌相似，以
非同尋常的慈善面目出現於房屋立
面上。在維利格姆斯系列雕刻作品
中，所有的情節都符合了《福音
書》，甚至那個兩性人也在一個支
柱的尖頂上搔首弄姿地分開大腿，
以展示其性別。在處於世界盡頭的
中世紀大地上，棲息著許多稀奇古
怪的人物，他們被安置在屋頂上，
以展示基督是為了整個世界和萬
物，也是為他們殉道而死的。

「吉拉朗第那」是一座尖頂下
裝飾著石頭花邊的鐘樓，也是一座
現代大型紀念碑式的文物，並且集
消防、寶庫、鄉鎮檔案館和鐘樓於
一體。該鐘樓像平凡而神聖的食
指，也像格蘭德廣場上愛慕虛榮的
人和宗教儀式慣用的高台。市長和
大主教可以在這個城市的建築藝術
中關注全城，這種紅黑混合的文化
藝術成為該城最亮麗的風景線。

法伊特·莫爾特
（邵靈俠　譯）

劃時代的建築
奇蹟。這座座落於
格蘭德廣場邊上，
由蘭弗蘭科建造的
羅馬大教堂，是在
參考了拉韋納教堂
建築藝術的基礎上
設計出來的，高達
88公尺的鐘樓遠離
教堂，高高站立。
圖為塔樓尖頂下方
的石製彩色花邊別
具一格，所以它也
被稱為「吉拉朗第
那」（意為花邊）。

古典時期的傑作

雅典衛城

雅典衛城

文化遺產：在帕德嫩神廟的聖岩上，從前曾矗立著一尊用黃金和象牙製作的雅典娜塑像，其上面描繪著特洛伊戰爭的宏大場面；伊瑞克提翁神廟供奉著主神雅典娜和海神波塞頓；廊柱式入口；以及讚美雅典娜無翅勝利女神的勝利女神廟

所屬洲：歐洲

所屬國：希臘（阿提卡）

地　點：雅典

列入名錄年份：1987年

意　義：古典時期希臘最重要的傑作之一

大事記：

公元前650-480年　有據可查，在衛城已有信奉女神雅典娜的習俗

公元前447-438年　以多立克式風格建造加上以愛奧尼亞式雕塑花紋裝飾的帕德嫩神廟

公元前437-432年　建造廊柱式入口

公元前432年　完成帕德嫩神廟的雕塑裝飾物

公元前431-404年　在斯巴達和雅典之間爆發了伯羅奔尼撒戰爭，並且部分地摧毀了雅典

公元前421-406年　建造伊瑞克提翁神廟和勝利女神廟

395-1205年　拜占庭時期，把基督教教堂改建成神廟

1456-1831年　土耳其統治希臘，把帕德嫩神廟改造成一座清真寺，並且把伊瑞克提翁神廟變成帕夏（土耳其高級軍官和官吏）的內宅

1687年　威尼斯海軍艦隊包圍衛城，經過重砲的轟擊，衛城滿目瘡痍，帕德嫩神廟遭重創

1834年　雅典成為希臘王國的首都

1837年　首次發掘

1885-1890年　全面勘測衛城

最上圖：這些精美的馬頭雕塑是一輛四馬併列雙輪戰車的一部份

幾千年來，人類、神靈和信徒們一直共同分享著雅典南部以石灰岩構成的高原地帶，直到近代，其岩石上的樓房才幾近衰敗，並在舊遺址上相繼出現了一些新設施，但衛城迄今為止仍然是狂熱信徒們崇拜的聖地。早在公元前5世紀，在伯里克里的領導下，古典時期的雅典出現了許多壯麗輝煌的藝術品，這些藝術品今天被普遍看做是希臘古典時期的代表。保留至今的三座廟宇——帕德嫩神廟、伊瑞克提翁神廟和勝利女神廟——一座富麗堂皇的門樓和廊柱式入口等，著實讓參觀者流連忘返。在戰勝波斯人之後的那段和平日子裡，雅典人逐漸認識到自己是東部地中海地區的首領。為了充分證明這一觀點，雅典人在國內積極推進民主制度，籌措大量資金進行文化建設，為大眾提供豐富的精神食糧，從而對外樹立起良好的形象。那個時代可謂人才輩出，許多名字如雷貫耳。譬如歷史學家希羅多德、海上同盟的財務大臣阿提卡、埃希克羅斯的文學對頭索福克羅斯，後代給他的作品《安提戈涅》和《俄狄浦斯王》以崇高的評價，並感謝其為雅典增輝。

在衛城的中心地帶，從古到今一直矗立著帕德嫩神廟，那裡供奉著女神雅典娜，直到今天她仍然是希臘建築學的典範和標誌性建築。從遠處眺望，雅典娜輕盈飄逸，恍若在雲霧中蕩漾。人們站在多立克式柱林腳下，雅典娜高大挺拔，給人留下深刻的印象。神廟的美主要表現在其建築的許多細微結構上，正是這些小細節使整個建築顯得和諧統一。其建築師伊克蒂諾和卡利克拉特充分利用幾何學原理，使它變得活潑流暢，成為希臘建築的驕傲。神廟的階梯設計得可謂匠心獨運，其曲線平緩柔順，幾乎令人難以察覺。其角柱比其他柱子直徑更大，並逐漸向上變細，而中段

帕德嫩神廟—和諧的比例、美侖美奐的傑作。

的「腹部」卻微微隆起，以糾正視差，從而賦予大理石以生命活力，給人以輕鬆之感。帕德嫩神廟四周的古典裝飾花紋是其特有的建築特徵。信徒們每四年一次都要排隊走上這裡的台階，並在衛城舉行系列宗教活動。神廟的雕飾花紋和動物形像也許是著名的希臘雕塑家菲迪亞斯從其工場中製造出來的。今天，這些作品大部分都陳列在大英博物館中。看來，神廟幾乎已從其冷酷的石頭背景中解脫出來，其栩栩如生的石刻藝術顯現了雅典傳奇的歷史。充滿自豪和欽佩之情的雅典人，當時也紛紛朝衛城遷移，可見衛城在人們心目中的地位。在帕德嫩神廟和廊柱式入口處之間，即新建的通往衛城的入口處，早在古典時期就已經聳立著一座雅典娜巨型青銅塑像，人們從很遠就能夠看見她的倩姿靚影。但不幸的是，它與帕德嫩神廟裡面的那尊用黃金和象牙製成的雅典娜大型雕塑一樣，也不翼而飛了。

伊瑞克提翁神廟的祭禮建築同樣也是在佩里克勒斯時代建造的，其北廳藏匿著一座愛奧尼亞建築風格的藝術瑰寶，該女像柱大廳獲得了空前的榮譽，6位姑娘塑像取代了立柱，用頭撐起石製屋頂的重量。雅典娜勝利女神小廟建在廊柱式入口處附近的一座堡壘上。那裡展示的不是神話人物，而是希臘人和波斯人之間的殘酷戰爭，當然這也偏離了古典流行圖案所具有的規範和準則。從此，人們當時對自己的地位又有了一種新的詮釋。

赫爾穆特・韋斯
（邵靈俠　譯）

第66號

最左圖：透過建造伊瑞克提翁神廟的女像柱大廳，豐富了希臘建築學，從而開創了女像柱建築藝術的先河—即用露天女性雕像取代立柱

左圖：在帕德嫩神廟的山牆上仍保留了一些浮雕碎片，其中最大的部份今天仍存放在倫敦大英博物館裡

下圖：一提起雅典，人們就立刻想到衛城，2,000多年來兩者互相聯繫，密不可分

天地之間
梅泰奧拉修道院

梅泰奧拉修道院
文化和自然遺產：0.375平方公里的山頂屬
於國家所有，並由希臘東正教會管轄。從
前，普通人難以抵達山巔。該山頂形成於
6,000萬年前，隨著時間的推移，人們在這
座歷盡滄桑的山崖上建起了修道院，它擁
有16世紀的濕壁畫，成為後期拜占庭繪畫
藝術的見證；擁有瓦爾拉姆、阿希亞·特
里亞達、阿希奧·尼古拉斯、阿納帕符撒
斯（14世紀）、阿希奧·斯蒂芬諾和梅加
洛·梅泰奧拉等修道院
所屬洲：歐洲
所屬國：希臘
地　點：梅泰奧拉，卡拉姆巴卡的西北面
列入名錄年份：1988年
意　義：一種原始孤獨的修道士生活在「擎
天柱」上的寫照。動植物誌：森林覆蓋著
丘陵，河谷上梧桐遮天蔽日，四季蒼翠的
柏樹和歐洲山毛櫸樹；灰狼和水獺出沒，
以及數量逐漸減少的老鷹，比如大隼、馬
蜂、黑鳶和山雕等
大事記：
11世紀　遁世者首次安營紮寨
1370年　修建梅加洛·梅泰奧拉修道院
1525年　修建羅桑諾修道院
第二次世界大戰期間　由於轟炸，修道院遭
到重創。從1972年起，定期維修保養

　　石頭構成的天然屏障—阿西亞·特里亞
達修道院就這樣高高地聳立在山崖之上。從
前，那些修士和修女們的生活是多麼的寂寞
和孤獨，在面對這陡峭的山崖便可想而知
了。

如果要象徵性地接近上帝，那麼人們應該挑選一個什麼樣的好位置呢？出乎意料的是，這個好位置竟從平原上出現了，即聳立在山崖上的梅泰奧拉修道院。在太陽的映照下，它看上去一部分呈灰色，另一部分則折射出深淺不一的紅色，就像一位現代派的風景畫家以其充滿夢幻的想像力而營造出來的氛圍。有幾座山崖像尖尖的鋼針直刺雲霄，其他一些則讓人想起了「五指山」、古典式塔樓和金字塔。由於附近的品都斯河不斷地沖刷著山體，以及至少持續幾百萬年的風化和剝蝕，從而形成了如今那些奇特的石頭風景。這些山崖從品都斯河河谷一直向上延伸至300公尺高度，並構成一些刀削般的懸崖峭壁，而那些較為平緩饅頭似的小山則為人們提供了有限的居住空間。

但是，正是這種難以抵達、遠離塵囂和日常生活的環境，才使人有機會早早地遁入了寂寞和孤獨，成為離群索居者以實現其更接近上帝的目標。早在9世紀，遁世者就已隱居到山崖上的壁龕和天然洞穴裡，通過祈禱和冥想的方式，過上一種上帝所喜愛的生活。他們用原始簡陋的梯子抵達自己的住處，然後搗毀這惟一的通路，以斷絕與其他人的任何聯繫。在14世紀中葉，這裡建立起第一座梅泰奧拉修道院，緊接著又建立了其他幾座。在第一座修道院建起兩個世紀之後，這裡共出現了24座修道院，它們像鳥窩一樣端坐在這塊平地上。進入20世紀之後，人們仍然只能通過原始的鋼索纜車或者繩梯向上攀登，離開喧囂的塵世，拋棄生活必需品，最後艱難地抵達修道院。遁世者逃離城市的喧囂，獨居山巔冥思苦索，以求心靈的安慰和平衡，從而使其免遭軍隊們的敲詐勒索，以及匪徒們的打家劫舍。這種遠離塵世的孤獨使梅泰奧拉修道院像聖山修道院一樣，發展成一個宗教中心和精神聖地。

從16世紀起，人們逐漸放棄了一些修道院，因此，今天只有6座是有人居住的。其中幾座修道院裡只生活著修士，而另幾座則由修女們經營和管理。從前的孤獨寂寞和

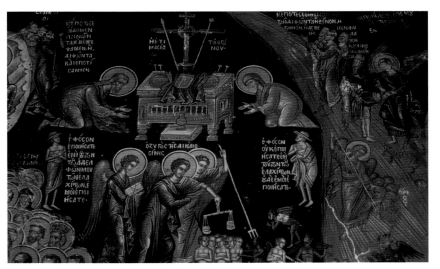

沉思冥想所營造的安寧氣氛今天已經成為歷史，因為這些山崖和修道院都已經發展成為旅遊休閒的勝地。現在連紀念品商店和冷飲攤點的管理也都屬於修道院的日常工作，這絲毫不足為怪。修士和修女們已經對無數的參觀者無能為力了，在旅遊旺季，每天都有無數遊覽車載著興趣盎然的遊客駛進修道院。他們蜂擁進入從前遁世者面壁的小樓，體味高牆後的孤獨和寂寞。修道院對參觀者有苛刻的服飾戒律，即穿著短褲、裙子或露肩背心者禁止入內。

現在，遊客們為了一睹修道院的建築風格和藝術寶藏，並了解天地之間修道院的日常活動和生活情況，已不必再勞筋動骨地攀登危險的繩梯了，就像那座擁有克里特島畫家——塞奧法尼斯或者阿希奧·特里亞達——壁畫的阿希奧·尼古拉斯·阿納帕符撒斯修道院一樣，只要通過一條徒步攀登羊腸小路就能抵達目的地。更誘人的是進入由修女主持的修道院，即始建於14世紀的阿希奧·斯蒂芬諾修道院，該修道院的山崖通過一座橋樑與對面的山脊連接在一起。

這座大約於1370年前後建立起來的梅加洛·梅泰奧拉修道院是迄今仍有人居住的最大修道院，或許也是令人印象最深刻的修道院。在山崖上開鑿的100多級石階使人們參觀修道院博物館成為可能，這裡

左圖：瓦爾拉姆修道院教堂裡的溼壁畫閃耀著亮麗的光芒

下圖：這幅出自18世紀的版畫反映了梅加洛·梅泰奧拉修道院。梅泰奧拉是有人居住、最大的修道院—那兒有迷人的景致

左圖：這是一幅於16世紀創作的作品，展示「末日審判」場景的溼壁畫。它陳列在羅桑諾修道院教堂內。

展示了寶貴的古老手稿和聖像。人們也可以拾級而上，來到離博物館不遠的瓦爾拉姆修道院。在修道院的教堂裡，色彩鮮艷的溼壁畫具有很高的藝術價值和保存價值，也許是來自聖山的著名聖像畫家卡特拉農的某幅作品。

赫爾穆特·韋斯
（邵靈俠　譯）

在神聖腎形建築中演繹出別有洞天的奇蹟

戈佐島和馬爾他的巨石神廟

19世紀早期，藝術家和貴族們在馬爾他和戈佐島上進行了一次充滿夢幻色彩的遊歷和采風活動，尋古探幽，其樂融融。讓・皮埃爾・路易・韋爾采風歸來後，創作了首批展現卡格拉石頭圈風光的水彩畫；而查理・弗雷德里克・布羅克多夫創作的有關岡提亞和卡格拉的17幅繪畫作品，則成爲一個時代的歷史見證。參加赴戈佐島首次修學旅遊的還有黑爾曼・福斯特・馮・皮克勒莫斯考，在參觀岡提亞之後，他在自己的旅遊日記本上寫下了這樣一段話：「所謂的巨型塔樓，其實是一座具有重要意義的腓尼基人神廟，這也是我參觀遊覽的第一站，這座神廟的名稱無疑是出自構成該建築的巨型石材。古代文化研究者認爲，它是一座牽涉到阿斯塔特的神廟，即腓尼基人的《維納斯》。」如果他也像同時代的人一樣混淆了事實，那麼他對岡提亞首批挖掘出來的地下札記進行的詳盡說明和論述也就具有很高的研究價值。他認爲：「牆壁設計得標新立異，垂直的石頭柱子在地基上次第冒出，其高度大部分達到9至15英尺……該神廟由兩個獨立的壁龕組成，其形狀像一朵盛開的鮮花和五瓣葉子……神廟遺址座落於一座小山崗上，從遠處看，給人留下深刻的印象。構成神廟的巨型碎石來自該島的另外一地，因爲這些建材在神廟附近並不存在。人們不得不承認，修築神廟的民工們使用了一種我們至今仍無法獲悉的運輸工具。」

關於運輸工具和其他一些謎團，現代化的科研手段竟無能爲力，因爲使用放射性碳元素衰變的方法來測定其建材年代的方法也難以奏效。那些遺留在克拉珀姆・章克申（西馬爾他）附近石灰岩上的車轍，是否是使用手推車或者機動車的某種印記？是否使用這些運輸工具才把那些巨大的石灰石搬運過來的呢？石板中的錐形圓洞也許是用來安裝牛皮套環，從而利用套環讓這些石材在木頭滾柱鋪就的地面上緩緩移動。在泰爾克辛主體神廟前面，人們還能找到無數石球，難道是作爲錘子用來敲平石頭表面的嗎？一個用於支撐基石的石球，給了我們一個極好的提示，古代馬爾他島居民難道知曉槓桿定理，並且能夠靈活地運用這個定理來搬運石灰石嗎？對於今天的建築工程師來說，古代馬爾他人如果不利用碎石所構成的斜面和等臂式平衡槓桿等方法，要取得如此輝煌的建築成就，那麼這確實是無法想像的。

古代神廟建築師們並沒有留下有關修建神廟的任何文字記載，他們只爲後人留下了凹形遺址和一座橢圓形的神廟框架。從搜集到刻有星星和太陽符號的陶土碎片和石頭碎片來看，人們不得不相信，神廟的一些設施必定與日月星辰有關，但卻無法考證。玲瓏、健壯的雕像，比如無頭的「馬爾他維納斯」，是一尊乳房下垂、百褶裙下隱藏著結實粗壯大腿的女性石頭神像，這表明了古代馬爾他人對健壯母性由衷的崇拜。出自泰爾克辛的男性生殖器象徵，出自哈傑・吉姆的一座小型祭壇和每兩個壁柱之間刻有四棵象徵生命之樹的浮雕，似乎隱喻了對多產的無限崇拜。製作得非常精美的螺旋形圖案與泰爾克辛的蜷曲狀蕨類植物的葉子極其相似，它們在鐫刻著公山羊和稠密洞孔圖案的浮雕旁，裝飾著大塊石頭和祭壇的基座。在泰爾克辛的一個壁龕裡，一頭母豬和一頭公牛的圖像被鐫刻得栩栩如生，這幅圖像似乎是對動物祭品的隱喻。古代馬爾他人既富有藝術天賦，又精於手工制作，保存下來的工藝美術品便是明證。比如，公羊形狀的容器手柄，來自卡格拉石頭圈的兩位豐腴婦女的坐姿雕像，做工精緻考究的斧頭和用綠石製作的垂飾。

從空中鳥瞰岡提亞的兩個神廟，其外形極像三葉草的葉瓣和腎臟形狀。泰爾克辛的平面圖與大小不一的腎形神廟

上右圖：無數巨石都被鑲嵌上用金銀絲編織的螺旋形圖案

下左圖：瑪那德拉神廟演繹了卓越的建築藝術風采

第68號

最左圖：這是進入哈杰·吉姆神廟區的
入口處

左圖：這些石雕圖案所反映的主題是
「生命之樹」

大廳的佈局相似，而哈傑·吉姆的平面圖則與一片殘缺不全的花瓣無異。尤其令人著迷的是，由層層石灰岩巨石疊砌、上端逐漸向內彎曲的牆壁，與瑪納德拉地下神廟建築藝術一樣，達到了當時建築藝術的頂峰，其卓越的藝術成就讓一些後現代主義建築藝術黯然失色，它成為今天建築工程師們的典範。

費迪南·杜普伊斯·龐特
（邵靈俠　譯）

大約在5,000年前，
這些巨大的石塊在一次
聲勢浩大的活動中被安
置在圍牆上。

《引導聖母瑪利亞進入神廟》是帕拿吉亞‧陶‧阿拉卡教堂中的溼壁畫。

隱藏在糧倉中的藝術美

特羅多斯山脈中著色的教堂

形成強烈對比的是：如果人們接近其中一座極普通的小型教堂，那麼便會理所當然地認為，這是一座道道地地的農舍，因為其牆壁由碎石雜亂地壘砌而成，剝蝕的木瓦遮蓋著尖形屋頂。但當參觀者進入室內時，熠熠生輝的拜占庭溼壁畫令人嘆為觀止，凝神屏息，恍若步入了藝術殿堂。

出現這些教堂的時代背景和歷史原因非常簡單：自從965年阿拉伯人被驅逐之後，塞浦路斯首先成為拜占庭國家的一個省份。十字軍東征者荷里夏德‧勒文

赫斯在12世紀早期佔領了該島嶼，從此，這個盧西尼昂的法國十字軍東征王朝的獨立王國誕生了。威尼斯城邦就像16世紀末信奉伊斯蘭教的奧斯曼人一樣霸佔了該島國。

特羅多斯山脈是外人難以進入的世外桃源，由於其得天獨厚的自然環境，使該地區成為建造教堂和修道院的勝地。東正教的僧侶們因為屢屢遭受海盜的襲擊，不得不隱退到這個山中世界，以求得一時的清靜和安寧。對他們來說，遠離塵世的山中世界是祈禱誦

經和禁慾主義生活的理想天地。

　　那裡教堂的繪畫至今仍然那樣光彩奪目，人們幾乎不相信其悠久的歷史年代，這充分反映了當時建築師們卓越的智慧和才能。當時，這些教堂與普通的拜占庭教堂一樣，也擁有圓形穹頂，然而，在十字軍東征者抵達後，這些坐落於雨雪豐沛的特羅多斯山區的教堂圓形穹頂被改造成雙坡式屋頂，就像在中歐普遍流行的那樣。由於這些教堂都被改造成雙層殼式結構，空氣流暢，使溼壁畫免遭水氣的侵蝕。

　　幾個世紀以來，教堂系列溼壁畫的作者們用鮮艷亮麗的色彩向人們展示了其意境雋永的主題，給人以耳目一新的視覺震撼。這些教堂建築的資助者不僅有本地的東正教希臘人，還有外來的法國和義大利天主教徒。這使得封建貴族上流社會的一些家族發生了信

《三位天使在亞伯拉罕處聚會》是亞吉奧斯‧伊奧安尼斯‧拉帕迪斯蒂斯教堂中的溼壁畫。

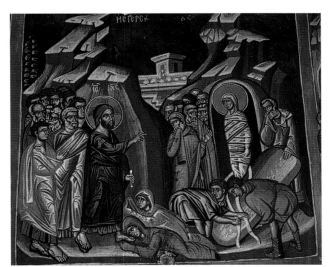

《窮人的新生》是斯泰弗羅斯‧陶‧亞吉阿斯馬蒂教堂中的溼壁畫。

仰危機，各家庭成員往往擁有不同的宗教信仰，這從溼壁畫上便能夠得到印證：一位威尼斯貴族的女兒手捧一本打開的書，上面寫有東正教聖母讚歌詩文；而其父母卻不信仰東正教，但在同一幅溼壁畫上，他們

第69號

左圖：從外部觀察，帕拿吉亞‧蒂斯‧阿西諾教堂顯得樸素異常，一點也不引人注目，沒有人可以想像得出其內部那些色彩斑斕的絢麗世界

三人緊握十字架上的念珠！

　　摩托拉斯聖母教堂於1280年建成，是一座擁有雙坡式屋頂的最古老教堂。卡科彼得利亞、阿西諾和拉古德拉修道院教堂裡陳列著最古老的溼壁畫，其中部分作品由來自君士坦丁堡的宮廷畫師採用首都流行的貴族風格創作。在畫作中，聖徒們的身體外形被普遍拉長，個個都有一副肖像般的臉孔，衣著華貴考究，褶縫很密的長袍隨意地披在他們身上。出自11世紀早期的卡科彼得利亞繪畫系列是表現那個時代拜占庭藝術少有的幾個例子之一；反之，在拉古德拉教堂卻陳列著塞浦路斯島上表現拜占庭中期藝術風格的系列溼壁畫，且保存完好，年代最古老。

　　在普拉塔尼斯沙附近，位於葡萄園中間的聖十字架教堂擁有內容豐富的組畫，表現了早期基督教歷史上的重大事件。最令人驚奇的是，人們在東正教的藝術圈子裡找到了描繪君士坦丁大帝在米爾維大橋的勝利，並以隆重的場面進入羅馬的畫作。這些進軍義大利的成就，正如聖像學中的「西方化」其他形式一樣，應該歸功於威尼斯城邦的統治。在這組畫作中，耶穌使徒們在進行聖餐時是背對觀眾，而不是面向觀眾而坐。對耶穌誕生的描繪也採用了一種風俗畫的風格，其畫面採用了通常所用的擠羊奶場景，它與拜占庭繪畫規則完全相悖。由於那令人窒息的耶穌使徒聖餐儀式描繪得令人著迷，在加拉太的帕拿吉亞‧潘迪特教堂收購了該畫作。據推測，該畫可能出自義大利文藝復興時期。

安德烈斯‧史耐德
（邵靈俠　譯）

特羅多斯山脈中著色的教堂
文化遺產：9座拜占庭教堂：普拉塔尼斯沙附近的斯泰伏羅斯‧陶‧亞吉阿斯馬蒂教堂、拉古德拉的帕拿吉亞‧陶‧阿拉卡教堂、在普萊德里的聖十字架教堂（又名蒂米烏斯‧斯泰伏羅斯教堂）、在卡科彼得利亞的亞吉奧斯‧尼古拉斯‧蒂斯‧斯蒂吉斯教堂、在加拉太的帕拿吉亞‧潘迪特教堂、在尼基塔里的帕拿吉亞‧蒂斯‧阿西諾教堂、在卡羅帕拿吉奧提斯的亞吉奧斯‧伊奧安尼斯‧拉帕迪斯蒂斯教堂、在蒙特拉斯的帕拿吉亞‧陶‧蒙特拉教堂和在彼得拉斯的亞暢吉洛斯‧米歇爾教堂
所屬洲：歐洲
所屬國：塞浦路斯
地　點：特羅多斯山脈，尼科西亞地區西南
列入名錄年份：1985年
意　義：拜占庭和後拜占庭溼壁畫繪畫藝術最重要的中心之一
大事記：
11–17世紀　用彩畫裝飾亞吉奧斯‧尼古拉斯‧蒂斯‧斯蒂吉斯教堂內部
1192年　建造帕拿吉亞‧陶‧阿拉卡教堂
1280年　建造帕拿吉亞‧陶‧蒙特拉教堂
13–15世紀　建造聖約翰‧拉帕迪斯蒂斯修道院，14世紀建造聖十字架教堂
1502年　建造帕拿吉亞‧潘迪特教堂
15世紀下半葉　在斯泰伏羅斯‧陶‧亞吉阿斯馬蒂教堂中創作內容豐富的溼壁畫組畫
1474年　建造大天使米歇爾教堂

飛毯的驛站

馬拉喀什的古城

馬拉喀什的古城
文化遺產：被12公里長的城牆所包圍的邁
迪奈還擁有另外幾座城門，比如濃縮葡萄
汁之門（羅伯之門）；擁有高達77公尺尖
塔和17堂的科托比亞清真寺、7堂的穆阿信
大清真寺、從前曾經擁有900名學生的本·
優素福法學和神學院、薩迪特人的陵墓、4
座蘇丹墓穴和埃爾─巴蒂宮殿（16世紀）
所屬洲：非洲
所屬國：摩洛哥（馬拉喀什省）
地　點：馬拉喀什，坐落於亞特拉斯山麓，
卡薩布蘭加的南面
列入名錄年份：1985年
意　義：柏柏人的阿爾摩拉維登和阿爾摩哈
德王朝的首都，成為阿拉伯建築藝術的重
要代表和皮革工藝美術的中心
大事記：
約1061-1062年　創建馬拉喀什古城
1147年　被阿爾摩哈德王朝接管
1153-1190年　建造科托比亞清真寺
1269年　被南歐人征服
14世紀　創建本·優素福法學和神學院，即
馬格里布最大的宗教學校
16世紀　國王的朝廷衆臣和薩迪特人一起返
回
19世紀末　建造達·錫·賽德宮殿
1912年　法國軍隊進駐
1998年　修葺科托比亞清真寺的工程竣工

在杰馬·弗那廣場上（上圖），說書人
每天都爲遊客講述深具魅力的童話故事，營
造初一種無與倫比的氣氛，寫信者替顧客撰
寫書信，這一場景似乎使天方夜譚的神話故
事再度復活。

　　空氣中散發出絲絲縷縷的焚香、甜茶和來自另一
個陌生世界的新鮮水果的香味，這些東方國家所特有
的馨香彌漫在邁迪奈四周。人們似乎擦拭了一下阿拉
丁神燈，忽然，這座中世紀的古城出現在我們的面
前。每天下午，在雜耍藝人簇擁的傑馬·福那廣場
上，藝人們都要進行一場自發組織的民間表演活動：
弄蛇者、魔術師、阿拉伯童話講述者、雜技演員、吞
火者和馴鷹師等，相繼在這裡登台獻藝。同時，遠處
悠悠傳來有節奏的手鼓聲；一種與風笛相似的傳統蓋
達笛子奏出悠揚的曲調，讓人百聽不厭。傑馬·福那
廣場上到處洋溢著天方夜譚故事所營造的氛圍，這是
由善講故事者刻意渲染的，那裡每晚豐富多彩的活動
與在一塊飛毯上暢遊古代的情景相類似。古城的居民

們徹夜狂歡，而大部分外來參觀者則在夜色降臨後匆匆回到自己的遊覽車上，返回阿加迪爾——摩洛哥頭號溫泉浴場。因為人們忘記了傑馬·福那廣場在阿爾摩哈德王朝曾經是處決犯人的刑場，至今一直把它看作是尋歡作樂的勝地。

今天，在邁迪奈迷宮般的巷弄裡，仍然有10,000多名手工業者蝸居在狹窄的工場裡勞動，他們中的許多人坐在敞開的陋室裡，臉朝街道，不厭其煩地重復著每天的工作。每個遊客可以一邊走，一邊朝工場裡瞧瞧，或者停下來觀看裁縫、鞋匠和樂器工匠們的現場製作。現代化的機器由於價格昂貴，與他們無緣。幾個世紀以來，按照嚴格統一的行會標準，各行各業分門別類地集中在各自的街巷中，技術熟練者在那裡大受歡迎。如果人們越深入街道探究邁迪奈，那麼就會遠離專為遊客準備的旅遊品市場，這些旅遊品在街道之外還形成一道亮麗的風景線。在小巷裡，剛出染缸的深藍色和橘黃色的羊毛包包懸掛在印染工聚居的地方，讓它在新鮮的空氣中充分乾燥；在製革工聚居的街道裡，空氣中彌漫著刺鼻的山羊皮革味；而在製造香水的街道裡，縷縷馨香沁人心脾。

好萊塢也瞄準了馬拉喀什：巴伊亞宮殿，一座19世紀摩爾人風格的官邸，被拍攝成經典影片《阿拉伯的勞倫斯》中的一處場景。當國王穆罕默德六世在這座城市駐蹕時，該宮殿的150個房間對外來參觀者一律關閉，因為國王的僕人和朝臣們要搬進宮殿裡。

11世紀中葉，馬拉喀什作為阿爾摩拉維登的兵營

創建起來，隨後發展成柏柏人的移民區，最後成為阿爾摩拉維登王國的首都。今天，馬拉喀什城到處留下阿爾摩哈德人的烙印。在其統治下，該城從12世紀中葉開始進入了全盛時期，並迅速發展成為馬格里布和撒哈拉沙漠之間貿易中轉的重要樞紐，甚至連奴隸也在這座古城亮相待售。今天，主要是香料商在幾個世紀之前奴隸待價而沽的地方擺攤，推銷自己的商品。

用黏土建造且保存完好的古城牆，從前有12公里長、9公尺多高，其中4座最古老的城門分別是阿古恩諾城門、萊馬特城門、阿倫城門和杜卡拉城門，它們始建於馬拉喀什的全盛時期。在亞特拉斯山麓，坐落著由黏土構築的眾多建築物及城牆組成的王城。由於黏土獨特的顏色，給該城蒙上了神秘的色彩，從而獲得了「紅珍珠」的美稱。邁迪奈的主要標誌是擁有高達77公尺伊回教寺院尖塔的科托比亞清真寺，它用砂岩構建，特別引人注目。據說是為西班牙塞維利亞教父吉拉爾達建造的。在清真寺內，一條彎彎曲曲的斜

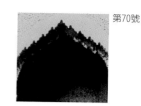

第70號

下左圖：薩迪特人的陵墓被裝飾得富麗堂皇

下圖：馬拉喀什的麥迪奈在今天仍被近12公里長的古老城牆所圍繞，因其顏色而有「紅珍珠」的稱號

坡構成了迂迴曲折的迴廊，它能夠引導祈禱時刻的報時員騎馬上塔樓。這座巨大的清真寺今天仍然舉行宗教活動，並為25,000名信徒提供活動場所。在摩洛哥，因為非穆斯林不得進入清真寺，所以該地屬於宗教重地，遊人禁止入內。

海爾格·索比克
（邵靈俠　譯）

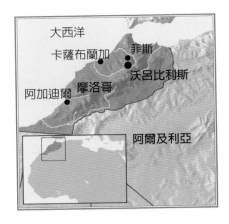

憑藉茅利塔尼亞・亭吉塔那獲得麵包和娛樂

發掘地—沃呂比利斯

為頌揚皇帝卡拉卡拉而建造的凱旋門。

沃呂比利斯遠離地中海和大西洋海濱，也遠離一切可以通航的河流，它原為茅利塔尼亞・亭吉塔那的省會城市，是盛產糧食和橄欖，以及出口柏柏獅子和大象的重要基地——在羅馬時期，這裡曾經豢養著大批獅子和大象。憑借這座北非的省會城市，在後古典時期能夠獲得麵包和娛樂的保障。克勞狄皇帝也認識到這一點，他於公元40年用暴力征服了茅利塔尼亞王國，兩年後把該國分成兩個省份：茅利塔尼亞・亭吉塔那和茅利塔尼亞・凱撒。但只有來自北非的塞文人皇帝統治這個國家後，才使這兩個省份在2世紀末至3世紀初這段時間經歷其經濟和文化發展的鼎盛時期。

在沃呂比利斯市中心，矗立著一組最重要的公共建築：部分重建的五堂大教堂，其縱側面上有一個半圓形後殿。它位於主神廟附近，該主神廟供奉著羅馬

對擁有狹長中廊和低矮側廊的大教堂進行部份重建。

的神靈——主神朱比特、天后朱諾和智慧女神密涅瓦，他們都是羅馬國家和平穩定、長治久安的保護神。這座大教堂擁有莊嚴肅穆的會堂和法庭，部分房間還充當了店鋪。大教堂的橫側面設置了許多拱門，可以讓人們隨意進出，仔細欣賞品味其文化的內涵和

美的真諦。與其他眾多羅馬建築的風格相類似，大教堂沒有一丁點馬賽克鑲嵌畫或者壁畫，僅僅借助其美輪美奐的建築和光芒四射的羅馬風格，給人以美的陶冶和藝術的享受。離大教堂不遠處，還有一些小型貿易市場和設備齊全的公共溫泉浴場，其水源直接由高架渠供給。

沃呂比利斯最莊嚴雄偉的建築物當屬出於頌揚卡拉卡拉及其母親尤麗亞・多姆那而修建的紀念碑——一對對柱子矗立前面，位於其中間的壁龕和圓形雕塑立於兩側——中間的通道至今仍然給遊客提供觀賞美麗風景的絕佳視角。從前，比較貧困的居民——大多數是小型的工商業經營者和手工業者，是難以看到富人們那些一層樓住宅區的美麗風光，即所謂的「狐島」。在貧民們通常只有幾平方公尺見方並帶有小小庭院的寒舍裡，家庭生活和職業勞動相互轉換。他們每天必須多次去高架渠盡頭的公共取水點，用水罐或者大號圓木桶汲取飲用水，並隨地亂倒垃圾和污水。因此，當時的參觀者在那裡定會覺得臭氣薰天。但是，羅馬社會還是為其提供了繁榮發展的機會，在該地區「俄耳浦斯之家」和「德索多之家」中找到的馬賽克便

在「柱子之家」的內部，設置有圓形水池。

能提供佐證。

當人們站在德庫瑪魯斯街道的兩側眺望時，其週圍的景緻則完全不同：這條通往北部的繁華街道，地底下有一條下水道延伸著。在這裡，高架渠直接為富翁、商賈、地主和政府官員們的豪宅供水，這些別墅也排列得非常整齊、錯落有致。在主要街道上，人們還發現一個奇特的現象，即大樓裡有許多房間，但朝外幾乎都不設窗戶，而這些大樓卻被形形色色的店鋪所包圍。按理沒有窗戶大樓內必然暗無天日，但通過合理佈局的廊柱所支撐的內院，即廊柱庭院，使其光線充足、空氣流暢，沒有絲毫沉悶和陰暗的感覺。在廊柱庭院裡，噴水池柔和地噴出水柱，泉水叮咚作

響，花壇和藥草壇散發著縷縷芬芳……這是一幅多麼令人心醉的田園景像啊！在主人們的房間裡往往用壁畫和幾何圖形來裝飾，甚至用馬賽克圖案來美化地面，其內容大多反映了希臘神話傳說中的場景。

自從羅馬人從北非撤走之後，沃呂比利斯明顯地衰落下來，首先是大樓的屋頂倒塌，然後其牆壁被人拆除，並將拆下來的建築石材拿到別處重新使用。後來在殖民時期，法國考古學家們把保存下來的古遺址和埋葬於地底下的馬賽克藝術重新發掘出來，使其重現輝煌。然而，大量破碎的柱子和完整的柱

頭還有待進一步開發。在發掘古城沃呂比利斯期間，人們還發現了幾尊古典時期最美麗的青銅半身雕像，現在作為珍品陳列在拉巴特考古博物館裡。

阿爾諾德·貝登
（邵靈俠　譯）

第71號

只有富商巨賈才能買的起這種富麗堂皇的地面馬賽克，來裝飾自己豪華的宅院。

在羅馬古城的廢墟上，昔日的權力和輝煌再度重現。現在，從古羅馬城堡的主要廟宇中所遺留下來的巨大石柱仍然高高聳立著。

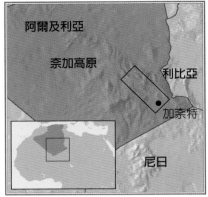

沙漠中的露天畫廊

奈加高原上的岩畫

「我們是否已經發現了沉沒的亞特蘭提斯？」亨利・洛特在其首次飛行之後，以難以抑制的激動心情在航空日誌上寫下了這段話。一位法國軍官的偵察報告最早揭開了瓦迪・杰拉特峽谷的神秘面紗，從此它逐漸被世人所關注。接著，考古學家亨利・洛特進入阿爾及利亞撒哈拉大沙漠的東南部旅行，並且在奈加高原的山崗上發現了令其目瞪口呆的景象——在那足足有30公里長的峽谷岩壁上，密密麻麻地布滿著古人鎸刻的岩畫作品。

成千上萬幅岩畫作品描繪了一個無與倫比的世界。描繪著長頸鹿、大象、羚羊、獅子和野牛等岩畫作品，表現了一個時代中獵人和牧人們的生活情景，即反映了大旱災襲擊之前，這個700公里長、100公里寬的高原上原有的生機勃勃的景象。

洛特通過對岩畫進行深入細緻的研究分析，發現它可以分為四個時期：「圓頭時期」，通過單一紫羅蘭色的裸體人像來反映其藝術特色，但人像四肢全無，性別特徵不明確。只有發現了赭石以後，人們才能完整地詳細描繪這些，也就是解決了如何充分表現手臂和大腿肌肉的藝術效果。最突出的例子是一個呈跪姿的長髮女子肖像，其顏色為白色。她似乎在舞蹈中伸展雙臂，其乳房和曲線畢露的身材在這幅岩畫上被逼真地反映出來。由於她的美麗給人留下深刻的印象，洛特給她取名為「安蒂娜」。

最初定居的游牧民族發現了新的配色方法，即紅色和白色混合，再摻入常見的赭石，可以調配出無數深淺不一的色彩，從淺黃色一直到巧克力的深棕色。「有蹄類哺乳動物時期」的繪畫一直持續到公元前3000年，其藝術特點是放大被描繪物體的真實比例。儘管如此，看起來作品仍不彆扭。它不是通過其美麗，而是通過在比例上的藝術誇張，給人留下深刻的印象。這個時期的繪畫作品大大提高了人類和動物的真實性和逼真度：獵人們在懸崖峭壁上追逐獵物，牧人們在一條河流中嬉戲漂流。

描繪馬車的圖像反映了高原居民們文化發展的演變過程，這就是「馬匹時期」。後來，駱駝成為普通的役畜，描繪馬車的繪畫在生活中逐漸減少，取而代之的是反映駱駝活動的圖像，即所謂的「駱駝時期」。其特點是：忠實於大自然的描繪逐漸讓位於對圖解的重

新思考。

對於古老的「圓頭時期」作品，洛特用古埃及的繪畫進行藝術鑑定和比較，發現其藝術風格與古埃及有著千絲萬縷的聯繫，這種聯繫似乎可以通過「阿爾及利亞」牧人文化中的繪畫原則而得到進一步的證實和加強。因為洛特在奈加高原上發現了繪有6隻小船的圖像，而這種船在尼羅河早已司空見慣。「這些牧人們與埃及的文明有著亙古的歷史淵源，他們很可能來自東方。」這位考古學家研究後得出了如此結論。

因為在高原上還有其他外來者安家落戶，所以也畫上了一幅乳牛的圖像。這些乳牛的腿以膝蓋與蹄之間一條清晰的界線而終止，直到來自馬利的一位聯合國教科文組織的官員參觀後，才在不久前解開了這個斷肢之謎：它涉及到羅多里節日中的一種表演，正如這位外交官的民族——博伊人慶祝時一樣。在慶祝時，各類動物被領著穿過一片水域，因為他們普遍認為，動物是從那裡來的。這樣就可以確定，洛特早在幾年前所作的猜測是完全正確的：沙漠中的一部分居民，其祖先來自更南面的非洲民族。

洛特在其旅行結束時滿懷喜悅，並發出由衷的感嘆：「我們雖然沒有發現亞特蘭提斯，但卻得到了非常重要的東西。我們可以證明，中央撒哈拉沙漠從新石器時代起就是史前史中最重要的移民地之一。從前，這塊沙漠一直被茂密的牧草所覆蓋，並且被無數的文明所佔據，這與一種傳說完全不同。」

賴納・萬德勒
（邵靈俠　譯）

極富彈性的身體、優美的弧線、婀娜的身段，隱隱透出迷人的魅力。

最上圖：今天，陡峭的岩石犬牙交錯地矗立著，而從前這裡卻是草木扶疏、一片生機

上右圖：這裡的環境並不十分惡劣，駱駝在此也還能找到生活空間

非比尋常的自然主義表現—多麼栩栩如生的景象以及比例如此適中的構思。

第72號

奈加高原上的岩畫

文化和自然遺產：在「河之谷」裡有一個佔地80,000平方公里的國家公園，其最長的一側竟達700公里，有15,000多幅岩畫和雕刻作品；此外，還有河馬、野牛、大象、犀牛和長頸鹿等動物。在公園裡，作為氣候變化的標誌是：植物和動物的種群變化與人類文明的發展。其中部分地區早已從1972年起就被置於保護之下，高度為1,150-2,158公尺的奈加高原和阿德拉山脈擁有乾燥的氣候，每年平均降雨量30公厘

所屬洲：非洲

所屬國：阿爾及利亞（阿爾及利亞撒哈拉大沙漠的東部，靠近與尼日和利比亞接壤的國境線上）

地　點：奈加高原的國家公園，加奈特的西北部

列入名錄年份：1982年

意　義：在一個由砂岩石所組成的森林中，史前岩畫藝術最重要的發掘地之一

動植物誌：28種陸地上特殊的稀有植物種類，如無花果樹。在「柏樹谷」裡，有100種柏樹，而全球範圍內共只有240種。此外，橄欖樹、愛神木和一些唯一在這裡出產的樹種，譬如Potamogeton hoggariensis和羽扇豆；23種哺乳動物種類，如Dorkasgazelle羚羊、鼷毛跳躍動物、獵豹和沙漠猞猁。另外還有歇腳的候鳥，譬如紅紫鷺、白鶴、夜鷺、山雕（Adlerbussard）、蛇雕和紅鷹。

大事記：

公元前7000年或者前6000年　最古老的移民地區，所謂「布巴羅」或「獵人時期」和「圓頭時期」的自然主義岩畫

公元前5000年至前2500年或者前2000年「圓頭時期」的岩畫

約公元前1500年「馬匹時期」的岩畫和岩壁雕刻作品

約公元前200年「駱駝時期」的岩畫

1847年　一位法國殖民軍官偶然發現該地區岩畫

1933年　考古學家亨利‧洛特到阿爾及利亞撒哈拉大沙漠的南部地區旅行

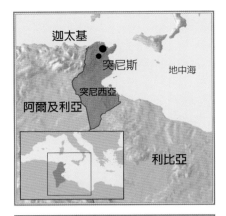

地中海的古代女王

迦太基遺址

　　據傳說，迦太基是由一位聰明伶俐的女人運用自己的智慧創建起來的。不管事實如何，民間傳說就是這樣的：為了逃避她那滿腔復仇慾望的兄弟，腓尼基國王埃莉薩逃離了蒂羅斯，抵達現在突尼西亞附近的希爾巴斯轄區。為了給自己和扈從們找到一塊落腳地，埃莉薩請求努米德親王賜給他們一塊用一張牛皮所能夠包住的土地，然後她把牛皮剪成細條，並以此圍住了比爾薩山丘，即今天聖路易大教堂矗立的位置，接著在那裡創建了迦太基。

　　這是否是傳說，我們暫且不論。據考古學家考證，迦太基始建於公元前750年，是腓尼基人的移民區，然後迅速崛起，逐漸發展成為「地中海的女王」。後來，在爭奪區域霸權的鬥爭中大傷元氣，特別是在第三次普尼爾戰爭中，羅馬人在西庇亞·埃米利亞努斯的率領下，一舉獲得了勝利。根據公元2世紀的羅馬歷史學家艾庇安考證，羅馬人把迦太基夷為平地，並宣佈它為十惡不赦的城市。而在此之前，迦太基已經繁榮昌盛達700多年之久，強大無比，四處擴張，統治了大片疆域和海域，擁有很多武器、艦隊、大象和金錢，就像最大的帝國一樣。

　　但是，在

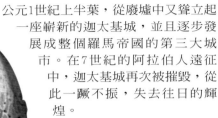

公元1世紀上半葉，從廢墟中又聳立起一座嶄新的迦太基城，並且逐步發展成整個羅馬帝國的第三大城市。在7世紀的阿拉伯人遠征中，迦太基城再次被摧毀，從此一蹶不振，失去往日的輝煌。

　　事實上，迦太基城經過兩次重創，已面目全非。今天，在突尼斯那美麗迷人的市郊，即原迦太基遺址上，只剩下少量的古羅馬遺跡，主要是普尼爾城迦太基時代的見證物。這個外表並不特別迷人的遺址，位於古老的貝伊宮殿和富麗堂皇的別墅區之間，並且散落各處。考古學家們在比爾薩山丘的南坡上，在古羅馬的城市設施下面發掘出一座公元前2世紀的普尼爾住宅區，其中大多數住宅擁有多層房屋，以及一套構思巧妙的供水系統。

　　托菲特，普尼爾最神聖的一個行政區，對於極富幻想的人來說，從前，對死者的祭祀歷史總是與充滿神秘的黑暗交織在一起。福樓拜在其長篇小說《薩拉姆波》中細緻入微地描述了祭祀死者的經過：「莫洛赫神的神職人員在大石頭壘砌的牆腳下來回踱步，用他那犀利的目光審視眼前經過的人群……人群逐漸走到通道的盡頭，把各自的珍珠、金器、碗碟、燈具和自己所有的財產都扔進火焰中。這些貢品總是越來越多，越來越貴重。最後，一位

因恐懼而臉色蒼白、面目扭曲的男人蹣跚地走上前去，舉起身前的一位孩子，然後，人們看到在巨型雕塑手掌上（即火爐）有一塊小小的黑團，這團東西在黑漆漆的洞中漸漸化為烏有。」

事實上，成千上萬的兒童骨骼、墓碑和骨灰壇從地下約6公尺的深處挖掘出來，從而表明了該地區在遠古的禮俗中——這種禮俗對我們今天的文明來說，是殘酷無情和異常野蠻的——人人都必須把自己的第一個孩子奉獻給神靈，以便讓太陽神巴爾和月亮女神塔尼特對其表現出友善和仁慈。

離托菲特幾步之處，有兩個長著蘆葦的池塘。據考證，它們是古代普尼爾城的港口。幾乎難以置信的是，從前這裡曾經停泊著世界上最龐大的艦隊。當時建造的安東尼烏斯‧庇護的溫泉浴場，證明了迦太基是羅馬的非洲總督府，除了羅馬的特拉亞溫泉浴場之外，它可以算是當時最大的溫泉浴場了。最令人陶醉的是，從觀景台上向湛藍的大海和聳立在其後的高山眺望。從前，富人和美女都愛在這裡休閒度假，消除疲勞和恢復精神。在羅馬別墅的考古公園裡，當人們置身於用卓越的建築藝術重建的亭台樓榭之中，也就不難想像出當時的貴族們是如何醉生夢死地生活的。

達妮埃拉‧謝塔
（邵靈俠　譯）

第73號

左頁上圖：普尼爾的紅陶面具

左頁下圖：這根科林斯式圓柱頭上那豐富的花紋裝飾以及其他一些文物仍能表現出安東尼烏斯‧庇護溫泉浴場的昔日輝煌風光

下圖：「馬之家」別墅，人們在這邊發掘出無數精美的馬賽克圖畫

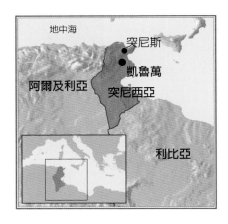

伊斯蘭教的搖籃

凱魯萬古城

據說神靈也為之感動：阿拉伯統帥奧克巴‧伊本‧納菲，先知穆罕默德的一個學生，於7世紀在撒哈拉沙漠的西部邊緣上建起了一座兵營和一個沙漠商隊驛站，這一舉動可能出於戰略上的考慮，但卻在客觀上導致了凱魯萬城的興起和繁榮，並且迅速上升為阿拉伯的一個省份—伊菲利卡大都會，然後不得不以同樣快的速度將其政治地位先拱手讓給馬赫迪耶，接著又讓位給開羅。儘管如此，凱魯萬在人們心目中和宗教地位上卻依然神聖不可侵犯。直到今天，在回教徒中，除了麥加、麥地那和耶路撒冷之外，凱魯萬仍然被看作是宗教聖地之一。到凱魯萬朝覲七次便能夠取代赴麥加一次。因為伊斯蘭教規定，教徒們必須在有生之年至少到遙遠的麥加去朝覲一次。德國作家賴

訥‧馬里亞‧里爾克於1910年12月21日充滿深情地寫信給克拉拉‧里爾克：「那裡白色的城市平坦舒緩，就像海市蜃樓聳立在其圓形的城垛圍牆之中。在其周圍除了平原和陵墓之外，沒有其他任何東西，整座城市似乎被城牆外越來越多的屍骨所包圍。在這裡，人們奇蹟般地感受到這種宗教的簡樸和生機：先知們近在咫尺，整個城市就像一個帝國。」

彎彎曲曲而極富神秘色彩的麥地那的迷人風光令人嚮往，具有濃郁伊斯蘭風格的寺院尖塔高聳入天，它們表達了對真主阿拉的無限頌揚和讚美。那些圓形的清真寺穹頂、蘇格，在西部起伏的山巒和四周遼闊平原的映襯下，顯得格外壯麗輝煌，而這種景致只有在城牆上漫步時才能領略。凱魯萬最美麗的景致是在

一片充滿童話色彩的桂林支撐起大清真寺的穹頂大廳。

黃昏時分，當太陽把城市的角角落落照得拖著長影時，那些被烈日曝晒的石頭在夕陽餘輝中散發出灼人的紅光。

伊斯蘭教中的幾乎所有重要的宗教和世俗建築，今天仍然整齊劃一地矗立在凱魯萬古城中，它們都是出自阿格拉比登王朝經濟和文化發展的鼎盛時期，該王朝於9世紀在凱魯萬建都。在突尼西亞這塊土地上，首座伊斯蘭教教堂也始建於當時的凱魯萬，這座被稱為「大清眞寺」的西迪—奧庫巴清眞寺，從此就成爲摩爾人宗教建築的典範。法國作家莫泊桑熱情洋溢地謳歌了突尼西亞那最神聖美麗的地方，他說：「西迪—奧庫巴清眞寺是一座巍峨壯麗的宗教建築，由穩固堅實的牆基支撐起一個沉穩和莊嚴的白色建築群，並且隱隱透出一種無以言表的野性美。進入清眞寺，首先映入眼簾的是富麗堂皇的庭院，它被一個由兩排雅緻的羅馬柱所支撐的雙層迴廊所包圍。面對此情此景，人們恍若置身於義大利修道院那美麗迷人的深院之中。」遺憾的是，非回教徒只准踏入該內院，不得繼續深入，但這也確實非常值得！如若遇到了好機會，那麼至少還可以向無與倫比的祈禱大廳看上幾

第74號

左圖：《凱魯萬之三》（1914年），奧古斯都·馬克（1887-1914）的水彩畫

最左圖：非回教徒只被允許踏進大清眞寺的內院

左圖：忙碌之後的旅行者和商人們在這裡稍作休息。這種畫面只有在美麗如畫的巷弄深處才能看得到

眼，該神秘的祈禱大廳在奧馬雅傳統中擁有莊嚴雄偉的立體效應。其中，藝術珍品當屬祈禱壁龕——由塗滿貴重的巴格達金色釉彩的陶瓷面磚裝飾。對此，莫泊桑也作了一番評述：「在我們面前突然出現了一座巍峨莊嚴的廟宇，它就像一座神聖的森林，因為共有180根由瑪瑙、斑岩和大理石構成的柱子支撐起這個17堂的教堂拱頂。」

凱魯萬的第二個重要聖地當屬在邁迪奈的三門清眞寺，它是藝術鑒賞家阿格拉比登贈送給自己城市的禮物。最令人陶醉的景致是擁有三個門拱的立面，其上面那柔和精美的帶狀雕飾花紋熠熠生輝——以古阿拉伯語書法和植物花紋圖案點綴的鑲嵌帶子。「這是

我在清眞寺中所看到的最優雅別緻、最多姿多彩、最風情萬種的裝飾物，也是阿拉伯裝飾藝術中最完美的傑作。」這是莫泊桑在參觀了點綴著上釉的陶瓷飾物，而顯得格外富麗堂皇的巴比爾清眞寺之後的感受。與從前一樣，朝覲者虔誠地來到比爾巴洛塔朝聖，因為根據傳說，這裡的泉眼與麥加的聖井才姆—才姆在地底下是互相連通的。

在邁迪奈蘇格巷弄中，摩肩接踵，熱鬧非凡。這種場面往往把參觀者引入一個完全不同的世俗天地之中，這些街道儼然是一個市場，喧鬧聲、討價還價聲不絕於耳。因為凱魯萬不僅是神聖的朝觀地，而且也是地毯貿易的集散中心。在這座充滿現代氣息和勃勃生机的城市裡，大量手工業作坊和商品充斥著大街小巷，於是出現了高雅藝術和低俗藝術的相互碰撞。

達妮埃拉·謝塔
（邵靈俠　譯）

凱魯萬古城

文化遺產：由一堵城牆環繞的舊城擁有城門和胡卡海峽；17堂的大清眞寺；三門清眞寺擁有豐富的西班牙摩爾人風格的裝飾物；所謂的巴比爾清眞寺

所屬洲：非洲

所屬國：突尼西亞

地　　點：凱魯萬，在突尼斯南部，位於中央草原的邊緣

列入名錄年份：1988年

意　　義：原先是馬格里布的聖城，也是阿格拉比登王朝的珍珠

大事記：

670年　據傳創建凱魯萬古城

672年　開始興建大清眞寺（西迪·奧庫巴清眞寺）

774年　擴建大清眞寺

約800年　被哈倫—阿爾—拉希德的地方長官易卜拉欣·伊本·阿拉阿格拉布所佔有

836年　重建擁有寬達72公尺祈禱大廳的大清眞寺

1052年　建造一座城牆

1618年　在重建之後，第五次擴大和改建大清眞寺

1860年　建造軍刀清眞寺

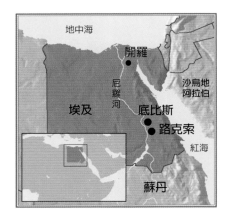

魁梧的獅身羊首造型石雕環繞著卡納克阿蒙神廟的巨大庭院。

法老們生前風光和死後埋葬之地
底比斯及其大墓地

『這個100座大門的底比斯』荷馬這樣稱呼法老帝國從前的首都。該大都會幾百年來始終是那麼豪華奢侈、熠熠生輝。當底比斯被稱為『威賽特』時，古代埃及人都知道自己的首都。該城市在人類高度文明早期已開始發跡，直到第十八王朝，新帝國誕生時，底比斯才排擠古老的孟斐斯，成為宗教和政治的中心。從此以後，統治者都致力於修建富麗堂皇的廟宇及其設施，並以此來擴大首都的範圍。在尼羅河東岸興建了神聖的教堂建築和等同於上帝的皇帝宮殿，這兩類高聳雲天的的建築相映成趣，相得益彰；而在西岸卻出現了已故法老和皇后們，以及高級文武官員的陵墓和祭祀先人的廟宇。

在今天的路克索市中心，擁有西元前約1300年左右為神靈阿蒙、穆特建造安身之地——規模宏大的神廟。而其後的歷代統治者無一例外地對該建築耿耿於懷，這些法老都對該神廟進行了不同程度的改建或者擴建，最後，這座神廟竟長達260公尺。

但是，這座神廟與卡納克——座落於路克索北面一箭之遙處的阿蒙神廟相比，仍然顯得相當簡樸。在卡納克聳立著古代埃及人的最大神廟及其輔助設施，幾百年來，它一直是全國宗教活動的中心，對其盛讚之聲歷來不絕於耳——在拉美西斯二世時代的墓誌中

「埃及努比亞人的文物古蹟」——K.R.累普濟烏斯的版畫（1842年）。

也是如此記載：『阿蒙神廟是多麼美麗迷人！當白晝於喧鬧聲中流逝時，就像一位豐腴美麗的女士嫻境地端坐在屋外，任憑其烏亮、柔順的長髮披落在自己豐滿的胸前。』從西元前3000年的中帝國起，一直延續到千年轉折之後的羅馬時期，幾乎所有的歷代統治者都毫無例外地進行了一場聲勢浩大的土木工程建設，以擴大和改建這座神廟。該神廟的巨型柱廳表現出特

有的非凡氣勢，因爲該大廳由很有氣派的134根粗大的柱子構成，上面描繪著優美的象形文字。這一盡顯王者風範的大廳著實讓每一位參觀者凝神屏息，嘆爲觀止。

今天，路克索對面的尼羅河畔仍然保留著古代底比斯的大墓地。帝王谷——一條狹窄而隱蔽的岩石山溝，是新帝國法老們，也就是圖坦卡門的安葬地，其陵墓逾1922年被霍華德·卡特發現，成爲埃及統治者中唯一一座未被盜挖的陵墓。圖坦卡門的長眠之地陪葬的金銀財寶，其價值無與倫比。這些深深鑿進山崖，安葬著偉大和著名的古埃及法老們的陵墓可謂堅實穩固、氣度不凡，其上面描繪著彩色畫面。墓穴緊挨著墓穴排列在一起，莊嚴肅穆，蔚爲壯觀。這些安葬古代法老們的陵墓當時都裝滿了無數珍貴的陪葬品，但現在，這些法老們的長眠之地都慘遭盜墓賊的洗劫。利慾薰心的盜墓賊趁夜黑風高，悄悄翻山越嶺，潛入河谷，在飄忽不定的火把光亮中尋覓其渴求的黃金和寶石。

當然，底比斯西區除了法老王的墓地外，還有許多神秘莫測的東西。在一塊高達300公尺的陡峭鏽紅色岩壁前，女王哈徹普蘇特那具有後現代主意風格的墓穴神廟比原標準足足擴大了三個多平台。離此不遠處，在高官們的陵墓上鐫刻著主人豐功偉業的浮雕。拉美西斯二世和拉美西斯三世的墓穴神廟裡也洋洋灑灑地記載著他們的創世偉業。在王后谷裡安葬著法老

像拉美西斯二世的墓穴一樣，這些墓穴裡也描繪著五光十色的壁畫，其內容反映了死者在陰曹地府的生活。

第75號

們寵愛的夫人。在這裡，莉芙塔麗－拉美西斯二世最得寵的夫人的墓穴多年來多次被大規模地修繕，那些彩色繪畫至今仍然熠熠生輝，光亮如新。

在古典時期，這兩尊曼農巨型雕像——阿蒙諾非斯墓穴神廟唯一的遺留物——被譽爲世界奇觀。3000多年來，這兩尊高達20公尺的坐像一直被看做是默默無聞的守護神。

漢斯·京特·謝姆塞克
（邵靈俠　譯）

像利劍似的方尖石碑在路克索神廟的雙塔式入口處高高聳立；另一塊方尖石碑自1836年以來一直矗立在巴黎的協和廣場上。

爲一座令人無比厭惡的城市辯護

伊斯蘭教的開羅

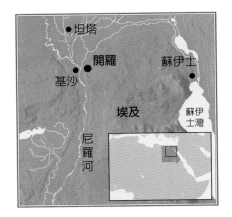

伊斯蘭教的開羅
文化遺產：開羅古城市從前的伊斯蘭教世
界中心，那裡有城堡，其中一部份是用來
自孟斐斯較小型金字塔的石材建造的；穆
罕默德·阿里清真寺（雪花石膏清真寺），
擁有80公尺高的尖塔；埃爾·納賽爾清真
寺；五角形的蘇丹－哈桑清真寺，擁有近
82公尺高的尖塔；里法伊清真寺，擁有國
王法魯克和沙阿穆罕默德·雷薩的陵墓；
伊本·圖倫清真寺；沙加拉特·埃爾·杜
的陵墓和藍色清真寺（阿克松古爾清真寺）
所屬洲：非洲
所屬國：埃及
地點：開羅
列入名錄年份：1979年
意義：世界上最古老的伊斯蘭教城市之一
大事紀：
969年　法蒂米德征服埃及
973年　開羅成爲法蒂米德埃及的首都
1087-1091年　出現帶有城堡的城牆設施
1168年　發生災難性大火
1175-1176年　重建開羅，建造城堡
1250-1517年　麥默洛克王朝時期，開羅成
爲伊斯蘭教世界的經濟中心。
1335年　建造埃爾·納賽爾清真寺
1517年　在蘇丹謝里姆一世的統治下，開羅
被鄂斯曼人征服
1652年　重建被地震摧毀的藍色清真寺
1798年　拿破崙進軍開羅
1805年　埃及的帕夏穆罕默德·里進駐城堡
1814年　建造賈瓦哈拉宮殿
1823年　用炸藥摧毀城堡
1912年　建造里法伊清真寺
1992年　地震造成部分毀壞

黏土和石塊、混凝土和瀝青、喧囂雜亂的市集和富麗堂皇的清真寺等，組成了一盤光怪陸離的馬賽克大雜燴，位於尼羅河畔的這座城市就是由這些馬賽克所構成的。擁有1,500萬人口的開羅是非洲最大的都市，但看上去卻亂七八糟混亂不堪。

其主要原因是，該國政府允許大部分小汽車整日穿梭於城市的大街小巷，而汽車所排出的廢氣似毒霧般籠罩在城市上空，嚴重污染了城市空氣。現代文明多多少少地傷害了這座曾經令人十分敬畏的「凱旋之城」，該城也逐漸演變發展成爲伊斯蘭世界最壯麗輝煌的大都會。

們不得不向尼羅河畔的開羅發出嚴重的警告，甚至無比憎惡的感覺從內心油然而生。有些人認爲，人們已經習慣於這種污穢不堪的環境；另一些人認爲，人類已經無法抗拒這種災難，只能自認倒楣了。

在福斯塔特城創建300年後，法老們在距離開羅不遠處，爲自己建造金字塔。在西元969年，法蒂米德家族征服了埃及，創建了今天的開羅，一直延續了上千年。隨著時間流逝，經過幾代人的努力，一座座伊斯蘭教寺院的尖塔年復一年相繼在尼羅河畔拔地而起，它們似利劍聳立城市，直刺天際。在13和14世紀，曾經出現過一個建築藝術的鼎盛時期，比如埃爾·納賽

穆罕默德·阿里清真寺庭院中的井亭，用於宗教洗禮儀式。

古城鼎盛時期建造的石製建築是其最好的佐證，它們分別是伊本·圖倫清真寺，埃爾·納賽爾清真寺和1912年才誕生的深邃巷弄，還有始建於19世紀的穆罕默德·阿里雪花石膏清真寺，它聳立在12世紀的城堡舊址上。這些都是開羅鼎盛時期誕生的建築藝術瑰寶，其藝術靈感可能源於《一千零一夜》中的神話故事，欠缺的是沒有處理好背景圖案，反而在好萊塢攝影棚裡搭製的背景圖案更能好地演繹『辛巴達』或者『阿里巴巴』的故事情節。面對這雜亂骯髒的世界，人

爾清真寺的出現便是最好的見證，它代表了一個時期建築藝術的頂點。每一座普通的伊斯蘭教寺院都只是權力和財富的象徵，每一座新誕生的清真寺都是通往『伊斯蘭教世界之都』征途上的一塊里程碑。

沒有其他任何一個地方，同時具有5000年歷史的遺跡與當代的建築在每一個街口都發生如此強烈的撞擊；也沒有其他任何地方會在「當代」與「曾經」之間表現出如此微小的差異。人們戰戰兢兢地穿行於五彩繽紛和人聲鼎沸的市場。疑惑不解地審視著建於9世

紀的伊本‧圖倫清眞寺那巨大的長
方形庭院，同時領略古代建築藝術
那空曠、靜謐和隱密的獨特魅力。
離開清眞寺，外面的世界可謂天壤
之別：當人們站在離大門幾步之
外，喧囂、吵雜之聲似巨浪澎湃，
咆哮著直衝耳膜。人們還對由螺旋
形室外樓梯環繞的伊斯蘭教寺院尖
塔情有獨鍾——這是埃及獨具特色
的建築方式。如果政治與宗教之間
沒有隔閡，那麼非穆斯林就難以踏
入清眞寺，但隨著伊本‧圖倫清眞
寺的逐漸衰落，人們甚至可以登上
伊斯蘭教寺院的尖塔。站在高高塔
尖上，人們放眼遠眺古城的風貌，
頓覺心胸開闊，心曠神怡，古城的
各種建築屋頂，包括遠處的雪花石
膏清眞寺都一一盡收眼底。

在城堡的城牆上，精美絕倫的建築風格不能不打
上鄂斯曼人的烙印，讓人回憶起伊斯坦堡的伊斯蘭教
建築藝術。1830年，穆罕默德‧阿里命人在遭受爆炸
而被摧毀的要塞遺址上建造自己的清眞寺，尖塔高達
80公尺。這令世人驚嘆不已的建築藝術招來了許多參
觀者，陪同的官員和平民百姓無不向每一位客人介紹
其引以自豪的清眞寺鐘樓。

據說，該鐘樓由法國人贈送，做爲對聳立在巴黎
協和廣場上的方尖石碑作爲回報，『這塊方尖石碑自
100多年來一直高高地矗立在那裡，這座鐘樓也從那時
拔地而起。』

關於鐘樓，社會上曾經流傳著一則軼聞。儘管管
理人員定期對大鐘調校維修，但大鐘仍然飽嚐了風沙
和氣候的無情摧殘，不時出現意想不到的停頓。

海格爾‧索比克
（邵靈俠　譯）

第76號

左圖：擁擠狹
窄的喧囂聲充斥在
市場中的巷弄裡

蘇丹—哈桑清眞寺千姿百態的尖塔和穹
頂看上去好像一片童話般的石頭森林。

埃及燦爛文化的發祥地

孟斐斐斯及其大墓地－基沙金字塔、阿布西爾金字塔、薩卡拉金字塔和代赫舒爾金字塔

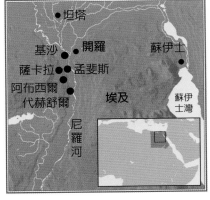

上圖：位於薩卡拉的國王若瑟雕像

下圖：巨型獅身人面像斯芬克斯，以神秘深邃的目光注視著基沙金字塔。

希羅多德告訴我們：「神輔對我說—美尼斯，埃及的第一位國王，為了阻止洪水侵襲，保證孟斐斐斯地區的安全，築起了護城堤壩。當這塊陸地漸漸乾涸之後，國王便創建了孟斐斐斯城。」這個移民點在幾千年裡一直保持著自己的規模和繁榮，因此，12和13世紀的阿拉伯旅行者面對古代大都會和規模龐大的遺址，不得不發出由衷的讚嘆。當時的作家阿布德·阿勒·拉蒂夫給我們留下了這樣的文字：最善於辭令者也難以表達出孟斐斐斯的美麗和迷人，因為該城美的內涵超過了人們的理解能力。

遺憾的是，那裡今天並沒有留下很多文物古蹟，唯獨一座巨大的雪花石膏獅身人面像和一尊拉美西斯二世的巨型雕像，歷經滄桑巨變，完好地保存了下來。

今天，人們面對雄偉壯麗的基沙金字塔，無不感慨萬千，驚嘆古埃及人民的勤勞和智慧。這些金字塔在幾千年前竟建造得如此精美絕倫，甚至我們現在也難以弄清其建築方式。

傳說中，為了把巨型石材搬到高處，塔身四周搭建起環形斜坡，重達數頓的長方形石材通過斜坡順利地被搬運到上面，安置在合適的位置上。這一說法難以令專家們信服，因為金字塔的三個側面必須進行斜角測量—即使根據現在的技術水準，斜角測量也是不可或缺的一步，否則金字塔的三條稜邊就無法精確地會合，而進行斜角測量就必須保持三個側面的敞開。古夫金字塔是這三座雄偉壯麗的陵墓中最大的一座，由230萬塊巨石壘砌而成，其中大部分石塊重達2.5頓。

薩卡拉的階梯形金字塔可謂是上述三個金字塔的「祖先」，該金字塔由國王若瑟手下的大臣印和闐建造。他的成就在當時造成了極大的影響，人們把這位建築工程師當作神靈膜拜，同時，希臘人還把他和神醫亞斯克雷皮爾斯相提並論。印和闐所建造的金字塔是一座高達8公尺的長方形平頂斜坡陵墓，即所謂的「椅子墳」。

但是，他後來決定改變計畫，設計了一座四層階梯狀的金字塔，最後則讓一個61公尺高的六級階梯狀

神秘莫測，令人難忘的基沙金字塔高高聳立於大漠沙丘之中，直到今天，人們也無法弄清楚，古代埃及人是怎樣把如此巨大的石頭搬運到這樣雄偉高大的建築物上。

孟斐斯及其大墓地，擁有基沙金字塔、阿布西爾金字塔、薩卡拉金字塔和代赫舒爾金字塔。

文化遺產：擁有9座金字塔的基沙聳立著埃及當時最大的金字塔，其中現存的有137公尺高、由大約230萬塊長方形石材砌成的古夫金字塔，以及136.5公尺高的謝弗任金字塔；73.5公尺長、由一塊岩石雕鑿出來的巨型獅身人面像；高達60公尺國王若瑟階梯狀金字塔，以及在薩卡拉分別由魏祺夫人納布特和謝尼建造的兩座「椅子墳」；8公尺長和4公尺高的雪花石膏獅身人面像；孟斐斯的卜塔神廟遺址；聳立在阿布西爾的國王薩胡拉、納弗里卡拉和尼烏撒拉的金字塔；黑色、白色和紅色的代赫舒爾金字塔

所屬洲：非洲

所屬國：埃及（中埃及）

地點：基沙，位於開羅西面，阿布西爾、薩卡拉、代赫舒爾和孟斐斯，位於開羅南面

列入名錄年代：1979年

意義：現存的古典「世界奇蹟」之一

大事紀：

西元前2670-前2600年　第三王朝期間的薩卡拉金字塔

西元前2600-前2475年　第四王朝期間的基沙金字塔

西元前2475-前2345年　地武王朝期間的阿布西爾金字塔

西元前1994-前1781年　第十二王朝期間的代赫舒爾金字塔

379-396年　在羅馬皇帝迪奧多西的率領下，摧毀了孟斐斯神廟

1881年　打開位於薩卡拉的國王烏納斯金字塔

1902-1907年　發掘位於阿布西爾的國王薩胡拉金字塔神廟

1912年　發掘孟斐斯的雪花石膏獅身人面像

1975年　在薩卡拉發現阿朗阿普——圖坦卡門王朝共同攝政者的陵墓

人造墓山疊建在墓室之上。

在這座人類首次創造的雄偉壯麗的石製建築周圍，遊客們還能夠在薩卡拉找到數量眾多的其他「椅子墳」，其內安葬著古埃及的高官。在這些陵墓中，雕刻精美的浮雕是古代埃及人留給我們的最美藝術品。

在法老烏納斯金字塔的墓穴裡，考古學家發現了刻在石頭上的「金字塔經文」。這些文字描述了法老們死後的生活場景，是我們所知到的最古老的宗教寶典。也許是出於永久性保存的考慮，烏納斯並沒有把這些文字書寫在容易發霉腐爛的莎草紙上，而是讓人把它雕刻在堅硬的岩石上。

雄偉壯麗的塞拉比尤姆金字塔具有典型的埃及特色，並且深入地底下，裡面安葬著亞皮斯公牛——孟斐斯之神卜塔的神聖動物。沿著一條200公尺長的通道，在壁龕的左右兩側，存放著用一塊石頭雕鑿出來的巨型石棺，裡面安放著塗上防腐劑的公牛。每一尊巨型石棺的大小為4×2.3×3.3公尺，重量超過70噸。在一條石頭通道中，一塊巨型石棺擋住了去路，顯然是因為它太大，無法搬到預定的位置。

離開薩卡拉一箭之地，我們能夠看到略帶裂縫的

莫里斯（1868-1916年）的畫作《拿破崙·波拿巴將軍面對法老的木乃伊》

紅色代赫舒爾金字塔，這兩座金字塔起源於史奈夫國王的首創精神。而年代較近的一座金字塔充分表明了古代埃及建築師們虛心好學、勇於創新的精神，他們認為斜角55度似乎太陡峭，上面的石頭很容易滑落下來，因此，他們便把斜角減少了12度。與此形成鮮明的對比的是，阿布西爾金字塔歷經滄桑，漸漸風化剝蝕，最後轟然倒塌。

漢斯·京特·謝姆塞克
（邵靈俠　譯）

埃及的一顆明珠和國王的一件傑作

從阿布辛貝到菲萊的努比亞文物古蹟

從阿布‧辛貝到菲萊的努比亞文物古蹟
文化遺產：鑿進岩石達60公尺深的大型神廟，擁有33公尺高的房屋立面和20公尺高的雕像，以及拉美西斯二世神話般的「寫照」；巨大的柱廳有16.43×17.7公尺見方；菲萊巨大的愛西斯神廟擁有93公尺長的西側柱廊和45.5公尺寬、18公尺高，由兩座塔樓分立兩側的第一重入口大門，即所謂的「第一重雙塔式門」
所屬洲：非洲
所屬國：埃及（努比亞）
地點：阿布‧辛貝和菲萊，位於亞斯文的南面
列入名錄年份：1979年
意義：令人印象非常深刻的神廟設施出自拉美西斯二世、托勒密和羅馬皇帝時代
大事紀：
西元前1290-前1224年　在拉美西斯二世統治下，建造了阿布‧辛貝神廟
西元前3-4世紀　在菲萊島上建造愛西斯神廟
1902年　第一個亞斯文水庫淹沒了菲萊聖地
1813年3月22日　約翰‧路德維希‧布爾克‧哈特（1784-1817年）發現阿布‧辛貝神廟
1817年　發掘阿布‧辛貝神廟
1960-1971年　建造納賽爾水庫
1964-1968年　搬遷阿布‧辛貝神廟設施
1972-1980年　搬遷菲萊的文物古蹟

1966年，這座雄偉壯麗的雕塑被一塊一塊地切割開來，以便把它們移到地勢更高的高原上，重新拼接起來。當然，那裡的地勢完全能夠防止亞斯文水庫的洪水襲擊。

「今天，在菲萊神廟的圍牆裡，威尼斯的獨特魅力在這裡重現：人們必須乘著小船進入這個聖地。尼羅河的粼粼波光應召在神廟巨大的圍牆方石上，並且一直延伸到屋頂。神廟的屋頂以其艷麗的色彩向人們展示了一對碩大無朋的羽翼，這是太陽的象徵。」熱衷於旅行的女作家梅希特希爾德‧利赫諾夫斯基於1913年用充滿激情的話語，敘述了旅行心得。當時，這些位於尼羅河聖地菲萊島上的神廟已持續半年浸泡在河水裡，因此，參觀者不得不划著小舟穿行於神廟內。幾十年前，當薩德‧阿里工程，即在尼羅河開始築堤圍堰後，菲萊的文物古蹟恐怕要面臨滅頂之災，消失於滔滔洪水之中。為此，有關文物保護負責人決定，把整座建築——共計4萬塊巨石移至地勢更高的鄰島阿及爾奇亞上。

該神廟誕生於法老帝國的晚期，即托勒密王朝時期，它供奉著「生殖女神」愛西斯及其小兒子荷露斯。當羅馬人統治埃及時，羅馬皇帝們對這座神廟情有獨鍾，他們讓人在神廟牆壁上畫了自己穿著法袍作為法老的形象。

在第一重雙塔式門後面緊挨著一個內院，其右邊與柱廊相接，左邊與供奉著愛西斯的誕生地（其母親的房子）相鄰。門上的浮雕展現了愛西斯的兒子荷露斯為跟蹤其叔叔塞特，即殺死其父親俄

第78號

塞里斯的兜手，不得不藏匿於三角洲的沼澤地。第二重雙塔式門傾斜地聳立於神廟的軸線上，上面用浮雕裝飾，其內容表現了爲神靈荷露斯和哈托所做的獻祭場景。穿過一系列前廳，人們抵達最神聖的內殿，那裡安放著祭壇基座，其上面從前停泊著用於放置愛西斯祭禮畫卷的神靈小舟。

神廟的東面聳立著菲萊最美麗的建築，即透出輕盈靈秀韻味的圖拉眞亭子，它是同名的羅馬皇帝出資興建的。

正襟危坐。每年的2月21日和10月21日，太陽光直接射進神廟深處，以其迷人的光芒將法老和三位神靈通體照亮。

拉美西斯讓人爲其心愛的夫人莉芙塔麗建造了這座阿布·辛貝神廟，它供奉著「愛情女神」哈托。在線條分明的房屋立面上，人們可以在壁龕中找到拉美西斯及其夫人雕像。

就像菲萊一樣，阿布辛貝神廟也必須爲現代化的進程讓步，但被完整地保存下來，讓後人能夠繼續領略其迷人的風采。在國際社會和聯合國教科文組織的資助下，埃及政府成功地從亞斯文水庫的洪水中搶救出阿布辛貝神廟。給人留下深刻印象的神廟設施被一塊一塊地切割成大石塊，安全地「遷徙」到地勢高出65公尺的高原上。這一工程的順利完成，使今後幾百年保留古埃及的文明成爲可能，因爲該神廟是古埃及歷史的唯一見證。

漢斯·京特·謝姆塞克
（邵靈俠　譯）

左圖：四尊拉美西斯二世雕像，該法老讓人爲自己建造一座雄偉壯麗的神廟

下圖：同名羅馬皇帝的遺產，圖拉眞亭子雖然尚未完工，卻是菲萊最美麗的建築之一

距菲萊幾百公里處，阿布·辛貝神廟在納塞爾水庫岸邊高高聳立，這是法老時代最卓越的文物古蹟之一。法老拉美西斯二世巨大的雕像一直埋藏在厚達1公尺深的沙土之下達幾百年之久。物換星移，滄海桑田，當這座獨具特色的神廟建築於19世紀初被發現，並且發掘出來時，雕像的頭部上端已微微露出沙土。該建築誕生於拉美西斯二世統治時期，他藉助這座神廟來表達自己與上帝平起平坐的心聲。

四尊法老的巨型坐姿雕像聳立在神廟的正面。拉美西斯是擁有下埃及及上埃及雙重皇位的君主，身穿統治者的全套法袍，額頭上點綴著蜷曲的蛇，下巴描繪著神靈的鬍子。神廟柱廳裡的浮雕演繹了有關法老勇奪勝利的場景，如同展開了一冊歷史畫卷：在畫面上，「神靈」駕馭著戰車衝鋒陷陣，攻克了敘利亞的一座堡壘，他手執長矛，刺穿了一名利比亞人的心臟，最後還展示了與海地特人血腥戰鬥的場面。拉美西斯家族在其統治時期也讓人在其他神廟裡爲自己樹碑立傳。雖然在浮雕上展示了他們打敗對手，將敵人的手臂和頭顱肢解，並且出現大批俘虜的場面。但事實上，這場戰役並非如浮雕上所反映的那樣凱旋而歸，法老及其軍隊遇到了一場毀滅性的失敗。能逃脫已算是萬幸了。

最後，人們抵達了最神聖的內殿：這裡，拉美西斯在神聖的「三位一體」阿蒙、卜塔和哈拉奇特中間

在大漠深處
廷巴克圖的清真寺、陵墓和墓地

廷巴克圖的清真寺、陵墓和墓地
文化遺產：聳立在「333位聖人之城」中的3座教堂；面積達80×30平方公尺的大清真寺；於15世紀擴建的清真寺桑科拉，它擁有正方形的平面圖和巍峨的角錐形回教寺院尖塔；以及西迪・葉海亞清真寺（約1440年）；中世紀重要的商貿中心和沙漠碼頭
所屬洲：非洲
所屬國：馬利共和國
地　點：廷巴克圖（通布圖），位於巴馬科的東北面，尼日河的北面，在撒哈拉大沙漠的南部邊緣
列入名錄年份：1988年
意　義：從前通往撒哈拉大沙漠商路上的最重要的商貿中心，也是非洲回教傳播的中心。
大事記：
大約1100年　據猜測創建廷巴克圖城，作為圖阿萊克的貯藏地
1270-1330年　在馬林凱人（曼丁哥族慾云漱@支）統治下，廷巴克圖首次步入繁榮期
1325年　開始建造大清真寺「金格－伯」
1353年　阿拉伯編年史作者伊本・巴圖塔訪問廷巴克圖
1434年　圖阿萊克征服廷巴克圖
1468年　根據松海王國統治者松尼・阿里・貝爾的命令，在廷巴克圖的教士中進行大屠殺
1493-1592年　在松海王國阿什基王朝統治下，廷巴克圖再次步入繁榮期
1510-1540年　廷巴克圖發展成一個回教文學、教育的中心，擁有180所可蘭經學校和2萬名學生
1591-1592年　摩洛哥統帥朱迪遠征廷巴克圖，松海王國覆滅
1818年　回教改革運動支持者征服廷巴克圖
1828年　法國冒險家勒內・卡耶訪問廷巴克圖
1853-1854年　德國科考旅行者海因里希・

桑科拉清真寺及其四角形的回教寺院尖塔是該城最著名的建築物。

　　法國冒險家勒內・卡耶於1828年4月20日在其旅遊日記中寫道：「我們沐浴著夕陽，終於抵達廷巴克圖，並且深入到這個神秘莫測的城市。歐洲的許多文明國家對該城充滿了好奇，並以此作為研究的主題，因此，我懷著難以名狀的滿足感來到這座城市。此前，我曾經為該城的保護默默地祈禱，對先人們所作出的業績表示衷心的感謝。這種保護在克服了巨大的困難和危險之後，該城才得以展現在我的面前，即使上帝也不能小覷這些困難！然而在我週圍，除了一批年久失修的土坯房屋之外，別無他物。」

　　卡耶裝扮成回教徒的模樣，流連於這座神秘的城市。它當時就像今天一樣，充分展示了古代勞動人民的聰明和智慧。1324年，當馬利的統治者坎坎・穆薩——廷巴克圖也屬於馬利的勢力範圍，赴麥加作朝聖旅行時，順便取道開羅稍作休整。在逗留開羅期間，坎坎・穆薩揮金如土、揮霍無度，以至於那些在開羅的威尼斯商人普遍認為，在其國度裡黃金遍地。從此，在歐洲各地流傳著幾近瘋狂的傳聞：馬利擁有金碧輝煌的宮殿和金製屋頂，是非洲的一個黃金國，是大漠深處一個難以抵達的樂園。

　　實際上，在15和16世紀期間，廷巴克圖在松海的統治下，已經發展成一個世界性的貿易中心，並憑借其位於非洲的特殊地理位置而謀取利潤。廷巴克圖曾是水陸轉運中心和「沙漠碼頭」：在那裡，沙漠中的食鹽與來自南部的黃金相交換，來自阿拉伯地區的

信徒們在桑科拉清真寺的入口處休息。

商品與奴隸相交換。此外，游牧民族中的畜牧者和當地的農夫在這裡會面；淺膚色人種與黑人相互交流，增進了解。因此，廷巴克圖成為各民族的大熔爐，他們的關係通過回教來維繫。當然，回教還隨著阿拉伯商人一起滲透到非洲。

　　直到今天，這三座古老的清真寺——西迪・葉海亞、桑科拉和金格－伯大清真寺仍然能夠證實廷巴克圖城具有悠久的歷史和燦爛的文化。這些由黏土構築的巨型建築物每年都必須統一塗抹灰漿，修整一次，以抵禦下一次雨季的侵襲。每星期五的中午，男人們紛紛聚集在這裡做禮拜。教堂顯得十分陰暗，因為只

有幾束光線投射到清真寺中殿—由直徑為1公尺的柱子構成，就像由一片森林支撐起來的殿堂。沙質土地上鋪滿了蒲團，男人們身著華麗的傳統長袍，上面點綴著精美的刺繡，面向東方跪在地上鞠躬祈禱。

廷巴克圖不僅是商業中心，而且還成為撒哈拉沙漠南部伊回教的橋頭堡，同時也是一個重要的思想文化中心。據說，在繁榮時期，曾有2萬名學生跟隨當時最優秀的老師學習。他們除了學習《可蘭經》和阿拉伯語之外，還進修修辭學、邏輯學、法律、醫學和天文學，當時的桑科拉大學尤其著名。那裡的居民家境殷實，這可以從人均擁有書籍的數量上得到印證。人們今天仍認為，廷巴克圖是「333位聖人之城」，也是「智慧之邦」，因為那裡安葬著333位聖賢者。

在艾哈邁德‧巴巴中心保存著數量眾多、具有極高研究價值的手稿，這些手稿證明了廷巴克圖的悠久歷史。在這些文檔中，最古老的文字手稿出自13世紀，存放在簡樸的玻璃櫥櫃裡，已遭到氣候和害蟲的

侵襲。要完好地保存這批無價之寶談何容易，因為艾哈邁德‧巴巴中心嚴重缺少資金。

今天，廷巴克圖成為馬利被遺忘的最後角落，至今沒有一條瀝青公路從首都巴馬科通往貧瘠的北方，而90年代上半葉的圖阿萊克起義更加劇了其與外界的隔絕。沙子隨著風暴透過縫隙，不間斷地穿堂入室，並且慢慢地堆積起來，湮沒了大街小巷，致使部分地區變成了荒蕪的廢墟，而市場也給人留下一種貧窮、匱乏的印象。生活在當地的居民們安居樂業、悠然自得：婦女們忙著舂米；孩子們為家庭緩步提水、學習《可蘭經》詩節，或者好奇地擁在一些觀光客的週圍。空氣中飄蕩著從收音機裡傳出來的馬利流行音樂，然而，這美妙的音樂中夾雜著一些不和諧的聲音：山羊的「咩咩」聲、公雞的「喔喔」聲和驢子的打呼聲。

勞倫斯‧羅爾霍伊澤
（邵靈俠　譯）

第79號

作為最重要的貿易和精神中心之一，廷巴克圖時代只能代表過去，今天，這裡的居民們已經習慣了現有的生活，並且悠然自得，一代代地繁衍生息。就像過去一樣，婦女們在巨型的黏土火爐裡烘烤扁甜餅。

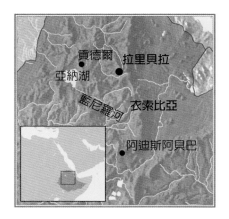

中圖：卓越的貝特．吉約吉斯教堂是模仿一個神廟十字架的形狀建造的

右上圖：貝特．阿巴．利巴諾教堂的外牆立面展示了典型的阿克蘇姆風格

石化的文字
拉里貝拉的岩石教堂

「我看到了這個神聖的城市，這個新的耶路撒冷——上帝從天而降的地方，它就像一位風姿綽約、淡妝濃抹的新娘，滿懷喜悅地準備迎接新郎的到來。」
——摘自《約翰啓示錄》第21章第2節。

在阿布那優塞夫山脈巨大的支脈上，埃塞俄比亞的拉里貝拉位於2,600公尺的高度，由於在堅硬的岩石中雕鑿出雄偉壯麗的教堂，備受人們的青睞和讚許。

該居住地是根據札克威王朝最重要的國王命名的，他按照上帝的一則傳說承擔了這項任務：依據《約翰啓示錄》，在羅哈——拉里貝拉當時的名稱——建造了一座「神聖的耶路撒冷」。人們普遍認為，天使們在暗中幫助了那些建築師完成這項繁重而艱苦的工作。天使們畫伏夜出，每天借著夜色的掩護，精力充沛地雕鑿著教堂，因此，這11座教堂據說僅花費23年時間就完工了。

從眞正意義上說，這些教堂並不是建造出來的。更確切地說，它們是通過「搬遷」岩石而逐漸形成的。這一搬遷過程幾乎令人難以察覺，在世界基督教教堂中顯得尤為突出。這座被正方形柱子所環繞的教

堂與一座希臘神廟相似，並以其33×23×11公尺的規模名列所有岩石教堂的首位。

民工們像鼴鼠一樣，首先在「容易」加工的紅色火山凝灰岩中挖鑿壕溝和地道，逐漸形成了一塊矩形岩石塊，它必須粗具未來教堂的雛形，顯示出粗線條的輪廓。緊接著，石匠們從上而下加工這塊「毛坯」。他們以精湛的技藝和嫻熟的手法在「毛坯」上雕鑿出柱子和穹拱，按照羅馬和希臘十字架的形狀鑿出窗戶，但也有按照古代波斯的卍字形狀雕鑿出來的窗戶。

拉里貝拉的岩石教堂建造在多個層面上，當人們從一座教堂裡走出來時，往往會驚奇地發現自己正處於另一座地勢較低的教堂屋頂之上。除了整體巨石教堂和世界基督教教堂之外，人們還可以找到洞穴教堂，它們深深地嵌入峭壁，四周由岩石構成。岩洞教堂則建築在洞穴內部，由牆體和木材構築而成，屋頂利用了天然岩石。

一條狹長寬敞的岩石裂縫從世界基督教教堂一直通向「瑪利亞之家」，其內部由五光十色的繪畫裝飾而成。「瑪利亞之家」曾是國王拉里貝拉的宮廷教堂，人們在西牆上至今還能看到拉里貝拉的「包廂」。在一根始終被覆蓋的柱子上，人們用手觸摸似乎能夠感覺到其銘文的存在，該銘文的「開頭和結尾」闡述了當時社會信仰的統一性。在各各他教堂裡（耶穌被釘死的地方），耶穌門徒們用12尊超過眞人大小的浮雕塑像來鎮守聖地。據傳說，國王拉里貝拉的陵墓被安置在一個壁龕裡。對於埃塞俄比亞的基督教徒來說，造訪該陵墓無異於到耶路撒冷作一次朝聖。

據傳聞，喬治教堂的創建起因於拉里貝拉的一個先知夢境：神聖的喬治——士兵的保護神，據說在抱怨沒有為他建造一座教堂。這座位於傾斜岩石平台上的貝特．吉約吉斯教堂——拉里貝拉的最後一座教堂，是一件眞正的藝術傑作。它被高大挺拔的橄欖樹所環繞，這些樹據說來自耶路撒冷。從遠處看，教堂微微陷入岩石中，其外形宛如一根木頭支撐著祭台。

在窗櫺和門框上點綴著「猴頭」的貝特・阿馬努埃爾教堂、貝特・梅爾科里斯教堂、巍峨壯麗的貝特・加百列・魯法埃爾教堂和讓人想起岩石陵墓的貝特・阿巴・利巴諾教堂等，都屬於另一組教堂。遊客們置身其間，眼花繚亂，恍若遁入了迷宮。通過長廊式的通道、多條隧道、狹長的走廊和木橋，這些教堂相互溝通，並且連接在一起，被譽為上帝的「一個堅固的堡壘」。

無論在何處，事實上，這些教

左圖：當時已部份倒塌的貝特・馬闊勒沃斯教堂的內部，其環境酷似岩石洞穴，描繪在棉織物上的美麗壁畫被保留了下來

堂都是一群神職人員、副主祭、修道士和信徒們的傑作。他們在「通往天堂的小徑」上，即埃塞俄比亞的約旦河邊，用生命履行了自己神聖的職責。對於他們來說，象徵耶路撒冷的拉里貝拉已經成為「化石」。

安格利卡・格雷貝爾
（邵靈俠　譯）

第80號

下圖：無數信徒今天仍到拉里貝拉的教堂去朝聖。就像圖中所示，大家蜂擁趕赴貝特・吉約吉斯教堂

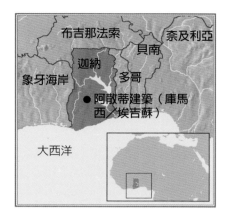

河神塔諾及其強大的家族
阿散蒂的傳統建築

阿散蒂的傳統建築
文化遺產：擁有格子結構和棕櫚葉屋頂的傳統粘土建築，包括阿塞納瑪索神廟；位於庫馬西的達克威－雅克奇神廟和肯丁克羅諾神廟；位於阿達威的帕塔克雷神廟；位於埃吉蘇的阿達威尼斯神廟和埃吉蘇－貝西斯神廟。所有這些建築物均出自18世紀
所屬洲：非洲
所屬國：迦納（阿散蒂）
地　點：庫馬西和埃吉蘇
列入名錄年份：1980年
意　義：阿散蒂文明的最後歷史見證
大事記：
1695年　國王奧塞·圖圖創建了阿散蒂王國
1816年　庫馬西成為阿散蒂國王的住地
1817年　英國王室派遣一位公使造訪阿散蒂國王的宮廷
1817-1818年　第一位基督教傳教士進駐阿散蒂王國
1838-1843年　英國科學考察旅行家首次發現阿散蒂
1874年　黃金海岸（現為迦納）成為英國王室的殖民地，位於庫馬西的王宮被摧毀
1896年　創建英國保護國阿散蒂，在庫馬西重新建造國王宮殿
1902年　阿散蒂王國成為英國王室的殖民地
1957年　阿散蒂王國成為迦納共和國的一部分

　　許多阿散蒂藝術品今天仍然陳列在博物館裡，其精美的程度令人嘖嘖稱奇。在大英博物館裡陳列著這個具有高度藝術性的金屬圓盤，他是用來秤出黃金重量的砝碼（右上圖），巴黎的非洲博物館和大洋洲藝術博物館陳列著這個典型擁有碩大光滑腦袋的多產玩具娃娃（右下圖）。

　　踩著鼓點的節奏，神職人員汗流浹背地在跳舞驅鬼，同時神情恍惚地沉浸於舞蹈旋律之中。隨著鼓點節奏的加快，其外衣像棕櫚樹的葉子一樣不斷地旋轉晃動。晶瑩的汗珠在他們那塗著白色土質顏料的臉龐上流下來，形成了一道道深色的紋路。稀奇古怪的弧形牛尾巴越來越靠近神廟牆壁。在正方形的庭院裡，宗教典禮正在隆重舉行，該庭院被一人多高的圍牆所環繞，多年來風風雨雨和獻祭儀式上煙燻火燎的痕跡在圍牆上依稀可辨。東南西北四個方向都有一幢樓房從內院向外延伸，其真正的功能只有當家者知曉。歌女們的房子矗立在神職人員房子的旁邊，她們在裝飾過的牆腳後面，即主屋頂的陰影下面擊掌引吭高歌，嘹亮的歌聲餘音繚繞，不絕如耳。在庭院的對面一側，矗立著擁有彩色爐灶支架的廚房，裝有神仙藥草湯汁的彩色陶罐放置在支架上，用文火熬煮著。神職人員極度亢奮地圍著尼亞姆祭壇的三條分支和最高等級的創世標誌不停地跳躍著，更高等級的祭禮主持大師並不與該標誌發生任何直接的接觸。從敞開和幾乎空空蕩蕩的圓筒狀房子裡傳出陣陣悠揚的低音鼓聲，其低沉的聲音經過周圍牆壁的多次反射，強度驟然增加了許多倍。其中第四座建築物——祭台，憑借其用特製金銀絲編織的圓形圖案和透孔的牆壁而顯得格外引人注目。

　　阿散蒂的傳統建築是由無數具有廣泛意義的旋轉圖案和圓圈圖案裝飾的，「矮椅」常常在祭台室的入口處展現自我，它是一個木頭構件，由外露的柱子支撐著的橢圓形弧線所構成，而這些橢圓形弧線卻被階梯狀的圖案所覆蓋。為了進入神龕的內部，神職人員必須費力地攀登上三級磨光的台階，這些台階像一副做假牙的石膏模子，引導人們走向門檻。左右兩邊各色各樣的弧線裝飾物在赭色中熠熠生輝，這裡因為擁有虛幻的「女王抽屜」和「蛇爬上拉菲亞棕櫚樹」的圖案而名聞遐邇。

　　只有經驗豐富的阿散蒂建築師才能把這些易碎的裝飾物鑲嵌在牆壁隔板的新鮮黏土上，構成一幅令人賞心悅目的整體圖案。這種基本圖案是用竹子碎片組成，其基本框架用草編織物包圍，然後用一層薄薄的糊狀黏土反複覆蓋，不斷塑造、定型，直到凸出來的紋理被顏色覆蓋為止。

　　主持典禮的大師在助手引導下步入光線陰暗的「最神聖的內殿」。具有碩大而光滑腦袋的木質玩具娃娃倚牆而立，它象徵著多子多孫。這些娃娃是上幾代人為了祈求多子多孫而製作的，並敬獻給神廟。特別令人注目的是已故首領們曾經使用過的坐椅，它們都被雕刻得精美絕倫，並小心翼翼地翻轉過來，以防止凶神惡煞坐在上面。在其右側擺放著一個敞開的祭台，裡面除了存放各種典禮的不同物品之外，還供奉著黃銅器皿，作為神靈的席位。奧多曼科瑪，偉大的河神塔諾最寵愛的兒子之一，據說也逗留在祭台上，接受人們的祭祀。人們用供品祭拜這位多產的保護神之子，以博得他的歡心，使其更加仁慈和慷慨。因此，幾乎所有保存下來的阿散蒂神廟都供奉著塔諾的兒子們。由於缺乏神職人員，今天仍然只有少數神甫能夠完成其宗教使命。從前，根據古老的建築原理，在一個正方形的內院周圍建造了四幢大樓；今天，人們又相繼建造了宗教場所、私人住宅和世俗統治者的建築物。由於建築方案縝密嚴謹，以及合理使用了建築材料——黏土，並用自然方法調節空氣流通，所以直到今天，這種傳統的建築學也能夠與現代化的鋼筋混凝土建築方式相媲美。

斯特芬·希爾曼
迪爾克·博施
（邵靈俠　譯）

第81號

最左圖：具有
阿散蒂建築學特徵
的正方形內院

左圖：祭壇室
一瞥，已故首領的
座椅被小心翼翼地
翻轉過來，以防凶神惡煞坐在上面

下圖：阿達威尼斯神廟的牆閉上鐫刻了
具有阿散蒂藝術特色的浮雕，採用了典型的
阿散蒂題材

國王和士兵們的英雄故事被生動地描繪在宮殿牆壁的浮雕上，該浮雕色彩絢麗、光彩奪目。

獵豹的兒子們
阿波美（達荷美）的國王宮殿

如果誰根據自己的想像力來理解宮殿，那麼他一定會大失所望，因為先前的宮殿城已於1892年被法國佔領者摧毀。今天，在達荷美僅僅遺留下來一些很不顯眼的建築和一座小型的神廟。神廟是用黏土建造的，據說浸透了達荷美王國的敵人鮮血。幾百年來，國王、宮廷侍從及其士兵們——其中包括達荷美的著名女戰士，曾經生活在這裡。當然，統治者們也安葬在這裡。

從前，所有的建築物都是用秸稈覆蓋屋頂的，部分外牆用彩色圖案裝飾，這種淺浮雕也能夠在今天當地的博物館外牆上找到。此外，該博物館還展示國王蓋佐曾經使用過的著名御座，其椅腳擱置在四塊鍍銀的頭蓋骨上，用傳統的織物鑲飾，其圖案描述了達荷

美的歷史和戰神雕像。此外還有鐵製的墓碑，碑文讚揚了先人們的豐功偉績。

生者和死者之間的界線在達荷美早已涇渭分明。今天，在宮殿庭院裡每年仍然舉行一次祭祀先王的隆重典禮，並持續數個晚上。每天晚上，在現任國王的主持下，那些在達荷美曾經輝煌過的名人後裔歡聚一堂。祭祀典禮盛況空前：鼓聲激越、歌聲嘹亮，身穿白色衣衫的舞蹈家舞姿輕盈，時隱時現。面對此情此景，人們恍若看到了早已仙逝的國王們飄然而至，並和著音樂的節拍與眾人一起翩翩起舞達數小時之久。

在先王們返回人間之前，人們先舉行宰牛祭祖的儀式。從前，是用活人作祭品；現在，當地人用公牛取代了活人。「因為這些公牛和人一樣」，他們向外來

參觀者解釋說：「人們把活牛拴在廣場上，然後面對牛群舉行隆重的祭祀儀式，最後全部斬殺掉。當它們的靈魂遁入天堂後，又會重新復活，並向先王們稟報，人間已經為他們準備好了美味佳肴，正期待著他們的光臨。」

因為從前人們普遍借助這種「信使」儀式，所以18至19世紀的歐洲人認為，這種每年舉行的祭祖儀式是蒙昧的象徵和野蠻的巔峰。英國人羅伯特‧諾里斯於1790年這樣寫道：「在達荷美，國王主宰著下屬的生命、自由和財產，並且絞盡腦汁以最野蠻和最殘暴的方式尋歡作樂。在祭祀儀式上，他們把一大堆頭顱壘疊起來，作為宮殿門廳的裝飾物。」

儘管當時血腥恐怖事件時常發生，但這絲毫不會影響外人與豐尼國君主的貿易往來，因為那裡出產世界上緊缺的原料：自從17世紀以來，他們一直為白人新大陸的種田園提供廉價的奴隸，同時換回酒類、紡織品和其他歐洲工藝品，其中主要是火器。他們用這些火器武裝軍隊，與裝備較差的鄰國交戰，然後把俘虜當作奴隸再賣給白人，所得款項又去購置新的軍火。

200多年來，世上普遍盛傳著這樣一則傳說：豐尼國君主及其後裔們都是一頭獵豹的子孫，因為獵豹與一位公主私通後繁衍了豐尼國的國王家族，並且生生不息，發展壯大。在達荷美，豐尼國從微不足道的小型家族逐漸發展成為具有強大軍事實力、組織嚴密的國家。

只有當歐洲殖民勢力介入這塊黑色大陸，相互瓜分其勢力範圍後，這個王國才徹底崩潰：「在進行了無數次戰鬥之後，法國考察探險軍團揮師佔領了他們的首都，並且把國王貝漢津驅逐出去。從此，他的軍隊被完全摧毀，他的權力永遠失去。從現在起，達荷美人民的命運已掌握在法國人手中……」

這一事件的經過是這樣的：1892年11月18日，一支法國考察探險軍團與國王的軍隊交火，此

後國王軍隊便與法國人進行了艱苦卓絕的戰鬥，陣地爭奪戰從海濱一直延伸到阿波美，並且持續了近兩個月。

雖然漢堡商人武裝了國王貝漢津的軍隊——商人們以武器換取了幾千名達荷美戰俘，把他們作為「自願工人」送到喀麥隆和剛果效命——但仍然挽救不了其滅亡的命運，即使有來自鄰國剛果的非普魯士軍隊和具有無比英雄氣概的著名

女戰士的介入，阿波美也沒能逃脫失敗的命運。

羅倫斯‧羅爾霍伊澤
（邵靈俠　譯）

第82號

左圖：格萊拉國王把威風凜凜的獅子作為自己的飾物標記，並且讓人把其形象描繪在比約克斯宮殿裡面

下圖：今天，人們也只能找到王府僅存的遺跡，該官邸是國王阿卡巴（1685-1708）讓人在略為偏僻處建造的

阿波美的國王宮殿
文化遺產：過去的14座宮殿中今天只完好地保存了其中的2座：神聖庄嚴的宮殿庭院被6公尺高的圍牆所包圍；「國王祈禱室」和「國王母親祈禱室」；擺著王室祭台的祭祀小屋；宮殿建築物上裝飾著生動形象的浮雕藝術作品，其中有反映歐洲人早期活動和交往的畫面，或者介紹歷代統治者的飾物標誌，比如鳥和鼓、魚和魚簍；在放置御座的房間裡，7把御座赫然排列，其中就有蓋住的御座，他就是那位坐在鍍銀的死人頭蓋骨上休息的國王
所屬洲：非洲
所屬國：貝南
地　點：阿波美（達荷美），在科托努的北面
列入名錄年份：1985年
意　義：17至20世紀強大的阿波美王國的歷史見證
大事記：
約1620年　創建豐尼王國，首都為阿波美
1625年　阿波美的第一任國王達科執政
1645-1685年　國王凱格巴提亞執政
1708-1740年　國王阿加提亞執政
1728-1818年　國王坦格伯舒、肯格拉、安貢哥羅和阿達多長的執政時期。那時，奴隸貿易達到頂峰。
1818-1858年　國王蓋佐執政
1858-1889年　國王格萊拉執政
1878年　國王格萊拉和法國人簽訂條約，割讓科托努地區。
1889-1894年　國王貝漢津的軍隊抵抗「保護國」——法國的軍隊
1894年　最終成為法國的殖民地，貝漢津被驅逐。
1906年　國王貝漢津在阿爾及利亞去世
1944年　國王蓋佐和格萊拉的宮殿被改造成博物館

席巴女王黃金國中的一隻「上帝鳥」
遺址城大津巴布韋

上圖：上城「阿克羅波利斯」，是以前國王及其王室人員的居住地，只有朝臣及侍從被允許在此地滯留

中上圖：上城的東圍牆

右圖：由大約100萬塊花崗岩堆砌而城的大圍場是遺跡中最大的建築物

在巍峨的花崗岩小山坡上，有一片無邊無際的熱帶稀樹草原，其間聳立著莊嚴雄偉的圍牆、堡壘和由密不透風的石板疊砌成的城垛——一座中世紀城市的遺址。自從該遺址被發現並出名之後，「神秘」一詞始終籠罩著它，因為直到今天也沒有一個人可以明確地說出，到底是誰把這座巨型建築物建在非洲的叢林中。

「黃金國奧弗」、「所羅門王的地道」和「席巴女王的宮殿」——這些都是對神秘建築的獨特解釋。阿拉伯和葡萄牙的旅行者們寫下了這些報導，一座由石頭構成的壯麗輝煌城市和位於金礦之中的要塞，它座落於非洲的最深處，由一位強大的國王執掌政權。

第83號

左圖：用最簡單的方式把裝飾藝術融入統一的牆體的確是富有創造性的傑作。令人深思、令人回味，更令人讚嘆

中左圖：狹窄的通道、高峻的城牆，這就是所謂的「平行通道」

「津巴布韋」這個名稱婦孺皆知，名聞遐邇，其地理位置在16世紀的地圖上已經被精確地標識出來。古代猶太人、埃及人、腓尼基人和巴比倫人被看作是該城市的建築業主，甚至在《聖經》上也解釋了位於撒哈拉沙漠南部的那些雄偉壯麗的石頭建築物的起源。關於這一點，探險旅行者和殖民者直到近代都觀點一致，即不用灰漿建造的城牆不可能僅僅出自非洲人之手。

今天，人們認為是一群在林波波河和尚比亞之間居住的馬紹納人，也被稱為卡拉干人，建造了「津巴布韋」——在馬紹納人的語言中，「津巴布韋」是「石頭房子」的意思。它是一個大王國的首都，該國國王給今天的國家取了自己的名字：人們可以在津巴布韋找到用滑石雕刻的「上帝鳥」，今天，它已成為該國的標誌。

從前，這些鳥像小四方旗一樣，棲息在大津巴布韋小山崗上的城牆上——該城牆高高聳立，厚薄不一，最厚處達5公尺。具有500多年歷史的「上帝鳥」形象和作為巨大的橢圓形建築中心的圓錐形鐘樓尤其引人注目，但這與缺乏文化和歷史的非洲大陸形象不太相稱，正如歐洲人幾個世紀以來堅持認為的那樣。

來自德國施瓦本地區的卡爾‧毛赫於1871年作為第一位歐洲人「發現」了該遺址，詳細地描述了那裡的情況。他當時確信，自己進入了「席巴女王的黃金國」，由他找到的那根棟樑出自黎巴嫩雪松。在他之後，幾代業餘考古愛好者和尋找黃金的冒險家蜂擁而至，進行了瘋狂的掠奪和破壞，從而使這裡的正常考古工作深受影響，嚴重阻礙了遺址的發掘進程。直到20世紀初，由於普遍採用了較科學的檢測方法，並通過科學的分析論證，終於確定：過去人們對遺址建造者的種種猜測，無異於天方夜譚，顯得十分幼稚可笑。採用碳十四的檢查方法使精確計算遺址年代成為可能，經過檢測確定，這些莊嚴的建築物產生於13至15世紀。但仍然存在著不解之謎：誰曾經在這裡生活？為什麼這個王國會崩潰？

畜牧者作為第一批人在這裡定居，他們懂得如何加工鐵礦。在漫長的生活歷程中，他們逐漸形成了一種獨特的等級和福利制度，在其「頂端」站著的是國王。他們崇拜人類的創造者——上帝穆瓦利，並把大津巴布韋逐漸建設成宗教中心和國王的首都。在那裡，除了國王及其家族外，還生活著官員和達官貴人。那座小山（阿克羅波利斯）是國王（曼波）的居住地，是卡拉干人政權的最高象徵。在鼎盛時期，大津巴布韋可能生活著18,000名居民。牧牛是當地人生活中不可或缺的一環，因為牛群被看作是財富的象徵和重要食物的來源。人們從地底出土的少量幾件碾磨工具得出結論，當時的糧食種植業不太發達，即使有的話，也成為釀造啤酒的原料，這可以從發掘出來的釀造啤酒的容器上得到印證。據考證，大津巴布韋逐漸富裕起來的原因主要是得益於金、銅和鐵的加工業，以及與它們相關的貿易。有關大津巴布韋於15世紀衰亡的原因，一直以來眾說紛紜。現在，最具權威的解釋慢慢浮出水面：人口猛增使食物的供需發生了問題，從而無法養育如此眾多的生靈，其後果導致了內亂和戰爭。當時，其鄰國利用大津巴布韋權力真空的間隙，大舉進犯，進一步擴大了自己的勢力範圍。

彼得‧里普肯
（邵靈俠 譯）

遺址城大津巴布韋

文化遺產：席巴女王首都的傳說；約7平方公里的遺址城，擁有錯綜複雜的地質地貌；花崗岩小山上一個98×44公尺大小幾乎橢圓形的地塊，以及所謂的山谷和大圍場；在撒哈拉沙漠南部，聳立著最大的石製建築物——大圍場，它由大約100萬塊花崗岩石頭疊砌而成，其周長大約是246公尺、高度達10公尺。在圍牆裡還矗立著一座約10公尺高的圓錐形鐘樓，鐘樓底部截面長度為4.8公尺；估計有50個家庭生活在圍場周圍

所屬洲：非洲

所屬國：辛巴威

地　點：大津巴布韋國家文物區，穆斯文戈的東南面

列入名錄年份：1988年

意　義：出自前殖民時代的非洲最大建築群落，以及中世紀馬紹納文化的歷史見證

大事記：
約1200-1450年　創建大津巴布韋
1871年　卡爾‧毛赫發現遺址城
1890-1910年　尋寶冒險家和業餘考古愛好者破壞了古遺址
1905-1906年　考古學家戴維‧蘭德爾‧麥基弗進行發掘考察
1932年　大規模的系統發掘，並確定歷史年代。在地底下找到了明朝（1384-1644年）的陶瓷品

懷俄明州　　堪薩斯州
科羅拉多州
梅莎爾地國家公園
杜蘭戈
新墨西哥州

被琥珀包裹的藝術品

梅莎爾地國家公園

　　1888年冬季的某一天，天寒地凍，雪花飛舞，兩位牛販爲了找回失蹤的牛群，穿行於遼闊的草原，跋涉在險峻的洛磯山支脈上，最後終于在茂密森林覆蓋的高原上找到了丟失的牛群。他們佇立在向下傾斜的陡峭峽谷的邊緣上，發現對面峽谷一側有一座衰敗的城堡。美國女作家薇拉・賽伯特・凱瑟曾經撰寫過有關美國西部移民的長篇小說，對這個場景作了生動的描述：「大雪紛飛地落下來，給松樹林披上了白色的衣裳，雪中的城堡給人以莊嚴肅穆和神秘朦朧之感。它儼然是一尊雕塑，就像一隻蒼蠅裏在琥珀之中。」──這兩位牛販驚奇萬分，朝那些荒蕪的建築爬下去，進入由不同房子所組成的迷宮。他們看到，在城堡周圍石頭工具和陶瓷器皿散落一地。這兩個牛販是700多年後重新踏進「懸崖宮殿」的第一批人，這也就

是後來在塞平・梅莎爾的邊緣、岩石突出部位下面的一幢「居住宮殿」的名稱。

大約早在300年前，西班牙殖民主義者在征服今天美國的西南部時，曾經向前推進到該地區，但對此竟一無所知，完全不知道在峽谷和山崖邊緣下隱藏著神秘的建築物。300多年來，一種早已消失的文明藏匿於荒涼曠野之中，該地區被西班牙人命名為「梅莎爾地」（「綠色布告牌」）。

大約在1300年前後，當地的居民們放棄了賴以生存的山崖小天地。從前，阿那撒齊人定居在洛磯山脈的末端達幾百年，在狹長平坦的土地上種植傳統的農作物，比如豆、玉米和南瓜等，生活清貧艱難。隨著人口的不斷增長，自給自足的旱地農業似乎走到了盡頭，飢餓問題始終困擾著每一個人。隨著飢餓的人數不斷增加，居民們普遍要求進行集約化農業生產，因為原始的農業耕作只能使土地更加荒蕪貧瘠。當時，在這塊山地上每天有2,500名阿那撒齊人無法溫飽，因為原本是糧食作物有效補充的森林野獸，由於過度捕殺，數量急劇下降。此外，突如其來的乾旱致使歉收，以及為了爭奪肥沃的土地而進行無休止的爭鬥等原因，導致生活在韋特里爾・梅莎爾和索打峽谷之間地區的大批居民不得不離鄉背井，遷徙到肥沃的里奧格蘭德山谷。

最早的一批居民約在10,000年前，即最後一次冰河期結束之後，就相繼來到北美洲，在梅莎爾地這塊狹長的地帶落地生根。為了尋找更多的野獸，北方的土著紛紛遷居到更溫暖的南方，他們就是阿那撒齊人的祖先。公元前100年，他們首先生活在現為科羅拉多州西南面的平原上。直到大約1,100年前後，他們為了

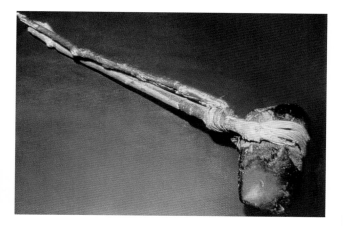

躲避敵人的襲擊，抵達安全的世外桃源，毅然離開了那簡陋的窯洞式房子，長途跋涉，來到十分偏遠、人跡罕至的峽谷地帶，在突出的懸崖壁龕和洞穴中，以及柔軟的砂岩中，營造自己溫暖的「危崖住宅」和宗教祈禱室（基瓦）。為了保證一個個小「部落」的水源，他們建造了天然蓄水池和引水渠，比如「木乃伊2號」的供水系統。當時，整個「部落」共有400人和睦地生活在一起。

在「雲杉之家」附近，部分建在地下的8間宗教祈禱室，是阿那撒齊人建築藝術的重要見證。在那裡發掘出來的陶瓷品，其白色底子上被藝術造詣頗深的阿那撒齊婦女們點綴上黑色的幾何圖案。今天，在遺址周圍，嘎巴橡樹在高原道路的兩旁婆娑多生姿，美麗迷人；而過去，橡樹的果實曾經豐富了印第安人的菜單。在路旁，高高的花旗參樹迎風搖曳，被外人誤認為雲杉樹——後來，這裡也就獲得了「雲杉之家」的美譽。據說，最初一批白人探險者就是從這裡爬下山谷，進入這座神秘而奇特的「危崖住宅」。在隨後的幾年裡，孜孜不倦的考古學者們逐

漸發現了600多間「危崖住宅」，這些住宅以前是很難抵達的。所謂的「懸崖宮殿」是由220個房間和23個祈禱室所組成，它算得上是梅莎爾地地區阿那撒齊人最大的住宅建築。

漢斯・彼得・西克
（邵靈俠 譯）

第84號

懸崖宮殿，座落於塞平・梅莎爾地山崖突出部份的下面，是最大的住宅建築群之一。

當他們在大約1,300年前放棄自己的住宅時，阿那撒齊人留下了無數足以證明其文化的實物。這裡展示了富於想像力和彩色的陶土盤子工具—石斧和用於製造工具的器具—骨頭、鹿角和專用石頭。

梅莎爾地國家公園

文化遺產：自1906年起成為國家公園：600間所謂的「危崖住宅」，其中包括在韋特里爾・梅莎爾和索打峽谷之間的懸崖宮殿和宗教祈禱室（基瓦）、梯級小屋、長形小屋和太陽神廟

所屬洲：美洲

所屬國：美國（科羅拉多）

地　點：梅莎爾地（綠色布告牌）列入名錄年份：1978年

意　義：6至13世紀聖-胡安-阿那撒齊人具有重要地位的居住區

大事記：

約750年　阿那撒齊人和貝勃羅人古代文明的起源

約1150年　在洞穴裡和岩石懸崖下面建造住宅群

約1200年　在懸崖和福克峽谷上建造較大的住宅群，當時最多有800人居住，共有33幢建築群

1277年　把「馬克之家」擴大到94個房間和8個宗教祈禱室

1874年　受美國地質和地理調查局的委託，威廉・亨利・傑克森拍攝了第一批「危崖住宅」照片

1890年　查爾斯・梅森和韋特里爾兄弟倆發現了「馬克之家」——這裡出土了各種縛在一起的酒杯——該發掘地也根據其命名

美國

紐約州

康乃迪克州

紐約

自由女神像

新澤西州　　大西洋

自由女神像
文化遺產：法國雕塑家巴托爾蒂（F.A. Bartholdi）設計的自由女神像，高46公尺，重254噸，基座高47公尺；內有171級台階通往位於巨像頭部的瞭望台
所屬洲：美洲
所屬國：美國（紐約州）
地　點：紐約港，自由島
列入名錄年份：1984年
意　義：象徵自由和獨立的巨像
大事記：
1871-1884年　製造巨像，其內部鋼架由古斯塔夫·艾菲爾設計
1876年　在美國獨立100周年之際，法國以自由女神像相贈
1886年　舉行落成典禮
1892-1954年　在附近的艾莉絲島上設有移民臨時收容所和檢疫站，還設有拘留營
1903年　美國女詩人拉扎勒斯（Emma Lazarus，1849-1887年）的十四行詩《新巨像》刻入基座
1984年　修復巨像

右圖上：法國工作小組設計之巨像的一條手臂的石膏模子

右圖下：從當時的圖片可以看出，要使「自由小姐」巍然屹立於紐約港的位置，需要多少工程知識和精密的工作。將巨像裝船運送的靜力學要求由此可見一斑

巨大的「自由小姐」

自由女神像

請給我送來一切疲倦困苦、
渴望呼吸自由的受壓迫人士，
你們擁擠國家可憐的棄物。
請給我送來這些漂泊於風浪的遊子，
我高舉明燈在金色大門旁指路！
　　愛瑪·拉扎勒斯：《新巨像》，1903

作為自由思想化身的永恆的少女形象，Miss Liberty（自由女神）算不上特別漂亮。然而，與世界古代七大奇觀之一，同樣手持火炬的希臘羅德島巨像相比，這座剛整容過的美國「國家紀念碑」儘管重達254噸，卻遠沒有後者那樣醜陋：自由女神有一個漂亮的鼻子，這是希臘古典時期的寶貴遺產。從這一法美兩國合作建成的巨像身上，人們看到更多的是凝神而視的雅典娜女神影子，而不是那位袒胸露乳、揮舞著法國三色旗的豐滿女戰士影子。這一袒胸女戰士的形象*使其創作者德拉克洛瓦在羅浮宮佔了一席之地，她的形象則透過現行的法國紙幣廣為流傳。

自由女神換下了紅色的雅各賓式便帽，代之以耶

穌受難時戴的荊冠——對不起，應該是更具代表性的光環，人們可以由此眺望紐約這座大城市壯麗的全景。不過，那些擠在令人窒息的移民船艙裡的人，根本無暇計較荊冠與光環的差別。「渴望呼吸自由的受壓迫人士」完全沉浸在他們的美國夢裡，在巨像視野內的艾莉絲島檢疫站的遭遇，也不能使這些曾漂泊於風浪的新來者產生絲毫的清醒。對他們來說，看上去有些任性的自由女神及其手中的電火炬，預示著一個全新的人生篇章已經開始。

如果我們表現得無禮一些，用目光脫去自由女神那件仿古長袍，就會看到一座外殼是銅的艾菲爾鐵塔。不論古代的羅德島巨像是如何保持站立姿勢的，可以肯定的是，它絕不會有這麼一個出自著名的古斯

塔夫·艾菲爾之手的鉚接鋼製骨架。

自由神銅像原計劃樹立在蘇伊士運河的入口處作為大範圍照明的燈塔，以表示替當時再度出現共和氣氛的法國增光添彩。拿這一現代世界奇觀與古埃及的亞歷山卓港燈塔**一決高低，是一個千載難逢的機會，不料這機會「消失在美國方向」，巨像的創作者巴托爾蒂可能為此掉了不止一滴眼淚。

由於其「情感嫁妝」的特殊意義，這位埃菲爾鐵塔的姐姐從未被認真地歸入19世紀末頗為龐大的「技術巨人」家族。這本是件遺憾的事，因為從技術上看，巨像家族又一位知名人士是她的「兄長」和「世仇」——1876年大受擁戴的「瑟羅斯克人赫爾曼」***。在這座手持寶劍的巨像上，德國雕塑家恩斯特·馮·邦德爾花了30餘年心血。因此，他應當被視為巨型銅像們的鼻祖之一。

19世紀末至20世紀初的數十年裡，全球範圍內帝國權勢擴張，藝術和科技的發展成為一個顯著特點。工業文化的各種新的可能使藝術家和工程師們一樣入迷。他們合作的直接結果不僅有金屬皮的英雄，還有

第85號

上左圖：燃燒的火炬象徵著啓蒙之光

上右圖：左手上拿著的是美國獨立宣言，上面是該宣言簽署的日期

左圖：「自由小姐」是一個象徵自由的代表符號，尤其象徵著對人類對自由有基本信仰的權利，因此美國的郵票上自然也不能沒有她

她在46公尺的高度「堅定的」向到達紐約港的人們致意。那些被迫先在艾莉絲島渡過檢疫期的國外流亡者，看到自由女神像時往往會產生對未來生活一種全新的、自由的、理想的憧憬。

摩天高塔和巨型輪船，其中有艘就叫做「鐵達尼號」。

當時，美國尚未成為世界大國，它對此類大手筆還有某種根深蒂固的疑忌。然而，隨著其權勢的擴張，它不再敬而遠之。1941年完工的南達科塔州拉什莫爾山的總統頭像，將這種「數大便是美」的行為發展到極點。

亨德里克‧克爾斯登
（周何法 譯）

譯注：

＊見法國畫家德拉克洛瓦（1798-1863年）的代表作《自由領導人民》。

＊＊也是世界七大奇觀之一。除本文提到的兩個外，另外五大奇觀是：1. 基沙的金字塔，是七大奇觀中最古老也是唯一迄今大體尚存者；2. 巴比倫的空中花園；3. 奧林匹亞的宙斯神像；4. 以弗所的亞特密神廟；5. 哈利卡納蘇斯的摩索拉斯王的陵墓。

＊＊＊赫爾曼：乃「阿米尼烏斯」之誤。日耳曼部族瑟羅斯克人的首領，曾在托埃托堡森林大敗羅馬軍隊，19世紀後期被尊為日耳曼民族英雄。其紀念碑（赫爾曼紀念碑）位於德國托埃托堡森林，塑像高26公尺，基座高30.7公尺。

「羽毛之蛇」創造的一件傑作

齊欽伊沙遺址

右圖：庫庫爾坎金字塔被弗雷德里克‧卡瑟伍德描繪在一張石版畫上（約創作於1844年左右）

奎札科特、綠色羽毛之蛇、大祭司，馬雅人稱之爲「庫庫爾坎」——他的圖像與「羽蛇神」的神靈相融合，這些神靈矗立在馬雅人神廟的中心位置上，在齊欽伊沙的無數雕塑中永世流傳。

爲了讓神靈們慈悲爲懷和寬宏大量，神秘的馬雅人一方面建造了金字塔，其數學精確度幾乎令人難以置信；另一方面又舉行了旨在頌揚神靈，卻彌漫著血腥氣息的宗教獻祭儀式。關於這兩種景象，我們仍然可以在伊察民族的一潭泉水旁看到。從南方遷徙而來的馬雅人，於5世紀在這地勢平坦、氣候炎熱的地帶安營紮寨、繁衍生息，自稱爲伊察。他們當時生活的聚居地就是今天的猶加敦地區，即所謂的落水洞泉水潭附近，該地區也因此得名。

爲什麼馬雅人在7世紀末前後離開自己新的故鄉呢？對此，人們眾說紛紜莫衷一是，直到今天也沒有明確的解釋。300年後，托爾坦克人在統治者奎札科特——「羽毛之蛇」的率領下，來到齊欽伊沙定居。托爾坦克人對「羽毛之蛇」無比敬仰，並把這種由衷的情感展現在齊欽伊沙珍貴的古代造型藝術作品上。

參觀者們剛剛穿過中央大門，頃刻間便可抵達或許是原始馬雅人的定居地——烏錫阿巴那最著名的建

築：「埃爾-卡斯蒂羅」或者「庫庫爾坎金字塔」。今天，這裡仍然每年舉行兩次針對上述「羽毛之蛇」的祭祀典禮，其場面宏大，莊嚴肅穆，給人留下深刻的印象。每年的晝夜平分時，即3月21日和9月21日，從15時至17時都要爲「羽毛之蛇」舉行隆重的祭祀典禮。

這時，太陽以一個特定的角度斜射到金字塔上，其傾斜的陰影在主階梯旁構成一幅妙不可言的勝景：一條慢慢向下盤繞的蛇影一直「游」到金字塔塔基旁兩個巨型蛇頭石雕中去。面對此情此景，人們恍若看見庫庫爾坎離開神廟，「游」入金字塔。

該金字塔還反映了馬雅人高超的數學理念，它被建成9級，在4個側面的每一個面上都建造了4個階梯，每個階梯共計有91級台階，再加上頂部有欄杆的平台，得出一年的天數是365天。此外，在每個側面上還可以找到52塊平台，它們代表了一年中的星期數。另外，該金字塔還有一個不解之謎：如果有人站在主要階梯前拍手，那麼在其頂端上便會聽到一聲沉悶的回音。

在卡斯蒂羅的東面矗立著「德洛斯‧格雷羅神廟」，也就是

「士兵神廟」，它被看作是「千柱」建築群。該建築屬於穿廊式結構，並且遵循托爾坦克人的建築理念建造。從前，馬雅人用幾打石柱支撐起一個木頭樓宇，但他們並不知道這種建築方式的弊端。隨著時間的推移，木頭腐爛殆盡，只留下孤零零的石柱。

在這些石頭柱子上，人們能夠欣賞到無數士兵的威武形象，他們手執重型武器，身上掛滿飾物。在這個圓柱式大廳的後面——「鳥蛇之神」浮雕和「雨神」沙克的長鼻子臉譜裝飾著大廳——聳立著原來的「士兵神廟」，這是一座邊長40公尺的金字塔。如果人們登上陡峭的階梯，抵達頂端圍著欄杆的平台，就會受到一位「沙克·穆爾」——一尊半坐半躺的人物雕像的歡迎，他用彎曲的大腿托起腹部上的一個盤子，盤子裡盛著獻祭品的鮮血，甚至可能還裝著人的心臟。

在此附近還有一個巨型球場。從前，有兩支球隊曾經在這裡展開驚心動魄的較量。在比賽中，隊員們只允許用肘、膝蓋和臀部接觸橡膠球，千方百計地把球打入一個高度達8公尺的石圈中。這種比賽被看作是神聖的宗教活動，參加人員經過嚴格挑選。側面牆上裝飾的浮雕顯示，比賽失敗者往往被作為獻祭品，祭

第86號

左圖：士兵神廟是齊欽伊沙最令人矚目的建築物之一，他被「千柱大廳」建築群所包圍

下圖：該觀察站以其巧奪天工的建築藝術為神職人員服務，以便讓他們精確地計算時間。因為太陽光線每年兩次能夠準確無誤地穿過設計巧妙的窗洞，投射到房間中央；這樣，神職人員就可以適時地掌握祭祀的時間了

拜神靈。離球場不遠處，被稱為「措姆潘特利」的「骷髏頭之牆」高高聳立，牆基上排列著獻祭者的頭顱。人們在浮雕上還發現，部分頭骨上赫然留下深深的穿刺孔，著實令人不寒而慄。

漢斯·烏爾根·弗林特
（邵靈俠　譯）

齊欽伊沙遺址

文化遺產：哥倫布發現新大陸之前就已經存在的遺址；高達30公尺的庫庫爾坎金字塔；「雨神」沙克·穆爾的雕像和一個被塗成紅色、具有美洲豹形狀的御座；墨西哥保存下來的最大球場，其面積大約為91×36公尺；長著鬍子男人的神廟；美洲豹神廟；山鷹和美洲豹的平台；深達30公尺的天然井；神聖泉眼；千柱大廳；大祭司的陵墓；彩色房子和牆壁鑲板神廟

所屬洲：美洲

所屬國：墨西哥

地　　點：齊欽伊沙，梅里達的東南面

列入名錄年份：1988年

意　　義：馬雅人和托爾坦克人那令人著迷的文明在猶加敦的歷史見證

大事記：

約435-455年　馬雅人根據丘瑪耶的手稿在這裡創建了自己的聚居地

約682年　馬雅人離開此地

約987年　據推斷，托爾坦克人在圖拉的統治者率領下從外地遷徙至此

999年　圖拉的統治者奎扎科特估計在這一年去世

1533年　西班牙侵佔該地區

1841-1842年　學者約翰·史蒂芬考察該地區

1904-1907年　考察天然井、神聖泉眼

1923年　系統全面地調查研究和發掘遺址城

1972年　發現「羽毛之蛇」的影子遊戲

墨西哥灣　梅里達

韋拉克魯斯　烏斯瑪爾

墨西哥

太平洋

三度建造

烏斯瑪爾—馬雅文化的禮儀中心和城市

要付出多少心血，才能在這些石頭上雕刻出所有的裝飾花紋和圖案，「術士的四方形」（上圖）在這裡只是眾多例子的一個，它們也在細節中（最上圖）給人特別深刻的印象。

右圖：在「修女的四邊形」旁雨神恰克（Chac）的假面，也是一個重要的題材

特別是在清晨時分，幾乎還不見遊人的蹤影，而那神廟和宮殿的上空已籠罩著一層薄薄的霧靄，人們彷彿有一種感覺：那決定性地支配日常生活的馬雅宗教禮儀並不是很遙遠的事情。

在橢圓的平面圖上聳立著阿迪維諾金字塔，素稱「德勒納諾」──這在馬雅建築藝術中是唯一的「占卜人金字塔」；統治人民的神聖的阿奧勃　（Ahauob）如此稱呼這個禮儀建築物。在馬雅文化的繁榮時期，也就是所謂的公元後第一個千年的古典時期，石構的金字塔在接近3個世紀中，一級一級攀高至38公尺。

如果人們對無數的傳奇故事信以為真的話，那麼這座禮儀建築物是由一個魔術師在一夜之間建成的。與此相反，基於研究成果，人們則認為這座「魔術的」建築物每隔52年──與馬雅的一種大的歷法周期時間體系相對應──建一次，總共在上面建了5次。位於金字塔腳下內院的那座神廟建成於第一個建築階段。引人注意的是它那裝飾著雨神恰克假面的正立面。人們在登上金字塔頂峰時都要經過其他的神廟建築。

與那以垂直線為特徵的金字塔對應的，是那長長延伸的「總督宮殿」，它被看成是馬雅建築藝術的頂峰。這個建在平台上的宮殿，給予遊客的印象是不可言狀的。「整個建築有一種建築對稱和輝煌壯麗的光芒。」一位19世紀受雇於美國、到中美洲旅行的馬雅研究者這樣說。

絕非偶然的是：根據天文學家的計算，整體建築是對著作為啟明星─金星的最南赤道緯度。最引人注意的建築造型元素，是裝飾在中段邊緣上高達3公尺的馬賽克雕飾花紋。為了塑造幾十條風格迥異的蛇和雨神恰克的假面，需要用2萬塊石頭，每塊30-80公斤重。地下室有11個入口處，它們通到24個房間。在宮殿前面是一個雙頭的形似美洲豹的寶座，豹眼朝著外婆金字塔的方向，這是一個至今研究得較少的建築物，它曾是具有重要祭祀意義的禮儀場所最高的金字塔。

拉斯·帕洛瑪斯也隱藏著秘密，這個被稱作「鴿子屋」的文物古蹟有著寬敞的前院，其金字塔式的建築包含著窗戶般的開口，西班牙佔領者通過這些開口使墨西哥人回憶起鴿子屋。禮儀中心的最後一個階段建造了庫阿德朗古洛·拉斯蒙哈斯，即所謂的「女修道院」，它是由面積為65×45公尺環繞內院的4座樓房組成。注視這四方形正立面上的造型，會給人以深刻

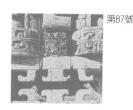
第87號

在馬雅建築藝術中最獨特的是「占卜者金字塔」的橢圓形建築。

左圖：女修道院的正立面也展示出無數的浮雕

印象：人們看到了雨神恰克的怪相，它有一個大象鼻子，齜牙咧嘴。羽蛇──對於馬雅來說它是此岸和彼岸的中介人，裝飾著北面的建築物，那「修女四方形」最古老、最重要的組成部分。

曼弗雷德·韋布克
（邵思嬋　譯）

烏斯瑪爾─瑪雅文化的禮儀中心和城市
文化遺產：曾是附近的馬雅的禮儀中心和統治中心，建築物有在橢圓平面圖上的阿迪維諾金字塔連同切內斯神廟，庫阿德朗古洛·拉斯蒙哈斯女修道院，它圍繞一個面積為65×45公尺的梯形場地而建，淮戈·佩洛塔球場，拉斯，托圖加納館，即所謂的「龜鱉館」，戈貝爾納多宮殿，其正立面飾有100多個保存良好、安放巧妙的恰克假面，面積為70×20公尺的拉斯·帕洛瑪斯鴿子館，以及31公尺高的外婆金字塔
所屬洲：美洲
所屬國：墨西哥（猶加敦省）
地　點：烏斯瑪爾，梅里達以南
列入名錄年份：1996年
意　義：馬雅建築和藝術的頂峰
大事記：
600年和950年　建造和擴建禮儀中心
1839年　考察旅行者約翰·勞伊德·史蒂芬（John Lloyd Stephens）來訪
1929年　測量禮儀中心
1932年　第一張平面圖製作完成
1943年　對尚存的最重要的建築物進行系統登記

柱子城
哈瓦那的古城和城堡防禦工事

　　一切都始於阿爾瑪斯廣場邊的吉貝樹下：1519年，人們在熱帶樹木巨大的樹蔭下做彌撒，並建立了哈瓦那城。在古巴，吉貝樹被認爲是神聖的，在11月16日——城市保護人聖克里斯托巴爾的節日裡，半個城市都圍著它轉，爲了給自己許個願。

　　阿爾瑪斯廣場，即武裝部隊廣場，是哈瓦那最古老的廣場。在殖民主義統治時期，西班牙王國的軍隊

史上最古老的里爾·富埃爾薩城堡。在城堡圓形的塔樓上，一尊青銅製的拉·希拉爾迪拉的體操造型雕像，便是哈瓦那的象徵。

　　古城的核心部分是大教堂廣場。以簡樸的殖民地巴洛克風格建成的大教堂，被幾座華麗的宮殿呈蹄鐵型地環繞著，其中有建於18世紀的塞昆多·卡波宮殿。古巴詩人阿萊霍·卡彭提爾（Alejo Carpentier）

　　上圖：自16世紀以來，埃爾·莫洛城堡巍然屹立，守衛著海港入口，在這期間，它也貼近市中心的現代化過程

　　右上圖：1511年，迪戈·維拉茲格茲·奎拉爾佔領了古巴島

　　右下圖：這張攝於1867年的海港風景畫展示了堅不可摧的城堡設施

曾在這裡操練；而今天，哈瓦那人在小公園裡，用印著切·蓋瓦拉（Che Guevara）畫像的紙幣，做著舊書、香煙的生意。廣場邊富麗堂皇的建築物是總督宮殿，它是人們在1776年爲古巴的西班牙總督建造的。總督塔孔將鋪石路面換成了厚木板路，因爲馬蹄踩在石子路上的嗒嗒聲使他的神經受不了。今日安置在此的賽達德博物館詳盡地介紹了這座城市的歷史：從1492年哥倫布發現古巴到1959年發生的古巴革命。

　　古巴是西班牙王國佔領新大陸的出發點。爲了免遭海盜的掠奪，在武裝部隊廣場旁邊又建造了古巴歷

爲哈瓦那取了「柱子城」這個名字：「一個城裡的柱子多得難以置信，這個城市幾乎成了一個眞正堆放柱子的場所，一片長滿柱子的原始森林，一列無盡的柱廊；這是最後一座有著如此大量柱子的城市。」而作家曼努爾·佩雷拉（Manuel Pereira）卻熱情洋溢地談論紅柱石的嫵媚：「在護壁鑲邊呈對稱形的花紋裝飾中，在一種不可改變的阿拉伯風格中，在一種多次重疊的弧形中，以及在內院大量輕聲細語的水井中，滲透著阿拉伯的氣質和特點。」

　　在18世紀，對於欣欣向榮的大都市而言，作爲城

左圖：18世紀的大教堂，在簡樸的殖民地巴洛克風格中建成

下中圖：大教堂的廣場是古城的核心部份

下圖：1958年11月，埃爾內斯托·切·蓋瓦拉（右起第二人）領導起義軍進入哈瓦那，在古巴革命運動領袖菲爾德·卡斯楚的領導下，1959年1月1日革命委員會接管了政權

市中心的阿爾瑪斯廣場不再夠用，於是市中心就遷移到中央公園。在古巴最傑出的民族英雄——荷西·馬蒂的紀念碑旁，在過時的切夫羅萊特車、凱迪拉克轎車、拉達斯以及一堆自行車的包圍中，西班牙殖民時期和共和國的最初經歷交相輝映。國會大廈——華盛頓國會大廈的複製品，加爾夏·洛卡劇院，豪華賓館「英拉特拉」和「廣場」，都使人們對以前那個時代記憶猶新，那時的哈瓦那是愛飲酒的美國百萬富翁、痴迷的賭徒、黑手黨頭目和腐敗的政治家聚會的地點。

海灣彼岸巍峨雄偉的軍事建築表達出哈瓦那人心神不定的擔憂。自從1561年海港成了國王銀色艦隊從墨西哥到西班牙航路的正式中心以來，那載著沉重貨物的西班牙大帆船便定期駛入港口，於是海盜的襲擊也就成了家常便飯。在一處山岩高地，特雷斯·雷耶斯·莫洛城堡，簡稱「埃爾·莫洛」，監視著海港最狹窄的地帶；它與遙相呼應的拉·彭塔城堡一起，可殲滅來犯之敵於密集的炮火之中。長期以來，這個受國王腓力二世委託而修築的埃爾·莫洛被認為是難以攻佔的要塞。當1762年大約1萬名英國人帶著重砲不期而至，埃爾·莫洛這顆星隕落了。一年後，西班牙人用佛羅里達換回了哈瓦那。爾後，他們在事發地點修築了「極大的城堡」佛塔萊薩·聖卡洛斯·卡瓦那。每晚9點鐘，人們穿著歷史性的制服，舉行傳統的放砲儀式「卡農那索·拉斯·努埃維」。大砲的霹靂聲曾經是關閉城門的信號。

貝亞特·許曼
（邵思嬋　譯）

哈瓦那的古城和城堡防禦工事
文化遺產：有著聖薩爾瓦多·彭塔城堡和里爾·富埃爾薩城堡的老城，有巴洛克風格的大教堂聖克里斯托巴爾、總督宮殿，以及加爾夏·洛卡劇院和國會大廈
所屬洲：美洲
所屬國：古巴
地　點：哈瓦那
列入名錄年份：1982年
意　　義：與巴洛克和新古典主義風格同類的、殖民地城市建築群
大事記：
1519年　建立聖克里斯托巴爾·哈瓦那城
1538年　遭法國海盜襲擊
1558-1577年　建造里爾·富埃爾薩城堡
1592年　獲城市權利
1597-1598年　特雷斯·雷耶斯·莫洛城堡建成
1674-1767年　修築城牆
1723年　建造首批造船廠
1728年　創辦大學
1762年　英國艦隊進攻
1863年　拆除城牆
1886年　廢除販賣奴隸
1895年　反抗西班牙殖民統治的解放戰爭，20萬人犧牲
1959年　在菲德爾·卡斯楚領導下，經過古埃里勒羅斯進攻巴蒂斯塔堡壘

馬雅世界的熱帶叢林音樂會

提卡爾國家公園

墨西哥灣
墨西哥　　　　　　●提卡爾　　加勒比海
瓜地馬拉　　　宏都拉斯
聖薩爾瓦多
太平洋

　　冉冉升起的太陽，驅趕了晨間的雲霧。熱帶叢林的「出汗」，使空氣充滿了濕潤。鳥兒開始了它們的晨間音樂會，夜間的獵人則回到低矮的叢林裡。第一縷溫暖的陽光驅趕了夜間的涼意。從未聽過由原始森林的各種聲音合奏的交響樂，與雨林帶寂靜的生活融和在一起。誰要是在這拂曉時分，登上馬雅金字塔，並在提卡爾的高處觀看日出，那真是太幸福了！清晨，遊客可以飽覽昔日馬雅最大的城市。馬雅世界由這裡的統治者管理，神官和王侯們曾高高地坐在他們的神廟裡，決定著成千上萬臣僕的命運。據說，鼎盛時期這裡的居民人數高達55,000個，極其精確的城市規劃，使他們能夠各行其職，自食其力。尤其是由於食物的緊缺，可能是導致馬雅文化突然衰亡的原因，但是至今這僅僅是一種猜測而已。

數以千計的建築——神廟、宮殿、金字塔、神龕和球場，都是提卡爾的馬雅人所建，然而它們現在多半都還隱藏在濃綠的熱帶叢林中，或者當成被土壤覆蓋的丘陵。在城市居民突然離開這座城市後，它就衰落了，最終成為茂密熱帶原始森林的一部分。

僅從提卡爾遺址延伸的16平方公里的面積，就可以讓人感受到它昔日的規模。迄今為止，還未曾有一處研究過的馬雅遺址能與它相提並論。在其他馬雅遺址被完整發掘的同時，提卡爾遺址卻高聳在一片綠色的樹林中。在蒼翠欲滴的熱帶雨林裡，長著彩色羽毛的長尾鸚鵡在鳴囀；蜘蛛猴似乎忘卻了萬有引力，在樹梢上輕捷地跳

廟這個名字。在其尖頂上，有一種神廟的裝飾物。從前，這裡的一幅壁畫值得讚賞，它表現了一個因犯被處決的情景。

大廣場的北面與「北方衛城」相毗鄰，這衛城原本由16座神廟構成。在一些石碑上似圖畫的符號幾乎無法辨認，這是原始森林的濕氣為之添加的。

在「假面神廟」後，有一條300公尺長的幽徑，穿過熱帶叢林，通往「已失去的世界」——「蒙多·佩爾迪多」（Mundo Perdido）。那座已修葺的最古老的金字塔，即「外婆金字塔」，高達35米，比原始森林的樹冠還要高出一點。在這四方形建築的每一側，都有

左頁圖：在2號金字塔的四個階梯上聳立著的「假面神廟」

左上圖：活人祭獻？N號遺址的5號聖壇旁邊有兩個手拿人骨頭的人

左下圖：在一些重重疊疊的階梯上，聳立著「北方衛城」的樓群

來躍去；而美洲豹呢，卻獨自在那兒徘徊，儘可能地不被覺察。在悶熱的天氣裡，無數的遊客驚奇地注視著原始森林中給人以深刻印象的石建築——這確實是一種使人出汗的大膽行為。

環繞著外婆廣場（Gran-Plaza），這昔日權勢的中心，聳立著眾多建築物，給人最深刻的印象。在東、西兩側，矗立著兩座龐大而陡峭的金字塔。45公尺高的「大美洲豹神廟」雄偉壯麗，素稱「1號神廟」。公元700年，君主阿·卡考在此處留下了永久的痕跡。他死後被安葬在金字塔下的一個君主墓穴裡，墓裡擺滿了陪葬品，其中有1963年才發現的玉製面具。

對面那個「假面神廟」，即「2號神廟」，也是阿·卡考命人建造的。裝飾著陡峭階梯的兩幅假面賦予神

一個陡峭的台階通到上面。在費勁的攀登後，昔日馬雅權力中心的壯麗景色便一覽無遺，盡收眼底。目光掃視著萬綠叢中顯露出來的灰色斑點。環顧還要高得多的「4號神廟」雄姿，更是持久地印在腦海裡。這座幾乎高達65公尺的「雙頭蛇神廟」是迄今為止中美洲最高的「古代建築」。

漢斯·烏爾根·弗林特
（邵思嬋　譯）

提卡爾國家公園
文化和自然遺產：自1955年闢為國家公園，佔地576平方公里；4,000多座神廟、宮殿和多層的宅第，是城市的富庶和王朝權勢的表現；有著5個庭院的中央衛城和面積為9,300平方公尺的大廣場，廣場的建築位於方位的軸線上；國家公園是中美洲重要的生態系統之一，有2,000多種植物，其中有300種樹，比如貴重硬木和菊苣屬植物
所屬洲：美洲
所屬國：瓜地馬拉
地　點：瓜地馬拉城之東北
列入名錄年份：1979年
意　義：最重要的馬雅遺址之一，是瓜地馬拉和中美洲最大的熱帶雨林區，其面積為221平方公里
大事記：
公元前2世紀-9世紀　是39代統治者的居住地
219-238年　亞克斯·莫奇·索克攝政
682年　阿·卡考（哈·薩瓦·恰恩·卡維爾）接管權力
1848年　佩登省總督關於提卡爾的報告
1881-1882年　馬雅研究者阿爾弗雷德·佩爾齊瓦爾·毛茲萊來訪進行研究工作
1950—1961年　全面的發掘工作
1979—1985年「蒙多·佩爾迪多」的發掘
動植物誌：有54種哺乳動物，還有食肉動物，如美洲獅、美洲豹貓、美洲豹和美洲山貓；蜘蛛猴屬，中美洲的貘（一種美洲產形如小豬的白頸和有頸圈的動物），白尾鹿；係9條帶的動物：大的和矮的食蟻獸，以及三指樹懶科動物；333種鳥類，如紅色長尾鸚鵡，和38種蛇，比如有毒的三色蛇

右圖：一直武裝到城垛的城堡，至今在上面還有一些舊大砲

下圖：斷垣殘壁尚還能證明昔日桑蘇西宮的豪華壯麗。建築師們完全以世界知名的凡爾賽宮為藍本來建造這個宮殿

加勒比海的桑蘇西

國家歷史公園：城堡，桑蘇西宮殿和拉米爾斯遺址

　　從奴隸到國王：亨利·克里斯多福是海地歷史上最閃光的人物。這個在格瑞那達誕生，青年時代淪為奴隸的克里斯托弗，就這樣擢升為反抗法國的海地獨立戰爭領袖人物。作為總統，他操縱著這個由他宣告的北方國家——今日海地一部分的歷史。

　　在他的總統生涯中，他推選自己為亨利一世國王，並宣誓從此要為一種奢華的生活方式而奮鬥。黑人把受亨利·克里斯多福委託所建造的雄偉建築物首先看成是解放的象徵。因此，在獲得解放的海地出現了首批建築物：桑蘇西宮，在皮克·拉費里勒上修築的城堡，以及拉米爾斯的堡壘。

　　在山崖，一個高度為900公尺的巨大凸出處，聳立著巍峨的城堡。從這裡極目遠眺，視線越過北方的低

地平原，一直可以延伸到海地角。難以攻克的城堡牆高43公尺、厚4公尺。數以萬計的民工，通過十多年時間的艱辛勞動，終於建成這個城堡。無數身體結實的男子經不住這般的勞累，在灼熱的陽光下，把幾噸重的大石塊運往山上的建築工地，如此繁重的體力勞動，身體被壓垮，變得虛弱。

這工地非常之大，沒有人見過這麼大的工地：在竣工後測得城堡的面積為1萬平方公尺。對法國入侵的恐懼，促使這個自己任命的亨利一世國王修築了城堡，他讓這個石構防禦工事一直武裝到城垛的邊緣。出於謹慎，這裡儲備了一年的糧食。然而，這些堡壘和砲兵連從未遭受襲擊。

人們在城堡博物館見到那些曾經對準法國人的大砲。一些未被使用過的大砲，覆蓋著鐵鏽，被任意擱置在城垛的後面。歷史的塵埃早已落在國王砲兵連的西班牙大砲上。當年小心堆放在城堡東側的砲彈也已經剝蝕。

一個由4座較小的堡壘組成名為「勒斯・拉米爾斯」的防禦工事，監視著後面通往城堡的路。這堡壘群地勢險峻，聳立在兩側都是陡峭山脊的山頂上，現在卻被茂盛的植物所包圍，已嚴重坍塌。

掌權者亨利・克里斯多福的宮廷在桑蘇西。「海地的太陽國王」在這裡召見由他加封的加勒比王國的王子、公爵、侯爵、男爵和騎士。在一座丘陵上，今日只能見到昔日富麗堂皇宮殿的遺址，它是依照凡爾賽宮的樣式在一塊8公頃的場地上建成的。宮殿建築師非常準確地按照法國宮殿的尺寸來建造，而事實上，竣工後的桑蘇西宮與路易十六的宮殿幾乎難分彼此。

曾有一座豪華的雙層露天階梯通往中央接見大廳，從這裡人們可以進入寬敞的宴會廳和舞廳。廳內裝飾著意大利的枝狀水晶吊燈和名貴的法國織花壁毯。在熱帶的炎熱天氣裡，亨利一世讓人用清涼的山泉冷卻他的宅第，這水是通過埋設在大理石地板下的水管引入的。然而，這個自私的國王日子已經不長

了：在他中風後，他的部下反叛的消息襲擊了他，最終連他的御林軍也起來造反，於是他在桑蘇西結束了自己的生命——據說用的是一顆銀色子彈。隨後，他的宮殿遭到搶劫，在1842年的地震中幾乎完全崩塌。至今，桑蘇西在很大範圍裡仍是一片廢墟，以前金碧輝煌的大廳裡的紅木護壁鑲板全然不見蹤影。那堵昔日四層宮殿的底層高牆無奈地矗立著。惟有那宮殿小教堂的巨大穹頂經受了歷史的動亂，仍安然無恙。

比爾基特・米勒・韋布克
（邵思嬋 譯）

第90號

左下圖：宮殿小教堂穹頂的直徑足足有25公尺長

左上圖：宮殿的內院

國家歷史公園：城堡，桑蘇西宮和拉米爾斯遺址
文化遺產：國家歷史公園，部分地區被熱帶植物所覆蓋，其中有真正的貴重硬木，鱷梨樹、麵包果樹和咖啡灌木；城堡和拉米爾斯的堡壘，有大約5萬發砲彈，和從麥茨、南特和羅舍福爾特鑄造廠澆鑄的大砲，以及桑蘇西宮
所屬洲：美洲
所屬國：海地（大安地列斯島，加勒比海）
地　　點：國家歷史公園，米洛特以南，海地的北部
列入名錄年份：1982年
意　　義：加勒比海重要的城堡防禦工事和海地獨立戰爭的象徵
大事記：
1767年10月6日　亨利・克里斯多福作為一個奴隸的兒子出生在格瑞那達（Grenada）
1775年　亨利・克里斯多福抵達聖多明尼加
1791-1804年　反對法國的起義和獨立戰爭
1803年11月30日　費爾提勒斯戰役失敗後，法國撤退
1804年1月1日　讓・雅斯格・德薩利內斯——後來的總督和雅斯格一世皇帝宣布獨立
1806年11月17日　德薩利內斯逝世，國家分為一個北部國家和一個南部國家，置於亨利・克里斯多福總統以及亞歷山大・佩通總統的領導之下
1804-1819年　修築城堡
1807-1811年　亨利・克里斯多福任總統，締造了北方王國（海地Haiti）
1811年6月2日　亨利・克里斯多福加冕為國王亨利一世
1820年8月15日　亨利一世中風
1820年10月8日　國王亨利一世在人民起義後自殺
1842年　由於地震，桑蘇西部分地遭到破壞

美洲豹人的所在地

聖奧古斯都考古公園

聖奧古斯都考古公園

文化遺產：東部、中部科爾迪勒人過渡時期一種巨石文化的遺物，有350尊由安山岩石塊雕成的動物的和人物雕像，以及開闊的「大墓地」，分為3個各自分開的出土區域，其中占地0.78平方公里的聖奧古斯都為最大的一個區域；在考古公園有一片「雕像林」，林中站立著35尊雕像，此外還有各種墳丘，如梅塞塔A（Meseta A），梅塞塔B和梅塞塔C

所屬洲：美洲

所屬國：哥倫比亞

地　　點：在聖奧古斯都附近，馬格達雷那河的源頭區，帕斯托之東北，波哥大之西南

列入名錄年份：1995年

意　　義：南美洲最大的宗教文物和巨石雕像群

大事記：

約公元前500年　聖奧古斯都文化的最古老的出土文物

自公元8世紀　聖奧古斯都文化逐漸消失

1757年　首批關於考古出土文物地點的報告

1914年　德國人種學者、後為柏林民族誌博物館館長康拉德·特奧多爾·普羅伊斯（1869-1938年）進行研究工作

1936-1937年　發現了洗足源頭（富恩特·拉瓦帕塔斯）

幾百尊石頭雕像在聖奧古斯都被發現，例如身披一張動物皮毛《雙面的我》（Doble Yo）的「神父」塑像（上圖）用來作爲墳墓平板的鱷魚（中左圖），或是露出他們典型肉食動物全副牙齒的神明雕像（中右圖）。

　　顯而易見，在哥倫布發現新大陸前的時期，馬格達雷那河源頭區域多樣的氣候和植被，對於定居是頗有裨益的。在那裡形成了一種高度文明的生活中心和祭祀中心，這種文明爲後人留下了大墓穴和幾百尊石雕像。

　　即使至今對這種所謂的聖奧古斯都文化的形成原因還不甚清楚，但完整保存下來的極富表現力的立體雕像仍給人以深刻的印象。得益於它的地理位置——位於巍峨的安第斯山脈中一個向亞馬遜平原延伸的緩坡邊，聖奧古斯都長期以來就是一個重要的貿易中心。它一直與亞馬遜地區、今日波帕揚斯高地和遠至太平洋海岸維持著聯繫。

　　在西班牙佔領南美洲時期，這種文化的興盛期早已成為歷史，沒有任何西班牙的原始資料提及聖奧

古斯都。在16世紀這個地方已完全被土層所覆蓋。

　　直至18世紀中葉，才有第一篇關於這個考古發掘地的報告問世，這應歸功於璜·聖格特魯迪斯神父。20世紀初，德國和英國的人種學者作爲研究任務發現了聖奧古斯都，這期間又過了150多年。尤其是倫敦不列顛博物館發起的考察旅行是相當成功的，它保護了無數發掘物，這些文物隨之被運往英國。迄今為止，在聖奧古斯都周圍發現的雕像已有350尊，它們很可能

表現的是房屋神和家庭神。

　　在聖奧古斯都文化初期，出現了簡單的墳墓、陶器、黑曜石飾物和骨製飾品。在公元5世紀和8世紀的興盛時期，則有表現力很強的雕像，它們的頭部佔整個雕像高度的三分之一。長長的犬齒給予這些雕像如果不是好戰的、那麼也是一種令人恐懼的外貌。那些有點類似德國北部墳墓的龐大「巨人墳墓」，則是宗教和政治顯貴的長眠之處。

　　令人費解的是，究竟是什麼原因導致此文化的消失。或許是亞馬遜低地的好戰部落驅趕了這裡的土著居民。可以證實這一點的也只有考古公園和建有墳墓的阿爾托·羅斯·伊多羅斯，以及洗足源頭。特別值得一提的是名爲「梅塞塔B」的墳墓，其西頭的墳丘被一個用石頭鋪成呈心狀的圓環所圍繞。

　　墳丘中央是一座帶有三尊雕像的陵墓，中間那尊雕像的兩手間有一根鏈條，鏈條上掛著一個人頭。這尊雕像的耳垂孔上穿著寬寬的耳環，正如其鄰邦厄瓜多爾的希瓦羅斯人所佩戴的一樣。一個「酋長」的兩側，有舉著武器的守衛。稍許側面處，站立著一尊石頭鳥的雕像，很可能描繪的是白頭鷹，其利爪正抓著一條蛇。

　　穿過一片竹林，人們就來到了富恩特·拉瓦帕塔

斯，一個宛如天然浴缸的祭祀廣場，它有著小水槽，
螺旋形圖案描繪了蛇和蝸牛。在阿爾托·拉瓦帕塔斯
的墳丘圓頂上，聳立著無疑是本地文化最重要的象徵
雕像「Doble Yo」，即「雙面的我」：這種人與美洲豹
在造型上的融合，被看作是印第安神話中對薩滿的經
典描繪。

弗蘭克·塞姆佩爾
（邵思嬋　譯）

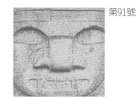

第91號

陵墓的入口處
遵循著典型的模式
符——一個神明或酋
長在中間，兩側則
是兩個手持武器的
衛士。

印加帝國中心的殖民地氣息

庫斯科城

公元1200年前後，傳奇式英雄曼科·卡帕克在安第斯山區選擇了一塊貧瘠、偏僻的高地，作爲其創建的印加王朝的中心。這片包括庫斯科及其周圍地區的土地，便成了這個統治家族世代相傳的領土。直到帕恰庫蒂·尤潘基（印加王朝十三任君主中的第九任）執政後，才通過軍事擴張，將這個山區小國發展成持續百年的龐大帝國，庫斯科也隨之成爲繁華的帝國首都。

印加帝國最優秀的建築師、藝術家和工匠們通力合作，建造了「太陽和蛇神廟」、「太陽處女神廟」以及位於庫斯科盆地上方的薩克賽瓦曼古堡。直到今天，對許多觀光客來說，薩克賽瓦曼這一軍事設施及其用數噸重的大石塊經削鑿築成的三道圍牆，不僅是空間上的一個高峰，也是其庫斯科遊覽行程的一個高峰。人們彷彿又回到了印加人的時代。

當初，成群結隊的苦力，經受著非人的勞累，借助滾輪和繩子搬來石塊，再通過斜坡層層往上堆放。後來，西班牙侵略者曾想把這些圍牆用於自己的建築，他們費盡九牛二虎之力，卻只拆下一些較小的石塊，對最大的那些石塊（有的有9公尺高、350噸重），他們只能乾瞪眼。至於薩克賽瓦曼究竟是一個防禦工事還是禮拜中心，抑或二者皆是，迄今仍沒有定論。舉行儀式時，君主是否眞的坐在主廣場上方的岩石王座上，也只能由每個人自己去想像。不容置疑的是印加人的建築成就，他們在建築時不用灰漿，石塊之間卻緊密得幾乎沒有縫隙。

在庫斯科，這座對印加人意味著「世界中心」的城市，交通主道與帝國的一切文化、政治和經濟關係彙集在一起。這個名爲「塔萬廷蘇尤」（Tahuantinsuyu）的帝國劃分爲4個大行政區，其鼎盛

庫斯科座落在安地斯高原的一個寬廣盆地中。

時期的疆域相當於兩個半德國。庫斯科是上層貴族和君主的所在地，全能的、神化的君主則是太陽的直接後裔。君主統帥著一個等級嚴明、組織完整的國家機構。地方長官、軍隊、來自上層貴族的官員及行政區

庫斯科城

文化遺產：海拔3,360米的「美洲考古首都」，擁有：從前聖·胡安·德·布埃納·比斯塔侯爵夫人的莊園「神聖廣場」、17世紀的海軍上將宮「羅卡富埃特」、建於瓦伊納·卡帕克宮牆基上的拉康帕尼亞教堂，以及建於被毀的「太陽處女神廟」遺址上的聖卡塔麗娜修道院

所屬洲：美洲
所屬國：秘魯
地　點：利馬東南的庫斯科
列入名錄年份：1983年
意　義：印加古都廢墟上的西班牙巴洛克式建築
大事記：
1438-1493年　在印加君主帕恰庫蒂·尤潘基和圖帕克·尤潘基統治下，印加首都庫斯科處於繁盛期
1533年11月15日　皮薩羅（Francisco Pizarro）率領的西班牙佔領軍進駐庫斯科
1534年3月23日　西班牙屬庫斯科成立
1544年後　隨著西班牙總督區首府遷往利馬，庫斯科的地位逐漸降低
1650年　地震
1654年　大教堂落成
1668年　耶穌會教堂「拉康帕尼亞」竣工
1781年　荷西·加夫列爾·康道爾肯基（圖帕克·阿馬魯二世）領導反西班牙殖民統治的起義
1814年　在普馬卡瓦領導下舉行反西班牙異族統治的起義
1824年　西班牙在拉丁美洲的殖民統治結束
1950年　地震

從1560年到1654年，大教堂建了將近100年的時光。

和各地官吏都是它的一部分。數百萬有進貢義務的被統治者，則完全無權獨立行事，被排除在國家管理之外。1533年，西班牙探險家弗朗西斯科·皮薩羅及其

手下受印加人的黃金取之不盡這一傳說驅使，向塔萬廷蘇尤和庫斯科發動進攻。1534年，成立西屬庫斯科。1536年，他們成功地擊退了曼科・印加王子領導，對被佔城市庫斯科的最後一次絕望的反攻。

在印加人建築的基礎上，西班牙人建造了地主莊園、教堂和修道院。他們替帕恰庫蒂・尤潘基的古都換上了一副新面孔，並逐漸將它變成一座巴洛克風格的主教駐地和大學城。今天，信步走在市中心周圍粗陋的鋪石路面，聽著大教堂的鐘聲在「練兵場」（Plaza de Armas）的林蔭小道迴響，人們仍能感受到一種不折不扣的殖民地氣息。

太陽廟考利肯恰的金色大門和牆壁後來消失了，西班牙人把它改造成聖多明各修道院。在佔領者看到這座神廟前，廟內的寶藏已有很大一部分落入他們之手，作為換取最後一位印加人首領阿塔瓦爾帕的贖金——當時他被皮薩羅囚禁在遙遠的卡哈馬卡。不過，這筆自願交付的贖金還是幫不了阿塔瓦爾帕，他被皮薩羅下令絞死。隨後，佔領者們繼續向前進軍。

安德雷亞斯・德羅夫
（周何法　譯）

第92號

印第安與西班牙藝術風格的共生是庫斯科的一個特徵，這一點從拉康帕尼亞教堂的這幅畫（18世紀）中可以看出。畫中描繪的是唐・馬丁・德・洛約拉與印加公主唐那・比亞特莉絲・努斯塔的婚禮。

盆地上方曾建有薩克塞瓦曼古堡，現在一年一度的英特里萊米節在此舉行。

荒漠地面的螺旋線和鳥

那斯卡和潘帕斯德胡馬納的線條圖和地面畫

1,000多年前，一些我們至今不知其身份的人站在一片平坦多石荒地的中央，開始在堅硬的地上畫一隻蜂鳥。不是尋找花蜜的小鳥，而是展翅寬度達60公尺、連管子狀的喙在內長達80公尺的龐然大物！除此之外，還有其他大型作品留給後世：一隻巨無霸式的卷尾猴和一只腿長20公尺的狗。

當時的具體情形究竟怎樣？直至今日，這些創造物及其幾何結構和線條仍籠罩著迷霧。看著這些巨型作品，人們不禁要問：那些天才的畫家是從何處入手的呢？在這樣一片平原上，他們如何審視工作過程和工作結果的全貌？最主要的是：他們為什麼創作這些地面畫？它們是給誰看的？誰又看得見這些畫？因為從經過這塊神秘土地的螺旋槳飛機上望下去，這些畫幾乎全部面向鳥類的視野範圍。

在那斯卡周圍的不毛之地，誰若試圖在平地上發現這些分布於數百平方公里區域內的巨型圖畫和線條，只會失望地看到一條條雜亂無章的、望不到盡頭的小溝。

由於土地的自然掩蔽，這些荒漠藝術作品很晚才被發現。德國數學家馬利亞·萊希是最早的實地考察者之一。她畢生研究那斯卡，並幫助發掘和考證了很大一部分地面畫。它們也許均屬於那斯卡文化的範疇，這種文化分布於安第斯山與太平洋之間乾旱地帶（如里奧伊卡和里奧格蘭德等地區）的肥沃谷地。那斯卡人在此耕種土地，建立城市般的聚居地，並在類似金字塔的平台上建起廟宇。

除此之外，這一哥倫布前文化以表現幾何和神話主題的彩色陶器而聞名——當然，還有長度以公里計的線條和巨大的刨地畫。人們可從空中清楚地看到螺旋形、梯形和矩形等抽象形狀，以及兀鷹、蜥蜴、鯨和蜘蛛等動物圖案。這是計算太陽年和耕作周期時作為天文學輔助手段的歷法標記，還是獻給神的崇拜符號？那些寬度不一的筆直線條是不是舉行儀式時的行走路徑？

一些大膽的理論試圖解開這個謎團。瑞士人埃利希·馮·丹尼肯認為這是外星宇宙飛船的降落軌道，他闡述這種觀點的著作曾登上暢銷書排行榜。而馬利亞·萊希到了高齡時，在那斯卡旅遊者飯店（Hotel de Turistas）所作的著名的晚間講座中仍一再強調，荒漠居民的智力足以創造出這些畫作，無需外星人介入；不過，有一個問題依然未能解釋清楚：為什麼要「畫」這些具有高度藝朮性的動物圖案？

不為我們所知的作者可能是這樣創作這些有著完美比例的線條圖的：在地上拉緊繩子連接擬畫線條的極點並標出其走向，然後刨去深色的表層泥土，有時挖到小腿肚那麼深，直到露出淺色的土層。線條間的連接和螺旋圖案亦按事先拉好的繩子挖掘。至於他們是否熟悉長度計量單位，尚未得到肯定的解答。此外，他們如何從空中審視全貌，也仍是一個謎。有些研究者提出了一種大膽的推論：繪畫時的協調是在一種類似熱氣球的物體上進行的。

所有的解釋與這些神秘的線條和圖案本身一樣，無異於拼圖游戲。唯一眾口一詞之處在於：這些畫能保存至今，主要是因為這裡侵蝕極小，而且每年最多降雨半小時。至於其他謎團，在秘魯南部灼熱的陽光下迄今無法解開。

安德雷亞斯·德羅夫
（周何法　譯）

利馬的「祕魯之金」博物館展示了哥倫布到來之前那斯卡文化的另類見證，如這具配戴精緻飾品的乾屍。

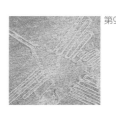

第93號

丹尼肯推測有外星人幫忙，而馬利亞‧
萊斯則透過令人信服的科學論證，認為創作
者是憑藉其自然的、人世間的才能。巧妙地
將筆直的線條組合成各種圖案。
左圖：大鵬展翅？
中圖：相當逼真的蜘蛛
下圖：長有長長嘴巴的蜂鳥

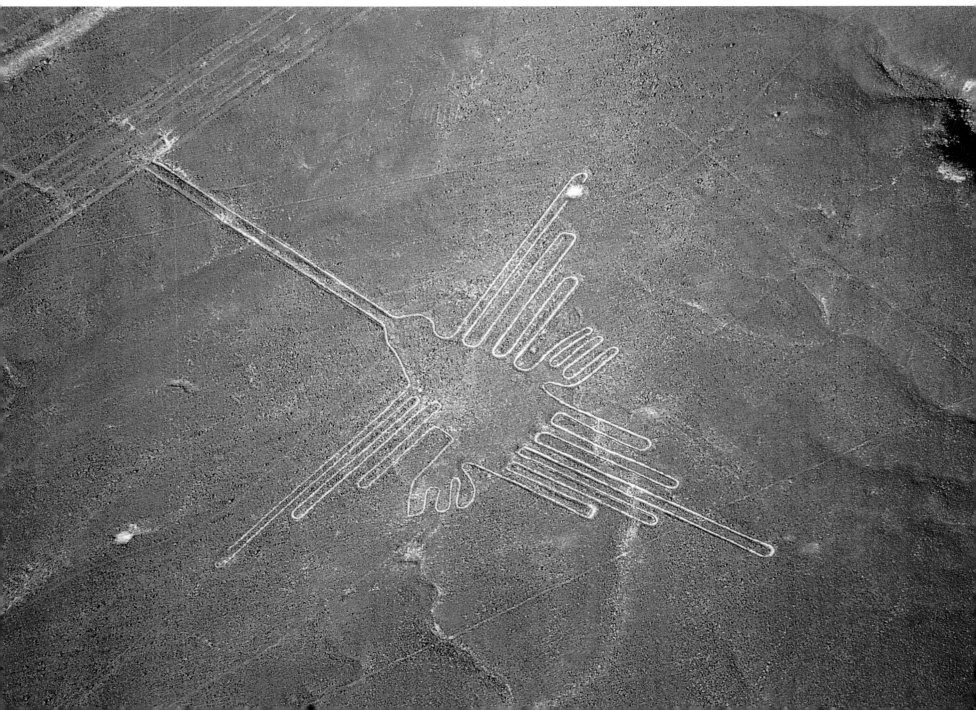

巴西中部的非洲風情

薩爾瓦多舊城

「確實」有170座教堂裝飾著薩爾瓦多的城市景觀。

　　這里有拉丁美洲最大、最具建築價值的巴洛克建築群，也是非洲—巴西的音樂中心。在幅員遼闊的巴西，再沒有哪個地方比這裡更有異國情調和神秘、放蕩的氣氛。

　　沒有誰像巴西在世界上出版作品最多的作家於爾格‧亞馬多（Jorge Amado）那樣對它作過如此露骨但恰如其分的描寫，也沒有誰像音樂大師多里瓦爾‧凱米（Dorival Caymmi）那樣如此感傷、如此幽默地歌唱過它。「誰不喜歡森巴，誰就不是好人；他要麼是傻瓜，要麼雙腳有病」。凱米在一首膾炙人口的歌中這樣諷刺道。在另一首流行小調中，他使著眼色讚美薩

爾瓦多這座「確實」有365座教堂的城市。實際的數字並沒有這麼多，而是只有170座左右。其中最美的教堂有很大一部分是在葡萄牙預製的。

　　由於當初穿越大西洋的高舷帆船從葡萄牙出發時往往幾乎都是空船，只是偶爾運送流放犯，因此被仔細編號的石塊和大理石像便成了頗受歡迎的壓艙物。在那些至今仍充滿詩情畫意的碼頭旁邊，有一顆建築藝術的珍珠——雙尖塔的「海灘的童貞女受孕教堂」，內有非比尋常運用視錯覺手段的屋頂畫。距此幾步之外是低城區又一個耀眼的目標——摩德羅市場，現為大型的工藝品市場。白天，市場旁邊有年輕的黑人在

第94號

「卡波埃拉」由格鬥技藝演變成格鬥舞蹈。

巴伊亞的美味甜食是很受歡迎的點心。

聖方濟會修士教堂金碧輝煌的巴洛克藝術作品讓遊客目不暇給。

工作人員細心修復聖方濟會教堂的壁畫。

跳「卡波埃拉」，這是一種快節奏的格鬥舞，由最先被押運到巴西的奴隸為抵禦看守和警察的暴力而發明。

　　更有魅力的高城區擁有眾多的博物館和教堂，與低城區之間有陡峭的街道相連，不過人們寧可選擇1930年設置的大容量升降梯，而且通常前往大坡度的恥辱柱（Largo do Pelourinho）——該名稱來自那根石製刑柱。從前，奴隸們可能因為雞毛蒜皮的瑣事或主人一時興起，就被拴在恥辱柱上鞭打，並示眾數天。今天，每當奧羅敦（Olodum）或汀巴拉達（Timbalada）等世界著名的非洲-巴西樂隊晚上在那兒打起80隻或更多的鼓，把旁邊的亞馬多博物館、「黑人的念珠聖母教堂」和其他殖民建築震得顫動起來時，人們幾乎會以為身處非洲某地。廣泛修復後的恥辱柱幾乎引發了一場非洲—巴西的文化革命，坎東布勒（Candomble）和翁班達（Umbanda）等源自非洲的崇拜活動和禮俗在日常生活中再現風光。建於17世紀的大教堂也吸引著大量的遊客。

　　它是從前耶穌會中學的教堂，擁有細節豐富的側廳聖壇和宗教繪畫。與附近的方濟會修士教堂相反，它的內部空間顯得肅穆冷峻。方濟會修士教堂內完全鍍金的無數小天使和聖徒雕像，使之成為巴西最華麗的巴洛克式教堂，甚至女性的乳房也能在這裡見到。薩爾瓦多的藝術專家卡洛斯‧奧特（Carlos Ott）感嘆說：「巴洛克感觀性的一面在此表露無遺，使人很難在佈道壇上宣揚清心寡慾。」方濟會修士修道院的拱頂式十字形迴廊飾有宗教和哲學倫理學題材的大型瓷磚壁畫，關於價值與道德、人生短暫性與肉慾的拉丁文格言也值得一觀。

　　薩爾瓦多最受歡迎和稱頌的教堂是「彭芬的我主耶穌教堂」（Igreja do Nosso Senhor Bom Jesus do Bonfim）。每當夜晚來臨，五光十色的燈火給它平添了幾分俗氣。每年1月初，這裡就成為十萬人宗教大遊行的目的地。屆時，身穿白衣的婦女用加入香料的水清洗教堂的地毯。對巴伊亞的黑人來說，那位「彭芬的主」就是豐收之神奧克薩拉（Oxala）——僅僅出於對他的虔敬，許多居民在星期五穿上白衣。這座教堂周圍的情景常常猶如過年，傳入人們耳中的不是虔誠的讚美詩，而是幾支森巴樂隊的強勁節奏。大門右邊的屋子裡，那些被主賜與奇蹟的人都留下了照片或禮物。

克勞斯‧哈特
（周何法　譯）

薩爾瓦多舊城
文化遺產：舊城，擁有：從前用以鞭笞奴隸的恥辱柱、卡爾默的聖母修道院（16-18世紀）、粉刷成藍色的「黑人的念珠聖母教堂」、有鍍金花格平頂的大教堂（約1700年）、聖本托修道院，以及殖民時期的民居費朗堡
所屬洲：美洲
所屬國：巴西（巴伊亞州）
地　點：薩爾瓦多
列入名錄年份：1985年
意　義：擁有豪華的殖民建築的巴西第一個首府城市，歐洲、非洲和印第安文化融合的實例
大事記：
1501年11月1日 發現「萬聖灣」（Baia de Todos os Santos）
1549年3月21日 薩爾瓦多成為葡萄牙殖民地的首府
1558年 第一個奴隸市場
1558年 巴拉的聖安東尼奧堡壘
1697年 聖特蕾莎教堂
1703年 聖方濟第三修會教堂（Igreja Ordem Terceira de Sao Francisco）動工
1708-1750年 聖方濟教堂的鍍金紫檀木雕
1861年 摩德羅市場——著名市場之一
1930年 連接低城區和高城區的升降機

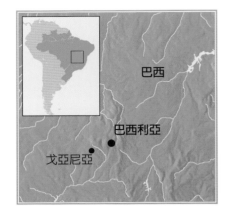

一座未來的紀念碑已褪色

巴西利亞

巴西利亞
文化遺產：盧西奧‧科斯塔和奧斯卡‧尼
邁耶設計的現代派的城市；城市的平面圖
設計成一隻鳥的形狀，建有40平方公里的
水庫「帕拉諾阿湖」和包括議會大廈在內
的三權廣場；還有其他政府辦公大樓，如
普拉納爾托宮、總統寓所－曙光宮、外交
部所在地伊塔瑪拉蒂宮以及「城市業主」
庫比契克的紀念碑
所屬洲：美洲
所屬國：巴西
地　　點：巴西利亞
列入名錄年份：1987年
意　　義：現代城市規劃的聖像
大事記：
1891年 巴西新憲法規定對新首都作出規劃
1907年12月15日 後來成為明星建築師的尼
邁耶誕生
1922年 新首都奠基儀式
1956-1960年 規劃和建造新首都
1998年 出生於土倫的建築師和「現代建築
之父」科斯塔逝世，巴西舉行為期三天的
國喪

讓光線有充分的發展空間，是尼邁耶設
計的大教堂裡面一大特點。

阿爾佛多雷‧策夏提（Alfredo
Ceschiatti）創作了超過真人大小的福音書
作者雕像，他們陪伴著遊客前往大教堂的地
下入口。

　　候機大廳的玻璃門無聲地打開了。空氣乾燥得似
乎要劈啪作響。混凝土建築和碎石像失落的巨人玩具
呈現在天邊。廣告牌和畸形的樹飛速閃過，寫有神秘
代碼的牌子指示著穿越草原的路。你愈接近這座城
市，它就愈像是隨時都會消失的海市蜃樓。

　　在短短的一千個日子裡，一群建築工人從高原的
紅土地裡魔術般地變出了巴西的新首都。從人口稠密
的沿海遷都人跡罕至的高原，似乎是純粹的嘩眾取寵
之舉。當時的總統儒塞利諾‧庫比契克想從巴西利亞
開始，將他的國家引向第三個千年，「我站在高原的
中心，站在這塊即將成為我國決策中樞的荒涼之地，
把目光投向國家的未來，我看到的是燦爛的朝霞。」

　　錢變得毫無價值，似乎被澆入混凝土之中。隨著
巴西利亞挖掘地基，巴西的債台也愈築愈高。臨時工
和無家可歸者紛紛離開東北的飢荒區，擁入這個巨大
的建築工地。一座又一座城市從蠻荒的西部拔地而
起，淘金的氣氛四處蔓延。一貧如洗的建築工人們替
部長、外交官和公務員們創建了一座城市，完工後卻
沒有離開此地的念頭。為了將這群民眾擋在執政者的
世界之外，政府在遠離美麗的現代新都周圍草草地建
起幾座呆板的衛星城。

　　政府機關區成立10年後，區內生活的人數已超出
了千年之交時的預計。然而，部長、外交官和公務員
們卻不為紅色的荒漠所動。在舒適的別墅、免費機
票、豐厚的地區津貼、特殊假期及其他優惠措施的誘

惑下，他們才很不情願地從里約熱內盧遷往新都。

　　巴西利亞缺少一座城市應有的一切。這裡沒有引
人駐足的廣場、供人閒逛的馬路和污穢不堪的角落，
沒有擁擠、嘈雜和樂觀的生活氣息，也沒有巷弄、酒
館及其他在南方都市裡常見的東西。人們希望這座源
於繪圖板的城市呈現出激進的另類面貌。

　　新首都的設計者尼邁耶和科斯塔力圖建立一個烏
托邦，他們的信條是：明亮，充滿空氣和陽光的城市
氣氛，如水晶般透亮，如方程式般合理。以至於世界
各地那些被人津津樂道的綠化帶、迂迴旁道等的現代
化設施，認為未來城市的創建都應效法巴西的新都，
現代化、進步、適用且沒有停車的煩惱。然而這座未
來的紀念碑已經褪色，未來的城市應當無邊無際。時
至今天，巴西利亞只已是一座消逝的紀念碑。

從平面形狀看，這座不給行人以空間的城市猶如一架飛機：駕駛艙為議會大廈，占據頭等艙的是政府各部會，經濟艙位於南北的賓館區，左右機翼為「南北翼」（Asa Norte und Sul），貫穿機翼的主翼樑是「中心軸」（Eixo Central）。整個巴西利亞就是一件整體藝術作品。然而，橫穿寬闊地面而踩出來的小徑卻與規劃背道而馳，說明並非一切都是可規劃的。在明星建築師尼邁耶誕生80周年之際，有一位批評家指出，在這座「沒有故鄉的神殿城市」，人的意志在出乎預料地違抗混凝土的條條框框。

卡爾・德・戈德勒
（周何法 譯）

第95號

左圖：與科斯塔（L.Costa）共同設計巴西新首都的尼邁耶（O.Niemeyer）

下圖：三權廣場上立有布魯諾・喬治（Bruno Giorgi）設計的紀念巴西利亞建築工人塑像。從這張照片上可以清楚地看出，城市建築富有想像力的創意無法掩蓋空間的空洞，佔主導地位的不是光亮，而是被一種沒有靈魂的氣氛所包圍的孤獨

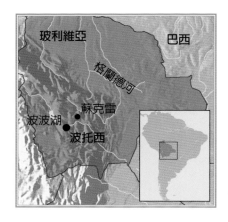

波托西城及其銀礦

文化遺產：最初稱「波托齊」，查理五世（Karl V）統治期間為「帝國自由市」，海拔4,070公尺，曾是美洲最富裕的城市，鄰近被3萬多條坑道「洞穿」的「財富山」（Cerro Rico，4,830公尺，又名「潘格蘭德」，也就是《長條大麵包》）；殖民時期的建築遺產，擁有：聖羅倫佐教堂、聖塞巴斯蒂安教堂、拉康帕尼亞教堂、大教堂、聖特雷沙修道院、王家造幣廠（Casa Real de la Moneda）和勞工臨時住所

所屬洲：美洲

所屬國：玻利維亞（波托西省）

地　點：蘇克雷西南的波托西

列入名錄年份：1987年

意　義：16世紀時世界上最大的工業建築群和秘魯總督區最重要的採礦中心及「銀城」的殖民建築

大事記：

1545年4月10日　建城

1553年　宣布為「皇家別墅」（Villa Imperial）

1572年「王家造幣廠」始建

1590年　建造聖貝爾納多教堂

1611年　人口達15萬，與倫敦同屬世界最大城市之列

1685年　加爾默羅會修道院聖特雷沙的建立

1705年　拉康帕尼亞教堂重建

1707-1726年　建於1547年的聖弗朗西斯科修道院擴建

1728-1744年　建造羅倫佐教堂

1773年「王家造幣廠」重建工程完工

1809-1836年　建造大教堂

1825年　玻利維亞獨立

1952年　採礦國有化，玻利維亞礦業公司成立

1985年「財富山」的勘探權由45家合作社接管

1990年　修復聖羅倫佐教堂

銀不厭多
波托西城及其銀礦

數百年來，一座山主宰著地處玻利維亞境內安第斯山脈中部的波托西城的命運。這既不是一座危險的火山，也不是某位神通廣大的仙人居住地，而是一個被稱為「財富山」的貧瘠的山嶺，只是其中蘊藏著珍貴的秘密—銀。曾以富饒聞名的殖民城市波托西位於「財富山」下，在貧瘠的群山包圍之中顯得有些孤單。即使今天，它仍幾乎與世隔絕，直到幾年前才築成了一條通往165公里以外的鄰城蘇克雷的柏油公路。而在其最興盛的17世紀，波托西曾有15萬人口，屬世界最大的城市之一，當時連倫敦和巴黎的人口也沒有這麼多。急速增長的財富令西班牙籍礦主忘其所以，他們在豪華的宅第內花天酒地，享受著生活的樂趣。與此同時，成千上萬被迫服勞役的印第安人卻冒著隨時可能喪命的危險，在銀礦非人的環境裡做牛做馬。

對印第安土著的無情剝削始於16世紀上半葉銀礦資源的發現，當時來自西班牙的征服者剛消滅強盛一時的印加帝國，統治南美西部居民不久。西班牙總督弗朗西斯科·德·托雷多沿襲了印加帝國的「米塔制」，根據這一制度，印加國民有義務為國家勞動。雖然法律對印第安勞工的權利作了規定，但礦主仍恣意妄為，將他們當作農奴對待。於是，遭受剝削的印第安人不得不每天在黑暗的礦井裡做苦力。對這種情況，剝削開始後才幾年，一位多明我會修士就把有銀礦的山稱為「通往地獄之門」。成千上萬的人喪身於井下惡劣的環境，僥倖生存者也因無法抵禦白人帶來的疾病而過早離開人世。「波托西的價值」至今仍是一個形容某些特別珍貴之物的概念，但對波托西的礦工來說，卻是莫大的諷刺。

不計其數的銀由驢車車隊經崎嶇難行的山陸運到海邊，再裝入數百艘帆船運往歐洲。據說，這些銀足以鋪設一條從波托西到西班牙港口城市塞維利亞的純銀公路，包括一座橫跨大西洋的堅固大橋。它們不僅是西班牙王國的富裕之本，更為歐洲其他國家的工業發展奠定了基礎。然而，殖民時期波托西所屬的南美殖民地阿托秘魯，卻未能從這筆神話般的財富中沾點光。

自17世紀中期起，這一貴重礦石的開採變得愈來愈困難，其利潤也因此而下降。居民們開始大批大批地離開波托西。面對財源的漸漸枯竭，西班牙王室的反應是大力提高稅收。儘管奧魯羅也發現了銀礦，並很快發展成又一座「新興城市」，但在秘魯高地，開采銀礦的黃金時代卻已成為過去。波托西很快遭受冷落，宮殿和教堂逐漸坍塌。雖然至今仍有華麗的殖民建築和出色的教堂點綴著內城，但對玻利維亞山區的居民來說，生活並未發生多大的變化。他們仍在周圍的山上不停地翻尋值錢的礦石，狹窄的坑道愈挖愈深，似乎他們要挖走地球內的最後一塊礦石。

德特勒夫·基爾斯特
（周何法　譯）

在「王家造幣廠」展出的鑄幣機以及原產銀幣（上圖）。

左圖：大量珍貴的銀礦石從成千上萬幽暗深邃的坑道裡面被挖掘出來

右圖：儘管採銀的興盛期早已經過去，但此地居民至今主要的收入來源仍靠在遺留的礦井裡工作獲得

高聳的教堂尖塔和華麗的殖民時期建築構成了美麗如畫的波托西舊城的輪廓。

居來美國家歷史公園和卡帕多基亞岩洞文物

文化遺產和自然遺產：1986年作為國家歷史公園而設立，面積95.76平方公里，最高處達1,325公尺；居來美谷是從前火山活躍區的一塊受侵蝕的平地；由於風化作用而形成了圓柱、尖塔、方尖碑和針形岩，最高者達40公尺；擁有許多以溼壁畫作裝飾的岩洞教堂，如尤斯塔修斯（Eustathios）教堂、凱利奇拉教堂和埃爾瑪利教堂

所屬洲：亞洲
所屬國：土耳其（安那托利亞中部）
地　點：內夫謝希爾與烏爾居普之間
列入名錄年份：1985年
意　　義：「超現實」地區罕見的岩洞居民區和飾有拜占庭溼壁畫的岩洞教堂
大事記：
約4世紀　第一批隱居點和「教堂建築」
約1100年「建造」伊蘭利教堂和巴爾巴拉教堂
約1200年「建造」恰里克利教堂
1923-1924年　關閉居來美居民區
1957年　發現施洗者約翰教堂
1980年　托卡利教堂修繕工作結束
1981年　開始卡蘭利克教堂的修繕工作植物群和動物群：植物有Reseda（木犀草屬）armena、檀香科的Thesium（百蕊草屬）scabriflorum和白花丹科的刺花丹屬，此外還有Acanthus、hirsutus等110種本地特有植物；動物有灰狼、赤狐、水獺、石貂、歐洲獾等哺乳動物及岩鴿（Colomba livia）和石雞等鳥類

上帝的怪異葡萄園

居來美國家歷史公園和卡帕多基亞岩洞文物

卡蘭利克教堂的溼壁畫極富有表現力。

　　在奇形怪狀的山峰、峽谷和仙女洞圍繞的中心，有一處小亞細亞非常獨特的文物，它就是佈滿洞窟教堂的居來美盆地。數百萬年前，周圍火山、尤其是附近的埃爾吉亞什山拋下的巨大石灰塊，替克孜勒河窪地鋪上了數百米厚的覆蓋層。在漫長的歲月裡，氣候變化和風吹雨淋將有裂縫的石灰塑造成各種形狀，通過不同強度的侵蝕把這地區變成大自然的一個魔境。

　　遠在基督教的早期，就有人在這一偏僻的人間天堂隱居苦修。過不多久，一些大規模的僧侶團體形成了，它們與此地農民共同創造了一種新式的修行生活。鬆軟的石灰岩似乎是專為挖造住所而形成的，農民的簡易住房和簡陋的僧侶隱居室就是從石灰岩中挖出來的。繼這些「洞穴民居」之後，是大面積的修道院設施，但主要是不計其數的小教堂和一般教堂，其中屬居來美盆地的教堂最為重要和漂亮。

　　鼎盛於十字圓頂教堂的拜占庭教堂建築，其各種形式都能在此處見到，包括眾多的、佔主導地位的拜占庭溼壁畫。十字、葡萄和魚等簡單的畫像研究符號出現於發展初期，這種發展在8至9世紀因聖像之爭而中斷，並以11至13世紀的拜占庭繪畫圓滿結束。這些溼壁組畫嚴格遵循拜占庭禮拜儀式的圖像安排，總是按相同的順序表現基督生平的重大主題：從出生到復活和聖餐的場景。與中世紀羅馬式教堂的溼壁畫一樣，它們也有助於傳道士講解《福音書》和修士靜思默想。在拜占庭近千年的歷史中，隨著藝術觀念的改變，上述場景的次序和組合形式有所不同，表現強度和色彩的樣式也在變化。居來美的圓柱教堂和國家歷史公園門前的托卡利教堂（Tokali Kilise）完美地展現了11世紀君士坦丁堡的宮廷藝術。這可能要歸功於拜占庭城一所繪畫學校的藝術家，他們受居來美富裕市民的委託替教堂內部繪畫。隨著時間的流逝，那些數百年間形成的人物畫像顯得愈來愈精美細緻，原來呆板的面孔漸漸有了個性，表情也更加生動。緊貼在

從卡蘭利克教堂的正面也可以看出工匠們對形式的特有感受。

身上的「溼」衣服勾勒出人物的身材，它是這一時期繪畫的典型特徵之一。「黑色」教堂（Kara Kilise）是這一時期藝術的傑出範例，它能良好地保存至今，是由於其入口在伊斯蘭聖像破壞運動中被掩埋了。因為幾乎照不到自然光，溼壁畫得以保持其原有的色彩。人像特別是其臉部几乎完好無損，成為居來美教堂人像創作領域的一朵奇葩。教堂的圓頂、拱頂、楔形構件、拱內面和牆壁均為人像所覆蓋，他們的表情使卡帕多基亞的藝術呈現出偏重沉思和精神的特點。

沃爾夫岡・道恩
（周何法　譯）

　　在數百年的時光裡，人們利用奇形怪狀
的石灰岩挖掘住所。從外面看好似神明和仙
女的奇異住所（下圖），裡面卻充滿了人類
居所的舒適氣氛（左圖）。

棉堡和聖城
希拉波立－帕穆克卡萊古城

希拉波立－帕穆克卡萊古城

文化遺產：「棉堡」帕穆克卡萊擁有含碳酸氫鈣的泉水形成的泉華岩層和長2,700公尺、寬300公尺的階地；曾以神廟衆多（如狄俄尼索斯、雅典娜和愛西絲的神廟）而聞名的「聖城」希拉波立擁有一道建於公元400年前後的城牆、幾家市溫泉浴場、一個能容納約12,000名觀衆的劇場、仙女廟、阿波羅神殿、使徒腓力紀念教堂（面積60×63公尺）、長1,380公尺的柱廊及共有1,000多座墳墓的大墓地

所屬洲：亞洲

所屬國：土耳其（西安那托利亞）

地　　點：代尼茲利東北的帕穆克卡萊和希拉波立

列入名錄年份：1988年

意　　義：緊鄰由泉華瀑布和階地構成的奇特景觀的古代「聖城」

大事記：

前188-前150年　奉帕加馬國王之命構築邊境要塞希拉波立

前133年　根據阿塔羅斯三世的遺囑，將帕加馬王國轉讓給羅馬帝國，從此希拉波立隸屬羅馬的亞細亞行省

60年　毀於地震

87年　使徒腓力約此時去世

193-211年及211-217年　在羅馬皇帝塞維魯和卡拉卡拉統治期間，新希拉波立處於繁盛期

約900年　智者萊歐（Leo）的著作中提及主教駐地希拉波立

1887年　德國考古學家進行發掘

1957年起　義大利考古學家進行發掘

帕穆克卡萊的白色階地是土耳其最大的自然奇蹟之一。在大門德雷斯河沖積平原周圍的山丘邊緣，在這處地質上的碎裂帶，有好幾個水溫達到36℃這一溫度的溫泉。石灰石的滲出給溫泉增加了礦物質，這些礦物質冷卻後沉澱於地表並凝固成石灰華。在古城希拉波立附近，這種現象最爲明顯。在谷底上方100來公尺處，形成了2,000公尺長的階地，其中有懸掛的石灰錐及蕩漾著淺藍色水的盆形和槽形水池。童話般的景

第98號

左頁圖：自然的奇蹟、人們的福地—在帕穆克卡萊泉華階地形狀奇特的水池裡，遊客們在富含礦物質且溫度宜人的水中玩耍

左圖：修養之地不能沒有娛樂，在古代也是一樣，而且十分講究。圖為羅馬劇院層次豐富的正面，該劇院當時最多能容納12,000名觀眾

城市北部的溫泉浴場雖是廢墟，但仍顯示著它的龐大。

各式表情生動的雕像裝飾著溫泉浴場的水池。

物博得了一個童話般的名稱：帕穆克卡萊在土耳其語中是「棉花」的意思。每天都有數百名遊客赤足攀登一個個呈階梯狀排列的天然水池，享受用小腿戲水之樂。誰若想把全身都泡在礦泉水裡，可到石灰瀑布上方一家賓館的浴池裡圓夢。那些圓柱和建築遺跡表明，這個水池與古代容納隱泉之水的聖池十分吻合。

這個位於泉華高地上的古代定居點，對居民們來說並不是因其溫泉而成為希拉波立（意為「聖城」）。帕加馬建立希拉波立的本意是想在這戰略要地設置一個邊界堡壘。後因廟宇眾多，希拉波立才成為名副其實的聖城，不過保存下「蛛絲馬跡」的只有阿波羅神廟。普路托紐姆（Plutonium）是一處奇特的聖蹟，位於阿波羅神廟附近。它是一道設有圍牆的地面裂隙，裂隙中有毒氣冒出。據說，只有看護普路托聖蹟的閹人教士，才不怕這種有毒蒸氣的侵害。

最後一位帕加馬國王去世後，小亞細亞成了羅馬的亞細亞行省，希拉波立的軍事和民用地位隨之降低。工商業的蓬勃發展，使希拉波立日趨繁榮，成為小亞細亞最富裕的城市之一。特別是它的毛紡業遠近聞名。羅馬皇帝曾經三度光臨希拉波立：公元129年（哈德良）、215年（卡拉卡拉）和370年（瓦林斯）。這裡保存至今的大部分建築源自羅馬時期，它們是用巨大的材料按皇帝時代的巨型風格建造的。例如城市北部和西南部的兩個大型溫泉浴場，一個巨大的劇院（從其上面的樓座可以俯瞰整塊泉華高地），以及一個大都會才有的城市設施——廣場（Forum）。城牆圍繞的住宅區向東邊斜坡延伸，城市的主軸則在西面，緊靠高地的邊緣。弗朗梯努斯門的三個門拱和一道拜占庭門，成為這條從前鋪有碎石的馬路的特徵。

希拉波立的拜占庭時期主建築為聖腓力紀念教堂。據說這位耶穌門徒曾在弗里吉亞傳教，在1世紀中葉後的某個時間殉難於希拉波立。傳說雖然縹緲，但希拉波立人卻曾信以為真，因為5世紀早期他們就替腓力造了一座中央為八角形的紀念建築。

希拉波立市的所有普通居民，如見於墓碑碑文的毛料染色匠、地毯織工和銅匠等，死後都被安葬在北門前的市立墓園，這也許是小亞細亞最不尋常的古代公墓。不同類型的墳墓一座接一座地排列在此，不論豪華石棺、丘墓或家墳，都完好地保存至今。

弗朗克‧萊納‧謝克
（周何法　譯）

巴力神的領地

巴爾米拉遺址

公元7世紀，當穆斯林阿拉伯人進入巴爾米拉（意為「棕櫚城」）時，這座綠洲城市宏偉的遺址對他們來說充滿了神秘的氣氛。是誰造起了這座圓柱林立的龐大建築？人力是很難做到的。

於是《聖經》中據說有神怪相助的所羅門王就被視為建築業主，且這種觀點一直延續到20世紀。1960年，東阿拉伯卡塔爾的統治者到此參觀時，儘管考古學家援引銘文提出異議，他仍堅信這些巨型建築出自神靈之手。

從西方的情形看來，義大利探索東方的先驅瓦列於1620年重新發現了巴爾米拉。其後的訪客對遺址的狀況表示憂慮。例如法國啟蒙主義者沃爾內（Comte de Volney）1787年曾說：「國王們的宮殿成了野獸的窩點，獸群在聖殿內吃草，不潔的動物佔據了神明的聖地。難道人類的傑作就這樣毀滅？國家和民族就這樣消亡？」

從古時候起，這個被阿拉伯人稱為「塔德穆爾」的綠洲一直有一個泉眼提供充足的可飲用水，使人們得以在沙漠中生存。公元前1世紀時，在富裕的商人家族統治下，這個荒漠商隊必經

之地發展成大都會。駱駝商隊運來印度、阿拉伯和中國的貨物，又載著羅馬帝國各行省的商品離開此地。這種利潤可觀的貿易帶來的稅收，填滿了「棕櫚城」的錢庫。

巨大的財富也表現在令人讚嘆的華麗建築中，在城市周圍的茫茫荒漠反襯下，這些建築更顯得魅力無窮。1917年，德國考古學家維岡特（Theodor Wiegand）見到這片綠洲時興奮地說：「巴爾米拉是我見過的最大的史詩式風景區！」

古城中最重要的建築是巴力（古敘利亞傳說中統治天上的神）神殿，工程耗時一個多世紀。這座令人稱奇的建築有一道長1公里多的圍牆。在聖蹟的中央，圓柱簇擁的巴力神殿矗立在增高平台上。

雖然其式樣模仿古希臘的色彩很濃，但展示的宗教儀式卻是地道的東方式，兩種傳統在此融為一體。

含一座拱門和一座

當看到圓柱大道高高聳立的四塔門等建築時，你就不會覺得為什麼到20世紀還有人相信巴爾米拉的建築曾獲得神明幫助。

四塔門的圓柱大道，其有別於希臘羅馬標準之處在於方向屢有轉換。盡管巴爾米拉人吸取了古典的規則，但在城建方面仍保留了某種開放性。那些供奉納布（美索不達米亞的智慧和文字之神）或巴力-沙聞（Baal-Schamin）的神廟，與一個希臘式的道路網相得益彰。

溫泉浴場、劇院和裝飾華麗的水井，是地中海地區的消遣場所。城市西部的戴克里先軍營證明了巴爾米拉的「文化臍帶作用」：在這個包含營房、檢閱場等聖蹟的軍事區域中央，矗立著一座古阿拉伯女神阿拉特（Allat）的神殿。

在政治獨立和經濟獨立二者之中，巴爾米拉一直更擔心後者。然而，芝諾比雅女王宣佈脫離羅馬，並通過成功的遠征將其領土擴張到埃及和安那托利亞中部後，卻想讓她的兒子成爲羅馬皇帝。

這種挑釁招致羅馬的反擊：公元273年8月，巴爾米拉遭到洗劫和摧毀，風光一時的女王被俘並押送羅馬。

「沉睡」數百年後，至18-19世紀，巴爾米拉成了浪漫主義代表人物考察旅行和業餘考古學家的朝聖地。

弗朗克・萊納・謝克
（周何法 譯）

第99號

納布（Nabu）神殿附近的這處浮雕，塑造的可能是巴比倫的赫爾塔（Herta）女神。她身旁是戴著城冠的堤喀（Tyche）女神。

圓柱大道及其拱門是巴爾米拉最典型的建築之一，這道拱門巧妙地掩飾了柱廊的方向改變。

耶路撒冷的舊城和城牆
文化遺產：含回教區、亞美尼亞區、猶太區和基督教區的舊城，擁有：城牆及其錫安門、新門、大馬士革門、希律門和獅子門；「哭牆」（西牆），安妮教堂和雅各教堂，聖墓堂和多洛羅薩路（即耶穌受難前走向刑場的「苦路」，路上有紀念耶穌遭鞭打的鞭笞小教堂），岩石清真寺及七堂式阿克薩清真寺
所屬洲：亞洲
所屬國：以色列
地　　點：耶路撒冷
列入名錄年份：1981年
意　　義：猶太教、基督教和回教的共同聖城
大事記：
約公元前1000年 山上要塞錫安（耶路撒冷）
公元前587年　被尼布甲尼撒二世佔領，聖殿被毀
公元前164年 聖殿山被馬卡比家族佔領
66年 猶太人反抗羅馬人的起義
70年 第二聖殿被毀
135年 耶路撒冷被毀
335年 聖墓堂落成典禮
527-565年 拜占庭耶路撒冷的興盛期
1187年 被薩拉丁的軍隊佔領
1538-1539年 建造雅法門，修復獅子門
1887年 建造通往基督教區的「新門」
1926年 聖墓堂毀於地震
1947年 耶路撒冷國際化
1948年 猶太區部分毀於約旦的進攻
1948-1967年　舊城和東耶路撒冷處於約旦管轄之下
1967年6月 耶路撒冷重新統一

踏著大衛、所羅門、耶穌和穆罕默德的足跡

耶路撒冷的舊城和城牆

　　我第一次到耶路撒冷及其舊城，已是60餘年前的事了，但我對那次訪問一直記憶猶新。當時，我覺得自己置身於世界的中心，被數千年的歷史所包圍。

　　我踏著大衛、所羅門、耶穌和穆罕默德的足跡，陶醉在希律王和蘇里曼一世的建築中。幾年後，當我開始收集耶路撒冷的舊地圖時，發現它在15和16世紀時曾被描繪成世界的中心。

　　那段時間我住在金奈勒特湖*畔的恩蓋夫基布茲，現在從那兒駕車到耶路撒冷只需兩個半小時，但當時這段路程卻幾乎要花上一整天，因此我造訪耶路撒冷的次數並不多。

　　以色列立國後不久，首任總理戴維・本・古里安宣佈定都耶路撒冷。他邀請我前去主持其辦公室的工作，我激動地答應了。那時一道新築的牆橫穿耶路撒冷，這條由鐵絲網和地雷築成的界線分隔了以色列和約旦，將包含舊城和古城牆的耶路撒冷分成兩半。

　　1965年我當選為市長時，我的辦公室距界牆只有一臂之遙，我多麼希望有朝一日耶路撒冷心中的傷口能夠和平地愈合！然而，促成這座城市統一的卻是「六日戰爭」**。

　　馬克・吐溫在上個世紀這樣描寫耶路撒冷：「到處都是破爛、痛苦、貧窮和污穢……耶路撒冷陰暗荒涼、死氣沉沉，不是我想住的地方。」統一後，耶路撒冷的情況還沒有糟到這種地步，但舊城卻已不成樣子，因為在幾十年時間裡，建築文物的保護工作幾乎陷於停頓。

　　在完成城市的基本工作後，我們開始面對修復舊城牆等歷史性的挑戰。當一輛輛大卡車將埋住下半堵城牆的垃圾運走後，我們終於看到了這道牆的真正規模。當初英國人築在牆上的胸牆再度建成，它使人們可以在城牆上一邊行走一邊眺

鳥瞰耶路撒冷舊城。

望舊城（向內）及猶地亞沙漠、橄欖山和新城（向外）。猶太教、基督教和回教的聖蹟一個又一個地得到修復，猶太區很快從廢墟中東山再起。一切有發掘价值的地方都進行了發掘，很多曾經在此生活的民族的歷史得以重見天日。

　　在許多個世紀裡，雅法門附近堡壘邊的大衛塔一直被視作耶路撒冷的標誌，在藝術品、朝聖者的遊記、史書和文學作品中成為這座城

市的象徵。耶路撒冷市博物館設於此處後，這個昔日的堡壘和軍營所在地開始發揮和平用途。

　　我們對耶路撒冷早年情況的了解，很多源自一塊6世紀的馬賽克，上面繪有一張聖地地圖。這塊馬賽克現藏於約旦的馬代巴教堂，它填補了人們在研究耶路撒冷歷史時發現的許多空白。

　　因此在由北往南橫貫舊城的羅馬商業大街卡多馬克西穆斯遺跡發掘點的牆上，人們才會掛上一張該地圖的複製品。這一行動表達了一個希望：有朝一日能與約旦簽訂和約，允許親自去馬代巴觀看原圖。如今，這個願望實現的日子已經來臨。

泰迪・考雷克
（周何法 譯）

哭牆—著名的禱告場所。

　　譯注：
　　*又名太巴列湖、加利利海。
　　**即第三次中東戰爭，又名「六・五戰爭」。1967年6月5日，以色列對埃及、敘利亞和約旦發動突然襲擊，戰爭持續6天，以色列佔領了阿拉伯和巴勒斯坦的大片領土。

左圖：基督教的耶路撒冷：在基督被釘十字架之處建造了聖墓室

中圖：回教徒的耶路撒冷：在蘇里曼一世統治期間，繞舊城建造了一道堅固的城牆

下圖：猶太教和回教的耶路撒冷：哭牆（原猶太聖殿的西牆）成了悲歡聖殿毀滅之地。金色圓頂的岩石清眞寺是回教最重要的聖蹟之一，同時其所在的岩石也是傳說中亞伯拉罕欲將其子獻給上帝做祭品之處

第100號

佩特拉古城遺址

文化遺產：納巴泰王國鼎盛時期石製建築
的見證，比如從埃恩‧穆札到佩特拉古城
的塔爾克塞爾引水石槽的殘餘部分；有42
多公尺多的阿代爾墳墓寺廟的正立面，巴
布‧埃斯大峽谷的古墓葬群；有從含鐵的
沙石中「采鑿」而成的「哈茲奈赫」石
宮，其頂上是3.5公尺高的骨灰壇；還有古
代露天劇場大墓地，這也許是佩特拉城最
古老的墓葬地；有科林斯墳墓、宮殿墳
墓、澤克斯蒂烏斯‧弗洛倫蒂努斯陵墓，
以及位於遺址中心23公尺高的、佩特拉城
的大寺廟「本特宮」（女兒宮）
所屬洲：亞洲
所屬國：約旦
地　　點：佩特拉，安曼以南
列入名錄年份：1985年
意　　義：納巴泰人荒漠商隊城和國王居住
的城市，是阿拉伯和地中海區域之間一個
重要的交叉地區
大事記：
西元前312年　迪阿多亨‧安蒂戈諾斯‧莫
諾弗塔爾莫斯征戰納巴泰人
約西元前169年　國王阿雷塔斯一世
約西元前120-前96年　國王阿雷塔斯二世
西元前87-前62年　國王阿雷塔斯三世攝
政，「荒漠商隊國家」的版圖一度擴展到
大馬士革
西元前62年　納巴泰成為羅馬帝國的附庸
70-106年　國王拉貝爾二世
106年　特拉揚皇帝統治，建立了羅馬省份
阿拉伯‧佩特拉，省城為波斯拉
1170-1188年　從十字軍騎士要塞——比如
從阿爾‧武埃拉要塞撤離
1217年　最後一個西方人來訪
1812年　約翰‧路德維希‧布爾克哈特重新
發現了佩特拉古城
1916-1917年　德國土耳其文化遺產保護小
隊進行調查研究

一座由紅色岩石構建的城市

佩特拉古城遺址

19世紀早期，一隊阿拉伯騎士穿過灼熱難擋的約旦東部地區。即使人們並沒有親眼看見，但在「阿拉伯」騎士中卻有一個歐洲人。這個年輕人名叫約翰‧路德維希‧布爾克哈特，一個瑞士軍政府成員的兒子，那時剛滿27歲，在敘利亞學過阿拉伯語。一次，在前往開羅的路途，他的嚮導向他講述了深藏在附近崇山峻嶺中宏偉壯麗的遺跡，言者無意，聽者有心。1812年8月22日，他作為近代史上第一位來訪者，騎馬旅行到佩特拉，一座「歷經幾百年滄桑的、玫瑰紅色的城市」，正如約翰‧威廉‧布爾貢後來所說的那樣。

佩特拉是納巴泰人主要的基地，後來成為納巴泰國王居住的城市。納巴泰人是一個生活在阿拉伯北部沙漠區的民族，他們的商隊把古希臘羅馬時期人們所渴望得到的蘆薈、桂皮、香料和藥運到地中海地區，這些物資均產自阿拉伯南部和印度。自西元前4世紀以來，一直是納巴泰人控制著這條富有傳奇色彩的香料之路的北邊路段，也只有他們才知道沙漠中為數不多的有水的地方，因而能在沙暴中存活下來。

西元前2世紀，納巴泰的阿拉伯人還住在用羊毛編織的帳篷裡，那時還不曾有石建築出自他們之手。豐厚的貿易利潤，以及先後與古希臘、羅馬文化的交往產生了效果，那就是在佩特拉的塔爾克塞爾——它深藏在死海和紅海之間的沙石荒野中，出現了一種獨特而富麗堂皇的建築，一種神和死者

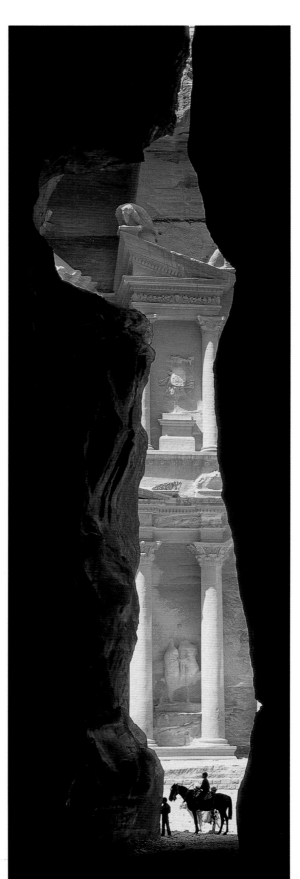

的建築。

通往佩特拉城那條令人神往的路，首先要穿過「錫克」（Sik），這是一個垂直岩壁高達近百公尺的1千公尺大峽谷。在岩壁深挖的基礎上，時而出現一些簡單的浮雕，如果呈長方形，那麼就代表納巴泰人的主神杜沙拉——「岩石神」；如果呈方尖柱的形狀，就是紀念死者的紀念碑。如果人們看到了大峽谷出口處那高大雄偉的「哈茲奈赫」石宮立面，被神秘莫測的大峽谷所喚起的好奇心就會得到滿足。「哈茲奈赫」石宮，意思是「法老的寶屋」，分上下兩層，以圓柱作門面，飾以磨光的雕塑。

佩特拉城這個最古老和最美麗的建築紀念碑，也許是古代一個納巴泰國王最後的長眠之處，也表現了亞歷山大城和古希臘文化時期世界大城市尼爾德爾塔的傳統。其他那些有著巨大立面的國王墓葬群，都俯瞰著佩特拉的老城區。連綿起伏的丘陵地帶可以阻擋風沙，在這下面則隱藏著公共游泳池、競技訓練場和集市。一條鋪石路標明了這座城市的軸線。在佩特拉城中心聳立著建有高大方石圍牆的寺廟「本特宮」。這座寺廟是獻給岩石神杜沙拉的，他起先以石柱的形象，以後又以宗教禮拜的人物像，接受人們的崇拜。

這種形象表現上的改變，是與納巴泰社會狀況的變化相適應的：部落首領成了國王，從阿雷塔斯一世到拉貝爾二世，主神杜沙拉與希臘的狄奧尼斯相一致，

「古典主義」的岩石建築，比如國王墳墓，或者叫作阿代爾，接替了錫製的和階梯墳墓。露天大劇場，有著依岩而建的一排排觀眾座位，給人留下了極其深刻的印象。當香料之路的主人們在西元106年成為羅馬帝國的臣民，並在以後的年代裡皈依了基督教，他們的獨立性也就畫上了句號。

弗蘭克・萊納・謝克
（邵思嬋　譯）

第101號

左頁圖：大峽谷陡峭石壁之間一條狹窄使人感到壓抑的通道，站在此處，「哈茲奈赫」石宮的驚險態勢便可見一斑

左圖：你們能做的事，我們早就做到了——納巴泰人建造的一個露天大劇場可以作證，這個大劇場可以與羅馬和古希臘的露天大劇場媲美

彷彿神話一樣，阿代爾墳墓寺廟（最左下圖）的正立面有42公尺高，該墳墓寺廟的頂上矗立著一個9公尺高的骨灰壇（最左上圖）

下圖：「哈茲奈赫」石宮在佩特拉古城創了紀錄：它是這座「玫瑰紅色的城市」中最古老和最美麗的建築遺產，或許也是古代一位納巴泰國王的長眠之處

不管路途多遙遠，也要到薩那去

古城薩那

上左圖：「阿拉是萬能的」而且高高在上…無數寺院尖塔高聳在屋宇之上，勾勒出這座城市特有的輪廓

「Allah u akbar」——「阿拉是萬能的」：回教寺院中呼報祈禱者的叫聲在城市上空久久迴盪。白天的炎熱已經散去，地面開始升騰起一股涼爽的風。在阿拉伯・努克瓦姆（Jebel Nuquam）紅褐色背景的襯托下，幾十個白色的寺院尖塔在落日餘暉中發出耀眼的光芒。人們耗費巨資將老城屋宇的立面裝飾得豪華氣派，這「糕點師傅的房屋立面」宛如一幅風景優美的舞台佈景。正如德國考察旅行家卡斯登・尼布爾在18世紀曾描繪的那樣：「馬利亞玻璃在晚霞中斑斕絢麗，熠熠發光。」白天，人們絡繹不絕穿過「葉門的大門」，擁向大街小巷。此刻，川流不息的人群已散去。

逐漸地，露天市場也「人走攤空」，於是攤主們用布蓋住他們的商品，關上小店的門，動身去清真寺做晚禱告。他們穿過狹窄而彎曲的小巷，經過麥地那百年老屋的峽谷去做禱告。幾百年如一日，古城薩那每天都是這樣平靜、安逸、沉寂，結束一天的忙碌。

正如一個傳說所講述的，大清真寺還是穆罕默德在世時，在神秘莫測的古姆旦宮殿遺址上建造的。據葉門編年史作者阿爾─哈姆達尼說，這座宮殿是在西元前25年竣工的。薩那不僅有無數細長的寺院尖塔，而且還是古老的荒漠商隊的旅店，像在穆罕默德時代一樣，商人們在這裡儲存咖啡、調味品和香料。

「阿拉伯的珍珠」是商人和兵士的城市，幾百年來自我封閉，與外界隔絕，被專制獨裁的伊瑪姆統治著，這個獨裁者集宗教和世俗統治於一身。城裡是一片黏土屋頂的海洋，薩那就是「阿拉伯的鳳凰」，是阿拉伯半島南部最古老的城市。

有一個傳說是這樣告訴我們的：在洪水泛濫以後，有一隻鳥必須把諾阿斯的兒子塞姆帶到一處地方，在那裡他應該建造薩那城。從一開始，這個城市就被看成是「瑪哈姆」，一個經過聖化的、保佑眾生平安無事的地方，就像是一個寺廟或是清真寺。

由於它位於葉門受保護的高原地區的中心位置，因此在建成後不久，薩那城就具有十分重要的意義。埃塞俄比亞入侵後，希姆雅倫屈服，於是薩那在西元6世紀早期首次成了首都。在埃塞俄比亞鄰居的保護下，基督徒在這裡建造了一座大教堂，旨在顯示他們的信仰。幾十年后，當葉門人重新信奉伊斯蘭教時，哈里發的總督就在薩那下塌。隨著雅亞・阿爾・哈迪的進入，在薩珊王朝的波斯總督後，一個札伊德（zaiditischer）的伊瑪姆於西元901年第一次進入薩那城。

在歷史進程中，薩那還有其他的主人：阿尤比德人在阿拉伯・努克瓦姆山麓修築了一垛高高的土牆加固這座城市，而大清真寺的修葺完善，則要歸功於葉門的阿爾瓦女王。伊瑪姆和小國君主交替統治著這個國家和薩那，一直到他們最後屈服於土耳其入侵者的壓力，才不

得不放棄權力。在高高的山口領地，不僅出現了重要的清眞寺，還有花園城布斯坦·阿斯—蘇丹。一次世界大戰後，隨著土耳其的撤離，札伊德的伊瑪姆重新掌權，一直到1962年爲止。在幾年流血戰爭後，薩那今天成爲阿拉伯半島上唯一民主選舉產生人民政權的首都。

在國際援助下，20多年來，古城薩那艱難地、昂貴地進行一處一

處修葺，雖有現代化的建築與道路設施，但仍保持著她幾百年來的模樣：充滿著泥土磚瓦和泥灰花紋裝飾得簡單、和諧，顯示寧靜的美，一個生氣勃勃的、具有東方色彩的夢。

約阿希姆·克瓦斯恰
（邵思嬋 譯）

第102號

歷盡滄桑的城牆、古老的巴布·阿爾—葉門大門、多層的屋宇，以及用白色磚石點綴其間的房屋立面。到了薩那，人們彷彿進入了「天方夜譚」的夢境之中。

月亮和星星間最優雅的地方

古都布哈拉

古都布哈拉

文化遺產：絲綢之路必經之地，在薩曼王朝時，是回教遜尼派教徒的政治經濟中心；建築紀念碑有城堡（Ark）、大清真寺或卡梁清真寺、伊斯邁爾—薩曼陵墓（西元9-10世紀）、公尺爾伊阿拉伯神學院（西元16世紀）、阿卜杜拉汗神學院（西元1652年），以及烏魯克貝克神學院

所屬洲：亞洲

所屬國：烏茲別克

地　　點：布哈拉，克齊爾庫姆沙漠

列入名錄年份：1993年

意　　義：中世紀中亞城市的一個卓越典範，有著10-17世紀伊斯蘭建築藝術瑰寶

大事記：

674年　阿拉伯人統治布哈拉

705-715年　總督庫泰拔‧伊本‧穆斯林對中亞發動最後進攻，鞏固了阿拉伯在中亞的統治地位

875-999年　波斯薩曼王朝時期，開始在布哈拉有計劃地建造城市公共設施

1199-1220年　赫瓦雷茲姆沙‧阿拉‧阿德‧丁統治布哈拉

1220年　成吉思汗佔領布哈拉

1271-1292年　馬可‧波羅旅行到忽必烈帝國，成為宮廷的客人

1500年　在烏茲別克汗‧沙伊巴尼統治下，布哈拉成為首都

1514年　大清真寺竣工

1785-1920年　布哈拉埃公尺爾統轄區

1868年　布哈拉埃公尺爾承認俄國沙皇的宗主國地位

約1900年　還有103所神學院，在校學生達10,000人

1920年　布哈拉埃公尺爾撤職

1923-1924年　中亞分成5個蘇維埃共和國

不會有比這個更強烈的對比了：一個出售錄音帶的小攤販在露天組裝了一個手提收音機，而在音箱裡響起的恰好是格列高利的頌歌《神秘的人》——這首經現代的處理後，由德國流行演唱組演唱的歌曲，在布哈拉神學院附近的上空迴盪；歌曲的副歌是：「以耶穌基督的名義，阿門。」然而，這件事好像並沒有再引起人們的注意，也沒有人覺得自己的宗教感情受到傷害。在旅館的大廳裡，人們可以聽到英國和美國的流行音樂，麥可‧傑克森唱道：「We are the world」這聽起來不僅是自由的和具有開放思想的，它也突然出現在絲綢之路上有著2,000多年歷史的荒漠商隊城市中，出現在烏茲別克——這個經歷了幾十年的無神論後，回教又重新返回到這國土上。

小巧而豪華的伊斯邁爾—薩曼陵墓。

清晨的陽光喚醒了這塊沙漠中的綠洲，甚至連城市邊緣那些混凝土的建築物都沐浴著溫暖如春的陽光。青綠色的海水波光瀲灩，神學院的穹頂也在晨曦中閃耀著彩虹般的光芒。陽光嬉戲般地掠過清真寺細長的尖塔——它們高聳在一片屋頂的海洋之上；尤其是46公尺高的卡梁清真寺尖塔，塔尖上的火光曾經在茫茫的黑夜裡爲荒漠商隊指出一條通向古老東方的光明之路。

與姐妹城市撒馬爾罕相反，在布哈拉不僅保存著有聲譽的單個歷史建築物，而且整個古城幾乎保存有140處文化遺產。布哈拉保存下來的最古老建築物伊斯邁爾——薩曼陵墓，小方塊形的、鐘形屋頂的墳墓房間可以追溯到西元9-10世紀。

那些在巴基斯坦、阿富汗和印度講童話故事的人，總是熱情洋溢地談論著這個地處克齊爾庫姆沙漠邊緣的國家。他們說：「在那些只有鳥雀才能飛過的山峰後面，有一個太陽國。那裡的城市充滿著神話

神學院的學生們在神學院院子裡鋪設祈禱用的地毯。

般的氣氛。在集市中堆放著大包色彩鮮艷的絲綢，紅橙黃綠靛紫，應有盡有；宮殿的圓頂閃閃發光，就像水天相連在一起。」布哈拉被譽為「月亮和星星間最優雅的地方」，這一點人們至今還可以去感受。歐洲人也獲悉「名貴的東西」，這要歸功於威尼斯商人馬可·波羅，他於13世紀在忽必烈的宮廷做客，還長途跋涉到中亞和東亞旅行。

今天，布哈拉中心就像是一個生氣勃勃的歷史博物館：黃色的土磚瓦建築，狹窄的小巷和幾條柏油馬路，市集和神學院，清眞寺和陵墓——有些建築物已經修葺過，例如札爾加蘭拱頂建築和阿卜杜拉茲汗神學院。至今已部分修復的雄偉壯麗的阿爾克城堡是仿照大熊星座建造的，直到20世紀，沙伊班王朝的埃米爾還住在這座城堡裡。其間，神學院得到發展，充滿了勃勃生機，尤其是建於16世紀的米爾伊阿拉伯神學院，人們可以看到未滿10歲的男孩在有陰影的院子裡鋪地毯，跪下來禱告，虔誠地聆聽祈禱文領讀者的解讀。然後，從無數寺院尖塔中的一個尖塔中傳來「Allah u akbar」——「阿拉是萬能的」的叫喊，這是在實行了70多年無神論後又回到這方沃土的叫喊聲。

市場上，散發著陣陣香味。肉類緊缺，魚兒更不見蹤影，但水果、蔬菜和香料似乎並不匱乏，石榴堆成了小金字塔。堆滿香料和茶葉的售貨攤周圍，站滿了黑壓壓的人群。從城堡上俯瞰市集，絲綢料子正有待出售。幾乎是所有膚色的人，面帶各種表情，在攤位間擠來擠去，討價還價，互相交換，

喋喋不休。人們發現了亞洲人的臉龐，這臉龐曾在絲綢之路的貿易中心出現過：一雙蒙古人的眼睛，稀疏的中國人鬍子和淺褐色的波斯人膚色。

海爾格·索比克
（邵思嬋 譯）

第103號

阿爾克城堡的大門和監視塔正朝著遊客擠壓過來，彷彿拒絕他們進來參觀一般。

儘管肉類缺乏，但人們往往可以在市場上看到賣烤羊肉串的攤販。

46公尺高，指引方向的卡梁清眞寺的尖塔高聳入雲，右邊是米爾伊阿拉伯神學院，神學院的大門俗稱「伊凡門」。

以穆罕默德之名～一個東方的夢

伊斯法罕的國王廣場

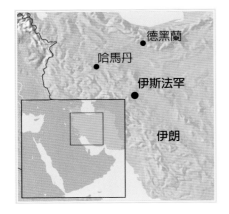

伊斯法罕的國王廣場（Meidan-e Schah）

文化遺產：邁丹·沙，素稱國王廣場或沙廣場，連同由1,800萬塊磚和50萬塊上釉瓷磚建成的國王清真寺，它於1979年改名為伊瑪姆清真寺；還有洛特福拉清真寺，這原本是為阿拔斯一世的岳丈建造的私人宮廷清真寺；市集大門上繪有阿拔斯一世時代的節日情景和戰爭場面；以及星期五清真寺，這是一個長170公尺、寬140公尺的綜合建築群，建有高高的大門（Ali Qapu）

所屬洲：亞洲

所屬國：伊朗

地　　點：伊斯法罕，德黑蘭以南

列入名錄年份：1979年

意　　義：該石建築是15-17世紀波斯高度文明的標誌

大事記：

約西元900年　建造星期五清真寺

1088-1089年　擴建星期五清真寺

1092年　建造星期五清真寺南大門和祭壇

1598年　伊斯法罕成為波斯人的首都

1612-1630年　阿拔斯國王統治時期為伊瑪姆清真寺的主要建造時期

1612-1616年　建造洛特福拉清真寺

1619年　建造集市

1638年　伊瑪姆清真寺的完善

1803年　星期五清真寺的修葺

上圖：由金絲編織成精美絕倫的圖案，裝飾著洛特福拉清真寺正大門上方的半圓穹頂，這裡本來是私人宮廷清真寺

右圖：星期五清真寺內院展示出瓷磚紋飾藝術的完美樣式

「Meidan」是指阿拉伯的亨吉斯特騎馬奔馳而又不感到明顯疲勞的一段路程，一種道地的東方國家的長度計量單位。即使在今天，波斯的伊斯法罕中心廣場設計仍不失為宮廷進行馬球運動的一個極佳的背景。在經歷了300年的風雲變幻後，最近已修葺一新交付使用的「伊瑪姆廣場」依然初衷不改。

此刻，回教基本教義派的狂熱信徒們正為綠洲城光輝燦爛的歷史遺產煞費苦心。那種以傳統的磚瓦建造的建築物，內外牆體鋪設藍色精細陶瓦，表明伊斯蘭宮廷對一種已過時的消遣方式的執著與鐘愛，然而在禁慾主義的統治者阿亞圖拉的眼裡，這種及時行樂的生活方式簡直就是一種挑釁。

伊斯法罕這顆「波斯建築藝術的天藍色珍珠」，從一種感官上可以體驗全然高貴的樣式，變成了統治者那種雅緻的舞台佈景建築藝術。顯而易見，從古希臘文化的雄偉的廣場設計，尤其從非常實際的羅馬廣場獲得靈感，伊斯法罕的中心既是一個宮殿和宗教集聚場地，也是一個開逛的地方及絲綢和棉花的轉運地。這種與廣場緊緊毗鄰的市集絕不是偶然出現的，而是人們考慮到文化與貿易的一貫聯繫。

總而言之，早在西元8世紀倭馬亞朝，伊斯蘭建築藝術就已經不受拘束地接受了古希臘、羅馬的模式，自然而然地，這種古代的典範被熟練地運用在城市建設中。崩潰的羅馬城市的有效基因和生動活潑的薩珊裝飾藝術，特別是在一種被稱為「好的聯盟」的波斯的建築變體中表現出來，這種建築藝術的融合給予18世紀少數的歐洲旅行者以深刻印象。

古希臘、羅馬的思想、文學和科學一直生氣勃勃地存在於北非及近東的核心地區，在那裡對「被稱頌的」回教教主和創始人穆罕默德是有爭議的；因此與西歐明顯不同的是，在哪裡根本不需要「伊斯蘭

教復興」。

　　然而，考慮到新宗教的特權，一種大規模的古代文化的復蘇自然是不可能的。於是，特別是在宗教範圍內，一種書法自主的阿拉伯文字藝術就逐漸代替了西方傳統的聖像世界。毋庸置疑，儘管對歷史模式仍有一種明顯的依賴，但國王廣場以其富麗堂皇的建築和枝葉茂密的林蔭小道，不失為是一種自主和獨立的創造。此外，在手工藝建築方面，國王廣場還以其令人驚嘆的、敏銳的建築藝術鑒賞力和顯而易見的精確性招徠四方賓朋。至少，由伊斯蘭教規定而排成一列向麥加看齊的清眞寺，與一種已經存在與此成對角線的廣場結構相協調，顯得優雅美觀。然而，這規定對每位建築師而言，無疑是個噩夢。

　　與世界各地剛剛被選定爲首府城市的情況一樣，國王儘可能地要實現他個人的美夢，在伊斯法罕也是這樣。遺憾的是，過快的建築速度恰恰不利於建築物的堅固耐用。基礎不穩固，再加上這個多震區頻繁的地震，使得這個建於17世紀豪華的建築物大傷元氣，就像遭受阿富汗山地部落肆無忌憚的掠奪搶劫一樣。

　　於是，在20世紀末形成了一種令人沮喪的見解，人們都說伊斯法罕作爲波斯的珠寶中心，作爲一個臆測中金色時代的東方之夢，正面臨著危險的時刻。

　　　　　亨德里克·克爾斯登
　　　　　（邵思嬋　譯）

飾以流暢弧線圖案的伊瑪姆清眞寺穹頂高高隆起，在藍色背景的襯托下，好像在和天空進行一場競賽，看看究竟誰藍的比較美麗

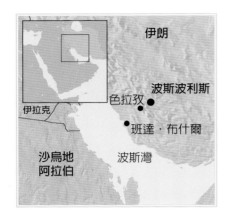

右上圖：波斯王大流士一世的浮雕

西元前333年的伊蘇戰役

波斯波利斯遺址

在阿黑門尼德王朝大流士三世統治時期，馬其頓國王亞歷山大準備進攻強盛的波斯帝國。對同時代的人來說，他的行為不僅令人驚訝，同時也是一種嚴酷的挑釁，但絕不是一種沒有任何取勝希望的、聞所未聞的冒險行徑。

一支希臘傭兵不惜一切代價，利用波斯內部血腥的權力鬥爭的机會，徹底擊敗了波斯軍，卻不得不在印度河撤退，這段歷史至今還留在人們的記憶中。有軍事才能的臨時統帥薛諾豐，同時也是一個才華橫溢的希臘作家，在他的七卷本歷史報告《阿納巴齊斯》（Anabasis）中，將威脅波斯生存的失敗寫成了一部扣人心弦的史詩。在與波斯軍的交鋒中，希臘軍隊大獲全勝。自此，希臘化文化——歐洲的自我意識之火花，在這個「軍事撤退之母」的地方

過去，被征服民族的使者必須經過薛西斯柱廊方能進入宮殿區。因此，這個建築物有一個生動的綽號叫做「所有國家的大門」。

第105號

點燃起來。波斯進攻的全部重心都集中在希臘重型武裝步兵的前沿方陣，但仍沒能阻擋一萬名希臘士兵列隊行進橫穿波斯帝國。此刻，那些已遭滅頂之災的篡權者們只想安然無恙地逃回家——亞歷山大當然要求更多一些。他感覺到愛琴海東部正出現權力真空，並且認為，有力推動歷史車輪的時機來到了。

對於歐洲前途幸運的是，這位希臘統帥雖然被證明是一個具有超凡能力的軍事天才，卻並非是那種迷戀權勢、特別殘忍的好勇鬥狠者。受到近東文明古國業已暗淡的光輝的吸引，這其中也包括埃及在內，他準備摧毀古老波斯帝國的心臟，旨在同化它的肌體。波斯波利斯的徹底毀滅——這個一度是富麗堂皇的權

歷山大並沒有以「羅馬的徹底性」來進行毀滅性的勾當。毋庸置疑，他軍隊的先驅者在計劃中已考慮到波斯波利斯遺址，緊接著就在該遺址上建造了一個特別單調的老兵住宅區。

在巨大的瓦礫山保護性的包圍之中，出現的不是住宅區，而是意外地出現了波斯帝國貴賓廳宏偉壯麗的柱子的殘餘部分和儲藏室。精緻的浮雕裝飾著柱腳和波斯波利斯人工平台的階梯。用50多年時間建造的各種各樣古代東方的建築成就，此刻都融為一種獨特的語言，人們可用歐洲古代文化最優秀的成就來衡量波斯的宮廷藝術。裝飾著通往古代貴賓廳階梯的浮雕「波斯獅子廝殺公牛」——這尊在所有風格的表現中極富生命力的

上圖：動物題材常被選來作為柱頂裝飾之用，大多是公牛的頭（左圖）和怪獸的頭（右圖）——那些似乎天然有著統治力量的動物往往優先被選用。

下圖：登基大廳的東階梯旁有一尊浮雕給人以深刻的印象：有進貢義務的民族的使者，排成長長的隊伍，滿載著給波斯國王的禮物，行走在進貢的路上。

力中心和綠草如茵的「神話式的童話城市」，是希臘化文化誕生所付出的必要代價。

一場冷靜策劃的洗劫，頃刻間就導致了大流士國王古老王朝的土崩瓦解，遺留下一座瓦礫小丘，這最適合用來招待那些留在希臘的不妥協者，在某種程度上可以說這是以「外科的精確」所進行的一種報復——對那次曾發生在150年前把雅典的阿克羅波利斯夷為平地的一種報復。

大約2500年後，當人們在伊朗的塔雷亞姆席德省附近，準備對佔地12萬5千平方公尺傳奇的波斯夏宮的荒村進行考察時，古代史學者傑姆斯·亨利·布雷斯蒂德想必已感謝過考古學的諸神，因為獨斷專行的亞

浮雕，將會激勵新波斯的民族主義，還能激發旅遊業極度的興旺。甚至連穆罕默德國王統治時期古代舉行典禮的城市雷薩·帕萊維也得到了暫時的繁榮。然而，計劃中要復甦昔日的輝煌，從一開始就為其內在的矛盾所擊碎，直到它最終屈服於正面蜂擁而來的「回教的革新者」，他們是伊朗回教什葉派領袖阿亞托拉·柯梅尼的熱烈擁護者。

亨德里克·克爾斯登
（邵思嬋　譯）

我不信世上還有比拉合爾更美麗的地方

拉合爾的城堡和夏利瑪公園

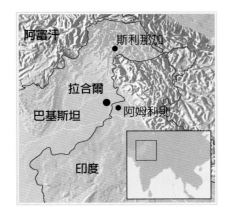

熟識拉合爾已有幾十年的遊人，一定會同意印度波斯詩人塔利布‧阿姆利在1600年對美麗的拉合爾的讚頌：「1958年春，我第一次登上城堡的情景，至今歷歷在目。我站在巍峨的清眞寺對面巨大的大象門前，半晌說不出話來，我慢慢地向上走，爲的是漫步

穿過寬廣的公園草坪。」18世紀末至19世紀，在錫克教統治下，公園受到了不可彌補的損失。儘管如此，這片寬闊的草坪仍是那麼嫵媚可愛，草坪邊朵朵紫紅色小花絢麗多姿，競相開放。

哪一座建築物最美？哪有柔和彎曲形屋頂的邦拉園亭？還是牆上鑲嵌著小鏡子，被衆人稱爲鏡子宮殿的建築？那時，繪畫尚未被考古學家發掘出來，這些畫曾經被用來裝飾房間，在以後的歲月裡還有著一種特殊的魅力。其他的藝術品以後被重新發現，比如在賈漢吉皇帝的寢宮裡，人們意外地發現了天使畫像。

城堡越來越美地展現在每位參觀者的面前，正如它的歷史一樣：在11世紀加茲那維登（ghaznawidis-chen）的基礎上，蒙兀兒皇帝阿克巴建造了現在的城堡；他兒子賈漢吉攝政時，城堡進行擴建，建造了一個公園進行裝飾；沙傑汗又補充建造了40柱大廳和貴賓廳。在16世紀末，阿克巴肯定是在這座城堡裡接見他的宮廷詩人，尤其是接見他的宮廷畫家。在那幾十年中，波斯和印度的藝術家合作，創造出了蒙兀兒繪畫最美麗的作品。

在伊斯蘭世界的什麼地方人們見過如此宏偉的城堡圍牆？每當人們眺望拉維河對面的城堡圍牆，簡直

就不能相信自己的眼睛：宮廷內的生活彷彿都投影到了外面，人們看到騎著馬和駱駝的騎士，動物的爭鬥，一些花朵，偶爾還能看見一個飄飄然的天使——一切都出現在旁遮普典型的、大多是藍色和黃色基調的瓷磚上，一幅風格獨特的彩色畫卷！

蒙兀兒王朝的創立者巴布爾抱怨印度的公園太少，自此，他的繼承人在統治區到處修建公園，拉合爾也變成了一座花園城市。沙傑汗——阿格拉「泰姬馬哈陵」（Tadsch Mahal）的建造者，於1641年派人在當時城牆圍住的古城拉合爾的外面又建造了一座公園，人們稱之爲夏利瑪公園，這裡成了蒙兀兒人最鍾愛的一方休閒樂土。

夏利瑪公園綠茵草坪延伸過三個廣場，只有當數百個噴泉競相噴湧出晶瑩的水柱時，夏利瑪公園才展示出她整體美的風釆。穿著節日盛裝的婦女們，走在狹窄的磚砌小路上，好似朵朵鮮花裝扮著夏利瑪公園，使人不由自主地想到那些曾經遊覽過小園亭的公主們，她們可能在十分誘人的游泳池裡盡情地嬉戲過呢。歲月流逝，夏利瑪公園的面貌也幾經變換，蒙兀兒王朝衰亡後，在公園裡種植幾百棵芒果樹的地方，如今已變成了一片綠茵茵的寬闊草坪。

永駐我心間並一再吸引我的是那小小的人工瀑布，水從一個平台傾瀉到另一個平台，形成了瀑布。它流經一道有著優美壁龕的矮牆，過去在白天時，壁龕裡放置著花瓶；每當夜幕降臨，在壁龕裡油燈照映下，水幕就變成了一幅銀線交織的、綠寶石色的刺繡面紗，人們還會隱約聽到夜間音樂的迴盪。也許，也正是策布尼薩公主在爲她的孤獨而悲傷，她唱道：

「噢，瀑布，你在爲誰悲嘆？
又是什麼痛苦，讓你眉頭緊鎖？
什麼樣的疼痛讓你整夜哭泣，
將頭磕在石頭上，
像我一樣？」

安內瑪麗‧席梅爾
（邵思嬋 譯）

僅在短短的17個月內就建成了夏利瑪公園（上中圖）。今天，遊客們非常喜歡在水池裡歇涼（上圖）

最上圖：瑙拉卡園亭

受蒙兀兒統治者奧朗策布的委託，巴德
夏希清眞寺於1687年完成。

拉合爾的城堡和夏利瑪公園
文化遺產：位於古城西北的城堡，有哈蒂
和阿拉姆基里大門、珍珠清眞寺、40柱大
廳――其中有10根柱子原本是牆柱，有阿
克巴皇帝接見帝國高貴客人的貴賓廳
（Daulat-Khana-i-Khas）、沙傑汗的四方
院、回教徒女眷屬居住的後宮（Khilwat
Khana）、鏡子宮（Schisch Mahal），以及
瑙拉卡園亭；僅用17個月零4天的時間，在
3個平台上建成的佔地0.16平方公里的夏利
瑪公園，是蒙兀兒時代三個豪華的東方風
景建築的見證之一，公園內有芒果樹、櫻
桃樹和甜橙樹，以及412處噴泉
所屬洲：亞洲
所屬國：巴基斯坦（旁遮普省）
地　　點：拉合爾
列入名錄年份：1981年
意　　義：蒙兀兒時代建築上的兩個傑作
大事記：
1556-1605年　蒙兀兒帝國阿克巴皇帝攝政
1627-1658年　蒙兀兒統治者沙傑汗攝政
1631年　建造鏡子宮
1641-1642年　建造夏利瑪公園
1645年　建造40柱大廳
1659-1707年　蒙兀兒統治者奧朗策布攝政
1673年　建造阿拉姆基里大門
1767-1846年　錫克人統治，夏利瑪公園部
分遭破壞
1849-1947年　成為英國和印度的旁遮普省

熠熠發光的冰山前，是一片金色的神廟屋頂

加德滿都河谷

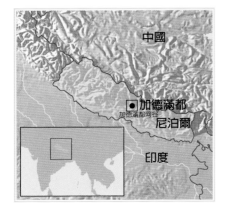

加德滿都河谷

文化遺產：加德滿都，以及塔萊珠和馬亨德雷施瓦拉神廟（公元6世紀），嗜殺成性的塔萊珠‧巴瓦尼女神的寺院，馬拉王朝的象徵，哈努曼‧多卡國王王府和卡施塔曼達帕的大廳建築；斯瓦亞姆布納特有一個360步、朝聖者朝拜的階梯，階梯邊雕有獅子像和佛的騎乘動物像，還有15公尺高的印度塔，其頂端有傘狀的裝飾物；位於巴格馬蒂聖河畔的帕蘇帕蒂納特寺——金色屋頂的寺院，波特納特寺——尼泊爾藏族佛教的中心；過去的城市王國巴克塔普爾以及過去的城市王國巴丹

所屬洲：亞洲

所屬國：尼泊爾

地　　點：加德滿都，斯瓦亞姆布納特（加德滿都以西），勒利恬布爾/巴丹（以南），巴克塔普爾，帕蘇帕蒂納特，香古‧納拉揚（以東）

列入名錄年份：1979年

意　　義：亞洲最重要的文明與佛教、印度教和平相處的交彙點

大事記：

464年　在香古‧納拉揚的國王馬納德瓦斯（464－505年）的銘文作為加德滿都河谷最古老的文字檔案

約990－998年　國王古納卡馬德瓦攝政期間，建立加德滿都

1200－1216年　在加德滿都河谷，馬拉王朝開始

1372年　修繕斯瓦亞姆布納特印度塔

1382－1395年　國王雅蒂亞斯提蒂‧馬拉攝政

1428－1482年　國王亞克沙‧馬拉攝政

1482年　加德滿都分裂為三個馬拉王國

1768年　在國王普里特維‧納拉揚統治時期，加德滿都是尼泊爾的首都

1846年　拉納家族世襲統治的開始

1956年　加德滿都河谷第一條公路建成

相傳，曼尤施里菩薩朝加德滿都河谷南部邊緣的山脈一揮劍，整個湖水即刻乾涸；這個具體的傳說早在遙遠的史前時代就已經消失了。用來表示對印度教神靈尊崇的無數寺院、多層屋頂的塔形神廟建築，以及呈鐘形的印度塔——作為佛昇入天堂的象徵；今日呈現在世人面前的這幅圖畫，彷彿像一個生氣勃勃的露天博物館，它被現代文明用廢氣、喧鬧以及不可節制的建築狂熱和垃圾所籠罩，就像長了個腫瘤似的。然而，在今天參觀遊覽加德滿都河谷，卻仍然意味著進入亞洲的中世紀，每一個新來的拜訪者都能感受到尼泊爾城市住宅區的富麗堂皇，它曾給早期的遊覽者如中國的法顯、玄奘以深刻的印象，他們在公元5世紀和7世紀就報導了閃閃發光的冰山前那些金光燦的寺院。

今日加德滿都河谷城鄉展現給世人的圖畫，尤以17－18世紀馬拉家族統治者的藝術鑒賞力為特徵。兩種和平相處的重要宗教——印度教和佛教，在無數的神廟中安家：印度教的諸神尤其是在圓頂寺院和受印度教影響的石製神廟裡受到尊崇。按照在尼泊爾和東亞佔統治地位的大乘佛教和佈道者的觀點，那些大大小小的印度塔和被稱為「佛寺」的寺院是人們對佛和菩薩表示尊崇的場所，這些寺院都建有通向內院的完整樓層。除此以外，還有散見於整個河谷的佛像和超自然的保護神，以及印度教諸神的雕像，比如布塔尼爾坎塔（Budhanilkantha）的毗濕奴（印度教的主神之一守護神）。

如果人們沿著無數陡峭的石階梯，朝著長有稀疏樹木的山丘拾級而上，就會站在15公尺高的大印度塔面前。人們可以把視線轉向朗唐山脈雪白的山峰，極目遠眺，在加德滿都一片屋宇的海洋裡，屬於古老國王宮殿的塔萊珠女神廟高聳在一個人造的丘陵上，這神廟是加德滿都河谷的守護神居住的地方。

誰要是乘坐一架小型飛機飛越加德滿都河谷，他就可以認出古老的國王城巴丹的王宮廣場，廣場上或許正是熱鬧的蔬菜和瓜果市場。至今最純粹地保留著中世紀面貌的國王城巴克塔普爾的中心，五層高的努亞塔波拉寺院宛如一根食指，直插雲霄。在河谷東南部的平地上，波德納特的大印度塔坐落在高大的梯形底座上，80尊阿彌陀佛像構成了週邊的緣飾。

在巴格馬蒂河畔，聳立著印度

教的聖廟帕蘇帕蒂納特寺，它是印度教最神聖的聖地之一，朝聖者從遙遠的印度南方擁向這塊聖地，來朝拜印度教之一濕婆，即創造神和毀滅神。或者是到彼岸旅行，在河邊建有死者的火葬場，不論死者生前的地位如何，骨灰一律撒入這條聖河之中。

　　清晨，香古·納拉揚，這個生命和萬物守護神的神廟群，一片靜謐，使人可以不受干擾地深入觀察這個中心神廟。假如你站到侏儒般的毗濕奴雕像前，就會沉浸在他用兩步就橫跨地球，第三步就把凶惡的魔王打發到地獄去的氣勢之中，這種氣勢是從這塊聖地裡噴湧出來的。

烏爾里希·格魯伯爾
（邵思嬋 譯）

第107號

左頁圖：帕蘇帕蒂納特寺——尼泊爾最神聖和最雄偉的神廟，在濕婆節期間，無數印度教的信仰者在此朝聖。

至今，巴丹的杜爾巴爾廣場旁的建築物依然證明著馬拉王朝過去的權力與輝煌，廣場上建築藝術的瑰寶之一就是克里施納神廟。

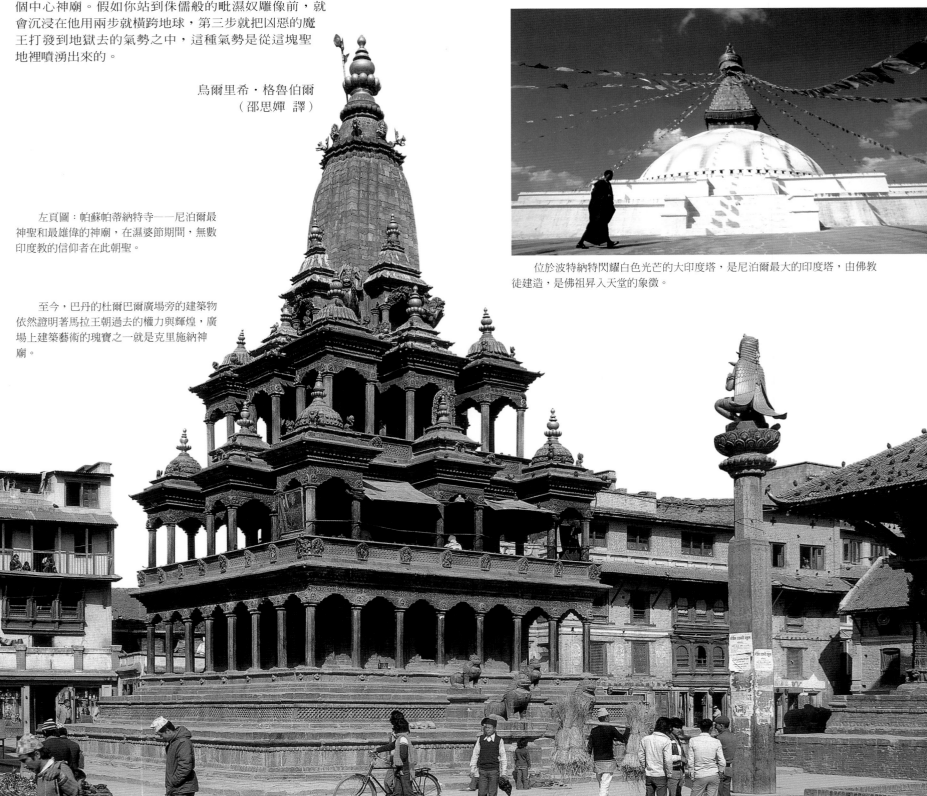

位於波特納特閃耀白色光芒的大印度塔，是尼泊爾最大的印度塔，由佛教徒建造，是佛祖昇入天堂的象徵。

一座永恆的紀念碑

阿旃陀石窟神廟

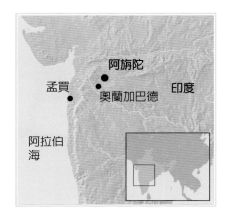

曾經在阿旃陀生活過並念過經的和尚，不可能是禁慾的，或只是過著簡樸生活的朋友們。因為他們曾在一塊銘文上記載，他們在每個季度都能享受到每一種有名的舒適設施所帶來的樂趣。他們的施主、國王、王子和富商們，出資修建瓦戈爾河山崖上那昂貴和奢華的石窟神廟，同樣的，他們好像也不曾是悲傷的孩子。恰恰相反，他們樂於慷慨解囊，因為他們要建一座永恆的紀念碑，正如26號石窟的一段銘文所記載的：「只要世人對死者記憶猶新，這亡人就可以在天堂過好日子。那麼，我們為什麼因此要放棄為我們自己建造一座紀念碑，它將永垂不朽，如同天上的太

陽和月亮永遠照耀大地一樣。」

這段話究竟寫於何時？是在西元前2世紀到西元1世紀之間阿旃陀的興盛時期，還是在經歷了400年休憩後的西元6世紀？然而，只要這些位於半月形河灣的100個石窟長滿了原始森林的灌木叢，說這話的人就會過上千年之久的苦日子，直到附近有少數村民和一些禁慾的印度聖人們，尤其是蝙蝠逗留在這人工裝飾的石窟裡。

直到1819年4月28日，岩壁上才有了新的銘文：「約翰・史密特，馬德拉斯第28騎兵隊。」這些痕跡是一個英國士兵留下的，他重新發現被遺忘一千多年的石窟。隨之，年鑑學家無關緊要地爭論這樣一個問題：當史密特第一次看見這座「永恆的紀念碑」時，是在追捕老虎呢還是野豬？然而，毋庸置疑的是，出於對獵物甚少的失望，他把眼光轉到自然景色上。這

時，一個荊棘叢生的石窟入口處映入他的眼簾。於是，一個有著普通名字約翰・史密特的人，作為阿旃陀石窟神廟的發現者，被載入世界文化史冊。

遺憾的是，為了保存聖地的石壁繪畫藝術和雕刻，他的隨意塗寫沒有給後人作出好的榜樣。本世紀初，許多歐洲人為了給他們的後人復製這些色彩絢麗而熱衷於細節的繪畫，與其說保存還不如說是破壞了這些藝術品。這樣，在100個石窟中只剩下6個石窟還保存著生動形象的繪畫，今日的參觀遊覽者尚可以從中得到一個印象，即在幾百年前人們過著一種花天酒地的生活。

當時的阿旃陀位於從阿拉伯海灣到中國的重要通商要道附近，多虧富裕的施主資助，在那裡生活的和尚長期過著吃穿不愁的生活。世界各地的商人們活躍在通商路上，因此和尚們可以不斷地獲得各種的資源。

在那時，印度的佛教早已沒落。婆羅門教是當時印度教的形式，它贏得了越來越多的信徒，薩特瓦哈那斯的諸侯們也信奉婆羅門教，阿旃陀就位於薩特瓦

上左圖：看一眼山崖，人們幾乎想不到在它的石窟裡會隱藏著如此形象生動的生活情趣

上右圖：19號石窟的正面是各種雕刻，這尊雕像不動聲色地俯視著遊客

哈那斯的君主區域內。對世界實行某種方式的開放，這些諸侯們促進一種宗教的寬容，而這種與其他各種宗教共存的寬容，在今日的印度似乎是絕不可能的了。諸侯們雖然不是佛教徒，但他們促進和保護阿旃陀的祭祀場所——直至西元6世紀末，出於至今都無法解釋的神秘的原因，阿旃陀最終被放棄，居民們遷往埃羅拉，於是「饕餮般的原始森林」又奪回了這塊區域。

維利・格爾蒙德
（邵思嬋　譯）

第108號

濕壁畫以其五彩繽紛的色彩表現力和親切的畫面安排令人驚訝。左圖是17號石窟內的，下圖是2號石窟內的。

大理石中永恆的愛

泰姬・瑪哈陵

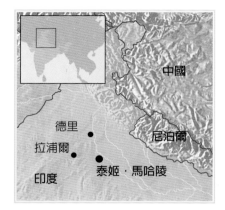

阿格拉，泰姬・瑪哈陵（Taj Mahal）
文化遺產：一個座落在面積為100×100公尺的大理石平台上的大理石陵墓，其洋蔥形的穹頂高73公尺，平面圖呈互相交叉的十字形和正方形；兩側有4個41公尺高的回教寺院尖塔，每邊都有一個紅沙石建造的清真寺，總面積為567×305公尺；300公尺寬的公園綠化場地，連同中央大水池，在中央大廳是傑汗皇帝和阿傑曼德巴努・貝加姆（蒙泰姬・瑪哈）空空的衣冠塚（Kenotaphen）
所屬洲：亞洲
所屬國：印度，烏塔爾・普拉德施
地　點：阿格拉，德里以南，齋浦爾以東
列入名錄年份：1983年
意　義：一個大理石陵墓，被世界公認為是「完美無瑕的回教建築藝術」
大事記：
1631-1648年　蒙兀兒皇帝傑汗為他的寵妃阿傑曼德巴努・貝加姆（蒙泰姬・瑪哈）建造雄偉壯麗的陵墓，她於1631年在分娩他們的第14個嬰兒時去世
1632-1637年　阿格拉作為沙傑汗的首都
1666年　沙傑汗逝世

每天清晨都重複著一幕激動人心的場面。太陽光起先是閃閃爍爍，然後以磅礡的氣勢，雷霆萬鈞之力，傾瀉在亞穆納河畔雄偉的建築物上。頃刻，夜闌人靜時的朦朧輪廓變成了印度回教建築藝術中一顆璀璨的明珠。

當沙傑汗可以為泰姬・瑪哈陵舉行落成典禮時，他一定會心潮澎湃，激動不已。還在他寵妃去世的當年——她也被稱作蒙泰姬・瑪哈（Mumtaz-i Mahal），意即「被宮廷選中的人」，蒙兀兒帝國的皇帝就為這個宏偉計劃招聘了成千上萬的工匠。這些能工巧匠都來自東方建築藝術的中心，來自拉合爾、德里、席拉斯，來自薩馬坎德。宮廷建築師烏斯塔德・阿馬德・拉合里被普遍地認為是建築總工程師。然而，對於究竟誰是原本的創造者則眾說紛紜，莫衷一是。名聞遐邇的傑汗可能就是這張圖紙的總設計師。他的規劃雄心勃勃，宏偉壯麗且費用昂貴。的確，他夢想著要以此來超過當時所有的世界奇蹟。

因為蒙兀兒墳墓應使人憶及故人，並要描述她的住處，所以周圍環境也被相應地改造得氣派豪華。寬闊的公園林蔭大道，大門的兩翼和建築物的側翼，都讓人預感到皇帝連同宮廷侍從要多麼奢華地來紀念蒙泰姬・瑪哈。

前院用拱廊和四扇大門圍住，極目眺望，一片田園風光映入眼簾：南邊是分成四塊的花園，連同大理石平台，中央是噴泉；北邊的盡頭，在一個橫過花園的沙石平台上是墓碑和其他建築；西邊是一個清真寺，東邊則有大會堂與之呼應。

色彩的諧調也頗具印度和諧感的特色。柏樹和甜菜的綠、運河的藍，與紅沙石建築的暖色渾然一體。這就為大理石陵墓有層次的白色裝飾花紋平面增添了一頂嫵媚的頂冠，完全忠實於傑汗的原則，即在他的建築群裡，沒有一個高潮是缺少序曲和尾聲的。陵墓彷彿處於失重的狀態，正飄浮著。除了具有美化作用的大理石結構外，高高的大門和垂直的側面壁龕都加深著這種印象。最終，那四個與主建築保持距離、高高聳立的回教寺院尖塔，突出地表現了上升的效果。

恰恰是這座陵墓，使得在17世紀影響北印度建築藝術的基本形式與印度建築一致起來。它的雙層穹頂是在八角建築物頂部有一個外殼上再外加一個洋蔥形的穹頂，這純粹是一種具有波斯特色的設計。同樣，樓的正立面是冷靜諧調的幾何圖形。與此相反，它的「佛羅倫斯馬賽克」，也叫「Pietra dura」——磨光閃亮的無縫隙鑲嵌細工，用大理石中的寶石拼嵌成圖案，以及底座的浮雕，儘管是波斯的題材，卻都明白無誤地反映出印度的精神——抑制的和沉思默想的。

墓碑宛如一塊磁鐵，吸引著四海賓客、八方來人，人流擁向阿格拉。主廳與四個小園亭相連接，值勤人員在主廳的入口處維持秩序。人們懷著敬畏的心情，環繞在八角形的大理石柵欄週圍，在其用金絲或銀絲編織的、鑲嵌著寶石的攀緣裝飾後面，可以看到衣冠塚。蒙泰姬・瑪哈的遺物被遮護著，保存在下一層的地下室裡。

蒙兀兒皇帝不能再實現他大理石夢想的第二部分，即在河的另一邊為自己建造一個陵墓，於是傑汗皇帝的豪華棺材就安放在泰姬的旁邊。這位使用暗殺手段登基卻已患病的皇帝，在1658年被他的兒子奧朗策布剝奪了王位，但畢竟還是滿足了這位囚犯的願望：從阿格拉城堡可以看見閃閃發光的偉大愛情的見證。

阿爾布萊希特・格・瑟費爾
（邵思嬋 譯）

泰姬・瑪哈陵一閃閃發光，白色大理石的完美無瑕象徵著不滅的愛情。

連最小的裝飾
花紋都是用金絲或
銀絲編織而成，富
麗堂皇的建築物連
同其精美絕倫的雕
花鑲嵌藝術令人神
往，裝飾著房屋的
正立面（左圖）。

在衣冠塚旁，
是蒙泰姬‧瑪哈空
空的豪華棺材（上
圖）。連帶有小柱子
的欄杆都是精雕細
琢、毫不含糊（左
圖）。

從性的狂喜到心靈的醒悟

卡久拉霍神廟區

卡久拉霍神廟區

文化遺產：在三個「神廟區」有25個印度教和耆那教的神廟，部分地裝飾著性愛的浮雕和雕塑；還有872尊音樂家、神和美女的雕像，以及坎達里亞‧馬哈德法神廟裡表現性愛的浮雕，該神廟有高達31公尺的主塔以及84個小塔；在赤特拉古普塔神廟（估計是11世紀早期）內有長著11個頭的毗濕奴的雕像

所屬洲：亞洲

所屬國：印度（馬德亞‧普拉德施）

地　點：卡久拉霍，阿格拉的東南

列入名錄年份：1986年

意　義：旃德爾王朝時期一部「石頭中的愛經」，以及公元10-11世紀印度雕刻藝術的傑作

大事記：

公元9世紀　建造肖札特‧約吉尼（Chausath Yogini），其中有印度教女神卡莉的女僕的祭禮小室64個

930-950年　為毗濕奴用沙石建造拉克斯馬納神廟，依照毗濕奴第七化身—同父異母兄弟拉馬斯命名

950-970年　帕爾斯法納塔——最大和最美麗的耆那教神廟，裝飾著類似動物的人獸像和迷人的情侶像

1000-1025年　為嗜殺成性的卡莉建造賈加達姆比神廟

約1130年　建造坎達里亞神廟（Kandariya Mahadeva）

1150年　建造杜拉德奧神廟

1870年　耆那教的山蒂納塔神廟的「新建築」（原來的建於11世紀）

一部精神愉悅的真正印度愛經在浮雕中被描繪。

人物具有一種冷靜的性感。

右圖：數量多得驚人的人物在神廟建築正立面連接成一組「生命舞蹈」

　　倘若去接近這件事，就會產生這樣一種看法，即人們唯獨對卡久拉霍存有最大的誤會，至少，當人們思考近代對於形形色色的神廟石雕情景作出各種解釋的時候。從遠處觀看，它們全然不存在問題；如同一種早已走向沒落的高度文明的緘默不語的證人，幾十個神廟尖塔高高聳立在地面上。

　　為了表明它們的超凡脫俗，神廟都建在高高的平台上。所有的神廟都對準東西軸，朝著升起的太陽。然而，給人以更深刻印象的是那些無名石匠在軟沙石上給後人遺留下無可比擬的大量雕塑和浮雕。似乎每一公分都覆蓋著女神、國王、音樂家、動物和怪獸的雕刻。單單在坎達里亞‧馬哈德法——這個卡久拉霍最高同時又是最壯麗的31公尺高神廟，就有成百上千的雕像，其中許多雕像高達1公尺。這裡的神廟區表現了一種建築形式，在這種形式中，雕像不僅具有裝飾作用，同時又是神廟的組成部分，它們完全融合在一起。

　　然而，卡久拉霍原本的意義所在和它之所以每年能吸引成千上萬

參觀者的原因，是那些不可思議的大量描繪性愛場景，其中有著無可比擬的細節描繪。顯然是極度熱心的表演者那興趣盎然的上下和併排姿勢，證明了他們有著豐富的想像，如同奧林匹克的雜技藝術一樣。人們往往需要再多看一眼才能知道是誰與誰、又是如何醉心於性的喜悅。究竟是怎樣一種今天看來是古怪的想像，促使工匠在這個字的真正詞義上去做他們興趣盎然的工作，有一個情景———一個騎馬者對他的馬表現出深切的愛，證明了這一點。兩個在場的觀光者，由於目睹如此的浪漫，將雙手捂住臉，清楚地說明像這樣的性行為在那時至少也是被看成是一種習慣性的需要。

表現性愛情景，在印度教裡絕對不是不尋常的，然而沒有一處有像在卡久拉霍那樣無節制的性愛情景。在此，無禁忌的公開與今日古板的印度人處於明顯的矛盾之中。於是，為了讓這種「無約束的放蕩不羈」在另一種恍然大悟中出現，恪守道德準則的印度人對此作出了令人震驚的解釋。同時，這當然是非常嚴肅的論點，即表現性愛的雕刻應該保護神廟免遭閃電擊中，竟是這樣意想不到的滑稽可笑。用食指向上的姿勢提醒情侶們，在參觀者進入神廟以前，要向他們指出：人們須放棄一切肉體的慾望，為了傳播生活的本來意義，傳播神聖的東西；但這種提醒相反證明了敵視肉慾的性道德，它是正統的印度清教徒與英國維多利亞時代特點不幸結合的結果。

同時，描繪情侶是印度教中一個重要的觀點，它深深植根於前亞利安人多產的觀念。在性的狂喜中，人們經歷著神聖的東西，同時也經歷每一個生靈原本的目的。因此，相愛的人臉上不是以貪婪、刺激和緊張為特徵，而表現出一種遁世的冷靜。雙方的結合在這裡首先不是性行為，而是體驗神的一種精神的、同時也是宗教的形式。從在神廟素樸內屋休憩的神像中釋放的力，升騰到神廟外牆的「生命舞蹈」。

托馬斯・巴克邁爾
（邵思嬋　譯）

由沙石連接成的拉克斯馬納神廟是為了守護神毗濕奴建造的。

坎達里亞・馬哈德法神廟被認為是卡久拉霍最美麗的神廟：31公尺高的主塔高高聳立；正立面豐富生動的裝飾，還有部分高達1公尺的人物浮雕。

在佛陀的目光下

丹布勒的金色神廟

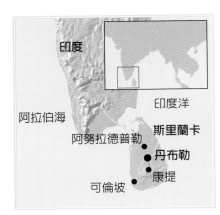

丹布勒的金色岩廟

文化遺產：一個片麻岩山崖裡，在2,326平方公尺的面積上，座落著5個繪有佛教壁畫的洞穴神廟，內有157尊佛像。「神的國王洞穴（Devarajalena）」，裡面是一個填滿空間的臥佛，還有長48公尺、寬15公尺的「大國王洞穴（Maharajalena）」，內有祝福的佛、木製的麥特勒亞菩薩像和阿法洛基特斯法拉菩薩像、法塔加米尼·阿巴亞國王和尼散卡馬拉國王的雕像；還有著康提國王基爾卡帝、斯裏·拉亞辛加雕像的「大新神廟（Maha Alut Vihara）」。

所屬洲：亞洲
所屬國：斯里蘭卡
地　　點：丹布勒，位於康提和阿努拉德普勒之間
列入名錄年份：1991年
意　　義：2,000多年來的一個重要的朝拜聖地，是斯里蘭卡島上保存最完善、有著佛教壁畫的洞穴神廟建築群
大事記：
西元前103年　南印度潘卡·德拉維登入侵
西元前100年　岩廟的形成，有據可查
西元11-12世紀　擴建的第一階段
1187-1196年　尼散卡馬拉國王統治
西元18-19世紀　擴建的第二階段
1747-1781年　康提國王基爾蒂·斯里·拉亞辛加——佛教的革新者攝政

上左圖：直到20世紀初，才塑造出洞穴神廟前熠熠發光的白色建築物之樣式。

上右圖：無數溼壁畫裝飾著洞穴神廟的牆壁和頂部。

這其中需要幾秒鐘的時間，直到人們的眼睛適應了黑暗的光線，在暗淡的燈光下看見微弱的金光，皮膚透著沁人心脾的涼爽，鼻子聞到了洞穴裡些許發黴的空氣，這就是人們一踏進山岩神廟時的感受。幾秒鐘以後，仿佛是來自遠古時代神秘的問候，他們突然置身於富麗堂皇之中：一個平靜地躺在那兒比真人還要大的臥佛，一個打坐的金光燦爛佛像，以及十分精巧地用膠畫覆蓋的岩石拱頂。人們好像突然經過一道秘密的門，來到了一個宮殿的寶藏室。

人們設想，在12世紀，是尼散卡馬拉國王派人對西元前2世紀或是3世紀的第一座神廟進行修葺，並改建成今日華麗的神廟。據說，在戰爭年代，不斷有國王在這裡避難。在丹布勒洞穴甚至還舉行過國王的加冕典禮。

大部分覆蓋洞穴「天空」的膠畫，從它們的外形看，大約有一千年的歷史。專業同行對於單幅溼壁畫年代的估計存有分歧，這些畫也表現了佛陀生活的場景——從摩訶莫亞的夢到魔鬼馬拉的引誘。有的專家假定，色彩鮮豔的色調是20世紀初塗上去的。然而，他們把保存下來最古老的溼壁畫的成畫時間至少向前推了500年。

在第一個洞穴，人們看見神廟裡14公尺長的最大佛像。宗教創立者在他的弟子阿難目光的守護下，閉目養神。緊接著的一個洞穴，隱藏著站立的和端坐的佛像，還有印度神的臨摹，比如薩曼和烏普爾凡。一個僧伽羅人的國王，由於南印度的潘卡·德拉維登的入侵，他在丹布勒的僧人處躲藏了好幾年。大約7公尺高的洞頂完全由佛像所裝飾。還有在一隻大碗裏，盛著洞穴頂滴下來的水，據傳說這是一條地向下向山上流的河水，這條河即使在旱季也不會枯竭。

在丹布勒，人們嚴格注意參觀者衣著是否整潔，穿背心、短褲者，一概不得入內。然而，對此人們是有所準備的，最嚴屬的神廟看守人備有色彩得體、寬外袍似的衣料，隨時可以將不合禮儀的裸露部分遮蓋住。

人們要走大約122公尺高的階梯拾級而上，才能在

金色的山岩神廟裡得到內心的寧靜。糾纏不休的是無數的小猴子，它們在階梯邊到神廟入口處蹦來跳去，並擁有偷走所有小巧輕便和有營養東西的壞名聲。外面有做小生意的和玩蛇的人，他們每天都寄望在富裕的香客身上。因為丹布勒屬於斯里蘭卡的旅遊勝地，

佛陀好像是無處不在：這一點人們在去丹布勒的旅途上感受得到，就像乘出租車經過這個島嶼的短程旅行也能感受到一樣。人們總是看到引擎發動的汽車停在神廟前。司機迅速地跳下車，即使只有幾幾秒鐘時間，也做一下虔誠的姿勢，供奉一個椰子，或是捐贈幾個盧比，接著又上路。出租車司機班德拉說：「禱告一定要做。因為每個人都希望在路上得到保佑。」例外的是如果在附近沒有佛教聖地，那他們就近去找一個佛廟或是在一個印度寺裡做禱告。針對寬容的佛教來說，這也是另外一種宗教的表達。

海爾格・索比克
（邵思嬋 譯）

第111號

左圖：在最小的洞穴裡也有一個佛教的舍利塔，這裡面人們可以建造一個四周用佛像包圍的經文櫃。

長度達14公尺的彩繪臥佛佔滿了「神的國王洞穴」的空間。

中華民族的象徵

萬里長城

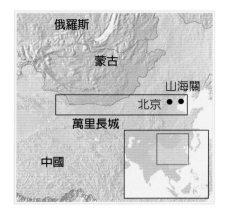

長城

文化遺產：今日所指的萬里長城，它西起甘肅的嘉峪關、東至遼寧的鴨綠江邊，全長6,350公里；北京以北的八達嶺居庸關的長城段、以及建於14世紀的所謂「雲梯」和烽火台對遊客開放；在金山嶺10公里長的長城段有67個烽火台、敵台和敵樓；還有在司馬臺和慕田峪修復的長城段；長城是建有2,500個敵台的巨大軍事防禦工事

所屬洲：亞洲

所屬國：中國

地　　點：北京以北，西起甘肅省，東到鴨綠江

列入名錄年份：1987年

意　　義：世界上最長的軍事防禦工事，是中國的象徵

大事記：

公元前約220年　秦始皇統治時期（公元前221-前210年）修建的抵禦北方入侵者的軍事防禦工程

1345年　建造一個隧道門的「雲梯」，門上刻有梵語、西藏語、蒙古語、維語、漢語和滿語的銘文

1368-1644年　明朝時擴建長城，使之成為世界上最雄偉的防禦工事

1957年　八達嶺長城段的修繕

1985年　部分地方如10公里多高、5公尺寬的慕田峪長城段的修繕

上圖：昔日原本是王朝軍隊巡邏或是信差在城上疾馳的地方，如今長城卻變成了觀光景點。

早在公元前3世紀，秦始皇消滅了六國，就開始將原有的邊疆城牆改建成一道長城，以防禦北方匈奴族的入侵。歷經幾百年滄桑的長城，不斷得到修葺和擴建。最初，這道軍事防禦工事是由土牆、堆疊的巨石和木柵欄構成的。

而我們今天所見到的長城，是世界上最長的城牆，它是在明朝修築的。那時明朝戰勝了蒙古人，便開始了對中國的統治。這些蒙古人在13世紀就把自己的影響擴大到了南方和西方，他們一直控制著歐亞大陸的大部分地區，直到朱元璋登上皇帝的寶座，才把他們趕回老家去。

因此，人們要修建一個特別堅固的防禦工事來抵禦「北方野蠻人」的進攻毫不奇怪。這個軍事防禦工程逐漸擴建，終於築成了一條長達6,000多公里的長城，但這種說法今天已無法得到証實。

長城是作為「抵禦野蠻人入侵的防禦工事」而修築的，它把中國與外界隔離開來，保衛了北邊的疆界。「天子」不僅與外界隔離，而且也與內部隔離：城牆環繞著城市，把市區隔開；而與此同時，每戶人家也用圍牆把自己家的院子圍起來。甚至中國字「城」，即可解釋為「城牆」，又可當「城市」來講。與面朝大海「藍色的」中國南部相反，植根於長城以南黃土地的中國，向內也製造了一種自我隔離，想要從這種自我隔離中解脫出來須克服極大的困難。

正如在城裡修建的城牆、鼓樓和鐘樓一樣，長城的外壁也是用碎石砌成，足有一公尺多厚；長城的牆體則用卵石、夯實的土和其他材料填滿。那些在修築長城時死去的士兵、勞累而死的服徭役的農民或是做苦工的人，也作為填料被砌進長城裡，這聽起來確實使人感到可怕。這個修築時間長達幾百年的浩大工程，是通過幾十萬服徭役的人，用雙手或是用簡單的工具來完成的。

長城依山而築，隨勢而曲，高度3-8公尺不等，從7公尺寬的牆基開始，這「石構防禦工事」向上逐漸變窄，到了牆頂只有4-6公尺寬；牆頂迎敵面修有垛口，垛口朝外2公尺寬、朝內1公尺寬。在相互能見得到的距離中，高聳著許多12公尺高的敵樓，敵樓下儲存糧食和武器彈藥，並可供士兵居住。

長城也是一個重要的交通要道。士兵們在上面行走、騎馬，要比在周圍的荒地上行走快得多。建在長城沿線制高點上的烽火台，白天搖旗、夜間點火，台台相接，把軍事情報傳遞到內地的指揮中心。正是這個原因，人們還可以在城牆後面找到烽火台的遺跡。

有一個很難回答的問題，那就是長城究竟有多長？眾說紛紜，不得而知。因為這涉及到長城這個龐大的軍事防禦體系已有大部分長城已經坍塌。儘管長城的規模巨大，但從宇宙空間來觀察，它卻只是細細的一條線。有些史學家說長城有1萬里長，這約相當於5,000公里；但今天大多數的研究者都認為，長城有6,000多公里長———一個自成一體的象徵。

弗蘭茲·約瑟夫·克呂科爾
（邵思嬋　譯）

左圖：長城西到甘肅省的嘉峪關

下圖：長城東起山海關、西到嘉峪關，
全長達6,350公里

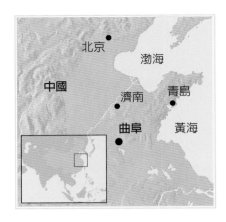

孔子誕生的地方
曲阜孔廟、孔府、孔林

　　古代的遺址上響著手提收音機刺耳的聲音，有著久遠歷史的三輪車旁停著一排輕型摩托車，在歷史性的城垛後面，電視機的天線匯成了一片森林……喔，如果先師孔子能看到這一切該有多好！秩序和平衡，不論是從社會的、還是從美學的角度來考慮，都屬於那位享譽世界的先師最重要的价值。因此，如果他從中國學者的先哲祠上走下來，肯定不會喜歡如此多的觀光客在他的家鄉拍照、喧鬧。

　　自從中國改革開放以來，中國偉大的思想家、教育家、儒家創始人孔子也經歷了一次復興，先師的誕生地重新成了瞻仰的地方。乘飛機來的遊客和餐廳的烹飪更加劇了這種喧鬧，對此，先師的中庸學說也無濟於事，因爲這種喧鬧是這一發展的合乎邏輯的結果。但是，有一種自然的要素，它雖不能取消這些矛盾和轉折，卻可以通過他的無處不在的美，至少達到調和矛盾的作用。這就是松樹，那種既結實又柔軟的針葉樹，它們不僅調和了孔廟和它週圍尖銳刺耳的環境，也調和了孔廟與孔廟所經歷的混亂的歷史。

　　「大成殿」、「弦道門」、「大中門」，這些頌歌般的名字，向世人表明聖人孔子在過去的年代幾乎達到皇帝級別。今天還可以看到在「文革」中建築藝術傑作受到多處破壞，這建築藝術傑作的主人孔子也遭到了傷害。因爲孔子關於等級制度及和諧的學說，是與「文革」中宣揚的思想背道而馳的，所以，這些被煽動起來鬧事的紅衛兵，就在尤其是16世紀和18世紀建造的建築群裡，去挖掘「可恨」的先師遺骨，因爲找不到孔子的遺骨，他們就在一尊最偉大的中國學者的雕像上發洩。

　　然而，在公元前6世紀誕生的道德家的思想卻存活了下來；因此，人們不難想像，孔子是如何在一棵杏樹下，把他的學生團結在自己的週圍，向他們傳授他最核心的思想，並告訴他的弟子，每個人在社會中都有其固定的位置，家庭的和睦就是國家的和諧，由社會的精英來統治是合法的。

　　在儒家學說處於鼎盛時期的16世紀，帝王爲這個出身貧寒的先師的後代建造了封建貴族莊園。孔府有廳、堂、樓、軒等各式建築463間，是小城曲阜最富麗堂皇的建築；在曲阜城，每

右圖：有百餘座殿、堂、壇、閣的孔廟，僅次於北京故宮，是中國第二大古典建築群

看守孔林墓園的石雕像。

兩人中就有一個姓孔。

　　斗轉星移，時光流逝，中國最有名的家族已有76代人埋葬在孔林；孔林有兩個曲阜城那麼大，是世界上最莊嚴的墓園。石雕的官員像和動物像圍繞著高達5公尺的祖先墓碑，他們必須要保護先師。彷彿時間停住了似的，在這些雕像之間長滿了一人高的草，太陽光不時地透過松樹和橡樹的樹牆，蟋蟀的合唱聲也漸響起來；正如孔子學說一樣，在中國經歷著復興。

伍爾根‧貝爾特拉姆
（邵思嬋 譯）

左圖：孔子墓

這張孔子像是十八世紀的銅版雕刻畫。

「櫺星門」是進入金碧輝煌孔廟的大門。

曲阜孔廟、孔府、孔林
文化遺產：重修擴建了62次的孔廟，是僅次於北京故宮的中國第二大古典建築群；位於曲阜城北的孔林，占地3,000餘畝（1畝＝666.67平方公尺）有孔子和他後代的墓園；孔廟裡有27公尺高的、屋頂為三層飛檐的「奎文閣」，十三碑亭位於大成門前東西兩側院內，以及相傳孔子講學之處杏壇，孔廟之主殿是大成殿，高32公尺、寬54公尺，屋頂覆蓋黃色琉璃瓦，此殿前檐有十根雕龍石柱；孔府，即「衍聖公府」，位於曲阜城中，孔廟東側，是孔子嫡長孫居住的府第，共有廳、堂、樓、軒463間，花園9處
所屬洲：亞洲
所屬國：中國
地　點：山東曲阜，濟南以南
列入名錄年份：1994年
意　義：中國重要的古典建築群
大事記：
公元前551年 孔子誕生
公元前479年 孔子逝世
1018年 建造奎文閣
1443年 加號孔子為「大成至聖先師」
1504年 奎文閣的修繕
1592年 聖蹟殿建成
1724年 改建大成殿
至1937年 孔府是孔子嫡長孫居住的府第
1966-1976年 無產階級文化大革命，紅衛兵運動
1985年 修復奎文閣
1989年 舉辦文化節，紀念孔子誕辰2540年

上流社會的人造景觀

蘇州園林

蘇州園林

文化遺產：在有6,000座橋的蘇州城中，曾有大小園林將近200處，其中的69處園林保存了下來：比如明代最具代表性、佔地60畝（1畝＝666.67平方公尺）的拙政園、有著據傳是宋朝（960-1279年）冠雲峰的「留園」、有「獅子林」、有著石聽琴室和百石軒的「怡園」，以及「滄浪亭」和在昔日「萬卷壇」上的「網師園」

所屬洲：亞洲

所屬國：中國

地　　點：江蘇蘇州，上海以西

列入名錄年份：1997年

意　　義：10-18世紀中國古典園林的傑作

大事記：

公元前約520年　首次提及蘇州是吳國首都

6世紀末-7世紀初　修建大運河，蘇州經濟起飛

1044年　建造「滄浪亭」莊園

1342年　建造「獅子林」

1573-1620年　建造「留園」

1860年「拙政園」莊園作為太平天國的首府

1954年　蘇州園林收歸國有，繼續修復

在網師園中，透過人造景觀，人們找到了寧靜與美。

第114號

左為蘇州最大的私人園林「拙政園」。

「上有天堂，下有蘇杭，」一條中國的諺語這樣說道。在西方，人們往往稱大運河流過的這座城市為「東方的威尼斯」，這是因為馬可‧波羅在14世紀對她的財富和美麗大加讚賞，而且還把她與他的家鄉進行了比較。如同瀉湖島上的城市一樣，位於長江三角洲的蘇州是一個重要的貿易中心，直到19世紀上海超過了她。在城市的繁榮時期，許多文人墨客、顯貴富商居住在蘇州，他們追求一種特別優雅的生活情調。公元12世紀，在這些上層社會中推崇一種時尚，即建造小巧玲瓏的私家花園，隨時可在花園內研讀詩書，也可與朋友小聚，飲酒賦詩。

渴望一種融入自然的簡單生活，這在中國園林藝術中得到了反映。當然在這裡，平民性是減弱了，而浪漫主義色彩則變得濃厚。在市中心，在高牆後，人們建造空氣流通的住宅和園亭，修建田園風光的池

塘，把形狀怪異的石頭堆砌成假山和小島，並在四周種植花草樹木用以點綴。與西方不同的是，在中國，人們始終把山當作靜觀、沉思的地方；而在西方，即使是浪漫主義也害怕山，文明的人更是迴避山。

但是，人們恰恰喜歡古怪的、雲霧繚繞的山頂上神秘的庭院，而中國園林造型正是它真實的寫照。借助這種園林世界，人們就為自己創造了一個小小的人造景觀，目的是為了能在熟悉的環境中，享受山水給人帶來的喜悅。

在中國，人們喜歡把遊覽園林與觀賞一幅畫卷相比較。毋庸置疑，從建築風格上來說，園林建築最重要的是要創造出富於變化的、有詩情畫意的景觀來。旅遊者走在「圖畫」旁精美而盤旋的石子路上，或是

走在長廊下，各種各樣的「圖畫」會使人產生不同的心緒：靜靜的小池塘映出的是寧靜和深度，打旋兒的清泉和柔軟的小花使人感到心情愉快，多節的竹子和粗粗的松樹卻使人產生一種高貴的情感。

大約有十幾個建於16世紀的園林，經歷了幾百年的滄桑。其中最著名的有「拙政園」、「留園」、「獅子林」、「怡園」和「滄浪亭」。「網師園」雖然最小，但無疑是它們當中最美的一處園林；它十分均勻的佈局使之成為文人園林的典範。「網師園」是根據兵部尚書代理史正志的命令，於1140年建造的；在他死後無人管理。一個領取養老金的滿洲人購買了這處園林，並在1770年重新建造，這顆園林藝術的珍寶才得以保存。

「網師園」這個名字本身就暗示了對中國繪畫和詩作題目的多重引用。在詩人陶淵明著名的《桃花源記》中，有一個被稱為「網師」的窮漁夫，他在一個很深的洞穴後面，發現了一方與世隔絕的樂土，這裡的人們過著簡樸而又幸福的生活，他們既不懂嫉妒、陰謀，也不懂戰爭。當兵部尚書史正志為他的園林取名時，他肯定是希望「網師園」也將成為他的避難所——一個美麗而寧靜的地方。

安克‧考施
（邵思嬋　譯）

左圖：高聳入雲的北寺塔，以其精巧典雅的造型，嵌入園林造景之中

上圖：在「獅子林」中，形狀古怪的奇岩也參與造景，表現出一種和諧之美

幾百萬與原字反向的中國文字

海印寺和昌慶苑（高麗三藏印版的收藏地）

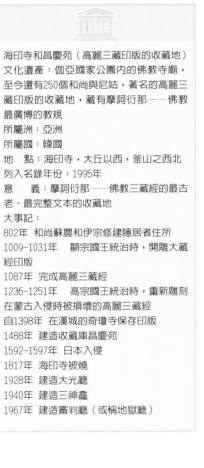

海印寺和昌慶苑（高麗三藏印版的收藏地）
文化遺產：伽亞國家公園內的佛教寺廟，
至今還有250個和尚與尼姑，著名的高麗三
藏印版的收藏地，藏有摩訶衍那——佛教
最廣博的教規
所屬洲：亞洲
所屬國：韓國
地　點：海印寺，大丘以西，釜山之西北
列入名錄年份：1995年
意　義：摩訶衍那——佛教三藏經的最古
老、最完整文本的收藏地
大事記：
802年　和尚蘇農和伊宗修建隱居者住所
1009-1031年　顯宗國王統治時，開雕大藏
經印版
1087年　完成高麗三藏經
1236-1251年　高宗國王統治時，重新雕刻
在蒙古入侵時被損壞的高麗三藏經
自1398年　在漢城的奇瓊寺保存印版
1488年　建造收藏庫昌慶苑
1592-1597年　日本入侵
1817年　海印寺被燒
1928年　建造大光廳
1940年　建造三神龕
1967年　建造審判廳（或稱地獄廳）

11世紀上半葉，為了印刷佛教的教規，高麗國王下令雕刻印版。幾十年后，這項任務完成了。這是一個防衛戰略的一部分，即借助於佛陀的支持來擊退北方敵人的進攻。但期望並沒有實現：公元1232年，在蒙古人的一次入侵中，印版為火吞噬，化為灰燼。皇室逃至位於漢城西面的江華島。在蒙古人進攻幾年後，人們在島上重新又開始了這項工作，在16年後再次製成印版。

將近12個世紀，海印寺這個「海洋印章的寺廟」一直遠離海濱，坐落在伽山的山林間，在過去的歲月裡威脅常常來自這海濱。寺廟的出現多虧一次奇妙的治療：王后長了腫瘤，國王去當時的隱居處求助於兩

在迦山偏遠寂靜的山林裡，座落著海洋印章的寺廟—海印寺。

個和尚。這兩個和尚在腫瘤週邊栓了一根線，再把線的另一端繫在一棵樹上。他倆整夜在王后蘇特拉斯的病榻旁背誦佛的經文。第二天清晨，奇蹟出現，王后痊癒了，而那棵樹卻枯萎了……

今天，參觀者如同朝拜者一樣，又面對一樁奇蹟：那就是高麗三藏印版。81,340塊用樺木製成的印版，印版的兩面都用原字反向的中文雕刻佛經，每一面上刻有322個字，每一塊印版上則有644個字，再乘以81,340，總共是52,382,960個字。

這件「千年之作」，正如本文開頭提及的，竟然被製作了兩次！開始預製木頭，因爲它不能拉扯或變形，樹幹在海水裡存放三年時間，然後把它鋸成同樣大小的平板。這些板再一次在海水裡煮沸，接著小心地將它晾乾。最後，把木板表面弄光滑後，就在木板上寫上文字，而後才能用刻刀刻字。據說，每個雕刻匠在刻字前，都要在佛像前鞠躬……

佛陀幫忙了嗎？有些印版是否還要被預製和加工一次？畢竟一個中文字最多達62畫，出現錯誤是非常可能的。然而，在印版上是不允許出現書寫錯誤的。如果今天有人要讀印版上的文字，假定他已掌握了中文，且每天讀一塊印版上的文字，那麼他一生也讀不完全部印版文字：一位博學的學者至少也要過他的226歲生日才能讀完。

由於日本海盜騷擾得海濱不安全，人們便在14世紀末將這些印版帶到內地。據傳，幸虧有尼姑的幫助，她們每人頭頂一塊印版——否則，這事便不能成功。直到今天的收藏處造好，又過了幾十年的光

景。自那以後，寺廟七次被葬入火海，但藏經閣卻安然無恙。在朝鮮戰爭期間，佛經雕版倖免於難，由此，高麗的「三藏」，即「三籃子教義」——佛教教義、僧侶紀律和哲學研究，作爲最古老和最完善的三藏，在遠東保存了下來。

克勞斯‧雷蒂希
（邵思嬋 譯）

第115號

下圖：在海印寺的藏經閣裡，存放著三藏（佛教典籍的總稱）81,340塊木印版。這是一部細緻與耐心且令人驚訝的作品

海印寺內院的四重塔。

無數的佛祖信徒來到寺廟進行膜拜。

「平安京」
京都、宇治、大津的文物古蹟和花園

京都、宇治、大津的文物古蹟和花園
文化遺產：昔日皇城京都，在其1,500多個佛教寺院建築和200個神道教神社中，屬於聯合國教科文組織「世界遺產名錄」的自然文化遺產的有：上賀茂神社、下鴨神社、教王護國寺（東寺）、清水寺、仁和寺、醍醐寺、高山寺、西芳寺、天龍寺、鹿苑寺、慈照寺、龍安寺、西本願寺、二條城；在大津則有延歷寺、在宇治有平等院和宇治上神社
所屬洲：亞洲
所屬國：日本
地點：京都、宇治和大津、東京之西南
列入名錄年份：1994年
意義：日本往昔的文化中心，有著傑出的園林藝術和木構建築藝術
大事紀：
781-806年　桓武天皇攝政
794-1192年　平安時代，初期建立平安京，即今日的京都
788年　建造延歷寺
798年　首次建造清水寺──京都最著名的寺院之一
886年　建造仁和寺
951年　建造醍醐寺的五重塔
1192-1333年　日本鎌倉幕府
1336-1598年　日本室町幕府
1394年　建造金閣寺
1467-1477年　在日本「應仁之亂」期間，京都陸續遭到破壞
1482年　建造銀閣寺
1603-1626年　建造二條城
1603-1867年　日本德川幕府
1633年　建造清水寺現在的主樓
1955年　在鹿苑寺重新建造曾被燒毀的金閣寺

當桓武天皇將其首都遷至賀茂川平原時——這個地方由於有大山的保護而免遭北方入侵惡魔的蹂躪——歐洲人記下這一年份是西元794年。天皇把玉依姬——她也被稱為海神的女兒和日本始皇帝神武天皇的母親御祖之神，與雷神一起封為名叫「平安京」的那個城市的保護神。

與後來簡稱為京都，即首都的皇城中其他15處文物古蹟一起，祭祀神道教保護神的上賀茂神社和下鴨神社，如今都已列於聯合國教科文組織的保護之林。

第116號

這兩處聖地中最古老的建築直到17世紀的上半葉才被確定年份，而主樓甚至到9世紀的下半葉之初才標明日期。

一系列受到保護的佛教寺院都可追溯到平安時代，特別是建於西元8世紀的延曆寺。根據皇帝的命令，為防禦兇惡的魔鬼而建造在比叡山。延曆寺很快就發展成為一座大寺院，好戰的和尚則利用它對人民和天皇進行恐怖統治。直到16世紀織田信長命人毀壞了全部樓宇，並殺死那些好戰的和尚，他才成為這群討厭鬼的主人。然而，在幾十年以後，寺院又得以重建並建造的十分豪華。

早期京都的原始建築幾乎所剩無幾。對此，延曆寺的和尚對「應仁之亂」負有不可推卸的責任。此外，地震和火災也是另外一個原因。對建於796年素稱東寺的教王護國寺，同樣也對於大膽建設在峭壁旁木鷹架上的清水寺或仁和寺，幾乎都毀於地震或火災。與此相反，京都最古老的建築醍醐寺中37公尺高的五

重寶塔，卻安然無恙，因為這座寺院位於城外遙遠的地方，所以免遭破壞。

宇治上神社是現存最古老的神道教建築，它建自平安時代；另外位於宇治的平等院，也屬於這種情況。建於1053年的鳳凰廳使人想起一隻著陸的鳥，並聯想到下降到人間的阿彌陀佛。

具有禪宗佛教特點的首推稱為「苔蘚寺」的西芳寺苔蘚園，有著一片平整的礫石「海洋」的龍安寺石花園——在礫石海洋上凸顯著5個奇異岩石島嶼，以及建於1336年的天龍寺風景園。慈照寺的禪宗園尤其因它那使人憶及富士山的沙丘聞名遐邇，這沙丘位於1482年建的銀閣寺前一片細心耙平的「銀沙海洋」後面。這個銀閣寺雖從未鋪過銀，但不乏美麗與溫馨。此外，它也沒有步上大約比它早建築100年的金閣寺後塵～1950年，有一個精神錯亂的佛教小僧，由於不能忍受金閣寺的光輝，而讓鍍金的木構樓閣付之一炬。

西本願寺那裝飾的富麗堂皇的樓閣，建於17世紀早期，也可以說簡直是把位於伏見豐臣秀吉的宮殿搬到這裡來了。精美絕倫的飛雲閣，原本是座落在豐臣秀吉的「聚樂第」。

1603年，幕府時代的將軍德川家康把幕府遷至江戶後，將軍建造的二條城便做為他們在京都逗留時的宅第。伴著舊日本的報警設施，那每走一步就會發出吱吱聲的「夜鶯鑲木地板」，及其豪華奢侈的裝潢，這個宮殿便成為幕府時代將軍權勢的象徵，同時又是無權的標誌。1867年，明治天皇恰好在這裡用詔書廢除了幕府將軍政府，為了翌年在東京「東面的首都」——為德川幕府更改名字。因此，二條城不僅是德川幕府的開始和結束的象徵，也是做為首都和官邸城的京都那段並不特別平安的歷史終結的象徵。

卡爾一海因茨‧路德維希
（邵思嬋　謝志宇譯）

在龍安寺禪宗花園裡的岩石島。

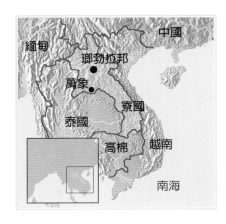

伴著佛陀的寧靜

瑯勃拉邦的王宮與佛教寺院

雖然中間有條裂縫，維蘇納拉特寺這扇門上的佛教依然金光閃閃，美妙動人。

當飛機吵雜的馬達聲漸漸遠去，周圍又是一片寂靜，這寂靜已成為古老的寮國王城的象徵——人們彷彿進入另一個現實的世界。在進城的短短路程中，映入眼簾的不是高大雄偉的石建築形象，更多的是普通的建築，一般都不高於三層樓。

僅是這出自昔日「萬象國」中心的獨特寧靜，就值得去享受聯合國教科文組織的保護。然而，這種氣氛很難被確定為文化遺產的準則。這樣，至少是這寧靜的石製輪廓數目眾多，且受到了相當良好的照料——享受著世界文化遺產的待遇。這有其相當獨特的原

因：即政局不穩以及戰爭，使得時間在這個擁有12,000人口的地方凝固起來。在這裡，當今的建築很大程度都要追溯到1930年代。自那以後，這座城市幾乎沒有變化，唯一例外的是時間的流逝和自然界的變化無常給瑯勃拉邦覆蓋上一層銅綠。在這裡，沒有經濟的繁榮讓高樓大廈、百貨大樓拔地而起，使交通的喧囂聲不絕耳。因此，在今天，昔日的王城便享有了一種聲譽，即它是亞洲保存最好原始結構的城市。

在傳統和歐洲建築思想的融合中產生的建築藝術，賦予湄公河畔的這座城市以獨特的魅力：這裡是

左圖：除了湄公河以外，南康河也是一條環繞琅勃拉邦舊市中心的河流

下中圖：在顯通寺，這尊金佛像是信徒們的崇拜中心

下圖：顯通寺沒有受到「黑旗軍」的蹂躪，歸功於一種懷舊的感動

寮國傳統的木椿支撐的房屋，通常用飾以大量木雕的深色熱帶樹木建成；而那裡是建於法國殖民統治時期的公共和私人的房屋；還有一些住宅飾有越南和中國式的貼邊。無庸置疑，最富麗堂皇和最大吸引力來自佛塔、佛教的廟宇和寺院，它們就像穿在線上的珍珠般鱗次櫛比，排列在老市中心僅有的三條線路上。在市中心流著反向且平行的南康河和湄公河。

在南康河的入口處，就像伸出的指尖一樣，聳立著這座城市最古老的佛塔之一——巴滄寺。僅幾步之路就到了琅勃拉邦最著名的寺廟——顯通寺。該佛教寺院的主樓西姆（Sim）不折不扣地被看成是寮國建築藝術的傑作，它那幾乎要著地的九重簷屋頂使它顯得輕盈。金色的裝飾，與其說在炫耀金碧輝煌和財富，還不如說更突出了藝術上的洗鍊與爐火純青。此外，這座寺廟是這個城市唯一建於1887年前的重要多層建築。當時，來自中國南部「黑旗軍」的首領曾在這裡度過他的部分童年生活。由於19世紀末所遭受的破壞，許多今日的佛塔都是昔日木構佛塔的仿製建築。

沿著手指的反向遠望去，人們可以看到普西山，圓圓的山頂上裝飾著一座印度塔，這是一座呈鐘形的宗教祭祀建築。再朝湄公河方向看，在山麓座落著昔日的王宮，這座王宮是在20世紀前10年由法國殖民統治者建造的，它被認為是一種欣欣向榮的現代化標誌。在人民共和國成立以後，「宏甘」——意即「金碧輝煌的宮殿」，在國王家族離開以後，依然保持著原樣。這種實際情況以及今日安放著從受損佛塔裡收集來的形形色色的佛像，都使得形式洗鍊的宮殿成為各

個時代的一種補充，特別要指出的是，宮殿是寮國王室宗教祭祀的地方，也是這座城名的施主——金佛像「勃拉邦」的家園。

米夏埃爾・舒爾策
（邵思嬋　譯）

琅勃拉邦的王宮與佛教寺院
文化遺產：擁有30座寺院和神廟的寺廟和國王城，比如顯通寺、顯穆安寺、塞內寺、麥・蘇法納・布馬甘寺、巴康寺和維蘇納拉特寺
所屬洲：亞洲
所屬國：寮國
地點：湄公河和南康河畔的琅勃拉邦，萬象以北
列入名錄年代：1995年
意義：19-20世紀東南亞傳統的建築藝術與歐洲殖民地建築藝術的一種非凡的結合
大事紀：
1353年　建立萬象國（Lane Xang）自1356年由於勃拉邦這備受人崇拜的佛像，成為朝山進香者的朝拜地。
1353-1376年　在國王范甘統治時期，完成王國的統一，定都琅勃拉邦。
1560年　遷都至萬象。
1707年　王國一分為三：琅勃拉邦、萬象和占巴塞
1887年　所有的木建築毀於一場大火
1893年　為法國的保護國，併入越南總行政區
1904-1909年　建造王宮
1945年　在貝特薩拉特（phetsatath）王子攝政時獨立
1958年　被蘇法納・布馬推翻，接著是國內戰爭
1975年　廢除王朝，宣告成立寮國民主人民共和國
1993年　琅勃拉邦列入文物保護

比羅馬和希臘人留下的所有東西還偉大

吳哥窟

　　宏偉壯麗、精妙絕倫和令人窒息的：人們只能用最高級的詞彙來形容看到吳哥窟——那座以深沉雄偉在平地高高聳立寺廟的初次印象。是的，在19世紀中葉，當法國研究人員亨利‧穆霍重新發現了被熱帶叢林所盤繞的高棉國王們的祭禮城堡時，他一番熱情洋溢的言談毫不誇張：「比羅馬人和希臘人留給我們的所有東西都要偉大。」

　　在參觀遊覽一個將巨型雕像與金絲飾物、過去與現在始終融合在一起的完美的古蹟時，人們的想像便插上了翅膀。巨大的石橋和在橋頭陡然屹立的寺廟給人一種印象，即12世紀形成的城市規模龐大。這座擁有100萬人口的城市曾經是高度文明的中心，他們的灌溉系統和水稻種植在世界上是無與倫比的。從吳哥窟建造的鼎盛時期來看，疆域除今日的柬埔寨以外，還包括寮國、緬甸、越南和泰國的部分地區。

　　一則神話故事告訴我們，高棉國的國王們在這個原先的印度教寺廟裡，夜復一夜地與一條九頭蛇結婚，這個國家的農民便把他們最漂亮的女孩權充舞蹈家送至被視爲宇宙中心的吳哥窟。這種浪漫主義的想像被突然打斷，一群衣衫襤褸的男孩在這塊聖地游盪，人們又一次地被其中的一個男孩拽住手臂，他們的叫賣聲不絕於耳：「明信片一美金……可口可樂一美金……香煙一美金。」

　　在通往荷花形塔樓的階梯上，有幾戶人家攤開了他們的家當，這與已逝年代的富麗堂皇形成了多麼明顯的對比。爲了逃避國內接連不斷的小衝突而逃離，這個國家曾經在恐怖和赤柬的統治下經歷了低潮期。然而，那裡的浮雕不也是在描繪著戰爭，在精雕細鏤的浮雕上一群士兵正在爲勝利而拼搏嗎？難道不是從俘虜中招募了几百萬奴隸，沒有對他們的剝削，這個建築藝術的傑作可能產生嗎？

　　在吳哥窟的整體建築中，甚至連描繪大屠殺的線條也是柔和的。與

國王褚耶跋摩七世是吳哥通王城巴壤（Bayon）廟石塔旁菩薩面型的原形。

第118號

左圖：富有細節的浮雕裝飾著班蒂·斯雷（Banteay Srei）的濕婆廟

下左圖：毗濕奴—「成功者」，作為印度教的主神之一被尊崇

下右圖：阿普薩拉——優美輕盈的舞蹈家，裝飾著吳哥窟寺廟的底座

此相反，建有巴壤廟的毗鄰歷史城區吳哥通王城，則通過巨型雕塑給人以別開生面的印象。這區域內52個四邊形塔樓的石頂高達2.5公尺。一種幾乎使人產生聯想癖好的魅力來自這些神和魔鬼。無花果樹厚實的根部，以其不可抗拒的力量，像一個海怪的手臂擱在陰暗的磚石建築物上。

在頻繁的內戰中到處搶劫的士兵或是地方性的強盜，曾使得這個亞洲最大的寺廟區遭到損壞，而大樹的破壞力更加劇了這種損壞。被搶奪的歷史文化的無價之寶，經由盤繞的小徑進了香港、曼谷或新加坡的古玩店。

在巴壤廟的山上，一群蟋蟀唧唧地叫個不停，就像是海妖的聲音一樣。法國的科學家們發掘出浮雕，並尋找其他有關往昔的證物，這些見證都是他們借助於電腦程序找到的：為的是使1432年被離棄的建造物以一幅完整的模擬圖畫再現出來，並使其可能進一步地恢復。

剛才你還在為由於這種破壞狂熱受到震動，此刻，你不得不為現代技術的創造力發出驚嘆。

伍爾根·貝爾特拉姆
（邵思嬋　譯）

吳哥古蹟

文化遺產：西元9-15世紀高棉人文化的卓越見證；周圍環繞著200公尺寬水溝的世界著名寺廟吳哥窟（吳哥寺），以及吳哥通王城；吳哥窟有一個長達235公尺的柱子大廳；寺廟座落在一塊平地上，佔地340×215公尺，寺廟的正立面寬187公尺，並飾以描繪的浮雕；方圓9平方公里的吳哥通王城（Angkor Thom），被一堵圍牆和寬100公尺的水溝所環繞，有雕刻出來的「巨人街」和54個塔樓，每個塔樓上有4幅國王褚耶跋摩七世的肖像

所屬洲：亞洲

所屬國：柬埔寨

地　點：吳哥，金邊之西北

列入名錄年份：1992年

意　義：高棉王國昔日的首都，屬東南亞最重要的名勝古蹟之一

大事記：

889年　國王耶索跋摩一世就位，建立首都耶索達拉普拉（Yasodharapura）

1002-1050年　國王蘇利耶跋摩一世在位

1113-1150年　國王蘇利耶跋摩二世在位，在耶索達拉普拉的東南部建造吳哥窟（Angkor Wat）

1177-1181年　占人反對高棉人的戰爭，占人佔領了吳哥

1181年　褚耶跋摩七世的士兵驅逐占人

約1200年　建造「偉大的國王城」—吳哥通

1353-1393年和1431年　吳哥王城遭洗劫和掠奪，接著放棄城市，城市衰落

1907年　建立保護吳哥的組織

1998年　在聯合國教科文組織的主持下，國際援助保存吳哥

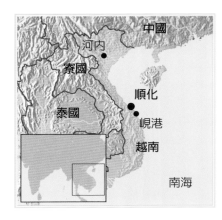

順化皇城

文化遺產：城市建築群，連同紫禁城，皇
城和修築防禦工事的城市，該城市建築群
表現了法國城堡建築師沃邦的風格；文物
古蹟如帶有午門的城堡，有「耀帝寺」和
「慈潭寺」（The-Tempel）以及為了表示對
阮朝的尊崇，在王宮的東、西部建造了5個
寺廟，比如泰廟和巔峰天
所屬洲：亞洲
所屬國：越南
地　　點：承天省順化市，香江畔（紅河），
河內之東南
列入名錄年份：1993年
意　　義：一個處於鼎盛時期的越南古老封
建城市的卓越典範
大事記：
1802年　在阮朝英統治時期，越南統一，定
都順化
1804-1831年　修建城堡
1809年　在賈龍統治下，在香江畔建造有名
的塔樓「皇帝的騎士」
1821年　建造慈潭寺（The-Tempel）
1833年　賈龍在「天和殿」舉行加冕典禮
1835-1837年　九朝骨灰壇的出現
1858年　建造天目寶塔
1885年　皇城部分被破壞
1916-1925年　啓定帝攝政
1945年8月24日　小歌劇院國王保戴在「五
鳳亭」退位
1947和1968年　在反對法國殖民統治的戰爭
中，以及在越戰中，皇城又受到破壞
1977年　在聯合國教科文組織的幫助下，修
復哈宇
1988年　在聯合國教科文組織的幫助下，修
復友宇

圍在牆內的權力的象徵

順化皇城

　　農民現在種植洋蔥的地方，倘若在一百年前，是不允許農民走進一步的。因為今日生長蔬菜的地方，當年只有皇帝和他的朝臣們高貴的腳才可以踏入，他們的住宅區也不枉被稱為「紫禁城」。人們只能通過一扇大的和三扇側門的宮廷門——素稱「大金門」，才能進入順化皇城最裡面的區域。呈弧形的屋頂和精美絕倫的雕刻，裝飾著君主首都的南大門。今天，除了柱子的根基外，已經看不見什麼了。在反對法國殖民統治的戰爭中，這扇大門，連同宮殿中的其他建築，都遭到嚴重的破壞。然而，宮殿受損的歷史並未結束，因為在越戰中，這座宮殿又遭美軍的破壞。對當地人來說，碎片瓦礫是特受歡迎的建築材料，於是，今日城堡中央的空地便被利用來種植蔬菜。

啓定皇帝的鍍金塑像擺放在他的陵墓中。

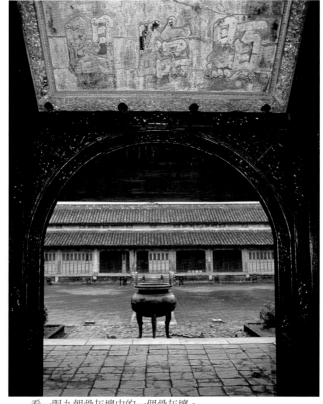

看一眼九朝骨灰壇中的一個骨灰壇。

　　大多數的圍牆還保存著，事實上，這座皇城已成了圍牆城。10公里長的外牆圍繞著幾乎呈正方形的地區。圍牆高6公尺，寬20公尺，並通過一條23公尺寬的水溝得以加固。20多個堡壘守衛著它，10扇有防禦工事的大門監視著進入口處。在它的裡面，民宅和宮殿排列在筆直的和相互成直角的街道上，宮廷官員曾在這裡居住和任職。

　　皇城裡的另外一道牆，同樣也圍繞著幾乎呈正方形的宮廷區，其邊長有600多公尺。整個建築朝向南面，那裡是聯合國教科文組織出資修葺的午門，午門的5個通道，標出宮殿的檢閱區和接見區。午門的平台是外牆的一部分，在平台上有5個3層的園亭，均通過有屋頂的過道相連接。在底層，皇帝在午門前檢閱軍隊，或是一年一度頒佈新的農曆年曆。宮廷的女眷也

參與這種典禮，當然是在用鑲嵌板隔離開的樓層裡。通過這些鑲嵌板，她們可以朝下看，而別人卻看不見他們。園亭的屋脊飾有無數用瓷塊造型的吉祥物，如龍、蝙蝠、金幣、蘭花、菊花和竹子。

　　午門後的凱旋路，經過人工池塘，通往「禮拜宮」，當皇帝坐在「天和宮」簡單的寶座上召見時，文武官員便按照官位排列在這禮拜宮裡。修葺一新的寬闊大廳建在一處石製平台上，大廳厚重的屋頂由硬木柱支撐著。屋頂塗上了紅漆，一種南方喜慶的顏色。金色的雕龍纏繞著廳內的柱子，這龍便是統治者的象徵。

　　位於兩側平行的寺廟建築和皇族宮廷住宅的修復工作並非暢通無阻。在此期間，人們在慈潭寺又想起了阮朝的皇帝。所有的越南人都為這九朝骨灰壇而感到自豪。不足兩公尺高的青銅容器，總是給人們展示越南有名的風景、動物、神話人物和植物，這些描繪應是這個國家統一、富裕和穩定的象徵。這些目標在今天依然被人們追求著。

弗蘭茨·約瑟夫·克呂科爾
（邵思嬋　譯）

左圖：石製的
雕像守衛著啓定皇
帝的墓碑

下圖：顯仁門的屋脊精美絕倫，它曾是
護衛宮殿城堡圍牆的一部份

通向光明之路

婆羅浮屠佛塔

婆羅浮屠佛教寺院
文化遺產：東南亞最偉大的寺廟建築，這
個名字的意思是「在一處丘陵上的佛教寺
院」，或是「菩薩在10個階段中積累美德之
山」；「寺廟山」由56,640立方公尺的石
料建成，呈正方形的基座邊長為123公尺，
下6層方形和上3層圓形，高度達33.5公
尺，原來有42公尺高；1,460面人物大浮雕
描繪了菩薩的生活，佛龕裡安放432尊佛
像，72個呈鐘形的印度塔，每個塔內罩一
佛像
所屬洲：亞洲
所屬國：印度尼西亞（中爪哇省）
地　　點：婆羅浮屠，普羅戈河谷（Progo-
Tal）
列入名錄年份：1991年
意　　義：摩訶衍那佛教的象徵和世界著名
的佛教徒朝拜地
大事記：
約800年　夏連特拉王朝（778-870年）時期
開始建造
1814年　被一名英國殖民官員重新發現
1853年　結束發掘
1885年　發現160面原先被牆圍起來的浮雕
1907年　在特奧多爾·馮·埃爾普的領導下
的修復措施
1948年　研究全面修復寺廟建築
1973年　在聯合國教科文組織資助下，開始
了修復措施
1984年2月22日　國家下令終止修復措施
1985年1月21日-22日　由於遭到炸彈襲擊，
9個小塔受損
1995年　公布一份疏導客流和保護世界文化
遺產的管理計劃

　　在印度尼西亞，人們喜愛用「日出」招徠旅客參加團隊旅遊去參觀名勝古蹟。不論是去爪哇參觀經典的婆羅摩火山，還是去看佛洛勒斯海上克里木圖（Kelimutu）山麓旁波光瀲艷的大海。總說要早起，為了看日出。於是，天不亮就從中爪哇城市約伽卡爾塔（Yogyakarta）出發，前往大約40公里遠的婆羅浮屠，這樣汽車就能夠在6點鐘寺廟開放時準時趕到。冉冉升起的太陽光芒不僅使南半球最偉大的佛教聖地——這種聖地稱謂在回教佔絕對優勢的國家中已不再被使用——沐浴在魅力無窮的光亮之中，而且也賦予佛教寺院裡1200多個平面浮雕特別有立體感。

　　在群山環繞的克杜平原（Kedu-Ebene）上，坐落著一處雄偉壯麗、多姿多彩的佛教寺院。它建在呈正方形的底座上，圍繞著一座丘陵，就像是一個階梯金字塔，分層次逐級升高。在這形式中，融合了三種宗教的建築理念：婆羅浮屠是對神話中金色的世界山默魯（Meru）一種象徵性的描繪，它有著許多佛教聖地所特有的鐘形塔，原本是一個簡單的墳墓丘陵，但在形象化的描繪中，它表現了一種默念。

　　誰經過四道門中的一道進入這「千佛壇」，並圍繞著下6層方形和上3層圓形平台走動，誰就會從「慾界」經過「色界」，最終到達「無色界」。人們這樣理解靈魂解脫的過程：從物質世界升入到天堂，天堂則象徵性地表現為位於聖地最高點那座8公尺高的封閉的印度塔。

　　在聖地的路上，遊客穿過許多用玄武岩雕鑿而成的浮雕：下層的浮雕描繪充滿歡樂和痛苦的世界，中層的浮雕講述著佛陀的生活，而上層的浮雕則描繪了菩薩的生活情景。依照「大乘」學說，這些心靈「被照亮的人」的目標是：在升入天堂前，將自己的功績轉交給他人，以便使自己從再生的循環中得到拯救。

　　當今，這九層「千佛壇」的下層中那些生動逼真的浮雕，除了提供純粹的審美外，還使人們認識了「千佛壇」產生的年代：精致到細節的描繪，使航海學家了解到在公元8-9世紀印度尼西亞的造船工藝，浮雕上的吹笛手和擊鼓手給予音樂家以直觀形象的材料，而生物學家則通過藝術作品，了解那個時代的家禽和野獸。

　　站在上面3個圓層台階上，即所謂的「無色界」，遠近景物一覽無遺，仰望天空，只見太陽早已越過頂點。在這露天台階上，站立著幾十尊佛像，其中有兩尊佛像看不全，因為它們已被透雕細工的石塊建成的印度塔擋住。其他的佛像都面帶冷靜的微笑，在迴廊上的露天佛龕裡注視著熱帶風光。

　　婆羅浮屠沒有變成廢墟，而是作為信仰的莊嚴雄偉的紀念碑高聳入雲，這要歸功於聯合國教科文組織和27個國家的資助。在重建「千佛壇」前，人們做了大量艱苦細緻的工作，將100多萬塊大石頭搬運上來，進行編目、清潔、保存，而後還安裝了排水設備。在臨近傍晚時分，再看一眼「千佛壇」，這座佛教寺院，

在公元9世紀上半葉竣工後，只是短期被當作聖地使用，婆羅浮屠在以後的近千年時間裡都長滿了熱帶叢林野生植物。

布里吉特·拜爾
（邵思嬋　譯）

第120號

左頁圖：主題從世間的痛苦到一尊菩薩的生活，無數面浮雕裝飾著婆羅浮屠

左圖：登上寺廟山之路，就是通往光明之路。整體來看，婆羅浮屠展現了一種默念的生動形象

下圖：在上層的一些小塔裡，端坐著遠處可見的佛像

■埃及

第121號　阿布·梅納的早期基督教遺址

文化遺產：有著亞歷山大的殉教者梅納墳墓的墓穴教堂，以及洗禮堂，大禮堂（67公尺長，32公尺寬的中堂，和50公尺長，20公尺寬的側堂），修道院和一個北非城市早期基督教的工作場所

所屬洲：非洲

所屬國：埃及

地點：亞歷山大市西南

列入名錄年份：1979年

意義：早期基督教最重要的朝拜地之一

大事記：

296年　亞歷山大市的殉教者梅納之死

西元5－6世紀　建造帶有大理石階梯洗禮盆的洗禮堂

西元7－9世紀　建造有三個堂的北部大教堂

阿布·梅納

約850年　建造今日發掘出來的墓穴教堂，一座有五廳堂的大教堂（38公尺長，22.5公尺寬）連同一個8公尺深的教堂地下室和亞歷山大市虔誠的梅納之墓

約900年　穆斯林的阿拔斯王朝哈里發進行掠奪

約1300年　放棄阿布·梅納

1905年　卡爾·馬利亞·考夫曼進行考古發掘

自1961年　開羅德國考古研究所進行考古發掘

第75號　底比斯及其他墓地

（參見158－159頁）

第76號　伊斯蘭教的開羅

（參見160－161頁）

第77號　孟斐斯及其大墓地－基沙金字塔，阿布西爾金字塔，薩卡拉金字塔和代赫舒爾金字塔

（參見162－163頁）

第78號　從阿布辛貝到菲萊的努比亞文物古蹟

（參見164－165頁）

■阿爾巴尼亞

第122號　布特林蒂古城遺址

文化遺產：一個希臘殖民地，一個羅馬城市和一個拜占庭主教管區的殘餘部分

所屬洲：歐洲

所屬國：阿爾巴尼亞

地點：布特林蒂，布特林特湖的西南岸

列入名錄年份：1992年

意義：從古希臘羅馬時期到中世紀，歐洲城市發展的傑出典範

大事記：

西元前7－前6世紀　建立住宅區

西元前5世紀　城市擴建，並建造獅子門

西元前4世紀　在布特林特湖的西南岸，修築一道長650公尺，寬10公尺，高5公尺的城堡圍牆

西元前3世紀　城市擴建，2.5公里長的城牆，建造可容納2000觀眾的圓形露天劇場

西元前2世紀　被羅馬人佔領，在凱撒和奧古斯都的統卸下，羅馬老兵移居

西元5－6世紀　建造基督教的祭祀場所，還在衛城下方建造大教堂（31×22.5公尺）

西元13世紀　在衛城上修築城堡防禦工事

1386年　被威尼斯佔領

自15世紀因週邊地區變為沼澤地而衰亡

1926－1941年　考古發掘

1996－1997年　在國內戰爭騷亂中部分遭到破壞

■阿爾及利亞

第123號　阿爾及爾的卡斯巴赫古城

文化遺產：古城，素稱埃爾－賈塞爾－貝尼－梅斯根納，建造在一座118公尺高的丘陵上，文物古蹟如薩菲爾清真寺、11個廳堂的埃爾－凱比爾清真寺、新清真寺、阿利比契納清真寺、西迪，阿卜杜阿拉赫曼墳墓清真寺和凱喬瓦清真寺

所屬洲：非洲

所屬國：阿爾及利亞

地點：阿爾及爾，切底切爾以東

列入名單年份：1992年

意義：一座伊斯蘭古城獨特的城市結構

大事記：

西元前3世紀　建立伊孔西姆姆

西元5世紀　被汪達爾人完全毀壞

647年　阿拉伯人曾入侵今日的阿爾及利亞

910年　法蒂瑪王朝統治

1519年　阿爾及爾置於君士坦丁堡的統治下

1575－1580年　西班牙詩人米格爾·塞萬提斯被監禁在城堡裡

1711年　在戴·阿里巴巴領導下，阿爾及爾從奧斯曼蘇丹的統治រ解脫出來

1815年　美國海軍進攻阿爾及爾

1816年　英國和荷蘭海軍擊沉從阿爾及爾出發的海盜船

1830年　法國軍隊進佔阿爾及利亞

1847年　法國戰勝埃米爾·阿卜杜爾·卡達爾的軍隊

1848年　阿爾及利亞被宣佈為法國領土

1954－1962年　阿爾及利亞獨立戰爭

1965年　在卡斯巴拍攝影片「阿爾及爾戰役」

第124號　貝尼·哈瑪達山上城堡

文化遺產：山上城堡和穆斯林古城遺址－埃拉·克拉瓦，連同牆基為64×54公尺的大清真寺，佔地面積為250×160公尺的埃米爾宮殿遺址，有「海洋宮殿」以及「燈塔城堡」的殘餘部分

所屬洲：非洲

所屬國：阿爾及利亞

地點：克瓦拉，在傑貝爾·瑪迪德附近，位於霍德納山麓，比斯克拉之西北

列入名錄年份：1980年

意義：哈瑪達王朝第一個首都邊址，是北非築有防禦工事的穆斯林城市的可靠見證

大事記：

800－909年

阿拉拔王朝的建立者埃米爾·阿拉拔攝政

973年　開闢作為什葉派的法蒂瑪哈里發的宮邸

1007年　法蒂瑪哈里發的封臣建立哈瑪達·本·波萊基內

1067年　哈瑪達首領從安納塞逃往貝加雅

1148年　一支諾曼地軍隊佔領瑪赫迪亞，並驅趕齊里達人

1152年　被阿卜·阿布杜拉，即阿卜爾－穆門的兒子軍隊佔領和破壞——阿卜杜爾·穆門是阿爾莫哈達王朝的建立者，8000居民被屠殺

第125號　傑米拉的羅馬遺址

文化遺產：羅馬的庫伊庫爾（傑米拉），從前的老兵住宅區和通往卡爾塔戈連線的「哨兵」位於一座窄脊的丘陵上：有聳立著著名的卡拉卡拉凱旋門的「新廣場」，「賽普蒂米氏族」神廟，和被圓柱所環繞的卡爾多——一條通往北方的大道，此外還有阿西努斯·尼卡屋和那當古羅馬步兵第10隊的殘缺不全的「老廣場」；一座法院大教堂，一座朱比特神廟，一個市政廳和田路西安·孔西尼·普里穆資助，面積為21×27公尺的肉與食物市場；一個建於西元2世紀的老的公共浴池和佔地2600平方公尺的大浴池，「酒神巴卡斯屋」；一個基督教區，該教區內有三個堂的大教堂和建於西元4世紀的、呈圓形穹頂的洗禮堂

所屬洲：非洲

所屬國：阿爾及利亞

地點：傑米拉，在小卡比雷附近，君士坦丁以西

列入名錄年份：1982年

意義：依北非丘陵地勢而建的羅馬城市規劃的典範

大事記：

西元96－97年　建造用作奧古斯特第3軍團老兵的住處

193－211年　塞普蒂米·塞維魯攝政

211－217年　卡拉卡拉攝政——凱撒·馬爾庫·奧雷利·安東尼的皇帝

216年　建造卡拉卡拉凱旋門

229年　塞普蒂米氏神廟舉行落成典禮，對皇帝塞普蒂米·塞維魯和塞維魯王族表示敬意

364－367年　建造有半圓形拱頂的市場

553年　庫伊庫爾的主教曾參加君士坦丁堡主教和教士大會，這在大會報告中得到證實

1839年　奧雷安伯爵率領其科學考察隊抵達傑米拉

1909年　開始發掘現存宗教和行政的文物古蹟

第126號　查莫布山谷

文化遺產：貝尼·莫查布·莫查布人生活的地方，在他們那裡《可蘭經》無所不包地決定著人們的信仰和日常生活：位於奧埃德·莫查布山谷的、被圍牆所保

傑米拉－羅馬塑像

衛的五城邦有：曾是撒哈拉商貿中心的加爾達亞，素稱「女王」的梅利卡、貝尼‧伊斯基恩「聖城」－－其兩扇門夜間被關閉，外人不得在城裡過夜，素稱「照明城」的布‧努拉和埃爾‧阿托伊夫；加爾達亞的清真寺賦予勒‧布西爾斯設計龍姆普朝聖小教堂的靈感

所屬洲：非洲

所屬國：阿爾及利亞（北撒哈拉）

地點：加爾達亞，梅利卡，貝尼‧伊斯奎恩，

莫查布河谷

布‧努拉和埃爾‧阿托伊夫，在阿爾及爾以南

列入名錄年份：1982年

意義：在撒哈拉有作用的和適應周圍環境的城市結構

大事記：

777或779年　由於一次伊斯蘭教的教會分裂，嚴守教義的伊班族人在蒂阿雷特附近建立塔黑爾特的「上帝王國」

911年　法蒂瑪人驅趕伊班族人，並在奧阿爾格拉附近的塞德拉塔定居

1014年　建立埃爾‧阿托伊夫

1018－1124年　建立梅利卡

1046年　建立布‧努拉

1047年　建立加爾達亞

1347年　建立貝尼‧伊斯奎恩

1830年　法國軍隊進佔阿爾及爾

1881年　法國作家莫泊桑旅行到奧埃德‧莫查布

1962年　法國在阿爾及利亞殖民化的結束

第127號　蒂姆加德的羅馬遺址

文化遺產：殖民地瑪爾夏納，特拉亞納‧塔姆加迪的城市設施，在棋盤平面圖上原本的面積為367×325公尺，幾百年被沙堆所淹沒，建築物有：大、小北方公共浴池（80×60公尺）、圖書館、誤稱為「圖拉真門」的凱旋門（西元2世紀）、多納圖派信徒的大教堂、天才神廟、陰陽人屋、市場、50×30公尺的鋪石廣場、在馬克西姆步兵第10隊的幾個8×8.5公尺的公廁、查士丁尼皇帝時代面積為112×67公尺的拜占庭城堡、在蒂姆加德的博物館裡重要的鑲嵌細工，以及對操縱自己車輛的尼普頓海神的描繪和在一個半人馬座上的維納斯

所屬洲：非洲

所屬國：阿爾及利亞

地點：蒂姆加德，在奧雷斯的北坡，拉姆貝塞以東

列入名錄年份：1982年

意義：從前羅馬老兵的住宅區塔姆加地，是北非羅馬城市建築藝術顯著的範例

大事記：

100年　受命於圖拉真皇帝開始建造

161－169年　在廣場南面建造一個容納4000觀象的劇院

256年　主教所在地

311－429年　在努米底亞的多納圖派的教會分立運動

397年　由主教奧普塔圖斯召集的多納圖主教與教士大會

429－430年　汪達爾人佔領北非

539年　修築拜占庭城堡

西元6世紀　被柏柏人和汪達爾人破壞

1767年　英國旅遊者傑姆斯‧布魯斯重新發現

1880年　開始發掘

第128號　蒂帕薩古城遺址

文化遺產：從前腓尼基人的商貿廣場和羅馬殖民地，其中有克波爾‧埃爾‧魯米亞－－這是一座直徑為60公尺，高度為34公尺的墳丘狀陵墓，素稱「克麗斯廷墳墓」，很可能是努米底亞君主朱巴二世的王族陵墓，還有長200公尺，保存完好的德庫馬努斯－－這是一條曾經從伊孔西烏姆通往凱薩雷的交通要道，有小劇場和飾有人造噴泉、雕像、花木的休憩場所，除此之外，還有羅馬圓形露天劇場，「濕壁畫別墅」，新神廟和無名神廟、法國教堂（3世紀），大教堂（52×42公尺），以及蒂帕薩的主教亞歷山大的墳墓小教堂和聖撒爾薩的三堂柱子教堂。

所屬洲：非洲

所屬國：阿爾及利亞

地點：蒂帕薩，地中海海岸，在阿爾及爾和奧埃德‧納多爾以西

列入名錄年份：1982年

意義：一種起源於腓尼基、羅馬、早期基督教和拜占庭的傑出建築藝術

大事記：

西元前7世紀　腓尼基的商貿城

西元前84－前46年　國王朱巴一世

西元前25年　其在羅馬受教育的兒子朱巴二世，成為茅利塔尼亞國王

西元1世紀　皇帝克勞狄一世統治下，處於殖民地狀態

1－2世紀　基督教大墓地

430年　處於亞里安教的旺達人的影響之下

534年　貝利薩爾統帥查士丁尼一世把汪達爾人逐出北非，蒂帕薩逐漸失去了重要性並日趨衰亡

1847年　小劇場的座位被拆除

1854年　法國殖民地開拓者定居

第72號　奈加高原上的岩畫

（參見152－153頁）

■阿根廷

第129號　伊瓜蘇大瀑布

自然遺產：從玄武岩山崖80公尺高處瀉入深淵的瀑布，綿延2.7公里其中有.8公里在巴西境內，國家公園佔地面積492平方公里。另外還有面積63平方公里的國家保護區，建於1934年，最後一次擴區是在1972年，伊瓜蘇河構成了保護區的北界；玄武岩高原巍峨聳立，已有1億3500萬年的歷史；有150至270處階梯式人工瀑布，按照每處瀑布下瀉水量，每秒平均流量可達6500立方公尺

所屬洲：美洲

所屬國：阿根廷（米西沃內斯）

地點：阿根廷之東北，巴拉圭邊境

列入名錄年份：1984年

意義：世界上最引起轟動的大瀑布之一，亞熱帶雨林的周邊環境使之成為阿根廷44％的鳥類的家鄉

動植物誌：有2000種植物的亞熱帶雨林，證實了有三種植物類型：圭坦布－月桂森林，林中有Nectandra salgina樹，此外還有60種蘭科，鳳梨科植物，比如長矛玫瑰花，圭坦布－月桂－木桂－薔薇花森林，它位於公園東南最高的山頭，林中有Aspidosperma polyneurum；靠近瀑布有所謂的樹脂森林，林中有古巴松（langsdorfii）。亞熱帶雨林中還有68種哺乳動物，如美洲豹、美洲豹貓、吼猴屬、大食蟻獸、平原貘、浣熊、水瀨、南美洲的長吻浣熊；422種鳥類，如深色鳥和帶盔甲啄木鳥；此外有38種爬行動物和18種兩棲動物。

第130號　洛斯‧格拉夏雷斯國家公園

自然遺產：南極以外最大的一部分冰河區，面積為4459平方公里；47處冰河，其中有烏普薩拉（595平方公里）和別德馬（575平方公里）；冰河運動尤其在拉哥‧阿根廷和拉哥‧別德馬；自1945年闢為國家公園

所屬洲：美洲

所屬國：阿根廷

地點：阿根廷安第斯山的南面，聖克魯斯省的西

洛斯‧格拉夏雷斯國家公園

南

列入名錄年份：1981年

意義：一處有陡峭山脈和綿延冰河的風景優美地區

動植物誌：巴塔哥尼亞和麥哲倫海峽的熱帶原始森林，有著南方山毛櫸樹和長著山櫸葉的小檗屬；廣闊的多草叢木場；與南安地斯山麓隔離的

林木；此外還有居維葉分類法的絨鼠科，阿根廷灰狐狸和條紋皮仔豬以及大羊駝（屬於南美洲的小駱駝）；有100種鳥類，其中有安地斯山禿鷹和紅嘴急流鴨。

■阿根廷／巴西

第131號　瓜拉尼的耶穌會傳教團

文化遺產：傳教站和保護村的遺址，在巴西有聖米格爾‧米索，在阿根廷有聖伊格納西奧、米尼、聖安娜、努埃斯特拉‧塞諾拉‧羅雷托，和聖馬利亞‧拉‧瑪約爾

所屬洲：美洲

所屬國：阿根廷／巴西

地點：在阿根廷和巴西附近，烏拉圭河的東南部和西北部

列入名錄年份：1983年，1984年擴充

意義：在瓜拉尼地區耶穌會傳教的重要見證

大事記：

1609年　腓力三世准許耶穌會會士在拉‧普拉塔地區從事基督教化

1610年　建立努埃斯特拉、塞諾拉‧洛雷托

1611年　建立聖伊格納西奧‧米尼

1626年　建立聖馬利亞‧瑪約爾

1632年　聖伊格納西奧‧米尼遷至波薩達斯附近

1633年　聖馬利亞‧瑪約爾遷移

1637年　聖安娜最後一次遷移

1715年　聖伊格納西奧‧米尼的興盛時期4000瓜拉尼人受保護

1735年–1745年　聖米格爾‧米索建造耶穌會教堂

1767年　耶穌會會士被驅逐出境

1810年　放棄聖伊格納西奧‧米尼

1817年　聖伊格納西奧‧米尼被毀

1941年　修復聖納伊格納西奧‧米尼

■亞美尼亞

第132號　哈巴特修道院

文化遺產：哈巴特的修道院建築群（Haghbat也寫成「Haghpat」和「Harpat」），建有亞美尼亞建築典型的穿廊–素稱「Gawits」；屬於建築群的有聖十字教堂、格里戈爾教堂、修道院圖書館、隱士使用的馬利亞小教堂（13世紀）、鐘樓和修道院齋堂

所屬洲：亞洲

所屬國：亞美尼亞

地點：哈巴特‧薩納欣的東北

列入名錄年份：1996年

意義：10–13世紀亞美尼亞宗教建築藝術的傑出典範

大事記：

915年　在哈巴特修道院和薩納欣修道院之間修築卡揚城堡

953–977年　建造蘇爾普‧恩山修道院（神聖記號修道院或聖十字修道院）

966–991年　建造聖十字教堂（蘇爾普‧恩山教堂）

972–1118年　亞美尼亞東北的塔席爾小王國

1005–1025年　建造格里戈爾教堂

1211年　產生著名的哈巴特福音傳教

1273年　豎起最著名的十字石「救世主」，表現十字架被拿掉，耶穌在上面的門閂裡升天的情景

至1677年　繼續加固修道院護牆

1988年12月7日　由於地震受到損壞

■衣索比亞

第133號　阿克蘇姆遺跡

文化遺產：「聖城」，所謂約櫃（猶太人保藏刻有摩西十戒兩塊石頭的巨櫃）的收藏地，除了無數刻有浮雕的石碑外，原本有7個頂上鑿空成碗狀的樓層石柱，其中最大的石柱高33公尺，重500噸，但已被打碎；第3大的石柱高23公尺，還矗立在原處

所屬洲：非洲

所屬國：衣索比亞（蒂格雷）

地點：阿克蘇姆‧阿迪斯阿巴巴以北

列入名錄年份：1980年

意義：「衣索比亞文明的搖籃」和王國政治權力的反映

大事記：

西元1世紀　獨立王國阿克蘇姆，使用本國錢幣

4世紀　刻普特基督教得到傳播

7–9世紀　阿克蘇姆王國的重要性減弱，伊斯蘭教得到傳播

17世紀　建造第2座聖馬利亞‧西奧恩教堂

1896年　梅內利亞二世皇帝（1844–1913年）的軍隊戰勝了義大利侵略軍

1905年　德國進行阿克蘇姆考察旅行

1937年　第二大的，高24公尺的樓層石柱被運往羅馬

阿克蘇姆石柱

第134號　阿瓦什河下游河谷

文化遺產：在阿瓦什河下游河谷似沙漠的地形中的發掘地，發現有350萬年前的「露西」已經石化的骨頭碎片，還有316種化石，它們屬於約40種類人猿；阿法爾南方古猿是「類人猿」的科學稱謂，身高約120公分

所屬洲：非洲

所屬國：衣索比亞（威羅）

地點：阿瓦什河下游河谷，衣索比亞的東北部，靠近吉布提邊界

列入名錄年份：1980年

意義：非洲最重要的古生物發掘地之一，也是確定人類進化的源泉

大事記：

約350萬年至170萬年前，類人猿的生活空間

1974年　發掘「露西」

1977年　在衣索比亞內戰中停止挖掘，保護有6000塊原始動物骨頭

1992年　新的科學挖掘

第135號　貢達爾地區的法西爾‧格比

文化遺產：衣索比皇帝法西利達斯和他繼承者的首都法希爾‧格比，城中有宮殿，教堂，修道院，其建築風格是將阿拉伯－－非洲的建築藝術與耶穌會會士的巴洛克風格融為一體

所屬洲：非洲

所屬國：衣索比亞（貢達爾）

地點：貢達爾，阿迪斯阿巴巴

列入名錄年份：1979年

意義：17–18世紀，被一堵900公尺長的牆圍繞的，衣索比亞首都重要建築藝術的見證

大事記：

1632–1667年　在皇帝法西利達斯統治時期，成為衣索比亞首都

1682–1706年　在皇帝伊亞蘇一世統治時期，建造了一個以他命名的城堡

1716–1721年　在皇帝大衛三世統治時期，建造了「歌之屋」－－德巴爾‧格姆普

19世紀中葉　皇帝的首都遷至德布勒‧塔波爾

1881年　遭馬迪叛亂的襲擊

1941年　由於英國空襲，歷史建築遭受損壞

第136號　奧莫河下游河谷

文化遺產：400萬年前一個淤積盆地上南方古猿化石的發掘地，其中有非洲的和布瓦塞南古猿，以及能人和直立人，此外還有一個智人的複製頭蓋骨，被稱為「奧莫一號」

所屬洲：非洲

所屬國：衣索比亞（加莫‧戈法）

地點：衣索比亞的西南部，靠近蘇丹邊境

列入名錄年份：1980年

意義：是填補人類進化研究的重要組成部分

大事記：

400–350萬年前　南方古猿

200–170萬年前　能人

170–70萬年前　直立人

13萬年前　智人

1967–1975年　挖掘各種南方古猿

第137號　西米恩國家公園

自然遺產：位於海拔1900至4620公尺高處，面積為220平方公里的非洲高山國家公園

所屬洲：非洲

所屬國：衣索比亞（貢達爾）

地點：阿迪斯阿貝巴以北

列入名錄年份：1978年

意義：由於火山覆蓋層巨大侵蝕而形成的一種奇特的世界景觀，有1500公尺深的峽谷，是只有在此生活的瓦利亞石羊的生存空間

動植物誌：多至900頭瓦利亞石羊，胸口有典型的「血三角形」的切拉達狒狒，還有山羊，灰色的帶冠潛鴨，冠禿鷲羊，類人猿狐狸；在50種鳥類中有大烏鴉，白頭鴿，胡兀鷹，美麗而又光亮的京鳥科；巨型半邊蓮屬，非洲唯一的野玫瑰品種阿貝西野玫瑰，松樹林，「紅百合」和「金絲桃屬」

第138號　蒂亞浮雕石柱

文化遺產：32根史前的，高達5公尺的浮雕石柱，其涵義至今仍是個謎，刻有浮雕的寶劍和類人猿的形狀作為浮雕裝飾

所屬洲：非洲

所屬國：衣索比亞（西達莫）

地點：蒂亞，位於索多和阿瓦薩之間，在阿迪斯阿貝巴的西南

列入名錄年份：1980年

意義：索多地區160個考古發掘地中最重要的，有浮雕石柱的發掘地，這些石柱都裝飾著很難解譯的象徵物

大事記：

1905年　第一次系統的研究

1926年　發現墳墓

1975年　迄今為止的最後一次探討

第80號　拉里貝拉的岩石教堂

（參見168–169頁）

■澳大利亞

第139號　弗雷澤島

自然遺產：世界上最大的沙島（長123公里，寬5－25尺不等），最高沙丘高達230公尺；40個活水湖，如布曼津湖，其中有些湖的歷史長達30萬年

所屬洲：澳洲／大洋洲

所屬國：澳大利亞（昆士蘭省）

地點：澳大利亞海岸前，布里斯本以北，邦德貝

大堡礁

爾克的東南

列入名錄年份：1992年

命名：按照1836年在島前沉沒的「斯特靈城堡號」船的船長夫人伊麗莎·弗雷澤的名字命名

意義：泥沙淤積作為最近70萬年氣候變化的「記錄」；世界範圍唯一的一處在沙丘上的熱帶原始森林

動植物誌：有南方貝殼杉、南洋杉、蘇鐵網、「Satinay」和「Piccabeen棕櫚樹」，紅樹和各種桉樹，此外還有pilularis桉樹；300多種鳥類，其中有鸚鵡科，此處歐腳的珩鳥屬和澳大利亞蒼鷹，哺乳動物有歐洲野狗；爬行動物有弗雷澤島的石龍子

大事記：

西元前40000－前30000年　阿波里基人（澳大利亞土著居民）首批定居

1802年　馬修·弗林德進行研究旅行

1863年　開始林木砍伐

1870－1873年　對象為土著居民的第一個傳教點

1908年　營造第一個國家森林

1935年　快樂谷以北的「瑪娃諾」沉沒

1971－1976年　開採礦沙

自1971年　島的北部闢為大桑迪國家公園，面積為749平方公里

第140號　大堡礁

自然遺產：由2900多處珊瑚礁和珊瑚島構成的一個迷宮，綿延2000公里海軍公園大堡礁的一部份。

所屬洲：澳洲

所屬國：澳大利亞（昆士蘭省）

地點：澳大利亞東南海岸前艾略特女士島和約克角之間

列入名錄年份：1981年

意義：最近8000年進化階段的突出例證；世界上最大的暗礁系統之一，珊瑚礁種類繁多，千姿百態

動植物誌：大葉藻草地，是屬於海牛和鯨狀海獸的生活空間；比如米迦勒蘇珊瑚礁，它是炭黑湖燕子，褐色鰹鳥，風暴潛鴨和軍艦鳥的孵化地；有4000多種海蝸牛和貝殼，300種珊瑚和15000種魚；是座頭鯨的「分娩站」

第141號　赫德島和麥當勞島（亞南極火山島）

自然遺產：麥當勞島（18平方公里），在赫德島（368平方公里）以西，包括12×1.6　093公里區內的水域；赫德島高達2745公尺（莫森峰），麥當勞島高達230公尺；赫德島80%被冰河所覆蓋

所屬洲：澳洲／大洋州

所屬國：澳大利亞

地點：赫德島和麥當勞倒在南印度洋，凱爾克倫高地距佩斯以南4100公里，南極以北1500公里

列入名錄年份：1997年

意義：南極唯一的一座活火山島，由於缺少非本地的動植物而成為「生態天堂」

動植物誌：赫德島上生長著11種維管束植物和42種苔蘚；麥當勞島上有5種維管束植物和6種苔蘚；赫德島有南方湖象和豹。是凱爾克倫湖熊的

家，而麥當勞島則是南方湖象的家；有34種鳥如金冠企鵝（多至200萬對），在赫德島生活著約佔世界6%的驢企鵝築巢群體，以及3000對南方巨型管鼻鳥，1980年首次發現有孵蛋的信天翁候鳥

第142號　卡卡杜國家公園

自然文化遺產：1987年建成的，具有現在19804平方公里面積的國家公園；其中三分之一歸特魯斯特州卡卡杜土著居民和特魯斯特州亞比魯卡土著居民擁有；在國家公園有7000處發掘地，在那裡發現有1.8萬至2.5萬年前的岩畫；地形成風化特點，有阿納姆峭壁－－一個綿延500多公里的岩層，其中有30至330公尺被損；海濱地區有長距離的河口及473平方公里的淺灘；90%的降雨量集中在11月至4月

所屬洲：澳洲／大洋州

所屬國：澳大利亞（北部領土）

地點：在威德曼和東鱷魚河之間，達爾文市的東南

列入名錄年份：1981年，1987年和1992年擴展

意義：澳大利亞重要的國家公園，有著最近4萬年連續定居的痕跡

動植物誌：發現1600種植物；開闊的桉樹林是佔優勢的植物形式；64種哺乳動物，其中的65種蝙蝠中就有26種是澳大利亞產；受到威脅的動物種

卡卡杜國家公園

類有屬於海牛目的儒艮和澳大利亞幽靈蝙蝠；128種爬行動物，其中有死水獺，頸上有襞狀膜的蜥蜴，假玳瑁和流汗龜鱉以及鱷魚目；274種鳥類，比如裂足鵝、白肚海鵰和Gouldamadine

第143號　霍勳爵群島

自然遺產：1788年在用船只將囚犯從雪梨運往諾福克島時被發現；該群島原本是一個龜甲火山，其中90%已經風化，由Lord　Howe島、海軍島、短尾護島、野兔島、高爾半島、Sail　Rock、Ball金字塔以及、珊瑚礁組成

所屬洲：澳洲／大洋州

所屬國：澳大利亞（新南威爾斯省）

地點：霍勳爵群島，雪梨東北700公里

意義：一種起源於火山的罕見地形，並有著大部分尚未受損的生態系統

動植物誌：241種本地植物，其中105種只生長在這裡，16個罕見植物和受到威脅的植物；當地唯一的哺乳動物是寬翼蝙蝠種類；168種鳥類，其中特殊種和受到威脅的鳥類有Lord　Howe秧雞（約220隻），還有紅尾熱帶鳥的孵化地和頭部色斑鰹鳥最南面的孵化地，此外還有白足鴨、黑翼鴨、黑三角片鴨、風暴潛鴨、白肚燕和海燕、炭黑湖燕和灰湖燕，時而也有寬闊、頑固的灰斑翁鳥科，伯勞烏鴉，珩屬侯鳥。蘚科；100種蜘蛛目，其中50%只有當地產

第144號　馬斯卡里島

自然遺產：馬斯卡里島長34公里，最寬處5公里，是位於海平面下的馬斯卡里山脊的一部分，並作為印度、澳大利亞高原的一部份，自1923年受到保護，此外還有主教、法官和見習修道士小島，以及周圍有暗礁的海面；面積12785平方公里

所屬洲：澳洲／大洋州

所屬國：澳大利亞（塔斯馬尼亞）

地點：馬斯卡里島，塔斯馬尼亞東南南方1500公里

列入名錄年份：1997年

意義：世界唯一的一部份，在這裡，海平面上可見到海底

動植物誌：46種維管束植物和80中苔蘚類植物，此外有41種蘚類和100種海藻，以及135和蘑菇類；有奧爾卡－南方光滑的鯨目和通常的巨頭鯨、南方鴨鯨和居維葉鴨類鯨、南方湖象、澳大利亞和凱爾奎倫的湖熊，奧克蘭群島的湖獅、湖豹；72種鳥類，其中有福克蘭鸕鶿下屬的多至660對孵化鳥，約5000對孵化駝企鵝，多至50萬對孵化山岩企鵝，1500－2000對南方炭黑信天翁，以及漫遊信天翁和黑眉信天翁

第145號　東澳大利亞中部溫帶和亞熱帶雨林保護區

自然遺產：51個分散的雨林區主要位於南新威爾斯省巴靈頓頂和昆士蘭省之間，面積3664.55平方公里；國家公園和自然公園保護區有巴靈頓頂國家公園、多里戈國家公園、班達·班達植物公園、邊緣山脈國家公園、噴泉國家公園和主要山脈國家公園

所屬洲：澳洲／大洋州

所屬國：澳大利亞（新南威爾斯省和昆士蘭省）

地點：在新南威爾斯省和昆士蘭省交界處，塔雷和科弗斯·哈布爾以西，布里斯本的西南

列入名錄年份：1986年，1994年擴充
意義：國際上重要的亞熱帶，熱帶，溫帶和海濱熱帶森林的動植物誌
動植物誌：1625種維管束植物，其中150種僅生長在這裡，在邊緣山脈國家公園有大量最後的「環狀松樹」；哺乳動物如帕爾瑪沙袋鼠、紅頸袋鼠和沼澤袋鼠、灰色大袋鼠、山袋鼠、長尾家兔袋鼠、短嘴刺蝟、澳大利亞矮足有袋目動物、斑尾有袋鼬科、灰頭狐蝠和長翼鞘蝠；270種鳥類，佔所有澳大利亞鳥類的38%，其中有炭黑纖羽貓頭鷹目、褐頭桂竹香鳥、澳洲大白面鴿、金絲鳥、特種黑琴鳥和鏽肚荊棘鳥；45種蛙科

第146號 里弗斯萊和納拉科特化石礦層區

自然遺產：里弗斯萊半乾燥區面積為100平方公里，從漸新世（在1500－2500萬年前）到上新世和更新世，里弗斯萊是世界上最豐富的哺乳動物發掘地之一，化石的發掘是在堅硬的石灰岩裡，絕跡的種類如「袋獅」，和「羽毛尾袋貂」以及「塔斯馬尼亞虎」，由於擁有35種化石蝙蝠，里弗斯萊成了世界上這種動物最豐富的發掘地，這裡也發掘出一種1500萬年前的單孔目動物的殘餘物。納拉科特涼爽的洞穴面積達3平方公里，它形成於500－3600萬年前。洞穴口和落水洞裡有20萬年前的沉積物和骨骸的貯存；化石發掘尤其是在維多利亞洞穴，這是納拉科特洞穴保存公園26個著名洞穴之一。巨大動物群的93種脊椎動物如「澳大利亞巨蟒」和納拉科特Progura；在70平方公尺的所謂「化石室」裡貯存著5000噸骨骸；發掘出5種青蛙，其中的兩種在當地生活著；還發掘出12種蛇，其中的9種還在納拉科特生活
所屬洲：澳洲／大洋洲
所屬國：澳大利亞
地點：里弗斯萊（昆士蘭省），在艾薩山的西北，納拉科特（澳大利亞南部），在阿德代德的東南
列入名錄年份：1994年
意義：世界上最大的化石發掘地之一，以其獨特的方式指出了澳大利亞特種動物群的發展

第147號 沙克灣

自然遺產：總面積21973平方公里，其中10040平方公里屬於自然保護區；其中有貝尼爾和多勒島、扎伊多普自然保護區、沙克灣海軍公園、米亞猴自然保護區，還有大鬚鹽池塘，是藍藻的生存空間，最早指出了地球上的生命形式（35億年！）
所屬洲：澳洲／大洋洲
所屬國：澳大利亞（澳大利亞西部）
地點：沙克灣，在佩特以北，卡納豐以南
列入名錄年份：1991年
意義：是地球史發展重要階段的一個突出的見證，對於保存生物的多樣性來說，具有重要意義的生存空間
動植物誌：有620多種植物，比如有舌葉的刺槐、光澤灌木，以及12種大葉藻，在26種受到威脅的澳大利亞哺乳動物中，有5種生活在貝尼爾和多勒島上，其中有毛刷袋鼠、蓬髮兔袋鼠，屬於長鼻

袋鼠目的布干維爾島的鼻袋獾；有一萬多頭儒艮（屬於長叉尾海牛）和2000－3000頭座頭鯨，以及在米亞猴自然保護區的大海豚，有230多種鳥，比如魚鷹、山鸚鵡、黃胸鳥；將近100種爬行動物和兩棲動物，比如洞穴蜥蜴和短尾巨蜥；在德克·哈托克島和庇隆半島的沙灘有孵蛋的特大龜鱉和假玳瑁

第148號 烏盧魯－卡塔·蒂尤塔國家公園（艾雅斯岩塊和奧爾加山）

自然文化遺產：自1997年闢為國家公園，佔地面積1325.66平方公里，獨塊巨石烏盧魯（圍長9.4公里，高至340公尺）位於烏盧魯－卡塔·蒂尤塔以西，在35平方公里上有36個岩石圓屋頂，其中有奧爾加山（546公尺）對於澳大利亞土著居民來說，有著特別重要的精神意義和文化意義，在烏盧魯還有無數的岩畫和「聖地」
所屬洲：澳洲／大洋洲
所屬國：澳大利亞（北部領土）
地點：烏盧魯－卡塔·蒂尤塔國家公園，阿利斯斯普林斯的西南
列入名錄年份：1987年
意義：國際上一個重要的乾燥系統，有著兩個獨塊巨石烏盧魯和卡塔·蒂尤塔
動植物誌：禾本科植物如香茅spp.，金合歡屬（aneura.kempeana）三齒草，孤獨生長的山岩無花果和桉屬植物（terminalis）以及木麻黃屬（Allocasuarina）；22種本地哺乳動物，如澳洲野狗、紅色大袋鼠、山袋鼠、袋鼴科、三齒蹦鼠科、大家兔－鼻袋鼠、時而有澳大利亞短嘴動物；150種鳥類；爬行動物中有澳大利亞最大的蜥蜴類，有2.5公尺長的巨蜥科，此外還有刺袋鼠和黑頭蟒蛇

第149號 西塔斯馬尼亞國家公園

自然遺產：聖克萊爾搖藍山湖國家公園（自1977年）、富蘭克林下戈爾頓威爾德河（自1981年）、南（自1976年）和耶路撒冷牆（自1982年）、迪弗斯海峽自然保護區、利菲斜坡和馬拉孔帕洞穴、亞當牧場、中部高原、馬波爾高原、扎伊斯峭壁、米恩德和利菲、考古地麥克斯威爾河和瓦加塔·米納，以及洞穴獵物自然保護區牧場和馬斯夸里港口；總面積達13836.40平方公里，高度至1617公尺（奧薩山）；有著19公里長的澳大利亞洞穴系統的出口洞穴，以及深373公尺的澳大利亞最深洞穴安妮－阿－卡南達
所屬洲：澳洲／大洋洲
所屬國：澳大利亞（塔斯馬尼亞）
地點：塔斯馬尼亞的西南，霍巴特以西和女王城以南
列入名錄年份：1982年
意義：澳大利亞現有受保護的最大溫帶自然地形
動植物誌：其中，有屬於南方山毛櫸的「香桃木山毛櫸」，此外還有美洲黃樟和「富蘭克林氏淚柏」，還有桉屬，比如高至90公尺的王桉；27種哺乳動物，比如塔斯馬尼亞的魔鬼，攀袋鼠和厚尾睡眠有袋目動物；有150多種鳥類，比如百萬－管鼻海鳥和燕鸚鵡；11種爬行動物，比如滑蜥蜴類

（Pseudomoia palfeyman）和6種蛙類

第150號 昆士蘭省潮濕的熱帶常雨林

自然遺產：與大堡礁相鄰，面積為8944.20平方公里，由19個國家公園，31處國家森林和一個仿照的托雷斯海峽島「自然保護區」組成，內有278公尺高的瓦拉曼斜坡、戴齊河和布魯姆菲爾德河、苦難角、莫斯曼峽谷、艾瑟頓火山高地連同伊恰姆湖小火山口和巴里內湖小火山口，在貝蘭頓凱爾山的平均年降雨量創9140公釐的記錄
所屬洲：澳洲／大洋洲
所屬國：澳大利亞（昆士蘭省）
地點：在湯維斯爾和庫克城之間
列入名錄年份：1988年
意義：澳大利亞從一個廣闊的潮濕熱帶雨林的殘餘，作為進化的突出範例
動植物誌：1161種較高等植物，比如棕櫚科軸櫚屬（Licuala ramsayi），其中500種植物只生長在這裡；是澳大利亞30%有袋目動物的生存空間，這些動物有麝香貂袋鼠、大滑鼠角袋鼠、寬腳有袋鼠科（Antechinus godmani），斑尾有袋的鼬科；有58%的蝙蝠種類，如管鼻蝙蝠；370多種鳥類，如齒貓鳥、小松鼠和鶴駝

第151號 威蘭德拉海區

自然文化遺產：面積2400平方公里（1995年）是那些在200多萬年前第4紀冰河期形成的系統，四周為沙丘地形，生長耐鹽的禾本科和灌木叢，以及一種長得特別矮小的澳洲油桉，在規定為世界遺產區中有10%作為芒果國家公園受到保護，在這個國家公園有四分之三是芒果湖，還有引起轟動的「中國長城」；6個大的，相互連接的乾海區和14個面積從6至500平方公里不等的較小的乾海區；引起注意的是沉積物的淤積，最古老的沉積物層呈橘紅色，已有5萬多年的歷史；在淤積曾有巨型袋鼠（Procoptodon）和Zygumaturus的發掘

威蘭德拉海區

物：早在3.5萬年至4萬年前，這裡就已是澳大利亞土著居民生活空間；自1864年部分地區用於廣闊的牧場經濟
所屬洲：澳洲／大洋洲
所屬國：澳大利亞（新南威爾斯省）
地點：墨累河流域，新南威爾斯布洛肯高地的東南
列入名錄年份：1981年
意義：地球史發展的一個卓越的範例和人類史前的見證
動植物誌：22種哺乳植物，尤其是各種蝙蝠；40種爬行動物和兩棲動物；137種鳥類

■孟加拉

第152號　清真寺古城巴格拉特

文化遺產：昔日的哈里發城，係土耳其的神聖展示烏盧‧坎尼‧賈汗在恆河與布拉馬普得拉河的河口所建，也許是一個有360座清真寺的城市，因此被19世紀英國史學家托馬斯‧麥考利稱之為「極樂國」，在50多座保存下來的建築物中，人們發現了建在1萬7千平方公尺上的賽特－古姆巴德－清真寺，一些單圓頂的清真寺；拜柏－貝格尼、丘內孔拉和新加；在塔庫爾湖的水庫邊是有著神聖戰士坎尼‧賈汗豪華棺的陵墓，以及有著11個寬圓頂的朗維約普爾清真寺

所屬洲：亞洲

所屬國：孟加拉

地點：在現代的巴格拉特的邊緣和周圍，達卡以南

列入名錄年份：1985年

意義：一座磚建造的清真寺城，作為伊斯蘭高度發達的石建築藝術流派的見證

大事記：

1450年　建造賽特－古姆巴德－清真寺

1459年　建造烏盧‧坎尼‧賈汗的陵墓

1459年10月25日　烏盧‧坎尼‧賈汗逝世

第153號　帕哈普爾佛教寺院遺址

文化遺產：在9萬平方公尺上建造的佛教寺院建築「大月亮城寺院」，每邊長273公尺，是喜馬拉雅山南麓最大的寺院建築；在十字平面圖上（150×100公尺）以磚建方式建在多層攀升的階梯上，並飾以硬陶土製小人像；沿著厚實的磚石牆，排列著177個和尚小室；一個摩訶衍ान佛教的堡壘——所謂「大乘佛教」的堡壘，它是按照以印度教為藍本的佛教形式而建造，其菩薩裝飾別具一格

所屬洲：亞洲

所屬國：孟加拉

地點：帕哈普爾‧巴布納和達卡的西北

列入名錄年份：1985年

意義：在本加倫的摩訶衍那佛教興盛時期石建築的見證

大事記：

約775－812年　帕拉的國王達馬帕拉攝政

約800年　建造80公尺高的寺院

西元12世紀　估計在洪水氾濫之後放棄了該寺院

1923年　發掘工作

1979年　在聯合國教科文組織幫助下建立修復綱領

第154號　桑達班斯的紅樹林

自然遺產：在孟加拉境內延伸的部分，其面積為5950平方公里，其中也有桑達班斯國家公園（1330.10平方公里）桑達班斯的東、西和南部最初於1878年就屬森林保護區，自1977年宣佈為自然保護區；一個世界著名的最大三角洲（8萬平方公里），空氣溼度達80%，在東南亞季風時節有大雨，年平均降水量可達2790公釐

所屬洲：亞洲

所屬國：孟加拉

地點：在恆河，布拉馬普得拉河和梅格納河的三角洲上，靠近印度邊界

列入名錄年份：1997年

意義：世界上最大的紅樹林地區之一

動植物誌：334種植物，其中有紅樹屬，比如銀葉數屬（Heritiera fomes）和土沉香屬（Excoecaria agallocha）；49種哺乳動物，如部分地區已絕跡的印度野牛、還有豬鹿、齒鹿、老虎（估計有多至350隻）、地軸鹿、印度水獺（估計有2萬隻）、野貓、恆河海豚；315種鳥，比如白肚湖鷹和白頭湖鷹；53種爬行動物，其中有鼠蹊鱷魚、巨蜥科、眼鏡王蛇、虎蟒蛇屬和眼鏡蛇；

帕哈普爾

以及120種魚類

■比利時

第155號　布魯塞爾大廣場

文化遺產：Bruxelles Ville，即古城布魯塞爾，它有著主要用巴洛克建築風格建成的大廣場；還有行會的房屋，比如「松梅‧迪克斯，布拉班‧拉‧夏盧佩，奧爾‧勒‧皮熱翁、勒‧魯瓦‧埃斯帕納‧拉‧布魯埃特」等等

所屬洲：歐洲

所屬國：比利時（布魯塞爾地區）

蘭

1549年　卡爾五世皇帝進佔布魯塞爾

1568年　反對西班牙的起義後，腓力二世在大廣場處決了埃格蒙特‧拉莫拉特伯爵和霍恩伯爵

1695年　法國軍隊包圍布魯塞爾，並用炸彈炸毀大廣場

1830年　在一次人民起義後，比利時獲得獨立，從此布魯塞爾成為比利時王國的首都

2000年　布魯塞爾成為歐洲的文化首都

第156號　中央運河的四部升船機

文化遺產：通過4部升船機克服了67公尺的高度

差；新建的升降機斯特雷皮－蒂厄，對於歐洲的航運不再具有意義；只用於旅遊，以此來保存工業考古的遺產

所屬洲：歐洲

所屬國：比利時（瓦洛尼亞地區，海瑞特）

地點：蒂厄，胡登‧埃米利，胡登‧戈格尼斯，在拉‧盧維艾勒以西和蒙斯以東

列入名錄年份：1998年

意義：19世紀晚期工業文明的範例；在比利時從前的8個液壓升船機中，僅有這些升船機保存了下來

大事記：

1871年　決定修建中央運河

1879年　立法修建薩姆布勒－舍爾德通道

1888－1917年　興建中央運河

1978年　創辦中央運河公司，為開發中央運河的旅遊資源，並保存具有歷史意義的升船機

1982年　建造新的升船機斯特雷皮－蒂厄

1992年　置於遺產保護之列

第8號　佛蘭德的半俗尼慈善院

（參見24－25頁）

■貝里斯

第157號　貝里斯大堡礁

自然遺產：巴卡拉‧奇科國家公園，在部分地區有離海岸近暗礁的海軍公園（107平方公里），還有潛水員們所喜愛的，經海洋專家雅斯克斯‧庫斯托而聞名於世的洞穴體系藍洞天然勝地（4.1平方公里）－－它位於燈塔珊瑚礁島以內，以及半月珊瑚礁天然勝地（39平方公里），南方珊瑚礁海軍自然保護區（298平方公里）連同一個9公里長的托巴科礁石；格洛弗暗礁海軍自然保護區（308平方公里）連同一處深至100公尺的珊瑚生長地帶；薩波迪拉珊瑚礁海軍自然保護區（127平方公里）連同14個沙珊瑚島和紅樹珊瑚島

所屬洲：美洲

所屬國：貝里斯

地點：在貝里斯海岸前的7個海洋保護區和國家公園

列入名錄年份：1996年

意義：北半球最大的大堡礁，有幾百個環狀珊瑚島，紅樹林和環礁湖是受威脅種類的生存空間

動植物誌：220種形形色色的魚類，350種軟體動物；巴卡拉‧奇科作為特大龜鱉的「孩子們的家」；半月珊瑚礁是軍艦鳥和紅足鰹鳥的孵化地，南水珊瑚礁是褐色鰹鳥的生存空間

■貝南

第82號　阿波美（達荷美）的國王宮殿

（參見172－173頁）

■玻利維亞

第158號　徹姬塔耶穌會傳教團

文化遺產：幾乎未受損的巴洛克式的耶穌會傳教團和「印地安人的保護村」；聖弗朗西斯科、賈維爾、聖伊格納西奧、維拉斯科、康塞普西翁、聖米格爾、聖拉法埃爾和聖霍塞·徹姬塔

所屬洲：美洲

所屬國：玻利維亞

地點：徹姬塔的耶穌會傳教團，在聖克魯斯的東北

列入名錄年份：1990年

意義：耶穌會在傳教工作過程中，按照理想國度的原則，為印地安的土著居民建立了「保護村」

大事記：

1561年　在聖克魯斯·拉西拉成立一個耶穌會修士會

1669年　聖拉法埃爾出現

1692年　建立聖維爾

1698年　建立聖霍塞

1709年　建立康塞普西翁

1721年　建立聖米格爾

1748年　建立聖伊格納西奧

1749－1752年　建造聖賈維爾教堂

1751年　1600萬印地安人生活在耶穌會的「保護村」裡

1755年　建立聖安娜·維拉斯科

1767年10月13日　遵皇帝令驅逐耶穌會會士

1978－1982年　修復康塞普西翁

1987－1992年　方濟會修士會接收

第159號　埃爾·富埃特·薩麥帕塔

文化遺產：14－16世紀印加的禮儀中心，岩石鑿刻的壁龕和美洲獅或美洲豹的描繪，是安第斯山地區高度發展的一種文化的見證，在西班牙佔領印加帝國後，在這個中心以南建造了一個「城堡」，旨在監督在平地生活的智里古阿諾人

所屬洲：美洲

所屬國：玻利維亞

地點：薩麥帕塔，在拉巴斯的東南，在玻利維亞安第斯山的東側

列入名錄年份：1998年

意義：哥倫布發現新大陸前時期的一個重要的禮儀中心，並有雕刻的沙石岩

大事記：

1438－1471年　在帕恰庫特克·由潘齊統治時期，印加帝國擴張

1493－1525年　在華伊納·卡帕克統治時期，帝國瓜分

1532－1535年　西班牙佔領印加帝國

1992年和1994－1995年　波恩大學民族學者專業調查研究

第160號　古城蘇克雷

文化遺產：殖民地的珠寶和「自由的搖籃」，有16－17世紀建造的教堂聖拉沙羅、聖弗朗西斯科、聖米格爾和聖多明哥、有著文藝復興和巴洛克建

築風格的大教堂、拉利貝塔特屋連帶馬格納教堂前院，從前建於1621年的神學院，以及聖弗朗西斯科、查比爾大學

所屬洲：美洲

所屬國：玻利維亞（兵基薩卡省）

地點：蘇克雷，拉巴斯的東南

列入名錄年份：1991年

意義：玻利維亞從前的首都，作為歐洲與地方建築藝術結合的見證，以及南美獨立運動的象徵

大事記：

1538年9月29日　建造拉普拉塔·維拉居民點，及後來的基屋達德·拉普拉塔·努埃沃·托雷多，位於印地安的查卡斯首都的位置

1552年　主教所在地

1558年　建造拉梅塞德教堂

1559年　奧地恩西亞·查卡斯所在地－－西班牙殖民地中國王最高法庭所在地

1559－1712年　建造大教堂

1601年　成立女修道會拉雷科萊塔

1609年　主教所在地

1665年　建立加爾默羅會白衣修士修道院聖特雷薩

1776年　由於命名布宜諾斯艾利斯為次王國拉普拉塔的首都，而失去重要性

1809年　解散聖弗朗朗斯科修道院

1809年5月25日　在卡薩·拉利貝塔德號召獨立

1825年2月9日　安東尼奧·霍塞·蘇克雷將軍宣佈獨立，成立玻利維亞共和國

1825年8月11日　蘇克雷的維拉·拉普拉特更名

1828年　玻利維亞第3任總統彼德羅·布朗科，在女修道院拉雷科萊塔遇害

自1828年　玻利維亞名義上的首都

1898年　玻利維亞政府遷至拉帕斯

1965年　女修道院拉雷科萊塔宣佈為國家歷史文物

第96號　波托西城及其銀礦

（參見200－201頁）

■巴西

第161號　伊瓜蘇國家公園

自然遺產：伊瓜蘇河與巴拉那河匯合點上的瀑布，四周環繞著巴西熱帶原始森林，面積700平方公里。瀑布經過巴西南部高原高達72公尺，2.7公里寬的瀑布在巴西境內綿延800公尺。自1998年聖凱克薩斯水庫投入使用後，平均水流量從每秒7000立方公尺減少至每秒2300立方公尺，生態系統受到威脅

所屬洲：美洲

所屬國：巴西（巴拉那）

地點：弗斯·伊瓜蘇以東

列入名錄年份：1986年

意義：因國家公園伊瓜蘇（阿根廷）而成為世界上最大、給人印象最深刻的瀑布之一，也是瀕臨滅絕的動物如大水獺的生存空間

動植物誌：90%覆蓋著亞熱帶雨林，在國家公園低地有蕨類植物、石紫杉屬、喜林芋屬、和冬青屬，在較高處則有南洋杉（angustiflia）以及兩種棕櫚樹Euterpe edulis和椰子屬（romanzoffi-

ana）；還有大水獺和拉普拉塔水獺、美洲豹貓、美洲豹、美洲獅、長尾貓；鳥類如大兀鷹，屬於森林尾羽雞種類的solitarius，還有屬於白頭雞和沙庫雞種類的 Pipile jacutinga，以及綠咬鵑；爬行動物如寬口鼻褐色的滑額短吻鱷魚

第162號　奧林達古城

文化遺產：一座古城，其中有大教堂、神恩母親教堂、方濟會修士修道院、施洗者約翰教堂、主教宮殿和里貝拉市集

所屬洲：美洲

所屬國：巴西

地點：奧林達，雷西費以北

列入名錄年份：1982年

意義：從前的製糖中心，作為一顆「巴西巴洛克的珍珠」

大事記：

1537年　建立城市

1550年　耶穌會社定居

1580年　施洗者約翰教堂

1585年　方濟會修士修道院

1592年　神恩母親教堂

1612年　城裡開設1000家製糖廠

1630年　一支荷蘭軍隊襲擊

1631年　城市遭洗劫

1654年　葡萄牙人重新佔領

1678－1823年　主教所在地

1679年　主教宮殿

1710－1711年　奧林達與雷西費之間的內戰

1911年　拆除加爾默羅會白衣修士修道院

1979年　國家歷史文物

第163號　奧羅·普雷托古城

文化遺產：一座殖民地城市，有連同從前的總督宮殿的蒂拉登特斯廣場，在老監獄中的印康費登亞博物館，錢莊（1782年），聖母康塞紹教堂－－一個由阿萊亞丁霍用巴洛克風格建成的傑作，聖母蒙特卡莫教堂和奧羅·普雷托最著名的聖弗朗西斯科·阿西斯教堂，教堂裡有滑石造的佈道壇（1777－1780年）

所屬洲：美洲

所屬國：巴西（米納斯·格賴斯）

地點：奧羅·普雷托，貝洛奧裡藏特的東南

列入名錄年份：1980年

意義：巴西「黃金熱」和「金子時代」的見證

大事記：

1710年　建立維拉·里卡

1727－1760年　馬特里茨·聖母康塞紹

1735－1751年　每年給葡萄牙納金子稅2142公斤的金子

1738－1814年　巴西最傑出的巴洛克風格建築師安東尼奧·弗斯西納科·利斯波阿

奧林達古城

1749－1769年　歌劇院

1789年　處決自由鬥士約阿基姆·霍塞·西爾瓦，他被稱為「蒂拉登特斯」（拔牙者）

1823年　更名為奧羅·普雷托（黑色的金子）

1839年　成立採礦科學院

1889－1897年　米納斯·格賴斯的首都

1969年　成立大學

第164號　聖路易斯·馬臘尼昂歷史古城

文化遺產：聯邦國家馬臘尼昂今日的首都－連同獅子廣場，建在聖路易斯城堡的地基上，有邊塞

大教堂，梅爾策斯咖啡屋和古老的奴隸市場及相連的內格羅博物館

所屬洲：美洲

所屬國：巴西（馬臘尼昂）

地點：聖路易斯，在貝雷姆的東南，阿爾坎塔拉以南

列入名錄年份：1997年

意義：一個17世紀新西班牙殖民地城市的傑出典範

大事記：

奧羅·普雷托

1494年　通過新大陸的托德西拉和約，置於西班牙和葡萄牙的影響範圍之內

1500年　葡萄牙人佩德羅·阿爾瓦雷斯·卡布拉爾，發現了特拉·維拉·克魯斯——今日的巴西

1538年　開始強迫奴隸進入新大陸

1612年　法國人建立城市

1615年　葡萄牙人趕走法國人

1624年　荷蘭入侵今日屬於巴西的領土

1637年　納騷的莫里茨成為南美洲荷蘭領土的總督

1641－1644年　聖路易斯落入荷蘭人手中

1763年　建造大教堂

1771年　由於需償還800萬荷蘭盾，荷蘭人放棄了他們在南美洲的領地

1776年　建造獅子宮殿

1888年　在巴西廢除奴隸

第165號　塞拉·卡皮瓦拉國家公園

文化遺產：國家公園佔地1300平方公里，其中390多個考古發掘地中的260多個都有石器時代的岩畫，描繪狩獵、分娩、舞蹈、祭禮和戰爭，還有一塊原始的帶刺熱帶稀樹草原最後的殘餘，連同奇異的沙石岩層，如托卡·波凱勞·佩德拉·富拉達和拜克紹·埃斯佩蘭薩

所屬洲：美洲

所屬國：巴西（皮奧伊）

地點：巴西利亞的東北和雷西費以西

列入名錄年份：1991年

意義：岩畫是南美洲最古老的一種文化的突出見證

大事記：

西元前21000－前15000年　第一批岩畫

約西元前10000年　岩畫繼續傳播

西元前8000－前4000年　由於氣候變化，出現了帶刺熱帶稀樹草地

約西元前4900年　第一批陶器

至西元前4000年　可證實的人類的定居

1970年　首次系統的研究工作

自1996年　採取措施來保存由於昆蟲蛀和風化而受損的岩畫

第166號　康貢哈斯的「好耶穌」聖地教堂

文化遺產：聖地教堂，有美妙的大門設計；12個真人一般大小的，滑石雕刻的預言者，朝聖路上6個基督受難點，其中有最後的晚餐和耶穌上十字架，由安東尼奧·弗朗西斯科·利斯波阿——即「阿萊亞丁霍」製作

所屬洲：美洲

所屬國：巴西

地點：康貢哈斯·卡姆波，貝羅奧里藏特以南

列入名錄年份：1985年

意義：巴西巴洛克和洛可可建築風格的傑作

大事記：

1757－1771年　建造聖地教堂

1796－1805年　基督受難記的人物像完成

1808－1818年　為基督受難記人物建造6個小教堂

第94號　薩爾瓦多舊城

（參見196－197頁）

第95號　巴西利亞

（參見198－199頁）

■保加利亞

第167號　波亞納（索非亞）教堂

文化遺產：10－13世紀的教堂建築，其中有聖尼古勞斯小教堂和聖潘特萊蒙小教堂；除了像在拜占庭壁畫中所表現的描繪「基督在神廟與猶太教經師談話」這種罕見的宗教情景以外，也還有沙皇君士坦丁·阿森和皇后伊琳娜（1257－1277年）以及幼發雷米烏斯修士的畫像

所屬洲：歐洲

所屬國：保加利亞

地點：波亞納，在索非亞邊上

列入名錄年份：1979年

意義：中世紀極其重要的濕壁畫之一，是舊保加利亞繪畫最重要的見證

大事記：

波亞納教堂

西元10－11世紀　最古老的教堂部分

1259年　在沙皇君士坦丁·阿森和總督塞巴斯托克拉托爾·卡洛揚攝政時期，用繪畫裝飾教堂內部

1882年　擴建並建造鐘塔

第168號　伊萬諾沃山岩教堂

文化遺產：裝飾有13－14世紀濕壁畫的小教堂，教堂和修士小室；施洗者約翰教堂和戈斯波德弗洞穴教堂（主人的山谷）；有表現聖格拉西姆生活的繪畫以及古希臘羅馬時期文化的題材，屬於此種題材的有裸體女像柱，在獅身上豎立的柱子和面具

所屬洲：歐洲

所屬國：保加利亞

地點：伊萬諾沃，在魯塞以南，魯森斯基·洛姆山谷

列入名錄年份：1979年

意義：中世紀豐富的僧侶文化和著名的「塔諾福學派」高度文明的典範

大事記：

1218－1241年　沙皇伊凡·阿森二世攝政，可能「建造」施洗者約翰教堂

1331－1371年　沙皇伊凡·亞歷山大統治，修建其他的洞穴教堂

第169號　卡贊勒克的色雷斯人墓穴

文化遺產：在保加利亞發掘出來的13個色雷斯人的圓頂墓穴之一，一個最高處為3.25公尺，直徑為2.65公尺的停屍房，一條長2公尺，寬1.2公尺的通道（德羅莫斯），以及一個前廳；濕壁畫作為有價值的提示，展示了色雷斯人的生活方式和武器軍械；其中飾有圓形雕花的戰車3輛，盛大告別宴會畫飾以60公分高的圓形雕花

所屬洲：歐洲

所屬國：保加利亞

地點：卡贊勒克（尤貝托丘陵）

列入名錄年份：1979年

意義：古希臘文化時期墓葬文化的重要證明

大事記：

西元前341年　在菲利普二世率領下入侵

西元前4世紀末　墓穴大石碑A301被發現

1944年　發現墓穴

1975年　仿造修建一個墓穴

第170號　馬達臘騎士浮雕

文化遺產：在100公尺高的岩壁上，作為「保加利亞歷史聖像」的中世紀早期岩石浮雕，高達23公尺；2.85公尺高的騎士像可能是統帥坎．特費爾

所屬洲：歐洲

所屬國：保加利亞

地點：馬達臘高地，保加利亞東北部，舒門之東南

列入名錄年份：1979年

意義：保加利亞第一帝國流傳下來的最古老的歷史「文獻」

大事記：

681年　保加利亞第一帝國成立

701-718年　坎．特費爾攝政時期，岩石浮雕產生時期

814-1831年　坎．奧姆塔克攝政時期，岩石浮雕出現最新碑文

馬達臘騎士

第171號　皮林國家公園

自然遺產：1963年在皮林山脈的北部建造了菲赫倫國家公園，1967年擴建後改名為皮林國家公園，1987年繼續擴大公園佔地面積。自1979年以來，公園內部有巴埃菲．杜普基－金基里奈自然保護區，佔地400.6平方公里，海拔2915公尺（菲赫倫）；嵌有花崗岩和板岩的石灰石岩層，有70多個冰河時期的湖泊

所屬洲：歐洲

所屬國：保加利亞

地點：拉茨羅格和班斯科之西南，位於梅斯塔和斯特魯馬山谷

列入名錄年份：1983年

意義：歐洲冰河時期的一個遺物，石灰石岩層有極其豐富的植物種類

動植物誌：混合針葉林，其中有只生長在此地的

魯梅利松樹，此外還有奧地利黑松，歐洲赤松和挪威雲杉，銀樅和紅山毛櫸樹；在亞高山帶生長西伯利亞的歐洲刺柏，2400公尺以上是高山牧場；所有錄入保加利亞「紅色目錄」的植物中，有20%的植物可以在國家公園被找到，動物世界則有褐熊、灰狼、獾、野貓、水獺、樹貂和石貂，以及歐洲的雞貂；鳥類有啄木鳥、貓頭鷹、黑啄木鳥和三爪啄木鳥

第172號　里拉修道院

文化遺產：原本是建於西元10世紀的修道院，臨近建於19世紀的現在的修道院，在聖母誕生教堂裡，有珍貴的壁畫，繪有耶穌門徒，殉難者和花卉裝飾；圖書館藏書16000冊，有15-19世紀的原稿

所屬洲：歐洲

所屬國：保加利亞

地點：里拉以東，索非亞以南

列入名錄年份：1983年

意義：聖伊凡．里爾斯基的遺骨（876-946年）和斯洛文尼亞人一致性的象徵

大事記：

10世紀　伊凡．里爾斯基（里拉的約翰內斯）建造隱居者的住所

14世紀　由於山崩地陷，修道院被損毀

1335年　修建高為25公尺的堡壘塔樓

1343年　建造教堂

1469年　伊凡．里爾斯基的遺骨轉送至修道院

1816年　開始建造三側翼修道院

1833年　修道院毀於一場火災

1834-1837年　重建修道院，並建造聖母誕生教堂（斯費塔．波戈羅迪察）

1840-1848年　聖母誕生教堂壁畫

1961年　成為國家紀念館

第173號　斯雷巴納生物圈動物自然保護區

自然遺產：自1948年為自然保護區，有6平方公里的淡水湖，1978年以來經一條運河將這淡水湖與多瑙河連接了起來；由於修築了堤壩，因此能夠繼續抵禦季節性的洪水，1992年被列入瀕危世界遺產的「紅色目錄」

所屬洲：歐洲

所屬國：保加利亞（錫利斯特拉省）

皮林國家公園

地點：多瑙河下游，錫利斯特拉以南

列入名錄年份：1983年

意義：歐洲部分受到威脅的鳥類的重要孵化地區以及80種候鳥的冬季棲息地

動植物誌：自然保護區的2/3發生長蘆葦的沼澤地所覆蓋，有180種鳥類，是保加利亞現有鳥類的一半，其中包括80種候鳥；生存受到嚴重威脅的大約有50-100對卷毛鵜鶘；是10-15對白鷺在保加利亞唯一築巢的地區，5對其他的鷺科鳥有多至1000個築巢地區；50-500對褐色的彩鸛鳥，還有10對琵鷺其他種類的鳥還有矮鸕鷀科、沼澤鴨和棒鴨，3種歐洲海鷗中的兩種海鷗如悲哀海鷗和白鬚海鷗；冬季有藍頭鵝和紅頸鵝

第174號　斯韋施塔里的色雷斯人墓穴

文化遺產：由許多小間組成的「永恆的屋子」和給人深刻印象的雕刻裝飾

所屬洲：歐洲

所屬國：保加利亞

地點：錫利斯特拉之西南

列入名錄年份：1983年

意義：色雷斯人墓葬文化的重要證明

大事記：

西元前3世紀上半葉　建造墓穴小室

1982年　考古研究

第49號　古城內塞柏爾

（參見106-107頁）

■智利

第175號　國家公園拉帕．努伊（復活節島）

文化遺產：素稱「Te Pito O Te Henua」，意思為「世界之臍」的復活節島和帕拉．努伊（大島）；在排列整齊的海邊石座上有所謂的半身人面石

像，比如有特．皮托．庫拉石座、胡里．阿．烏倫加石座和阿基菲石座，最大的巨像有20.9公尺高；254個石座以及將近1000尊石像重達240噸，此外還有4000多個岩石刻鑿的鳥人形象

所屬洲：美洲

所屬國：智利

地點：帕拉．努伊（復活節島），距南美洲海岸（智利）大約3800公里

列入名錄年份：1995年

意義：波里尼西亞文化獨特的石製藝術品的見證

大事記：

約380年　波里尼西亞人定居

1722年　荷蘭船長雅各布．羅格蘇從遠處望見島嶼

1770年　西班牙考察隊考察

1774年　詹姆士．柯克船長登上島嶼

1786年　法國考察隊登上島嶼

1862年　祕魯船隊登上島嶼，使約1000名居民成為奴隸

1864年　在所謂「會說話的木板」上，「發現」了20世紀前海洋唯一的書面語言

1888年　被智利兼併

1934-1935年　法國－比利時考察隊考察，並將一尊石像運至歡呼公園博物館（比利時）

1955-1956年　托爾．海爾達爾率領的挪威考古考察隊

1986年　挪威孔蒂基博物館考察旅行

■中國

第176號　承德避暑山莊－－外八廟

文化遺產：在過去的熱河，即今日的承德，坐落著一組金碧輝煌的喇嘛廟，如「溥仁寺」、「普佑寺」、「普樂寺」以及清朝統治者的皇家園林－－避暑山莊，山莊有清時七大藏書閣之一的文津閣，這是昔日皇帝的圖書館，藏書達36000多卷

所屬洲：亞洲

所屬國：中國

地點：河北承德，北京東北

列入名錄年份：1994年

意義：中國封建社會晚期的歷史見證

大事記：

1662-1722年　康熙皇帝在位

1703-1709年　建造避暑山莊

1713-1780年　建造外八廟

1723-1736年　雍正皇帝在位

1736-1796年　乾隆皇帝在位

1764年　建造「安遠廟」

1767-1771年　建造「小金山寺」

1775年　建造「普寧寺」，即「大佛寺」

1820年　嘉慶皇帝（清．仁宗）在熱河（承德）被閃電擊死

1840-1842年　第一次鴉片戰爭

1850-1864年　太平天國運動

1856-1860年　第二次鴉片戰爭

1860年　咸豐皇帝（清文宗）從北京逃往承德

第177號　黃龍風景名勝區

自然遺產：綿延3600公尺的黃龍溝為喀斯特地貌，石灰岩灘長1300公尺，寬40－125公尺，黃龍風景名勝區佔地600平方公里，其中580平方公里以置於保護之列，從海拔1700公尺（山梓洞）到5588公尺（雪山寶頂峰）被中國最東部的冰河所覆蓋

所屬洲：亞洲

所屬國：中國

萬里長城

地點：四川岷山以南，成都西北部

列入名錄年份：1992年

意義：石灰岩溶景觀令人嘆為觀止，珍稀動物大熊貓和金絲猴的家鄉

動植物誌：65.8%覆蓋著森林，海拔1700－2300公尺生長雲杉、中國鐵杉和父親－大節－槭樹，海拔2300－3600公尺生長威爾松雲杉和西藏的針葉樹，3600－4200公尺出現高山草原，海拔4800公尺以上終年冰雪覆蓋，已知的杜鵑花有16種，此外還有一級保護植物，比如盧山厚朴、以及大熊貓的重要飼料作物箭竹；59種哺乳動物，比如大熊貓、狗熊、西方的貓熊、四川野牛、紅狗、鬣羚、斑羚和野綿羊；有155種鳥，比如綠尾紅雉

第178號　黃山

自然文化遺產：黃山1982年被列為國家重點風景名勝區，佔地154平方公里，從盛唐到晚清的1200年間，讚美黃山的詩文多達兩萬多篇，黃山是中國古典名勝的象徵，在唐朝曾進行過747次命名儀式，在元朝（1271－1368年）曾建造了64座廟宇

所屬洲：亞洲

所屬國：中國

地點：安徽省南部，上海和南京的西南

列入名錄年份：1990年

意義：黃山的神奇美景令人叫絕，並且有著極其豐富的文化內涵

動植物誌：海拔800公尺以下的森林，主要生長馬尾松；在較高的地形上生長著黃山松，還有青剛櫟、斑葉銀杏和櫟屬植物。黃山自然分布的植物有1450種，其中古樹名木有華東黃杉和木蓮樹，瀕臨絕滅的植物有列當、旋я花屬、椴樹、木斛和黃連。哺乳動物48種，比如雲豹、黑鹿、鬣羚、獼猴、印度靈貓和中國獐；有鳥類170種，比如黑嘴鶴；此外還有爬行類38種兩棲類20種和魚類24種

第179號　九寨溝風景名勝區

自然遺產：從海拔2140公尺（槽谷）到4558公尺（懸谷），佔地720平方公里，由於交通不方便，直到幾十年前，仍無人涉足其間；風景奇美的是「拾級而下的瀑布」，比如樹正瀑布、諾日朗瀑布以及令人讚嘆不已的瀑布－－呈三級階梯78公尺長的高瀑布，和310公尺寬的「水簾」珍珠灘瀑布；1982年建立自然風景區

所屬洲：亞洲

所屬國：中國

地點：四川黃龍風景名勝區以北（成都的西北）

列入名錄年份：1992年

意義：令人嘆為觀止的喀斯特地貌，國家一級保護動物大熊貓和四川野牛的家鄉

動植物誌：300平方公里的原始森林，92種植物因其稀有珍貴，或是在傳統醫學中的使用，而具有特別重要的意義；海拔2000－4000公尺處生長著15種杜鵑花，還有作為大熊貓重要飼料的箭竹，哺乳動物如金絲猴、斑羚、鬣羚、以及白唇鹿；141種鳥類，如綠尾紅雉、藍馬雞

第180號　拉薩布達拉宮

文化遺產：主體建築紅宮和白宮座落在海拔3700公尺拉薩山谷的中央，自西元7世紀到1959年西藏民主改革，這裡是歷代達賴喇嘛的冬宮：紅宮居中，白宮橫貫兩翼；白宮有主殿東大殿，紅宮有靈塔殿，「不滅俱樂殿」，「殊勝三地殿」，以及十三世達賴喇嘛（1876－1933年）的靈塔，卡拉查克拉殿和「大昭寺」

所屬洲：亞洲

所屬國：中國

地點：西藏拉薩

列入名錄年份：1994年

意義：藏傳佛教的象徵

大事記：

630－650年　藏王松贊甘布統治時期，在拉薩的紅山上建造第一座宮殿

1645年　在五世達賴喇嘛（1617－1682年）統治時期，開始建造現在的宮殿

1648年　白宮建成

1694年　紅宮建成

1792年　尼泊爾的廓爾喀人入侵西藏

1951年　中共解放西藏

1965年　西藏自治區成立

第181號　麗江古城

文化遺產：雲南省麗江縣境內的古城，有「遠東威尼斯」之稱，位於海拔2600公尺的高地上，與玉龍雪山遙相呼應，城中有清澈的泉水通過，小路和街道縱橫交錯，是納西族的中心，城內有「五彩石」建造的民居和院落

所屬洲：亞洲

所屬國：中國

地點：雲南麗江，大理的北部，拉薩的東南部

列入名錄年份：1997年

意義：幾百年來多種文化影響融為一體的、綜合的、歷史的優雅建築

大事記：

1127－1279年　城市的建造與擴建

1253年　忽必烈佔領雲南，在麗江逗留

1271－1368年　有約1000戶人家的城市

自1996年　在一次地震後修復古城

第182號　盧山風景名勝區

文化遺產：「避署山」，主峰漢陽峰海拔1474公尺，「仙人洞」和「東林寺」被認為是「淨土宗」的誕生地，是精神的和藝術的靈感之地；盧山也是聰明泉、白鹿洞書院的發源地，在海會寺圖書館收藏著趙之昂寫的佛經副本

所屬洲：亞洲

所屬國：中國

地點：江西。位於鄱陽湖畔，九江以南，南昌以北

列入名錄年份：1996年

意義：中國重要的精神中心之一

大事記：

西元前11世紀　據傳說故事，匡家七兄弟在盧山定居

西元前145年－西元前90年　史學家司馬遷記載，首次提及盧山

自4世紀　佛教和尚重要的避難所

365－427年　西晉著名詩人陶淵明

381年　慧遠和尚（333－416年）建造東林寺

688－763年　鑒真和尚在「東林寺」掛單

701－762年　詩人李白（李太白）

972年　建立白鹿洞書院

1030－1200年　哲學家朱熹

1037－1101年　詩人蘇東坡

1044年　建造西林塔

1618年　建造海會寺以及圖書館

第183號　敦煌莫高窟

文化遺產：莫高窟位於絲綢之路附近一條1.6公里長的峭壁上，現存石窟492洞，壁畫4.5萬平方公尺，以及從10公分到33公尺大小不等的彩塑2400尊；中部壁畫除千佛外，主要畫佛傳故事，本生故事和因緣故事

所屬洲：亞洲

所屬國：中國

地點：甘肅敦煌市東南鳴沙山東麓斷崖上

列入名錄年份：1987年

意義：佛教藝術寶庫

大事記：

西元前206－220年　在漢代，敦煌是絲綢之路上重要的綠洲城

西元前117年　在敦煌建立軍事司令部

自西元68年　證明了在中國的要地有佛教存在

361年　建造第一個洞窟

444年　佛教成為國教

618－907年　唐代為莫高窟全盛時期

1036－1227年　喇嘛教在西夏傳播

1899年　重新發現莫高窟

1900年　第一次修建和發現30000份經文的手稿，其中有1036份收藏在一個用牆堵塞的壁龕裡

第184號　北京天壇

文化遺產：位於一個面積為273平方公里的公園內，天壇是世界上最大的祭天建築群，有「祈年殿」、「櫺星門」、「皇穹宇」，還有350公尺長的露台「丹陛橋」、「齋宮」和天壇。天壇的建築以數字「九」為特點，同樣，平台、階梯和欄杆的石板數也是如此

所屬洲：亞洲

所屬國：中國

地點：北京東南
列入名錄年份：1998年
意義：天地關係的象徵以及皇帝在這關係中的重要性
大事記：
1406年　開始建造故宮
1420年　建成「祈年殿」
1530年　建造天壇，也稱為「圜丘」
1749年　天壇的修繕
1889年　在一次雷擊破壞後，重建38公尺高的木結構的「祈年殿」

第185號　明、清故宮

文化遺產：故宮又名「紫禁城」，是500年來明、清兩代24位皇帝的皇宮，象徵紫禁城權力中心的三大殿是「太和殿」、「中和殿」和「保和殿」，其他的建築，如午門是故宮的正門，英武殿曾是接待女官的大廳，「乾清宮」和「交泰殿」是明代皇后的宮殿
所屬洲：亞洲
所屬國：中國
地點：北京
列入名錄年份：1987年
意義：明、清極有價值的古典宮廷建築群的見證
大事記：
1368－1644年　明朝
1407－1420年　故宮的擴建
1420年　建造午門，明成祖朱棣即位
1644－1911年　清朝，定都北京
1723－1726年　「養心殿」是清雍正皇帝的居室
1731年　建造「齋宮」
1798年　改建「乾清宮」今日所見的「乾清宮」為當時所建
1901年　義和團團民大批入京，控制了北京；八國聯軍攻佔北京
1928年6月28日　北京改名北平
1949年　中華人民共和國成立，首都北京

第186號　頤和園

文化遺產：頤和園初稱清漪園，主要由萬壽山和昆明湖兩部分組成，是中國現存規模最大、保存最完整的皇家園林，有十七孔橋、聽鸝館、佛香閣、仁壽殿、排雲殿和長生殿
所屬洲：亞洲
所屬國：中國
地點：位於北京市中心的西北
列入名錄年份：1998年
意義：是中國風景和園林建築藝術與丘陵地區融為一體的傑作
大事記：
1153年　金朝時，開始建造
1765年　清朝時建成，皇家園林頤和園佔地面積總達0.24平方公里
1860年　英法聯軍火燒圓明園時，同遭嚴重破壞
1888年　重建頤和園
1900－1901年　頤和園又遭八國聯軍洗劫
1902年　修復頤和園

第187號　平遙古城

文化遺產：自秦朝以來就存在，明、清時代的古建築多達3800座；從14世紀到19世紀，尤其是在光緒皇帝統治時，古城成為重要的商業中心，有15個大市場以及分布在全國各地的錢莊，比如日盛倉
所屬洲：亞洲
所屬國：中國
地點：山西平遙，太原西南
列入名錄年份：1997年
意義：秦朝集權制的城市綜合建設的範例
大事記：
西元前221－前206年　秦朝
西元前206－220年　漢朝
220－265年　三國、魏
265－420年　晉朝
1368－1644年　明朝
1370年　古城城牆擴建
1644－1911年　清朝
1875－1908年　光緒皇帝在位

第188號　秦始皇陵兵馬俑

文化遺產：象徵著秦始皇陵園衛戍軍的兵馬俑，是秦始皇陵東側的一個大型陪葬坑。三個俑坑共埋葬有7000餘件兵馬陶俑，軍隊由戰車、執矛、箭的鎧甲俑組成；陶俑按照將軍到跪著的弓箭手八個不同的級別和職務排列，按照當時的兵陣編組，陣容浩蕩，氣勢磅礡；俑坑中央是一個金字塔似的墳墓，是世界中心的象徵
所屬洲：亞洲
所屬國：中國
地點：陝西臨潼附近，西安的東北
列入名錄年份：1987年
意義：有著精美絕倫的陶俑藝術的皇帝墓葬
大事記：
西元前259－西元前210年　嬴政，後來的秦始皇
西元前246年　嬴政繼位
西元前238年　嬴政22歲親政
西元前221年　秦王嬴政滅六國，統一中國，稱「中國始皇帝」
西元前206年　農民起義，秦朝滅亡
約西元前145－西元前86年　歷史學家司馬遷記載了秦始皇墓葬的窮弊極侈
1974－1975年　考古工作者發現了秦始皇的三個兵馬俑坑
1976年　發現了一個由少量戰車和步兵組成的兵馬俑，佔地6000平方公尺
1977年　秦陵兵馬俑二號坑發掘有562件陶俑步兵、116匹陶馬和陶俑騎兵，以及陪伴戰車的261個兵俑，同一年又發掘出面積為520平方公尺的三號坑，以及68身陶製塑像

第189號　峨眉山－樂山大佛風景名勝區

文化自然遺產：自1982年為風景和自然保護區，這裡是瀕臨滅絕植物的保護區，如23種杜鵑花、高達20公尺的光葉珙桐、以及日本連香樹、獨葉草、以及屬於三葉植物的延齡草；峨眉山主峰金頂海拔3099公尺，山間建有「報國寺」、「萬年寺」、以及重60噸的銅鑄普賢騎象座像（西元982年），有「雷音寺」、「千佛廟」、「洗象池」；還有高71公尺的世界最大石佛「樂山大佛」（西元713－803年）

所屬洲：亞洲
所屬國：中國
地點：四川，峨眉山屹立在峨眉山西南；樂山大佛地處樂山縣城東，在岷江、青衣江、大渡河三江匯合的凌雲山上

秦始皇陵兵馬俑

列入名錄年份：1996年

意義：中國佛教勝地

動植物誌：有五個植物區，此外海拔1500公尺生長常綠的熱帶原始森林，海拔2800公尺以上是高山針葉林；有3200種植物，其中31種屬於保護之列；有1600種藥用植物，其中屬於胡椒類的峨眉胡椒，和一種樺屬植物只生長在峨眉山；有2300種動物，其中157種國家一級保護動物，比如鼯羚、大熊貓、黑熊和中國巨型蠑螈科

第190號　泰山風景區

文化自然遺產：中國五嶽之首，是佛、道兩教之地，也是道教名山；「岱廟」，又稱泰廟，位於泰山南麓；岱廟主殿「天貺殿」高22公尺、寬49公尺，與北京故宮的太和殿和曲阜孔廟的大成殿並稱為中國三大著名的宮殿式建築。登泰山至「日觀峰」共有9000公尺，上山道共計6293級石階，有石碑819個，碑文100餘處；以及「紅門宮」、「白騾冢」、馮玉祥墓、「普照寺」、「斗母宮」、中天門、「碧霞祠」和玉皇頂

所屬洲：亞洲

所屬國：中國

地點：山東泰安市以北

列入名錄年份：1987年

意義：幾千年來，歷代帝王都要到泰山（1524公尺）朝拜

大事記：

西元前4世紀－西元前3世紀　老子創立道教

西元前219年　秦始皇遊泰山

西元前140－西元前87年　漢武帝五次祭祀泰山

725年　相傳唐玄宗所騎的白騾死後，葬在「白騾冢」

1009年　建造泰廟的主殿

1264年　建造南天門

1560年　建造岱宗坊－－泰山之門戶

1619年　建造「萬仙樓」

1717年　建造第一個天門

1759年　皇帝首次在「碧霞祠」舉行一年一度的祭祀

第191號　武當山

文化遺產：方圓400公里，有72峰的武當山，是中國道教第一名山，這或許可以追溯到「大師」老子的「存在說」；武當山有129個道教宮，比如5.5公尺高的金殿、「紫霄宮」、「南崖宮」、「遇真宮」和「太和宮」

所屬洲：亞洲

所屬國：中國

地點：湖北武漢的西北，十堰附近

列入名錄年份：1994年

意義：元、明、清朝時，道教獨特的藝術和建築藝術

大事記：

西元前4－西元前3世紀　道教的產生

1368年　自明朝起武當山開始了鼎盛時期

1413年　建造「紫霄宮」和「南崖宮」

1416年　建造金殿和「太和宮」

1417年　建造遇真宮

1522年　建造玄岳門

第192號　武陵源風景區

自然遺產：武陵源風景區面積264平方公里，有3000餘處沙岩峰林，其中有的高達200公尺；沿著索溪有40個鐘乳石洞，順索溪東流而下，溪北有10公里長的黃龍洞，是中國最長的洞穴；以及一道高50公尺的瀑布，還有兩座天然的橋：一座是

曲阜

飛架在長26公尺、寬1.5－1.8公尺、高1－2公尺的峽谷上的長達100公尺的「仙人橋」，另一座是海拔357公尺的「天橋升空」，橋長40公尺、寬10公尺、高15公尺，這是世界上最高的天然橋

所屬洲：亞洲

所屬國：中國

地點：湖南長沙西北

列入名錄年份：1992年

意義：大量石英沙岩峰林形成獨特的地貌層岩

動植物誌：有3000餘種植物，海拔700公尺以下槭屬、櫟屬如青岡、楨南，海拔700－950公尺有綿周、中國紫杉，海拔950公尺以上有椴橡樹、軟條七，海拔1000公尺以上有巴山松；有34中哺乳動物，如紅狗、黑熊、霧豹；有12種兩棲動物，如蠑螈科；以及17種爬行動物和53種鳥類

第193號　周口店「北京人」遺址

文化遺產：發現中國猿人北京人的遺骨

所屬洲：亞洲

所屬國：中國

地點：北京周口店，北京西南

列入名錄年份：1987年

意義：進化中一個重要里程碑

大事記：

430000－240000年前　中國猿人

1918年　瑞典地質學家約翰·古納·安德森到周口店「雞骨山」考察旅行

1921年　安德森和奧地利古代史研究者奧托·茨丹斯基考察龍骨山

1928年　在洛克菲勒基金會資助下，繼續研究出土文物

1929年　發現了一個類人猿完整的頭蓋骨

1933－1934年　發現生活在12000－27000年前的山頂洞人的遺骨

1941年　遺骨在運往美國途中失蹤

第112號　萬里長城

（參見232－233頁）

第113號　曲阜孔廟、孔府、孔林

（參見234－235頁）

第114號　蘇州園林

（參見236－237頁）

■哥斯大黎加

第194號　科科斯島國家公園

自然遺產：海洋保護區997平方公里，島嶼面積24平方公里，是東太平洋唯一生長潮濕熱帶原始森林的地方。它位於從加拉巴戈島至中美洲綿延的火山科科斯山的中心；1684-1821年期間曾經是傳奇的寶島和海盜島－這是與威廉·戴維斯、威廉·托姆普松和貝尼托·波尼托等名字聯繫在一起的。估計自1821年後成為利馬教堂藏寶處。1871-1874年被當作監獄島

所屬洲：美洲

所屬國：哥斯大黎加

地點：彭塔雷納斯的西南

列入名錄年份：1997年

意義：一個研究東太平洋生物發展的理想實驗室

動植物誌：87種鳥類，其中有「科科斯島布穀鳥」，也有紅足鰹鳥和褐色鰹鳥，軍艦鳥以及諾底海的海燕，兩種只在這個島上安家的爬行動物如圓指壁虎科太平洋圓指壁虎；57種有外殼動物和500多種軟體動物，305種魚類，其中有錘頭雙髻鯊、鯨鯊和蝠鱝，有32種珊瑚的珊瑚礁；由於1982-1983埃爾·尼諾的出現，珊瑚蟲綱的90%滅絕，還有362種昆蟲，其中蜘蛛類有Wendilgarda galapagensis；年降雨量為7000公釐。熱帶原始森林植物中的70%只生長在這個島上，其中有Huriki和蚊樹（pittieri）

■哥斯大黎加／巴拿馬

第195號　塔拉曼卡自然保護區和拉米斯塔德國家公園

自然文化遺產：國家公園裡有塔拉曼卡山脈、拉米斯塔德、塔潘蒂、巴爾比拉和奇里波，自然保護區西圖亞·塞雷勒、保護區拉斯塔布拉斯以及

蘇州

森林保護區里奧·馬丘。自1979年成為一個國際自然保護區，總面積5678.45平方公里，最高峰是3820公尺的塞羅·奇里波峰；90％為原始森林，世界上所有生活在陸地上的動物其中有4％也在這邊出現。在巴魯火山附近有12000年歷史的遺址發掘地。此外通過動物和人形的金色圖畫，以及裝飾品及石柱，都表明了在過去3000年裡，一種哥倫布發現美洲前的文化發展記錄

所屬洲：美洲

所屬國：哥斯大黎加／巴拿馬（蒙利、彭塔雷納斯、聖荷西和卡塔哥省）

地點：在科迪勒拉山系的塔拉曼卡山脈、在拉斯武埃爾塔斯、卡爾塔哥和埃坎地山脈之間

列入名錄年份：1983年，1990年擴充

意義：南、北美洲動植物的「融合」

動植物誌：對於中美洲唯一的低地森林、山脈森林和熱帶霧林，但也有亞高山地帶的高山稀疏草地；約有9000種植物，其中900種蘚類植物和1000種蕨類植物；20種爬蟲動物和兩棲動物，13種哺乳動物，如美洲獅、美洲豹貓、美洲山貓、美洲豹和杰弗黑蛛猴屬，以及15種鳥類，如克沙爾鳥、大冗鷲、世界上最強的鷹科和招脖鷹

■象牙海岸

第196號　科莫埃國家公園

自然遺產：原是布納·科莫埃動物保護區，自1968年闢為國家公園，占地11492.5平方公里，海拔119～658公尺（耶韋萊山），還有侵蝕平原和花崗岩的島山，科莫埃流經國家公園達230多公里

所屬洲：非洲

所屬國：象牙海岸

地點：布納的西南和阿比德讓以北

列入名錄年份：1983年

意義：西非最大的自然保護區之一

動植物誌：90％ 是潮濕的和乾燥的熱帶稀樹草原，以及10％ 的熱帶草原沿河森林帶和乾燥森林，森林中出現的植物種類有非洲的Afzelia和

Isoberlinia doka，在熱帶稀樹草原有風車子屬須芒草屬和羊蹄甲，屬於受到威脅的植物如埃塞俄比亞的葡萄棕櫚科和吊蘭屬（excelsa）；黃背羚羊和赤道非洲的羚羊在最北地區傳播；11種猴子，如綠狒狒、地亞那和莫納長尾猴、小白鼻長尾猴、黑猩猩、南方的瘦長猴；此外還有豹、乳頭豬、卡斐族水牛、非洲象、河馬、巨形多鱗動物、侏羚、Sitatunga、水羚羊；在鳥類中，有10種鷺科，如巨鷺科和錘頭鳥；在爬行動物中有非洲尼羅鱷、甲殼鱷和冷漠鱷

第197號　塔伊國家公園

自然遺產： 自1926年是森林野生動物保護區，自1972年闢為國家公園，面積3330平方公里，緩衝地帶200平方公里，最高山脈尼埃諾庫埃（海拔623公尺），是一片從迦納至塞拉利昂綿延的原始森林殘餘

所屬洲： 非洲

所屬國： 象牙海岸（吉格洛和薩桑德拉）

地點： 在卡瓦利河和薩桑德拉河之間，馬恩以南

列入名錄年份： 1982年

意義： 西非至今殘留的重要的原始常雨林，是瀕危種類比如矮河馬的家鄉

動植物誌： 常綠熱帶原始森林，150種只有這裡出現的植物種類：有鹿角蕨、巢蕨類、非洲鐵角蕨和屬於腎形藻的蕨類植物（biserrata），烏樟木樹、旱茅屬種類的攀援棕櫚，和屬於海芋屬的魔芋（studtii）；幾內亞熱帶原始森林出現的54種哺乳動物中，這裡有47種，還包括5種受到威脅的種類；在哺乳動物中有莫納海貓和地亞那海貓、大白鼻海貓，估計有2800隻黑猩猩、巨型多鱗動物、灌木豬、非洲鹿豬、小公牛以及Jentink和黃背羚羊、綠短尾猴；230種鳥類，其中143種典型的原始森林居住的鳥，其中有食毛蟲動物和白胸珍珠雞

塔拉曼卡自然保護區

■丹麥

第198號　耶靈的墓丘、魯內文石碑和教堂

文化遺產： 獻給國王戈爾姆和王后蒂拉的刻有魯內文的石碑，高2.4公尺，是哈拉爾德‧布勞裂為

塔伊國家公園

其父母戈爾姆和蒂拉而豎的一塊紀念石碑；耶靈的羅馬式教堂兩側是直徑分別為62公尺和70公尺的兩座墓丘，魯內文石碑位於兩個墓丘連線的中點

所屬洲： 歐洲

所屬國： 丹麥（日德蘭半島）

地點： 耶靈，維伊勒的西北

列入名錄年份： 1994年

意義： 非基督教的丹麥過渡到信仰基督教的丹麥的見證

大事記：

約936年　出自老戈爾姆時期－這個行使職權到1375年的丹麥統治者的祖宗的魯內文石碑

958～959年　建造墓丘

960年　哈拉爾德‧布勞裂的洗禮

約983年　出自哈拉爾德‧布勞裂時期的魯內文石碑

1018～1035年　受洗禮的國王克努特王攝政

約1100年　建造今日的教堂

約1630年　國王戈爾姆的紀念石碑豎在今日的發掘地

1820年　在掘井時發現蒂拉墓丘裡的墓穴（北邊的墓丘）

1875年　教堂裡曾經最古老的石灰石繪畫被複製品所代替

1978年　在教堂的聖壇進行發掘

第199號　羅斯基爾德大教堂

文化遺產： 以前國王所在地的長為85公尺的三殿堂磚構大教堂，素稱聖路卡斯大教堂，可能是12～13世紀在此地建造的第四個教堂，自15世紀成為丹麥國王的墓地；曾有38為君主在此安葬

所屬洲： 歐洲

所屬國： 丹麥（塞蘭德）

地點： 羅斯基爾德，在羅斯基爾德峽灣的南端，哥本哈根以西

列入名錄年份： 1995年

意義： 斯堪地那維亞第一個哥德式的磚構大教堂，是北歐基督教傳統的象徵

大事記：

1158年　阿布薩龍（約1128～1201年），他曾幫助瓦爾德瑪一世當上丹麥國王，後成為羅斯基爾德的主教

約1170年　建造大教堂

1413年　瑪格麗特一世（1353～1412年）下葬

1443年　羅斯基爾德宮廷遷至哥本哈根

1460年　建造神聖三國王小教堂，克里斯蒂安一世、克里斯蒂安二世和弗里德里希二世先後安葬在此

1536年　按照奧格斯堡教義進行宗教改革

1609年　雪花石膏塗層的沙石布道壇

1635年　鐘樓上置以紫銅塔尖屋頂

1658年　在羅斯基爾德和約中，丹麥放棄了對瑞典南部的占領

1826年　弗里德里希五世的小教堂竣工

1917～1923年　建造克里斯蒂安九世的小教堂（1863～1906年）

1968年　火災以後全面修普

1985年　建造弗里德里希九世的神木小教堂（1947～1972年）

塔伊國家公園

■剛果共和國

第200號　加蘭巴國家公園

自然遺產： 面積4920平方公里，海拔710公尺至1061公尺，自1938年闢為國家公園，在三個獵場看守被謀殺和北方寬嘴犀科中彈死亡後，自1996年被列入瀕危世界遺產的「紅色名單」。

所屬洲： 非洲

所屬國： 剛果共和國（烏埃勒－迪斯特里克特）

地點： 剛果東北部，在蘇丹邊界

列入名錄年份： 1980年

意義： 是長頸鹿、象、河馬和稀有的北方寬嘴犀科的重要保護區

動植物誌： 森林、潮濕的和青草熱帶稀樹草原以及熱帶草原沿河森林帶；苞茅屬有高達2公尺的草，風車子乾樹叢，非洲的熱帶樹叢如檻仁樹屬（mollis）；只有大約30頭北方寬嘴犀科動物，約11000頭象——森林象和熱帶稀樹草原象的「混合形式」；其他的哺乳動物，比如有25000頭卡斐族水牛、剛果長頸鹿、豹、獅、疣豬、河馬、水山羊、短尾猴、布拉柴維爾長尾猴、綠狒、黑猩猩和四種其他的猴，7種羚羊和5種靈貓科

第201號　卡于齊－比加國家公園

自然遺產： 面積6000平方公里，年平均降雨量1800公釐，空氣溼度達50%至85%；受到鄰國盧安達內戰的威脅；1997年被列入瀕危的世界遺產的「紅色目錄」

所屬洲： 非洲

所屬國： 剛果共和國（基武地區）

地點： 布卡武以西，剛果的東北

列入名錄年份： 1980年

意義： 有著兩個死火山的熱帶原始森林－卡于齊（3308公尺）和比加（2790公尺），是大猩猩的保護區

動植物誌： 山脈和沼澤地熱帶原始森林，生長石紫杉屬以及杜鵑花科和丁香植物；稀有的東方平原大猩猩，大約有200至300隻生活在海拔2100～2400公尺的地方；其他的猴類：比如北方瘦長猴和紅疣猴；幾千頭非洲象，無數隻羚羊和冠毛羚羊，巨型林豬，亞歷山大灌木叢松鼠，靈貓類比如巨型潛行之靈貓，馬克勞德馬蹄鐵鼻，一種蝙蝠類型，還有一種食昆蟲類，魯文佐里－尖嘴水獺

第202號　霍加貔動物保護區

自然遺產： 1925年建立一個野生動物保護點來飼養霍加貔（Cokapis），自1992年建立保護區，面積13726.25平方公里，高度在海拔500公尺和1000公尺，年平均降雨量至1680公釐，所有動物種類中有15%只在這裡出現；侏儒和班圖族人居住在部分地區

所屬洲： 非洲

所屬國： 剛果共和國

地點： 伊圖里森林，在伊圖里河與內波科河之間，剛果共和國的東北部

列入名錄年份： 1996年

意義： 不尋常的地區性，而且是世界上霍加貔最密集的地方

動植物誌： 52種哺乳動物，比如地區性的霍加貔估計有5000頭，估計有6700頭非洲象，此外有地區性的非洲小河豬、小山羊、巨型多鱗動物、豹、非洲豪豬、戴冠長尾猴、紅疣猴、黑猩猩、大鬍子長尾猴和布拉柴維爾長尾猴；在伊圖里森林中有著非洲最多的羚羊種類，比如黃背羚羊、黑羚羊、黑額羚羊和白肚羚羊；爬行動物有帶甲鱷魚和遲鈍鱷魚；可證實的有329種鳥類，如長尾蒼鷹、有頭蓋的雞和黑珍珠雞，以及灌木叢秧雞和剛果孔雀

第203號　薩隆加國家公園

自然遺產： 位置很偏僻的國家公園，只有通過水路才能抵達，總面積為36000平方公里，由兩個相隔45公里的分區組成；高度至700公尺；炎熱和悶熱的氣候，平均年降雨量可達到2000公釐；氣溫高達30度，空氣濕度為86%

所屬洲：非洲

所屬國：剛果共和國

地點：剛果中部盆地、波恩德以南、金夏沙的東北

列入名錄年份：1984年

意義：世界上最大的，連成一片的熱帶原始森林和國家公園

動植物誌：植物有西非大瓣蘇木以及Staudtia stipitata和Anonidium mannii；至今尚未對現有動物作系統的研究，然而，估計還是有哺乳動物，比如南方瘦長猴、紅疣猴；巨型多鱗動物和白肚多鱗動物、森林象和岬角象、河馬、豹、黃背羚羊和霍加貔

豬、卡斐族水牛、日益增多的獅子、塞米利基山谷和維隆加山坡的大猩猩、霍加貔、德法薩水山羊、屬於羚羊的Topi；鳥類有鶉鷸科、Francolinus nahani、鶉屬和鞋鳥嘴

■德國

第205號　奧古斯圖斯堡的宮殿和布呂爾的鷹園

文化遺產：有大花壇花園和英國風景園林的洛可可式宮殿

所屬洲：歐洲

所屬國：德國（北萊茵—威斯特法倫州）

加蘭巴國家公園

第204號　維隆加國家公園

自然遺產：占地7900平方公里，位於從魯文左在里山（高5119公尺）到烏干達的通道上，1994年由於鄰國盧安達的內戰影響而被列入瀕危的世界遺產的「紅色目錄」，特別是由於每日600噸的森林砍伐而遭到威脅

所屬洲：非洲

所屬國：剛果共和國（基武地區）

地點：剛果的東北部，與烏干達、盧安達的交界地區

列入名錄年份：1979年

意義：不可比擬的多種生活空間—從沼澤地一直到魯文左在里山的雪地，是已變成稀有動物的大猩猩保護區

動植物誌：熱帶原始森林，熱帶稀樹草原和竹林，以及長著大戟屬的草原和荒原，大戟dawei、風車子乾樹叢、有金合歡屬、石柴松屬和大山梗菜屬；大約400頭非洲象、2萬頭河馬、以及疣

地點：布呂爾，科隆的西南，在萊茵河和埃爾弗特之間

列入名錄年份：1984年

意義：德國第一個重要的洛可可建築物，是德國其他王府宮殿造型的樣板

大事記：

1725年　奧古斯圖斯堡宮殿奠基；建築師約翰·康拉德·施勞恩（1695～1773年）

1728年　法國人居維利埃隆任新建築師

1729～1740年　法爾肯盧斯特奠基和建造

1763年　莫札特訪問法爾肯盧斯特

1768年　在業主科隆選帝侯和主教，及明斯特、帕德博恩、希爾德斯海姆、奧斯納布呂克·克萊門斯·奧古斯都（1700～1761年）有侯爵封號的主教逝世後，奧古斯圖斯堡竣工

1980年後　按照1728年的設計重新建成巴洛克式公園

第206號　格魯貝·梅塞爾化石岩層地段

自然遺產：面積0.7平方公里，在油母岩層保存得特別好的，西元前4900萬年的化石；是關於古代第三紀植物和哺乳動物早期發展階段的唯一資料；有100種已被證實的脊椎動物，其中有哺乳動物40種；發掘出的除梅塞爾原始馬外，還有一種石牙鱷魚、一種指蝟、一種原始蝙蝠、一種似刺蝟的食昆蟲類動物和一種原始鴕鳥的共30套完整的骨骼

所屬洲：歐洲

所屬國：德國（黑森）

地點：梅塞爾，奧登森林邊緣，靠近達姆施塔特，法蘭克福以南

列入名錄年份：1995年

意義：始新世動植物最重要的發掘地之一；是通往史前的窗口

大事記：

1875年　首次發現龍龍化石

1884年　成立梅塞爾工會

1919年　古生物學的首次系統研究

1924～1945年　有色金屬康采恩工業工會梅塞爾分會進行露天開採

1971～1991　規劃建造一個垃圾堆放場

1991年　黑森州購進

自1991年　6月14日作為土地和文化遺產登記註冊

第207號　希爾德斯海姆的大教堂和米夏埃利斯教堂

文化遺產：馬利亞大教堂和聖米夏埃利斯教堂，一座有雙聖壇的大教堂；最重要的教堂寶藏有伯恩瓦門——高4.72公尺，每邊寬1.15公尺的門

維隆加國家公園

扇，3.8公尺高的青銅基督柱，柱上飾有螺旋形上升的浮雕和大教堂裏赫齊洛扇狀吊燈（約西元1060年），以及約在1240年用下薩克森「鋸齒形風格」繪製的木頭天花板，中世紀木板油畫在聖米夏埃利斯的無與倫比的範例

所屬洲：歐洲

所屬國：德國（下薩克森）

地點：希爾德斯海姆

列入名錄年份：1985年

意義：德意志民族神聖羅馬帝國時期奧圖式建築藝術的非凡見證

大事記：

西元9世紀建造一座大教堂

1010～1020年　建造聖米夏埃利斯

1015年　飾有表現《舊約》和《新約》情景浮雕的伯恩瓦茨門

約1020年　取材於耶穌生活情景的浮雕裝飾著青銅柱

1022～1038年　主教戈德哈德任職期

1033年　聖米夏埃利斯落成典禮

1054～1079年　在一次火災後，在赫齊洛領導下重建大教堂

1131～1332年　主教戈德哈德敕封聖者稱號

約1240年　大教堂的青銅施洗盆

1943年　驗收描繪耶穌起源的木天花板，由1300塊橡樹板組成

1945年　由於空襲，這兩座教堂均遭毀壞

自1972年　在殉教者墓穴中的鍛鋼柵欄後，安置

布呂爾

著神聖的戈德哈德的遺體

第208號　往昔的本篤會修道院洛爾施和往昔的老明斯特修道院

文化遺產：往昔的本篤會修道院以及往昔的老明斯特修道院

所屬洲：歐洲

所屬國：德國（黑森）

地點：位於貝爾克施特拉塞邁的洛爾施，達姆施塔特以南

列入名錄年份：1991年

意義：由於有中央「國王大廳」而成為卡洛林王朝修道院建築藝術的罕見範例

大事記：

764年7月12日　文獻提及老明斯特
767年　贈於一個修道院建築場地
772年　洛爾施成為帝國修道院
774年　聖彼得和聖保羅大教堂落成典禮
約875年　建造國王大廳
876～882年　建造墓穴小教堂，安葬路德維希‧德意志（西元876年逝世）
1557年　撤銷修道院
1621年　遭洗劫
1697年　以巴洛克風格重建國王大廳
1753年後　拆除大教堂
1927～1933年　在修道院區域發掘
1935年　重新建成原來的國王大廳
1964年　第十個穀倉部分被毀（約16世紀）
1999年　展覽著名的洛爾施基督新教（約810年）
12幀雙頁畫，一件以名貴象牙裝幀，非常華麗的

希爾德斯海姆

基督教新教手稿

第209號　毛爾布隆修道院

文化遺產：修道院建築，具有羅馬式哥德式過渡風格的修道院教堂、修道院來賓食堂、修道院主人齋堂，以及完善的排水灌溉運河網路
所屬洲：歐洲
所屬國：德國（巴登—福騰堡）
地點：毛爾布隆，斯圖加特的西北
列入名錄年份：1993年
意義：阿爾卑斯山北麓保存最好的中世紀修道院建築之一
大事記：

1147年　建立修道院
1178年　5月11日三堂修道院教堂落成典禮
1196～1216年　首先在修道院院長康拉德一世領導

下擴建修道院，並以羅馬式哥德式過渡風格改建
約1200年　建造修道院來賓食堂
約1370年　浮雕群上衆多人物豎十字架，把人釘上十字架和下葬
1430年　建造神職人員住宅及其診所
約1470年　聖壇全部座位雕刻完畢
1494～1495年　晚哥德式的會議室和祈禱室
1519年　遭到弗蘭茨‧濟金根部下的襲擊
1530年　世俗化
1556年　建造一個新的基督教修道院學校
1807年　建立基督教神學院

第210號　特里爾的羅馬文物古蹟、大教堂和聖母教堂

文化遺產：德國最古老的城市，已有400年的羅馬歷史，以及在羅馬建築遺址上出現的基督教的後繼建築
所屬洲：歐洲
所屬國：德國（萊茵—普法爾茨）
地點：莫澤河畔的特里爾
列入名錄年份：1986年
意義：與中世紀城市相一致的「第二羅馬」
大事記：

西元前16世紀　建立奧古斯特‧特雷維羅魯姆城
西元1～2世紀　有1萬8千個座位的圓形露天劇場，芭芭拉公共溫泉浴場（4.2萬平方公尺），有波爾塔‧尼格拉（北門）的城牆
約286年　皇帝溫泉，羅馬帝國第三大溫泉
293～395年　西羅馬帝國的皇帝所在地
1034～1042年　改建波爾塔‧尼格拉為西梅翁斯教堂
1190年　制定城市法法典
13世紀　羅馬哥德式大教堂和早期哥德式聖母瑪利亞教堂
1972年　「拯救羅馬帝國的特里爾」悼文
1996年　圓形露天劇場周圍為暫時的發掘保護區

第211號　維爾茨堡宮殿

文化遺產：往昔的侯爵大主教的宮殿
所屬洲：歐洲
所屬國：德國（巴伐利亞）
地點：美茵河畔的維爾茨堡
列入名錄年份：1981年
意義：作為「歐洲巴洛克的綜合」，是德國最大和最美的巴洛克宮殿之一
大事記：

1719～1744年　為夏布隆的侯爵大主教約翰‧腓力‧弗蘭茨和他的後繼者建造的「宮殿中的宮殿」，有5個大廳、300多個房間
1742～1745年　鏡廳作為最完美的洛可可房間藝術
1752～1753年　基奧瓦尼‧巴蒂斯塔‧蒂波洛（1696～1770年）創作了面積達600平方多公尺的「頌揚侯爵大主教是藝術贊助者」的天花板繪畫
1765～1780年　建造巴洛克花園
至1801年　主教宮殿，以後屬於巴伐利亞所有
1945年3月　由於英國人空襲被毀
至1987年　修復並重新開放1945年遭到毀壞的鏡廳

毛爾布隆修道院

■多米尼克

第212號　「三峰山」國家公園

自然遺產：占地68.57平方公里，自1975年宣佈為「三峰山」國家公園，潮濕的熱帶氣候，年平均降雨量超過7600公釐；火山地區有5座火山、溫泉、泥漿洞和火山噴氣孔，比如布荒涼山谷（大量的硫磺礦）；其他的構成有：布瓦靈湖—世界上此類湖的第二大湖，米多漢姆瀑布、馬卡基山（1221公尺）和斯汀金洞穴，以及在一座死火山裏的波埃裏湖—多米尼克的第二大活水湖
所屬洲：美洲
所屬國：多米尼克
地點：三峰山、羅索以東
列入名錄年份：1997年
意義：一個活火山地區，在小安提倫上的熱帶常

薩爾斯堡

雨林區

動植物誌：植被形式有海拔914公尺的霧林；海拔610公尺有山脈常雨林，海拔450公尺以下有低地

常雨林；7種哺乳動物，比如金尾小囓齒動物和夜間活動的小牛；50多種鳥類，如瀕危的皇帝亞馬遜鳥，12種爬行動物和兩棲動物，如波阿蟒

■多明尼加

第213號 殖民地時期的聖多明各市區
文化遺產：殖民地老城，有大教堂，素稱梅諾爾·拉維根，拉阿努西埃申大教堂，有教會議會屋、波蓋拉宮殿、奧薩馬城堡、木柵屋、烘烤屋、普萊迪卡多勒斯修會的女修道院，簡稱多明尼加修道院
所屬洲：美洲
所屬國：多明尼加
地點：聖多明各
列入名錄年份：1990年
意義：新大陸殖民地城市規劃的模式
大事記：
1492年　克里斯多福·哥倫布發現伊斯帕尼奧拉島，即今日的海地和多明尼加共和國
1494年　努埃瓦·伊沙貝拉首次在奧薩馬河定居
1502年　遭熱帶旋風暴的破壞
1503年　建造霍梅納耶門
1504年　在聖多明各建立主教管區
1509年　新西班牙次王國首都
1521～1540年　梅諾爾大教堂的主體建造
1546年　從大教堂升為主教座堂
1586年1月11日　在弗朗西斯·德拉克帶領下海盜入侵
1844年2月27日　在普埃特拉·米塞裏科迪亞，響起反對海地的獨立戰爭的第一聲槍聲
1877年　在主教座堂發現有爭議的哥倫布墓穴
1936年　更名為西烏達德·特魯基洛
1961年　更名為聖多明各
1992年　慶祝哥倫布年

■厄瓜多爾

第214號 加拉巴戈島國家公園
自然遺產：有一千萬年歷史的島嶼，位於三個板塊的交匯處，陸地面積7882平方公里；12座火山島，其中伊沙貝拉（4588平方公里）、聖克魯斯（986平方公里）、費南迪那（642平方公里）、聖地牙哥（585平方公里）和聖克里斯托巴爾（558平方公里）；1835年，「進化論之父」達爾文曾在此逗留；自1959年闢為國家公園，面積7665.14平方公里；自1986年成為加拉巴戈海軍資源自然保護區（GMRR），占地7萬多平方公里，1990年在GMRR內闢為鯨魚保護區
所屬洲：美洲
所屬國：厄瓜多爾
地點：在太平洋中的阿西佩爾，后瓜多爾以西1000-1300公里
列入名錄年份：1978年
意義：一個「活的生物進化博物館」
命名：「龜鱉島」（西班牙文為「加拉巴戈」）；在16世紀也被稱為「拉斯·伊斯拉斯·恩坎塔達斯」

動植物誌：625種植物，這些植物中的36%只生長在加拉巴戈島；圍繞著人類的居住點，引進了250多種植物，在57種鳥類中有13種達爾文織布鳥，比如紅樹織布鳥；11種受到威脅的巨型龜鱉亞種，約5萬隻海豹；298種魚類，作為「海島世界的蜥蜴」有海蜥蜴和大蜥蜴

第215號 奎托古城
文化遺產：離4776公尺高的皮欽察不遠處坐落著北部印加帝國的往昔的首都，因為有30座教堂和修道院，這裡曾是傳教的一個重要出發點，「安地斯山巴洛克的珠寶」，城市的平面圖是一張棋盤的形式
所屬洲：美洲
所屬國：厄瓜多爾
地點：厄瓜多爾的位於海拔2850公尺的首都
列入名錄年份：1978年
意義：拉丁美洲保存最好和最少變化的古城，是各種巴洛克和本地建築藝術一種和諧的融合
大事記：
1492年　基多王國屬於印加
1534年　西班牙人在印加城的遺城上建立城市
1597～1765年　耶穌會教堂「耶穌的伴侶」
1809年　在聖奧古斯丁修道院簽訂了有效期僅為幾星期的獨立宣言
1976年　古城置於遺產保護
1987年　歷史古城遭受地震損失

第216號 桑蓋國家公園
自然遺產：1975年作為野生動物保護區，自1979年闢為國家公園，占地5177.65平方公里，其中2719.2平方公里是聯合國教科文組織的世界遺產，包括有著5139公尺高的埃爾·阿爾塔火山、活火山通古拉華和桑蓋（5230公尺）的雁列山脈；通古拉華火山最後的噴發期是在1916～1925年，埃拉·阿爾塔火山被認為是死火山；國家公園位於赤道以南，有著亞熱帶的溫和氣候，年平均降水量最高達到4827公釐
所屬洲：美洲
所屬國：厄瓜多爾
地點：安地斯山東部地區（雁列山脈），基多以南
列入名錄年份：1983年
意義：一個特別值得保護的、在冰河和熱帶常雨林之間的生態系統，而且是安地斯山兀鷹和稀有山獏科動物的家鄉
動植物誌：8種植被區，例如似凍原的荒地，山脈熱帶森林、霧林和亞馬遜盆地亞熱帶常雨林；至今已被鑑定的有1566種植物生長在海拔2400公尺以上；屬於植物誌的有月桂和桃金娘植物以及竹和石紫杉屬；屬於動物誌的有美洲獅、天竺鼠、美洲豹、美洲豹貓、眼鏡熊、蛛猴屬、山獏科和平原獏科，以及Nordpudu，最小

的美洲鹿，此外還有500種鳥類，例如在阿爾塔、庫比林和奎利馬斯周圍出現的安地斯山兀鷹、國王鳶、燕鵑，以及屬於蜂鳥科的巨型侏儒和紅山雞

■薩爾瓦多

第217號 霍亞·塞倫遺跡
文化遺產：西元6世紀的鄉村住宅區的結構，至今已被鑑定的有17處房屋殘餘，它們都是用粘土磚和木頭建造在平臺上的；其中的10處已被發掘，其餘的50處尚待發掘；發掘物有可使用的陶器，石化的玉米，一隻家鴨以及狗、老鼠的牙齒和骨頭
所屬洲：美洲、中美洲
所屬國：薩爾瓦多
地點：霍亞·塞倫聖薩爾瓦多的西北
列入名錄年份：1993年
意義：瞭解西元6世紀一個鄉鎮的日常生活

基多

加拉巴戈島國家公園

大事記：
600年　城市衰落
1976年　首次發現
1978年、1981年和1989年　系統發掘

■愛沙尼亞

第39號　塔林（雷維爾）舊城
（參見86～87頁）

■芬蘭

第218號　勞馬（木屋）城
文化遺產：舊勞馬有約600處房屋，市中心是考帕卡圖大街和庫寧坎卡圖大街；因中世紀的城市平面圖而成為芬蘭第三古城；占地約28公頃的統一、低矮的木構房屋，此外還有方濟會修道院、聖十字教堂和老市政廳
所屬洲：歐洲
所屬國：芬蘭（厄斯特博登）
地點：勞馬，圖爾庫的西北
列入名錄年份：1991年
意義：木頭建構的一座斯堪地那維亞城市的傑出範例，是芬蘭最古老的港口之一
大事記：
約1400年　方濟會修士定居
1442年　城市法
1449年　建造石製的聖十字教堂
1510～1522年　聖十字教堂聖壇壁畫
1538年　方濟會修道院解散
1550年　遵照國王古斯塔夫‧瓦薩的聖旨，公民們遷至赫爾辛基
1620年　圍繞城市修一道「關稅籬笆」
1682年　城市失火
1776～1777年　建造老市政廳
1786年　在聖十字教堂的管風琴典禮
1809年　拆除「關稅籬笆」
1831年　下水法
1981年　頒布一則維護法令

第219號　蘇門林納城堡
文化遺產：城堡建築，有希瓦‧奧馬通圖堡壘，在皮庫‧穆斯塔薩里有軍事科學院，在蘇西薩里有歷史性的幹船塢，在從前的指揮部，火藥庫有埃倫斯瓦德博物館；今日為約900人的居住地，包括有北歐當代藝術研究所，夏日劇院和手工藝者的「藝術長廊」；此外，那些寬闊的公園和咖啡屋，例如位於昔日俄國商人住宿地的「維阿波里」咖啡屋，是赫爾辛基居民的周末休閒處和夏日避暑地
所屬洲：歐洲
所屬國：芬蘭
地點：皮庫‧穆斯塔薩里，蘭西‧穆斯塔薩里，蘇西薩里，庫斯坦米卡和依索‧穆斯塔薩里，赫爾辛基
列入名錄年份：1991年
意義：18世紀歐洲軍事建築特別有趣的見證
大事記：

1748年　在瑞典的統治下，開始按照奧古斯丁‧埃倫斯瓦德（1710～1772年）的計劃建造「斯維堡」城堡
1772年　城堡竣工
1806年　大約4600個居民
1808年　俄國部隊封鎖後移交
1809年　芬蘭成為沙皇俄國一部分
1854年　1萬2千名士兵駐紮
1855年　遭一支英法艦隊襲擊
1917～1919年　芬蘭獨立，國內戰爭，城堡更名為「蘇門林納」
1973年　非軍人統治
1998年　芬蘭250周年慶典

第220號　維爾拉綜合鋸磨坊
文化遺產：由埃杜阿德‧迪佩爾設計的，用紅磚

蘇門林納城堡

建造的紙板磨坊和紙磨坊
所屬洲：歐洲
所屬國：芬蘭
地點：維爾拉，庫贊科斯基以北，雅納以東
列入名錄年份：1996年
意義：生產紙張和紙板的鄉村小工業和北歐工業建築的傑出範例
大事記：
1872年　建立最早的鋸磨坊
1876年　毀於火災
1882年　重建磨坊，並擴建一個紙磨坊
1885～1895年　建造至今尚存的紙和紙板磨坊大樓
1892年　木料倉庫房失火
1922年　過渡到基邁內企業
1964年　停產
1972年　芬蘭第一個磨坊博物館開幕
1974年　在磨坊不遠外處發現6000年前的史前岩畫

第3號　佩泰耶維齊教堂
（參見14～15頁）

■法國

第221號　阿米昂斯大教堂
文化遺產：145公尺長的阿米昂斯聖馬利亞大教堂，位於前往孔姆波斯特拉，亞琛和羅馬「朝聖之路」的交匯點；教堂中殿和翼部的十字交叉處的尖塔高112公尺，屋脊高56公尺，總面積約7700平方公尺
所屬洲：歐洲
所屬國：法國（皮卡迪）
地點：阿米昂斯，巴黎以北
列入名錄年份：1981年
意義：法國最大的哥德式教堂，有著非常豐富的雕像裝飾，殿堂輝宏氣派
大事記：
1137年　首次建造教堂
1206年　施洗者約翰的頭顱作為聖人的遺骨被運往阿米昂斯
1218年　大火
1220～1402年　重建
1529～1533年　建造現存的鉛封教堂尖塔
1751～1768年　鍛鋼製的聖壇柵欄在第一次和第二世界大戰中只受些微損壞
1994～2000年　採用雷射技術對教堂正立面進行費用昂貴的修繕

第222號　阿克—厄特—塞南斯的國王製鹽場
文化遺產：建築師克勞德—尼科勞斯‧萊杜克

斯，在「理想國」的理想指導下，以早期古典主義風格，建成長條狀的住宅和半圓形的車間
所屬洲：歐洲
所屬國：法國（弗朗謝—科姆泰）
地點：阿克—厄特—塞南斯，貝桑松附近
列入名錄年份：1982年
意義：一個尚未完成的嘗試；在製圖板上設計的，圍繞著國王製鹽場建造的一個理想的工業城市
大事記：
1736～1806年　克勞德—尼科拉斯‧萊杜克斯
1772～1837年　查理‧傅立葉—空想社會主義之父，以小的獨立公社和工人合作社的形式實現其理想
1775～1779年　在路易十六統治時期，建造國王製鹽場
1788年　舊制度的破產
1789年　法國大革命爆發
1792～1802年　法國革命戰爭
1804年12月2日　教皇庇護七世出席拿破崙成為法國人皇帝的加冕典禮

第223號　亞維農的教皇宮殿及其周圍的歷史性建築群
文化遺產：一條4.5公里長的圍牆所環繞的古城，古城中央座落著防禦性，占地1.5萬平方公尺的教皇宮殿，此外還有小宮殿和羅馬式聖母馬利亞大教堂
所屬洲：歐洲
所屬國：法國（外省）
地點：亞維農，羅內
列入名錄年份：1995年
意義：在14世紀基督教的西方，亞維農曾扮演特

阿克—厄特—塞南斯

殊角色的見證

大事記：

西元前48年　羅馬殖民地阿維尼奧

730年　阿維尼奧被毀

12世紀　亞維農興盛時期，聖母馬利亞大教堂和聖貝內澤特橋

1309～1377年　「教皇百年」；七教皇的宮殿

1342～1352年　克萊門斯七世時期，亞維農劃入教會國

1378～1394年　克萊門斯七世由法國紅衣主教選為對立教皇

1417年　教會分裂結束

1443年　紅衣主教使節開始統治

1797年　「托倫提諾和約」中，亞維農轉讓給法國

1965年　發掘時，發現新石器時代的遺物

第224號　布爾熱大教堂

文化遺產：獻給聖施特凡的教堂，教堂立面聳立著雄偉的塔樓，左面塔樓內有一架406級的盤旋梯；西立面有飾以精美雕刻的大門，中門的弧形處描繪了末日審判；法國最大的地下教堂，有著教堂聖台讀經台的殘餘部分和殘缺不全的貝里公爵墓碑

所屬洲：歐洲

所屬國：法國

地點：布爾熱，克萊爾蒙特－費蘭德的西北

列入名錄年份：1992年

意義：一件哥德式的傑作；是中世紀法國基督教重要性的見證

大事記：

1195～1215年　建造聖壇和教堂後殿

1200～1206年　聖居伊勞梅（聖威廉）為布爾熱主教

1215～1225年　聖壇的紀念章窗描繪舊約和新約中的情景

1225～1260年　建造124公尺長，37公尺高的教堂殿堂和教堂的主立面

1324年　教堂落成典禮

1422～1438年　讓·康姆佈雷完成迪克·貝里的墓碑

1506年　北塔樓坍塌

1542年　北塔樓重建完工

1562年　在新教破壞聖像運動中，西立面的雕像受損

第225號　盧瓦爾河畔的夏姆博德宮殿

文化遺產：弗蘭茨一世（1515～1547年）的「凡爾賽宮」，中間是一個面積為55平方公里的公園；宮殿長154公尺、寬117公尺，是盧瓦爾河畔最大的宮殿；有440個房間和365個壁爐，是工程藝術「雙盤旋梯」一種特別的成就

所屬洲：歐洲

所屬國：法國（盧瓦爾山谷）

地點：夏姆博德，位於盧瓦爾河的一條支流科松河畔

列入名錄年份：1981年

意義：法國文藝復興的一個無與倫比的傑作

夏姆博德宮殿

大事記：

1519～1541年　建造宮殿的主要階段

1552年　亨利希二世簽署了夏姆博德協定，主教管區梅茨、托爾和維爾敦歸屬法國

1670年　莫里哀的「布民與貴族」在宮殿首演

1921年　保爾－路易·庫里爾，波多克斯公爵和夏姆博德伯爵購買

自1930年　屬於國家所有

第226號　楓丹白露的宮殿和公園

文化遺產：馬蹄形的宮殿建築，有出自12世紀並改建過的城堡尖塔、橢圓形宮廷、弗朗茨一世畫廊、拉特里尼泰小教堂、盧瓦樓梯。迪阿內畫廊、御座大廳和小公寓

所屬洲：歐洲

所屬國：法國（伊勒－法朗士）

地點：楓丹白露，在巴黎東南

列入名錄年份：1981年

意義：屬於義大利文藝復興傳統的，國王弗朗茨一世的「新羅馬」

大事記：

998年　卡佩王朝國王虔誠羅伯特在楓丹白露森林的獵宮

1169年　國王路德維希七世的獵宮以及附設的修道院建築

1528年　弗朗茨一世時期，開始重建宮殿

1531～1540年　按照荷馬和奧維德的作品，用寓意的濕壁畫來擴充弗朗茨一世的畫廊

1544年　後來的國王弗朗茨二世出生

1547年　弗朗茨一世逝世

1551年　後來的國王亨利三世出生－出自瓦羅亞王室的最後一位法國國王

1600年　長80公尺、寬7公尺的迪阿內畫廊，拿破崙三世在畫廊裏安置了宮廷圖書館

1608年　開始擴建拉特里尼泰小教堂

1685年　路易十四下達修復楓丹白露的聖旨，廢除新教胡格諾派教徒的信仰自由；其後果是大批胡格諾派教徒逃往德國和荷蘭

1921年　建立國家城堡博物館

公尺，是給人以深刻印象的修道院手工業勞動的見證

所屬洲：歐洲

所屬國：法國（布爾貢德）

地點：蒙特巴德邊一個小樹林裡，在迪容的西北

列入名錄年份：1981年

意義：羅馬式建築藝術的一個質樸的傑作，是西妥教團僧侶一個早期修道院團體自給自足的例證

大事記：

1118年10月29日　建立

1139～1147年　建造教堂

1595年　遭洗劫

1745年　修道院齋堂被破壞

1790年10月29日　解散

1791年　出賣；建造一個紙磨坊

1837～1913年　重建修道院

1852年　置於文物保護之列

第227號　往昔的楓特內西妥教團修道院

文化遺產：聖伯恩哈德建立的楓特內修道院，連同鴿子屋、麵包房和鐵匠鋪，長53公尺、寬13.50

往昔的楓特內西妥教團修道院

第228號　聖薩文—蘇爾—加爾唐佩教堂

文化遺產：羅馬式教堂，有一組400多平方公尺的舊約情景濕壁畫；其中有「巴別塔建造」、「飛蝗折磨」和「亞伯拉罕之死」

所屬洲：歐洲

所屬國：法國

地點：聖薩文—蘇爾—加爾唐佩，加爾唐佩山谷，普瓦蒂爾斯以東

列入名錄年份：1983年

意義：所謂的「羅馬式西克斯廷小教堂」，有出自11～12世紀，給人留下特別深刻印象的濕壁畫

大事記：

11世紀中葉　在一個加固修道院的殘餘上建造教堂

1836年　普拉斯佩爾·梅里美發現了聖薩文—蘇爾—加爾唐佩教堂，自1831年來，他是法國歷史文物古蹟總監

1845年　普拉斯佩爾·梅里美（1803～1870年）發表「航行隨筆」

第229號　科西嘉島上的日羅拉塔角、波爾托角、斯堪多拉和皮亞納·卡朗克斯自然保護區

自然遺產：世界遺產面積1200平方公里，是面積為3000平方公里的科西嘉地區公園的一部分，其中420平方公里為海洋保護區，19.9平方公里為斯堪多拉自然保護區。自1975年連同日羅拉塔角和波爾托角置於保護之列；保護區分斯堪多拉半島和埃爾帕，內拉海灣這兩個區段，包括辛托山脈和方各山谷，海濱有高達900公尺的呈紅色的礁石和沙灘

所屬洲：歐洲

所屬國：法國（科西嘉）

地點：科西嘉的西海岸，位於奧桑尼、奧塔、帕爾蒂內洛、皮亞納、塞里拉和加勒里亞等鄉鎮

列入名錄年份：1983年

意義：源於火山的、奇異的海濱地形

動植物誌：礁石上有稀有的Armeria soleirolii，此外相比較而言，還有生長得濃密的常綠灌木林，其中占優勢的植物類型是石南樹和冬青櫟但也有大戟屬和海濱石竹屬植物，以及草莓樹和長綠灌木；鳥類有遊隼、烏鴉鵝、帝肩狂鳥、魚鷹、蒼白雨燕、阿爾卑斯雨燕、藍烏鶇、鵪鶉、塔隼、遊隼、鵪、紅隼和修士鶯科；兩棲動物如普通雨蛙科、撒地尼亞的片鰓以及山地有尾目動物；6種蝙蝠如只喇狗蝙蝠和小蹄鐵形鼻，也有灰色的長耳朵；海洋動物誌如鋸齒河鱸、齒鯉魚、笛魚、路昔塔尼工喊屬、石海刺蝟和江珧

第230號　里昂古蹟區

文化遺產：古城，文藝復興區，內有從晚期哥德式到義大利文藝復興各種風格建成的房屋300所，以及主要街道一聖讓大街。街上有香梅里爾旅館、警察城樓、加達克內旅館、亨利四世宅第和聖讓大教堂，此外還有建有音樂堂和聖母大教堂的弗爾費耶爾園區、普萊斯基勒園區和龐特爾·拉克魯瓦克斯—魯塞爾—從前的絲織廠區

所屬洲：歐洲

所屬國：法國（羅內一阿爾佩斯區）

地點：里昂，在索恩和羅那河資合處，迪容以南

列入名錄年份：1998年

意義：位於具有重大戰略和商業意義的，一個有2000多年歷史的城市住宅區的見證

大事記：

西元前43年　建立古代城市

177年　在里昂對基督教徒進行迫害

197年　塞普提米烏斯·塞維魯斯和阿爾比努斯部隊在里昂附近的戰役

383年　格拉蒂安斯被自己的兵士謀殺

1244年　教皇伊諾岑茨四世（1243～1254年）逃亡

1245年　教皇廢黜弗里德里希皇帝

1464年　里昂成為博覽城

1494年　卡爾三世時期把佛羅倫斯人的銀行逐出里昂

1536年　建造比利烏德旅館

1546年　建立里昂交易所

1805年　在里昂發明雅斯克瓦德織機

1831～1843年　絲綢工人起義

第231號　南錫的斯塔尼斯拉斯廣場、跑馬場和同盟廣場

文化遺產：面積為124×106公尺的斯塔尼斯拉斯廣場有著95公尺長的市政廳、昔日的亞利奧宮殿、以及在昔日公爵財產管理（費爾梅斯旅館）中的南錫和洛林歌劇院、雅斯格宮殿和美術館、斯塔尼斯拉斯時期的醫學小組；面積為293×53公尺的跑馬場；緊靠中世紀的圍牆，曾經是宮廷的賽馬場，同盟廣場的四周環繞著富麗堂皇的貴族宅第

所屬洲：歐洲

所屬國：法國（洛林）

地點：南錫

列入名錄年份：1983年

意義：在「沒有王國的國王」—斯塔尼斯拉斯·萊茲欣斯基公爵官邸中，一個現代的、有作用的和華麗的古典主義城市建築

大事記：

1552年　跑馬場，南錫最古老的廣場

1737年　洛林公爵成為斯塔尼斯拉斯·萊茲欣斯基國王

1752～1755年　建造市政廳

1754～1756年　建造凱旋門

1755年　國王廣場落成典禮，即今日的斯塔尼斯拉斯廣場

1760年　重新佈局跑馬場和總督宮殿（1753～1757年）和朱斯蒂宮殿（1751年）

1766年　國王斯塔尼斯拉斯逝世

自1919年　在亞利奧宮殿裏，格蘭德旅館

第232號　奧朗日的露天劇場和凱旋門

文化遺產：多層羅馬劇場，有長103公尺、高37公尺的劇場圍牆，以及一個直徑為119公尺的觀眾席；此外還有一個呈羅馬凱旋門狀的三門城建紀念碑

所屬洲：歐洲

所屬國：法國（外省）

地點：奧朗日，羅納谷地

列入名錄年份：1981年

意義：保存得最好的羅馬劇場之一，是羅馬城建紀念碑一個精美絕倫的典範

大事記：

西元前35～前30年　建立阿勞西奧，建造劇場

西元21～26年　碑文便是城建紀念碑的佐證

15世紀　方濟會修士在古代劇場地方居住

1824～1869年　重建劇場，自此首演戲劇和歌劇

1931年　發掘皇帝奧古斯都雕像

1988年　修葺劇場

奧朗日

第233號　蘭斯：大教堂、主教權杖宮殿和聖雷米修道院

文化遺產：由灰岩建造的聖母大教堂，裝飾著精美的玫瑰花飾和高達50公尺的國王畫廊，正門富麗堂皇的雕刻描繪著少女馬利亞的生活情景，內部規模長138公尺、高38公尺，以及俄籍法國畫家馬克·夏加爾（1887～1985年）的彩繪玻璃窗；主教權杖宮殿—昔日的主教宮殿和法國國王加冕典禮宮殿，以及有著122公尺長的教堂殿堂的聖雷米大教堂和聖雷米修道院（12～13世紀）

所屬洲：歐洲

所屬國：法國

地點：蘭斯，在巴黎東北

列入名錄年份：1991年

意義：一個無與倫比的哥德式城市建築群，是中世紀虔誠的象徵

大事記：

496年　聖雷米大主教為墨洛溫國王克洛德維希（約466～511年）施洗

1211年　開始建造大教堂

1481年　火災燒毀了大教堂的屋頂架和尖塔

1484年　卡爾八世時期修復大教堂

1914年　大教堂受炸彈襲擊損壞

1918年　重建主教權杖大廳

1919年和1930年　發現大主教墓穴和卒於西元970年的奧達爾里希的墓，以及先期羅馬式大教堂建築的殘餘物

第234號　前往聖地亞哥·孔波斯特拉的朝聖之路

文化遺產：圖羅南西斯通道是從巴黎出發，從加利爾的耶穌使徒，圖爾斯的聖馬丁出發，途經波提爾斯以及伊巴內塔隘口，第二條路線是從維策雷和聖馬利亞，瑪格達雷娜的聖人遺物出發，前

科西嘉島

往里摩日和佩里格，並經過伊巴內塔臨口，波迪恩西斯通道是從聖母馬利亞大教堂出發到奧斯塔巴特，在今日的聖讓一皮德港口穿越庇里牛斯山，托洛薩納通道是從阿爾勒出發，途經圖盧茲和索姆波特臨口，並穿越庇里牛斯山；此外還有謝曼‧皮伊七個路段；在與朝聖之路相聯繫的800個文物古蹟中，有69處已被列入世界遺產，其中有聖弗朗大教堂（1120～1173年佩里格）、聖雅斯格山口（聖讓一皮德港口）、聖艾蒂安大教堂（布格）、聖富瓦修道院教堂（孔格）和昔日的佩爾蘭醫院（朋斯），聖瑪麗大教堂（13世紀，巴約內）、115公尺長、21公尺高的聖塞南大教堂（1080年開始建造，圖盧茲）和聖瑪麗（1489～1548年奧赫）大教堂，以及伴有黑色聖母的聖母馬利亞大教堂

所屬洲：歐洲

所屬國：法國

地點：路線從巴黎、維策雷、聖母馬利亞大教堂出發，途經伊巴內塔臨口，阿爾勒斯經過索姆波特臨口

列入名錄年份：1998年

意義：基督教在中世紀歐洲重要性的見證

第235號　斯特拉斯堡，格蘭德島（歷史名城）

文化遺產：古城，其中有用紅沙石建造的大教堂，聖壇和教堂地下室是羅馬式的，大教堂是哥德式建築風格，（還有藥房「抓鹿」、小屋（1586）年以及「小弗朗斯」區和製革工人住房）

所屬洲：歐洲

所屬國：法國（亞爾薩斯）

地點：斯特拉斯堡

列入名錄年份：1988年

意義：格蘭德島和大教堂是中世紀典型的城市畫像，是11～19世紀建築業發展的明證

大事記：

西元前12世紀　建立羅馬軍營阿根林托拉圖姆，即以後的施特拉斯特布古姆住宅區
1015年　建造一個羅馬式大教堂
1176年　開始建造主教座堂
1202～1220年　圍繞著聖彼得J.和聖彼得A.這兩個教堂的城市建築
1275～1439年　用142公尺高的尖塔聳立在主教座堂的正立面
1358年　建造老的關稅屋

1518年　路德的《論綱》公佈在主教座堂的大門上
1547年　在主教座堂安裝天文鐘
1681年　路德維希十四的軍隊入侵
1870年　併入德意志帝國
1903年　在大教堂的北牆出現裂縫
1918年　交給法國
1940年　在法國遠征時，被德國占領
1944年　被法國裝甲部隊奪回
1949年　歐洲委員會會址

第236號　維舍萊修道院教堂和城市丘陵

文化遺產：聖瑪德萊納修道院教堂連同聖馬利亞‧瑪格達雷娜的遺物，位於12世紀和14世紀期間前往聖地亞哥‧科姆波斯特拉的四條朝聖路的其中一條的旁邊；62公尺長的羅馬式教堂中廳和23公尺寬的前廳，羅馬式和早期哥德式珍貴的雕塑藝術創作，其中有人物柱頭如「建造挪亞方舟」，以及在正門的拱圈與橫樑之間的弧形部分的「靈光中的基督」

所屬洲：歐洲

所屬國：法國（勃根第）

地點：維舍萊

列入名錄年份：1979年

意義：勃根第的羅馬式藝術風格與早期哥德式建築風格的一個傑作

大事記：

維舍萊修道院教堂

西元9世紀　建立一個本篤會修道院
12世紀初　在一個卡洛林前期教堂的地下室上面，建造聖壇和側堂
1135年　羅馬式藝術風格的教堂中廳建成
1146年　聖伯恩哈德號召第二次十字軍東征
約1150年　建造三堂的前廳
1190年　在英國國王理查德‧勒文赫爾茨和法國國王奧古斯特‧腓力二世領下的第三次十字軍東征的出發地
1215年　失火以後重建哥德式建築
1840～1861年　全面修葺
1920年　升級為大教堂

第9號　沙特爾大教堂
（參見26～27頁）

第10號　威澤爾山谷的石窟繪畫
（參見28～29頁）

第11號　聖米歇爾山及其海灣
（參見30～31頁）

第12號　凡爾賽宮和花園
（參見32～33頁）

第13號　阿爾勒古典浪漫的羅馬文物古蹟
（參見34～35頁）

第14號　古羅馬的高架渠道—加爾橋
（參見36～37頁）

第15號　巴黎蘇利橋和第納橋之間的塞納河沿岸的迷人風光
（參見38～39頁）

第16號　中央運河
（參見40～41頁）

第17號　歷史要塞：卡爾卡松城堡
（參見42～43頁）

■法國／西班牙

第237號　庇里牛斯山的佩爾杜群山

自然文化遺產：佩爾杜一杜雷‧塞羅爾群山／佩爾第多群山，以及佩爾杜／加瓦爾尼群山；此外還包括佩爾多群山的奧爾德薩國家公園，和庇里牛斯山‧奧西登塔勒斯國家公園的東部，總面積306.39平方公里；高度至海拔3352公尺（佩爾第多群山／佩爾杜群山）；自西元前4萬年一西元前1萬年有人居住

所屬洲：歐洲

所屬國：法國、西班牙

地點：位於法國和西班牙邊界的庇里牛斯山中段，在托爾拉（西班牙）和加瓦尼（法國）之間

列入名錄年份：1997年

意義：非同尋常的地貌學岩層，如圈谷，一種天然的半圓露天劇場，和一個高海拔的動植物產地

動植物誌：1500多種植物，其中50種只生長在這裡：拉蒙達花屬（mycon）和虎耳草屬植物（longifolia, S.iratiana），庇里牛斯山地Borderea pyrenaica，此外還有櫟屬（Qercus ilex rotundifolia, Qercus faginea）、歐洲赤松、銀樅；高山石彈動物，大鼠屬，和庇里牛斯山岩羚羊，食蟲類動物庇里牛斯麝香鼠；鳥類如胡兀鷲、雪雀、蘿雀、蒼鷹、高山烏鴉、高山雪鳥、松雞、花園紅尾鳥、石即鳥屬；兩棲動物如庇里牛斯山有尾目動物和歐洲林蛙

■喬治亞

第238號　巴格拉蒂大教堂和格拉蒂修道院

文化遺產：革新者大衛建造用來作為國王宮廷修道院的格拉蒂修道院，以及聖母馬利亞教堂（馬利亞逝世大教堂）

所屬洲：亞洲

所屬國：喬治亞共和國

地點：庫泰西，第比利斯的西北

列入名錄年份：1994年

意義：中世紀喬治亞興盛時期非常值得注意的建築證明

大事記：

654年　阿拉伯人占領第比利斯
至750年　奧馬亞登統治喬治亞
973～1014年　在巴格拉特三世統治時期喬治亞統一，定都庫泰西斯，建造大教堂
1074～1080年　塞爾柱人在喬治亞的強盜行徑
1089～1125年　大衛四世統治時期一素稱革新者大衛，發展為一個基督教大帝國
1106年　建造格拉蒂修道院
1106～1125年　建造修道院的聖母馬利亞主教堂
1510年　土耳其軍隊洗劫修道院
1565～1584年　伊梅雷提國王吉奧基統治
1691年　大教堂在一次土耳其襲擊中受損
1759年　土耳其士兵掠奪格拉蒂修道院

第239號　梅齊塔歷史教堂

文化遺產：喬治亞往昔的國王宮殿和教會中心，建有十字教堂（赤瓦里教堂），斯威蒂‧楚威利大教堂一它在喬治亞與拜占庭（伊斯坦布爾）的哈基亞‧索非亞齊名，有舊約中的詩篇148～150的插圖，在一個由三部分組成的浮雕中，在基督四周飾以福音傳教士的象徵物以及黃道十二宮，是喬治亞一種非同尋常的壁畫；還有薩姆塔弗羅教堂（11世紀）

所屬洲：亞洲

所屬國：喬治亞共和國

地點：梅齊塔，第比利斯（弗里里斯）以北

列入名錄年份：1994年

意義：中世紀高加索宗教建築藝術給人最深刻印象的見證之一

大事記：

西元前66～65年　蓬佩烏斯‧馬格努斯占領喬治亞的東西部
西元4世紀　引入基督教，建造薩姆陶羅修道院
西元5世紀下半葉　在國王瓦赫唐‧哥加薩利一束喬治亞最後一位國王的統治時期，首都遷至第比利斯
585～605年　在施特帕諾塞統治時期，建造十字教堂
1010～1029年　建造大教堂
1089～1125年　喬治亞升為基督教大帝國
1184～1213年　在塔瑪爾女王統治時期，「黃金時代」結束
1801年　格奧爾格七世一最後一位巴格拉蒂國王，下葬在大教堂
1937～1938年　全面發掘，重新發現阿爾瑪西斯齊舍城堡
1968～1972年　在大教堂進行發掘，重新發現了

一座建於瓦赫唐‧哥加薩利時期的石製柱子教堂

1970年　大教堂的建築傳奇是康士坦丁內‧加姆薩胡迪亞的小說《大師的右手》的題材

1972年　在大教堂裡，用聖壇柵欄來替換19世紀的三門畫壁

第240號　斯瓦內蒂恩山村

文化遺產：在面積為3154平方公里的上斯瓦內蒂恩—喬治亞一個歷史性的省份裡，有40個中世紀村莊坐落在以冰河和細長峽谷為特徵的大高加索，例如有著200多個所謂塔樓屋的烏施古利和夏察西，這些塔樓屋有3～5層樓不等，塔樓越往上越細，為居住和防禦之用

所屬洲：亞洲

所屬國：喬治亞共和國

迦納—殖民地時期的城堡和宮殿

地點：夏察席西和烏施古利，在第比利斯（第弗里斯）西北

列入名錄年份：1996年

意義：斯瓦內人幾百年文明的見證

大事記：

西元4世紀　喬治亞成為基督教國家

862～1443年　巴格拉蒂王朝

1156～1184年　在格奧爾格三世統治時期，鞏固和擴大巴格拉蒂的統治範圍

1184～1213年　在塔瑪爾女王統治時期，喬治亞成為泛高加索帝國

12～13世紀　在喬治亞興盛時期，建立中世紀村莊

1386～1405年　喬治亞遭受以帖木兒‧倫克為首的蒙古人的蹂躪

■迦納

第241號　沃爾塔河口、阿克拉和中西部地區殖民地時期的城堡和宮殿

文化遺產：沿著綿延500公里的迦納海岸線的堡壘和城堡，其中有用作旅館的阿波羅尼亞城堡，部分地被迦納博物館和紀念碑委員會使用的聖安尼奧城堡，索非‧路易斯城堡遺址和巴登斯泰恩城堡，作為燈塔使用的奧朗日城堡和被西非歷史博物館使用的海岸角城堡

所屬洲：非洲

所屬國：迦納

地點：從凱塔到貝印

列入名錄年份：1979年

意義：自發現年代由葡萄牙人建立的貿易路線的見證

大事記：

1471年　葡萄牙航海家登陸

1482年　聖約奧‧米納城堡（聖格奧爾格城堡，埃爾米納）

1505年　開始販賣奴隸

1515年　聖安東尼奧城堡

1661年　阿克拉的克里斯蒂安城堡（奧蘇城堡）

1662年　英國的海岸角城堡

1684年　勃蘭登堡城堡索非‧路易斯

1688年　荷蘭人城堡奧朗日，塞孔迪

1721年　英國人城堡維多利亞，海岸角

1764年　英國人城堡梅塔爾‧克羅斯，迪斯卡弗

1768年　英國人城堡阿波羅尼亞，貝印

1807年　有200萬非洲奴隸被強拉到這裡，終止奴隸買賣

1829年　英國人城堡威廉，海岸角

1850年　黃金海岸成為英國殖民地，沒收荷蘭的領地

1874年　黃金海岸成為王室殖民地

1954～1956年　修葺聖安東尼奧城堡和阿克西姆城堡

1957年　迦納獨立

第81號　阿散蒂的傳統建築

（參見170～171頁）

■希臘

第242號　阿托斯山

自然文化遺產：長50公里、寬10公里的半島，高至海拔2033公尺（阿托斯山）；源自拜占庭時代一個自治的修士共和國，儘管這座聖山是奉獻給少女馬利亞的，女子們卻被禁止入內；卡爾耶斯有分散的鄉村居住區，20個修道院，例如梅基斯蒂斯‧拉弗拉斯，有著濕壁畫組畫「整個冥界讚頌這位先生」的庫特盧穆西奧、阿基奧斯‧潘泰萊莫諾斯、阿基奧斯、帕弗洛斯、西蘭達里奧和潘托克拉托羅斯，有12個鄉村的修道院居住區，以及無數四人一間的修士居室

所屬洲：歐洲

所屬國：希臘（夏爾基迪克）

地點：阿托斯，夏爾基迪克半島的東北

列入名錄年份：1988年

意義：阿托斯修士共和國作為東正教的精神中心

大事記：

843年　首次書面提及阿托斯虔誠的男人們

963年　建立梅基斯蒂斯‧拉弗拉斯

980年　建立伊維龍

1030年　有文獻記載多西阿里奧和埃斯菲格門奧

1374年　建立狄奧尼西奧，在修道院堂裡有濕壁畫「約翰啓示」

1430～1912年　在土耳其統治下，仍然是東正教世界的中心

1924年　法律規定修道院的數目為20個

1926年　希臘政府加強自治力度

1980年　在希臘加入當時的EWG時，規定修道院共和國的特殊地位

自1990年　廢除修士的私有財產

1994～1998年　歐洲聯盟資助1200萬馬克維護修道院

第243號　巴塞的阿波羅神廟

文化遺產：非加利亞居民資助的，阿波羅‧埃皮庫萊奧斯的古典神廟

所屬洲：歐洲

阿托斯

所屬國：希臘，（伯羅奔尼撒）

地點：巴塞，安德里特塞納以南

列入名錄年份：1986年

意義：著名的祭太陽神和醫術之神的古典神廟

大事記：

約西元前438～前420年　估計建造神廟

1765年　重新發現

1811年　雕飾花紋和希臘式建築上的裝飾被運往倫敦大英博物館

第244號　達弗尼、霍西奧斯‧盧卡斯和奈亞‧莫尼修道院（西奧斯島）

文化遺產：三個地理位置相隔甚遠的修道院：一個位於前往埃勞伊西斯聖路旁的達弗尼修道院教堂，有著萬能的主精美鑲嵌圖案以及馬利亞升天修道院；霍西奧斯‧盧卡斯修道院—希臘最美麗的拜占庭修道院之一，一個圓頂十字教堂，覆蓋著豪華的大理石；新修道院（奈亞‧莫尼）裝飾著拼嵌圖案如「猶大的背叛」

所屬洲：歐洲

所屬國：希臘，（阿蒂卡，博奧蒂恩和西奧斯島）

地點：達弗尼，在雅典西北；霍西奧斯‧盧卡斯，在萊瓦迪亞西南；奈亞‧莫尼，在西奧斯以西

列入名錄年份：1990年

意義：「拜占庭第二黃金時代」建築藝術的重要典範

大事記：

953年　後建造霍西奧斯‧盧卡斯修道院教堂

約1050年　建造奈亞‧莫尼修道院

約1080年　建造新達弗尼修道院教堂

1204～1456年　法蘭克人統治時期，西安教團僧侶接管達弗尼

1821年3月27日　在霍西奧斯‧盧卡斯修道院，號召民族起義反對土耳其統治

1822年　土耳其人毀壞奈亞‧莫尼；對基督徒進行大屠殺

1881年　在地震時，奈亞‧莫尼的圓屋頂坍塌

1957年　在修復霍西奧斯‧盧卡斯時，發掘出於16世紀坍塌的圓屋頂鑲嵌圖案的小石塊

第245號　德洛斯島

文化遺產：面積為3.6平方公里的島作為古希臘文化的露天博物館，在希臘神話中是阿波羅和阿爾特彌斯的誕生地；圍繞著阿波羅聖地和聖海的聖地發掘，發掘建有劇場區的古希臘住宅城和位於金托斯山的祭禮場所；傑出的建築物（遺跡）如多立克式的七雕像神廟，有站立著16個大理石獅子的史前宗教儀式行列大街，海洋摔跤學校，「喜劇屋」和「假面屋」

所屬洲：歐洲

所屬國：希臘（基克拉登）

地點：德洛斯島，在密可諾斯島的西南

列入名錄年份：1990年

意義：阿波羅崇拜的重要的中心

大事記：

西元前1400～1200年　米科尼亞人定居

約西元前1000年　愛奧尼亞人首次定居

西元前7世紀　受奧尼亞島嶼同盟的中心；德洛斯比賽場所

西元前477年　建立阿提卡—德洛斯海洋同盟，同盟所在地為德洛斯

西元前454年　同盟銀行轉移至雅典，德洛斯失去了重要性

約西元前420年　建造七雕像神廟

西元前168年　德洛斯置於羅馬保護國之列

約西元前166年　建立花崗岩—摔跤學校

西元前88年　被本都國王米里達特里斯占領，接著失去了重要性

1872年　雅典的法國考古學校開始發掘

1926年　填聖海

第246號　德爾斐遺址（阿波羅聖地）

文化遺產：連同「德爾斐神喻」的阿波羅神廟、劇場、凱爾納－和卡斯塔利亞泉，健身房和雅典門廊聖地

所屬洲：歐洲

所屬國：希臘

地點：德爾斐，位於帕爾納斯河畔，在雅典的西北

列入名錄年份：1987年

意義：「世界中心」，宗教中心和古希臘文化的象徵

大事記：

自西元前8世紀　德爾斐崇拜阿波羅神

西元前600～590年　德爾斐與克里薩之間的第一次聖戰

西元前548年　建造阿波羅神廟

西元前478年　後建造雅典柱廊以保存戰利品

西元前373年　地震，阿波羅神廟被毀

西元前346年　在第四次聖戰後，置於馬其頓區腓力二世的影響之下

西元前330年　在亞歷山大大帝時期，阿波羅神廟重建竣工

西元前191年　被羅馬人占領

394年　狄奧多西一世禁止異教祭祀

1893年　法國考古學家重新發現和發掘，其中有

德爾斐遺址

5000個碑文石柱

1903～1906年　重建雅典寶屋

1938～1941年　阿波羅神廟部分重建

第247號　希臘古城埃皮道羅斯

文化遺產：聖地和「古希臘的盧爾德斯」；阿斯克雷皮奧斯即體育比賽的場所，它始終處於奧林匹克和德爾斐比賽的影響之下；屬於聖地，有可容納12000名觀衆的劇場，其面積為76.3×76.3公尺的正方形客棧、浴室、健身房、摔跤學校、面積為13.3×9.4公尺的阿爾特彌斯神廟、特彌斯神廟，四周環繞著多立克式立柱列的阿斯克雷皮奧斯神廟，阿巴通—一個面積為70×9.5公尺的愛奧尼亞柱型的柱廊，溫泉以及有一個181.3公尺長跑道的，面積為196.4×23公尺的運動場

所屬洲：歐洲

所屬國：希臘，（伯羅奔尼撒）

地點：埃皮道羅斯，在科林特東南

列入名錄年份：1988年

意義：阿斯克雷皮奧斯神崇拜的搖籃

大事記：

西元前6世紀　聖地建築

西元前3世紀　建造劇場

267年　哥特人入侵，聖地被毀

426年　狄奧多西皇帝關閉聖地

1948～1951年　考古發掘

第248號　米斯特拉斯

文化遺產：拜占庭的上、下城，素稱「女統治者」，是學者新柏拉圖派哲學家格奧爾基斯托斯·格米斯托·柏雷通的家鄉；有傑出的建築物如聖德米特里厄斯教堂—一個三堂大教堂，內有描繪德米特里厄斯生活值得注意的壁畫；還有佩里弗雷普托斯修道院，內有16世紀所謂的「克里特學校」，還有潘塔納薩修道院；弗龍托西翁修道院，內有米斯特拉斯專制君主的墓穴，還有飾有值得一看的濕壁畫的阿基亞·索非亞，如濕壁畫「復活」和「馬利亞之死」，此外還有呈L形的君主的宮殿和高612公尺的法蘭克人城堡

所屬洲：歐洲

所屬國：希臘，（伯羅奔尼撒）

地點：米斯特拉斯，在斯巴達以西

列入名錄年份：1989年

意義：拜占庭中、晚期建築和藝術的一個傑出的範例

大事記：

1239年　根據吉勞默·維勒哈杜因的命令，在歐羅塔斯山谷修築城堡

1263年　拜占庭人接收米斯特拉斯

1265年　法蘭克人戰勝拜占庭

1309年　建造聖德米特里厄斯教堂

1347～1354年　在約翰內斯六世時期，米斯特拉斯一個專制君主的稱號授予卡塔庫西諾斯

1350年　資助建造阿基亞·索非亞

1428年　建立潘塔納薩修道院

1459年　被土耳其人占領

1687～1725年　威尼斯統治這個城市

1770年　阿爾巴尼亞人入侵，城市被毀

1832年　最終放棄城市

第249號　奧林匹亞遺址

文化遺產：除德洛斯、德爾斐和雅典之外的古典希臘文化的重要祭禮中心；考古發掘地位於克拉德尼斯河、阿爾斐厄斯河與克羅諾斯丘陵之間。給人最深印象的建築物有宙斯神廟，廟內有10.4公尺高的灰岩柱，還有嚴謹的多立克式的赫拉神廟（Heraion），6×11多立克式立柱的母親神廟（Metroon）；在克羅諾斯丘陵山麓有寶藏屋，有

埃皮道羅斯古城

類似運動場的220×120公尺的廣場的健身房、浴室建築、費迪阿斯手工工場，由雷奧尼達斯建造的古希臘客棧（Leonidaion），本特廳—由於它產生的七倍回聲，也被稱為回聲廳，以及有奧林匹亞跑道的運動場

所屬洲：歐洲

所屬國：希臘（伯羅奔尼撒）

地點：奧林匹亞，在皮爾戈斯以東

列入名錄年份：1989年

意義：宙斯崇拜的中心和奧林匹克運動會的搖籃

大事記：

西元前776年　古代奧林匹克運動會開始

西元前708年　首次舉行五項全能比賽

自西元前520年　負重比賽

約西元前457年　宙斯神廟建成

自西元前384年　馬駒賽車

約67年　建造尼祿皇帝的別墅

393年　最後一次古代奧運會

420年　祭宙斯的畫像運往拜占庭

475年　祭宙斯的畫像被毀

1875年　首次進行系統發掘

1896年　在雅典進行第一屆近代奧運會

第250號　羅得斯—中世紀的城市

文化遺產：中世紀的羅得斯，其中有拜占庭衛城殘餘的約翰尼團首領的宮殿，有奧維爾格內騎士小客棧、三堂的馬利亞教堂、鑲嵌著約翰尼特騎士團首領150多枚徽章的城牆和八段堅固的防禦工事，還有作為城牆部分的埃卡特里尼門、塔拉斯西尼門和「義大利人塔樓」

所屬洲：歐洲

所屬國：希臘（多德卡內斯）

地點：羅得斯古城，在羅得斯島的北端

列入名錄年份：1988年

意義：上城作為最美麗的哥德式建築群之一，下城則體現了哥德式與鄂斯曼建築風格的一種和諧的融合

大事記：

西元前408年　歷史上的建立年份

西元前3～前2世紀　建造有雅典娜神廟、宙斯神廟和劇場的衛城

1306年　羅得斯首批約翰尼特騎士登陸

1309年　耶路撒冷的聖約翰騎士團統治（今日稱為馬爾他騎士團）

1480年　被蘇丹穆罕默德的艦隊和陸軍包圍

1476～1505年　在首領皮埃爾·奧巴森領導下，全面修建城牆

1515～1517年　建造「義大利人的塔樓」

1522年12月26日　卓越的蘇里曼蘇丹讓十字軍騎士自由撤退

1523～1912年　置於土耳其統治之下

1856年　首領的宮殿毀於爆炸

1911～1912年　義大利占領

1912～1945年　義大利考古學家發掘衛城

1940年　重建首領的宮殿

1981年　發掘聖大教堂的教堂內部
1988年　全面修復首領宮殿
1996年　修復阿波羅神廟和女神廟

第251號　薩摩斯島的畢達哥拉斯神廟和赫拉神廟

文化遺產：赫拉聖地遺址—建於西元前6世紀，面積為102×52公尺，是那個時代最大的神廟；古希臘港口城市畢達哥拉斯，內有波利克拉提斯古希臘防波堤遺跡，還有建於西元前4世紀的6.5公里長的城牆，此外還有35座神廟和12扇大門、古希臘住宅城，以及用來供水長達1公里的歐帕利諾斯隧道

所屬洲：歐洲
所屬國：希臘（斯波拉登以南）
地點：畢達哥拉斯神廟和赫拉神廟，位於薩摩斯島上薩摩斯城的西南
列入名錄年份：1992年
意義：薩摩斯島悠久居住歷史的見證
大事記：
約西元前1000年　愛奧尼亞的希臘人定居
西元前532～前522年　專制君主波利克拉提斯統治的興盛時期
西元前522年　波斯人處死波利克拉提斯
西元前439年　伯里克利軍隊占領
西元前133年　劃入羅馬帝國
1207年　法蘭克人占領
1475年　土耳其人占領
1821年　參加希臘解放戰爭
1832年　獨立的侯爵領地
1910年　赫拉神廟開始考古發掘
1912年　加入希臘
1963年　在宙斯的妻子赫拉的誕生地，發現了聖利哥斯樹

第252號　薩洛尼基的早期基督教和拜占庭文物古蹟

文化遺產：早期基督教和拜占庭的文物古蹟，例如五堂的埃基厄斯·德米特里厄斯教堂—獻給城市的保護人聖德米特里厄斯；昔日的銅匠教堂帕納基亞·夏爾克教堂；羅通達，原本是一處皇帝陵墓，在4世紀末改建為一個教堂還有埃基亞·索非亞教堂；有位於城牆以東的埃基厄斯·尼古拉·奧法諾斯教堂（14世紀），該教堂有大理石的三門畫牆；有埃基厄斯·潘特萊莫諾斯教堂；以及聖奧托科斯·佩里弗萊普托斯修道院的主教堂

所屬洲：歐洲
所屬國：希臘
地點：特薩洛尼基
列入名錄年份：1988年
意義：早期基督教文明和拜占庭文明的重要見證
大事記：
305年　建造羅通達
904年　薩拉遜人攻擊特薩洛尼基，22000名居民被強抓去當奴隸
1028年　建造帕納基亞·夏爾克教堂
1185年　被西西里的諾曼地國王軍隊占領
1205年　蒙特非拉特的波尼法提烏斯十字軍騎士開

薩洛尼基遺址

始統治
1310～1320年　在埃基厄斯·尼古拉·奧法諾斯教堂的繪畫
1430年　被土耳其占領
1470～1500年　來自巴伐利亞和匈牙利的猶太人定居
1568～1571年　埃基厄斯·潘特萊莫諾斯教堂改建成一個清真寺
1821年　反對土耳其人的一次起義失敗
1912年10月26日　這座城市歸希臘
1917年　城市失火
1959～1960年　修復埃基厄斯·尼古拉·奧法諾斯教堂
1978年　地震
1996年　建立羅通達博物館

第253號　維吉納考古地

文化遺產：考古地維吉維，指的是古代馬其頓王國的第一個首都埃加伊。有一個宮殿的殘餘（西元前4世紀），宮殿室內面積45×45公尺，並有13個宴會廳的痕跡，還有一個劇場的遺跡；一個直徑為110公尺，有著三位國王墓穴，以及馬其頓腓力二世9.5×4.5公尺陵墓的古墳，此外還有300多個墳丘，其中部分建於西元前11～8世；還有歐基里德神廟，廟中有歐里迪克女王一亞歷山大大帝祖母供奉的贈品；以及衛城和城牆（西元前4～3世紀）

所屬洲：歐洲
所屬國：希臘（馬其頓中部）
地點：維吉納
列入名錄年份：1996年
意義：馬其頓王國時期的重要見證

大事記：
西元前336年　馬其頓的腓力二世逝世
西元前310年　亞歷山大四世逝世—亞歷山大大帝和羅克薩內的兒子，遺體估計安放在國王墓穴的「3號墓」內
約西元前290年　建造維吉維宮殿
1977年　發現一個尚未劫掠一空的國王墓穴，可能是馬其頓國王腓力二世的陵墓
1997年　國王墓穴的墳丘重建後，那裡的考古博物館開幕

第66號　雅典衛城
（參見140～141頁）

第67號　梅泰奧拉修道院
（參見142～143頁）

■英國

第254號　布萊尼姆宮

文化遺產：建造宮殿是為了酬謝約翰·邱吉爾—赫希斯泰特戰役的勝利者，歷史上稱之為「布萊尼姆戰役」，按照約翰·馮布魯的設計，建成有三個側翼的建築；在大廳裡有詹姆士·托恩希爾先生和路易·拉蓋勒先生的濕壁畫；是後來的總理和諾貝爾文學獎（1953年）得主溫斯頓·邱吉爾（1874～1965年）的誕生地

所屬洲：歐洲
所屬國：英國（牛津郡）
地點：布萊尼姆宮，在牛津附近
列入名錄年份：1987年
意義：18世紀一個英國貴族宅第的傑出範例

大事記：
1704年8月13日　在多瑙河畔的赫希斯泰特戰役中，約翰·邱吉爾和杜克·馬爾伯勒的軍隊戰勝法國和巴伐利亞聯軍
1705～1722年　建造鄉間宮殿和浪漫主義花園
1874年　溫斯頓·邱吉爾誕生—後來的貿易和內務部長、財政大臣，第二次世界大戰中第一位英國海軍勳爵和總理
1925～1932年　以法國園藝建築師安德烈·拉·諾特勒的鑑賞力重建花園

第255號　達勒姆的城堡和大教堂

文化遺產：三層的英國—諾曼地大教堂，連同厚度為2公尺的拱廊和諾曼地的城堡建築，是後來的達勒姆主教所在地

所屬洲：歐洲
所屬國：英國（達勒姆郡）
地點：達勒姆，在威爾河上游，在泰恩河上的新城堡以南
列入名錄年份：1986年
意義：早期修道院生活和諾曼地教堂建築，與以諾曼地風格建造的達勒姆城堡和侯爵主教宮結合的珍貴見證

大事記：
673～735年　尊敬的比德—英國第一位有名的歷史學家，墓葬在達勒姆大教堂
10世紀　來自林迪斯法內的僧侶定居在「鄧霍爾姆」（丘陵島），即後來的達勒姆

布萊尼姆宮

1006和1038年　蘇格蘭進攻，把英國給了征服者威廉
1071～1072年　建造達勒姆城堡—起初是一種加固戰壕的形式，以抵禦來自北方的入侵
1080年　在城堡裡建造諾曼地小教堂
1093～1140年　建造大教堂
1133年　中殿竣工
1217～1226年　建造西塔樓
1242～1280年　為聖庫斯伯特的遺物建造東聖壇和「新聖壇小教堂」
14世紀　在大教堂裡首批安葬普通教徒，內維利家族的墳墓
15世紀初　建造教堂十字交叉處的尖塔和十字形

拱廊
1622年　建造達勒姆城堡文藝復興風格的樓梯間
1650年　在鄧巴戰役後，3000名俘虜住宿在大教堂
1657年　建立大學
1724年　達尼爾‧笛福發表「大不列顛游記」，其中有對達勒姆的描述
自1832年　達勒姆城堡成為大學的達勒姆學院

第256號　愛丁堡

文化遺產：面積為0.3平方公里的古典主義新城—「蘇格蘭城市的女王」，位於王子街廣場和老城以北，城堡和耶穌受難十字架屋之間；作為文物古

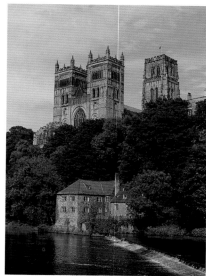
達勒姆城堡

蹟受到保護的有例如位於135公尺高的火山岩上的愛丁堡城堡、聖伊萊斯大教堂、耶穌受難十字架大修道院和耶穌受難十字架屋；位於城堡和耶穌受難十字架屋宮殿之間的皇家街區（國王街區），即今日的廣場、草坪市集、大街和卡農街。草坪市集有著六層樓的商人大樓格萊斯頓地區，大街有呈心狀的馬賽克拼嵌圖案「中洛鍚安郡的心」，還有約翰‧克諾克斯屋、卡農街連同卡農市政廳—昔日的市政廳和城市監獄
所屬洲：歐洲
所屬國：英國
地點：愛丁堡
列入名錄年份：1995年
意義：由一個中世紀城堡統治的老城和18世紀新古典主義的新城作為相互對立，然而又是很諧調的城市
大事記：
1057～1093年　在國王馬爾科姆三世肯莫勒統治下，修造一個城堡建築
約1090年　建造城堡的瑪格麗特小教堂
1128年　建造耶穌受難十字架大修道院
1387～1495年　建造聖伊萊斯大教堂
約1500年　開始建造耶穌受難十字架大修道院

1544年和1547年　亨利八世的軍隊破壞城市
1568～1571年　英格蘭軍隊包圍城堡，但徒勞無功
1631年　建設格萊斯頓地區
1767年　詹姆士‧克雷格進行第一個新城的規劃
1791年　建造夏洛特廣場
1802年　第二個新城的規劃
1822年　喬治四世國王來訪，在英國和蘇格蘭之間進行調解
1988年　在歐洲環境保護年，由於新城修復了而受到表彰

第257號　斯遷德萊國王公園和福恩廷大修道院遺跡

文化遺產：西妥教團大修道院的遺跡，其中有123公尺長的晚期羅馬式的教堂、修道會會議廳、修士寢室、100公尺長的僧侶修道院、未授聖職的僧侶的寢廳和醫院；廣闊的公園設施和一個用文藝復興風格建造的地主莊園宅第「福恩廷大廳」
所屬洲：歐洲
所屬國：英國（北約克郡）
地點：福恩廷大修道院，在約克郡的西北
列入名錄年份：1986年
意義：一個建於18～19世紀，形式上令人神往的花園風光，包括福恩廷大修道院和新哥德式福恩廷大廳的遺跡
大事記：
1132年　聖馬利大修道院（約克）的修士建造修道院，採納西妥教團的教規
1135～1147年　建造大修道院教堂的主殿和側殿
13世紀　建造早期哥德式的「九聖壇小教堂」
1539年　解散修道院
1598～1611年　建造福恩廷大廳，大修道院部分拆除，旨在為建造福恩廷大廳獲取建築材料
1727年　建造有八角塔樓的斯遷德萊國王花園，「虔誠神廟」和月亮池塘

第258號　「巨人路」及其海濱

自然遺產：海濱大路有著6公里長、90公尺高的危岩；37000根分別為四邊形、六邊形、七邊形和八邊形柱子矗立在海面上，其中有12公尺高的「巨人管風琴」
所屬洲：歐洲
所屬國：英國
地點：在安特里姆高原的邊緣，在波特拉施以東
列入名錄年份：1986年
意義：第三紀（在5～6千萬年前）火山起源的地質地層，作為地球史發展的重要例證
大事記：
5500萬年前　火山活動期
15000年前　形成今天的海濱大路
1740年　發表巨人路的草圖
1883年　開放一次從波特拉施至巨人路的電車路線
1967～1968年　營救於1588年在海濱大路前下沉的「吉羅納」—載著西班牙大型艦隊的寶藏
1989年　聲明海濱大路地區在地形上具有全國的意義

第259號　高昂

自然遺產：自1938年屬於英國，1976年起置於自然保護之列，面積65平方公里，此外還有三個航海區的水域；高度達到910公尺，是第三紀一個被侵蝕的火山地塊
所屬洲：歐洲
所屬國：英國
地點：在南大西洋特里斯坦達庫尼亞的東南
列入名錄年份：1995年
意義：世界上最重要的海鳥孵化地和低溫氣候區中最後一個未被污染的島嶼生態系統
動植物誌：高島上有12個本地植物類別以及49種只在高島和特里斯坦群島出現的植物；植物例如金雀花蘆葦，但也有屬於長條懒類植物的鐵板棕櫚科和屬於十字荊刺植物的Phylica arborea，屬於三尖角植物的枝條類Tetroncium magellanicium；54種鳥類22種在此孵化，有20種海鳥；是世界上48%的企鵝類Eudyptes chrysocome moseleyi的孵化地，是大海燕、漫遊信天翁和巨型南方海燕的重要孵化地，此外還有只生長在此的高島池雞和約1000對高島黃巫屬；在哺乳動物中有多至20萬頭南方海熊和約100頭南方海象

巨人之路

第260號 愛德華一世國王在格溫内思的城堡和修築防禦工事的城市

文化遺產：由國王建築師詹姆士·聖喬治（1309年逝世）設計的肯溫城堡，是愛德華一世國王第一個城堡建築，哈萊希（美麗的山崖），卡那封和博馬里斯（美麗的平地）

所屬洲：歐洲

所屬國：英國（北威爾斯）

地點：卡那封，肯威和哈萊希，在昔日的格溫内思伯爵領地的斯諾登尼亞國家公園的邊緣；博馬里斯在安格爾西島上

列入名錄年份：1986年

意義：愛德華一世國王（1272～1307年）統治時期保存完好的、歐洲級別軍事建築

大事記：

1283～1327年 卡那封城堡

1283～1289年 肯威城堡（肯威河），築有4.5公尺厚的圍牆和8座鼓樓

1290～1293年 在詹姆士·聖喬治的指揮下建造哈萊希城堡

1295～1330年 博馬里斯城堡

14世紀 馬利教堂（卡那封），並建有土堤塔樓（鐘樓，自1740年為法衣室）

1628年 肯威城堡賣給肯威子爵

1914年 哈萊希城堡歸國家所有

1953年 肯威城堡置於文物保護之列

1969年7月1日 在卡那封城堡，查爾斯王子加冕為威爾斯王子

第261號 哈德良長城

文化遺產：哈德良皇帝統治時期，在英格蘭和蘇格蘭之間修築的羅馬防禦圍牆。圍牆長118公里，部分牆段由石塊構築，高至6公尺，此外還通過壕溝和土牆予以加固，在壕溝與圍牆之間是一條6公尺寬的通道，總共有17個堡壘，例如在沃爾森德的西格頓努姆堡壘、豪西斯提德堡壘、切斯特堡壘，以及在溫多蘭達發掘地有一段改建的哈德良長城

所屬洲：歐洲

所屬國：英國（北安貝蘭德）

地點：位於索爾威灣的博尼斯和沃爾森德之間，在卡萊恩以西，泰恩河上的新城堡以東

列入名錄年份：1987年

意義：羅馬人地理政治學的觀察方式和軍事戰略的一個給人以深刻印象的範例

大事記：

約122～133年 在哈德良皇帝統治時期，修築「英格蘭的界牆」

138年 哈德良逝世，安東尼奧·庇護（攝政期138～161年）統治時期，在哈德良長城北面修築安東尼奧長城

297年 遭居爾特人的襲擊

367年 反抗羅馬的起義

約400年 哈德良長城部分受損，估計放棄了哈德良長城

1745年 利用採石場修築新城堡及卡萊爾大道

1878年 在溫多蘭達堡壘附近發掘

1906年 開始發掘科布里奇

1998年 發掘西格頓努姆堡壘、博多斯沃爾德堡壘和阿貝亞堡壘

1999～2000年 沃爾森德的西格頓努姆博物館正式開放，並有重建的羅馬公共浴池

哈德良長城

第262號 南太平洋的亨德爾松島

自然遺產：在皮特克恩群島中的面積為37平方公里的島；由珊瑚灰岩構成，在島的北部、西北和東北部有一條200公尺寬的邊緣礁

所屬洲：澳洲、大洋洲

所屬國：英國（皮特克恩島）

地點：亨德爾松島，在皮特克恩島東北偏東方向，伊納以東，達西以西

列入名錄年份：1988年

意義：世界上為數不多的、無人涉足的環形珊瑚島之一，被看成是研究海島進化的一個「實驗室」

動植物誌：存在有異香脂屬，柳穿魚屬、盤旋樹（tectorius），亨德爾松梭鱸樹、鐵仔屬（hoskae）；鳥類例如有不會飛的秧雞類Nesophylax ater、緋紅鸚科Vini stepheni、絨毛足鴿子類Ptilinopus insularis和葦濱雀類Acrocephalus vaughani taiti，假面鰹鳥、紅尾熱帶鳥、Noddi一和仙女燕鷗（亞科）

第263號 鐵橋的工業文物古蹟

文化遺產：18世紀的，面積為15平方公里的工業建築和工人住宅

所屬洲：歐洲

所屬國：英國

地點：塞汶河河谷的鐵橋，在什羅普郡伯明罕的西北

列入名錄年份：1986年

意義：18世紀工業化開始的世界性象徵

大事記：

1708年 出身於布里斯托的貴格會教徒阿布拉姆·達比一世在煤河谷租了高爐

1717年 建造山谷屋

1779～1781年 用484噸鑄鐵建造鐵橋

1780年 建造木工區，煤河谷公司工人的宿舍區

1786年 建造海員隧道—連接布利斯特山的礦山和塞汶河

1796年 在煤港建造一個瓷器手工工場

1820年 在瓷器生產上引進無鉛塘瓷

1830～1840年 建造布利斯特山高爐，1912年高爐停產

1926年 關閉煤港的瓷器手工工場

第264號 倫敦塔

文化遺產：多次擴建的防禦設施和國王王宮，其中有聖托馬斯塔樓和叛徒門，有從水路到該塔的通道；有布拉迪塔樓和韋克菲爾德塔樓，有珍藏著價值連城的王冠寶石的珠寶屋，以及35.9×32.6×27.4公尺的白塔一防禦設施的核心部分

所屬洲：歐洲

所屬國：英國

地點：倫敦

列入名錄年份：1988年

意義：英國王朝的一個象徵

大事記：

1066～1087年 征服者威廉統治時期，在舊的羅馬城牆旁建造白塔

1216～1272年 亨利三世統治時期修築内圍牆

1275～1285年 愛德華一世（1272～1307年）統治時期，向西、北和東擴建防禦設施

1307年 放棄作為王宮的韋克菲爾德塔樓

1532年 為安妮·博林一亨利八世的第二任妻子的加冕慶典，改建聖托馬斯塔樓

1536年 安妮王后被處死

1641年 康斯特布爾塔樓改作監獄

1774年 燈籠塔樓毀於火災

1834年 關閉萊恩塔樓的動物園

1843年 城堡壕溝排水

1941年 魯道夫·赫斯一阿道夫·希特勒的副手，成了女王王朝的俘虜

1967年 珠寶屋正式對外開放

1995～1997年 在城堡壕溝進行考古發掘

第265號 倫敦的威斯敏斯特（宮殿和修道院）和瑪格麗特教堂

文化遺產：聖瑪格麗特教堂，自幾個世紀以來是英國下院的神甫教堂；今日威斯敏斯特的150多公尺長、30公尺高的聖彼得大聖堂，是依照國王亨利二世的命令所建造的，那裡豎立著無數名人的紀念碑，其中有非洲研究者大衛·利文斯通，巴洛克作曲家喬治·弗里德里希·亨德爾、小說家查理·狄更斯和溫斯頓·邱吉爾首相；英國的君主例如查理二世、馬利亞、斯圖亞特和伊麗莎白一世都安葬在此；建有威斯敏斯特大廳的威斯敏斯特宮，具有500年歷史的國王的王宮和法院大樓，以及今日有著1000多個房間的議會大廈

所屬洲：歐洲

所屬國：英國

地點：威斯敏斯特城，倫敦

列入名錄年份：1987年

意義：作為大英帝國君王的加冕地點有著特別的象徵意義和歷史意義

大事記：

7～8世紀 在今日威斯敏斯特修道院的地方建造教堂

1050年 擁護者愛德華委託新建教堂和修道院

1066年12月25日 征服者威廉在尚未竣工的修道院加冕

1245年 開始建造今日尚存的威斯敏斯特修道院教堂

1540年 威斯敏斯特修道院改作為大教堂用

1556年 恢復馬利亞一世時期的老狀態

1649年 卡爾一世在威斯敏斯特大廳判處死刑

19世紀 聖瑪格麗特教堂徹底改建成新哥德式風格

1834年 威斯敏斯特宮殿區失火

1840～1860年 建造新哥德式的英國下議院和英國上議院

1858年 「大本」竣工

1940年5月 由於德國空襲，英國下議院遭到嚴重破壞

1953年 伊麗莎白二世在威斯敏斯特修道院加冕

倫敦塔

第266號 聖基爾達群島

自然遺產：包括有西爾塔、但恩、索艾和博雷島的群島，屬於一個第三紀火山圈的一部分；是高達430公尺的【西爾塔島的科那切爾高地】、極其驚險的峭壁風化的結果；直到1930年群島上有人居住，自1957年關為自然保護區，保護面積為853平方公里

所屬洲：歐洲

所屬國：英國（蘇格蘭）

地點：西爾塔、但恩、索艾和博雷島，在北尤伊斯特以西（外赫布里底島）

列入名錄年份：1985年

意義：受到生存威脅的鳥類的重要庇護所，其中

倫敦的威斯敏斯特

有大群的潛水鸕鷀科和低音鰹鳥

動植物誌：有130種植物類別，例如日爾曼耳葉苔、耐鹽的鐵角蕨marinum和紫菖蒲maritima，此外，如在索艾和博雷島上生長的絨毛草屬lonatus，剪股穎屬stolonifera和狐茅屬rubin，但也有北大西洋的種類，例如龍瞻屬campestris；只在這裏出現的西爾塔田鼠和聖基爾島鸚鴒，是世界上低音鰹鳥的最大孵化地（1994年：60428對），是冰上管鼻蠅在英國的最大和最老的居住地（30000對），在英國島嶼安家的潛水鸕鷀科的一半生長在這裏，估計有30萬對；有波浪小豬，還有海豹和索艾產野綿羊

第267號　巨石文化的巨石陣、埃弗伯里及其文物古蹟

文化遺產：用石頭疊起的低矮的、呈圓圈的圍牆，尚存的最大的「石柱」高6.7公尺、重45噸；在巨石墳墓上修築的、長達2.8公里的宗教儀式行進路，以及巨石墳墓如新國王古墓；在埃弗伯里有巨石陣，連同一條用200塊石頭鑲邊的路（西肯尼特路）通往奧維通高地

所屬洲：歐洲

所屬國：英國（威爾特郡）

地點：巨石陣，在索爾茲柏里以西；埃弗伯里，在馬爾伯勒以西

列入名錄年份：1986年

意義：無與倫比的史前時代遺跡

大事記：

西元前3100年　首次修築圍牆

西元前2400年　埃弗伯里的巨石陣估計鋪設完工

約西元前2100年　今日巨石陣建築基本成型；重量為4至80噸的藍石採自普里塞利山（威爾斯）

約西元前2000年　用蹄鐵型的砂岩飄礫來更新巨石陣

約西元前1100年　巨石陣的宗教儀式行進路加長

自1918年　屬國家所有

1998年　巨石陣試驗：將石塊裝在木滾筒和一個自製的木排上，從400公里遠的普里塞利山運往巨石陣

第4號　巴斯城

（參見16～17頁）

第5號　坎特伯雷大教堂、昔日的聖奧古斯丁修道院和聖馬丁教堂

（參見18～19頁）

第6號　格林威治皇家海軍學院和皇家公園

（參見20～21頁）

■瓜地馬拉

第268號　舊瓜地馬拉

文化遺產：西班牙的殖民地建築，其中有曾是五堂的聖地牙哥大教堂，西班牙巴洛克建築的傑作拉梅塞德遺跡、拉雷科萊西翁遺跡以及當時的嘉布遣會修道院拉斯嘉布遣那斯，連同「隱退塔樓」和18間修道小室

所屬洲：美洲

所屬國：瓜地馬拉

地點：瓜地馬拉，位於潘舒瓦山谷，在瓜地馬拉城的西南

列入名錄年份：1979年

意義：一個以義大利文藝復興的鑒賞力建造的當時的首都，是18世紀西班牙和美洲最美麗和最古

老的巴洛克城市之一

大事記：

1527年　建立首都穆伊‧洛貝爾和穆伊‧雷阿爾‧修達德‧聖地牙哥‧洛斯‧卡巴雷洛斯

1541年　遭洪水泛濫後泥石流的破壞

1543年　建造今日尚存的舊瓜地馬拉

1545年　聖地牙哥大教堂

1681年　聖卡洛斯‧博羅梅奧大學宣佈成立

1717年和1773年　由於地震遭到破壞

1944年　入國家文物古蹟

1976年　地震

1986～1987年　修復聖地牙哥大教堂的兩個尚存的小教堂

第269號　馬雅遺址和基里瓜考古公園

文化遺產：一個馬雅祭祀場所的遺址，有神廟建築、石柱和具有動物形狀的石塊；其中石柱D、F和E的高度在7.6公尺～18.6公尺之間

所屬洲：美洲

所屬國：瓜地馬拉

地點：基里瓜，位於莫塔瓜河畔，在宏都拉斯海灣的西南，在科潘以北（宏都拉斯）

列入名錄年份：1981年

意義：研究馬雅文化的一個重要源泉

大事記：

西元前250～西元300年　估計中最早的居住點

725年　考阿克‧天登基即位

746～810年　12根石柱，4個具有動物形狀的石塊表現了神話中的動物

9世紀中葉　歷史傳說終止

1840年　科學考察旅遊者約翰‧勞埃德‧史提芬重新發現

1881年　阿爾弗萊德‧P‧莫茲萊探索

1921年　發現被稱為「A組」的整體連同神廟和石柱T和U

1979年　賓夕法尼亞大學考古學家的修葺工作

第89號　提卡爾國家公園

（參見186～187頁）

■幾內亞／象牙海岸

第270號　寧巴山自然保護區

自然遺產：1943年和1944年在幾內亞建立的面積為130平方公里，在象牙海岸建立的占地50平方公里自然保護區，寧巴山脈的最高峰是海拔1752公尺的理查德‧莫拉德山；平均年降水量為3000公釐，空氣濕度達到99%

所屬洲：非洲

所屬國：幾內亞和象牙海岸

地點：寧巴山－賴比瑞亞、幾內亞和象牙海岸三國交界處，在恩澤雷科雷的東南

列入名錄年份：1981年，1982年擴充

意義：一種獨特的胎生蛤蟆科，200種其他動物類的草原生存空間，他們是世界上唯一生活在這個自然保護區的動物

動植物誌：擁有僅在這裡出現的Blaeria rimbana物種的草原，但也有銀色樹種Protea angolen-

sis，在沿河森林帶海拔1000至1600公尺處出現了熱帶稀樹草原，以及Terminalia ivorensis占絕對優勢的原始森林，共有2000多種植物種類，其中有16種只在這裡出現；僅僅生活在這裡的200多種動物種類；另外，這裡還有一些哺乳動物，譬如Maxwell鴨和黑背鴨、矮種河馬、白腹鱗甲目動物、豹金絲雀、Kapotter，以及在該地區新發現的物種Micropotamogale lamottei、屬於狐猴的Senegalgalago和黑猩猩、獨具特色的胎生蟾蜍類Nectophrynoides occidentalis

基里瓜遺址

■海地

第90號　國家歷史公園：城堡、桑蘇西宮和拉米爾斯遺址

（參見188～189頁）

■宏都拉斯

第271號　科潘的馬雅人遺址

文化遺產：該遺址城擁有2個神廟區；高達3層、用6000個單件雕塑品裝飾而成的神廟，一座用1400個字符包裝的階梯狀神廟、大廣場和球場

所屬洲：美洲

所屬國：宏都拉斯

地點：科潘，在宏都拉斯西部的謝拉代加林羅的彼岸，位於與瓜地馬拉交界的邊境上

列入名錄年份：1980年

意義：展示馬雅文化極其重要的場所之一

大事記：

426年9月9日　亞克斯‧庫克‧莫（藍的克沙爾島—長尾鸚鵡）是科潘王朝的創始人

763年7月2日　亞克斯‧帕克（第一縷曙光）接掌了一座城市的統治權，該城位於山谷中，面積達24平方公里

773年9月26日　三層樓高的神廟舉行落成典禮
775年　最後一次改造球場
1570年　疊戈‧加西亞‧德帕拉西奧撰寫有關科潘的報告
1839年　學者約翰‧勞埃德‧史蒂芬收購科潘遺址
1891～1895年　發掘統治者的階梯狀神廟—「煙霧—貝殼」（749～763年）
1982年　成為宏都拉斯的國家級文物

第272號　生物圈裡的里奧普拉塔諾動物自然保護區

自然遺產：中美洲的第一個動物自然保護區，那裡生活著2000名印第安人。該地區包括緩衝區總面積為5000平方公里，1969年為考古國家公園，1980年成為禁獵生物圈，1996年被列入瀕危世界遺產的「紅色目錄」。200個具有重要意義的馬雅文化考古遺址

所屬洲：美洲

所屬國：宏都拉斯

地點：里奧普拉塔諾，位於宏都拉斯的東北部。

列入名錄年份：1982年

意義：中美洲最後一片占優勢的熱帶雨林和沿河森林帶之一，地勢險峻，人跡罕至。

動植物誌：占熱帶雨林面積的85%，其中包括松樹沼澤地，沿河森林帶和紅樹灌木叢；該地區是126種爬行動物和兩棲動物的生活領地；377種鳥類，其中包括鸚鵡種群，比如淡紅色的長尾鸚鵡，像火雞一樣大的樹雞（Hokkos），地球上最強大的鷹科之一，身材壯碩魁梧，體重達4公斤的大兀鷲，長著黑色羽毛，體態魁梧笨拙的黃嘴巨嘴鳥；「野蠻的獵人」，如身上帶有斑點的美洲豹和黑色的鼬鼠貓，它們都擁有引人注目的白色「珍珠斑點」；溫順的海洋動物，如西印度群島的圓尾海牛（Manati）和受到滅絕威脅的尖嘴鱷魚

■印度

第273號　阿格拉—紅色堡壘

文化遺產：由紅色砂磚礫疊砌而成的堡壘，被一堵2.5公里長的城牆和一條10公尺寬的壕溝所包圍；童話般的迷人宮殿；達沙哈吉宮殿；用白色大理石疊砌而成的卡斯‧馬哈爾宮殿和迪萬—伊卡斯接見大廳

所屬洲：亞洲

所屬國：印度（北方邦）

地點：阿格拉，位於亞穆納河的西岸，德里的南面

列入名錄年份：1983年

意義：蒙兀兒王朝統治時代最重要的建築之一

科潘遺跡

大事記：

1565年　在蒙兀兒王朝統治者阿克巴大帝（1556～1605年）的統治下建造堡壘

1566年　一直作為蒙兀兒王朝統治者們的官邸，直到阿克巴大帝去世

1632～1637年　成為「沙阿」達沙汗的官邸

1636～1637年　建造迪萬—伊卡斯接見大廳

1646～1653年　建造大理石的珍珠清真寺

1648年　蒙兀兒帝國遷都德里

1803年　英國軍隊佔領阿格拉

第274號　位於德里的哈馬雍皇帝之墓

文化遺產：用紅色砂礫疊砌而成，帶有大理石條紋的八角形陵墓，為安葬哈馬雍皇帝及其兒子們所建造

所屬洲：亞洲

所屬國：印度

地點：亞穆納河畔的陵墓，位於德里的東南邊緣地帶

列入名錄年份：1993年

意義：印度次大陸上的首座「花園陵墓」，其建築藝術達到了蒙兀兒王朝的頂峰

大事記：

1526年　德里成為蒙兀兒帝國的首都

1530～1540年和1555～1556年　蒙兀兒皇帝哈馬雍執政時期

1564～1573年　陵墓竣工，該陵墓是根據哈德希夫人—哈馬雍最年長的遺孀的要求修建的

1857年　蒙兀兒王朝的末代皇帝巴哈爾‧沙阿二世在哈馬雍陵墓旁被逮捕

第275號　卡塔比‧米納爾及其清真寺，以及德里的陵墓建築

文化遺產：用紅色砂礫和大理石建造成高達72.5公尺的「凱旋塔樓」，直徑從14.32公尺向上逐漸縮小到2.75公尺；象徵伊斯蘭教權勢的清真寺用取自27座印度教和耆那教神廟的建材建造而成；高達7.2公尺，永不生銹的鐵柱是用來頌揚國王錢德拉古普塔‧維克拉姆迪替亞，其執政期為375～413年；阿萊‧米納爾—第二座高達27公尺的未完工「凱旋塔樓」

所屬洲：亞洲

所屬國：印度

地點：拉爾各答，位於德里的南部邊緣

列入名錄年份：1993年

意義：12～14世紀印度伊斯蘭教建築藝術的範例

大事記：

1050年　創建拉爾各答

1193年　將領卡塔比—烏特—丁‧艾巴克領導下的穆斯林侵略者佔領了該城

1193～1197年　建造象徵「伊斯蘭權勢」的清真寺

1199年　開始建造卡塔比‧米納爾

1210～1220年　在清真寺周圍建造一些庭院設施

1211～1236年　伊圖特米施執政時期

1236年　在卡塔比‧米納爾附近建造伊圖特米施的陵墓

1310年　在進入卡塔比‧米納爾建築群的入口處，建造阿萊‧達爾瓦澤

1368年　重新布局和改造樓層；在第六層上加建一層樓，並且在卡塔比‧米納爾上面建造了一個穹頂

1803年　穹頂由於地震而倒塌

1829年　重新建造穹頂

第276號　埃勒凡塔島上的洞穴

文化遺產：從玄武岩中雕鑿出來的溼婆「官邸」；面積為48平方公尺的主神廟；兩位武士立於兩側鎮守城門的桑克吐姆；造物主、守衛者和反叛者—三頭的溼婆；展現溼婆和雪山神女帕爾瓦蒂婚禮場面，恒河從天而降和七聖母的浮雕；除了主神廟之外，還有另外兩座被嚴重破壞的洞穴神廟

所屬洲：亞洲

所屬國：印度（馬哈拉施特拉邦）

地點：蓋拉普利（埃勒凡塔），位於孟買東北部的一個島嶼

列入名錄年份：1987年

意義：深浮雕給人留下了深刻的印象，其中最具震撼力的當屬溼婆祭祀

大事記：

6～7世紀　建造山崖石龕和洞穴神廟

1534年　葡萄牙人獲得了經濟貿易中心—孟買

1864年　在英國殖民者的統治下，把巨大的大象雕像運到大陸上

第277號　洞穴神廟埃洛拉

文化遺產：在玄武岩上雕鑿出34座洞穴神廟（查提阿斯）和洞穴修道院（維哈拉斯），其首尾綿延長達2公里；12座佛教神廟，17座印度教神廟和5座耆那教神廟，其中有一座30平方公尺大小的印度教神廟凱拉沙

所屬洲：亞洲

所屬國：印度（馬哈拉施特拉邦）

地點：埃洛拉，位於奧蘭加巴德的西北面

列入名錄年份：1983年

意義：400多年來，在寬容理念的感召下，代表印度3個宗教流派的神廟被完好地保存了下來

大事記：

約600～800年　建造佛教洞穴神廟，如擁有20個小房間的第5號洞穴

約800～1000年　建造耆那教洞穴神廟，如英德拉—薩巴

約900年　建造印度教洞穴神廟，如拉瓦那洞穴（第14號洞穴）

1976年　發現了11座完整的洞穴神廟

第278號　蒙兀兒王朝的城市—法塔赫布爾—西克里

文化遺產：蒙兀兒帝國從前的首都，那裡保存著頗具觀賞價值的文物古蹟，如宮殿區，包括潘奇‧馬哈爾、迪萬—伊卡斯（寶石之家的大廳）的約德‧巴伊宮殿，此外還有謝赫‧薩利姆‧希斯蒂的大理石陵墓、供宮廷貴婦人們使用的那吉那‧馬斯吉德清真寺、大清真寺（杰米‧馬斯吉

埃勒凡塔島

德）和54公尺高的凱旋門（布蘭德─達瓦澤爾）

所屬洲：亞洲

所屬國：印度（北方邦）

地點：法塔赫布爾─西克里，位於阿格拉的西南面

列入名錄年份：1986年

意義：蒙兀兒王朝的首都──一個規劃完美的範例

命名：法塔赫布爾─西克里的印度語原意為「凱旋之城」

大事記：

1556～1605年　蒙兀兒王朝統治者阿卡巴執政

1568年　阿卡巴和神秘主義者謝赫·薩利姆·希斯蒂會面

1569年8月20日　王位繼承者達施哈吉爾出世

1569～1574年　在西克里小山丘上建造一座王府

1571年　建造一堵長達10公里的防禦城牆和一座帶有一個109×133公尺見方庭院的清真寺。那裡矗立著神聖的謝赫·薩利姆·希斯蒂的大理石陵墓

1572年　改名為法塔赫布爾─西克里

1575～1576年　建造高達54公尺的布蘭德─達瓦澤爾凱旋門

1585～1586年　放棄蒙兀兒帝國的首都地位

1619年　達施哈吉爾由於一次瘟疫而暫時從阿格拉遷往法赫布爾─西克里

1882年　考古發掘開始

埃洛拉

第279號　古果阿（韋爾哈─果阿）的教堂和修道院

文化遺產：其中部分教堂，如博姆耶穌教堂（在火災之後於1783年重建），一座十字架形狀、用磚瓦建造的耶穌會士教堂，天主教耶穌會創始人之一聖弗朗西斯科·德賈蘇·伊·澤維爾（1506～1552年）的陵墓座落其中；根據騎士團創始人卡耶坦·達·蒂納命名的聖卡耶坦教堂（1650～1661年）；裡面供奉著聖卡塔琳娜·瑪·亞歷山

德里亞的「塞大教堂」；聖方濟會教堂（1661年）；可愛的十字架祈禱夫人教堂和修道院，如堡壘式的聖莫尼卡修士修道院（1606～1627年）和創造奇蹟的十字架修道院

所屬洲：亞洲

所屬國：印度（果阿）

地點：韋爾哈，果阿／古果阿，位於帕納吉的東面

列入名錄年份：1986年

意義：印度次大陸上的傳教和矯飾派的傳播，以及亞洲巴洛克藝術風格的見證

大事記：

11世紀　創建婆羅門居住區

1342年　阿拉伯旅行家伊本·巴圖泰造訪此地

1469年　被巴馬尼蘇丹征服

1510年　被葡萄牙軍隊佔領

1540年　摧毀所有的印度教神廟

1562～1619年　建造塞大教堂，一座80公尺長的文藝復興時期建築物

1622年　為死於尚川（廣東附近）的弗朗西斯科·德賈蘇·伊·澤維爾救封聖徒稱號

1635年　爆發瘟疫

1774年　廢除宗教法庭

1961年　印度軍隊進駐

1987年　果阿成為印度聯邦的第25個邦

第280號　哈姆皮的神廟區

文化遺產：「印度的馬丘比丘」─從前大印度末代王國維吉亞那格的首都，16世紀時成為香料貿易中心；擁有令人印象深刻的文物古蹟，如維魯帕克沙神廟那52公尺高的金字塔塔樓（戈普拉姆）、「王后們的浴室」、蓮花馬哈爾，用6.7公尺見方的整塊石料鑿鑿而成的雕像烏格拉·納拉西姆哈，它也以拉塔施米·納拉西姆哈而出名，以及維塔拉神廟建築群

第281號　卡齊朗格國家公園

自然遺產：方圓429.96平方公里，位於米吉爾山麓（直到海拔1220公尺），其中2/3被5公尺高的紫狼尾草所覆蓋，並且定期被布拉馬普德拉河所淹沒。1908年，該地區成為自然保護區，1974年最終被定為國家公園

所屬洲：亞洲

所屬國：印度（阿薩姆邦）

地點：在布拉馬普德拉河畔，位於那卡翁和戈拉卡塔地區，與博卡克哈特毗鄰

列入名錄年份：1985年

意義：印度北方的最後一個原始國家公園，並且是世界上最大的印度鋼甲犀牛種群的生活區

動植物誌：熱帶雨林、沼澤地和草原。也是15種生活在印度的瀕危哺乳動物，約1250頭甲殼犀牛和約1100頭印度大象的生活區，此外這裡還生活著恒河海豚、豹、老虎、嘴唇熊，屬於斑點鹿類的豬鹿，屬於牡赤鹿類的Barasingha和印度Sambar；還有100多種鳥類，如印度大鶴、巽他禿鸛、青銅果實鴿子和白尾鵾

第282號　基奧拉德奧國家公園

自然遺產：世界上最重要的鳥類保護區之一，自從1982年起成為國家公園，並且也以珀勒德布爾和基奧拉德奧─加納國家公園的名稱而出名，其面積為29平方公里，其中11平方公里為濕地

所屬洲：亞洲

所屬國：印度（拉賈斯坦邦）

地點：珀勒德布爾，位於德里的南面

列入名錄年份：1985年

意義：是珀勒德布爾君王從前狩獵的圍場，也是來自阿富汗、土庫曼、中國和西伯利亞的水禽在亞洲最重要的越冬場所

動植物誌：在濕地中生活著364種鳥類，那裡也是條紋漫游鵝、長矛鴨（長著鹿的叉角）、瀕臨滅絕的松針毒蛾鶴（雪鶴）、印度大鶴、印度鷺鶴、白色的Sichler、紫鷺、中等鷺和大白鷺的孵化地。同時還生活著大約400對琵鷺、鬈髮鵜鶘、蛇頸鳥和Mohrenscharben；此外還有Axis鹿、Nilgauantilopen、獼猴和頸圈鸚鵡

第283號　科納拉克的太陽神廟

文化遺產：「太陽之地」裡的印度宗教建築中的一顆璀璨明珠，「太陽之地」的印度語為「科納

拉克」。該神廟由1200名石匠和建築師通力合作修建而成，並以「奧里薩邦黑色的圓頂寺院建築」而聞名遐邇。它是一個「舉行太陽神宗教儀式的石雕神隊」，並由石頭大象端立兩側，其24只幾乎高達3公尺的車輪和8個輪輻則作為蘇爾亞神廟基座的裝飾品，該太陽神車由7匹馬牽引

基奧拉德奧國家公園

所屬洲：亞洲

所屬國：印度（奧里薩邦）

地點：科納拉克，位於卡爾庫塔的西南面

列入名錄年份：1984年

意義：太陽神的車輛化為石頭，是13世紀印度最著名的文物古蹟之一

大事記：

13世紀中葉　在國王納拉辛哈·德瓦一世統治下建造的神廟建築

在14世紀初期　神廟倒塌，緊接著80公尺高的神廟塔樓也坍塌

第284號　馬哈伯里普朗神廟區

文化遺產：由帕拉維國王們捐贈，用花崗岩建造的「海灘神廟」，其主要的引人入勝處是32×14公尺見方的浮雕，它演繹了飄洋過海的神話傳說，也被稱為「阿瓊那的懺悔」。此外，還有5座小神廟被稱為「拉塔斯」或者「神廟車」其中包括最小的德芬巴底─拉塔神廟和最大的達摩拉亞─拉塔多屋神廟，以及用獅子柱子裝飾的比馬─拉塔神廟，其面積為16×8公尺見方。瓦哈瓦洞穴擁有4位著名的帕拉維守門人，馬赫沙馬丁尼洞穴擁有梵文詩篇和德維·馬哈特邁耶的繪畫雕飾花紋

所屬洲：亞洲

所屬國：印度（泰米爾納德邦）

地點：馬哈伯里普朗·科羅芒得海濱，位於馬德拉斯的南面

列入名錄年份：1984年

意義：始建於7～8世紀的古蹟，擁有無與倫比的浮雕和雕塑，用於祭拜溼婆和維什努

大事記：

600～630年　在馬亨德拉維爾曼一世統治時期，開始興建馬哈伯普朗

630～668年　納拉辛哈維爾曼一世執政時期

690～715年　在納拉辛哈維爾曼二世拉賈西姆哈的統治時期建造「海灘神廟」

第285號 馬納斯野生動物保護區

自然遺產：2837.12平方公里的馬納斯是野生老虎的樂園，其中核心區域為500平方公里的馬納斯國家公園。該地區自1928年起成為野生動物保護區；從1990年起成為國家公園。長期以來，這裡的動物常常受到偷獵者和內亂的威脅，生存環境惡劣，生命岌岌可危。僅在1993年，生活在保護區裡的1/3犀牛被捕被捕殺

所屬洲：亞洲

所屬國：印度（阿薩姆邦）

地點：伯爾貝達的北面，位於伯爾貝達和科克拉耶地區，與不丹毗鄰

列入名錄年份：1985年

意義：瀕危的動物種群在喜馬拉雅山麓的生存空間，那裡生活著許多野生動物，如印度大象、印度鋼甲犀牛、孟加拉虎和膽怯的Goldlanguren

科納拉克

動植物誌：淺綠色的熱帶雨林、熱帶潮溼雨林、山地熱帶稀樹草原和開闊的草地平原；55種哺乳動物、36種爬行動物和3種兩棲動物；約80隻孟加拉虎、12隻犀牛、Schopflanguren和Goldlanguren、後者是一種膽怯的樹猴；共有2000頭印度大象生活在與不丹交界的邊境兩側，此外還有矮腳野豬、雲豹和屬於貓科的Binturong；450多種鳥類，如年鳥、黑白、珍稀的Argala-禿鸛和Sunda禿鸛

第286號 國家公園楠達德維山

自然遺產：630.33平方公里的保護區擁有70座被冰雪覆蓋的山峰，從而構成一道天然屏障；所有山峰都在海拔6400公尺以上，其中包括杜那吉里峰（7066公尺）、錢格邦峰（6864公尺）、東楠達德維山（7434公尺）和特里蘇山（7120公尺）；上里什坦谷擁有錢格邦山冰河，位於北部和冰河中的北里什和北楠達德維山，以及位於南部的南楠達德維山和南里什；從1939年起該地區成為野

生動物保護區，從1982年起成為國家公園。1883年，威·威·格雷厄姆曾率部首次推進到喜馬拉雅山的這塊地區，這是有據可查的

所屬洲：亞洲

所屬國：印度（北方邦，位於杰英利地區）

地點：格拉瓦－喜馬拉雅山，位於喬斯喜馬德的東面

列入名錄年份：1988年

意義：喜馬拉雅山地區最引人注目的「原始風景」之一，擁有海拔7871公尺的楠達德維山，以及瀕危動物生活區，如雪豹

動植物誌：生長在海拔3350公尺的雲杉、樺樹、杜鵑花、歐洲刺柏、高山草皮和灌木叢；620種植物種類；14種哺乳動物，包括藍羊、麝、屬於森林山羊的Goral和Serau，屬於半山羊的Thar、出沒無常的雪豹、黑態和棕態，以及唯一屬於瘦長猴的類人猿，它們都是杜鵑花森林的「居民」；114種鳥類、如灰胸山雀、黃腹扇尾Schnapper、紅尾鴝、堅果鉗子和森林鶇；27種蝴蝶，其中包括藍色的阿波羅絹蝶和黃鳳蝶

第287號 帕塔達卡神廟及設施

文化遺產：出自錢魯克雅王朝時代的9座印度教神廟和耆那教的一個怪地，以及桑哈姆斯維拉神廟，它也以斯里維吉亞維拉神廟的稱謂而出名；維帕克沙神廟，擁有詮釋《羅摩衍羅》（一首古印度的敘事詩）故事情節的浮雕帕帕那塔神廟；馬里卡留那神廟、尚未完工的加拉那塔神廟、亞姆布林加神廟和卡西維威拉神廟

所屬洲：亞洲

所屬國：印度（卡納塔克邦）

地點：在馬普拉巴附近的帕塔達卡，位於塔爾瓦爾的東北面

列入名錄年份：1987年

意義：在印度教神廟和耆那教神廟的建築中體現出北印度和南印度建築風格的一種和諧的統一

大事記：

696～733年　維貢亞迪塔·薩蒂亞斯哈拉耶是斯里維吉亞維拉神廟的建築師

734～745年　國王維克拉馬迪塔執政時期

740年　建造維魯帕克沙神廟—王后洛卡馬哈德維的一個捐獻物

744年　馬里卡留那神廟竣工

750年　建造帕那塔神廟

第288號 桑奇的佛教聖地

文化遺產：印度國內最重要的佛教建築：「印度塔1號」（石頭製作的佛教墳丘和聖人遺骨小山丘），其原來高度約為17公尺，直徑約為37公尺，此外還有「印度塔2號」和「印度塔3號」；擁有眾多浮雕，其中「圖拉那斯門」反映了佛陀生活的一些場景，「印度塔1號」北門上的浮雕反映了亞塔克中的部分場景，亞塔克是一個早期佛陀化身的寫照（雕刻在第一橫樑上），並且把佛陀描繪成大象（雕刻在最高的橫樑上），西門上的浮雕把佛陀描繪成光芒四射的大樹

所屬洲：亞洲

所屬國：印度（中央邦）

地點：桑奇，位於博帕爾的東北面

列入名錄年份：1989年

意義：印度一個重要的早期佛教中心

大事記：

西元前3世紀　在皇帝阿育王的統治下為「印度塔1號」（大印度塔）舉行奠基禮

西元前200～西元後200年　建造大印度塔的四扇「壯麗輝煌的大門」

5世紀　在吉普塔王朝（320～510年）統治下，也就是在「古代印度藝術的黃金時代」中，建造了第17號神廟，也被稱為古普塔神廟

約650年　建造第18號神廟

10～11世紀　建造第45號神廟和寺院

1818年　重新發現神廟和寺院

1853年　發掘佛陀兩位弟子的聖骨

1881年　第一次修葺

1912～1919年　大規模修葺神廟設施

1936年　發現其他寺院的殘留物

第289號 孫德爾本斯國家公園

自然遺產：從1878年起成為森林保護區，從1973年12月起成為孫德爾本斯老虎保護區，占地2585平方公里，從1984年起成為國家公園。位於恒河的河口附近，布拉馬普德拉河、海格芊河和胡格利河的河口支流的西面，以及特伊利亞河的東面；河流交匯處形成大約有80萬平方公里的三角洲地區，其中紅樹林的面積大約有2320平方公里

所屬洲：亞洲

所屬國：印度（西孟加拉邦）

地點：位於加爾各答的東南面，恒河的河口地區，布拉馬普德拉河和梅格華河流域，孟加拉灣。

列入名錄年份：1987年

意義：適合在高鹽分濃度環境中生存的重要生態系統，擁有世界上最大的紅樹林群聚

動植物誌：在一個面積為1萬平方公里的土地上生長著36種紅樹，當然還有其他

樹種，如Sundari（Heritiera fomes）、Goran、Gengwa（Excoecaria agallocha）、Dundul（Carapa Obovata）、Keora（Sonneratia apetala）和Kankra；是大約250隻孟加拉虎的生活區域，此外還有恒河海豚、Leisten鱷魚、印度水獺、Axis鹿和彌猴的生活區域；有260種鳥類，其中98種是來這裡過冬的候鳥，此外還有頸圈Liest、Kappenliest和棕色Liest，以及3種翠鳥；銀色Klaffschnabel、黑頭鸛、朱鷺、琵鷺和蛇頸鳥；爬行動物有雜種龜和Batagurschild龜，以及Bindenwarane和蟒蛇；是90種魚類的產卵場

第290號 坦賈武爾的布里哈迪斯維拉神廟

文化遺產：該神廟也以佩魯烏達巨亞神廟的名稱而出名，供奉著神靈溼婆，位於西瓦加爾城堡中150×75公尺見方的中央庭院的中部，建造在一個正方形的平台上，擁有14層的塔樓（維馬那）和重達80噸的八邊形黑色花崗岩穹頂（西卡拉），被一堵高達12公尺的城牆所包圍；在神廟內部（加巴格里哈）有108尊雕像和舞姿翩翩的溼婆形象，此外還有斯里蘇布拉馬亞—它擁有一個高達16.5公尺的塔樓，斯里達克施那穆特和重達25噸的巨型南迪雕像

所屬洲：亞洲

所屬國：印度（泰米爾納德邦）

地點：坦賈武爾，位於高韋里河附近，馬德拉斯的南面和馬杜賴的東北面

列入名錄年份：1987年

意義：大量雕塑作品薈萃，並且是保存最完好的南印度神廟之一

大事記：

846～880年　喬拉王朝的國王維吉亞拉亞執政時期

985～1012年　喬拉王朝的國王拉吉拉吉執政時期

1003～1010年　建造擁有鍍金的銅屋頂塔樓的神廟設施

1758年　法國人進政坦賈武爾

1773年　坦賈武爾深受東印度公司的影響

桑奇遺址

1855年　深受英國殖民勢力的奴役
1931年　在阿拉達汗那－芒達帕姆再次發現一幅出自喬拉王朝和納亞克王朝的彩紋繪畫

第108號　阿旃陀石窟神廟
（參見224～225頁）

第109號　泰姬・瑪哈陵
（參見226～227頁）

第110號　卡久拉霍神廟區
（參見228～229頁）

印尼

第291號　科莫多島國家公園

文化遺產：2193.22平方公里的國家公園擁有森林保護區姆貝里林和那貢拉，以及自然保護區威烏爾－姆布拉克－由科莫多島和林卡島，以及衆多小島和部分弗洛勒斯海域所組成。普勞－科莫多島擁有開闊的熱帶稀樹草原；林卡島擁有「起伏的丘陵」，如多羅奧羅山（667公尺），被看作是大約3000隻科莫多巨蜥故鄉的科莫多島。估計在保護區内生活著5700種動物
所屬洲：亞洲
所屬國：印尼
地點：科莫多島，弗洛勒斯海的西面和松巴瓦的東面
列入名錄年份：1991年
意義：世界上獨一無二的科莫多巨蜥盤踞的火山區
動植物誌：植物種類有紅樹類Avicennia marina、Rhizophora mangle和stylosa，以及Bruguiera、Palmyrapalmen，屬於豆科的Cassia Javanica、羅望子果，屬於石觀音杉的Podocarpus neriifolius和屬於比格諾藤（Bignoniaceae）的Oroxylum indicum；動物種群除了科莫多巨蜥外，還有其他一些爬行動物，如大龜鱉和純種真玳瑁，屬於蛇蜥類巨蠑蟲狀盲蜥Dibamus novaeguineae、亞洲的半趾壁虎、弗洛勒斯海的森林粘板土，屬於攀援蝮科類的Elaphe subradiata、Kettenviper和屬於盲蛇科的Typhlops schmutzi；哺乳動物，如藍鯨、水牛、科莫多玄鼠和斑點Fleckenmusang；鳥類，如黃冠白鸚、綠背神仙鳥、青銅果鴿、光澤鞘翅類鴿、露尾鳶和白肚海鷹；魚類，如鯨鯊和黑尖礁鯊

第292號　普拉姆巴那印度教神廟

文化遺產：一座用演繹《羅摩衍那》敘事詩的浮雕裝飾的神廟；在中間正方形的庭院裡（110×110公尺）擁有呈階梯狀的天井，以及溼婆神廟（34×34×47公尺）；兩側擁有布拉馬神廟和維斯努神廟，連同蘇杜特神廟（角形神廟）、阿態特神廟（狹窄神廟）和克里爾神廟（保佑神廟），此外在中間區域還擁有224個同類的古蹟－可能是「還願神廟」，這些神廟作為「女儐相神廟」而聲名遠揚－而且外面的神廟區占地達390×390平方公尺
所屬洲：亞洲

阿旃陀石窟

所屬國：印尼（中央爪哇島）
地點：普拉姆巴那，位於日惹的東北面
列入名錄年份：1991年
意義：供奉著溼婆的印尼最大神廟建築群
大事記：
約856年　開始建造神廟建築群拉臘・瓊格朗，並素以普拉姆巴那神廟而著稱
約929年　自從國王欣多克斯的權力中心遷移至東爪哇島之後，普拉姆巴那便失去其重要的地位
1549年和1584年　由於幾次強烈地震，原來的232幢建築物幾乎完全倒塌
1733年　重新發現神廟建築群
1885年　開始漫無邊際地考察神廟建築群
1918年　第一次系統性的考古調查，建造一個溼婆神廟的模型
1937～1953年　對神廟有關設施進行重建和修葺
1966年　重建梵天神廟的工程竣工

第293號　考古勝地桑吉拉

文化遺產：梅加特洛普斯的白種爪哇人和埃萊克土斯猿人，以及埃萊克土斯直立人的出土化石
所屬洲：亞洲
所屬國：印尼（中央爪哇島）
地點：桑吉拉，位於蘇拉卡爾塔（梭羅）的北面
列入名錄年份：1996年
意義：這些出土化石對於研究人類的發展和演變具有重要意義
大事記：
約西元前170～前70萬年　出現所謂的爪哇人（埃萊克土斯猿人）
1859年　查理・羅伯特・達爾文的著作《物種的起源》出版
1868年　恩斯特・黑格爾（1834～1919年）的著作《自然創世的故事》出版
1889年　在靠近圖隆阿貢的沃亞克發現一塊頭蓋骨化石
1891年　荷蘭醫生歐仁・杜波依斯（1858～1940年）在特里尼爾（東爪哇）附近發現了直立行走的猿人（埃萊克土斯猿人）的一塊頭蓋骨
1936年　發現兒童的一塊頭蓋骨，距今至少190萬年
1937年　德國古生物學家古斯塔夫・海因利希・拉爾夫・馮・柯尼希斯瓦爾特發現了一塊保存完好的頭蓋骨
1952～1972年　出土其他文物和骸骨
1973年　在特里尼爾附近發現了一個埃萊克土斯直立人的化石

第294號　國家公園庫倫角

自然遺產：半島庫倫角以及哈道伊勞伊姆島、波伊倉島和帕奈坦島，從1958年起被置於保護之下；從1921年起就已存在的自然保護區喀拉喀托－由阿納加喀拉喀托、拉卡塔島、帕揚島和塞爾通島，以及環繞的珊瑚暗礁所構成；國家公園庫倫角方圓1205.51平方公里，自然保護區喀拉喀托的面積達25平方公里
所屬洲：亞洲
所屬國：印尼（西南爪哇島）
地點：雅加達和納閩島的西南面
列入名錄年份：1991年
意義：爪哇島上現存的最大的低窪常雨林，是瀕危的爪哇犀牛生活區，那裡還是研究火山現象的絕佳勝地。
動植物誌：在1883年、1952年、1992年和1994年喀拉喀托火山爆發之後，只保存了從前原始低窪常雨林的近50%，生活著大約60頭爪哇犀牛和700隻Banteng。此外，Binturon、銀色長臂猿、Haubenlangur、單峰牛、小Kleinkantschil、鬣鹿；270多種鳥類，如Bankiva和Gabelschwanzhuhn、礁石鷺和蘇門答臘鷺、班得湖鴞和魚鷹、婆羅門鷂和小軍艦鳥；爬行動物有蟒蛇、巽他－長吻鱷和Leistenkrokodil鱷；在喀拉喀托自然保護區有40種鳥類，譬如黑頭毛足鴿、紅色鞘翅類鴿和光澤鞘翅類鴿，以及黃肚野牛

第120號　婆羅浮屠佛教寺院
（參見248～249頁）

伊拉克

第295號　哈特拉遺址

文化遺產：一個阿拉伯小王國的固定移民區，擁有宮殿和多個神廟遺址
所屬洲：亞洲
所屬國：伊拉克
地點：哈特拉，位於摩蘇爾的西南面
列入名錄年份：1985年
意義：「東方學－古希臘文化」建築藝術的重要見證
大事記：
1世紀　在兩河流域的一條重要荒漠商路旁創建該城
107-116年　在皇帝圖拉真的統治下征服了達基，亞美尼亞和帕提雅人的首都克泰西風，並且一直遠征到波斯灣
116年　在圖拉真率領的軍隊抵抗下，一支羅馬軍隊圍攻哈特拉失敗
196年和198年　皇帝塞普蒂米烏斯・塞韋如斯的羅馬軍隊圍攻哈特拉失敗
198年　皇帝塞普蒂米烏斯・塞韋如斯在佔領巴比倫和塞琉西亞之後，接受了帕蒂休斯・馬克西姆斯的稱號
199年　在皇帝塞普蒂米烏斯・塞韋如斯的率領下，對哈特拉的春季遠征失敗
約240年　在沙普一世（239-272年）的執政時期，被薩桑王朝的一支軍隊佔領

■伊朗

第296號 遺址成珠加－贊比爾

文化遺產： 尚未完成的祭禮之城：一道4公里長的城牆包圍著一塊1平方公里大小的遺址，即一個由一堵環形城牆包圍的神廟區，供奉著埃拉姆王國的神靈，如魯胡拉蒂爾、那普拉坦帕、尼恩、阿里、納永里沙、皮涅基和舒辛納克；齊庫拉特神廟是一座25公尺高、具有塔樓形狀、用黏土磚疊砌的5層樓「高神廟」，它曾經被修葺過；此外，該古蹟東面240公尺處還矗立著國王的宮殿－第1號宮殿擁有地下陵墓，以及第2號和第3號宮殿

所屬洲： 亞洲

所屬國： 伊朗

地點： 珠加－贊比爾，阿瓦士和阿巴丹的北面

列入名錄年份： 1979年

意義： 可能是伊朗最古老的神廟，以及埃拉姆王國的歷史見證

大事記：

西元前1275-1249年 在國王溫塔什・納皮里沙的統治下建造齊庫拉特神廟

西元前約1000年 放棄該神廟

西元前約646年 摧毀該神廟

第104號 伊斯法罕的國王廣場

（參見216-217頁）

第105號 波斯波利斯遺址

（參見218-219頁）

■愛爾蘭

第297號 布魯－博伊納

文化遺產： 根據民間傳說《托拉異教徒國王們的墳場》，其範圍綿延3公里多，其中包括3個大型穿廊陵墓，如高達15公尺的道特陵墓、擁有兩個單獨穿廊和墓室的克諾特陵墓（克諾巴）、13公尺高的紐格朗格陵墓（謝安－布魯），這些陵墓被97塊石頭疊砌的邊框環繞，其穿廊長達19公尺。當12月21日的旭日冉冉升起時，萬道霞光一直可以投射到墓室內

所屬洲： 歐洲

所屬國： 愛爾蘭

地點： 在多諾拉和德羅赫達的西面，在斯萊恩的東面，位於博因河的一個彎道上

列入名錄年份： 1993年

意義： 史前歐洲陵墓文化最輝煌、最重要的歷史見證之一

大事記：

西元前約3200-3000年 用20萬噸石頭和泥土建造的紐格朗格陵墓，此外還建造了克諾特陵墓和道特陵墓

哈特拉・桑那特魯克斯一世的雕像

西元前1800年 據考證，人們在青銅器時代把克諾特做為墓地使用

800-900年 把克諾特陵墓改變成一個環形城牆，並且成為北布萊加國王的官邸

1962年 對紐格朗格陵墓和道特陵墓進行系統考古研究

1967年 發現著名的穿廊陵墓克諾特，長達34公尺

1968年 冬至時分，人們「發現」一束柔和的光線投射到紐格朗格的穿廊陵墓最後面的一個牆角裡

1975年 修葺紐格朗格陵墓

第298號 礁石島嶼斯凱利希・米歇爾和中世紀早期的修道院定居點

文化遺產： 在大斯凱利希（斯凱利希・米歇爾）上的一個修道院移民定居點遺址，是大西洋中的一個島嶼，屬於斯凱利希的領地

所屬洲： 歐洲

所屬國： 愛爾蘭

地點： 斯凱利希・米歇爾，位於勃勒斯角的西面

列入名錄年份： 1996年

意義： 第一批愛爾蘭基督教徒嚴格簡樸的生活方式的歷史見證

大事記：

7世紀 創建著名的聖－弗涅安修道院

823年 諾曼人入侵

1044年 修道院的有關情況從編年史中消失

■以色列

第100號 耶路撒冷的舊城和城牆

（參見208-209頁）

■義大利

第299號 阿格里根特的考古遺跡

文化遺產： 創建阿克拉加斯，它也以阿格里根特出名，位於吉爾根帝小山丘和魯柏阿坦那上；神廟山谷中擁有神秘的聖跡，如「朱諾神廟」、「統一神廟」、「奧林匹斯山的朱比特神廟」、古典時期第三大神廟海格魯絲、埃斯庫拉普神廟、卡斯托神廟和普魯克斯神廟，以及古希臘和古羅馬城區，擁有馬賽克地面和一些古建築的斷垣殘壁

所屬洲： 歐洲

所屬國： 義大利（西西里島）

地點： 阿格里根特，錫拉庫薩的西北面

列入名錄年份： 1997年

意義： 作為古希臘的移民區而創建，隨後成為地中海附近最重要的古典城市之一

大事記：

西元前581年 創建該城

西元前510－前480年 建造「奧林匹斯山的朱比特神廟」

西元前500年-前430年 步入鼎盛時期

西元前480-前460年 建造得墨特爾和柏耳塞福涅神廟

西元前460-前440年 建造朱諾（赫拉）神廟

西元前406年 卡爾塔格人摧毀了「奧林匹斯山的朱比特神廟」

7世紀 把「統一神廟」做為教堂使用

1086年 建造一個主教轄區

1927年 把吉爾根蒂改名為阿格里根特

第300號 阿爾貝羅貝羅的特魯里（圓形建築物）

文化遺產： 在里奧納・蒙蒂，即在兩座小山之間的城市裡，擁有1000座圓形建築物；在艾阿皮科拉擁有400座圓形建築物。圓錐形的屋頂大樓作為向外突出的拱頂而建造，其中聖安東尼奧教堂和18.9公尺高的鐘樓擁有阿普里新一代的羅馬藝術風格，並且閃爍著特魯里建築藝術的光芒

所屬洲： 歐洲

所屬國： 義大利（阿普里）

地點： 阿爾貝羅貝羅，他林敦（塔蘭托）的西北面

列入名錄年份： 1996年

意義： 引人矚目的建築藝術和不用灰漿的技巧－輝煌建築藝術的歷史見證

大事記：

17世紀 在吉安・吉羅拉莫三世，及孔韋拉索的伯爵統治下創建的

1797年 在國王斐迪南四世的統治下，允許建築藝術「百花齊放、百家爭鳴」，從而使運用灰漿技術建造房屋成為可能，並以此方法建造了「愛情小屋」

1808-1815年 在那不勒斯的國王吉奧阿奇諾－－法國元帥諾阿基姆・繆拉（1767-1815年）的統治下，使該地區成為合法的城市

第301號 阿馬爾菲海濱的人文景觀

文化遺產： 蒙蒂－拉塔里的人文景觀包括林蔭大道、漁村波西塔諾和那裡的教堂聖瑪莉亞・阿孫塔；義大利最古老的海洋共和國阿馬爾菲、聖安德烈大教堂、基奧斯特羅・德帕拉迪索修道院和伊甸園十字架走廊；馬約里及其教堂聖瑪莉亞・阿馬勒；拉韋諾及其大教堂聖帕塔羅奧那，以及魯福洛宮殿；斯卡拉及其大教堂聖勞倫佐在：「羅馬別墅」米諾里和位於「神之海濱」盡頭的維耶特里・蘇馬勒

所屬洲： 歐洲

所屬國： 義大利

地點： 索倫蒂那半島的南面，那不勒斯的東南面

列入名錄年份： 1997年

意義： 風景如畫的海濱地區，擁有階梯形的葡萄種植園、果園和牧場，以及都市中具有特殊建築學意義的建築物，如阿瑪菲飛和拉韋洛

大事記：

920年 創建阿瑪爾菲飛共和國

987-1603年 斯卡拉成為主教府

1086年 開始建造聖帕塔羅奧那大教堂

1180-1276年 建造聖安德烈大教堂的鐘樓

1266-1268年 建造基奧斯特羅・德帕拉迪索大教堂

1335年 比薩人摧毀了拉韋洛

1707-1731年 重建聖安德烈大教堂

1828-1829年 畫家卡爾・布勒興在此短暫逗留

1903-1911年 建造欽布羅那（拉韋洛）別墅

1932年 發現格洛塔・迪・斯梅拉達

第302號 阿奎萊亞的考古遺址和族長大教堂

文化遺產： 阿奎萊亞在中世紀時也以阿格拉著稱，擁有聖瑪莉亞大教堂，即馬賽克地面達700平方公尺的一座三堂大教堂；它擁有早期基督教的祭祀設施（4世紀），以及羅馬遺址：其中包括古典內河港口的遺址、羅曼努姆廣場、古代城牆的斷壁殘垣和圓形露天劇場的遺址

所屬洲： 歐洲

所屬國： 義大利，（奧里弗－尤利施－韋尼蒂）

地點： 阿奎萊亞，烏迪內的南面

列入名錄年份： 1998年

意義： 早期羅馬帝國最富庶的城市之一；在中歐皈依基督教的過程中起關鍵作用

大事記：

西元前181年 創建羅馬人居住區

161-180年 皇帝馬克・奧雷爾統治時期

168-169年 皇帝盧修斯・奧雷柳斯・韋魯斯（130-169年）來此躲避瘟疫；馬克・奧雷爾（馬庫斯・奧雷柳斯・安東尼烏斯）也在阿奎萊亞逗留

319年 在主教狄奧多西的率領下，修建族長大教堂，即今天的聖瑪莉亞大教堂

452年 被阿提拉部落的族人大肆破壞

1215年 阿奎萊亞大教堂的主人來自弗里奧大臣家族中的托馬辛・馮・澤克萊寫下了不朽的篇章《羅曼國家的客人》

1420年 被威尼斯人征服

1751年 放棄族長留下來的祖居

1909年 在大教堂中發現馬賽克地面

第303號 巴魯米涅的努拉格哈（青銅器時代的塔樓建築）

文化遺產： 「撒丁島的史前塔樓」高達20公尺，以及錯落分佈在該島嶼上的大約8000座用乾燥巨石砌成的建築物；「Nur」這個詞也可變為「Nuraxi」或「Nuracu」，其德語含意為「一大堆」；蘇努拉克西・迪・巴魯米涅在今天仍然擁有幾乎高達15公尺的塔樓和由5座塔樓環繞的城堡，並以此做為中央主建築；在四個建築階段中，共消耗了22850立方公尺的岩石

所屬洲： 歐洲

所屬國：義大利（撒丁島）
地點：蘇努拉克西，巴魯米涅的西面，卡利亞里的北面
列入名錄年份：1997年
意義：出自青銅器時代的、唯一的史前軍事防禦建築物；在巴魯米涅聳立的建築群是所謂的「努拉格哈」中保存最完好的明證
大事記：
西元前15世紀－西元前2世紀　努拉格哈在各個建築階段中被不停地修建
西元前1500-500年　努拉格哈古典文化不斷發展
西元前1460年　通過採用放射性碳元素檢測（誤差+/-200年）在蘇努拉克西的穹頂中所用的一段歐洲刺柏樹幹殘餘後，證明當時建造了這座從前大約有19公尺高的塔樓
1940年　第一次進行放射性鈷探測
1949-1956年　對蘇努拉克西進行考古調查

第304號卡薩萊的羅馬別墅

文化遺產：發掘出一座杜廊庭院風格的別墅建築，其庭院裡擁有一個中央井眼，大約有50間房屋，如餐桌四周圍著躺椅的大型餐廳、溫泉浴場和御座大廳，以及大約3500平方公尺的馬賽克地面；在第26號房間裡裝飾著一幅表現獵人狩獵場景的馬賽克鑲嵌畫；在第28號房間裡裝飾著著名的「穿著比基尼泳裝的姑娘」
所屬洲：歐洲
所屬國：義大利（西西里島）
地點：羅曼那‧德‧卡薩萊鎮（孔塔拉達‧卡薩萊）位於阿梅麗那廣場的西南面
列入名錄年份：1997年
意義：保存得最完好和最豪華的羅馬別墅之一
大事記：
4世紀初　為一位至今無法考證其姓名的先人所建造
1950年　發掘整理

第305號　卡塞塔的國王宮殿、花園、高架渠和聖萊烏奇奧

文化遺產：為那不勒斯和西西里島的國王卡爾四世所建造，那不勒斯王國最雄偉的建築之一，247公尺長、36公尺高、面積約為4.4萬平方公尺；1970扇窗戶、擁有一座三斜面樓梯的樓梯間116級台階、擁有44塊圓形雕飾的御座大廳（這些雕刻描繪了那不勒斯的國王們）；宮廷花園為1.2平方公里，其中有卡斯泰盧恰和佩斯基耶那廣場－－國王斐迪南四世進行海戰游擊的場地；宮殿的西北面是國王斐迪南四世當年居住的幽室；擁有巴洛克建築風格的教堂聖瑪莉亞‧德拉‧格拉齊－－又名聖萊烏奇奧
所屬洲：歐洲
所屬國：義大利（坎帕尼）
地點：卡塞塔的國王宮殿，位於卡塞塔－維奇亞的南面和那不勒斯的北面
列入名錄年份：1997年
意義：一座與西班牙的埃斯科里亞和法國的凡爾賽宮相媲美的宏偉王府，是把如畫的風景和傑出的建築藝術融為一體的成功範例

大事記：
1734-1860年　建造那不勒斯的波旁王族的「國王之家」
1734年　後來的西班牙國王卡爾三世（1716-1788年）成為那不勒斯和西西里島的卡爾四世國王
1752年　按照巴洛克藝術風格建造「維拉‧雷亞萊」
1759年　卡爾四世成為西班牙的卡爾三世
1769年　建造五堂的宮廷劇場
1995年　6月24日發行一枚印有卡塞塔國王宮殿中歷史公園的郵票

第306號　德蒙特城堡

文化遺產：施陶芬王朝的皇帝弗里德里希二世建造的哥德式城堡建築；擁有16個大廳和用石灰岩製作的，呈等邊八角形的「阿普林王冠」
所屬洲：歐洲
所屬國：義大利（阿普林）
地點：德蒙特城堡，巴里的西面
列入名錄年份：1996年
意義：中世紀城堡建築藝術的唯一見證
大事記：
1194-1250年　弗里德里希二世執政時期
1220年　弗里德里希二世在羅馬加冕
1228-1229年　十字軍東征，被教皇格倫戈爾九世逐出教會的皇帝弗里德里希二世根據阿康條約獲得了耶路撒冷、伯利恆和拿撒勒

1230年　通過切普拉諾和平條約，廢除逐出教會的禁令，承認西西里島教皇的教會特權
1240年　開始建造德蒙特城堡
1245年　廢黜國王弗里德里希二世，並宣布其為異教徒
1267年　塔利亞科佐戰役以安茹的卡爾軍隊大勝康拉丁軍隊而告終。戰後，該城堡被當作監獄使用

達文西「最後的晚餐」

第307號　人文景觀：國家公園錫倫多和瓦洛－德迪安諾，以及帕埃斯圖姆，韋利亞和帕杜拉修道院

文化遺產：國家公園錫倫多擁有阿爾布諾山的喀斯特地貌，以及卡斯特奇維塔和佩爾托沙的岩洞；帕埃斯圖姆神廟遺址，以及「大教堂」；內普圖神廟、科瑞斯神廟和赫拉神廟「薩撒羅‧索特朗諾」，此外還有占地150×57公尺的廣場：韋利亞遺址、佩爾托沙河畔的古城埃利，從前「埃利人學校」的舊址，以及齊諾芳和塞農的舊址；帕杜拉修道院（奇多沙‧迪－聖羅倫佐）
所屬洲：歐洲
所屬國：義大利（坎帕尼）
地點：錫倫多山，位於薩萊諾灣東面；帕埃斯圖姆，位於薩萊諾的東南面；弗利亞，位於阿散西的西北面；帕杜拉，位於泰傑阿諾的東南面
列入名錄年份：1998年

意義：古典時期最重要的地方－大希臘、伊特魯里亞和盧卡尼亞進行文化交流的場所
大事記：
西元前約600年　創建帕埃斯圖姆－－波賽頓尼亞
西元前540年　埃里成為希臘福基人的貿易中心
西元前273年　帕埃斯圖姆成為羅馬人的一個居住區
1306年　創建帕杜拉修道院
1690年　創造帕杜拉修道院的十字形迴廊
1899年　首次發掘韋利亞
1954年　發現帕埃斯圖姆的地下赫拉神廟
1989年　發現「韋利亞醫生們的俱樂部酒館」的舊址

第308號　克雷司皮‧德－阿達

文化遺產：根據一位開明實業家的倡議而開闢的典型居住區和手工作坊區
所屬洲：歐洲
所屬國：義大利（倫巴底）
地點：克雷司皮‧德－阿達，位於卡普里亞蒂的南面，貝加莫的附近
列入名錄年份：1995年
意義：19世紀末和20世紀初一個工業城市的傑出範例
大事記：

1875年　在歷史主義中營造工業區
1878年　搬進該區居住
1889年　西爾維奧‧貝尼尼奧‧克雷司皮－－企業創建者克里斯托福羅‧貝尼尼奧‧克雷司皮的兒子－－接管了該企業
1924年　根據埃內斯托‧皮羅瓦諾的設計而建造的管理中心

第309號　費拉拉－－文藝復興之城

文化遺產：文藝復興之城，此外還有大教堂，擁有地下監獄的埃斯特斯城堡，環繞兩個庭院的羅美之家，擁有雙層大理石大門的迪．斯基法諾亞宮殿和德梅西大廳裡著侈的濕壁畫，擁有14-17世紀費拉拉繪畫作品的德－迪亞芒蒂宮殿，以及由羅賽蒂改建的位於瓦多的聖馬利亞教堂和聖弗朗西斯科教堂（17世紀）全景

所屬洲：歐洲

所屬國：義大利（艾米利亞－羅馬涅區）

地點：費拉拉

列入名錄年份：1995年

意義：現代的理想城市和義大利文藝復興時期理性和藝術的中心

大事記：

774年　羅馬教皇的地產
10世紀　圖申邊境總督的采邑
1135年　開始興建五堂大教堂
1240年　費拉拉成為埃斯特家族的采邑
1385年　開始建造埃斯特斯城堡
約1445年　建造羅美之家
1450-1471年　邊境總督博爾索的統治時期，從1452年起，他成為摩德納和雷焦大公，從1471年起成為費拉拉的大公
1451-1595年　建造鐘樓
1466-1493年　改建迪‧斯基法諾亞宮殿
1471-1505年　埃爾科萊一世的執政時期
1475-1481年　根據比亞焦‧羅塞蒂的設計方案，改建科姆納勒宮殿
1492年　根據比亞焦‧羅塞蒂的設計方案，開始建造德－迪亞芒蒂宮殿
1498-1499年　根據比亞焦‧羅塞蒂的設計方案，建造大教堂的半圓形後殿
1505-1535年　阿爾方索一世的執政時期
1597-1598年　因為這裡是教皇的采邑，所以遭到沒收，並落入教皇國的手中
1930-1935年　修葺迪‧盧多維科‧伊爾‧莫多宮殿

第310號　米蘭的聖馬利亞‧德勒‧格拉齊教堂和多明各會的修道士教堂，以及李奧納多‧達文西的《最後的晚餐》

文化遺產：教堂和多明各會的修道士教堂；在改造教堂中起重要作用的建築設計師多納托‧德安傑洛‧布拉曼特（1444-1514年）；齋堂中懸掛著一幅由李奧納多‧達文西創作的，充滿新時代氣息的著名油畫《最後的晚餐》

所屬洲：歐洲

所屬國：義大利（倫巴底）

地點：米蘭

列入名錄年份：1980年

意義：建築和造形藝術中的一件非凡傑作

大事記：

1463年　國王行政官加斯帕爾‧達‧維梅爾卡特為建造教堂和修道士教堂募款
1466-1490年　建造教堂
1466-1469年　建造修道士教堂
1492年　根據布拉曼特的設計方案，重新建造一座中央建築，並且拆除聖壇和橫向的房子
1495-1497年　李奧納多‧達文西（1452-1519年）創作油畫《最後的晚餐》

米蘭

1999年　對《最後的晚餐》進行最後一次的修復

第311號　歷史名城那不勒斯

文化遺產：古城以及聖真那羅教堂－－一座法國哥德式風格的大教堂，房屋立面上裝飾著愛奧尼亞科林斯柱式序列藝術的聖安農齊亞塔教堂具有哥德式風格和文藝復興時代特點的變化多端的聖安‧德‧倫巴底教堂，原來具有哥德式風格而現為巴洛克風格的聖基亞拉教堂，聖阿波斯托利教堂－－該城最美麗的巴洛克式風格教堂之一，聖‧羅倫佐‧馬焦拉教堂；該城的標誌諾沃城堡、維勒奧沃城堡、雷亞萊宮殿－－西班牙代理國王從前的官邸，以及當年卡爾特會修道院（14世紀）裡的聖蒂諾國家博物館

所屬洲：歐洲

所屬國：義大利

地點：那不勒斯

列入名錄年份：1997年

意義：保存著地中海地區機百年的古老文化底蘊和遺物

大事記：

西元前470年　希臘人的居住地
西元前326年　與羅馬結盟
12世紀　被諾曼人佔有
13世紀　在安茹的統治下，成為西西里王國的首都
1279-1284年　在安茹的卡爾一世統治下，建造諾沃城堡
1294-1313年　建造聖真納羅大教堂
1456年　發生地震
1484-1488年　建造波爾塔‧卡普阿納，一座擁有兩個圓形塔樓的城門
1503-1707年　成為西班牙代理國王的官邸
1600年　建造雷亞萊宮殿
1748-1860年　處在波旁王族的統治下
1760-1781年　重建聖安農齊亞塔教堂

第312號　帕多瓦的植物園

文化遺產：創建用於科學研究目的的帕多瓦大學植物園，該植物園的規則多年來基本上一成不變；聖朱斯蒂那本篤會修道院建築；離聖朱斯蒂那大教堂不遠處的聖安東尼奧教堂（1521-1580年），該教堂由達尼埃萊‧巴爾巴萊設計，並由建築師安德烈亞莫羅尼組織實施。該植物園開始時主要種植藥用植物，在開園後的7年裡，帕多瓦大學的那部分植物園裡種植了大約1500種植物，至今已增加到近6000種。現在，該植物園已與世界上693個植物園進行合作交流，如交換種子；這裡生長著具有觀賞價值的古老植物，包括所謂的哥德棕櫚樹、1550年的一棵含羞樹和1750年的一棵高達19公尺的銀杏樹

所屬洲：歐洲

所屬國：義大利

地點：帕多瓦

列入名錄年份：1997年

意義：年代最久遠的世界上首個植物園

大事記：

1545年　根據威尼斯共和國元老院的決議，營造一片「自然之地」（植物園）
1554年　植物園原來的設施自成一體
1788年　作家約翰‧沃夫岡‧歌德在此做短暫逗留

第313號　歷史名城皮恩札

文化遺產：教皇庇護二世出生的城市，其市中心擁有庇護二世廣場，他與一個側面呈斜面的正方形相類似；貝爾納多‧羅塞利諾大教堂擁有一個大理石祭壇，以及皮科洛米尼宮殿，這也是貝爾納多‧羅塞利諾的主要代表作品，以及博爾賈宮殿

所屬洲：歐洲

所屬國：義大利（托斯卡納）

地點：皮恩札

列入名錄年份：1996年

意義：義大利文藝復興時期的第一座城市建築

大事記：

1405年　埃內亞西爾維奧皮科洛米尼誕生，他從
1458年起　成為羅馬天主教會的庇護二世教皇
1459年　根據貝爾納多‧羅塞利諾的計畫，開始以文藝復興風格重建城市
1459-1462年　建造聖瑪莉亞‧亞森大教堂
1460-1462年　建造皮科洛米尼宮殿
1462年　重建城市的工程竣工
1463年　貝爾納多‧羅塞利諾去世

第314號　韋內雷港和奇庫泰勒之間的文化底蘊，以及帕爾馬里亞島、蒂諾島和蒂奈托島

文化遺產：韋內雷港擁有中世紀慶典活動的遺跡（16世紀）和聖韋倫在修道院所屬的教堂、五個景點、里韋拉迪萊萬特的海濱地帶，幾個世紀以來在圍有土牆的梯田上種植橄欖；濱海地區蒙特羅索的柱廊和平台，擁有聖瑪格麗塔、德‧安蒂奧基亞教堂（1318年）的韋爾納札、擁有聖佩德羅教堂的科尼格利奧和聖喬瓦尼‧巴蒂斯塔（1340-1343年）教堂的里奧馬吉羅；此外還有屬於韋內雷港，並擁有格羅塔德科隆比的帕爾馬里亞島、擁有聖韋內里奧修道院（11世紀）遺址的蒂諾島、擁有早期的基督教習俗並遠離塵市的僻靜小島－－蒂奈托島

所屬洲：歐洲

所屬國：義大利（利古里亞）

地點：斯佩齊亞灣的南端

列入名錄年代：1997年

意義：擁有深厚文化底蘊的旖旎風光的文化瑰寶

大事記：

1056年　濱海地區蒙特羅索出現的文字記載
1131年　聖韋倫在修道院所屬的教堂舉行落成典禮（位於韋內雷港）
1182年　韋爾納札在此反對比薩的戰爭中站在格努亞那邊
1276年　里奧馬吉羅第一次出現了文字記載
1277年　建造聖佩德羅大教堂（位於韋內雷港）
1307年　聖喬瓦尼‧巴蒂斯塔教堂竣工（位於蒙特羅索）
1334年　建造聖佩德羅教堂（位於科尼格利奧）
1931-1938年　修葺聖韋倫在修道院

第315號　歷史名城羅馬和「城牆前」的聖保羅大教堂

文化遺產：位於奧拉里納城牆中的羅馬中心，其

中擁有奧古斯都陵墓、羅曼努姆廣場、羅馬大競技場、萬神廟和特拉雅柱子，以及城牆內位於拉泰那諾、出自烏爾班八世（1623-1644年）時代的聖喬瓦尼教堂－－羅馬7座主要教堂之一，坎切萊里宮殿和聖保羅・弗利・萊・穆拉大教堂

所屬洲：歐洲

所屬國：義大利、梵諦岡

地點：羅馬

列入名錄年代：1980年，1990年擴大

意義：羅馬共和國和羅馬帝國的中心，「羅馬天主教基督教會的首都」

大事記：

西元前753年　根據傳說，該城是由羅慕路斯和雷穆斯創建

西元前510年　羅馬共和國誕生

西元前27-西元14年　在奧古斯都皇帝的統治下，開始了羅馬皇帝時代

271年　建造奧拉里納城牆

356年　建造聖保羅・弗利・萊・穆拉大教堂

410年和455年　被日耳曼部落洗劫一空

1585-1590年　在教皇西克斯圖斯五世的統治下，在這個中世紀的城市裡推行現代化，並建造聖彼得大教堂

1797年　被拿破崙・波拿巴的軍隊佔領

1815年　羅馬掌握在教皇手中

1870年　被義大利王國的軍隊征服

1871年　成為義大利的首都

1928年　梵諦岡成為教皇的領土

第316號　馬泰拉的撒西岩石建築

文化遺產：馬泰拉的撒西被中世紀編年史的作者們稱為「滿天星斗天空的鏡子」，其中包括聖佩德羅・巴里薩諾岩石教堂、托勒・梅特拉那教堂、聖安東尼奧・阿巴特教堂、馬東納・德拉・維爾圖和聖尼古拉・德・格雷奇的修道院建築（10世紀）、馬東納・德拉・安焦利教堂的地下室；皮亞札勒・貝爾韋德教堂、聖佩德羅・卡維索教堂、岩石教堂聖瑪莉亞・德・伊里斯和聖喬瓦尼，以及岩石教堂卡普契諾・韋基奧和卡普契諾・諾沃

所屬洲：歐洲

所屬國：義大利（巴西利卡塔）

地點：馬泰拉

列入名錄年份：1993年

意義：地中海地區的一個洞穴居住區，它是一個非同尋常的歷史古蹟

大事記：

12-13世紀　聖佩德羅・巴里薩諾

1591年　建造位於薩索巴里薩諾的聖阿爾戈斯蒂諾修道院

1595年　編年史作者歐斯塔基・韋里薩里留下了文字記載

1656年　在原有建築的基礎上，對聖佩德羅・卡維索教堂進行擴建

1663-1806年　馬泰拉成為省會城市

1667年　改建馬東納・德拉・維爾圖教堂

1747年　修繕和改建聖阿戈斯蒂諾修道院

1951年　清理撒西

1990年　「馬泰拉的一天」大型紀念碑揭幕

第317號　散佈在都靈及其周圍的薩沃亞家族的宮邸

文化遺產：雷亞萊宮殿、馬達馬宮殿－－在其中心有一座1416年的城堡、卡爾埃馬努埃爾三世的官邸基亞布萊斯宮殿、維克托阿馬德烏斯二世的狩獵行宮斯圖皮涅奇，以及薩沃亞家族的另一個狩獵行宮韋納里亞

所屬洲：歐洲

所屬國：義大利（皮埃蒙特）

地點：都靈

列入名錄年份：1997年

意義：17和18世紀歐洲大型建築藝術的典範，也是專制制度的表現形式

大事記：

1536年　法國人佔領都靈

1557年　西班牙人和薩沃亞在聖昆廷戰勝法國人

1563年　在埃馬努埃爾・菲利貝托大公的統治下（1553-1580年），把都靈改造成薩沃亞公國的首都

1646-1668年　建造雷亞萊宮殿

1690年　薩沃亞和西班牙結盟，共同反對法國

1701-1713年　薩沃亞家族參與反對法國人篡奪西班牙王位的戰爭

1713-1714年　在烏德勒支的和平進程中，西西里島落入薩沃亞家族的手中

1718年　卡爾・埃馬努埃爾二世的遺孀把中世紀的城堡改造成馬達馬宮殿

1719年　撒丁島以國王的名義落入薩沃亞家族的手中

1730-1773年　卡爾・埃馬努埃爾三世大公的執政時期

第318號　歷史名城烏爾比諾

文化遺產：擁有共和國廣場、聖弗朗西斯科大教堂和聖塞爾焦教堂的古城；杜卡爾宮殿；義大利最大的馬廄（擁有300匹馬）－－達塔・阿爾瓦尼宮殿和畫家拉斐爾（1483-1520年）的故居

所屬洲：歐洲

所屬國：義大利（佩薩羅・埃・烏爾比諾）

地點：烏爾比諾、安科納西北面，里米尼的西南面

列入名錄年份：1998年

意義：一個極其迷人、保存非常完好、人本主義的文藝復興時期的總體建築藝術

大事記：

西元前185年　羅馬人的居住區

約1100年　創建獨立的城市烏爾比諾

1213年　蒙泰費爾特羅伯爵的采邑

1362-1365年　重建多明各會修道士的教堂

1444-1482年　費代里科二世大公的執政時期

1447年　開始建造杜卡爾宮殿

1456年　爆發瘟疫

1474-1534年　建造大教堂

1502年　李奧納多・達文西（1452-1519年）造訪此地

1508年　烏爾比諾落入德拉・羅韋雷家族的手中

1508-1538年　弗朗切斯科・馬里亞・德拉・羅韋雷大公的執政時期

1604年　建造大教堂穹頂

1626年　在教皇烏爾班八世的統治下（1623-1644年），成為教皇國的一部份

1873年　拆除防禦工事

1912年　在杜卡爾宮殿建造德拉・馬爾凱國家畫廊

1966年　修葺多明各會修道士教堂

瓦爾卡莫尼卡（倫巴底）的岩畫

第319號　瓦爾卡莫尼卡（倫巴底）的岩畫

文化遺產：據推測，30多萬幅從舊石器時代到鐵器時代的岩畫和岩雕分佈在一條綿延長達70公里的河谷裡，岩畫描繪了鹿、豬、狗、武器，以及人神同形的圖像，其中80%的岩雕作品出自鐵器時代（西元前8世紀至1世紀）；其發掘地主要包括福皮迪南德羅、帕斯帕多、科帕尼迪、欽伯哥和多斯・科斯塔帕達

所屬洲：歐洲

所屬國：義大利（倫巴底）

地點：位於卡波迪・蓬特附近的瓦爾卡莫尼卡，屬於布雷西亞省

列入名錄年代：1979年

意義：歐洲史前岩畫的最大「陳列館」

大事記：

西元前3500-前2800年　創作出人神同形的圖像

西元前2800-前2200年　「舞蹈」中的「三角人」

西元前2200-前800年　創作出「兵器圖」，並且強調具有人體性別特徵的人類形象

西元前800-前16年　主要在奈克伐創作出武士和騎兵的形象，狩獵和農耕場面，以及狗、鳥、足跡、矛、劍等圖像，同時出現了一些拉丁語銘文

第320號　維琴察和位於威尼丁地區的建築學家帕拉第奧的別墅

文化遺產：建築學家安德烈亞・帕拉第奧留下的建築物；其中有聖瑪莉亞・馬焦雷大教堂的穹頂和位於聖科羅納的瓦爾馬拉納小教堂、桑霉阿里奧・德拉・馬東納・迪蒙特・貝里科大教堂、帕拉迪安娜大教堂、原哥德式城市宮殿－－其中一部份是在坍塌之後重建的、羅吉亞・德卡皮塔諾宮殿、泰阿特羅・奧林匹克宮殿、奇里卡提宮殿、阿爾梅利科・卡帕拉別墅－－也被稱為「拉羅托尼達」，是帕拉第奧最著名的別墅、奇萬那－特里西諾宮殿和瓦爾馬拉納－布拉加宮殿

所屬洲：歐洲

所屬國：義大利（威尼丁）

地點：維琴察

列入名錄年代：1994年，1996年擴大

意義：帕拉第奧古典主義建築學對建築藝術的發

羅馬－羅曼努姆廣場

展起到了舉足輕重的作用

大事記：

約1400年　開始建造新的聖瑪莉亞·馬焦雷大教堂

1428年　按照哥德式風格建造桑圖阿里奧·德拉·馬東納·迪蒙特·貝里科大教堂

1479-1504年　重建聖科羅納

1508年　安德烈亞·帕拉第奧誕生

1546-1617年　重建帕拉迪安那大教堂

1550-1680年　建造奇里卡提宮殿

1566-1567年　建造阿爾梅利科·卡帕拉別墅，它也被成為「拉羅托尼達」

1570-1571年　建造羅吉亞·德卡皮塔諾

1576年　根據帕拉第奧的設計，改建桑圖阿里奧·德拉·馬東納·迪蒙特·貝里科大教堂

1580年　安德烈亞·帕拉第奧在威尼斯丁謝世

1946-1950年　重建被第二次世界大戰毀壞的聖瑪莉亞·馬焦雷大教堂

第58號　歷史名城佛羅倫斯

（參見124-125頁）

第59號　威尼斯及其潟湖

（參見126-127頁）

第60號　比薩大教堂廣場

（參見128-129頁）

維琴察

第61號　歷史名城聖吉米格那諾

（參見130-131頁）

第62號　歷史名城錫耶納

（參見132-133頁）

第63號　拉韋納的早期基督教文物古蹟和馬賽克鑲嵌藝術

（參見134-135頁）

第64號　龐貝、海庫拉諾伊姆和托雷安農奇亞塔——考古發掘地

（參見136-137頁）

第65號　摩德納的大教堂、托雷吉拉朗第納和格蘭德廣場

（參見138-139頁）

■日本

第321號　姬路城堡（姬路-約）

文化遺產：建築在姬山上的城堡擁有三個環繞的古代塹壕、一座高達92公尺的主塔樓和其他三座塔樓建築——二丸、三丸、四丸，它也以「白鷺城堡」而著稱。居高臨下，該城堡呈現出幕府時代初期的螺旋形平面圖。今天的城堡僅僅是以前規模宏大的防禦設施中的一塊核心區域，該防禦設施還包括現在的姬路城區

所屬洲：亞洲

所屬國：日本

地點：姬路、神戶的西北面

列入名錄年份：1993年

意義：17世紀日本城堡建築中保存最完好的典範之一

大事記：

1333年　開始建造首座城堡

1581年　把城堡擴建成一個三層的城堡組合建築

1601-1610年　在池田昭正的統治下重建城堡及設施

1603年　開始德川幕府時代的將軍統治

1615-1622年　城堡建築竣工，今天一直保持著的風貌

1956年和1963年　修葺城堡

第322號　廣島和平紀念碑

文化遺產：擁有「原子彈紀念館」的紀念場所，建築在原工商聯合會的舊址上；在和平公園的中央還矗立著一座由混凝土構築的拱形「衣冠塚」，裡面陪葬著陶土馬及馬鞍複製品——甲府時代的墓穴陪葬品；直到今天仍然有3萬多名註冊登記的原子彈爆炸後的倖存者，即所謂受到投在廣島和長崎原子彈輻射的人

所屬洲：亞洲

所屬國：日本（西本州島）

地點：本康河邊的廣島，位於大阪和東京的西南面

列入名錄年份：1996年

意義：一座捍衛世界和平的紀念碑

大事記：

1914年　根據奧地利建築師卡爾霍華和捷克建築師揚萊策爾（1880-1925年）的設計方案建造工商聯合會大樓

1945年7月17日　美國在新墨西哥州沙漠中首次進行原子彈試驗

1945年8月6日　原子彈投下後，造成20多萬人罹難，其中包括3萬多名朝鮮勞工和約500名被日本強制押解到日本的中國人

1955年　「廣島和平紀念博物館」開館

1966年　通過世界性的和平呼籲，並募捐籌款建造原子彈紀念館

1967年　制訂原子彈紀念館定期維修保養的方案

1989年　用募捐的資金重新進行維修

第323號　佛教聖地法隆寺

文化遺產：法隆寺——由45幢房屋組成的「神聖戒律神廟」，1945年以後是聖圖庫宗教派別的所在地——在其西側矗立著一座兩層樓的「金色大廳」（金殿）、中間是門廊（通門）、五層的塔樓（五重塔）、佛經大廳（藏經閣），以及一座聳立在東側的「夢幻大廳」

所屬洲：亞洲

所屬國：日本（本州島）

地點：在奈良附近

列入名錄年份：1993年

意義：日本佛教傳播時期的建築，是佛教傳統中木結構建築藝術的輝煌傑作

大事記：

585-587年　良明天皇的統治時期

593-710年　飛鳥時代

607年　開始建造神廟建築群

623年　「金色大廳」內部設施竣工，大廳內矗立著由菩薩端立兩側的佛陀（釋迦牟尼）

670年　大火摧毀了木結構建築

710-711年　重新建造木結構建築，並竣工

739年　建造八角形的「夢幻大廳」（夢殿）

990年　建造演講報告大廳（大講壇）

1439年　建造大南門（南大門）

1939年　進行考古調查

1940年　建造大型的「寶藏之家」（大法場殿），以保存彌足珍貴的藝術寶藏，如已故著名藝術家的木雕作品，包括「4大聖母」的木雕作品

1949年　一場大火摧毀了「金色大廳」裡的濕壁畫

第324號　依茨庫島神龕

文化遺產：神道教和佛教融合與分離的一個重要標誌，也作為「秋天的宮島」而出名；供奉著女神木島女人、塔戈利、塔吉蘇，今天的神龕擁有鎌倉時代（1185-1333年）神龕的一部份；在神龕建築群中擁有驅魔殿，即「淨化宗教儀式大廳」；主要大廳（法殿）、大型佛經大廳和16公尺高的塔樓

所屬洲：亞洲

所屬國：日本（四國島）

地點：伊茨庫島（宮島）、廣島海灣，位於高松和廣島的西南面

列入名錄年份：1996年

意義：幾百年來神道教的一個聖地，是日本文化對美麗的大自然和人類創造之間聯繫的輝煌演繹

大事記：

592-638年　女天皇推古的統治時期

593年　據推斷，建造了首個神龕

881年　在《日本志》中首次出現了文字記載

1118-1181年　平清盛武將的執政時期

1168年　建造主要的神龕，平清盛武將捐贈了33個佛教經卷

1207-1223年　一場大火摧毀了神龕

1325年　一場熱帶風暴對神龕造成破壞

1555年　依茨庫島戰役

1571年　建造今天的神龕

1587年　捐建大型的佛經大廳

1874-1875年　建造第八座塔樓

第325號　屋久島的森林

自然遺產：桐島國家公園（從1964年起）和屋久島森林保護區（從1991年起），以及屋久島自然保護區（從1975年起），這個由聯合國教科文組織確認的世界遺產的面積達107.47平方公里，年平均降水量達到10000公釐，宮野山（海拔1935公尺）是其最高的頂點

所屬洲：亞洲

所屬國：日本（南九州島）

地點：位於屋久島的腹地，南聖殿的北面，鹿兒島的南面

列入名錄年份：1993年

意義：是一塊位於北極和原始熱帶植物界之間的地域，擁有200種分佈在最南端的植物種類

動植物誌：1900多種植物和植物亞種，如日本冷杉、日本南部的鐵杉和千年的鎌刀樅杉；16種哺乳動物，如彌猴亞種Macaca fuscata yakui和一

種Sikahirsch鹿亞種，以及蝙蝠類和田鼠類的Apodemus speciosus dorsalis；150種鳥類，如野鴿類的Columba janthina janthina和歐鴝種群中的Erithacus komadori komadori；此外還有15種爬行動物，8種兩棲動物和1900種昆蟲

第326號　奈良皇城的文物古蹟和花園

文化遺產：神廟建築，如東大寺，即擁有順常道教派的顯言宗神廟、南大門（大南門）和鐘樓、大佛聖地（大佛陀的保護之地）、擁有五層塔和三層塔的幸福寺（1143年）、藥師寺，連同保存真蹟的三層塔，如唐招提寺和願來寺，此外還有平城京，這是一種宮殿建築；此外還有1000多年來位於平朝京森林中，始終處於原始狀態的平朝京大神龕

所屬洲：亞洲

所屬國：日本

地點：奈良

列入名錄年份：1998年

意義：平城京－－日本古代的首都，擁有出自所謂奈良時代的獨特建築物

大事記：

680年　捐建藥師寺

710年　奈良成為首都

718年　藥師寺「搬遷」到現在的地方

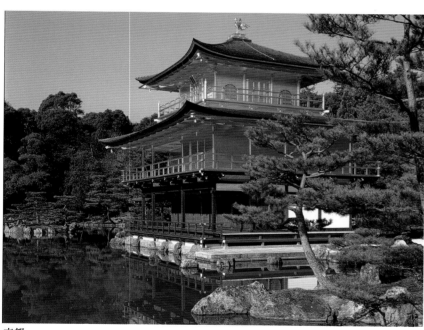

京都

752年　東大寺舉行「落成典禮」

759年　捐建唐招提寺

784年　奈良失去了首都的地位

794-1192年　在平安時代，平城京大神龕竣工

1180年　平清盛武將率部進攻東大寺

1603-1868年　在江戶時代，重建東大寺中的許多建築物

1950-1954年　修葺寺廟

1982年　藥師寺的西塔竣工

1998年　平城京的部分修繕工程竣工

第327號　白紙產地的山毛櫸林

自然遺產：從1992年起被闢為自然保護區，總面積達169.71平方公里，其中擁有一個面積達101.39平方公里的中心區域，其最高海拔達1234公尺

所屬洲：亞洲

所屬國：日本（北本州島）

地點：白紙產地，位於青森與秋田長官衙署的交界處，秋田和能代的北面

列入名錄年份：1993年

意義：日本最後一片擁有山毛櫸的原始森林，也是東亞現存的最大一片歐洲山毛櫸原始森林。

動植物誌：500多種植物，如山毛櫸、本地特有的麥瓶草科女婁草Silene aomoriensis；世界範圍內瀕危物種，Hylotelephium tsugaruense、早熟禾熟科的Poa ogamontana和蘭科種類的Calanthe discolor、Cypripedium yatabeanum和Tipularia japonica；87種鳥類，如在日本瀕臨滅絕的金鵰親鳥、3種黑色的啄木鳥、尼泊爾鳳頭鷹；此外還有Serau和黑熊，7種爬行動物，9種兩棲類動物，以及2212種昆蟲

第328號　白川鄉的古老村落

文化遺產：在古老的傳統村落中完全用木頭建築的農舍，擁有一個三面用桁桿覆蓋、坡度陡峭（60度）的「人字形」雙坡屋頂；以所謂的手工製作風格（像雙手交叉折疊的風格）在村莊裡建造了秋町（共有634位居民）、網倉（共有90位居民）和菅村（共有40位居民）

所屬洲：亞洲

希巴古城

所屬國：日本（中央本州島）

地點：秋町、網倉和菅村，位於東京的北面和仙台的南面

列入名錄年份：1995年

意義：長期與外界隔絕，並且地勢陡峭的山區中的傳統農舍，是具有手工製作風格的中世紀建築的歷史見證

大事記：

1615-1868年　在江戶時代，該地區主要從事養蠶、造紙和製作火藥

19世紀末　18000多座農舍分佈在該地區的93個村莊裡

1939年　德國建築師布魯諾‧陶特通過撰寫《重新發現日本的美》，把人們的注意力都吸引到這種手工製作的建築風格上去

葉門

第329號　希巴古城及其古城牆

文化遺產：被一堵6至9公尺高的城牆所包圍的城市聳立在一塊長方形的平面上，其面積為400×500公尺見方，擁有大約500幢用夯實的黏土或者風乾的土磚所疊砌的房子，其中部分塔樓高達30公尺

所屬洲：亞洲

所屬國：葉門

地點：希巴，薩那的東北面

列入名錄年份：1982年

意義：「沙漠中的芝加哥」，它是以人為本的規劃方案和最古老的完美範例之一，該規劃是以垂直結構原則為基礎的

大事記：

公元2世紀末　據推測，開發建設從當時開始

16-17世紀　據推測，開始建造今天的都市建築

1936年　英國探險旅行家弗雷亞‧斯塔克造訪此地

1996年　暴風驟雨給當地的建築造成了嚴重的破壞

第330號　賽比德的麥地那

文化遺產：古老的城市擁有森嚴的堡壘和4座城門－－其中有阿勒‧納斯爾爾城門和西哈姆城門、擁有伊斯德里亞清真寺、大清真寺、阿爾－阿沙爾清真寺和其他的83座清真寺，以及50座聖人陵墓、市場。賽比德是葉門靛藍印染的中心

所屬洲：亞洲

所屬國：葉門

地點：賽比德，薩那的西南面

列入名錄年份：1993年

意義：是13-15世紀葉門的首都。由於當地交通不便，信息閉塞，所以其軍事和民用建築都擁有獨特的歷史價值

大事記：

7世紀　建造第一座清真寺

819年　阿巴西的地方長官穆罕默德‧伊本‧濟亞德創建了該城市和大學

825年　濟亞德宣布與巴格達的哈里發脫離關係

971年　由於創建了開羅的阿拉扎清真寺及其大學，賽比德大學便失去了其重要意義

1173年　被薩拉丁的兄弟－－圖藍沙阿的軍隊所佔領

1228-1454年　拉蘇里登王朝將大學的規模擴大到可以容納5000名學生

1536年　伊斯坎德里亞清真寺的尖塔竣工

1537年　被蘇里曼‧帕沙麾下的一支鄂斯曼軍隊所佔領

1762年　德國科學考察旅行家卡斯登‧尼布爾（1733-1815年）造訪此地

1849-1916年　被其他的鄂斯曼軍隊所佔領，並且建造了穆斯塔法－帕沙清真寺

1962年　城牆被部分拆除

1985年　加拿大對其進行深入細緻的研究

第102號　古城薩那

（參見212-213頁）

■約旦

第331號　沙漠宮殿古賽爾・艾姆拉

文化遺產：擁有三堂晉見大廳的沙漠宮殿，以及在其旁邊擴建的浴室建築（宮殿裙褲），浴室內裝置了大鍋、溫水浴池和井亭；晉見大廳內的濕壁畫與大浴室裡的一模一樣；一位亭亭玉立的美女頭戴王冠，端立在柱子拱廊之前搔首弄姿，其身上的手鐲和項鍊閃閃發光。此外，還有一幅濕壁畫展示了羅德里希－－西哥德人的最後一位國王凱撒－－拜占庭的皇帝、基什拉－－波斯薩桑王朝的統治者，以及埃薩俄比亞的皇帝；在御座廣場上的拱頂和華蓋的邊緣上鏤刻著銘文：「喔！上帝，請保佑王子吧！就像您曾經保佑大衛和亞伯拉罕一樣」，它暗示了這個小宮殿主人的身份，說明了其主人是一位奧馬亞登的王宮貴族或者是一位王儲

所屬洲：亞洲

所屬國：約旦

地點：古賽爾・艾姆拉，安曼的東面

列入名錄年份：1985年

意義：一座「避暑小行宮」－－奧馬亞登王朝哈里發的王府，具有後古典主義風格，是打上伊斯蘭教烙印的建築藝術瑰寶

大事記：

705-715年　在瓦利德一世的統治下，消滅了羅德里希魔下的西哥德軍隊

720-724年　耶齊德二世的統治時期

743-744年　瓦利德二世的統治時期

744年　耶齊德三世的哈里發管轄區

1898年　探險旅行家和阿拉伯語研究者阿洛伊斯・穆西爾發現了該遺址

第101號　佩特拉古城遺址

（參見210-211頁）

■南斯拉夫（塞爾維亞，黑山）

第332號　杜米托爾山國家公園

自然遺產：自1952年，該國家公園占地320平方公里，高度在海拔450至2523公尺之間；處於地中海地區和阿爾卑斯山地方性氣候之中；深達1300公尺的塔拉峽谷和處在喀斯特地貌中的16個冰河期的湖泊

所屬洲：歐洲

所屬國：南斯拉夫（黑山）

地點：普列夫利亞的西面和尼克希奇的北面

列入名錄年份：1980年

意義：一種打上冰河期烙印的風光，擁有歐洲最深的峽谷和大量只在這裡生長的植物

動植物誌：170平方公里的森林植被，擁有針葉樹林、亞高山區域和高山牧場；喀斯特地貌上生長著豐富的植物系；杜米托爾的毛葉煙、杜米托爾的三葉草、龍膽屬種類中的龍膽Gentiana levicalix，以及屬於虎耳草屬的植物虎耳草

Saxifraga prenja；一座原始森林中的最後一片樹林，擁有奧地利的歐黑松；在塔拉河及其支流中有淡水鮭魚、鮭，由於其「身穿略呈紅色的『結婚禮服』」，所以也被稱為「紅魚」，還有歐洲茴魚；在森林中還有生活著棕熊、灰狼、野貓、岩羚羊、石鳩和黑琴鳩等等

第333號　科托爾海灣及其流域

文化遺產：在延伸進大陸28公里處的科托爾海灣旁，作為古代航海家樂園和商埠的科托爾聳立著擁有兩座塔鈕的聖特立馮鈕斯大教堂（聖特立馮）和小型的聖盧卡斯教堂（聖盧卡），這些都是

科托爾海灣

按拉齊尼斯特風格建造的宗教建築，是古代建築藝術的典範

所屬洲：歐洲

所屬國：南斯拉夫（黑山）

地點：科托爾海灣和科托爾城，黑塞哥維那東南面

列入名錄年份：1979年

意義：位於天然的亞得里亞海港口附近，中世紀石刻藝術和聖像繪畫藝術的著名中心

大事記：

公元前168年　成為羅馬帝國的一部份

11世紀　首次有文獻記載

1195年　建造聖盧卡斯教堂

13-14世紀　科托爾成為塞爾維亞王國的主要港口

1381年　在韋利格附近用一條鎖鍊封鎖了內部海灣

1483-1687年　成為鄂斯曼帝國的一部份

1628年　「淑女山崖」教堂聳立在哥姆帕－奧德－斯克里佩山峰之顛

1797-1805年和1814-1918年　成為奧匈帝國（奧地利多瑙河）的一部份

1979年4月15日　重建被地震摧毀的科托爾城

第334號　拉斯古城和索普奇尼修道院

文化遺產：在拉斯古城附近矗立著聖喬治教堂，教堂裡擁有塞爾維亞最古老的拜占庭濕壁畫；索普奇尼修道院和烏羅什一世（統治時期：1243-1276年）的陵墓；擁有濕壁畫《聖母之死》的三位一體教堂，此外還有描繪王后安娜・丹多洛之死的濕壁畫

所屬洲：歐洲

所屬國：南斯拉夫（塞爾維亞）

地點：拉斯古城，新帕扎爾的西面

列入名錄年份：1979年

意義：塞爾維亞的第一個首都進的索普奇尼修道院是「西方教會和東正教教會的融匯處」

大事記：

公元前6世紀　首次移民定居

9世紀　在一個羅馬圓形建築物的遺址上興建彼得教堂

1265-1270年　國王烏羅什一世捐建修道院

約1265年　創作三位一體教堂中的濕壁畫《聖母之死》

1389年　土耳其軍隊入侵，修道院受到重創

1689年　關閉索普奇尼修道院

1929年　為三位一體教堂架設新穹頂

第335號　斯圖登尼卡修道院

文化遺產：由圍牆包圍著的修道院建築，裡面聳立著三座教堂：由磚牆砌就、具有拜占庭風格的聖母教堂，裡面繪有早期拜占庭的壁畫，以及聖尼古拉教堂和國王教堂；主持修道院事務的是神聖的薩瓦－－獨立塞爾維亞東正教會的首任大主教，也是修道院創立者斯特凡・內馬耶的兒子，其陵墓便是聖母教堂

所屬洲：歐洲

所屬國：南斯拉夫（塞爾維亞，拉什卡）

地點：斯圖登尼卡，在克拉列沃附近

列入名錄年份：1986年

意義：塞爾維亞最大的藝術瑰寶最豐富的東正教修道院

大事記：

約1190年　由國王斯特凡・內馬耶創建和捐贈

1196年　斯特凡・內馬耶撤退到修道院

1208-1209年　創作聖母教堂中的拜占庭壁畫

1233-1234年　通過穿廊擴建聖母教堂

1314年　建造十字架形狀的國王教堂，它也被稱為聖約阿希姆或者聖安娜教堂－－國王米盧廷所捐贈的20個贈品之一

1569年　創作聖母教堂中斯特凡內馬耶豪華石棺上的壁畫，以及主題是描繪其捐建行為和聖母之死的壁畫

1717年　王子歐根為修道院簽發「安全通行證」

■柬埔寨

第118號　吳哥窟

（參見244-245頁）

■喀麥隆

第336號　賈河動物自然保護區

自然遺產：從1950年起被闢為自然保護區，從1980年起被闢為動物保護禁獵區，總面積為5260平方公里，其中5000平方公里為動物禁獵區，那裡每年平均降雨量為1570公釐。這片森林保護區受到穿越非洲大陸的公路和緩衝地帶的威脅，此外，如火如荼的經濟林木採伐業也使森林植被區域日益萎縮

所屬洲：非洲

所屬國：喀麥隆

地點：位於賈河的一個彎道上，雅溫得的東南面和洛米埃的西面

列入名錄年份：1987年

意義：西非一個令人矚目的生物圈，是大型靈長目動物的一個樂園。裡面生長著品種繁多的植物，千姿百態、爭奇鬥豔

動植物誌：在尼日南部和喀麥隆西南部之間的森林過渡地帶中所生長的植物，以及剛果盆地的植物；一片廣袤的原始森林，擁有茂密常青的剛果熱帶雨林，裡面生長著43種各類樹木，並形成一個高達30-60公尺的綠色「頂蓬」；那裡生長的植物有：Canarium schweinfurthii，其樹幹可以用來製作獨木舟、吉貝樹和世界範圍內瀕危的Staudtia kamerunensis、Colasrtrauch，以及咖啡樹和可可樹；靈長目動物，如平原大猩猩、藍嘴長尾猴、冠狀長尾猴、體型健碩的白鼻長尾猴、山魈和Potto；其他哺乳動物，如鱗甲目和森林巨型野豬；鳥類，如活躍於山崖上的喀麥隆Kamerunfelshupfer和Batesweberbogel

■加拿大

第337號　深淵－－「美洲野牛的地獄」

文化遺產：野牛失足的深淵－－「estipa-skiki-ini-kots」在黑腳印第安人的語言中被稱為「美洲野牛的地獄」。人們在懸崖峭壁上設置一個長約

安東尼島（斯庫－瓜伊）

100公尺、深約10-18公尺的「深淵」，作為天然的「屠宰場」，在圍獵或者追獵野獸時將其趕入這個「屠宰場」。隨著時間的推移，在這個「深淵」底部上堆積起一座高約11公尺的動物骸骨小山丘。在圍獵初期，人們用500多塊石頭疊砌成一條所謂的「圍獵小道」，以標明圍獵的路徑，這就是今天的黑腳印第安人文化回顧的焦點之地

所屬洲：美洲

所屬國：加拿大，（艾伯特）

地點：帕丘派那山，平撒克里克的東北面

列入名錄年份：1981年

意義：一種原始古樸的美洲野牛狩獵方式的最好見證，－－通過驅趕野牛使之失足跌入深淵，其遺址至今保存完好

大事記：

公元前約8000年　首次移民定居

估計在公元前5400年但極可能在公元前3500年　草原印第安人首次集體圍獵，並且利用懸崖峭壁獵取動物。這可以從出土的化石和手工藝品中得到印證

1797年　哈德森海灣公園的一位商人彼得·菲德勒曾經在此考察了6週，並且有幸成為一次有250頭美洲野牛落崖的圍獵活動見證人

1850年　傳統的美洲野牛狩獵方式可能就此壽終正寢

1874年　歐洲移民開始進駐

1881年　草原上的美洲野牛數量減少到大約只有1000頭

1938年　首次考古調查

1968年　野牛失足的「深淵」被加拿大政府闢為國家歷史遺址

第338號　安東尼島（斯庫－瓜伊）

文化遺產：素以「安東尼島」著稱的島嶼，今天的土著人稱之為「斯庫－瓜伊」。一座19世紀就被遺棄的村落納斯丁擁有10幢用香柏木建造的房子和32個圖騰樁的遺址，從前有300位海達族人在此生活

所屬洲：美洲

所屬國：加拿大，（不列顛哥倫比亞省）

地點：納斯丁（斯庫－瓜伊），位於海達－瓜伊的南高峰（夏洛特皇后群島），溫哥華以北

列入名錄年份：1981年

意義：北美洲土著獵人和漁夫文化的一種寫照

大事記：

約公元前5000年　從地底下出土的楔子核和砍伐工具能夠證明，在夏洛特皇后群島上曾經有人類定居

1774年　胡安·佩雷斯·埃爾南德斯造訪此地

1778年　船長詹姆斯·庫克在第三次環球旅行中曾踏訪該島

約1880年　放棄納斯丁，最後25位居民離開了這個村落

第339號　省立恐龍公園

自然遺產：斯拉維特省立恐龍公園（74.93平方公里）創建於1955年，海拔高度為621至727公尺之間，大自然造就了其獨特的地貌，其平均氣溫約為3.8℃。在1979年和1991年發現了23.34塊恐龍化石

所屬洲：美洲

所屬國：加拿大（艾伯特的東南部）

地點：布魯克斯的東北面

列入名錄年份：1979年

意義：具有重大國際考古意義的古生物圈遺址，一個綿延幾千年歷史的獨特範例

動植物誌：在所謂的朱迪斯河系（7500萬年）擁有38種恐龍化石，它們都屬於Hadrasauridae、Ornithomimidae、Tyrannosauridae、Nodosauridae、Pachycephalosauridae和Ceratopsidae家族；一些龜鱉和有袋目動物的化石；現生活在那裡哺乳動物有叉角羚、騾鹿和白尾鹿；還有150多種註冊登記的鳥類，如北美洲大草原隼、金鵰、國王隼、灰背隼和美洲猛伯勞

第340號　格羅莫訥國家公園

自然遺產：在占地1805平方公里的國家公園中，唯一擁有5.7億年歷史的脈石和出土化石；40多處聞名遐邇的化石發掘地；由聖勞倫斯海灣的窪地和長嶺山脈所組成的國家公園

所屬洲：美洲

所屬國：加拿大（紐芬蘭）

地點：格羅莫訥國家公園，紐芬蘭的西北海濱，迪爾湖的西北面

列入名錄年份：1987年

意義：地質演變和發展的「全景圖」

動植物誌：711種維管植物以及杜鵑花canadense和杜鵑花lapponicun；20種哺乳動物，如飛鯨、馬鞍海豹、雪鞋兔；蝙蝠類，如Myotis septentrionalis、紐芬蘭海狸、草地田鼠、麝鼠、黑熊、白鼬、雲山貓、猞猁、北美洲馴鹿和駝鹿；230種鳥類、如頸膜鴨和海燕；11種魚類和2種外來的兩棲動物

第341號　「朗索梅多斯」國家歷史公園（諾曼人的定居點）

文化遺產：運用發掘出來的材料按照原樣複製了一處諾曼人的定居點；從前用草皮覆蓋的3組木結構住宅建築和作坊，估計是為製造航海船隻的船匠、鐵匠和木匠所搭建，以便讓他們在這裡過冬

所屬洲：美洲

所屬國：加拿大（紐芬蘭）

地點：位於布萊克達克小溪旁，埃帕維貝

列入名錄年份：1978年

意義：北美洲的歐洲移民最初的生活遺跡

大事記：

10-11世紀　在此出土的北方工具可以考證移民的生活足跡，其中有一個7公分長簡陋的青銅環狀指針

1960-1968年　發現遺址，並且首次發掘

1973-1976年　由加拿大公園主持再次發掘，出土了2000件文物

第342號　盧嫩堡古城

文化遺產：位於馬洪貝和拉阿沃河河口之間半島上的殖民城市，島上的居民主要從事捕撈和造船業。這裡是從前新教徒的定居點，早在1453年，大部分來自德國、瑞士和法國的移民在此定居；從城市平面圖上看，該城擁有7條南北方向和9條東西方向的大道，寬度分別為14.6公尺和12.2公尺。城市建築大多出自18和19世紀，普遍採用木結構，其中包括科赫·所羅門之家、麥克拉格倫之家、莫拉斯之家、倫諾克斯·塔韋尼之家、麥瑞

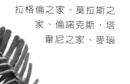

加拿大：省立恐龍公園

特－魯蘭特之家、阿達姆埃特克尼克勒有限公司及其店鋪和辦公室，以及教區長的轄區：蒙特利爾銀行（1907年）

所屬洲：美洲

所屬國：加拿大（新斯科舍）

地點：盧嫩堡，哈利法克斯的西南面

列入名錄年份：1995年

意義：英國在北美洲的殖民地建築中保存得最完好的範例之一

大事記：

1753年　城市規模初顯

1754年　建造原來的聖約翰英國聖公會教堂

1774-1798年　建造羅姆奇之家

1828年　建造從前的聖安德魯長老會教堂

1883-1885年　建造衛理公會教堂即今天的聯合教堂

1895年　盧嫩堡大學揭幕

1896年　建造今天的大西洋漁業博物館

1919年　建造銀房子

1920年　在盧嫩堡的船廠裡製造著名的帆船「清教徒式的人」

1990年　命名為國家歷史遺跡

第343號　納哈尼國家公園

自然遺產：自從1972年被闢為國家公園後，南納哈尼河於1987年被加拿大政府命名為赫里蒂奇河，其總面積為4765.60平方公里，海拔高度從180公尺至2640公尺不等；國家公園做為加拿大連綿山脈中的一部份，由海蘭高原、塞爾溫山、利亞德高原、馬更些平原和馬更些山組成，占南納哈尼河流域的1/7；擁有獨特的地質結構，如三個峽谷都擁有19000公尺長、13000公尺深和落差達100公尺的弗吉尼亞瀑布，地下河、洞穴和裂谷構成了迷人的喀斯特地貌

所屬洲：美洲

所屬國：加拿大（西北地區）

地點：西北地區的西南部，位於南納哈尼河及弗拉特河畔

列入名錄年份：1978年

意義：北美洲山澗河流獨特地質地貌的一個範例，以及馬更些山脈中的植物和動物保護區

動植物誌：高原上的叢林和苔原地區生長著黑杉、白杉，而白楊樹則在山谷中搖曳。600種不同的維管植物、325種苔蘚植物、泉眼旁的野生薄荷和一枝黃花爭奇鬥豔；40種哺乳動物，如狼、大褐熊、黑熊、北美馴鹿、駝鹿、白尾鹿、山坡山羊、海狸和達爾綿羊；170種鳥類，如金鵰和大隼

第344號　魁北克的古城區

文化遺產：古城區包括城堡、巴黎聖母院聖心教堂、休厄爾官邸、烏爾舒林女修道院、霍利·特里尼特的英國聖公會大教堂－－以倫敦郊外的聖馬丁教堂為藍本而建造、羅亞爾廣場、巴西利克大教堂、魁北克聖母院、魁北克上帝旅館和從前的奧古斯丁修道院

所屬洲：美洲

所屬國：加拿大

地點：魁北克，蒙特例爾的東北面
列入名錄年份：1985年
意義：新大陸上法國從前的首都，一個穩固的殖民城市的突出範例之一。
大事記：
1608年　　創立該城市
1620年　　建造聖路易要塞

魁北克

1635年　　城市創見者薩米埃爾·尚普藍去世
1639年　　創建烏爾舒林女修道院和魁北克上帝旅館
1688年　　建造首座聖母勝利教堂
1690年　英國進攻魁北克，無功而返
1691年　建造皇家砲台
1723年　　建造從前的烏爾舒林教堂
1752年　　為船主讓-巴蒂斯特·舍瓦利耶建造官邸
1759年　英國人用4萬枚砲彈轟炸該城市
1820-1850年　　建造城堡和其它防禦工事
1893年　弗龍特納宮殿揭幕
1898年　在弗龍特納宮殿附近為薩米埃爾·尚普藍的大型紀念碑揭幕
1910年　建造新哥德式風格的巴黎聖母院聖心教堂

第345號　位於加拿大落磯山脈中的國家公園和省立公園
自然遺產：班夫國家公園（從1885年起）、賈斯珀國家公園（從1907年起）、科登納國家公園（從1920年起）和約荷國家公園（從1920年起），以及羅布森山省立公園、阿西尼博因山省立公園和漢伯省立公園，此外還有1909年發現的位於菲爾德山附近的化石「儲存地」布格司-沙勒；總面積為23068.84平方公里，海拔最高達3954公尺（羅布森山）
所屬洲：美洲
所屬國：加拿大
地點：沿著不列顛哥倫比亞省和艾伯特省之間的邊界，位於羅布森山省立公園，漢伯省立公園和

賈斯珀國家公園的西面和西南面；阿西尼博因山省立公園座落在班夫和科登納國家公園之間
列入名錄年份：1984年，1990年擴大
意義：世界上給人們留下深刻印象的山脈之一
動植物誌：山地、亞高山和高山的植物系，如興澤松、旋轉松、恩格曼松、萊茵爾落葉松、美洲的歐洲山楊和小葉楊；56種哺乳動物，如馴鹿、北美馴鹿、厚角綿羊、大褐熊、加拿大猞猁、美洲獅、卡布利灰狼和狼獾；有260多種鳥類，如三足趾啄木鳥、水鷚、岩石山雀、金雕和加拿大不幸松鴉；此外還有3種蛙類，一種蠑螈類和2種蛇類

第346號　伍德布法羅國家公園
自然遺產：1922年創建國家公園，1926年擴大面積，包括了美洲鶴夏季棲息地及和平-阿薩巴斯卡的三角洲部分－－世界上最大的淡水河三角洲，總面積為44807平方公里，該國家公園是加拿大最大的自然保護區
所屬洲：美洲
所屬國：加拿大
地點：史密斯堡和奴河以西，位於艾伯特和西北邊境地區
列入名錄年份：1983年
意義：世界上最大的野生美洲野牛群和瀕危的呼號鶴保護區
動植物誌：擁有興澤松、黑松、長條松和美洲落葉松的森林，以及溪河旁的小葉楊、高原上的苔原植被；美麗的草原擁有多種草本植物，如Calamagrostis canadensis；除了大約4500頭美洲野牛外，還有一些是分別來自森林和草原的美洲野牛的「雜交種」；其他46種哺乳動物，如黑熊、北美馴鹿（西加拿大的Waldren）、駝鹿、海狸、加拿大猞猁、卡利布灰熊、白狐；227種鳥

伍德布法羅國家公園

類，如褐頂山雀和雪地貓頭鷹；在夏季，那裡還是大約40對呼號鶴的孵化地；暫棲在和平阿薩巴斯卡三角洲的雪雁和加拿大大雁；此外還有25種鴨類和所有7種北美洲的鶺鶲類

■加拿大／美國

第347號　克盧恩國家公園、蘭格爾－聖伊萊厄斯（美國境內也有一部份）國家公園和塔特申西尼－阿爾塞克省立公園
自然遺產：1922年創建國家公園，1926年擴大面

自然遺產：克盧恩國家公元自1979年以後才擁有蘭格爾－聖伊萊厄斯國家公園和世界文化遺產的「儲存地」；1992年包括了冰河灣國家公園，1994年又包括了塔特－申西尼阿爾塞克荒原（加拿大境內），其總面積為98391.21平方公里，該國家公園裡氣候迥異，擁有寒帶、溫帶及大陸性氣候，高度從海拔600到5950公尺（洛根山）不等；巴格利冰原是世界上最大的非極地冰原之一
所屬洲：美洲
所屬國：加拿大和美國，阿拉斯加（美國）、育空地區和不列顛哥倫比亞省（加拿大）
地點：東南阿拉斯加和西北加拿大
列入名錄年份：1979年，1992年和1994年擴大
意義：一個特別引人矚目的景區，擁有冰河和高山位於美國和加拿大邊境的兩側地區，是北美馴鹿、大褐熊和珍稀的達爾綿羊的棲息地
動植物誌：直到海拔1110公尺的植被上擁有興澤松、小葉松、美洲的歐洲山楊、阿拉斯加海濱森林、西部地區的加拿大鐵杉和Sitkafichte杉；亞高山地區，直到海拔1400公尺，擁有廣袤的牧場；高山苔原地區（1600-2000公尺）擁有苔蘚類矮樺，以及灌木從和草叢，同時還有黑果岩高蘭；29種哺乳動物，其中包括大褐熊－－這裡有

地球上最大的大褐熊種群，那裡大約還生活著600種動物－－駝鹿、狼、黑熊、雪山羊、北美馴鹿，而在阿拉斯加則特別生活著加拿大水獺、海狸、海獅、海象、美洲的歐洲水貂；180種鳥類，其中有華麗的潛水鳥、金嗓子的天鵝、沼澤雪雞、彩鷸雀、雪雁和喚雨鳥

第348號　沃特頓湖和格拉西爾國家公園
自然遺產：從1932年起成為世界上首個「和平公

克盧恩國家公園、蘭格爾－聖伊萊厄斯國家公園和塔特申西尼－阿爾塞克省立公園

園」，從1979年起範圍擴大至鄰國的生物圈，擁有冰河地質地貌。沃特頓湖國家公園的面積達525.25平方公里，格拉西爾國家公園的面積達4050.89平方公里；1895年進行了首次土地資源研究，1922-1923年則由加拿大國家博物館點頭，繼續進行研究
所屬洲：美洲
所屬國：加拿大（艾伯特）和美國（蒙大拿）
地點：艾伯特的西南部和蒙大拿的西北部，萊斯布里奇的西南面和卡爾加里的南面
列入名錄年份：1995年
意義：兩國之間進行生物起源研究交流的走廊
動植物誌：有生長的銀色森林Dryas octopetala和罌粟科的罌栗Pygmaeum的高山苔原；有生長著樺樹類Betula glandulosa的亞高山森林地帶；有生長著旋轉松的高山森林；有沃特頓湖國家公園佔地33平方公里的草原過渡地帶，期間生長的小葉楊及綠色植被羊茅類，如Festucascabrella；870種維管植物，如星辰草本科中的Stellaria americana；61種哺乳動物，如卡利布灰狼、叢林狼、美洲獅、海狸、美洲的歐洲水貂、美洲黑熊、約200頭大褐熊，此外還有厚角綿羊、雪山羊、美洲野牛、白尾鹿和騾鹿；241種鳥類，如大

隼和白肚白尾鷲

■肯亞

第349號　肯亞山國家公園

自然遺產：肯尼亞山擁有巴騰安峰（海拔5199公尺）和內利昂峰（海拔5188公尺），是一座距今310至260萬年的活火山，現在已經熄滅；在國家公園裡（從1949年起）擁有12個冰河遺址和冰河期冰磧層的，（位於海拔3950-4800公尺之間）以及20個小型冰河湖泊，總面積為1420.20平方公里；兩次雨季的降水量分別為2800公釐和3800公釐；在海拔4500公尺以上有終年不化的積雪

所屬洲：非洲

所屬國：肯亞

列入名錄年份：1997年

意義：位於非洲第二大山脈旁的國家公園擁有極其罕見的高山植物系

動植物誌：高山和亞高山植物系，如生長在海拔2500公尺以下的非洲鉛筆雪松、生長在海拔2500-3000公尺之間的非洲山竹（Arundinaria alpina）和石觀音杉Podocarpus milanjiamus，生長在海拔3800-4500公尺之間的山梗草類，如Lobelia telekii；哺乳動物、出沒於草原森林的獵獾狗、尖嘴犀牛、豹、小牡山羊、約翰斯通蹄兔和帶冠羚羊；鳥類，如本地朱鷺的亞種，東非的長耳鴞，以及Francolinus squamatus和Nectarinia johnstoni

第350號　錫比勞埃國家公園和中央島（哺乳動物化石的發掘地）

自然遺產：從1973年起，錫比勞埃國家公園佔地1570.85平方公里，從1985年起擁有5平方公里的中央島國家公園，其海拔高度為340-550公尺；火山的肆虐形成了半沙漠化的地貌特徵，如錫比勞埃山和中央島，此外還有一座大約700萬年歷史的古老石化森林遺址；坐落於阿利耶貝的北面，在科比‧弗拉附近的古生物化石發掘地中有強壯的猿人、能人、直立人和智人的化石，以及哺乳動物的化石

所屬洲：非洲

所屬國：肯亞

地點：圖爾卡納湖的東岸和圖爾卡納湖中的島嶼，內羅華北面

列入名錄年份：1997年

意義：非洲最重要的化石發掘地和鱷魚孵化地之一

動植物誌：哺乳動物，如草原斑馬、瞪羚、Oryx－羚羊、糜羚和Leier－羚羊，小Kudu、獅子和獵豹；350種鳥類，其中在中央島上有一個非洲海鳥的孵化地，此外也是矮種濱鸛的棲息地

■哥倫比亞

第351號　卡塔赫納殖民時期的港口、防禦工事和古代建築

文化遺產：這個港口也被稱為「印地安人的珍珠」－－擁有11公里長的防禦工事（穆萊拉斯）和堡壘建築，如卡斯蒂羅‧聖費里普巴拉亞斯和聖喬斯堡壘；三個城區：聖佩德羅，它擁有大教堂和無數的宮殿，如宗教法庭宮殿和德爾普雷米奧‧雷亞爾侯爵著莊園、聖迭戈－－中等階級和商人的居住區－－和蓋特塞瑪尼

所屬洲：美洲

所屬國：哥倫比亞

地點：卡塔赫納，加勒比海海濱，波哥大的北面

列入名錄年份：1984年

意義：南美洲規模最大的城市防禦工事體系

大事記：

1499年　阿梅里戈‧韋斯波西在哥倫比亞的加勒比海海濱登陸

1533年6月1日　佩德羅‧德埃雷迪亞創建該城

1544、1560年和1586年　弗朗西斯‧德拉克爵士麾下的海盜進攻該城

1575-1612年　建造大教堂

1610年　引進宗教法庭

卡塔赫那

1741年3月31日　卡塔赫納戰役爆發。在英國海軍上將愛德華‧弗農的指揮下，英軍出動186艘戰艦，與唐布拉斯‧德萊在麾下的城市守軍展開激戰

1770年　宗教法庭宮殿竣工

1811年11月　卡塔赫納脫離西班牙本土，宗教法庭終結

1815年12月　在巴勃羅莫里洛的率領下，西班牙軍隊重新佔領該城

1821年　柏亞卡戰役爆發

1822年春季　國際上承認卡塔赫納從西班牙領土中獨立

第352號　洛斯卡蒂奧斯國家公園

自然遺產：從1974年起，國家公園佔地720平方公里，與達連（巴拿馬）國家公園毗鄰，塞拉尼亞‧德爾‧達連占國家公園面積的53%。此外，還有世界上流速最快的阿特拉托河，其流速為每秒鐘4900立方公尺，浩浩蕩蕩地注入加勒比海

所屬洲：美洲

所屬國：哥倫比亞

地點：位於迪帕塔門托喬科的北部，在巴拿馬和阿特拉托河西岸的邊界之間

列入名錄年份：1994年

意義：異乎尋常的生物多樣性，哥倫比亞西北部瀕危的動植物的棲息和生長地

動植物誌：國家的一半面積被低窪的沼澤森林所覆蓋，此外還有熱帶雨林，擁有Ceiba petandra和Jessenia ploycarps，以及阿特拉托河窪地和經常淹沒地區，擁有Polygonum acuminatum和Prioria copaifera；僅僅在此生息的袖珍袋鼠類Heteromys desmartestianus，屬於真正的Guans的Ortalis cinereiceps類；其中有450多種鳥類，也生活著紫色小雞，此外還有擁有Nagel Manati，以及蛙類Rhamphyrne acrolopha和尖鱷，最後還有瀕危的林狗，大型食蟻獸和中美洲貘

第353號　歷史名城聖克魯斯－德摩蒙波格斯

文化遺產：從前的西班牙殖民城市，根據其創建者－－卡塔赫納的總督胡安‧德‧聖克魯斯命名，迄今為止素以金製飾物著稱於世；古老的城市中心擁有聖巴拉教堂、聖奧古斯都教堂、聖弗朗西斯科教堂、聖多明哥教堂和拉康塞普西翁大教堂

所屬洲：美洲

所屬國：哥倫比亞

地點：聖克魯斯－德摩蒙波格斯，位於里奧馬格達萊納附近，卡塔赫納的東南面

列入名錄年份：1995年

意義：一個殖民國家的「露天博物館」，在西班牙征服南美洲北部時起了重要的作用

大事記：

1540年　創建城市

1564年　創建一座帶塔樓的聖弗朗西斯科教堂，其塔樓的外觀酷似燈塔

1606年　建造聖奧古斯都教堂，那裡擺放著用黃金裝飾的棺材聖塞普爾克羅。在復活節宗教儀式上，該棺材被抬著隨遊行隊伍穿街走著

1613年　建造擁有一座塔樓的聖巴巴拉教堂，在其塔樓頂部用獅子的頭像裝飾

第354號　蒂朗德特羅考古公園

文化遺產：這個「內陸國家」擁有地下墓地，及井狀斗室墳墓，按照半圓形墓室規範建造；該地下墓室裡擺著40個骨灰罈，它們都裝飾著蛇和蜥蜴的圖案花紋；墳墓外面描繪著紅色和黑色的幾何形狀的「濕壁畫」，並配以極富個性化的人物浮雕；在洛馬‧德塞哥維亞上還保存著完好的墓室－－共有28個墓室，此外在上德，爾杜埃和上德，聖安德烈斯分別擁有5個墳墓；在埃爾塔夫隆附近還聳立著巨獸形雕塑

所屬洲：美洲

所屬國：哥倫比亞

地點：處於考卡河和馬格達萊納河之間，在中央考迪萊，卡利的東南面和波帕揚的東北面

列入名錄年份：1995年

意義：在哥倫布發現新大陸之前，位於北部安登的文化歷史見證

大事記：

西元前870-西元630年　蒂朗德特羅的文化

1936年　開始考古研究

第91號　聖奧古斯都考古公園

（參見190-191頁）

■南韓

第355號　長東宮

文化遺產：「奇妙的祝福宮殿」是一座面向東方的建築，擁有金碧輝煌的正門－－東華門，通往庭院的明正門和和「熠熠生輝的政府大廳（明正正）」－－估計是宮殿中歷史最久遠的建築，以及原來僅供君王獨享的「秘密花園」

所屬洲：亞洲

所屬國：南韓

地點：漢城

列入名錄年份：1997年

意義：15世紀的遠東建築藝術，宮廷園林建築學和自然環境和諧統一，完美結合的典範

大事記：

1405年　建造國王李太朝的夏季行宮，以及與之毗鄰，規模更大的慶卜宮室的一部份

1485年　國王宋炯讓人更新有關設備

1592年　大火焚燬了部分建築

1611年　重建宮殿

1872年　失去王府的地位

1907年　修葺宮殿

第356號　重明－－國王在漢城祭拜祖先的神龕

文化遺產：這裡是國王家譜的珍藏地，擁有敬奉孔子的神龕和國王家族的墳墓，也是演奏宗教音樂和舉行宗教典禮的場所。那裡有長長的主殿、「安息堂」和「功臣殿」（孔信堂），以及香代忠－－祭品準備地

所屬洲：亞洲

所屬國：南韓

地點：漢城

列入名錄年份：1995年

意義：深受儒家學說薰陶的國王最古老的神龕

大事記：

1392-1910年　重松王朝統治時期

1394年　建造神龕

1418-1450年　國王孫炯下令建造永寧宮，即「安息堂」

1967年　國王雲去世後，在此舉行最後一次王族葬禮

自1971年　重新恢復宗教典禮

第357號　索庫拉姆和佛國寺的洞穴神廟

文化遺產：佛國寺、神廟和寺院建築，其中擁有舍克亞姆尼塔和塔博塔、白雲的橋樑和藍雲的橋樑，伊甸園和鐘樓；人造洞穴神廟索庫拉姆擁有一尊3.5公尺高的坐佛，它被39尊菩薩－－頓悟者－－和10位門徒所環繞

所屬洲：亞洲

所屬國：南韓

地點：在托哈姆山及其周圍，京居的東南面

列入名錄年份：1995年

意義：詮釋東亞佛教建築藝術和卓越宗教文化的傑作

大事記：

528年或535年　首次建造一座祈禱神廟

751-774年　建造佛國寺和索庫拉姆神廟

1913-1915年　在日本人佔領期間，進行不得法的修葺

1959年　重建佛國寺的中央大廳

1962-1967年　對索庫拉姆神廟進行縝密務實地維修，以恢復其宗教特色，並安裝一堵玻璃牆來封鎖通道

第358號　黃松要塞

文化遺產：「鮮花要塞」擁有迄今仍保存的全長6公里的城牆和4扇城門－－長農門、長安門、黃松

門和帕塔門－－砲台、瞭望塔和空心墩－－「空心瞭望塔」、即所謂的「奇」

所屬洲：亞洲

所屬國：南韓

地點：蘇旺

列入名錄年份：1997年

意義：18世紀遠東軍事建築學早期現代化的見證

大事記：

1776-1800年　國王鄭兆執政時期

1796-1801年　建造要塞

1950-1953年　朝鮮戰爭期間遭到嚴重損壞

1975-1979年　按照長達640頁的「黃松設計手冊」

杜布羅夫尼克古城

中有關規範進行重建，整個工程遵循「嚴謹、精確和務實」的宗旨進行建造，包括精確的設計規劃，清楚的材料清單和實用的建築結構

第115號　海印寺和昌慶苑（高麗三藏印版的收藏地）

參見238-239頁

■克羅埃西亞

第359號　城牆之外的城市－－杜布羅夫尼克古城及其附近島嶼的一次巡禮

文化遺產：該古城是「亞得里亞海的一顆明珠」，擁有6公尺厚、25公尺高的城牆和港口要塞聖伊方－－擁有圓形的明塞特塔樓、帕愛爾門和巴洛斯門；擁有救世主教堂和方濟會教堂、修道院建築、大型的奧諾弗利奧泉眼、地宮（帕拉卡）、羅蘭德立柱（1418年）、人文主義代表拉古西亞努姆和施邦扎宮殿

所屬洲：歐洲

所屬國：克羅埃西亞（達爾瑪蒂海濱）

地點：杜布羅夫尼克、亞得里亞海

列入名錄年份：1979年、1994年擴大

意義：從前重要的海軍強國和「亞得里亞海的一顆明珠」，擁有哥德式、文藝復興時期和巴洛克建築藝術的見證

命名：杜布羅夫尼克出自斯拉夫語「杜布拉伐」，即「橡樹林」之意

大事記：

7世紀　由來自被摧毀的埃皮陶魯的背井離鄉著創建

1205～1358年　成為威尼斯多根共和國的一部分

1351年　創建方濟會修道院的藥房－歐洲最古老的藥房

1358～1808年　創建自由共和國拉古薩

1408年　建造猶太教會堂

1438年　建造擁有16個水池的大型泉眼－奧諾弗利奧，它是一條12公里長水管的終點

1462年　改建修道院的院長宮殿

1667年　發生地震

1671～1713年　建造大教堂

1815年　成為奧地利多瑞河帝國的一部分

1919年　把名稱從「拉古薩」更改為「杜布羅尼克」

1991年12月9日　遭到南斯拉夫空軍的轟炸，1/3的古蹟被摧毀或者損壞

1994年　在聯合國教科文組織的資助下進行修葺

第360號　普列特維察湖泊國家公園

自然遺產：普列特維察，耶澤拉從1949年起成為國家公園，佔地192平方公里，海拔在1417～1280公尺之間；普列特維察高原（海拔650～700公尺）位於利卡－普列舍維察山（海拔1640公尺）、馬拉－卡佩拉山（海拔1280公尺）和梅德韋賈克山（海拔884公尺）三者之間，並被科拉那河攔腰截

斷：擁有石灰岩岩層和白雲石岩層，以及16個湖泊，這些大小不一的湖泊是碳酸鈣與苔蘚、藻類、細菌相互作用後，產生沈積而形成：落差高達80公尺的瀑布；從1996年起，這裡的旅遊業恢復了生機

所屬洲：歐洲

所屬國：克羅埃西亞

地點：卡洛伐克以南，位於和波西米亞－黑塞哥維那交界的邊境地帶

列入名錄年份：1979年

意義：擁有石灰岩岩層、白雲石岩層和鈣華地貌結構，這裡還是在歐洲已瀕臨滅絕的狼和棕熊的生活圈

動植物誌：混交林地區，其中72.8%為樺樹林，占了絕大部分，其次是雲杉和松樹；在石灰岩岩層上還生長著槭樹，覆蓋著廣袤的牧場；在高山生態圈中生長著雲杉和樺樹，以及歐洲刺柏；受當地保護的植物，如有碎米薺科Cardamine chelidonia、歐洲枸蘭科的Cypripedium和屬於報春屬的植物Primula kitaibeliana，以及歐亞瑞香植物Daphne blagayana；是歐洲棕熊和狼的故鄉，還有126種鳥類，其中有雕鴞

第361號　波雷奇的歐福拉修斯大教堂和古老的城市中心

文化遺產：古羅馬人的遺址，如當時羅馬人的廣場馬拉福、海神尼普頓神廟和大神廟、德丘馬努斯和卡多·馬克西姆斯教堂。此外，還有歐福拉修斯大教堂，該教堂擁有聖馬洛，即波雷奇的城市聖人和聖埃勞埃特魯斯聖人的遺骨，以及哥德式聖體「儲存箱」（1277年）和精美的馬賽克藝術，如在教堂半圓形後殿的主穹頂裡描繪著基督及其12位門徒的畫像。此外，還擁有巴洛克風格的辛錫克宮殿、圓形競技場、八角形塔樓、方濟會教堂（13世紀）和羅馬風格的建築「兩位聖人之家」

所屬洲：歐洲

所屬國：克羅埃西亞

地點：波雷奇，里耶卡以西

列入名錄年份：1997年

意義：大教堂、中央大廳、浸禮堂和主教宮殿等建築在古羅馬人的遺址中至今仍然依稀可辨。它們都是宗教建築的典範

大事記：

西元前2世紀　在今天波雷奇的位置上建造一座羅馬式建築－卡斯特普姆城堡

1世紀　成為移民區尤利亞－帕倫提屋

3世紀　成為首個基督教堂區

5世紀　建造第一座大教堂

6世紀　建造早期拜占庭風格的建築－歐福拉修斯大教堂

1262～1792年　處於航海共和國威尼斯的統治之下

1861～1919年　成為奧匈帝國的一部分

1884年　在辛錫克宮殿中建造國家博物館

第362號　斯普利特古城和皇帝迪奧克萊蒂安的宮殿

文化遺產：斯普利特古城擁有皇帝迪奧克萊蒂安的養老宮殿。東西方向的側面長215公尺、南北方向長達180公尺；堅固結實的牆體厚達2公尺——青銅大門（波爾塔‧埃涅阿），通向宮殿貯藏室的通道，皇帝陵墓上的聖多姆紐斯大教堂（聖杜亞姆），朱比特神廟和帕帕里卡等宮殿

所屬洲：歐洲

所屬國：克羅埃西亞（達爾馬提亞）

地點：斯普利特

列入名錄年份：1979年

意義：迪奧克萊蒂安輝煌時代的見證，建築學上的一個「萬花筒」——從古羅馬建築到巴洛克建築

大事記：

295～305年　在皇帝迪奧克萊蒂安出生地薩羅那附近建造該宮殿

7世紀　把朱比特神廟改建造成聖約翰的洗禮堂

15世紀　建造市政廳

1420～1797年　成為威尼斯多根共和國的一部分

1815～1918年　處於奧地利的統治之下

第363號　特羅吉爾古城

文化遺產：13～15世紀，羅馬式—哥德式大教堂

古城斯普利特中，刻著迪奧克萊蒂安皇帝側面頭像的錢幣

聖勞倫丘斯、鐘樓、奇皮科廣場（也稱為奇皮科宮殿）、柱廊、聖芭芭拉教堂（也稱聖馬丁教堂）、聖馬庫斯圓形塔樓、盧齊奇宮殿、聖一米歇爾塔樓（聖米霍維爾）、威尼斯要塞、卡麥倫哥和居高臨下的瞭望觀景台

所屬洲：歐洲

所屬國：克羅埃西亞（達爾馬提亞）

地點：特羅吉爾，斯普利特以北

列入名錄年份：1997年

意義：西元前移民不斷在此定居，成為移民區的一個卓越範例

大事記：

西元前3世紀　成為希臘人移民區特勞古林

自西元前56年　成為羅馬人移民區

1062～1822年　成為主教府

約1240年　規劃和建造聖勞倫丘斯大教堂的正大門

1242年　貝拉四世為逃避蒙古人而逃往特羅吉爾

1420年　被威尼斯人包圍和佔領

1438年　建造哥德式的聖希羅尼穆斯小教堂

1468年　尼科洛‧弗洛倫蒂諾和安德里亞‧阿萊西規劃建造施洗禮者聖約翰內斯的小教堂

1593年　建造迄今仍然保存著的城市防禦設施

1599年　建造鐘樓

■古巴

奧馬亞登城遺址

第364號　聖地牙哥的聖佩德羅－德拉羅卡要塞

文化遺產：該地也作為「莫羅－聖地牙哥」而出名，擁有1號和2號堡壘，阿凡札里和拉埃斯特萊拉要塞，以及拉索卡帕砲兵連遺址

所屬洲：美洲

所屬國：古巴

地點：聖地牙哥，哈瓦那的東南面

列入名錄年份：1997年

意義：伊斯帕諾—美洲堡壘建築學中最全面和保存得最完好的見證之一，根據義大利文藝復興時期的有關原則設計

大事記：

1588年　西班牙海軍失去全球霸主地位

1590～1610年　按照菲利浦二世的指令，在聖地牙哥灣入口處建造第一座要塞

1638～1642年　根據軍隊建築師胡安‧包蒂斯塔‧安東內利的設計方案，在總督佩德羅‧德拉羅卡一博里亞的領導下建造了一作要塞，有4座堡壘與要塞貫通

1655年　一支擁有18艘軍艦的英國海軍艦隊登陸，並佔領了聖地牙哥

1663～1669年　擴建要塞

1675～1678年、1679年和1692年　部份設施由於地震而被摧毀

1678和1689年　法國軍隊進攻失敗

1741年　重建要塞

1747年　英國海軍艦隊的進攻被擊潰

1757和1766年　被地震再度摧毀

1898年　美西戰爭爆發，美軍於7月17日佔領要塞

1899年　古巴被美國接管

1978年　修葺要塞

1979年　要塞被宣布為國家級文物古蹟

第365號　特立尼達城和巴耶－德羅斯－伊格尼奧斯製糖廠

文化遺產：西班牙殖民建築，如布魯南特宮殿；奧里茨之家和馬里布蘭之家；此外還有桑迪西馬‧特立尼達教堂和潘帕教堂

所屬洲：美洲

所屬國：古巴（聖斯皮里圖斯）

地點：特立尼達，其西北面是巴耶一德羅斯一伊格尼奧斯，位於哈瓦那的東南面

列入名錄年份：1988年

意義：孔基斯塔統治者的一座橋頭堡，並且是18～19世紀糖業巨擘們的財富象徵

大事記：

1514年　創建城市

1519年　征服者們在埃爾南‧科爾特斯的率領下啟程去墨西哥

1740年　建造潘帕教堂

1779～1827年　那裡的居民人口增長4倍

1820年　建造托勒‧德伊茨那加

約1830年　在巴耶－德羅斯－伊格尼奧斯有56家製糖廠

1846年　繁榮鼎盛時期，每年生產7700噸糖

第88號　哈瓦那的古城和城堡防禦工事

（參見184～185頁）

■寮國

第117號　瑯勃拉邦的王宮與佛教寺院

（參見242～243頁）

■拉脫維亞

第40號　里加的舊城中心

（參見88～89頁）

■黎巴嫩

第366號　安杰爾的奧馬亞登城遺址

文化遺產：避暑行宮，擁有浴室、宮殿、老式宮殿、廊柱系列和教堂半圓形後殿中的接見大廳，以及一個45×32公尺見方的清真寺遺址；114700平方公尺大小，並用高牆包圍起來的城區，擁有4扇城門和36座塔樓；在城牆上有60處銘文，其中一處介紹了伊斯蘭教紀元123年（西元741年）的有關情況；卡爾多—馬克西姆斯，一條約20公尺寬的街道，擁有部分重建的廊柱，其中心有一個由四種風格廊柱組成的系列柱群，即4根風格迥異的柱子挺立在同一條橫線腳上；在卡爾多—馬克西姆斯交叉路口的每一個角落裡，都擁有向東西方向延伸的街道，它們被稱為達庫馬努斯—馬克西姆斯

所屬洲：亞洲

所屬國：黎巴嫩

地點：安杰爾，在巴勒貝克的南面，位於安蒂—黎巴嫩山麓

列入名錄年份：1984年

意義：出自奧馬亞登王朝的城市規劃的唯一歷史見證

命名：原稱為艾因—蓋拉（蓋個之泉），也以艾因—埃爾加著稱，在現代阿拉伯語中改稱為「安杰爾」

大事記：

705～715年　在哈里發阿勒瓦利德一世‧伊本‧阿卜杜拉—馬立克統治時期創建

約750年　在瓦利德兒子易卜拉欣反對其堂兄馬爾萬二世失敗之後，該城逐漸衰落和瓦解

1940年　法國考古學家讓‧紹瓦熱造訪此地

1949年　進行系統的考古挖掘

第367號　巴勒貝克遺址

文化遺產：原作為太陽神巴勒的神廟；在令成千上萬各信徒五體投地的朱比特聖地上聳立著始建於羅馬時代的聖跡神廟；建築文物古蹟，如維納斯神廟、擁有入口大廳和環繞柱廳（原來有30根花崗岩柱子）的六角形前院、134×112公尺見方的舉行慶典儀式的庭院、88×48公尺見方的朱比特太陽神大型神廟和酒神巴克斯神廟，或者小型神廟區

所屬洲：亞洲

所屬國：黎巴嫩

地點：巴勒貝克，位於貝魯特的東北面

列入名錄年份：1984年

意義：羅馬帝國建築學中最引人注目的範例之一

大事記：

西元前115年　伊圖蘭人定居「太陽城」（海力波利斯）

西元前47年　羅馬衛戍部隊駐紮在尤利亞·奧古斯塔·費利克斯·海力波利塔那城

約14年　在皇帝奧古斯都的統治下，開始建造今天依然存在的神廟建築

193～211年　皇帝塞普蒂米烏斯·塞維魯的執政時期

211～217年　卡拉卡拉的皇帝時代

244～249年　在皇帝菲利浦斯·阿拉伯斯的統治下，六角形前院的工程竣工

306～337年　在羅馬皇帝康斯坦丁的統治下，巴勒

巴勒貝克神廟

貝克神廟正式關閉

635年　開始奧馬亞登王朝的統治

1176年　被一支東征的十字軍佔領

1260年　暫時被蒙古人佔領

1664年　被地震摧毀

1943年　被黎巴嫩的古代文化管理處發掘出來

第368號　比博羅遺址

文化遺產：腓尼基人的古老港埠，擁有巴拉特·蓋拔（西元前2700年）神廟遺址和所謂的方尖石碑神廟遺址；比博羅國王的墳墓擁有9座地下墓穴，其中包括國王阿欣拉姆的墓穴，以及一種用腓尼基字母表寫就的銘文；擁有波斯要塞、羅馬柱式街道（約300年）、羅馬劇場（約218年）、十字軍騎士城堡和鄂斯曼帝國的市集

所屬洲：亞洲

所屬國：黎巴嫩

地點：比博羅，位於貝魯特的北面

列入名錄年份：1984年

意義：黎巴嫩最古老的城市之一，並且與腓尼基字母表的傳播緊密地連繫在一起

大事記：

西元前5000～前4000年　移民首次定居的跡象

西元前2300年　被閃米特人的阿莫萊特征服

西元前1900～前1600年　建造擁有26個方尖石碑的神廟

西元前1842～前1797年　據考證，在阿門內姆哈特三世的統治下，比博羅的木頭出口到埃及

約西元前1200年　在國王阿欣拉姆豪華的靈柩上用腓尼基字母書寫了首篇較為冗長的銘文

西元前875年　被亞述國王阿蘇那西帕二世麾下的一支軍隊襲擊

西元前555～前333年　波斯確立對該城的主權

西元前332～前64年　在亞歷山大大帝遠征之後，成為古希臘文化的繁榮時期

西元前64年　羅馬人統治時期開始

395～636年　拜占庭時期

1104年　被十字軍騎士佔領，建造十字軍騎士城堡

1840年　英國海軍艦隊炮擊鄂斯曼帝國的軍事基地

1921～1975年　法國考古學家們開始發掘

第369號　第羅斯遺址

文化遺產：第羅斯（現為蘇爾）作為地中海區域最古老的城市定居點之一，擁有腓尼基城牆的殘存部分；為哈德良皇帝所建的榮譽拱門；大約有500公尺長、可容納近2萬名觀眾的競技場；羅馬和拜占庭的大墓地；羅馬時代的廊柱和公共溫泉浴場

所屬洲：亞洲

所屬國：黎巴嫩

地點：第羅斯（現為蘇爾），位於貝魯特的南面

列入名錄年份：1984年

意義：從前的香柏木和紫色顏料的貿易中心；北非和西班牙南部腓尼基人定居的移民點

大事記：

約西元前2700年　移民首次定居的跡象

約西元前968～前936年　建造位於兩座島嶼之間的城市建築

約西元前815年　來自第羅斯的航海家創建加的斯城

約西元前800年　來自第羅斯的航海家創建卡塔戈城

西元前586～前573年　被尼布卡德尼查二世麾下的軍隊包圍了長達13年

西元前332年　被亞歷山大大帝的軍隊所征服

西元前64年　羅馬人統治時期開始

120年　為皇帝哈德良建造榮譽拱門

190年　在市場上豎起皇帝塞普蒂米烏斯·塞維魯的雕像

約330年　建造大型的柱式街道設施

638年　被阿拉伯軍隊所征服

1124年　被一支十字軍騎士軍隊所征服

1291年　過渡到馬木魯克王朝，城市逐漸衰敗

1991年　發掘出一座出自西元前1000年的腓尼基人墓地

1998年　聯合國教科文組織設立一項特別基金，以拯救第羅斯的文物古蹟

第370號　加迪沙河（神聖的河谷）和黎巴嫩的香柏木森林（霍爾施·阿爾茨·埃爾－拉伯）

文化遺產：幾百年來，50公里長的神聖河谷和加迪沙的岩洞一直是冥思苦修和祈禱的絕佳場所，如戴爾·馬爾·埃利沙修道院、戈札亞修道院和甘諾冰修道院，以及聖瑪麗娜小教堂、18個馬龍派族長的陵墓；此外還有生長在海拔1950公尺高度上的「上帝的香柏木」（阿爾茨·埃爾－拉伯）——一片從前覆蓋著黎巴嫩的香柏木森林的殘餘，其樹齡最高達1000多歲

所屬洲：亞洲

所屬國：黎巴嫩（北黎巴嫩）

地點：在卜舍爾附近，位於的黎波里的東南面

列入名錄年份：1998年

意義：最重要的早期修道士定居點之一，是黎巴嫩一片開闊茂密的香柏木森林的殘留物

大事記：

1440～1790年　甘諾冰修道院成為馬龍派族長的住處

1607～1610年　在戈札亞修道院裡創建黎巴嫩的首座印刷廠

1695年　在戴爾·馬爾·埃利沙（神聖的埃利亞

斯修道院）裡創建黎巴嫩的馬龍派修士會

1848年　在「上帝的香柏木」森林中建造一座小教堂

1995年　一座博物館在戴爾·戈札亞開館

■利比亞

第371號　古達米斯古城

文化遺產：原被稱為錫達姆斯，是羅馬省份法札尼亞的一部分，這座從前擁有7扇門的綠色城市裡曾生活著約10000名居民；在古城裡，黏土磚和棕櫚樹作為建築材料，被廣泛用於建造大多是兩層樓的住宅建築

所屬洲：非洲

所屬國：利比亞（費贊）

地點：古達米斯，的黎波里的西南面

列入名錄年份：1988年

意義：一種傳統的，以黏土建築方式建造的住宅區，它由於社會不斷發展和現代化進程而面臨滅頂之災

大事記：

西元前19年　加拉蒙特人在抵抗羅馬軍隊中失利

4～5世紀　在拜占庭帝國時期成為主教府

666年　被阿拉伯入侵者佔領

10世紀　成為活躍在加納和凱魯萬之間沙漠商隊的最重要驛站

15和16世紀　成為活躍在開羅、的黎波里和廷巴克圖之間沙漠商隊的重要驛站

1860年　古達米斯處於的黎波里的貝王朝統治之下

1914年　在征服利比亞3年後，義大利軍隊開進該城

1943年　處於法國和英國的管轄之下

1951年　古達米斯脫離突尼西亞，加入新創建的利比亞

1955年　法國殖民軍隊撤離

1971年　當地的70個家庭首次搬出該城

1986年　留居古城的所有家庭全部搬出，並移居到古達米斯新城

第372號　凱里納遺址

文化遺產：希臘─羅馬的城市建築，其中擁有伊西斯神廟、阿戈拉、廣場、建築在人造平台上的阿波羅神廟和曲拉泉眼、聳立在希臘神廟廊柱式入口處的4根柱子和阿爾泰米斯特神廟。此外，由方座神首柱構成的118公尺長的拱廊擁有56個赫密斯和海克力斯雕像、馬庫斯、奧雷柳斯，安東尼（馬克·奧雷爾）的凱旋門和特拉亞的公共溫泉浴場

所屬洲：非洲

所屬國：利比亞

地點：凱里納，現為舍哈特，位於班加西的東北面和的黎波里的東面

列入名錄年份：1982年

意義：一個擁有1000年歷史積澱的希臘移民區和羅馬城市的範例

大事記：

西元前631年　由來自泰拉（桑托林）的希臘人創

凱里納

建

西元前514年　反對女王費萊蒂瑪的一次起義被鎮壓

約西元前400年　文化繁榮時期：著名的哲學家亞里斯提卜和數學家特奧多羅在此講學

西元前331年　在亞歷山大大帝征服埃及之後，凱里納自願臣服

西元前116～前96年　托勒密·阿皮翁·凱里納執政時期

西元前96年　加入羅馬帝國

98和119年　建造特拉亞公共溫泉浴場

114～117年　猶太人起義和城市毀滅

455年　被汪達爾人征服

527～565年　在皇帝查士丁尼的統治下，該城復興

642～643年　被阿拉伯人佔領

1838年、1861和1864年　發掘該地

1921年　繼續發掘

第373號　萊普蒂斯·馬格納遺址

文化遺產：古羅馬的遺址城，其中擁有塞普蒂米烏斯·塞維魯的凱旋門、哈德良的公共溫泉浴場、450×100公尺見方的競技場、新廣場和舊廣場（占地100×60公尺），分布在一條繁華大街上的250根大理石柱子，維納斯·查爾西迪卡的聖跡、城市之神帕特·利伯的神廟，建造在西貝勒神廟舊址上的古老廣場教堂和塞普蒂米烏斯·塞維魯大教堂

所屬洲：非洲

所屬國：利比亞

地點：萊普蒂斯·馬格納，位於阿爾－胡姆斯和的黎波里的東面

列入名錄年份：1982年

意義：羅馬皇帝塞普蒂米烏斯·塞維魯的誕生地和羅馬帝國最美麗的北非遺址城之一

大事記：

西元前800年　創建一個腓尼基人的貿易港口

69～79年　在皇帝韋斯巴香的統治下，在奧亞和萊普蒂斯·馬格納之間爆發戰爭

193～217年　在皇帝塞普蒂米烏斯·塞維魯和卡拉卡利亞的統治下，步入繁榮鼎盛時期

203年　建造塞普蒂米烏斯·塞維魯的凱旋門

297年　成為羅馬在非洲的的黎波里塔尼亞的省會

435年　在瓦倫丁尼安二世和汪達爾人之間就努米底亞問題簽訂協議

455年　汪達爾人入侵萊普蒂斯·馬格納

533年　被查士丁尼一世的軍隊所佔領

643年　阿拉伯人入侵

11世紀　放棄該城

1920～1921年　首次發掘迦太基人的陵墓（西元前4～3世紀）

1987～1988年　該城在洪水中被毀壞

第374號　塞卜拉泰遺址

文化遺產：古羅馬的城市建築，其中擁有廣場和劇院，南部廣場神廟（2世紀）、安東尼烏斯神廟、座落於卡多西側充當法庭和商場的大教堂、用於敬奉朱諾和朱比特的古羅馬城堡、查士丁尼大教堂、利伯·帕特神廟——供奉著酒神狄俄尼索斯、聳立於德庫馬努斯·馬克西姆斯附近的海克力斯神廟、海洋公共溫泉浴場和為勇士們建造的圓形露天劇場

所屬洲：非洲

所屬國：利比亞

地點：塞卜拉泰，位於的黎波里的西面

列入名錄年份：1982年

意義：原腓尼基人在穿越撒哈拉沙漠商路終點處所建的貿易據點，以及西羅馬帝國的城市建築，成為羅馬帝國在北非的一個重要歷史見證

大事記：

約西元前500年　創建卡爾塔格的貿易據點

西元前146年　在卡爾塔格被摧毀之後，成為羅馬的省會城市

2和3世紀　繁榮時期，建造新城和劇院

193年　出生於北非的塞普蒂米烏斯·塞維魯（146～211年）成為羅馬皇帝

455年　在汪達爾人遠征入侵中，摧毀了塞卜拉泰

643年　阿拉伯軍隊入侵

1911年　被義大利併吞

1924年　首次進行考古研究

第375號　塔特拉爾特·阿卡庫斯的岩畫

文化遺產：1900多幅迄今已被發現的岩雕和岩畫，其中有出自所謂「圓頭時代」、「馬時代」和「駱駝時代」的作品，它們都據其描繪的主題內容而命名

所屬洲：非洲

所屬國：利比亞（費贊）

地點：塔特拉爾特·阿卡庫斯，位於與阿爾及利亞的奈賈高原接壤處，在加特的北面

列入名錄年份：1985年

意義：與奈賈高原的岩畫一起，成為演繹北非史前文化的最重要的歷史見證

大事記：

約西元前1200年　創作第一批岩畫

西元前8000～前6500年　「獵人時代」

西元前6000～前4000年　所謂的「圓頭時代」

西元前4000～前1500年　所謂的「牧人時代」和「牛時代」

西元前5世紀　「馬時代」

1821～1865年　非洲問題研究者海因里希·巴爾特

1850～1855年　海因里希·巴爾特穿越撒哈拉沙漠

1873～1938年　人類學家和哲學家萊奧·弗羅貝紐斯

1904～1935年　萊奧·弗羅貝紐斯穿越非洲大陸，並進行科學考察

1955年　義大利和利比亞科學家聯合進行科學考察

■立陶宛

第376號　維爾納（維爾紐斯）古城

文化遺產：古城擁有城堡山和大教堂廣場；建築文物，擁有亞歷山大·耶吉羅墳墓的聖斯坦尼斯勞斯大教堂，亞歷山大是唯一在維爾紐斯安葬的耶吉羅王朝的大公；米茨凱維奇之家、亞當·米茨凱維奇（1798～1855年）的宅第、波蘭的歌德、擁有建於16世紀的安嫩和伯恩哈德教派教堂的哥德式城市建築群、巴洛克風格的米歇爾教堂、當時的大學教堂聖約翰尼斯、古典式的市政廳、巴洛克風格的卡西米爾教堂和唯一還留下來的城門奧斯洛斯·瓦爾泰

所屬洲：歐洲

所屬國：立陶宛

地點：維爾納，現為維爾紐斯

列入名錄年份：1994年

意義：對東歐文化和建築學的發展產生了深遠的影響，擁有令人印象深刻的從哥德式到巴洛克風格的建築藝術

大事記：

1323年　在格迪米納的一封信函中首次發現有文字記載

1386～1572年　耶吉羅王朝的統治時期

1522年　綿延3公里長的城牆竣工

1569年　由於盧布林聯盟的締結，該城失去了有利於克拉科夫和華沙的戰略意義

1594～1625年　建造米歇爾教堂

凱里納

1604～1618年　為耶穌會建造卡西米爾教堂

1720～1797年　在當時最偉大的猶太教法典哲學家伊利亞·本·薩洛蒙·札爾曼的領導下，維爾納成為猶太教的中心

1783～1801年　建造今天的大教堂

1918年2月16日　立陶宛宣布獨立

1920～1939年　被波蘭吞併，並且在經濟上歧視猶太人

1924年　德國作家阿爾弗雷德·德布林訪問該城，並且出版了隨筆《波蘭之旅》

1941～1944年　德國人佔領該城，並屠殺了20萬名立陶宛猶太人

1949年　維爾納最古老的猶太教會堂被拆除

1993年　羅馬教皇約翰內斯·保羅二世在奧斯洛斯城門的小教堂裡做彌撒

■盧森堡

第31號　盧森堡的舊城區和堡壘

（參見70～71頁）

■馬達加斯加

第377號　自然保護區青吉·德·貝馬拉哈

自然遺產：喀斯特地貌，擁有一座由石灰岩針狀鐘乳石構成的「森林」，和貝馬拉哈懸崖裂谷，海拔為300至400公尺，位於馬南波洛河上方，自

1966年起納入保護範圍的面積為1520平方公里

所屬洲：非洲

所屬國：馬達加斯加

地點：北部的貝馬拉哈高原，位於塔那那利佛的西面

列入名錄年份：1990年

意義：珍稀瀕危的狐猴和狐猴生活圈

動植物誌：喀斯特地貌上覆蓋的植被，譬如Diospyros perrieri和野生的芭蕉種類；Musa perrieri芭蕉以及Baobab；狐猴亞目，如Larvensifaka、灰色的半狐猴、叉角Gabelstreifiger貓狐猴，屬於鼬鼠狐猴的Lepilemur edwardsi，此外還有屬於海島玄鼠的當地種類Nesomys rufus lambertoni；53種鳥類，其中有馬達加斯加秧雞和蒼鷹種類中的Accipiter henstii；此外還有變色蜥蜴種類Brookesia perarmata

■馬拉威

第378號　馬拉威湖國家公園

自然遺產：馬拉威湖南端，包括島嶼博阿德祖魯和馬萊利，以及10個其他島嶼，此外還有姆文亞和恩科胡齊山，以及恩科胡齊岬和一個國家公園，該公園距離湖岸100公里左右，水域面積達94平方公里，這片湖面自1980年起成為國立自然保護區

所屬洲：非洲

所屬國：馬拉威（曼戈切和薩利馬地區）

地點：馬拉威湖，在南庫巴半島周邊地區，位於利隆圭的東面，與莫三比克接壤的邊境地區

列入名錄年份：1984年

意義：是生物學研究者們的天堂，其重要性可與加拉巴戈群島相媲美

動植物誌：世界上淡水魚種類最豐富的湖泊，其中90%的淡水魚為這裡所特有，這裡的「活化石」彩色河鱸（Cichlidae）竟占所有知名鱸魚類的30%，如綠松石彩色河鱸（Pseudotropheus auratus）；此外還有哺乳動物類，譬如河馬、豹、蹄兔目、lmpala，當然偶爾也有非洲大象出沒，人們有時能夠在姆文亞和恩科胡齊山附近看見它們。另外，還有巨型Kudu、灌木叢林山羊、草原斑馬、灌木叢林豬；島嶼蒙博和博阿德祖魯是白胸鸕鶿的重要巢穴；爬行動物類，如非洲鱷以及博阿德祖魯島嶼上的非洲巨蜥

邦賈加拉—多貢的雕像

■馬利

第379號　邦賈加拉山崖

文化和自然遺產：綿延150多公里，海拔100和500公尺之間的邦賈加拉砂岩山崖；自1969年起，開始正式受到法律保護的多貢文化遺產——多貢是一個古老的尼日利亞民族；在10至13世紀期間，4支外來的部落遷徙至此，安營紮寨，繁衍生息。其文化涉及到神靈阿馬的創世神話和諾默雙子星座。其日常生活涉及到8位祖先，以及8條縫在一起，由長方形圖案組成，並用於覆蓋死者的一條棉毯；打上神話烙印的建築學，如一個2.5公尺高、位於桑加（上奧戈爾區）的比努聖跡，組成一幅棋盤和之字形圖案，其房屋立面用繪畫裝飾，演繹了一種崇高的雨神圖騰意境，預示了雨量豐沛、五穀豐登

所屬洲：非洲

所屬國：馬利

地點：邦賈加拉的山崖上，擁有桑加（桑加／松戈）地區和13個獨立的村落，位於巴馬科和杰內的東北面

列入名錄年份：1989年

意義：西非最令人矚目的地質層系構造之一，以及傳統的多貢文化的一座寶庫

動植物誌：一派草原風光，擁有非洲乾旱地區較為典型的金合歡類，如Acacia raddiana和Acacia albidi，以及油脂含量較高，擁有可食用果實的Zachunbaum樹；生長在高原上的Shibutterbaum樹，Terminalia種類中的Terminalia Macroptera和非洲桃花心木，以及屬於英果類的Parkia biglobosa；在山崖的腳下還生長著羅望子果樹，此樹上長著味道酸甜可口的果實；哺乳動物，如Kap蹄兔、白狐狸、非洲豪豬和亞洲胡狼；鳥類，如狐鷹、Gabar蒼鷹、翠鳥伯勞、蜂鳥和亞歷山大小鸚鵡

第380號　杰內——伊斯蘭教和前伊斯蘭教的宗教場所

文化遺產：杰內—杰諾，位於今天的杰內東南面3公里處；杰內城，這個「小迪亞」的發祥地，讓人回憶起迦納王國東部的迪亞城，這就是人們稱其為「小迪亞」的原因；它是通往廷巴克圖「黃金線路」上的樞紐，而且位於當時的中尼日內河三角洲的邊緣地帶；是大米、染料散沫花、靛藍、小米和魚乾的貿易中心；在杰內還保存著2000幢以傳統黏土壘砌的，按照蘇丹風格建造的建築物，這是馬利和松海王國經濟繁榮時期的歷史見證；20公尺高的大清真寺擁有3座面向市場一側的、堅固高大和呈階梯狀的

伊斯蘭教寺院尖塔塔樓，以及位於市場廣場東面的商人和工匠們的住宅建築（16～19世紀）

所屬洲：非洲

所屬國：馬利

地點：杰內和杰內—杰諾（喬波羅），位於巴馬科的東北面，廷巴克圖的西南面

列入名錄年份：1988年

意義：當時穿越撒哈拉沙漠商路中的一個貿易「樞紐」，以及伊斯蘭教傳播的精神中心

大事記：

約西元前250年　杰內—杰諾首次成為定居點

450～850年　杰內—杰諾居住區擴大範圍

1180年　杰內國王（科伊）孔博羅改信伊斯蘭教

約1230～1235年　馬利第一位國王孫德亞塔·凱塔創建了馬利王國，杰內也屬於該王國

約1400年　杰內—杰諾成為一座鬼城

1468年　在7年包圍之後，杰內被松海王國的統治者松尼·阿里·貝爾所征服

1512年　萊奧·阿弗和加努斯發表關於杰內貿易地的報告

1828年　法國科學考察旅行家勒內·卡耶發表了一篇報告，其內容涉及到杰內在商隊穿越撒哈拉沙漠時所具有的貿易中心地位

1907～1909年　根據15世紀的藍本，重建大清真寺

1977年　發掘杰內—杰諾

1994年　在國家地理協會的支持下，再次發掘杰內—杰諾

第79號　廷巴克圖的清真寺、陵墓和墓地

（參見166～167頁）

■馬爾他

第381號　哈爾撒府里尼的希波高依姆（地下祭祀堂）

文化遺產：地下祭祀堂和多層次的大墓地，其最大範圍為35×25公尺

所屬洲：歐洲

所屬國：馬爾他

地點：保拉，距離泰爾克辛神廟1公里處

列入名錄年份：1980年

意義：石器時代一座地下祭祀堂的最重要見證

大事記：

西元前4000～前3000年　在石灰岩中建造地下墓

瓦萊塔城

穴和通道，成為高原上的一個聖跡

約西元前3000年　在後石器時代作為墓地使用

1902年　今天，在哈爾撒府里尼建造房屋的過程中發現了祭祀堂

1905～1909年　慕爾·塞米斯托克利斯·札米特教授（1864～1935年）完成了發掘

1913年　石器時代的祭祀堂向公眾開放

1915年　通過發掘和調查，為後人留下了大量的珍珠和數以萬計的貝殼垂飾

1991年　出於文物保護方面的諸多原因，祭祀堂對公眾關閉

第382號　瓦萊塔城

文化遺產：歐洲的要塞城市，擁有聖埃爾莫堡壘，聖一格雷戈里堡壘和聖一拉薩魯斯堡壘；擁有騎士團首領宮殿、聖約翰科大教堂和聖約翰希普萊克教堂；擁有馬諾埃爾劇院和帕拉迪索宮殿；擁有8個從前騎士的小客棧，以及從前的薩克拉·因費梅里亞，從前的約翰尼特修士會醫院

所屬洲：歐洲

所屬國：馬爾他

地點：瓦萊塔，位於格蘭德港灣附近，在主島馬爾他的東部海濱

列入名錄年份：1980年

意義：在55公頃的土地上聳立著320個文物古蹟（16～18世紀），這是約翰尼特修士會古城的歷史見證

命名：讓·帕里佐·德拉·瓦萊塔（1494～1568年）

大事記：

1566年3月28日　騎士團首領德拉·瓦萊特（任職期間1557～1568年）為要塞城堡舉行奠基儀式

1789年　法國人佔領馬爾他，並驅逐約翰尼特修士會

1814年　根據巴黎條約，該要塞成為英國王室的殖民地

1940～1943年　在非洲戰役的背景下，該要塞在盟軍襲擊義大利時起了重要的戰略作用

1942年初　6700噸炸彈被投到瓦萊特和格蘭德港灣

1942年4月15日　授予「馬爾他要塞」英國的勇敢勳章—「喬治十字章」

1964年9月21日　瓦萊塔成為馬爾他共和國的首都

第68號　戈佐島和馬爾他的巨石神廟
（參見144～145頁）

■摩洛哥

第383號　擁有堅固防禦工事的阿伊特本哈杜城

文化遺產：森嚴壁壘的柏柏人村莊；用糅入了金粉的黏土建造的錯落有致的建築物；逐漸頹敗的阿加迪爾

所屬洲：非洲

所屬國：摩洛哥

地點：阿伊特本哈杜，位於夸札札特的西北面，在高高的亞特拉斯山的南部邊緣

列入名錄年份：1987年

意義：在摩洛哥南部最令人注目的「防禦性堡壘

阿伊特本哈杜城

村莊」之一

大事記：

1472～1554年　柏柏人夸塔西登的執政時期

1554～1654年　阿拉伯人薩阿迪爾的執政時期

自1666～1667年　阿拉伯人阿拉維登的執政時期

1904年　英法協約聯盟承讓法國在摩洛哥的利益

1912年　法國成為摩洛哥的保護國

1919～1926年　里夫的柏柏人在阿卜杜勒—卡里姆

領導下發動起義

1933年　轟炸柏柏人寧靜阿伊特本哈杜

第384號　菲斯古城

文化遺產：菲斯巴利，位於馬拉喀什附近4座重要的國王城市之一；邁迪奈其中擁有穆萊，伊德里斯二世的陵墓建築，擁有摩洛哥第二大清真寺、大學和17座清真寺的凱魯伊納，擁有該城最著名的法學和神學學院，布伊那尼亞（1350～1357年），擁有該城最古老的埃爾塞費里納法學和神學學院（1280年）和埃爾阿塔里納法學和神學院（1323～1325），以及印染工和製革工的居住區

所屬洲：非洲

所屬國：摩洛哥（菲斯省）

地點：菲斯，位於拉巴特的東面和梅克內斯的東北面

列入名錄年份：1981年

意義：從前的摩洛哥首都，一個很重要的文化宗教中心

大事記：

788～789年　創建首座城市

808年　創建所謂的上城

約859年　建造凱魯伊納清真寺

1067年　被阿爾莫拉維登佔領

1135～1144年　重建和擴大凱魯伊納清真寺

1145年　被阿爾摩哈得征服

1248年　被梅里尼登征服

14世紀　該城的鼎盛時期，據說當時擁有785座清真寺

1522年　被地震摧毀

1548年　被撒迪特征服

1911年5月21日　法國軍隊進駐

1912年3月30日　與法國簽署保護條約

1912年　由於創建了新首都拉巴特，該城因此失去了重要的作用

1956年　摩洛哥獨立

1989年　開始修葺邁迪奈

第385號　梅克內斯古城

文化遺產：當時的王府，擁有奢侈的王族排場：600名後宮佳麗、12000匹馬和一支由非洲奴隸所組成的外籍軍團，他們都被一堵長達25公里的城

瓦萊塔城

牆所包圍；邁迪奈有一座大清真寺該寺擁有12扇大門，以及納賈里清真寺，穆萊·伊斯梅爾陵墓和城門，其中有2個堡壘立於兩側的埃爾·哈斯門，建於17世紀的埃爾·貝爾達門（馱鞍製造者之門），曼蘇爾門—通往「帝國別墅」的凱旋門

所屬洲：非洲

所屬國：摩洛哥（梅克內斯）

地點：梅克內斯，位於中亞特拉斯山的支脈和里夫山的前山之間

列入名錄年份：1996年

意義：邁迪奈和當時的王府是伊斯蘭教和歐洲建築學和諧結合統一的典範

大事記：

10世紀　估計開始創建古城

11世紀下半葉　被阿爾莫拉維登征服，並建造了一座堡壘

約1145年　被阿卜杜勒·穆門麾下的阿爾哈德人征服

1214年　在阿爾摩哈德末代統治者穆罕默德·埃·納西爾去世後，古城開始衰落

1276年　在梅里尼登統治下，建造一座新的卡斯巴城堡

1331～1351年　在阿布·埃爾·哈桑的統治下，建造了布—伊南尼亞法學和神學院

1351～1358年　布—伊南尼亞法學和神學院竣工

1672～1727年　在阿勒伊藤蘇丹穆萊·伊斯梅爾的統治下，該城進入鼎盛時期，並成為首都。用從沃呂比利斯和馬拉喀什拆下來的部分建材建造

帝國別墅——比邁迪奈大五倍

1682年　路易十四穆萊·伊斯梅爾簽訂友好條約

1695年　修葺大清真寺

1755年　被地震摧毀，海里—埃斯—蘇阿尼倒塌

1756年　改造始建於12世紀的納賈里清真寺

第386號　得土安（提塔萬）的邁迪奈

文化遺產：打上了15世紀安達盧西亞流亡者，摩爾人和猶太人烙印的城市建築；擁有蘇格、大清真寺、城門，如埃爾—奧克拉納門和塞卜塔門，以及達·埃爾·馬赫茨納城門

所屬洲：非洲

所屬國：摩洛哥

地點：得土安，毗鄰地中海，在休達，丹吉爾和舍沙文三地的交叉點上

列入名錄年份：1997年

意義：從前是北非和安達盧西亞的結合部，在15世紀末被重新征服之後，成為城市建築的輝煌典範

大事記：

約828年　柏柏人的首個小型居住區

1286年　處於梅里尼登的統治下

約1300年　創建第一座堡壘

1307年　在梅里尼登蘇丹阿布—薩比特·阿莫爾本·阿卜杜勒的統治下創建該城

1400年　被西班牙人摧毀

1430年　來自龍達，蒙特利爾，洛哈和巴薩的難民在其首領阿卜杜勒—哈桑·阿里·阿爾—曼達里的統率下，在此安營紮寨

1501年　大批來自格拉納達的安達盧西亞難民抵達這裡

1565年　西班牙軍隊摧毀了這個港口

1749年　建造猶太教會堂貝特·哈—克內塞特·伊茨哈克·本·瓜力得

1609年　成為被驅逐的摩爾人和猶太人的避難所

1859～1862年　西班牙軍隊佔領該城

1913～1956年　成為西班牙—摩洛哥首都

第70號　馬拉喀什的古城
（參見148～149頁）

第71號　發掘地—沃呂比利斯
（參見150～151頁）

■茅利塔尼亞

第387號　阿爾金灣國家公園

自然遺產：茅利塔尼亞的大西洋海濱，一塊全長180公里的狹長地帶。那裡有銀色的沙灘、平靜的湖泊、蔥鬱的灌木和茫茫的草原，以及大葉藻終年沈積的沼澤地；此外，還有提瑪拉島（280平方公里）和阿爾金島，其總面積為12000平方公里。1978年起成為國家公園；1982年起作為著稱於世的濕地，被納入《拉姆薩爾公約》的保護範圍

所屬洲：非洲

所屬國：茅利塔尼亞

地點：在開普—蒂米里斯和波因特—米瑞之間，位於努瓦迪布的東南面，努瓦克肖特的北面

列入名錄年份：1989年

意義：是具有重要國際意義的北歐和西伯利亞涉禽的棲息地；西非最大的海鳥孵化地

動植物誌：植物物種，如Salicornia senegalensis、Stipagrostis pungens、Euphorbia balsamifera，但是也有Acacia raddiana和Cassia italica；310平方公里的紅樹林，佔計有700萬隻涉禽定期遷徙到該國家公園，其中有30%在那裡孵卵；那裡生活著Knutt、沼澤鷸、鳳頭麥雞、阿爾卑斯山濱鷸、紅腿禽、海濱鷺，也是12000多隻粉紅色的鵜鶘和50000多隻國王燕鷗，以及黃喙侏儒鵜的築巢之地；生活著大龜鱉和真玳瑁、喀麥隆河豚和寬吻海豚，此外還有多卡斯沙漠小羚羊、亞洲胡狼、大耳狐和鬣狗

第388號　活躍在撒哈拉沙漠中的商隊驛站——夸達納、欣蓋提、提希特和夸拉塔

文化遺產：撒哈拉沙漠中的貿易中心，迄今仍保留著部分始建於12～16世紀的古城遺址，帶有線條清晰立面的二至三層房屋由紅色黏土和砂漿砌就，與在夸拉塔的房屋一樣，那裡還有棕紅色的壁畫，裝飾華麗的十字架和抽象的油燈，如採用「袒露的母親」或者「小男人」的題材；今天的夸達納古城遺址散落在防禦和守衛城堡的四周，即埃爾─哈利城堡，或者與欣蓋提城堡一樣，都建造在清真寺的周圍

所屬洲：非洲

所屬國：茅利塔尼亞

地點：欣蓋提，位於努瓦克肖特的東北面；夸達納，位於欣蓋提的東北面；提希特，位於欣蓋提的東南面；夸拉塔，位於努瓦克肖特的東南面

列入名錄年份：1996年

意義：內撒哈拉沙漠中的商隊交通樞紐，以及西撒哈拉地區一種傳統生活方式的歷史見證

大事記：

6世紀　夸拉塔城的誕生
11世紀　夸拉塔成為沙漠商隊的重要驛站
11～12世紀　創建欣蓋提城
約1150年　創建提希特城
12世紀　創建夸達納城
13世紀　欣蓋提成為重要的伊斯蘭教中心，擁有11座清真寺
1909～1912年　被法國殖民軍隊征服

■馬其頓

第389號　奧赫里德古城和湖泊，及其周邊地區

文化和自然遺產：拜占庭繪畫藝術的寶庫，與至少有200萬年歷史的奧赫里德湖泊毗鄰，並被彼德里諾山和加里西亞山所環繞；該湖泊擁有22公尺深的透明水體，是各種魚群的生活區，裡面活躍著17種魚類；古代建築遺跡，如城堡、聖瑙姆修道院、聖潘泰萊蒙修道院遺址、聖埃爾曾額、米歐爾教堂和聖索菲亞教堂，以及聖克利門特教堂裡的奧赫里德聖像畫廊

所屬洲：歐洲

所屬國：馬其頓

地點：奧赫里德

列入名錄年份：1979年、1980年擴大

意義：歐洲最古老的定居地之一，也是拜占庭繪畫藝術一個寶庫

大事記：

西元前6000年　新石器時代的定居地
西元前4世紀　馬其頓的菲利浦軍隊佔領了呂奇尼多斯城（奧赫里德）
西元前148年　被羅馬軍隊征服，並建造了維亞─埃格那提亞
4世紀　拜占庭統治時期
478年　對奧赫里德城堡進行最古老的描繪
879年　在君士坦丁堡高級神職人員會議的記錄上首次提及該城的名稱
約893年　在聖潘泰萊蒙修道院中創建奧赫里德學校
916年　傳教士克利明特去世
976年　馬其頓的斯拉夫人進行反對拜占庭的遠征
1018年　奧赫里德被拜占庭軍隊佔領
1037～1056年　在大主教萊奧的主持下，用濕壁畫裝飾聖索菲亞教堂內部
1395～1912年　鄂斯曼人的統治時期
1767年　廢除奧赫里德的主教區
1912～1915年　奧赫里德成為塞爾維亞的一部分
1922～1974年　調查奧赫里德湖泊中的動植物種群

■墨西哥

第390號　哥倫布發現新大陸之前的城市埃爾─塔京

文化遺產：慶典中心塔京和胡朗坎，供奉著閃電神、雷神和熱帶風暴神；那裡的出土文物有36×

36公尺見方的壁龕金字塔、一個階梯狀建築物，那裡擁有365個壁龕（當作年曆用）、8個球場，其中60公尺長的胡埃戈‧德‧佩洛埃‧蘇爾球場擁有6塊大型的浮雕黑板，它們展示了獻祭的場景；

此外，塔京─奇科還擁有一座行政民事大樓，如埃迪費科‧德‧拉斯‧科魯姆斯（柱子大樓）

所屬洲：美洲

所屬國：墨西哥（韋拉克魯斯）

地點：埃爾─塔京，位於韋拉克魯斯的西北面

列入名錄年份：1992年

意義：哥倫布發現新大陸之前的文化和古典時期，以及早期後古典時期（3～11世紀）建築藝術輝煌頂點的重要見證

大事記：

約200年　創建陶蒂華康的一個貿易基地
西元前1世紀　可能是埃爾─塔京城開始發跡時期
600～950年　或者根據最新的墨西哥報告說明
200～1100年　成為獨立的慶典中心
1785年　重新發現
1811年　德國自然科學家亞歷山大‧馮‧洪堡造訪此地
1934年　進行首次發掘
1992年　進行大規模發掘

第391號　埃爾─比斯卡伊諾的潟湖（鯨魚的保護區）

自然遺產：奧霍─德烈夫雷湖自1972年起就成為鯨的保護區，此外還是候鳥和野生動物的保護區，從1980年起又把範圍擴大到了曼努埃拉湖和格雷羅─內格羅湖。自1979年起，聖伊格納西奧湖就已成為母鯨和幼鯨的生活樂園。總面積為3709.5平方公里，其中奧霍─德列夫雷湖和聖伊格納西奧湖的面積分別為2279.94和1429.56平方公里

所屬洲：美洲

所屬國：墨西哥

瓜納華托城

地點：奧霍─德列夫雷湖（與塞巴斯蒂安‧比斯卡伊諾灣毗鄰）和聖伊格納西奧湖（與阿布萊約斯角毗鄰），位於下加利福尼亞半島的西岸，在加利福尼亞灣和太平洋之間

列入名錄年份：1993年

意義：一個非常重要的越冬棲息地和灰鯨的「游樂園」，也是世界上僅存的7種海龜中的3種的重要孵化地

動植物誌：奧霍─德列夫雷湖周圍的沙丘，以及Abronia carterae、Lycium californicum和Larrea tridentate；在北太平洋與擁有根莖mangle Zostera marina和Salicomia bigelowii的紅樹林交界的北部邊界，生活著大量的灰鯨和寬吻海豚；在聖伊格納西奧湖中也生活著加利福尼亞海獅，此外還生活著真玳瑁、雜種海龜和大龜鱉

第392號　瓜達拉哈拉的卡瓦那斯客棧

文化遺產：擁有新古典主義房屋立面的原孤兒院和今天的展覽館。主要用於展覽若澤‧克萊門特‧奧羅在─來自瓜達拉哈拉的20世紀最著名藝術家的作品，除了迭哥‧里圍拉之外，他是墨西哥以社會批評為主題的壁畫畫家中最著名的代表人物

所屬洲：美洲

所屬國：墨西哥（哈利斯科州）

地點：瓜達拉哈拉，位於墨西哥城的西北面

列入名錄年份：1997年

意義：一座為那個時代福利救濟事業而建造的原建築物

大事記：

1530年　殖民征服者抵達托納爾─現為瓜達拉哈拉的一部分
1533年　首次創建該城
1541年　把城市搬遷到阿泰馬亞克河谷
1805年　創建瓦那斯客棧作為孤兒院，現為文化研究院
1845年　擁有23個院落的卡瓦那斯客棧開張
1858年　總統貝尼托‧胡亞雷斯在該城作短暫停留
1883～1949年　若澤‧克萊門特‧奧羅在
1930年　若澤‧克萊門特‧奧羅在在祈禱室的主穹頂上創作壁畫《蹈火勇士》

第393號　歷史名城瓜納華托和礦山設施

文化遺產：殖民地的城市設施，擁有所謂的「地下洞穴」和深達600公尺的礦井「博卡‧達爾‧因費諾」，以及巴洛克風格的拉科姆帕尼亞教堂和拉瓦倫西阿納教堂

所屬洲：美洲

所屬國：墨西哥

地點：瓜納華托，位於墨西哥城和克雷塔羅的西北面

列入名錄年份：1988年

意義：18世紀銀礦，從前最著名的產地中心

大事記：

1529年　西班牙人在努尼奧‧貝爾特蘭‧德‧古斯曼的率領下，佔領了該地區
1548年　發現第一塊銀子
1741年　頒布瓜納華托的城市法
1747～1767年　建造拉科姆帕尼亞教堂
1766年　「拉瓦倫西阿納」礦山開挖
1798～1809年　建造阿爾洪迪加‧德‧格拉納迪塔

1810年　獨立運動的起義者佔領該城市

1811年　處決起義者伊達爾戈、阿連德、吉米納茨和阿達爾馬

1821年　在墨西哥獨立戰爭中，該城被阿古斯丁·德·伊圖爾維德將軍麾下的軍隊所佔領

1857～1860年　戰爭改變了一切；瓜納華托暫時成為墨西哥共和國的首都

1876～1911年　在波菲里奧·迪亞斯的執政時期，通過外國資本的大量流入來實現經濟現代化

1955年　在阿爾洪迪加·德·格拉納迪塔的內部用表現墨西哥獨立戰爭題材的濕壁畫進行裝飾

第394號　墨西哥城（歷史名城）和霍奇米爾科

文化遺產：在從前的主教府和西班牙代理國王的王府中，聳立著建於特諾希提特蘭城廢墟上的西班牙殖民建築，如納西奧納宮殿、邁特羅波利塔那大教堂（始建於16世紀）、擁有巴洛克風格鍍金祭壇的德洛斯·雷耶斯祈禱室、馬約神廟、聖多明哥教堂、原來的科萊吉奧·德·聖伊爾德方索宮殿和德·貝拉斯·阿特斯宮殿

所屬洲：美洲

所屬國：墨西哥

地點：墨西哥城和霍奇米爾科，位於墨西哥城的南面

列入名錄年份：1987年

墨西哥城，納西奧納宮殿中的濕壁畫

意義：阿茲特克王國遺址上的西班牙殖民史；霍奇米爾科是全面反映阿茲特克農業文化歷史的一個見證

大事記：

約1325年　創建特諾希提特蘭城—阿茲特克王國的首都

1519年　西班牙人在今天的圍拉克魯斯附近登陸

1521年　8月13日摧毀特諾希提特蘭城

1590年　聖多明哥教堂竣工

1775年　創建納西奧納·蒙特·德·彼達迪—拉美最古老的當鋪

1810年　在米格爾·伊達爾戈的領導下，舉行反對西班牙殖民者的起義

1813年　大教堂竣工

1821年8月24日　與科爾多瓦簽訂協約，獨立的墨西哥誕生

1845～1848年　墨哥與美國開戰

1857～1861年　墨西哥爆發內戰

1863年6月7日　一支法國侵略軍進駐墨西哥城

1864年　哈布斯堡家族中的馬克西米利安被加冕為墨西哥皇帝

1867年5月15日　處死馬克西米利安一世

1900年　在污水管道附近發現馬約神廟

1917年　發現被掩埋的庫伊車伊科金字塔

1929～1951年　在納西奧納宮殿內創作疊戈·里圍拉的壁畫

1978年　在發掘過程中出土了一塊鐫刻著月亮女神科約克紹奎圖像約8噸重的石板

第395號　莫雷利亞古城

文化遺產：從前被稱作巴利亞多利德的歷史名城，從立著具有巴洛克風格的原聖彼疊戈修道院（18世紀），巴洛克風格的原卡普希那修道院（18世紀），擁有兩個塔樓的大教堂、戈比諾宮殿、胡斯蒂西亞宮殿、馬雷洛之家、科萊吉奧·聖尼古拉（16世紀）和德·拉·科帕尼奧·德·耶穌神廟，現在還保存著耶穌會士手稿的圖書館，以及克拉維赫羅宮殿

所屬洲：美洲

所屬國：墨西哥（米切肯州）

地點：莫雷利亞，位於墨西哥城的西北面

列入名錄年份：1991年

意義：用粉紅色，帶褐色的粗面岩石建造的17～18世紀傑出的城市古蹟

大事記：

1531年　建造聖弗朗西斯科教堂

1541年　由50個西班牙家庭創建的城市和定居點

1546年　舉行聖弗朗西斯科教堂的落成典禮

1548年　創建奧古斯丁修道院

1579～1580年　把主教府搬遷到巴利亞多利德

1596年　開始建造卡門修道院

1640～1744年　建造大教堂

1660～1681年　建造耶穌會士教堂，以及克拉維赫羅宮殿，即從前的耶穌會士神學院

1758年　建造馬雷洛之家

1770年　舉行戈比諾宮殿的落成典禮

1767年　耶穌會士被驅逐出境

1828年　改名為莫雷利亞，旨在紀念為民族獨立自由而戰的勇士若澤·馬利亞·莫雷洛斯—帕馮（1765～1815年）

第396號　瓦哈卡古城和蒙特阿爾巴遺址

文化遺產：奧爾梅克人、札波特克人和墨克斯台克人的居住區，擁有1500多年的歷史；考古發掘地蒙特阿爾巴占地37平方公里；其中在一個人造高原上聳立著占地大約300×200公尺見方的神廟

遺址、金字塔和墳墓，如七頭鹿建築群和表現玉米神的104號墳墓；以及建造在棋盤模型上的殖民地城市瓦哈卡

所屬洲：美洲

所屬國：墨西哥

地點：瓦哈卡，位於墨西哥城的東南面；蒙特阿爾巴，位於瓦哈卡的南面

列入名錄年份：1987年

意義：位於札波台克人最重要的神廟城市附近的殖民地文化遺產

大事記：

約西元前800～前300年　據推測，奧爾梅克人首次定居該地

西元前300年　蒙特阿爾巴的新定居點

西元900年　改造舊建築，建造雄偉的新建築，其中有札波特克人建在平台上的階梯形金字塔

900～1250年　墳墓建築；札波特克人放棄蒙特阿爾巴

1250～1521年　墨克斯台克人遷入

1458年　被莫克特蘇馬一世（1440～1469年）麾下的阿茲特克人佔領

1521年　西班牙征服者佔領瓦哈卡

1544年　開始建造瓦哈卡大教堂

1682年　開始建造巴洛克風格的大教堂

1733年　地震（1714年）之後重建大教堂

1812年　若澤·馬利亞·莫雷洛斯周圍的起義者佔領了瓦哈卡

1847～1852年　後來的墨西哥總統貝尼托·胡亞雷斯曾經擔任過瓦哈卡的州長

第397號　帕倫克遺址和國家公園

文化遺產：帕倫克，其原意為「堅固的房子」，擁有21公尺高的「德·拉斯·英斯克里帕吉奧金字塔」，它由8個互相重疊的平台壘砌而成，其命名是基於人們在這裡找到了620個字符；建築在一個10公尺高、100公尺長和80公尺寬的平台上，並圍繞著4個內院的「宮殿」；「太陽神廟」、「十字架神廟」和指示日期的692號「樹葉狀十字神廟」

所屬洲：美洲

所屬國：墨西哥（恰帕斯）

地點：帕倫克，位於恰帕斯山的山麓，在聖克里斯托瓦爾—德拉斯卡薩斯的東北面

列入名錄年份：1987年

意義：古典馬雅文化的傑出範例之一

大事記：

7世紀　在帕卡爾的統治時期（615～683年），帕倫克對外最大擴張範圍竟達到約8平方公里

645年　尚—巴魯姆誕生

650～770年　建造「宮殿」

692年　建造「銘文金字塔」（德·拉斯·英斯克里帕吉奧金字塔）

695～730年　建造第2、第3、第4和第5號神廟

702年　統治者尚—巴魯姆去世，權杖移交到其兄弟凱·胡爾手中

799年　凱·胡爾去世後，帕倫克逐漸衰落

1832～1834年　考古學家讓·弗雷德里克·德·瓦爾德克在帕倫克作短暫停留

帕倫克遺址

1841年　探險旅行家約翰·勞埃德·史蒂芬造訪帕倫克

1949年　開始在「銘文金字塔」內部進行發掘研究

1992年　進行大規模的發掘

第398號　帕奎梅和大卡薩斯的發掘地

文化遺產：在哥倫布發現新大陸之前，一座用黏土建造起來的古代城市，最多時曾經居住過3500名居民，其種族和語言迄今尚不清楚。13世紀時，那裡曾是陶瓷工藝美術和銅器加工業的重要中心

所屬洲：美洲

所屬國：墨西哥（奇瓦瓦州）

地點：新大卡薩斯附近的帕奎梅，位於華雷斯城的西南面

列入名錄年份：1998年

意義：在美國西南部的貝勃羅文化和中美洲高度文明之間的一個重要環節

大事記：

700～900年　首次成為永久性定居點

900～950年　首次進行大規模的陶瓷品貿易

950～1060年　用貝殼作裝飾品，據此說明了該地區與加利福尼亞海灣附近的居住區有著相當的連繫

1060～1205年　建造一座按原計劃設計的城市

1205～1265年　步入繁榮鼎盛時期

1340年　大火摧毀了城市

第399號　歷史名城普埃布拉

文化遺產：在「蛇皮製革地」庫埃塔拉克斯科潘山谷一創建的「陶瓷之城」擁有該國第二大的大教堂，其中央大門獨具巴洛克風格，聖莫尼卡修道院，穹頂上裝飾著藍色釉陶器的耶穌會會士教堂，巴洛克風格的聖奧古斯丁教堂，有約50000冊圖書的帕拉福克錫安那圖書館，德·拉斯·西格那之家和德爾·阿爾菲尼克之家

所屬洲：美洲

所屬國：墨西哥（普埃布拉）

地點：普埃布拉，位於墨西哥城的東南面

列入名錄年份：1987年

意義：西班牙殖民時代一個重要的貿易和宗教中心

大事記：

1531年　創建該城
1545年　創建首座主教府
1551年　建造方濟會修士修道院教堂
1580年　創建德爾·迪安之家
1609年　創建聖莫尼卡修道院
1649年　舉行大教堂的落成典禮
1690年　建造多明我會修道士修道院的十字架祈禱室
1847年　被美國軍隊佔領
1857年　關閉所有的修道院
1862年　被法國軍隊佔領。在短短幾個月之後墨西哥軍隊高舉獨立運動的大旗，驅逐了法國人
1867年　在法國人重新佔據該城之後不久，又被貝尼托·華雷斯麾下的軍隊驅逐

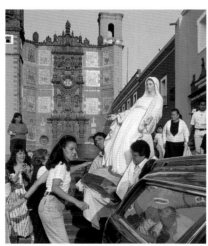

普埃布拉

1999年　地震損壞了帕拉福克錫安那圖書館、穆尼錫帕宮殿、荷西·路易斯·貝洛博物館和埃迪菲西奧·卡羅利諾博物館

第400號　波波卡特佩特火山斜坡上的16世紀修道院

文化遺產：14座修道院坐落在至今仍然活躍的火山斜坡上，它們是阿特拉特拉坎、泰泰拉·德爾·伏爾坎、庫埃那瓦卡、泰波茨蘭、札庫爾

潘·德·阿米帕斯、胡埃亞帕、耶卡皮克斯泰勒、特拉亞克帕、楊泰貝克、托托拉帕、奧丘圖科（位於聯邦州莫雷洛斯）、托奇米科、韋約京戈和卡爾帕（位於聯邦州普埃布拉）等修道院

所屬洲：美洲

所屬國：墨西哥（普埃布拉和莫雷洛斯）

地點：聳立在波波卡特佩特火山的支脈上，位於墨西哥城的東南面

列入名錄年份：1994年

意義：迄今仍然保存得非常完好的方濟會修士修道院，多明我會修士修道院和奧古斯丁教團在墨西哥建築藝術的歷史見證

大事記：

1523年　方濟會修道士的居住區
1526年　多明我會修道士的居住區
1529年　在韋約京戈創建修道院
1533年　奧古斯丁教團的居住區
1570～1600年　建造阿特拉特拉華坎修道院
1859年　在貝尼托·華萊斯的統治下，取消了修士會騎士團

第401號　克雷塔羅的文物古蹟

文化遺產：原來的聖地牙哥—德克雷塔羅，擁有聖羅莎教堂，拉斯—泰萊撒斯教堂和聖奧古斯丁教堂，方濟會修士聚集地、聖弗利普·納利大教堂、德·拉·馬爾奎薩之家、德拉·科萊吉多拉之家、德·洛斯·康多斯·德—埃卡拉之家和1.28公里長的高架渠（1726～1735年）

所屬洲：美洲

所屬國：墨西哥

地點：克雷塔羅，位於墨西哥城的西北面

列入名錄年份：1996年

意義：部分呈棋盤形的城市建築格局，擁有西班牙和當地建築學的「大雜燴」

大事記：

1551年　卡米諾·里爾·德·拉·蒂拉·阿登特羅竣工
1655年　由西班牙的菲利浦二世頒布城市法
1683年　建造聖克魯茨·德·洛斯·米拉格羅斯
1692年　創建多明我會修道院
1721年　創建嘉布遣會修士修道院
1721～1726年　建造德爾·馬奎斯之家
1752年　聖羅莎教堂竣工
1786～1805年　建造大教堂
1810年　以著名的「多洛雷斯呼聲」為信號，開始了獨立戰爭
1867年　處決哈布斯堡家族的皇帝馬克西米利安
1917年　在泰阿特特羅共和國—原稱為泰阿特羅·伊圖比德（創建於1845～1852年）—舉行制憲代表大會
1939年　記者埃貢·埃爾溫·基施（1885～1948年）流亡墨西哥
1945年　基施的著作《墨西哥探秘》出版

第402號　錫亞·卡恩生物圈和禁獵區

自然遺產：「天堂的起源」，占地5280平方公里的自然保護區擁有紅樹林沼澤地、熱帶雨林和珊瑚暗礁的各種生態環境；有4080平方公里的陸地面

積和1200平方公里的海洋面積，包括一組柵欄式暗礁體系；在保護區內還有23個馬雅人遺址，以及一條24公里長的海峽運河，它是由馬雅人修建的

所屬洲：美洲

所屬國：墨西哥（奎塔那—羅）

地點：猶加敦半島的東海岸，位於圖盧姆的南面，切圖馬爾的北面

列入名錄年份：1987年

意義：墨西哥相互連繫的最大自然保護區，擁有許多瀕危，並且土生土長的物種，以及史前的發掘地

動植物誌：859種維管束植物和159種藻類；白色和紅色的雪松、桃花心木樹；引種的椰子樹大量排擠了天然植被，竟占據了海濱地帶60%的面積；103種哺乳動物，其中有美洲豹、美洲獅、貔貓、格奧弗雷蜘蛛猴、吼猴、紅色無叉角的鹿、Paka和Tamandua；339種知名鳥類，其中有2/3在這裡孵化，這裡還生活著諸如華麗的軍艦鳥和Jabiru；42種兩棲動物和爬行動物，其中有真玳瑁和皮革龜、帶疙瘩的鱷魚、熱帶響尾蛇和條紋狀長尾蜥蜴

第403號　聖弗朗西斯科山脈的岩畫

文化遺產：巨型岩畫—其中包括用黑色和紅色顏料繪製的動物和人物藝術形象—深藏在洞穴和岩石壁龕中，以及藏在庫瓦—德拉干塔達和庫埃瓦—德爾恩亞姆布熱—德爾·希波力托之中

所屬洲：美洲

所屬國：墨西哥（下加利福尼亞）

地點：在埃爾—比斯卡伊諾沙漠中，位於聖羅薩莉亞的西北面

列入名錄年份：1993年

意義：在哥倫布發現新大陸之前的藝術，是最重要的歷史見證之一

大事記：

西元前1100～西元1300年　在哥倫布發現新大陸之前，一個不知名的民族創作了這些岩畫

第404號　陶蒂華康遺址

文化遺產：那個「創造神靈的地方」，擁有一條被阿茲特克人稱之為儀式大街的「死亡之街」，在街道兩側聳立著所謂的「城堡」、「重疊的大樓」、太陽神金字塔、神廟、月亮神金字塔和月亮神廟廣場、「插上羽毛的海蝸牛底層建築基座」和所謂的「北歐海盜族」，此外還有一些建築物，如特帕蒂特蘭宮、坦蒂特蘭宮和薩庫拉宮

所屬洲：美洲

所屬國：墨西哥

地點：陶蒂華康，位於墨西哥城的東北面

列入名錄年份：1987年

意義：古典時期中美洲最重要的慶典中心

大事記：

西元前1世紀　陶蒂華康的繁榮鼎盛時期
西元1～2世紀　舉行各種不同祭祀的建築群誕生，其中包括恢宏壯觀的太陽神廟和「死亡之街」
3世紀　該城邦國家的影響輻射到中美洲的其他地區

378年1月16日　關於陶蒂華康的唯一個值得信賴的日期：在提卡爾（瓜地馬拉）的「3號」墓碑上揭開了有關「煙蛙」政變的內幕—他們來自陶蒂華康，反對合法神聖的統治者「美洲豹爪」
550～600年　估計在這段時間裡摧毀了陶蒂華康
1864年　首次進行考古發掘
1917～1922年　考察和修葺「城堡」
1962年　發掘和修葺克沙爾鳥—蝴蝶宮殿

陶蒂華康遺址

第405號　歷史名城特拉科塔爾潘

文化遺產：出自16世紀的「地球另一邊的城市」，目前是西班牙殖民王國的港口，擁有市政廳宮殿和卡德拉利亞教堂，以及札拉戈札公園，公園內有一座摩爾風格的亭子

所屬洲：美洲

所屬國：墨西哥（韋拉克魯斯）

地點：帕帕羅阿潘河畔的特拉科塔爾潘，位於韋拉克魯斯的南面

列入名錄年份：1998年

意義：西班牙殖民建築藝術與加勒比海建築藝術的融合

大事記：

1849年　建造市政廳（市政廳宮殿）
1865年　在與哈瓦那、加拉加斯、馬賽和北美港口城市進行貿易之後，逐漸步入經濟繁榮時期

第406號　薩卡特卡斯古城

文化遺產：古老的礦山之城，其名稱的原意為「薩卡特草的生長之地」，擁有天堂礦山、大教堂、奧古斯丁騎士團教堂、聖多明哥教堂、戈比諾宮殿和德拉·馬拉·諾哈宮殿（黑夜宮殿）

所屬洲：美洲

所屬國：墨西哥（薩卡特卡斯）

地點：薩卡特卡斯，位於塞魯·德拉·布法的山腳下，萊昂和瓜納華托的西北面

列入名錄年份：1993年

意義：新大陸最重要的銀城之一，擁有一個與山脈輪廓相匹配的城市設計規劃，極富殖民色彩

大事記：

1546年　由4位西班牙殖民者創建該城市
1548年　首次開採銀礦
1550年　共經營著34座銀礦

1564年　在瓜納華托附近發現了白銀礦藏，於是人們在這兩座白銀城市之間建造了相互連接的道路

1558年　西班牙國王菲利浦二世造訪

1707年　創建方濟會修士修道院

1745年　舉行大教堂的落成典禮

1747年　建造巴洛克風格的聖多明哥布道教堂

1834年　建造蒂羅‧卡爾德隆

1886年　建造梅爾卡多‧岡薩雷斯‧奧特加的設施

1914年　在墨西哥革命時期，這裡成為硝煙彌漫的戰場，古建築被嚴重破壞

1921年　關閉把水從埃爾—庫柏礦井輸送到獨立廣場的高架渠

第86號　齊欽伊沙遺址
（參見180～181頁）

第87號　烏斯瑪爾—馬雅文化的禮儀中心和城市
（參見182～183頁）

■莫三比克

第407號　莫三比克島

文化遺產：從前的貿易「前哨」，擁有殖民地建築，如建於1610年作為耶穌會神學院的聖保羅宮殿、諾莎‧聖赫拉‧德‧拉‧穆拉哈斯教堂、聖塞巴斯蒂奧要塞、達‧聖赫拉‧達‧桑德教堂（19世紀）、由一位奴隸販子捐贈的「具有簡約巴洛克風格」的古老軍械庫（16世紀）、巴洛克風格的達‧米塞利科迪那教堂和魯阿‧多斯‧阿科斯教堂

所屬洲：非洲

所屬國：莫三比克

地點：莫三比克島，位於馬達加斯加和非洲大陸之間

列入名錄年份：1991年

意義：從前通往阿拉伯和印度路線上的阿拉伯人和葡萄牙人的一個貿易「前哨」

大事記：

自西元前500年　與波斯人、阿拉伯人、印度人和中國人進行貿易

1498年　瓦斯科‧達伽馬（1469-1524年）在此登陸

1502年　瓦斯科‧達伽馬再次登陸，並在此創建了葡萄牙的一個貿易中心

1507～1508年　建造聖加布里埃爾要塞

1522年　建造諾莎‧聖赫拉‧德‧拉‧穆拉哈斯教堂

1558～1620年　建造聖塞巴斯蒂奧要塞

1607年　荷蘭艦隊進攻失敗

1752年　直接隸屬於葡萄牙王室的領導

1763～1935年　把島國總督的官邸設置在聖保羅宮殿中

1869年　由於蘇伊士運河的開通，該島逐漸失去其重要意義

1907年　莫三比克的首都搬遷到大陸上

1936年　達‧米塞利科迪那教堂內部的裝修工程竣工

1947年　在建造馬帕拉港口之後，該島嶼的經濟面臨崩潰

1967年　跨海大橋舉行落成典禮，架起了一道連接大陸的「長虹」

■尼泊爾

第408號　國王的奇旺國家公園

自然遺產：1846至1951年成為國王狩獵的圍場；1962年被闢為犀牛保護區；從1973年起成為國家公園；1977年其面積擴大到932平方公里，位於久利亞高原，海拔為150～815公尺；擁有亞熱帶氣候和夏季季風，年降雨量平均為2400公釐

所屬洲：亞洲

薩加瑪塔國家公園（埃佛勒斯峰）

所屬國：尼泊爾

地點：位於當尼山、托拉姆河、納拉亞尼河和拉普蒂河之間，在尼泊爾和印度的邊境地區

列入名錄年份：1984年

意義：世界上最大、而且幾乎是一成不變的柳安森林資源寶庫之一，也是世界上第二大鎧甲犀牛的故鄉

動植物誌：70%的植被上覆蓋著柳安森林。在帕金有單一的柳安森林資源，此外還有柳安樹與Chirkiefer松的混交林，以及紫檀木（Dalbergia latifolia）和屬於蒔夢的Dillenia indica，它擁有16公分直徑的花朵和豐滿的彎片，20%為草地；40多種哺乳動物，如鎧甲犀牛、老虎、豹、嘴唇熊、彪悍的野牛Gaur、屬於齡猴類的Hulman、彩色鼬、蜂蜜貓、靈貓科、蘆葦貓、屬於牡赤鹿的印度Samber和中國的耳朵鱗甲目動物；爬行動物，如老虎蟒蛇、沼澤鱷魚和恒河鱷魚；489種鳥類，如屬於松鴉的Garrulax rufi-collis、跑雞、Laggarfalk、Koromandel—布穀鳥、屬於刺尾雨燕的Hirundapus cochinchinen-

sis和黑頭（Schwarzkopf）pitta

第409號　藍毗尼（佛陀的誕生地）

文化遺產：在「藍毗尼大花園」中的佛陀誕生地

所屬洲：亞洲

所屬國：尼泊爾（泰萊）

地點：藍毗尼

列入名錄年份：1997年

意義：佛陀的誕生地，成為一個特別重要的佛教朝聖地

大事記：

西元前563年　悉達多‧喬答摩誕生，他也被稱為「釋迦牟尼」

西元前483年　悉達多‧喬答摩去世（進入所謂的「涅槃」境界，即完全遁跡）

西元前250年　根據皇帝阿育王的命令，在佛陀的誕生地豎起一根石柱

7世紀　中國的一位朝聖者玄奘法師描述了藍毗尼的情景

1895～1896年　將軍卡奇加‧沙姆謝爾J.B.拉娜和嚮導阿洛伊斯博士共同再次發現該地

1933～1939年　在皇帝沙姆謝爾J.B.拉娜將軍的領導下進行發掘

1970～1971年和1977～1978年　日本考古學家進行發掘

第410號　薩加瑪塔國家公園（埃佛勒斯峰）

自然遺產：1979年創建國家公園，占地面積為1148平方公里，海拔高度為2845～8848公尺；埃佛勒斯峰是根據喬治‧埃佛勒斯爵士命名的，他於1823～1843年領導了印度的三角測量工作；國家公園裡擁有61個謝爾派司居住地——飛地；在每年6月至9月的季風時期，降下了全年80%的降雨量，平均降雨量為1043公釐；恩戈楚姆帕冰河綿

延20公里，是保護區內最長的冰河，有7座海拔7000公尺以上的山峰，其隆起的歷史可以追溯到50～80萬年前。

所屬洲：亞洲

所屬國：尼泊爾（索魯—昆布地區）

地點：與中國西藏自治區交界處，位於加德滿都的東北面

列入名錄年份：1979年

意義：一種特殊的山形地貌，擁有世界上最高的山峰——埃佛勒斯峰，是珍稀動物種群的生態圈

動植物誌：在這塊「不毛之地」中，其中69%的面積都超過海拔5000公尺，28%的面積是草地，約3%被森林覆蓋。植物帶，如下面的亞高山地帶（海拔3000～3600公尺），擁有淚松、喜馬拉雅山銀樅和歐洲刺柏類的Juniperus recurva；上面的亞高山地帶（海拔3600～3800公尺），擁有杜鵑花類的campanulatum杜鵑花；在海拔3800公尺以上的高山地帶，生長著anthopogon杜鵑花；在海拔4500公尺以上的地帶為草地和矮灌木叢，在海拔5500和6000公尺之間的地帶，生長著nivale杜鵑花；28種哺乳動物，如雪豹、屬於齡猴類的Hulman、小貓熊、黃咽喉貂、麝香鹿、小金絲雀、犛牛、與岩羚羊同族的Goral和Serau、與綿羊和山羊完全同族的喜馬拉雅山Tahr；152種鳥類、6種兩棲動物和7種爬行動物

第107號　加德滿都河谷
（參見222-223頁）

■紐西蘭

第411號　亞南極島嶼

自然遺產：由奧克蘭島、坎貝爾島、安蒂波特島、斯奈爾島和邦弟島等島嶼組成的國家公園，以及奧克蘭島海洋哺乳動物禁獵區；位於「咆哮四十」的區域裡，其陸地面積為764.58平方公里，每年參觀者的數量被限制在最多不超過600人

所屬洲：澳大利亞／大洋洲

所屬國：紐西蘭

地點：位於紐西蘭南島的南面和東面

列入名錄年份：1998年

意義：生物多樣性和地區性的一個重要中心

動植物誌：在奧克蘭島嶼上擁有233種維管植物，其中6種是世界上僅存的物種、30種被定為珍稀物種；該地區最南端的森林擁有「南方的拉塔」（Metrosideros umbellata）和木本蕨類，120種鳥類，其中有40種海鳥，其5種海鳥僅僅在此產卵、孵化和育雛；地球上僅存24種信天翁，而其中的10種在此繁衍棲息，如國王信天翁和黑棕色信天翁；4種在此孵化的企鵝，如斯奈爾島胖嘴企鵝；在斯奈爾島上還生活著275萬餘對深色暴風雨鸌鷉；在斯奈爾島和奧克蘭島上生活著毛利人鷁科；在坎貝爾島、斯奈爾島、安蒂波特島和奧克蘭島上生活著奧克蘭鷁科；12000～14000頭奧克蘭海獅和直到20000頭海狗；在坎貝爾島和奧克蘭島上擁有南方露脊鯨的「幼雛樂園」

第412號　蒂瓦希帕那姆自然保護區和國家公園（西南紐西蘭）

自然遺產：1642年由阿貝爾‧揚左‧塔斯曼發現，1904年創建菲約爾德蘭國家公園，1953年和1960年分別創建了庫克山和西部國家公園，它們擁有紐西蘭29座3000公尺以上高山中的28座。1964年創建了阿斯派靈山國家公園和其他自然保護區，其占地總面積為26000平方公里，其海拔高度達3764公尺（庫克山），位於太平洋和印度－澳大利亞板塊的切點處，因此也是世界上地震活動非常活躍的地區之一

所屬洲：澳大利亞／大洋洲

所屬國：紐西蘭

地點：紐西蘭南島的西南部，位於庫克山、米爾福德桑德、蒂阿諾和懷魯圖之間

列入名錄年份：1990年

意義：唯一生存在高山地帶的鸚鵡、大鸚鵡和瀕危的Takahe的故鄉。

動植物誌：溫暖氣候的常雨林、草地和濕地，以及高山牧場，擁有生草叢、發光的歐洲山毛櫸、Rimu、Miro和Hall's Totara；澳大利亞海熊在紐西蘭最大的棲息地；鳥類，如有2000孵化對的胖嘴企鵝、巨型斑點鸕鶿和條紋鸕鶿的一個亞種，此外還有大約150隻瀕危的Takahe；鸚鵡類，如卡卡鸚鵡和大鸚鵡、水潭鵝、眉毛鴨、澳大利亞琵嘴鴨和紐西蘭潛鴨

第413號　湯加里羅國家公園

文化和自然遺產：1887年9月23日，這塊26.3平方公里的土地被蒂‧霍伊霍伊‧圖企諾（恩加提‧圖瓦哈勒托阿）作為禮物送給紐西蘭；1894年在此創建了紐西蘭的第一個國家公園，總面積達到795.96平方公里，位於一條長2500公里的火山鏈的末端，在公園裡沉睡著2萬多年來從未爆發過的死火山，如卡卡拉米亞、提希亞和皮哈加，以及活火山湯加里羅（海拔1968公尺）、瑞魯霍伊（海

蒂瓦希帕那姆自然保護區

拔2290公尺）和魯阿佩胡（海拔2797公尺）。魯阿佩胡是一座最活躍的火山，曾於1969年，1975年和1995～1996年突發脾氣，大量泥漿、浮石和塵埃雨鋪天蓋地，一瀉千里

所屬洲：澳大利亞／大洋洲

所屬國：紐西蘭

地點：圖蘭基的南面，位於威靈頓的東北面，北島的中部

列入名錄年份：1990年，1993年擴大

意義：一個非常值得保護的生態系統，擁有活火山和死火山；對毛利人來說這是一個特殊的精神領地

動植物誌：蘊藏著大量石頭紫杉物種，如Podocarpus hallii，也包括蘭科和蕨類；在海拔更高的位置上，覆蓋著發光的歐洲山毛櫸，如紐西蘭紅色的歐洲山毛櫸、銀色的歐洲山毛櫸、黑色的南方歐洲山毛櫸；此外，還有桃金娘科植物，如Leptospermum ericoides，還有lnaka，與歐洲歐石南屬植物相對應的紐西蘭植物；哺乳動物類，如紐西蘭蝙蝠；56種鳥類，如鸚鵡和條紋狀鸕鶿；由於從外部引進了貂、貓、赤鹿和負鼠等動物，從而使當地的動物種群面臨生存的威脅

■荷蘭

第414號　阿姆斯特丹的古代防禦體系（阿姆斯特丹的古代防禦工事）

文化遺產：一條全長135公里的防禦線——其中有一段15至20公里長的弧線——圍繞著阿姆斯特丹，其中擁有42座堡壘、無數堤壩、防洪堤和水閘。在一次外來者大舉進攻荷蘭首都時，荷蘭人藉助這一防禦工事，使護城堤壩外面成為一片汪洋大海，長達兩天之久；要塞城堡類建築物，如韋斯汀－納爾登、埃丹、西巴特里耶－默伊登、斯派克波爾、彭尼斯威爾和潘卜斯等要塞

所屬洲：歐洲

所屬國：荷蘭（北荷蘭省）

地點：被一座半圓弧形防禦工事所環繞的阿姆斯

特丹，從埃丹（位於阿姆斯特丹的北面）穿越馬爾肯，分別經過霍夫多普、德雷希特、尼格特維希特、韋斯普、默伊登和迪倫丹姆（位於阿姆斯特丹的東南面）

列入名錄年份：1996年

意義：規模最大、享譽海內外的「環形防禦工事」和唯一出自19～20世紀的防禦地帶，它巧妙地運用了水資源作為禦敵的工具

大事記：

1874年	頒布一項要塞法令，使建造「阿姆斯特丹防禦工事」合法化
1880年	建造艾默伊登要塞
1883年	建造阿布考德要塞
1914年	建造斯派克波爾要塞
1917～1922年	劃入韋斯汀－荷蘭管轄範圍
至1963年	成為國防部和戰爭防禦部的一部份
1996年	成立「阿姆斯特丹防禦工事」基金會，以妥善保護這些古代工事

第415號　位於弗里斯蘭省的沃達蒸汽抽水站（伊爾.D.F.沃達格馬爾）

文化遺產：D.F.沃達格馬爾是當時世界上最大的蒸汽抽水站，而且迄今一直還在正常運轉。這座用蒸汽推動的泵站由機電房和鍋爐房組成，當時的舊機器仍然保存下來

所屬洲：歐洲

所屬國：荷蘭（弗里斯蘭省）

地點：萊姆斯特魯伊斯（艾瑟爾湖），萊姆位於阿姆斯特丹的東北面和海倫芬的東南面

列入名錄年份：1998年

意義：成為消除荷蘭水患的里程碑

大事記：

1913年	設計和規劃泵站
1917～1918年	建造抽水站
1920年	安裝離心泵，並舉行抽水站的落成典禮

第416號　施科蘭

文化遺產：從前須得海（艾瑟爾湖）中的半島，於15世紀時成為一個島嶼。由於須得海的四周用堤壩圍築，在40年代，通過對水位進行不斷的調節，從而重新獲得了5萬公頃的圍墾土地，其中一塊占地110公頃的土地便是施科蘭

所屬洲：歐洲

所屬國：荷蘭（弗萊福蘭省）

地點：施科蘭，位於烏爾克和恩斯之間

列入名錄年份：1995年

意義：荷蘭人與海水的無限威力進行抗爭的歷史見證

大事記：

12～14世紀	在華爾夫登定居
1834年	新教議教堂竣工
1842年	奧德－埃默洛爾德的天主教教堂被拆除
1859年	由於洪水經常氾濫，施科人根據國王威廉三世的命令遷居
1932年	用堤壩圍住須得海，形成了艾瑟爾湖
1942年	艾瑟爾湖的圍墾工程竣工

第417號　威廉斯塔德的港口和内城（荷蘭的安蒂倫庫拉素）

文化遺產：歷史上的威廉斯塔德擁有聖安娜海灣、龐達、奧特羅邦達、沙羅、和彼得馬伊，以及765座受保護的文物古蹟，如地主莊園宮殿班爾維德拉、維納楚埃拉旅館、「活躍的錫宅」和「帕奇‧迪‧索拉」，以及阿姆斯特丹的防禦工事和瓦克札姆海德堡壘

所屬洲：歐洲

所屬國：荷蘭（安蒂倫）

地點：威廉斯塔德，庫拉索的首府

列入名錄年份：1997年

意義：一座城市規劃的成功範例，是一個融合了荷蘭、西班牙和葡萄牙殖民建築學理念的「大拼盤」

大事記：

1499年	西班牙探險家阿洛索‧德‧奧赫達和阿梅里戈‧弗斯普奇在庫拉索登陸，並且為西班牙王室擁有該島主權搶佔了先機
1634年	設立荷蘭西印度公司的荷蘭貿易辦事處至1638年建造阿姆斯特丹防禦工事
1732年	建造米克維一以色列－埃馬努埃爾猶太教會堂
1795年	在法國大革命精神的鼓舞下，圖拉爆發了一場奴隸起義
1797年	建造拿騷堡壘
1800～1803年和1807～1815年	在英國宗主權的控制之下
約1865年	建造地主莊園宮殿班爾維德拉
1866年	摧毀17世紀城牆的一部份
1888年	建造女王埃瑪的橋樑
1969年	在暴動期間，起義者幾乎完全摧毀了布里翁廣場（奧特洛班達）上的建築物
1970年	在始建造於1728年的兩座市區大樓中開放猶太人歷史文化博物館
1997年	將維納楚埃拉旅館改造成一座博物館

第7號　肯德代克‧艾爾斯豪特的風車群

（參見22～23頁）

■尼日

第418號　阿伊爾和泰内雷自然保護區

自然遺產：一個自1988年起就已存在的自然保護區，占地面積為77360平方公里，其核心區域面積為12805平方公里；阿伊爾山地占該保護區的35～

40%，其餘部分為泰內雷沙漠，其主要地域處在海拔400至800公尺的高度上，塔姆加克山脈最高峰為海拔1998公尺；該保護區主要由9座山脈組成，其中有布施山和泰克梅爾特山，此外還有由火山灰堆積起來的層系構造，如阿拉考的卡爾德拉；在自然保護區內大約生活著2000至2500個圖阿萊克；1998年出土了一副動物骨架，當時，考古學家們還不清楚它到底是何種蜥蜴

所屬洲：非洲

所屬國：尼日

地點：撒哈拉沙漠，位於阿加德茲的北面

列入名錄年份：1991年

意義：非洲最大的自然保護區，而且景色宜人。是撒哈拉沙漠以南乾旱地區動物和植物和睦相處的特殊範例

動植物誌：289種至今才查明的植物種類，其中有產於地中海的絨毛葉的一種果實，Balanites aegyptiaca；在沙漠中主要生長著短尾刺植物Tribulus Longipetalus；在海拔1000公尺以上的山脈上，主要生長著Grevia tenax和Cordia sinensis；40種哺乳動物，其中大約有12000頭爾卡蹬羚，大約3500頭跳躍動物，在泰內雷的東南部生活著大約100頭Mendes antilopen、大約有70頭綠色狒狒，此外還有花斑鹿蹬羚、金色的亞洲胡狼和大耳狐

第419號　「W」形國家公園

自然遺產：自1954年起成為國家公園，占地面積為2200平方公里，1987年起成為重要的濕地——

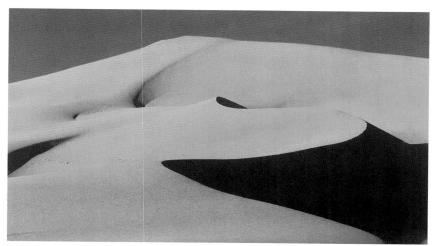

阿伊爾和泰內雷自然保護區

在《拉姆薩爾公約》中確立了其應有的地位，其海拔高度處於180～338公尺之間。該國家公園是根據「W」形的雙重彎道而命名的，這條彎道位於托波阿河和梅克魯河之間的支流上，該支流隨著季節的變化而忽隱忽現

所屬洲：非洲

所屬國：尼日

地點：位於尼日河河畔和尼亞美的東南面，從這

裡起一直通到尼日、布吉納法索和貝南等三個國家的交界處

列入名錄年份：1996年

意義：西非森林的熱帶稀樹草原和濕地，位於尼日河河畔的一個重要生態系統

動植物誌：主要覆蓋著蘇丹森林的熱帶稀樹草原，但也有非四季常青的和碧綠常青的沿河森林帶，那裡擁有Borassus aethiopum和Cola laurifolia；在尼日河畔的窪地和河谷低地上生長著454種著名的植物種類，如Boscia senegalensis、Tamarindus indica、Terminalia avicennioides，還有兩種蘭科植物：Eulophia cucculataa和E. Guineensis；大象和Kobs的殘留群落，此外還有斑點鬣狗、獅子、獵豹、Serval、沙漠猞猁、彪悍的猴子、河馬、水山羊和灌木山羊、紅翼潛鴨和冠頭潛鴨、糜羚和澤羚羊；大約有350種鳥類，如戰鬥鷹和Gabar蒼鷹；爬行動物，如非洲鱷和非洲巨蜥、非洲軟龜、岩石蟒蛇和大王蛇

■挪威

第420號　布里根——卑爾根的港口城市

文化遺產：從前位於港口瓦根的海外辦事處大樓，其中1/3的房子擁有敞開的通道和上面蓋有屋頂的走廊，從而組成院落，其中主要有菲納庭院、貝爾庭院、斯凡斯庭院和布萊德斯庭院

所屬洲：歐洲

所屬國：挪威（西挪威）

港口城市布里根

1702年	布里根失火
1754年	德國辦事處解散，並建立挪威辦事處
1832～1915年	昆德·克努森拍攝了有關布里根的照片
1872年	創建漢撒同盟博物館
1899年	挪威辦事處解散
1927年	對布里根的一部分文物進行保護
1944年	由於停泊在港口中的一艘彈藥船發生爆炸，導致布里根的部分建築被摧毀
1955年	布里根發生火災
1955～1969年	發掘出誕生於12世紀的木結構房屋遺址
1958年	大火無情地吞噬了14座具有悠久歷史的建築大樓
1962年	布里根的一部分文物被轉贈給布里根金會
1963年	對遺留下來的58座木結構的海外辦事處建築物進行文物保護
2000年	卑爾根成為歐洲文化的中心

第421號　勒羅斯的城市和礦井

文化遺產：80間礦工工棚、勒羅斯的石頭教堂、銅礦冶煉廠、尼貝蓋特礦井和奧拉夫王儲礦井

所屬洲：歐洲

所屬國：挪威

地點：勒羅斯，位於奧斯陸的北面，處於勒亞河的河口

列入名錄年份：1980年

意義：北歐最重要的工業中心之一，擁有保存完好的始建於17～18世紀的礦工城

大事記：

75～250年	在格蘭隆達福倫（奧倫）附近用鐵礦石進行冶煉
120～340年	在特維拉巴克納（奧倫）附近用鐵礦石進行冶煉
1644年	在勒羅斯高原上發現銅礦石
1646年	首次冶煉銅礦
1650年	首次建造教堂
約1680年	拉斯姆斯加特
1697年	發生火災
1780～1784年	再次建造教堂
1923年	對部分礦工工棚進行文物保護
1977年	停止冶煉

第1號　烏爾內斯的條木教堂

（參見10～11頁）

第2號　阿爾塔的岩畫

（參見12～13頁）

■阿曼

第422號　拜赫萊要塞

文化遺產：要塞塔馬哈堡的遺址，阿曼黏土建築學的輝煌範例

所屬洲：亞洲

所屬國：阿曼

地點：拜赫萊，位於阿爾—哈杰爾山脈的西部邊緣，馬斯卡特的西南面

列入名錄年份：1987年

意義：阿拉伯半島上一座出色的要塞，而且也是納卜哈尼權力的歷史見證

大事記：

1406年	在伊瑪目馬赫楚姆·伊本·阿爾·法拉赫的統治下，拜赫萊成為阿曼的首都，而且也是納卜哈尼王朝的首都
1610年	佔領要塞，緊接著拆毀要塞

第423號　巴特——擁有阿爾—庫特姆和艾因的要塞

文化遺產：阿爾—哈杰爾山脈的西部和東部邊緣地區的居住痕跡和墓地，那裡疊起高達8公尺的蜂箱狀墳墓，其中有20座保存完好的，位於艾因附近的墳墓塔樓，此外還有位於巴特的，外觀呈長方形的石頭建築遺址

所屬洲：亞洲

所屬國：阿曼

地點：艾因、巴特和阿爾─庫特姆，位於拜赫萊的西北面，伊卜里的東面

列入名錄年份：1988年

意義：早期重要的居住痕跡和新石器時代的大墓地

大事記：

西元前4000～前3000年　建造墓地，可能是首次建造的最初墓地

西元前3000年　擁有陪葬品，如青銅器和珍珠的墓地

第424號　阿曼沙漠中的野生動物保護區（阿拉伯羚羊的家園）

自然遺產：在阿拉伯半島上的一塊沙漠地區，擁有一塊阿拉伯羚羊，或者也被稱為白羚羊，即尖角羚羊亞種的保護區，占地面積為27500平方公里，保護區歸國家所有；吉達特·阿爾─哈拉西斯，一個高度為海拔100～150公尺，由石灰岩構成的高原，自1979年起，開始規劃國家公園，但迄今為止始終都沒有獲得過保護區的合法地位

所屬洲：亞洲（阿拉伯半島）

所屬國：阿曼

地點：吉達特·阿爾─哈拉西斯，位於撒爾哈·海曼的東面，中央阿曼

列入名錄年份：1994年

意義：唯一的野生白羚羊種群的保護區

動植物誌：稀疏的植被，其中包括Acacia tortilis和A. ehrenbergiana，以及Prosopis cineraria，此外還有灌木叢Teprosia apollinea和Ochradenus harsuticus；動物種群，包括阿拉伯的紅狐、蜂蜜獾、野貓、非常珍稀的阿拉伯野狼、沙鼠和飛鼠、阿拉伯羚羊或者白羚羊、甲狀腺囊腫羚羊、努比亞山山羊；168種鳥類，其中包括20種在此產卵、孵化和育雛的鳥類，另外還有金雕、冠狀山鶉和常見的飛鳥

■奧地利

第425號　哈爾緒達特─達赫緒岱恩／薩爾茨卡默古特人造風景區

文化遺產：青銅器時代（西元前2000～前800年）末期，該人造風景區開始採鹽，最深處達330公尺；薩爾茨山谷共有3000座墓葬的墳場；哈爾緒達特的史前博物館、哥德後期風格的馬利亞升天禮拜堂、羅馬風格的屍骨存放所及薩爾茨山上的鹽礦；霍爾達赫緒岱恩山（2995公尺）和達赫緒岱恩岩洞

所屬洲：歐洲

所屬國：奧地利（上奧地利州）

地點：薩爾斯堡以東的哈爾緒達特及其周邊地區

列入名錄年份：1997年

意義：鹽作為一個地區的生活基礎達數千年之久

大事記：

西元前800～前400年　所謂「真正的哈爾緒達特時期」

西元50～390年　羅馬人在哈爾緒達特─拉恩建立定居點

1311年　哈爾緒達特獲得開市權

1504年　皇帝馬克西米利安一世視察哈爾緒達特

1573年和1616年　發現史前兩名礦工的遺體

1595年　建造從哈爾緒達特至埃本塞的鹽水輸送管道

1680年　皇帝萊奧波德一世參觀鹽場

1734年　發現一具保存在鹽裡的哈爾緒達特時期的男性屍體

1846年　在哈爾緒達特鎮發現一個墳場，墳主有的全屍而葬，有的則為火葬

1853年　皇帝弗朗茨·約瑟夫一世與伊麗莎白訂婚；兩人一起參觀哈爾緒達特

1937年　拉登時期（西元前450年至基督降生）的出土物

第36號　薩爾斯堡舊城

（參見80～81頁）

第37號　迅博隆宮及其花園

（參見82～83頁）

第38號　塞梅林鐵路及其沿線地區

（參見84～85頁）

■巴基斯坦

第426號　莫恩焦德羅遺址城

文化遺產：印度河谷最早的高級文化，對其研究的重要性不亞於埃及和美索不達米亞的高級文化，約7平方公里的城市設施；由風乾磚瓦構成的建築物，如50×27公尺大的糧倉、浴池面積達12×7公尺的「大澡堂」和上城的會堂；下城的住宅、工場及有圍牆的排水道；約3000間房屋尚未發掘，面臨著地下水位上升和風化的危險

所屬洲：亞洲

所屬國：巴基斯坦（信德省）

地點：莫恩焦德羅

列入名錄年份：1980年

意義：西元前第3個千年的史前印度河文化的中心

大事記：

西元前2700～前1700年　沿印度河的哈拉帕文化

西元前2500年　佛塔（Stupa）山丘

達連國家公園

1922年　為印度考古測量（Indian Archaeological Survey）發現並由其進行發掘

1950年　在莫蒂默·惠勒爵士（Sir Mortimer Wheeler）主持下進行科學發掘

1965年　繼續進行科學發掘

1979年　亞琛工業大學的文獻項目啟動

第427號　塔赫特巴希的佛教遺址

文化遺產：馬拉根德山口以南的廟宇設施，位於152公尺高處的岩石突出部分；宗教建築「三塔院」及36×15公尺的「多塔院」，後者以其35座還願塔而得名，其中主塔的面積達17×13.5公尺

所屬洲：亞洲

所屬國：巴基斯坦（西北部）

地點：白沙瓦東北、馬爾丹西北的塔赫特巴希

列入名錄年份：1980年

意義：要塞城市薩爾卡羅爾遺址附近的犍陀羅帝國最美麗的佛教廟宇設施之一

大事記：

約西元前1世紀　建廟

3～4世紀　建造主塔和大殿

1836年　在英國殖民統治期間被發現

1864年　開始系統的勘查

1869～1870年　發現一系列雕塑

1872年　繼續勘查和發掘

1907年　再度發掘

1910～1911年　在白沙瓦博物館館長主持下進行科學發掘

1911～1913年　繼續進行科學發掘

1920～1929年　修繕

第428號　塔克西拉遺址城

文化遺產：包括西元前6世紀（波希爾蒙德）、西元前2世紀（錫爾卡普）和西元2世紀（錫爾蘇克）三處城市建築的北巴基斯坦最重要的考古地。在錫爾卡普這座道路網成棋盤狀的城市，一些樓房遺址被發掘出來，如王宮、雙頭雕聖物盒、半圓形後殿的寺廟及面積為70×40公尺的院子

所屬洲：亞洲

所屬國：巴基斯坦（旁遮普省）

地點：拉瓦爾品第西北的塔克西拉

列入名錄年份：1980年

意義：犍陀羅文化的中心

大事記：

西元前518年　波斯國王大流士一世遷入波希爾蒙德

西元前327年　被亞歷山大大帝的軍隊佔領

西元前2世紀　巴克特里亞希臘人建立包括一道5公里長的城牆的錫爾卡普城

西元30年　錫爾卡普毀於地震，由安息國王貢杜法勒斯（Gondophares）重建

西元1～2世紀　奉貴霜帝國君主維瑪·迦德菲塞斯之命建立錫爾蘇克城

西元2世紀　大乘佛教的中心

西元5世紀　匈奴人入侵

第429號　塔塔遺址及其大墓地

文化遺產：14～18世紀間三個王朝的都城；瑪克里山上15.5平方公里的大墓地及其數十萬座墳墓，其中有「薩瑪蘇丹（Samma─Sultan）」、尼薩穆丁（Nisamuddin）、和「贊姆（Jam）」、巴爾巴爾（Barbar）的陵墓

所屬洲：亞洲

所屬國：巴基斯坦（信德省）

地點：卡拉奇以東的塔塔

列入名錄年份：1981年

意義：信德地區移民的唯一見證

大事記：

1334～1347年　推測的塔塔建城時間

1347年　一份關於穆罕默德·圖格魯克遠征的報告中提及塔塔

1508年　贊姆尼薩穆丁墓碑

1588年　建造達布吉爾（Dabgir）清真寺

1638年　類似堡壘的迪萬·舒爾發·汗（Diwan─Schurfa─Khan）陵墓

1644年　米爾札·伊薩·汗·塔爾克罕二世（Mirza─Isa─Khan─Tarkhan─II）陵墓

1644～1647年　建造沙賈漢清真寺

1742年　遭沙·納迪爾（Schah Nadir）統率的波斯軍隊洗劫

1858～1859年　沙賈漢清真寺附屬建築

第430號　羅赫達斯堡

文化遺產：羅赫達斯堡，一個難以攻克的要塞，由舍爾·沙·蘇里委托沙胡·蘇旦尼設計：設有12座門的要塞設施，如卡布里門和沙昌德瓦里門，築有68座堡壘，全長4公里的要塞防護牆；要塞內的核心堡壘及其533公尺長的圍牆，屬於羅赫達斯堡一部分的沙伊清真寺和3層宮殿「哈韋里曼信（Haveli Man Sing）」，卡布里門旁的飲用水蓄水池及王公家庭的「沐浴室」

塔赫特巴希佛教遺址

所屬洲：亞洲
所屬國：巴基斯坦
地點：伊斯蘭堡以南，杰赫勒姆西北的羅赫達斯堡
列入名錄年份：1997年
意義：穆斯林軍事建築保存至今的最重要的實例之一
大事記：
1530～1540年　蒙兀兒君主胡馬雍攝政
1539～1555年　由阿富汗篡位者蘇爾的舍爾沙統治（1539年在查努沙附近大敗蒙兀兒君主胡馬雍的軍隊後）
1543年　建造羅赫達斯堡
1658～1707年　蒙兀兒王朝最後一位重要的君主奧朗則布執政，隨著他的去世，羅赫達斯堡開始衰落

第106號　拉合爾的城堡和夏利瑪公園
（參見220～221頁）

■巴拿馬

第431號　達連國家公園
自然遺產：1502年哥倫布考察的沿海地區；1972年起成為自然保護區，1980年起成為國家公園，包括達連、薩坡、渾古魯多和皮雷吉條山脈，1983年起被確認為保護生物圈，面積5980平方公里，包括沙灘、岩石海濱、紅樹沼澤及熱帶低地雨林和高原雨林；80%沿哥倫比亞邊境延伸，與相鄰的勞斯卡提歐斯國家公園（哥倫比亞）構成「新世界」兩塊大陸間的橋樑；受絕對保護的830平方公里核心地帶和80平方公里的旅遊開發區；約1000名印第安丘口人（Choco）和庫那人（Cuna）的傳統居住區
所屬洲：美洲
所屬國：巴拿馬（達連）
地點：聖菲和聖米格爾灣東南
列入名錄年份：1981年
意義：熱帶美洲一個基本保持原貌的多樣生態系及中美洲太平洋海岸最廣闊的低地雨林
動植物誌：樹高40至50公尺的熱帶雨林，楚庫納克和圖伊拉河沿岸的濕潤區，太平洋沿岸的紅樹種類紅樹屬和海欖屬；大食蟻獸、美洲豹、美洲豹貓、危地馬拉吼猴、棕頭蛛猴、夜猴（Aotes trivirgatus）、短尾刺豚鼠種Dasyprocta punctata，Tayassu albirostris和中美貘等哺乳動物；此外還有凱門鱷和美洲鱷（Crocodylus acutus）

第432號　巴拿馬舊城區和玻利瓦爾大會堂
文化遺產：美洲太平洋海岸的第一個歐洲移民區，建於一個三面環海的多岩石半島上；有名為「虎爪」的堡壘、五堂大教堂、「恩賜」（拉梅塞德）修道院、聖費利佩修道院、聖荷西修道院、聖弗朗西斯科修道院及從前方濟會修道院的修士大會堂——玻利瓦爾大會堂
所屬洲：美洲
所屬國：巴拿馬

地點：巴拿馬
列入名錄年份：1997年
意義：混合了西班牙、法國和古代美洲風格的舊城；力圖持久地設立一個美洲大陸多國會議的地方
大事記：
1509年　西班牙佔領者佩德拉里亞斯·達維拉建立巴拿馬；設立奧登西亞軍營
1621年　地震
1644年　城市大火
1671年　被亨利·摩根（約1635～1688年）為首的海盜摧毀；隨後建造今日所見的歷史區
1672年　根據西班牙與英國的協議，摩根因摧毀巴拿馬而被引渡到英國受審
1826年　根據「解放者」西蒙·玻利瓦爾（1783～1830年）提議，設立美洲大陸會議
至1830年　玻利瓦爾力圖成立大哥倫比亞邦聯（委內瑞拉、哥倫比亞、厄瓜多爾和巴拿馬），但未能成功
1904年　方濟會修道院成為立法會議所在地

第433號　加勒比海海濱的波托韋洛要塞和聖羅倫佐要塞
文化遺產：聖羅倫佐和波托韋洛要塞
所屬洲：美洲
所屬國：巴拿馬

昌昌，木乃伊面具

地點：科隆附近，巴拿馬的加勒比海海濱
列入名錄年份：1980年
意義：大西洋水路保衛體系的一部分，17～18世紀西班牙軍事建築的傑出範例
大事記：
1502年　發現波托韋洛灣
1584年　農勃雷德迪歐斯（Nombre de Dios）關閉
1595年　查格雷斯河畔的聖羅倫佐要塞
1596年　港口從農勃雷德迪歐斯移址波托韋洛

1668年　聖羅倫佐在被英國海盜佔領
1739年　聖羅倫佐在被英國海軍佔領
1753～1760年　波托韋洛擴建為要塞
1821年　西班牙守備部隊撤離聖羅倫佐在

■巴拉圭

第434號　耶穌會傳教點拉桑提西馬—特瓦尼達德—德—巴拉那和耶穌—德—塔瓦朗格
文化遺產：從前30個築有防禦工事的耶穌連隊傳教居住點中的兩個；各設有一所學校，一座教堂和若干個印第安人手工藝工場及印第安人住所
所屬洲：美洲
所屬國：巴拉圭
地點：拉桑提西馬—特里尼達德—德—巴拉那和耶穌—德—塔瓦朗格，在恩卡納西翁（巴拉那河）之東北，埃斯特城之西南
列入名錄年份：1993年
意義：拉普拉塔河地區耶穌會會士傳教工作的例證
大事記：
1609年　耶穌會會士最初的傳教活動
1685年　建立耶穌—德—塔瓦朗格（意為「塔瓦朗格的耶穌」）及其當初60公尺長的傳教教堂
1706年　建立拉桑提西馬—特里尼達德—德—巴拉那（意為「巴拉那的至聖三位一體」）
1738年　在特里達德形成4000名瓜拉尼人的傳教居住點
1744～1745年　特里尼達德所有（由耶穌會傳教士領導的）印第安人封閉式定居點中最大的教堂建築
1760年　拉桑提西馬—特里尼達德—德—巴拉那完工
1767年　奉查理三世之命驅逐耶穌會會士
1840年　解除印第安人封閉式定居點

■秘魯

第435號　昌昌遺址城
文化遺產：從前奇穆帝國的首都及其9個獨立的「堡壘」或稱「宮殿」（如丘迪宮），此外還有被稱為「瓦卡」的平台，如「忘卻」瓦卡，可能是祭祀場所；如今只是遺址，包括7公尺高、近1公里長的城牆，整處遺址面積為18公里
所屬洲：美洲
所屬國：秘魯
地點：利馬和特魯希略以北的昌昌
列入名錄年份：1988年
意義：哥倫布以前時代按規劃建造的最大的城市
大事記：
900～1000年　瓦里帝國解體
1000～1470年　奇穆帝國
1470年　昌昌被圖帕克·尤潘基領導的印加人佔領
1535年　在昌昌附近建立西班牙殖民城市特魯希略

第436號　查文遺址城
文化遺產：用花崗岩堆砌成的要塞狀廟宇群，面積5400平方公尺，包括一個有外牆的4層梯形主廟，外牆用火山石建成，當初最高達9公尺，此外還有「埃爾蘭松」神像，一座高4.53公尺，爪形手和豹形臉的獨石雕像
所屬洲：美洲
所屬國：秘魯（布蘭卡山）
地點：查文—德—萬塔爾，在利馬東北，莫斯那河谷
列入名錄年份：1985年
意義：保存最完好的哥倫布以前時代的建築文物之一，屬一種美洲最古老的文化的範疇
大事記：
約西元前700～300年　查文文化的繁榮時期
1616年　西班牙旅行家和編年史作者安東尼奧·瓦斯克斯·德·埃斯皮諾薩前來探訪
1919年　開始考古勘查
1934年　「城堡」的東立面發掘出來
1970年　地震引起的破壞
1980年　起繼續考古勘查和發掘
1998年　在「世界遺產基金項目」的資助下維護瀕臨崩塌的遺址

第437號　瓦斯卡蘭國家公園
自然遺產：面積3400平方公里的國家公園，其中海拔6768公尺的瓦斯卡蘭山為秘魯境內安地斯山脈的最高峰，1975年闢為國家公園，1977年起成為保護生物圈；海拔在2500公尺至6768公尺，27座被雪覆蓋的山峰在6000公尺以上，663條冰河、296個湖、41條河流，溫度在3℃至-30℃；在國家公園北部有早於查文文化約2000年的一種文化的蹤跡
所屬洲：美洲
所屬國：秘魯
地點：欽博特以東的科迪勒拉—布蘭卡

列入名錄年份：1985年

意義：世界最高的熱帶山區之一，最大的鳳梨科植物的產地

動植物誌：濕潤的山區雨林，高山凍原及一種被稱為「普納」的矮態、部分無葉的植被；擁有799種植物種類，如高山鳳梨科的Puya raimondii，Masdevallia科和畸形生長的Polylepis；10種哺乳動物，如眼鏡熊（Tremarctos ornatus）、美洲獅、白尾鹿（Odocoileus virginianus）、北安地斯山鹿（Hippocamelus antisiensis）、山貓和Vicuna；112種鳥，如安地斯山兀鷹（Vultur gryphus）、大骨頂雞及屬於蜂鳥科的Peruanische Riesengnom

第438號　利馬舊城及其方濟會修道院

文化遺產：「國王之城」，擁有：聖奧古斯丁教堂、按照安達路西亞宮殿式樣建造的泰格爾塔宮、聖弗朗西斯科修道院及其三堂巴洛克教堂

所屬洲：美洲

所屬國：秘魯

地點：太平洋沿岸和里馬克河畔的利馬

列入名錄年份：1988年，1991年擴大

意義：「國王之城」是西班牙在南美的殖民帝國最重要的城市，擁有美洲大陸最大的修道院——聖弗朗西斯科修道院

大事記：

1532年　西班牙佔領者在秘魯登陸

1535年1月18日　西班牙佔領者皮薩羅建立利馬

1541年　皮薩羅遇刺身亡

1551年　建立南美第一所大學（聖馬科斯大學）

1565年　設立造幣廠

1596～1627年　建造利馬聖羅莎神廟

1735年　泰格爾塔宮竣工

1746年　大教堂毀於地震

1758年　重建大教堂

1771年　戈約內契樓（Casa de Goyoneche）落成典禮

1821年7月12日　自由運動領導人聖馬丁的部隊奉命開進利馬

1881～1883年　在「硝石戰爭」中被智利軍隊佔領

1938年　建造新古典主義風格的「政府宮」（Palacio de Gobierno）

1985年　為迎接羅馬教皇來訪，將大教堂的外部漆成黃色

第439號　馬丘比丘遺址城

文化自然遺產：由城市和農村兩部分組成，城市呈U形，分為南區、手工業者區和宗教區，那兒有半圓形的太陽殿「英提瓦特納」、「拴太陽的地方」，有78級岩石台階通往上面，邊長為16公尺的近正方形的「神聖廣場」，「神聖廣場」東部的「三窗殿」和北部11×8公尺的主殿，國王陵墓及裝飾廳

所屬洲：美洲

所屬國：秘魯

地點：庫斯科西北的馬丘比丘

列入名錄年份：1983年

意義：安地斯山餘脈上印加帝國最迷人的城市設施之一

大事記：

15世紀　建造馬丘比丘（老山峰）的可能時間

1776～1782年　文獻證明馬丘比丘被出售

1895年　開闢從庫斯科到「印加人的聖谷」下部的道路

1911年　在美國耶魯大學的資助下，科學家海勒姆·賓厄姆·哈里·富特和艾賽亞，鮑曼到此考察

1912～1915年　賓厄姆繼續在此考察

1934年　秘魯考古學家路易斯、E.巴爾卡塞爾到此考察

1940～1941年　保爾·費尤斯主持考察

第440號　馬努國家公園

自然遺產：1973年起成為國家公園，面積15328.06平方公里；馬努河河道及上馬德雷迪奧斯屬國家公園的一部分；4個土著部族的生活空間：馬希袞伽人、馬肖皮羅人、雅米那哇人和阿馬瓦卡人

所屬洲：美洲

所屬國：秘魯

地點：卡拉瓦亞山山側，庫斯科之北

列入名錄年份：1987年

意義：亞馬遜河流域最獨特、最典型的生態系，也許是世界上植物種類最多的保護區

動植物誌：熱帶低地森林、熱帶山區雨林和「普納」；最近10年在一塊5平方公里的考察地裡辨認出1147種不同的植物；最新的研究確定了1200種低地森林維管植物；大葉桃花心木（Swietenia macrophylla）和Poulsenia armata等喬木種類及18種無花果；已知850種鳥類，其中500種生活在科恰卡蘇爾研究站附近的低地雨林，國家公園內的鳥種類占南美所有鳥種類的25%，其中有Hellroter Ara和Rotbugara；13種猿猴，其中有

馬丘比丘

Kaiserschnurrbarttamarin；12種爬行綱動物，如凱門鱷中的Mohrenkaimann，77種兩棲綱動物；此外還有大犰狳科（Priodontes giganteus）、美洲豹貓、美洲豹、短耳狐、眼鏡熊（Tremarctos ornatus）及大食蟻獸等

第441號　阿比塞奧河國家公園

文化和自然遺產：2745.20平方公里的國家公園（1983年起）及其36個哥倫布以前時代的考古發現點；從格蘭帕哈滕和馬那恰基陶窟的發掘物判斷，西元前900～西元1532年或西元前1800至西元1532年此地有人類居位

所屬洲：美洲

所屬國：秘魯

地點：中科迪勒拉山脈的馬拉農河與瓦拉加河之間，特魯希略以東

列入名錄年份：1990年，1992年擴大

意義：阿比塞奧河流域獨特的霧林及其生物的多樣性和地方性，研究亞馬遜河流域氣候變化的植物實驗重地

動植物誌：生長著金合歡屬和Parkinsonia praecox的熱帶稀樹草原，但也有生長著常綠橙木Alnus acuminata和常綠灌木Lomatia hirsuta、海拔2300至3600公尺的山區雨林，此外還有：安地斯山岩鷺、吐綬雞屬（Cathartes aura）、高原鸚鵡科、屬原沙庫雞的Penelope montagnii等鳥類；哺乳動物有黃額蛛猴屬（Goldstirn-Klammeraffe）、白額卷尾猴屬（Weißstirnkapuziner）、夜猴（Aotes trivirgatus）與紅吼猴（Alouatta seniculus）、美洲豹、Felis yagouaroundi、北安地斯山鹿（Hippocamelus antisiensis）、Cuniculinae、大犰狳科（Priodontes giganteus）及負鼠等

第92號　庫斯科城

（參見192～193頁）

第93號　那斯卡和潘帕斯德胡馬納的線條圖和地面畫

（參見194～195頁）

■菲律賓

第442號　伊富高山地的水稻梯田

文化遺產：被稱為「天梯」的水稻梯田，分布面積達250平方公里，一部分位於20公里長的巴納韋山谷，也有的在馬約耀（Mayoyao）、坎甘（Kangan）和溫格端（Hungduan）；梯田最高達1500公尺，有6至10公尺高的扶牆保護，並配備了卓越的灌溉系統

所屬洲：亞洲

所屬國：菲律賓

地點：菲律賓的中科迪勒拉山，巴納韋（呂宋）附近，馬尼拉以北

列入名錄年份：1995年

意義：具有數千年歷史的，特別美麗的人造景區

大事記：

約650年　阿泡（溫格端）水稻梯田

第443號　馬尼拉、聖馬利亞、帕瓦伊和米亞高的巴洛克教堂

文化遺產：聖奧古斯丁教堂（帕瓦伊）、聖母受孕教堂（馬尼拉舊城）、聖母升天教堂（聖馬利亞）、聖托馬斯教堂（米亞高）

所屬洲：亞洲

所屬國：菲律賓

地點：馬尼拉（呂宋），米亞高（班乃）、怡朗之西南；帕瓦伊和聖馬利亞（呂宋）、班吉奧以北

列入名錄年份：1993年

意義：信仰戰的陣地，西班牙在東南亞殖民史的見證

大事記：

1521年　菲律賓落入西班牙之手

1565年　奧古斯丁修會會員進駐菲律賓

1571年　「高度可敬、永遠忠實的城市」馬尼拉成為西班牙殖民地的權力中心

1578年　方濟會會士進駐菲律賓

1581年　耶穌會會士進駐菲律賓

1626年　聖母受孕教堂（馬尼拉）落成典禮

1704～1894年　建造聖奧古斯丁教堂（帕瓦伊）

1787～1797年　建造聖托馬斯教堂（米亞高）

第444號　圖巴塔礁

自然遺產：1988年闢為332平方公里的海洋保護區，1990年起成為巴拉望保護物圈的一部分：北礁和南礁，菲律賓群島僅有的兩座環礁，被一條寬8公里的海峽分開：北礁有長16公里、寬4.5公里的「平台」，環繞著一個24公尺深的環礁湖：北小島，一個珊瑚沙礁和海龜孵化區；南礁，一個狹窄平坦的三角形礁，寬1～2公里，中間有一個環礁湖；南小島，一個面積800平方公尺的珊瑚沙礁

所屬洲：亞洲

所屬國：菲律賓

地點：蘇祿海的中央，公主港（巴拉望省）的西

南

列入名錄年份：1993年

意義：一座幾乎保持原貌的環形礁及其筆直深入大海的一堵峭壁

動植物誌：椰子樹、欖仁樹和避霜花等喬木種類，Melapodium divaricatum和Chloris inflata等禾本科植物；紅足鰹鳥、棕色鰹鳥等64種鳥類；玳瑁（Eretmochelys imbricata）和Chelonia mydas的孵化區域；礁鯊中的Schwarzspitzen—Riffhai和Weissspitzen—Riffhai等39種魚，瓣鰓綱的Grabende Riesenmuschel；46種珊瑚

■波蘭

第445號　克拉科夫舊城

文化遺產：12至17世紀時波蘭的首都，同時也是大學城；13世紀時的中世紀城市及其14世紀時的防禦工事遺址；瓦維爾大教堂為波蘭國王們的加冕之地及陵墓，波蘭民族英雄科希丘什科（1746～1817年）也安葬於此；哥德風格的馬利亞教堂、中世紀最大的市集廣場；從前的猶太區「卡奇米爾茨」及其14世紀的施大拉猶太教堂

所屬洲：歐洲

所屬國：波蘭

地點：華沙西南的克拉科夫

列入名錄年份：1978年

意義：波蘭國王們的加冕之地，中世紀重要城市建築的例證

大事記：

10世紀　文獻中首次提及

1223年　哥德風格的馬利亞教堂

1364年　克拉科夫大學

1359年　大教堂落成典禮

1430年　加入漢撒同盟

1555年　近100公尺長的布匠貨棧建成

1794年　成為科希丘什科領導的反對瓜分波蘭的起義的中心

1939～1945年　被德國軍隊佔領

2000年　歐洲文化之都

第446號　托倫城

文化遺產：中世紀城市，擁有：防禦牆及克勞斯泰特門和塞格勒門、吊車塔和斜塔、舊城市政廳、阿爾圖斯宮、聖施洗約翰和聖福音書作者約翰大教堂，至聖馬利亞教堂、原福音派的三位一體教堂、前耶穌會中學、哥白尼博物館、市民住宅「星之下」和樂斯內屋

所屬洲：歐洲

所屬國：波蘭

地點：托倫

列入名錄年份：1997年

意義：一座中世紀（漢撒）城市非比尋常的全貌

大事記：

1233年　由德意志騎士團首領授予城市法

1267年　新城建立

1274年　建造舊城市政廳

1309～1424年　德意志騎士團建造雅各教堂

1454年　騎士團城堡被毀

1466年　德意志騎士團與波蘭的戰爭結束時出現第二次托倫和平

1703～1709年　被瑞典佔領

1724年　「托倫喋血」標誌著托倫的天主教市民與新教市民之間的衝突達到頂點

1793年　被普魯士軍隊佔領

1806年　被法國軍隊佔領

1815年　根據維也納會議決定，托倫劃給普魯士

克拉科夫—馬利亞教堂的大聖壇

1918年　併入波蘭

1946年　哥白尼大學成立

第447號　弗耶里奇卡的鹽礦

文化遺產：自13世紀起在9個主鹽泉採鹽，最深達315公尺，有2100多礦室和坑道。64公尺和135公尺之間可通行，130公尺深處建有鹽場博物館，211公尺深處設有一個呼吸道疾病治療中心

所屬洲：歐洲

所屬國：波蘭

地點：克拉科夫東南的弗耶里奇卡

列入名錄年份：1978年

意義：採鹽史的一塊里程碑

大事記：

1119年　文獻中提及「弗耶里奇卡鹽泉」

1290年　相傳開始採鹽

14世紀　60名薩克森礦工挖掘出新礦井

1897～1927年　57×17×12公尺的鹽雕哥白尼像

1950年　部分改造成博物館和旅遊礦山

1996年　鹽礦資源開採殆盡

第448號　札莫希奇舊城

文化遺產：受大宰相和王家統帥楊·札莫伊斯基委托，由義大利建築師莫蘭多設計的「北方的帕多瓦」，第一個在繪圖板上設計的波蘭城市，擁

有：大市場及其拱廊和拱廊屋，高50公尺的鐘樓、有外伸的露天台階的市政廳、三堂大教堂等16～19世紀的城防工事

所屬洲：歐洲

所屬國：波蘭

地點：盧布林東南的札莫希奇

列入名錄年份：1992年

意義：融合了義大利和中歐建築風格的16世紀文藝復興城市的傑出典範

大事記：

1542～1605年　大宰相和統帥札莫伊斯基（Jan Zamoyski）

1572年　亞蓋洛王朝結束

1582～1591年　在札莫伊斯基的地產上規劃和建造城市

1587～1598年　建造大教堂

1610～1620年　建造猶太教堂

1639～1651年　建造市政廳，18世紀時用巴洛克風格的巨大露天台階加以美化

1648年　哥薩克圍攻失敗

1656年　遭瑞典軍隊圍攻

1813～1831年　遭沙俄軍隊圍攻

1866年　拆除防禦工事

1871年3月5日　社會主義政治家，斯巴達克同盟創始人之一羅莎·盧森堡誕生於札莫希奇

第41號　奧斯威辛集中營

（參見90～91頁）

第42號　華沙古城

（參見92～93頁）

第43號　馬爾堡城堡（馬利亞堡）

（參見94～95頁）

■波蘭和白俄羅斯

第449號　比亞沃維斯基國家公園和別洛韋昔斯卡亞—普緒哈國家公園

自然遺產：1947年起比亞沃維耶森林中央闢為比亞沃維斯基國家公園，實行嚴格的自然保護的核心區域面積47.47平方公里，歐洲級歐洲野牛保護區2.76平方公里；世界遺產總面積929.23平方公里，其中33%為針葉林。別洛韋昔斯卡亞—普緒哈1888至1927年為俄國沙皇所擁有，1944年起成為自然保護區

所屬洲：歐洲

所屬國：波蘭和白俄羅斯

地點：比亞沃維斯基國家公園（波蘭東部）和別洛韋昔斯卡亞—普緒哈國家公園（白俄羅斯西南部）

列入名錄年份：1992年（作為跨國界世界遺產）

意義：歐洲最大的原始森林，瀕臨滅絕的歐洲野牛的生存空間

動植物誌：比亞沃維斯基：約500種蘑菇，277種苔蘚，437種本地維管植物，英國櫟、心葉椴、挪威雲杉和黃華柳等26種喬木，1565株樹被作為自然遺產來保護；8500種昆蟲；鶴、黑鸛、鶥及星鴉等249種鳥類；44種哺乳動物，其中有12種蝙蝠，還有野豬、馱鹿、歐洲野牛、猞猁、狼、狐狸、白鼬、鼬、水獺及海狸；別洛韋昔斯卡亞—普緒哈：12種不同類型的森林；900多種維管植物，包括26種喬木和138種灌木，其中近三分之二為本地植物；歐洲野牛、馱鹿等55種哺乳動物；雕、白尾海雕、大隼和白鸛等212種鳥類，11種兩棲動物，7種爬行動物

■葡萄牙

第450號　阿爾科巴薩修道院

文化遺產：原為葡萄牙18個西妥教團修道院中最重要的一個，佩得羅一世及其情侶伊內斯·德·卡斯特羅（她是佩得羅一世第一位夫人康斯坦莎的宮女）的長眠之處；在長106公尺的修道院教堂的十字形耳堂的旁側小教堂，有阿爾方斯二世和阿爾方斯三世的陵墓；擁有哥德風格的十字形迴廊、曼努埃爾式樓層、高18公尺的廚房、食堂和飾有硬陶土塑像的國王廳；從前是個十分富裕的修道院，擁有地產和聖佩得羅—德—穆埃爾及聖馬蒂紐—多—波爾圖等三個海港

所屬洲：歐洲

所屬國：葡萄牙

地點：里斯本以北

列入名錄年份：1989年

意義：西妥教團僧侶的哥德式建築藝術的傑作

大事記：

1139～1185年　使葡萄牙擺脫卡斯蒂利亞—萊昂而獲獨立的阿豐索·恩里克斯（「征服者」阿爾方斯一世）

1153～1252年　建造阿爾科巴薩的聖馬利亞修道院，又稱阿爾科巴薩的聖母修道院

1269年　創辦一所神學院

1339年 後來的國王佩得羅一世與卡斯蒂利亞公主康斯坦布莎結婚
1357～1367年 國王佩得羅一世執政
1725年 建築物正面布置為巴洛克風格
1755年 遭地震損壞
1808年 被法國佔領後，教會財產轉為世俗財產
1930年 被宣布為保護文物

第451號　亞速爾群島特爾賽拉島的英雄港的市中心

文化遺產：「小里斯本」，擁有：救世主大教堂、巴洛克風格的耶穌會教堂、哥德風格的聖塞巴斯蒂昂教堂、聖若望普蒂斯塔城堡（葡萄牙最大的要塞、聖塞巴斯蒂昂城堡，其中兩座城堡為具有400年歷史的軍事建築的獨特範例）
所屬洲：歐洲
所屬國：葡萄牙（亞速爾群島）
地點：特爾賽拉島上的英雄港
列入名錄年份：1983年
意義：15～19世紀時大西洋海路上最重要的海港
大事記：
1499年 航海家瓦斯科·達·伽馬發現到印度的海路後，其三桅帆船駛抵特爾賽拉島
1534年 城市法
1557～1578年 建造聖塞巴斯蒂昂城堡
約1570年 建造救世主大教堂
1614年 地震
1641年 在圍攻11個月後，西班牙人撤離聖若望巴普蒂斯塔城堡
1728～1746年 建造巴洛克風格的仁慈教堂
1832～1834年 的內戰後由王后馬利亞二世授予「英雄城」稱號
1932～1968年 在薩拉查的法西斯統治期間，聖若望巴普蒂斯塔城堡設立了關押政治犯的監獄
1980年 元旦發生地震，海港被毀
1983年 大教堂尖塔火災

第452號　巴塔利亞修道院

文化遺產：哥德一曼努埃爾風格的維多利亞聖馬利亞修道院、前葡萄牙王國獨立的象徵、葡萄牙國王（如若望一世、阿爾方斯五世和若望二世）的安葬處：高32公尺的修道院教堂、創辦人小人教堂、「王家十字形迴廊」中猶如石材枕結花邊的幾何形窗花格、19×19公尺的修士會堂及其尖頂帳篷狀的屋頂
所屬洲：歐洲
所屬國：葡萄牙
地點：里斯本以北的巴塔利亞
列入名錄年份：1983年
意義：獨立的葡萄牙哥德式建築的搖籃，葡萄牙戰勝卡斯蒂利亞的紀念
大事記：
1385年8月14日 卡斯蒂利亞軍隊與葡萄牙軍隊於馬利亞升天節在阿爾茹巴羅塔附近開戰
1388年 建造「戰役修道院」
1433年 修道院資助人，國王若望一世去世
1434年 創辦人小教堂竣工，內有資助人的雙人豪華石棺

1438年 教堂、王家十字形迴廊、食堂和修士會堂完工
1530年 工程幾乎完全停止，八角形的偉人祠成為未完成之作
1810年 國王若望二世的墓遭洗劫
1921年 在修士會堂設立無名士兵墓

第453號　孔亞河谷的史前刻鑿畫

文化遺產：世界上唯一一處史前與現代岩石藝術並存的發現地；1994年起廣為人知，最早形成於一萬年前的岩石刻鑿畫，創作在沒有保護設施的岩壁，刻痕大50公分至1.5公尺，綿延15公里；發現地點有卡那大多因費爾諾、里貝拉德皮斯科斯和佩那斯科薩；卡那大多因費爾諾36堵岩石上的刻鑿畫自1983年起被淺平水淹沒，這些畫描繪的

貝倫塔

有野牛、山羊、馬和魚，但也有現代的宗教主題，如聖體顯示匣和十字，還有橫穿孔亞河河口的杜羅鐵路的一段；佩那斯科薩也繪有野牛和山羊，但也有牝馬與牡馬交配的畫面，畫中用三個馬頭表示交配時馬頭的擺動；里貝拉德皮斯科斯的岩石上刻有腦袋交叉的兩匹馬，以及一頭野牛上方的一個人形；積極的實地研究始於1995年
所屬洲：歐洲
所屬國：葡萄牙
地點：孔亞河河谷，孔亞河口的維拉諾瓦（Villa Nova de Foz Coa）東南
列入名錄年份：1998年
意義：舊石器時代直至20世紀的獨一無二的岩石刻鑿畫

第454號　埃武拉舊城

文化遺產：舊城，擁有：古羅馬遺跡，如黛安娜神殿的14根科林斯式圓柱及內城牆和外城牆（14世紀）的一部分；早期哥德式大教堂、帶屍骨存放所的方濟會教堂、聖安東教堂和格拉薩（da Graca）教堂（16世紀）、聖若望修會修道院、索爾特拉伯爵宮、「五角宮」和科多維爾堂（Casa Cordovil，16世紀）
所屬洲：歐洲
所屬國：葡萄牙（阿連特茹）
地點：里斯本以東的埃武拉
列入名錄年份：1986年
意義：一座葡萄牙黃金時代的城市最重要的範例之一，源於羅馬帝國時期的「博物館之城」

大事記：
西元前2世紀 埃武拉被德西默斯·尤尼烏斯·布魯圖的軍隊佔領
西元前1世紀 命名為「尤里烏斯（凱撒）的慷慨」
714年 摩爾人入侵
1165年 被蓋拉爾多·塞姆·帕伏爾統率的軍隊佔領
1186年 開始建造大教堂
1257年 批准城市特權
1481年 開始建造聖弗朗西斯科修道院教堂
1485年 建造要塞狀的聖布拉斯小禮拜堂
1551年 大學成立
1755年 老大學關閉
1808年 被法國軍隊佔領

1834年 米格爾國王退位證書在埃武拉簽署
1918年 反西多尼歐·珀伊斯政府的軍事暴動

第455號　里斯本的赫羅尼莫斯修道院和貝倫塔

文化遺產：赫羅尼莫斯修道院作為石匠藝術的典範，內有「航海家」亨利的立像和「我們貝倫的聖母」像；葡萄牙君王的安葬地，如國王曼努埃爾一世、王后馬利亞、費南達、國王若望三世和塞巴斯蒂昂；雷斯特羅沙灘上的貝倫塔及其國王廳
所屬洲：歐洲
所屬國：葡萄牙
地點：里斯本港
列入名錄年份：1983年
意義：葡萄牙建築藝術的傑作，航海家達伽馬偉大發現的紀念
大事記：
1502年 國王曼努埃爾一世安排修道院的建造
1515～1521年 貝倫塔
1517年 西大門，塑有受施洗約翰和聖赫羅尼莫斯庇佑的國王曼努埃爾和王后馬利亞的跪像
1675年 佩得羅二世捐獻銀製神龕
1894年 替航海家達伽馬製作立於阿爾梅達一達一加雷特小教堂的墓碑
1918年12月21日 葡萄牙總統西多尼歐·珀伊斯博士的靈柩安放於阿爾梅達一達一加雷特小教堂

第456號　托馬爾的基督修道院

文化遺產：基督修道院；修道院要塞及其主塔和建於19世紀後30年間的16角教堂，教堂中央八角形的聖廟騎士聖壇廳，建於「航海家」亨利時代的十字形迴廊；洗身迴廊、墓穴迴廊和費利佩斯迴廊
所屬洲：歐洲
所屬國：葡萄牙
地點：納邦河谷的托馬爾
列入名錄年份：1983年
意義：復地運動（Reconquista）和十字軍騎士大多為流血性傳教活動的象徵
大事記：
1147年 在聖廟騎士的參與下佔領聖塔倫
1160年 建造騎士團堡
1312年 撤消聖廟騎士團
1319年 葡萄牙基督騎士團第一位首領宣誓
1356年 托馬爾，基督騎士的修道院堡
1509年 歌壇坐席
1515年 雙重教堂的曼努埃爾式大門
1797年 基督騎士團的財產轉為世俗財產
1810年 被法國軍隊破壞，歌壇坐席被毀
1834年 沒收基督騎士團的財產

第50號　辛特拉城和辛特拉山脈

（參見108～109頁）

第51號　歷史名城波爾多

（參見110～111頁）

■羅馬尼亞

第457號　別爾坦及其工事型教堂

文化遺產：建有教堂城堡和三道圍牆的村莊；建於一個老教堂的地基上，位於村子上方高25公尺的教堂山上的廳堂式教堂，其主聖壇占據了歌壇的整個橫截面

所屬洲：歐洲

所屬國：羅馬尼亞（特蘭西瓦尼亞）

地點：錫比烏（赫爾曼城）東北的別爾坦

列入名錄年份：1993年

意義：一個設有工事型教堂的薩克森人聚居地的

托馬爾修道院

傑出範例

大事記：

1283年　建立

1291年　根據國王安德雷亞斯三世敕諭，暫時禁止教堂設防

1397年　獲得設防城市的法律地位

1420年　土耳其人入侵特蘭西瓦尼亞

1438年　土耳其人試圖使特蘭西瓦尼亞臣服；建立一個鄂斯曼統治下的獨立的侯國

1468～1523年　構築防禦工事

1520～1522年　建造哥德後期風格的廳堂式教堂

1572～1867年　一位新教路德宗主教的所在地

1704年　教堂工事7個棱堡中的4個毀壞

第458號　多瑙河三角洲生物保護圈

自然遺產：多瑙河三角洲415平方公里面積於1975年處於保護之下；1979年羅斯卡—萊泰亞保護生物圈的18.45平方公里享受自然保護的待遇，1991年起包括1030平方公里水域在內的6792.22平方公里面積成為自然保護區；三角洲的80%屬羅馬尼亞領土，20%屬烏克蘭領土；80年代以來系統地工業化，例如創辦了魚罐頭食品廠，用以加工此地魚類擁有量的10%

所屬洲：歐洲

所屬國：羅馬尼亞（圖爾恰）

地點：多瑙河流入黑海的地區，奇里亞、蘇里那和斯凡圖蓋奧格幾條支流之間

列入名錄年份：1991年

意義：歐洲最大、保護最好的三角洲

動植物誌：歐洲最大的濕地，以1700平方公里位居世界第一的蘆葦地帶；在地勢較高區域和雷特亞森林等地有英國櫟、銀白楊、黑楊、花白蠟樹、榆樹及啤酒花、五葉地錦等多種攀緣植物；300多種鳥類，其中176種在三角洲孵化，如占世界總量61%的Phalacrocorax pygmaeus，占世界總量5%的Pelecanus crispus，約2500對鵜鶘，各約2100對Nycticorax nycticorax和Ardeola ralloides，白尾海雕、魚鷹、Circus aeruginosus、Falco cherrug和紅足鷹（Falco vespertinus）等猛禽，Weiβkopfruderenten等鴨類，燕鷗（如1700對Brandseeschwalben和20000對Sterna hirundo），冬季最多達7萬隻白額雁和4.5萬隻紅頸鵝（Branta ruficollis）；河流和其他水域有軟骨硬鱗類等45種淡水魚；浮島上生活著水獺、歐洲水貂、歐洲野貓和白鼬等，以及尖頭蝰（Vipera ursinii）和Elaphe longissima等稀有爬行動物

第459號　霍雷祖修道院

文化遺產：被一道堡壘牆所圍繞的修道院及其巨大的內院、白色的主教堂、「卡托里孔」和拱形前廊；教堂內部拜占庭傳統的濕壁畫，如末日審判的情景和圓框內的聖母像

所屬洲：歐洲

所屬國：羅馬尼亞（瓦拉幾亞）

地點：布加勒斯特西北的霍雷祖

列入名錄年份：1993年

意義：羅馬尼亞修道院建築和教堂建築的傑作

大事記：

1690年　成立

1714年　修道院創辦人康斯坦丁·布林卡維努在土耳其蘇丹的宮廷被處死

1753年　建造狄俄尼索斯涼廊

第460號　摩爾多瓦（布科維納）北部的繪畫教堂

文化遺產：外伸的屋頂下正面繪有聖徒傳說和聖經故事的16世紀修道院教堂，其中有浮羅奈茨的「東方西斯廷教堂」，繪有偷吃禁果和人子三重降臨的畫面；胡摩爾的修道院教堂及其以圍攻君士坦丁堡為主題的壁畫，蘇切維察的城堡狀修道院內的教堂及其描繪道德之梯的壁畫

所屬洲：歐洲

所屬國：羅馬尼亞

地點：胡摩爾、普羅波察、浮羅奈茨、蘇切維察、摩爾多維察和阿爾波爾的教堂，在布加勒斯特以北的蘇恰瓦周圍

列入名錄年份：1993年

意義：外牆繪有拜占庭後期濕壁畫的歐洲獨特的教堂

大事記：

1400～1432年　「善者」亞歷山大執政

1457～1504年　斯特凡大帝執政

1488年　建造浮羅奈茨教堂

1527～1537年　佩特魯·拉勒斯（Petru Rares）執政

1530年　建造胡摩爾和普羅波察教堂

1537年　建造摩爾多維察修道院教堂，濕壁畫

1541年　阿爾波爾教堂的正面濕壁畫

1547年　建造浮羅奈茨教堂

約1600年　建造蘇切維察教堂

■　■俄羅斯

第461號　阿爾泰的金山

自然遺產：許魯敘馬儂德河（Chulushmanund）以東的阿爾泰斯基葉—札波韋德尼克自然保護區（1932年起）及為了保護卡通河、捷列茨科耶湖和別盧哈山（4506公尺）而設立的卡屯斯基葉—札波韋德尼克自然保護區（1991年起），1996年起成為受保護的自然遺跡，還有烏科克高地的一部分；總面積16114.57平方公里，其中10020平方公里受絕對的自然保護；約1500條冰河分布在910平方公里的範圍內；325公尺深的捷列茨科耶湖，其可見深度最大達15.5公尺，還有1274個較小的淡水湖

所屬洲：亞洲

所屬國：俄羅斯（阿爾泰共和國）

地點：西伯利亞西部，戈爾諾—阿爾泰斯克的東南和西南

列入名錄年份：1998年

意義：阿爾泰植物群的70%及瀕危雪豹的生長地

動植物誌：2000餘種植物，其中212種為此地獨有，如Koeleria altaicus；生長著西伯利亞落葉松和西伯利亞冷杉等的森林，以及高山草原和凍原，阿爾泰野羊、Sibirischer Chipmuk、蒙古蹬羚、馴鹿和雪豹等72種哺乳動物；Aquila heliaca和Altaifalk等315種鳥類；此外還有11種爬行綱和兩棲綱動物

第462號　貝加爾湖

自然遺產：88000平方公里的保護區，其中貝加爾湖已有2500萬年歷史，最深達1700公尺，表面積31500平方公里，最大可見深度達40公尺，湖長636公里，最寬達80公里；世界不凍淡水儲備的20%；1987年貝加爾湖劃定了56500平方公里的保護區，有365條河流入貝加爾湖

所屬洲：亞洲

所屬國：俄羅斯（西伯利亞東南部）

地點：伊爾庫茨克、下安加爾斯克、烏蘭烏德和斯留德揚卡（Sljudjanka）之間

列入名錄年份：1996年

意義：「俄羅斯的加拉巴戈群島」，世界上最古老、最深的湖，擁有世界上最豐富、最特別的淡水動物群

動植物誌：落葉松屬植物如Larix dahurica L.sibirica，杜鵑屬植物Rhododendron dahuricum，松屬植物如Pinus sibirica，榿木屬植物如Alnus glutinosa；1500種水生動物，其中80%為此地獨有，包括80種Flachwurmarten，但主要還是Baikal—Ringelrobbe；陸地哺乳動物如北方啼兔、水獺、白鼬、鮮卑鼬、紫貂、狼獾、駝鹿和西伯利亞馬鹿；鳥類如白尾海雕、雷鳥（Lagopus mutus）、松雞Malayen—Wespenbussard、Milvus migrans和Sperbereule

第463號　堪察加半島的火山

自然遺產：面積33000平方公里的半島，島上有19座尚在活動的火山和烏左納破火山口（一個30平方公里的盆地）；由克羅諾茨基—札波韋德尼克、貝斯特林斯基自然公園、納雷喬沃自然公園、南堪察加自然公園和南堪察加國家自然保護區組成；克羅諾茨基—札波韋德尼克自1934年起

多瑙河三角洲生物保護圈

成為紫貂保護區，1984年起成為保護生物圈，南堪察加國家自然保護區自1973年起成為候鳥保護區，1995年起闢為南堪察加自然公園和南堪察加國家自然保護區，包括半島上10座最活躍的火山

所屬洲：亞洲

所屬國：俄羅斯

地點：堪察加半島，鄂霍次克海與白令海之間

列入名錄年份：1996年

意義：地球上最重要的火山區之一，活動火山密集

動植物誌：克羅諾茨基—札波韋德尼克已知有749種植物，其中包括Poa（早熟禾屬）radula和los-etes asiatica；貝斯特林斯基自然公園的針葉樹林有16種堪察加島獨有的植物；擁有紫貂、美洲水貂（Amerikanischer Nerz）、麝鼠、加拿大海狸和棕熊；納雷喬沃自然公園已知有145種鳥類，包括魚鷹、白尾海雕、大白尾海雕、大隼、黑雁和Tibet—Bekassine

第464號 基希波各斯特（奧涅加湖的基希島）的教堂

文化遺產：「博物館之島」基希島，擁有：基督神化教堂，由700立方木材築成，帶22個裝飾圓頂和一堵由102幅聖像組成的畫壁；馬利亞保佑教堂，帶27公尺高的中央圓頂和8個附屬圓頂

所屬洲：歐洲

所屬國：俄羅斯（南卡累利阿）

地點：奧涅加湖的基希島，彼得羅札沃茨克的東北

列入名錄年份：1990年

意義：用砌塊建築方式建造的北俄羅斯傳統的教堂建築

大事記：

1693年 原有的木材教堂毀於大火

1714年 基督神化教堂落成典禮

1759年 基督神化教堂的畫壁竣工

1764年 馬利亞保佑教堂竣工

1862年 重建一座數度毀於大火的八角鐘樓

1959～1960年 修復基督神化教堂

第465號 科洛明斯克的復活教堂

文化遺產：高63公尺、四面為拱廊圍繞並築有3～4公尺厚的圍牆的復活教堂，又名基督升天教堂，它不是拜占庭傳統的十字圓頂建築，而是在十字形平面圖基礎上用磚和石灰岩築成的墩柱狀帳篷頂教堂

所屬洲：歐洲

所屬國：俄羅斯

地點：莫斯科南部邊緣的科洛明斯克

列入名錄年份：1994年

意義：俄羅斯第一座帳篷頂教堂，對該國的宗教建築有很大的影響

大事記：

1479～1533年

沙皇瓦西里三世

1530～1532年 在沙皇瓦西里三世統治下建造復活教堂，可能是為了慶祝後來的沙皇伊凡四世出生

1530～1584年 伊凡四世，人稱「可怕者」

1655年 尼康牧首下令禁止建造帳篷頂教堂

第466號 諾夫哥羅德及其周邊地區的紀念建築

文化遺產：第一座俄羅斯都城；索菲和商業路的紀念建築，如城堡（Kreml）及其1385公尺長的圍牆、五堂式索菲亞大教堂、寶石琢面（Facetten）宮、大主教府邸、基督進入耶路撒冷教堂，15世紀建造的聖布拉修斯教堂、聖喬治修道院、以及作為最古老的城防工事一部分的白塔

所屬洲：歐洲

所屬國：俄羅斯

地點：諾夫哥羅德

列入名錄年份：1992年

意義：諾夫哥羅德城市國家時期正教和俄羅斯建築的一個中心

大事記：

約862年 東歐諾曼人留里克傳奇式建造的城

約978～1015年 弗拉基米爾一世·諾夫哥羅德的親王

988年 基督教正教被奉為國教

1045～1052年 建造索菲大教堂

1119～1130年 在聖喬治修道院內建造聖喬治大教堂

1189年、1259年和1269年在條約基礎上，德意志漢撒同盟——呂貝克城市聯盟對諾夫哥羅德產生影響

1238年蒙古—韃靼騎兵陷於諾夫

哥羅德前的沼澤地裡無法前進

1242年 德意志騎士團失敗

1256年 亞歷山大·涅夫斯基親王的軍隊大敗侵犯諾夫哥羅德的瑞典人

1406年 在科舍夫尼基建造彼得和保羅教堂

1433年 建造寶石琢面宮

1910年 發現基督神化教堂的濕壁畫

第467號 塞爾基耶夫—波薩德的工事式三位一體和聖塞爾吉烏斯修道院

文化遺產：源於拉多涅茲的聖塞爾吉烏斯的修道院，院內有三位一體大教堂、聖靈教堂、馬利亞升天大教堂、面積510平方公尺的齋堂及其聖塞爾吉烏斯教堂、鐘樓、沙皇宮、皮亞梯尼茨卡亞（Pyatnitskaya）塔、木工塔、朝聖者塔、啤酒塔和紅（Krasaya）塔；值得一觀的壁畫和著名聖像畫家魯勃寥夫的濕壁畫（1360～1370年和1427～1430年之間）

所屬洲：歐洲

所屬國：俄羅斯

地點：莫斯科東北的塞爾基耶夫—波薩德

列入名錄年份：1993年

意義：正教「防衛修道院」的範例，沙皇戈東諾夫的長眠之處

大事記：

1422～1423年 建造三位一體教堂

1458年 建造尼康小教堂

1476～1477年 建造聖靈教堂

1559～1585年 建造馬利亞升天大教堂

1598～1605年 沙皇鮑里斯·戈東諾夫執政

1605～1681年 尼康，1652～1666年任牧首

1608～1610年 遭波蘭軍隊包圍

1686～1692年 建造齋堂及其聖塞爾吉烏斯

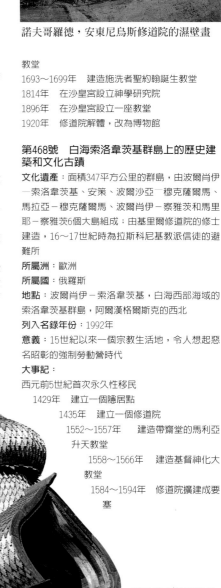

諾夫哥羅德，安東尼烏斯修道院的濕壁畫

教堂

1693～1699年 建造施洗者聖約翰誕生教堂

1814年 在沙皇宮設立神學研究院

1896年 在沙皇宮設立一座教堂

1920年 修道院解體，改為博物館

第468號 白海索洛韋茨基群島上的歷史建築和文化古蹟

文化遺產：面積347平方公里的群島，由波爾肖伊—索洛韋茨基、安策、波爾沙亞—穆克薩爾馬、馬拉亞—穆克薩爾馬、波爾肖伊—察雅茨和馬里耶—察雅茨6個大島組成；由基里爾修道院的修士建造，16～17世紀時為拉斯科尼基教派信徒的避難所

所屬洲：歐洲

所屬國：俄羅斯

地點：波爾肖伊—索洛韋茨基，白海西部海域的索洛韋茨基群島，阿爾漢格爾斯克的西北

列入名錄年份：1992年

意義：15世紀以來一個宗教生活地，令人想起惡名昭彰的強制勞動營時代

大事記：

西元前5世紀首次永久性移民

1429年 建立一個隱居點

1435年 建立一個修道院

1552～1557年 建造帶齋堂的馬利亞升天教堂

1558～1566年 建造基督神化大教堂

1584～1594年 修道院擴建成要塞

基希波各斯特教堂

1596～1601年　建造馬利亞預示教堂
1619年　建造哨所
1668～1676年　沙皇軍隊包圍修道院
1920年　修道院解體
1923～1939年　用作強制勞動營
1939～1947年　由蘇聯北海艦隊使用
1942～1945年　用作航海學校
1962年　開始修繕
1990年　修道院生活重新開始

第469號　科米的北方原始森林
自然遺產：由伯朝拉－伊里奇自然保護區和保護生物圈及尤吉特瓦（Yugyd Va）國家公園組成，32800平方公里凍原和山區凍原；公園東部受北烏拉爾河及其冰河影響，邊緣為帶地下風化層的喀斯特地形
所屬洲：歐洲
所屬國：俄羅斯
地點：科米共和國西北地區，北烏拉爾河西邊，烏塔（Uhta）的東南
動植物誌：有泥炭蘚、酸果蔓屬、岩高蘭屬和歐洲越橘的沼澤；為水淹沒的地帶有柳屬、花楸屬、美洲稠李、和黑醋粟屬；北方（Boreal）森林，有歐洲赤松、紅樅、西伯利亞雲杉和西伯利亞落葉松、牛漿果、歐洲越橘和石蕊種；凍原，生長著虎耳草科植物如Saxifraga tenuis；43種哺乳動物，如灰狼、水獺、棕熊、猞猁、駝鹿、松貂和紫貂；204種鳥，如Blauschwanz、Nu Bknacker、松雞、黑琴雞、Lagopus lagopus、赤頸鴨、Anser fabalis和Gansesanger

第470號　弗拉基米爾的大教堂及蘇茲達里和基德克沙的修道院和教堂
文化遺產：弗拉基米爾（其起源於弗拉基米爾二世）曾是安德列·波哥留布斯基大公的都城，擁有作為往昔城防工事殘餘的金門，內有著名的魯勃寥夫濕壁畫的馬利亞升天大教堂、石匠作品眾多的德米特留斯大教堂及聖母教堂（1649年）；蘇茲達里12世紀時曾是羅斯人的都城，紀念建築有城堡內的馬利亞誕生大教堂、帶帳篷平屋頂的尼古拉教堂、古典主義風格的「商業行列」及基督復活教堂
所屬洲：歐洲
所屬國：俄羅斯
地點：弗拉基米爾、蘇茲達里和基德克沙（Kideksha）
列入名錄年份：1992年
意義：俄羅斯中部傑出建築藝術的重要中心
大事記：
10世紀　斯拉夫人移民在蘇茲達里定居
1108年　弗拉基米爾建立
1157年　大公都城由基輔遷往弗拉基米爾
1158～1164年　建造金門
1158～1160年　建造馬利亞升天大教堂（弗拉基米爾）
1194～1197年　建造德米特留斯大教堂（弗拉基米爾）
1222～1225年　建造馬利亞誕生大教堂（蘇茲達里）

1299～1329年　弗拉基米爾成為俄羅斯都主教所在地
1392年　蘇茲達里劃入莫斯科大公國
1573年　蘇茲達里有48座教堂
1644年　建造要塞狀的拯救者奧埃梯米歐斯（Euthymios）修道院
1719年　蘇茲達里城發生火災

托馬爾修道院

第44號　古都聖彼得堡
（參見96～97頁）

第45號　莫斯科的克里姆林宮和紅場
（參見98～99頁）

■所羅門群島

第471號　東倫內爾環形珊瑚島
自然遺產：倫內爾脊嶺（Rennell Ridge）上東倫內爾珊瑚火山島的南部及特加諾湖（Lake Tegano），從前是個潟湖，面積占全島的17.6%；總面積370平方公里，海拔最高達1000公尺；位於典型的熱帶氣候區，年平均降雨量最多達4000公釐
所屬洲：大洋洲
所屬國：所羅門群島（南太平洋）
地點：倫內爾群島，瓜達爾卡納爾以南，聖克里斯托瓦爾的西南
列入名錄年份：1998年
意義：世界上海平面以上最大的、人為改變最少的環形珊瑚島
動植物誌：650種有花植物，其中25%為該島以東的島嶼所沒有，獨有植物如蘭科的Dendrobium rennellii和露兜樹科的Pandanus lacustris和P. rennellensis；11種蝙蝠，如此地獨有的倫內爾

寒號蟲（Rennell─Flughund）；43種孵化鳥，其中包括4個本地特有種和9個本地特有亞種，Australische Zwergscharbe，Flaumfuβtauben種Ptilinopus；海蛇種如Laticauda crockeri，5種壁虎，4種Scincidae，3種蛇；此外還有27種陸地腹蟲和731種昆蟲

■尚比亞／辛巴威

第472號　維多利亞瀑布
自然遺產：跨越國界；68.6平方公里的莫西奧圖尼亞國家公園和相鄰的20平方公里的維多利亞瀑布國家公園；2月和3月時以1708公尺的寬度和99公尺的高度成為世界上最大的瀑布，最大流量每分鐘5億立方公尺，最小流量每分鐘1千萬立方公尺；1855年11月16日，大衛·利文斯通成為第一個來到此地的歐洲人；1934年列為保護區，1972年起成為國家公園
所屬洲：非洲
所屬國：尚比亞／辛巴威
地點：尚比西河河段鄰近利文斯通處，尚比亞與辛巴威的南部邊界
列入名錄年份：1989年
意義：世界上最著名的瀑布之一，水力沖蝕進程的實例
動植物誌：摩帕內（Mopane）熱帶稀樹草原，以摩帕內樹（Copaifera mopane）為主體，還有一個狹長的雨林帶；樹種如烏木、木犀科（如Olea africana）；小群的Syncerus caffer和Weiβ bartgnus，以及非洲象、豹、獅、大齒蹄兔、河馬和Potamochoerus porcus；各峽谷為此地稀有的Taitafalk和Aquila verreauxi的築巢處；瀑布下方的水域中有39種魚，瀑布上方的水域中有48種魚

■瑞典

第473號　比爾卡和哈伏加登的諾曼人定居點
文化遺產：「瑞典的搖藍」，以約3000座墳丘成為古代瑞典最大的墓地
所屬洲：歐洲
所屬國：瑞典
地點：梅拉倫湖中的比爾卡島和阿德爾塞（哈伏加登）島，斯德哥爾摩附近
列入名錄年份：1993年
意義：西元9世紀和10世紀的考古發現地，諾曼人全歐性商業活動的證明
大事記：
約800年　作為諾曼人重要商業中心的比爾卡建立
約830年　聖安斯格爾（St.Ansgar）在比爾卡傳教
980年　比爾卡關閉
1279年　皇帝家參事會議在哈伏加登召開，實行封建制度
1872年　在比爾卡的城區發掘出錢幣，這些錢幣除一枚外，均源於718～977年間的阿拉伯
1917年　在哈伏加登進行考古研究

1990年　在比爾卡進行考古研究

第474號　德羅特寧霍爾姆避暑王宮
文化遺產：「北方的凡爾賽宮」，王室成員的寓所，其中有包括30塊舞台布景原件的王宮戲院
所屬洲：歐洲
所屬國：瑞典
地點：梅拉倫湖（斯德哥爾摩）中的盧文島
列入名錄年份：1991年
意義：18世紀北歐王宮的最佳範例
大事記：
1661年　舊王宮火災
1662～1700年　按大泰辛的設計新建王宮
1690～1699年　建造王宮小教堂
約1700年　開闢法國花園
1744年　宮殿為普魯士公主羅維莎·烏爾麗卡擁有
1750年　在中國宮附近開闢一個洛可可式花園
1763～1769年　建造第二個中國宮
1766年　王宮戲院完工
1777年　由國家接收
1791年　建造「哥德塔」
1850年　帝國廳重新裝修布置

維多利亞瀑布

1906～1913年　修繕
1922年1月19日　王宮戲院修復後開始演出
1974年　樓梯間牆壁飾以大理石花紋

第475號　恩厄爾斯貝格煉鐵廠
文化遺產：保存完好的鄉間煉鐵廠及其高爐、鍛工間、地主莊園住宅和工人住所
所屬洲：歐洲
所屬國：瑞典（西曼蘭省）
地點：法格什塔東南的恩厄爾斯貝格煉鐵廠
列入名錄年份：1993年

意義：18～19世紀一座瑞典煉鐵廠的完整設施

名稱：源於一個移居此地，姓恩利卡的德國礦工家庭

大事記：

14世紀　文獻中提及恩利卡貝寧

1624年　第一個鍛工間

約1680年　建立一個「現代化的」煉鐵廠

約1740年　地主莊園火災後改建

1779年　建造有花崗岩圍牆的「現代化」高爐

1878年　高爐改建至現在12.6公尺的高度

1916～1919年　成為阿維斯塔・耶恩維克斯（Avesta Jernverks AB）鋼鐵廠的一部份。直至高爐停產

第476號　卡爾斯克魯納軍港

文化遺產：巴洛克式城市建築；城區分布於30個島上；舊城島上有北歐最大的露天市場「施托爾托蓋特」、三位一體教堂、雙尖塔的弗雷德里克教堂（Fredrikskyrkan）、海軍部教堂和教堂前的木雕「老羅森波姆」以及奧羅拉堡壘

所屬洲：歐洲

所屬國：瑞典（布萊金厄省）

地點：卡爾馬和斯德哥爾摩以南的卡爾斯克魯納

列入名錄年份：1998年

意義：一個按計畫興建的帶要塞城的軍港，極為完好地保存至今

大事記：

1680年　為替重組後的查理十一（1655～1697年）的艦隊設立基地而建城

1680～1685年　建造海軍部教堂「烏爾麗卡皮亞（Ulrika Pia）」，其名源自王后烏爾麗卡・埃雷諾拉

1697～1709年　建造三位一體教堂

1744年　弗雷德里克教堂落成典禮

1752年　設立海軍博物館，這是瑞典最早的博物館

1771～1792年　在瑞典古斯塔夫三世統治下發展成瑞典第三大城市

1790年　城內大火

1795年　市政廳建成

1987年　舊海軍基地成為受保護的古蹟

第477號　拉普蘭

文化和自然遺產：1772～1773年瑞典植物學家卡爾・馮・列内對之進行研究；包括帕德耶蘭塔國家公園（1962年命名）、薩雷克國家公園（1909年命名）、施托拉—施尤發萊特國家公園（1909年命名）、莫都斯國家公園（1941年命名）及施堯恩雅自然保護區（1986年命名）和施都巴自然保護區（1996年命名）；國家公園和自然保護區總面積8660平方公里；世界遺產總面積9400平方公里；最多擁有4萬頭馴鹿的7個薩米（Saami）村

所屬洲：歐洲

所屬國：瑞典

地點：拉普蘭，瑞典北部

列入名錄年份：1996年

意義：歐洲幾乎保持原貌的最大一塊自然區，從前以游牧為生的薩米人數千年來的家園

動植物誌：25種哺乳動物的生活空間，如馴鹿、雪兔、白鼬、小鼬（Mustela nivalis）和旅鼠，100多種鳥類的築巢之地，如高山草原的雪（Plectrophenax nivalis）、常綠林中的Perisoreus和金雕、以及白隼、Buteo lagopus、Asio flammeus、Accipiter gentilis、Nyctea scandiaca、此外還有Bucephala clangula、Mergus serrator、流蘇鷸和Pluvialis apricaria出沒；大片針葉林和樺木林，如特萊斯達倫（施托拉—施尤發萊特）的Fjellbirkenwald和開黃花的Arktischer Mohn，魯雷魯基爾考（斯托拉—施尤發萊特）有窄葉的金車和仙女木，莫都斯國家公園的Kiefernheide林、大湖泊及一枝黃花屬、

拉普蘭

小舞鶴草屬和拉普蘭榕莨，沼澤邊的泥炭蘚、雲莓和矮北極樺；600種植物中的大多數在帕德耶蘭塔

第478號　呂勒奧的加默爾斯塔特教堂區

文化遺產：一座15世紀時的石材教堂四周的425幢木屋和馬廄，是從前附近地區來做星期日禮拜和參加盛大節日的教徒的住所

所屬洲：歐洲

所屬國：瑞典（北博登省）

地點：呂勒奧、在呂勒河河谷、烏普薩拉以北，近鄰波的尼亞灣

列入名錄年份：1996年

意義：北斯堪的維亞保存最完好的教堂小城鎮

名稱：加默爾斯塔特意為「老城」

大事記：

1327年　文獻中首次提及呂勒奧

1492年　哥德後期風格的石材教堂落成典禮

1520年　購買描繪耶穌受難故事的安特衛普聖壇

1621年　被授予城市法

1754年　帶兩間禁閉室的鎮公所

1817年　有350個馬廄，迄今只剩5個

第479號　斯德哥爾摩的森林公墓

文化遺產：1917～1940年在一個面積85公頃、布滿針葉樹叢的廢棄採石場開闢森林公墓；由山丘、階地、山谷和林中空地構成的地形特別適於建造「死者叢林」

所屬洲：歐洲

所屬國：瑞典

地點：斯德哥爾摩

列入名錄年份：1994年

意義：體現地形與建築和諧結合的森林公墓，影響了許多國家的現代公墓設計

大事記：

1917年　埃里克・古納爾・阿斯普隆特（Erik

Gunnar Asplund）和西古爾特・雷維倫茨（Sigurd Lewerentz）因設計該公墓而獲獎

1920年　阿斯普隆特設計的森林小教堂

1923～1932年　由斯德哥爾摩失業人員在公墓周圍築起一道花崗岩圍牆

1925年　復活小教堂（由雷維倫茨設計）落成典禮

1937～1940年　火葬場及其由阿斯普隆特設計的希望小教堂、神聖十字小教堂和信仰小教堂

1940年　阿斯普隆特下葬於信仰小教堂旁

第480號　塔儂的岩畫

文化遺產：面積45平方公里、最早形成於3000年前的岩石彩色刻鑿畫；4000多幅畫分布於塔儂及其周圍350個發現點，例如列茨雷比（Litsleby）的雕刻畫中有2公尺多高的「長矛之神」和80幅船隻畫；佛宋（Fossum）由130個人像組成的場景性作品，整體構成儀式性格斗情景的一部份；在維特呂克（Vitlycke）有瑞典最大、最著名的岩畫，寬22公尺，高5公尺

所屬洲：歐洲

所屬國：瑞典（布胡斯省）

地點：塔儂（Tanum），在烏德瓦拉和哥德堡以北，奧斯陸（挪威）以南

列入名錄年份：1994年

意義：反映青銅器時代過定居生活的農民的日常生活和宗教想像的豐富多彩的岩石雕刻畫

大事記：

約西元前3000年　石室墓作為此地有人聚居的證明

約西元前1500年　最早的「描摹畫」

約西元前1000～前500年　岩畫的主要部分形成於西亞的亞述高級文化和非洲中部的奧爾梅克人時期

1996年　關於加強發現點辨認和保存工作的行動綱領

德羅特寧霍爾姆避暑王宮

第481號　漢撒城市維斯比

文化遺產：從前諾曼人的定居點，12～14世紀時波羅的海地區漢撒同盟的中心，擁有長3.6公里、建於13世紀的城防工事及200多個倉庫和商人住宅

所屬洲：歐洲

所屬國：瑞典（哥德蘭省）

地點：維斯比

列入名錄年份：1995年

意義：北歐保存最完好的築有城防工事的中世紀商業城市

大事記：

12世紀　維斯比成為重要的商業城市

1161年　通過「雄獅」亨利獲得貿易特權

13～14世紀　城市的繁榮時期，別名「海洋女王」（Regina maris）

1225年　聖馬利亞大教堂落成典禮

1280年　與呂貝克和里加結盟

1288～1289年　內戰

1361年　被丹麥人佔領

1525年　遭呂貝克人入侵和洗劫

1645年　哥德蘭島落入瑞典手中

1810年　維斯比舊城被定為文物保護區

■瑞士

第482號　米施泰爾的聖約翰本篤會修道院

文化遺產：大部分建於中世紀的修道院樓群，環繞兩個內院而建。擁有聖約翰修道院教堂，描繪基督生平和受難情景的卡洛林時期的壁畫、聖烏利希和聖尼科勞斯小教堂的羅馬式拱頂石膏花飾

所屬洲：歐洲

所屬國：瑞士（格勞賓登洲）

地點：奧芬山口南端的米施泰爾

列入名錄年份：1983年

意義：瑞士最豐富的卡洛林時期壁畫

大事記：

約780～790年　建立一個修士修道院

約800年　修道院教堂自南牆經西牆到北牆的聖經組畫

811年　修道院委託給庫爾主教

1079年　火災後重建

1163年　重新利用並改為本篤會修女院

1499年　修道院教堂改建為三堂式教堂

1502年　修道院教堂落成典禮

1947～1952年　修復卡洛林和羅馬風格的濕壁畫

第34號　聖加倫修道院

（參見76～77頁）

第35號　伯恩舊城

（參見78～79頁）

■塞內加爾

第483號　德尤德耶國立鳥類保護區

自然遺產：160平方公里的鳥類保護區，1971年起成為國家公園，1980年起成為具有國際重要性的拉姆沙爾（Ramsar）公約意義上的溼地

所屬洲：非洲

所屬國：塞內加爾

地點：塞內加爾河三角洲，大河區，羅斯貝希和聖路易以北

列入名錄年份：1981年

意義：具有國際重要性的水禽和涉禽生活區，歐洲和北亞鴨類和涉禽最重要的越冬區之一

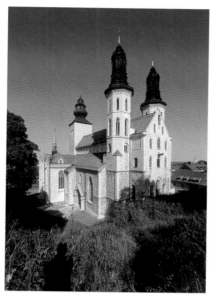

維斯比

動植物誌：含滿江紅、睡蓮、香蒲、檉柳和金合歡在內的17個植物群落；Anas acuta、琵嘴鴨、Anas querquedula 等300萬隻候鳥的中轉和棲息地；150萬隻水禽和涉禽的生活空間；5000隻鵜鶘的孵化地，流蘇鷸的越冬地，此外還有琵鷺、紅鶴、Mangrovenreiher、Ardeola ralloides、Tringa glereola及冠鶴

第484號　戈雷島

文化遺產：從前葡萄牙探險家（如達伽馬）的下錨地，西非奴隸交易的重地

所屬洲：非洲

所屬國：塞內加爾

地點：首都達喀爾附近的戈雷島

列入名錄年份：1978年

意義：奴隸制歷史的永久紀念

大事記：

1444年　葡萄牙軍隊佔領這座「棕櫚之島」

1492年　哥倫布航行美洲時，途中在此逗留

1588年　葡萄牙─西班牙艦隊失敗後，轉入荷蘭之手

1663年　被英國軍隊佔領，一年後重歸荷蘭

1677年　被法國兵團佔領後成為販運奴隸的第一大港

1678～1815年　統治權在英法兩國間數度更迭

1776～1778年　建造奴隸之屋

至1848年　運送了約1千萬奴隸；之後奴隸買賣被禁

第485號　尼奧科羅─科巴國家公園

自然遺產：1926年設為狩獵區，1954年起成為國家公園，以9130平方公里面積成為西非最大的連接成片的自然保護區

所屬洲：非洲

所屬國：塞內加爾

地點：塞內加爾河東南部，岡比亞河流域，東塞內加爾區和卡薩芒斯區

列入名錄年份：1981年

意義：乾旱熱帶稀樹草原與沿河森林帶的過渡區的植物群和動物群

動植物誌：主要為蘇丹─幾內亞熱帶森林稀樹草原，河流沿岸為沿河森林帶，共有1500種植物，如50公尺高的吉貝樹、40公尺高的卡歐樹、Phoenixpalmen、最達15公尺的茂密的竹叢和熱帶稀樹草原禾本科植物；80種哺乳動物，包括約200頭大象、800頭河馬、150隻黑猩猩、Erythrocebus patas、大角斑羚、蹄兔、獅、豹、塞內加爾河流域唯一的長頸鹿生活空間；330種鳥，其中有犀鳥、Odontognathae、文鳥和Bienenesser，此外還有20種兩棲綱動物和60種魚

■塞席爾

第486號　阿爾達布拉（群島）

自然遺產：一個長34公里、最寬處為14.5公里的群島，面積為350平方公里，有4個較大的珊瑚島（格朗德特爾、馬拉巴爾、皮卡爾和波利姆尼）圍繞著面積為140平方公里的環礁湖，並被一個外圍的珊瑚礁所環抱；自1976年闢為自然保護區

所屬洲：非洲

所屬國：塞席爾

地點：在馬達加斯加的西北，東非大陸以東

列入名錄年份：1982年

意義：由於與世隔絕，存在一種未受人類影響的動植物誌，是出現在印度洋的巨型龜鱉的最後一處生存地

動植物誌：178個植物種類，15萬2千隻巨型龜鱉，13種本地產的鳥類，其中有大約5000隻白頸居葉秧雞和約1500隻阿爾達布拉卷尾鳴禽；印度洋是紅尾熱帶鳥、鏈環軍艦鳥和阿里爾軍艦鳥、以及紅足鰹鳥的孵化地；獨特的哺乳動物有塞席爾狐蝠和3種食果昆蟲的蝙蝠，其中有茅利塔尼亞溝渠烤雞

第487號　五月谷自然公園

自然遺產：位於丘陵地帶中央的五月谷，面積為0.195平方公里，是佔地3.25平方公里的普拉斯蘭島的一部分；自1979年闢為國家公園

所屬洲：非洲

所屬國：塞席爾

地點：在普拉斯蘭國家公園的中央，位於主島馬埃島東北的普拉斯蘭島上

列入名錄年份：1983年

意義：保存了一種幾乎未被改變的棕櫚林，林中生長著名的「海洋椰子樹」

動植物誌：只生長在塞席爾的塞席爾胡桃棕櫚（海洋椰子樹）高達30到40公尺，並有著植物界最大的種子，此外還有6種只生長在塞席爾的棕櫚樹和螺旋樹，例如霍內斯螺旋樹；當地值得注意的鳥類之一是烏鴉鸚鵡，大約有108隻，此外還有厚喙大雁、乳頭果鴿以及在高處築巢的塞舍爾洞穴金絲燕；獨特的哺乳動物有五月谷塞席爾狐蝠和蝙蝠類，例如塞席爾Coleura─屬於無尾蝙蝠科

■斯洛伐克

第488號　班斯卡・斯蒂阿弗尼察及其技術文物

文化遺產：城市古蹟，有呈Y型的不規則住宅區建築，中心是聖三一集市，屬於城市古蹟的有古老宮殿、一個改建為城堡的神父教堂，在婦女山旁的新宮殿、另一個城堡建築，聖卡琳娜教堂，素稱「斯洛伐克教堂」，因為自1658年也用斯洛伐克語佈道；還有昔日的多明尼加教堂、馬利亞升天教堂、「德國教堂」、市政廳、宮廷、採礦科學院舊址、採礦法院和鐘樓

所屬洲：歐洲

尼奧科羅─科巴國家公園

所屬國：斯洛伐克

地點：班斯卡・斯蒂阿弗尼察

列入名錄年份：1993年

意義：曾經是歐洲開採金銀礦的一個重要中心

大事記：

1238年　採礦權和城市權

1242年　德國礦工移居

約1310年　在貧民區建造醫院教堂

1442～1443年　由於地震受損和由於爭奪匈牙利王位遭到破壞

1488～1491年　建造一堂的聖卡塔琳娜教堂，教堂有著晚期哥德式的十字拱頂

15～16世紀　開採工作停滯不前

1500年　聖卡塔琳娜教堂落成典禮

1564年　以巴洛克風格建造城門

1564～1571年　以文藝復興風格建造新宮殿
1681年　建造鐘樓
1735年　根據馬利亞・特蕾西亞命令，建立採礦科學院——世界上第一所採礦業高等學府
1806年　以帝國風格改建多明尼加教堂
1950年　城市建築置於文物保護之列

第489號　斯皮斯基・赫拉德（城堡建築）和鄰近的文化古蹟

文化遺產：建在634公尺高的一處丘陵上的斯皮斯基・赫拉德（西普斯城堡），建有羅馬式宮殿、城堡主塔、哥德式小教堂和札波爾斯基宮殿；斯皮斯卡教士會（西普斯教士會），西普斯大教堂教長和12位大教堂教長的住地；屬於教士會的有三堂的聖馬丁教堂，教堂中珍藏有斯洛伐克保存下來的，為數不多的一尊「白色的獅子」雕像，以及坐落在澤拉的聖靈教堂

所屬洲：歐洲

所屬國：斯洛伐克

地點：斯皮斯克・波德拉迪，在科西策的西北

列入名錄年份：1993年

意義：東歐最大的，有防禦建築與教堂建築融合的中世紀建築群

大事記：

12世紀　西普斯大教堂教長住地和斯皮斯克・波德拉迪住宅區（教堂建在上面）
1209年　國王安德烈二世將西普斯的地產贈與大教堂教長阿道夫
1221年　加固城堡內部的核心部分
1249年　在一份贈予文件中，最早提及西普斯城堡
1270年　建造城堡和平區

斯皮斯基・赫拉德

13世紀　建造帶有兩個塔樓的羅馬式大教堂教長住地同事教堂，後為聖馬丁主教區教堂
1370～1380年　建造城堡前建築
1478年　大教堂教長住地教堂落成典禮
1776年1月15日　成立西普斯主教管區
1883～1889年　用哥德式重建主教區教堂聖壇
1950年　西普斯教士會成為城市文物
1969年　在城堡山開始考古研究
1989年　天主教教堂接收大教堂教主宅第

第490號　受保護的村莊弗爾科利內克

文化遺產：位於海拔718公尺的散居村莊弗爾科利內克，該建築群有45個幾乎沒有變化的農舍，農舍有著石牆柱、黏土牆和木板屋頂，其名字是從「弗爾科」（狼）這個字引出的

所屬洲：歐洲

所屬國：斯洛伐克（在高的喀爾巴阡山的西端）

地點：弗爾科利內克，在班斯卡・比斯特里察和魯索姆貝洛克之間

列入名錄年份：1993年

意義：傳統的村莊，被譽為東歐中部民間建築藝術的一顆明珠

大事記：

1376年　文獻中首次提及
1551年　只有4個莊園的村莊
1630年　受命建造狼窩
1770年　建造鐘屋
1775年　建造聖母訪問節的木構教堂
1944年　由於德國國防軍的報復措施，遭到部分損失
1977年　置於文物保護之列

■斯洛維尼亞

第491號　斯科克揚洞穴

文化遺產：地區公園，有著5公里長的灰岩洞穴系統，以及風景如畫的侵蝕洞穴，例如卡洛博察克、「靜謐的洞穴」、有成為溶渣的「天堂」和「大廳」；此外還有「熔結凹地大廳」、腰部橋——雷卡河在橋下45公尺深處流淌，以及馬爾特洛瓦・德沃拉納，一個體積為308×123×146公尺的洞穴，還有雷卡河和蒂馬沃河直至特里斯特海灣的地下通道；1918年前衆所周知的雷卡洞穴和聖坎齊安的灰岩坑；自1996年關為斯科克揚斯克・牙梅地區公園，面積

4.13平方公里

所屬洲：歐洲

所屬國：斯洛維尼亞

地點：位於馬塔烏恩附近，特里斯特以東，地瓦察的東南

列入名錄年份：1986年

意義：世界上最重要的，研究岩溶的洞穴系統之一

動植物誌：地中海熱帶和高山植物，例如鐵線草和高山九輪櫻，以及屬於鐵胄類的毛茛科植物anthora，有普通洋蘇木，屬於還亮草屬的菲蘇姆還亮草，屬於杜松類的杜松子oxycedrus，以及於金鏈花屬的高山金鏈花alschingeri；動物有雪鼠，蝙蝠類例如小馬掌鼻、長足蝙蝠、鼠耳，高山蝙蝠和矮胖蝙蝠

■西班牙

第492號　古都阿爾卡拉・赫納雷斯及其大學

文化遺產：在16世紀有註冊學生12000人，今日是一年一度的、國家最重要的文學獎——塞凡提斯文學獎頒發的地方；大學建有大學小教堂，聖馬利亞教堂、塞凡提斯屋、大主教宮殿、西安教團僧侶內部修道院的修道院教堂拉斯、貝爾納達斯

所屬洲：歐洲

所屬國：西班牙

地點：阿爾卡拉・赫納雷斯，在馬德里的東北

列入名錄年份：1998年

意義：西班牙最重要的大學之一，這所按照計劃建造的大學被看成是理想的城市團體的原始模式

大事記：

1118年　基督教重新佔領該城，按照赫納雷斯河畔的摩爾人城堡阿爾卡拉命名
1135年　授予城市特權
1495年　大主教弗朗西斯科・克西梅內茨・西斯內羅斯成為西班牙大教堂，和天主教徒伊莎貝拉一世的顧問
1499年　建立大學
1506～1507年和1516～1517年　紅衣主教弗朗西斯科・克西梅內茨・西斯內羅斯攝政
1537～1553年　用西班牙文藝復興風格來塑造大學主樓立面
1547年　米格爾・塞凡提斯誕生
1617～1662年　建造聖托馬斯・維拉努艾瓦的庭院
1833年　大學遷往馬德里
1960年　建造哲學大院
1978年　大學重新開學

第493號　阿爾塔米拉洞穴

文化遺產：灰岩石上約270公尺長的洞穴，有著15000多年歷史的岩畫——有畫上去的和刻上去的人物和符號；有面積為9×18公尺的「繪畫洞穴」；顏色取自氧化鐵、紅鐵礦石、錳和木炭

所屬洲：歐洲

所屬國：西班牙（坎塔布里恩）

地點：在聖提拉納・德爾・馬爾以南

列入名錄年份：1985年

意義：史前的洞穴繪畫，尤其是馬格德林時期（西元前1550～700年，至西元前9000年）的洞穴繪畫

大事記：

西元前16500～前12000年　使用洞穴
西元前15000～前12000年　「繪畫洞穴」
1879年　發現岩畫；接著被考古界看成是膺品
1902年　公開收回認為是膺品的指責
自1977年　只允許小團體進入

第494號　阿斯圖里恩的早期羅馬式教堂

文化遺產：奧維多大教堂裡的「聖室」，面積為30×25公尺的聖尤利安・洛斯，普拉多斯（奧維多）是最大的早期羅馬式教堂；還有聖彼得羅・諾拉、聖馬利亞、本多內斯、聖馬利亞、納蘭科、保存下來的聖米格爾，利洛教堂西頭的三分之一，聖克里斯蒂納・雷納和聖薩爾瓦多・瓦爾德迪奧斯

所屬洲：歐洲

所屬國：西班牙（阿斯圖里恩）

地點：在阿維多附近

列入名錄年份：1985年

意義：早期羅馬式建築藝術，是伊比利半島中世紀建築藝術的重要組成部分

大事記：

8世紀　在「科瓦東加戰役」（西元722年5月28日）後，建立阿斯圖里恩王國
791～842年　阿爾豐索二世統治，別名「埃爾・卡斯托」（純潔的人）；「聖室」（宮殿小教堂和聖列奧卡迪亞和奧伊洛基烏斯的墓葬）
808年　建造「天使十字架」
812～842年　聖尤利安・洛斯・普拉多斯
842～850年　拉米羅一世統治：聖克里斯蒂納・雷納，聖馬利亞・納蘭科和聖米格爾，利洛
848年6月24日　建造聖馬利亞・納蘭科的馬利亞聖壇
866～910年　阿爾豐索三世統治
893年　聖薩爾瓦多・瓦爾德迪奧斯教堂落成典禮

第495號　阿維拉古城和城牆外的教堂

文化遺產：西班牙最高的省城（海拔1128公尺）；是基督教的西班牙再次征服穆斯林的摩爾人的重要根據地；城市防禦工事有88個半圓的塔樓和9道門；城牆長達2557公尺，平均12公尺高、3公尺厚；城牆外的羅馬式教堂有：聖尼古拉、聖安德烈和聖塞貢多，飾有一尊由胡安・胡尼創作的聖塞貢多的雪花石膏像

所屬洲：歐洲

所屬國：西班牙（卡斯蒂利恩一萊昂）

地點：阿維拉，在阿達亞河畔

列入名錄年份：1985年

意義：保存非常完好的城市防禦工事，是中世紀城市建築藝術一個傑出的範例

大事記：

1085年　阿爾豐索六世佔領阿維拉
1090～1099年　城牆
12～13世紀　聖薩爾瓦多大教堂——卡斯蒂利恩

第一個哥德式大教堂

12～15世紀　在城牆外的聖溫森特大教堂

1482～1494年　聖托馬斯修道院

1515年　第17修道院的創立者聖特雷薩誕生

1562年　建造加泰默羅會白衣修士修道院——拉斯・馬德雷斯修道院（素稱聖荷西修道院）

1636年　以巴洛克風格建造聖特雷薩修道院

第496號　巴塞隆納的加泰龍音樂宮殿，聖克勞伊醫院和聖保羅醫院

文化遺產：音樂宮殿屬於加泰龍的國家合唱隊，由聖路易・米勒和阿馬多伊・維未斯創建；在音樂宮殿裡有出自路易・布魯和薩勒拉斯之手的鑲嵌圖案，這些寓意著音樂的馬賽克裝飾著音樂廳舞台的後牆，音樂廳裡還裝飾著由奧伊塞比・阿爾瑞和馬斯科特創作的塑像，以及由安托尼・里加爾特和布朗赫繪製的彩繪玻璃窗；聖克勞伊醫

阿維拉古城

院和聖保羅醫院，其中有行政分館式病房的主廳的大樓梯，以及由安托尼・里加爾特和布朗赫製作的主廳的玻璃拱頂和三堂大廳（舞台大廳）

所屬洲：歐洲

所屬國：西班牙（卡塔洛尼恩）

地點：巴塞隆納

列入名錄年份：1997年

意義：加泰龍風格的新建築師路易・多米尼赫—蒙塔內爾的精妙設計

大事記：

1849～1923年　建築師，歷史學家和政治家路易・

多米尼赫—蒙塔內爾

1891年　成立加泰龍國家合唱隊

1900～1911年　聖克勞伊和聖保羅醫院建造的第一階段，及其花園設施

1901年　路易・多米尼赫—蒙塔內爾成為議會議員

1902年　路易・多米尼赫—蒙塔內爾出任建築學院院長

1905～1908年　建造加泰龍音樂宮

1909年　聖克勞伊醫院和聖保羅醫院的行政分館式病房竣工

1928～1930年　繼續建造聖保羅醫院

第497號　布爾戈斯大教堂

文化遺產：13～16世紀的哥德式大教堂；教堂中廳的長度為100公尺，教堂翼部為60公尺長

所屬洲：歐洲

所屬國：西班牙（卡斯蒂利恩—萊昂）

地點：布爾戈斯，位於阿蘭佐河畔

列入名錄年份：1984年

意義：完美無瑕的哥德式教堂建築

大事記：

884年　建立布爾戈斯

1065～1109年　在阿爾豐索六世統治時期，捐贈大教堂的建築地基

1074年　布爾戈斯成為主教所在地

1094年　埃爾・錫德（1043～1099）佔領瓦倫西

亞

1221年7月20日　為哥德式大教堂奠基

1260年7月20日　大教堂落成典禮

1442～1458年　來自科倫的漢斯建造西塔樓

1574年　布爾戈斯成為大主教所在地

1790年　大門區重新改建，豎起了阿爾豐索六世和斐迪南三世的塑像

1813年　由於火藥爆炸，中世紀的玻璃窗被毀

1921年7月20日　在大教堂「安葬」羅德里戈・迪阿茨・維瓦爾，即埃爾・錫德的遺骨，及他夫人的遺骨

第498號　卡塞雷斯古城

文化遺產：古城有著建立在羅馬地基上的、15世紀和18世紀的城牆，城門阿爾科、克里斯科和正門阿爾科・埃斯特雷拉，有建於13世紀的大教堂聖馬利亞・馬約爾、此外還有一些建於15世紀的宮殿，例如洛斯・戈斯菲內斯，阿巴約宮和拉斯・錫居尼阿斯宮

所屬洲：歐洲

所屬國：西班牙（埃克斯特雷馬杜拉）

地點：卡塞雷斯

列入名錄年份：1986年

意義：中世紀的傑出的城市建築藝術

大事記：

約西元前54年　羅馬殖民地

715年　被摩爾人佔領

1229年　被萊昂的國王阿爾豐索九世的軍隊佔領

1477年　在摩爾人的城堡上建造拉斯・維萊塔斯宮

1567年　大主教宮殿

1936年　最高統帥弗朗哥被任命為國家元首

第499號　多尼阿納國家公園

自然遺產：是西班牙貴族長達700年的獵區；自1969年闢為國家公園，瓜達爾基維爾河流經這裡，自1980年成為聯合國教科文組織的生物範圍自然保護區；是一個佔地面積為772.6平方公里、瓜達爾阿馬爾河流過的自然保護區和國家公園，有著沙丘、環礁湖、濕地和沼澤地

所屬洲：歐洲

所屬國：西班牙（安達路西亞）

地點：位於西班牙的東南海濱，在塞維拉、胡埃爾瓦和卡迪茨之間

列入名錄年份：1994年

意義：歐洲最重要的濕地之一

動植物誌：750種植物，其中有45種歐洲的瀕危植物；20種魚類，10種兩棲動物，例如摩爾人的本地龜類，19種爬行動物，例如朝天鼻水獺；30種哺乳動物，其中有赤鹿、水獺、紅狐狸、燃料木屬貓和野貓，還有屬於靈貓的原本的灰綠色長毛靈貓；40種珍稀的豹猞猁屬；有多至20萬隻綠翅鴨和10萬隻赤頸鴨；此外，這裡也是20000隻紅鶴亞目的生存地

第500號　埃斯科里亞爾（修道院及其周圍環境）

文化遺產：埃爾・埃斯科里亞爾，西班牙腓力二

布爾戈斯大教堂

世王朝的文物古蹟，有宮殿、從卡爾五世至阿爾豐索八世的西班牙所有朝代的國王陵墓；隱修會修道院，是獻給聖勞倫斯的，建在如同一個爐格的地基上，有16個宮廷、12個十字形迴廊、86個樓梯、1200扇門和2593扇窗；三堂的修道院教堂，內有43個聖壇和珍藏著有價值資料的圖書館，其中有阿維拉的特雷薩的回憶錄「她的生活日記」

所屬洲：歐洲

所屬國：西班牙（卡斯蒂利恩）

地點：埃爾・埃斯科里亞爾，在馬德里附近

列入名錄年份：1984年

意義：腓力二世統治時期最強盛的哈布斯堡王朝的世俗中心和宗教中心

大事記：

1562年　安排建築地基

1567年4月22日　腓力二世寫建造證書

1571年6月12日　腓力二世第一次逗留

1671年　「原始圖書館」內失火

1772年　為王子，即後來的卡爾四世國王及其兄弟加布里爾建造小宮殿

1835年　隱修會修道院的世俗化

1885年　奧古斯丁修道士進入

第501號　加拉約內國家公園（卡納倫，戈梅拉島）

自然遺產：自1981年闢為國家公園，國家公園由6個國家森林組成：阿古洛、阿拉某羅、赫爾米瓜、聖塞巴蒂安、格朗，瑞山谷和赫莫索山谷，佔地面積39.84平方公里，70% 的植被是月桂樹；火山沖蝕的高地有火山圓錐體，例如阿甘多、奧基拉・拉・察西拉和拉斯・拉德斯；亞熱帶氣候，年平均降雨量為600至800毫升

所屬洲：歐洲

所屬國：西班牙（加納利亞島）

地點：戈梅拉島的中央，在特內里發島以西

列入名錄年份：1986年

意義：一種很大程度上在歐洲消失的植被

動植物誌：有450種植物，其中有34種只生長在戈梅拉島，8種只在國家公園出現，其中有月桂樹植物例如Laurisilva canaria、Laurus azorica 和 Persea indica，有灌木層連同3至5公尺高的石南樹，楊梅科植物例如楊梅科faya，有屬於莓實樹科的加納利亞莓實樹，有冬青屬例如加納利亞冬青樹，還有屬於衛矛科植物的加納利亞Maytenus，有歐洲刺柏，例如刺柏cedrus，和接骨木屬Sambucus palmensis；有4種蝙蝠類和27種鳥類，例如白尾月桂鴿

埃斯科里亞爾圖書館

第502號　拉斯·梅杜拉斯及其金礦

文化遺產：「毀山」─意思就是開採金礦；屬羅馬帝國的地產，由一個古羅馬省長進行管理；在面積為20平方公里的礦區，攔河壩和礦工宿舍上進行發掘，礦井面積為10平方公里，還有長度為100公里的運河系統

所屬洲：歐洲

所屬國：西班牙（在萊昂省的東北）

地點：拉斯·梅杜拉斯，在朝聖路以南，在蓬費拉達和阿斯托加的西南

列入名錄年份：1997年

意義：羅馬「淘金熱」的一次見證

大事記：

西元前29～前19年　羅馬人佔領了伊比利半島的西北區

西元70年　在韋斯巴襄改革後，置於古羅馬省長的監督之下

西元2世紀　後由於黃金價格下跌而衰落

1985年　置於遺產保護之列

1992年　置於自然保護之列

第503號　梅里達的羅馬時代和中世紀早斯的建築

文化遺產：昔日的羅馬城市埃梅里塔·奧古斯

塔，位於從薩拉曼卡至塞維拉附近的意塔里卡的羅馬古老的銀路邊；有著無數的文物古蹟；有2個部份尚保存完好的羅馬引水高架渠，素稱洛斯·米拉格洛斯和聖拉米洛，築有60個花崗岩橋拱的羅馬橋；部份尚存的圖拉真拱形建築，今日的阿克羅·聖地牙哥，有奧古斯都神廟遺跡，部分尚存的孔科迪亞神廟──今日已併入旅館「維亞·拉·普拉塔」；有可容納5500名觀眾的羅馬劇院、可容納15000人的半圓形露天劇場，以及400公尺跑道的競技場

所屬洲：歐洲

所屬國：西班牙（埃克斯特雷馬杜拉）

地點：梅里達，位於瓜地亞納河中游，在巴達約茨以東

列入名錄年份：1993年

意義：「西班牙的羅馬」，是羅馬帝國時代一個羅馬省城的傑出的典範

大事記：

西元前25年　古羅馬第5軍團和第10軍團的老兵定居

西元前18年　建造羅馬劇院

約240～313年　在皇帝迪奧克雷蒂安統治下，處於鼎盛時期

475年　西哥德人的入侵，城市衰亡

713年　摩爾人開始統治

835年　建造阿布達爾─拉曼二世的城堡

1228年　被阿爾坎塔拉的騎士團再次征服後佔領

1921年　在露天劇場的地下室發現古羅馬鬥士的住處

1993年　在羅馬劇院重新開演

第504號　西班牙東部的史前岩畫

文化遺產：早期新石器時代的所謂「地中海東部的岩石藝術」，尤其描繪了手持長矛和弓箭的男子征戰和狩獵的場面，但也有表現女子舞蹈和奉行宗教儀式的情景；其中在拉·薩爾塔多拉（卡斯特隆）的9號岩洞裡繪有一個持長矛者，還有一隻可能從這裡跑走的雌鹿被畫在辛格勒·拉加蘇拉（卡斯特隆）的5號岩洞；岩畫有5至6公分大，同樣的岩畫也有50～60公分大的

所屬洲：歐洲

所屬國：西班牙（卡塔洛尼恩、安達路西亞、穆爾西亞、瓦倫西亞、阿拉貢和卡斯蒂利恩、拉曼哈）

地點：在穆爾西亞以北，阿利坎特以西，瓦倫西亞的西南，卡斯特隆·拉普拉納以北，塔拉戈納以南，特魯厄爾以西

列入名錄年份：1998年

意義：歐洲最大規模的岩畫群之一，形象地表現了伊比利半島文明的發展

大事記：

約西元前6000年　所謂地中海東部地區風格的岩畫

1903年　在伊比利半島東部發現第一批岩畫

1971～1976年　第一個系統的課題，旨在拍攝岩畫作為資料，其中在阿爾巴拉辛·拉·瓦爾托塔、科古爾和辛格勒·拉加蘇拉進行拍攝

第505號　昔日波布萊特的西妥教團修道院

文化遺產：波布萊特的聖瑪利亞修道院是巴塞隆納伯爵拉蒙·貝倫古爾在戰勝了摩爾人後建造的；修道院有2000公尺長的防禦牆、在寬敞的外院是修士的「手工工匠區」，修道院收藏有66位聖人的遺物

所屬洲：歐洲

所屬國：西班牙（卡塔洛尼恩）

地點：在塞拉·羅格羅勒的北坡，在蒙特布朗赫以西

列入名錄年份：1991年

意義：最大和最值得一看的加泰隆人建於12世紀的西妥教團修道院之一

大事記：

1151年　建造修道院

1191年　建造修道院大的十字形迴廊

1377年　安葬阿拉貢國王

1442年　在阿爾豐索五世統治時期，建造聖約爾格──哥德式建築的一顆珠寶

1835年　解散修道院

自1940年　又成為修道院

第506號　古城薩拉曼卡

文化遺產：伊比利原始的居住區和大學城，有老的和新的大教堂。面積為4000平方公里的馬約爾廣場構成生氣勃勃的市中心，曾是著名的西班牙作家和哲學家米格爾·烏納穆諾（1846～1936年）的第二故鄉。米格爾·烏納穆諾是共和西班牙的熱烈追隨者，至1936年出任薩拉曼卡大學的校長

所屬洲：歐洲

所屬國：西班牙

地點：托爾梅斯河畔，在馬德里的西北

列入名錄年份：1988年

意義：一個最古老的，至16世紀歐洲最重要的大學城之一

大事記：

1世紀　建造有26個橋拱的羅馬橋

12～13世紀　再度征服後建造老的大教堂和一道新的城牆（1147年）

1218年　建立大學

1254年　在智者阿爾豐索五世統治時期，設立12個大學教授職位

16世紀　多明我會修道院聖馬利亞·拉斯·杜埃尼亞斯和聖埃斯特班

1617年　建立克萊雷西亞──一個有300學生的耶穌會神學院

1729～1755年　按照阿爾貝托·楚里凱（1676～1750年）的設計，建造馬約爾廣場

1733年　用晚期哥德式風格建成的新大教堂舉行落成典禮

1867年　拆除城牆

第507號　聖米蘭·尤索和聖米蘭·蘇索修道院

文化遺產：聖米蘭·尤索修道院和聖米蘭·蘇索修道院，位於去聖地牙哥·孔波斯特拉朝聖之路以南；原來是聖米蘭遺物的收藏處，在6世紀時，一個牧者，作為隱士生活在迪斯特爾多山脈的孤寂之中

所屬洲：歐洲

所屬國：西班牙

地點：聖米蘭·尤索和聖米蘭·蘇索，在納耶拉的西南，在聖多明哥·卡爾札達以南

列入名錄年份：1997年

意義：西班牙文學的誕生地，幾世紀來一直是精

昔日波布萊特的西妥教團修道院

神生活的地點

大事記：

473～574年　聖米蘭

984年　有文獻記載證明：聖米蘭·蘇索教堂舉行落成典禮

1001年　摩爾人的士兵掠奪聖米蘭·蘇索修道院

1045～1054年　在國王加爾西亞三世·桑切斯統治時期，建造聖米蘭·尤索修道院

1067年　珍藏著聖米蘭聖骨的埃米利安或稱米蘭聖龕建成

1650年　具有巴洛克建築風格的聖米蘭·尤索修道院的立面建成

1665年　在聖米蘭·尤索修道院建造一個圖書館

1809年　被拿破崙一世的軍隊洗劫一空

1845年　本篤會修士關閉聖米蘭·尤索修道院

1878年　奧古斯丁修士接管聖米蘭·尤索修道院

第508號　瓜達盧佩的聖馬利亞國王修道院

文化遺產：位於蒙特拉特旁的瓜達盧佩的努埃斯特拉·塞尼奧拉是西班牙最重要的馬利亞聖地，三堂的修道院教堂以及塗色的高聖壇是埃爾·格雷科的兒子的佳作，以及瓜達盧佩的馬利亞像

所屬洲：歐洲

所屬國：西班牙（埃克斯特雷馬杜拉）

地點：瓜達盧佩，在卡塞雷斯的東南

列入名錄年份：1993年

意義：4個世紀宗教建築藝術的見證，兩大歷史事件的象徵：基督徒重新佔領西班牙和發現美洲

大事記：

1340年　阿爾豐索六世奠基和捐贈

1349～1363年　建造修道院教堂

1386年　隱修會會員接收修道院

1402年　在朝南橫側面的入口處安裝青銅門

1405～1406年　建造雙層的修道院十字形迴廊

1510年　在馬約爾小教堂前精美絕倫的小教堂柵欄

1595年　用藍花磚裝飾的聖人遺物室

1835年　驅逐修士

1908年　被方濟會修士接收並進行修繕

1928年　瓜達盧佩的聖母被阿爾豐索六世國王封為「西班牙世俗界的女王」

第509號　古都聖地牙哥‧孔波斯特拉

文化遺產：曾經是加利西亞王國的首都，今日的主教城，建有三堂的大教堂，地基成一個拉丁文的十字，還有一個長97公尺、部分採用羅馬式建築風格的聖米格爾‧多斯‧阿格羅斯教堂，有面積為20000平方公尺的聖馬丁‧皮納里奧修道院（16～18世紀），採用加利西亞巴洛克式風格的內部裝潢頗具魅力，此外還有聖帕約‧安特阿爾塔雷斯修道院、格爾米雷次宮殿——西班牙最重要的羅馬式世俗建築，以及大學

所屬洲：歐洲

所屬國：西班牙（加利西亞）

地點：聖地牙哥‧孔波斯特拉

列入名錄年份：1985年

意義：基督教西班牙和伊斯蘭教西班牙之間戰爭的象徵，是世界上用羅馬式、哥德式和巴洛克式建築藝術建造的最美麗的聖地之一

大事記：

西元前1～2世紀　羅馬軍營

6世紀　蘇埃比悼詞

899年　建在聖雅各墓地上的大教堂舉行落成典禮

997年　摩爾人毀壞大教堂

1072～1109年　在國王阿爾豐索六世統治時期，除羅馬和耶路撒冷以外的最重要的朝聖地

1211年　新建成的大教堂舉行落成典禮

1501年　建立大學

1521～1526年　梵德拉貢小教堂

1606年　大教堂露天台階

1611年　大教堂的入口處有24尊用花崗岩製作的、坐著的耶穌使徒、穆罕默德和主教

1738～1750年　西立面有紀念碑似的聖壇裝飾部分，素稱「金首飾」

1769～1805年　建造今日的大學

第510號　去聖地牙哥‧孔波斯拉的朝聖之路

文化遺產：經過胡埃斯卡、納瓦拉、里奧亞、卡斯蒂利恩－萊昂、魯戈和科魯尼亞諸省的、傳統的朝聖路，素稱「法國路」；文物古蹟有埃爾‧克魯西菲霍教堂、聖馬利亞修道院、聖馬利亞‧雷洞達教堂、埃爾‧薩斯瓦多大教堂、布爾戈斯大教堂、建於12世紀的埃爾‧雷醫院、以及聖地牙哥‧孔波斯特拉大教堂

所屬洲：歐洲

所屬國：西班牙

地點：從隆塞瓦勒斯和索姆波特到聖地牙哥‧孔波斯特拉

列入名錄年份：1993年

意義：中世紀的朝聖路，作為歐洲基督教信仰的重要見證

大事記：

913年　聖米格爾‧拉‧埃斯卡拉達修道院舉行落成典禮

1044年　建立城市聖多明哥‧拉‧卡爾札達

1051年　在聖馬利亞‧拉‧里亞爾（伊拉赫）修道院建造朝聖醫院

1109年　卡爾札達的聖多明哥逝世

1066年　開始建造聖馬丁教堂（弗羅米斯塔）

1187年　在拉斯‧胡埃爾加斯‧里亞萊斯，建造一個西安教團女子修道院

1198年　為萊昂的哥德式大教堂奠基

1235年　文獻上提及普恩特‧拉‧賴納

1513～1549年　建造朝聖醫院聖馬可（萊昂）

1962年　沿朝聖路的1800個文物古蹟，作為歷史建築藝術的建築群置於保護之列

1999年　舉行慶典慶祝「聖雅各年」

第511號　塞戈維亞古城及其引水高架渠

文化遺產：由花崗岩石塊建成的、無灰漿的雙層引水高架渠，總長728公尺；水管有166個橋拱，最高處達到28公尺

所屬洲：歐洲

所屬國：西班牙（卡斯蒂利恩－萊昂）

地點：塞戈維亞，位於埃雷斯馬河與克拉莫雷斯河之間的一處山崖突出部，海拔1000公尺，在馬德里的西北

列入名錄年份：1985年

意義：保存完好的羅馬雙層引水高架渠，是西班牙羅馬時代與尚存的中世紀古城的融合與對照

大事記：

1～2世紀　羅馬城市建築及其引水高架渠

714年　被摩爾人佔領

11世紀　阿爾豐索六世重新佔領

1088年　城市修築防禦工事

12世紀　擴建宮殿防禦工事（阿爾卡札爾）

13～15世紀　鼎盛時期，王宮，建造羅馬式的聖馬丁教堂

1208年　拉‧維拉‧克魯斯教堂舉行落成典禮（神廟騎士團教堂）

1474年　宣佈天主教徒伊莎貝拉為女王

1525年　建造大教堂及其88公尺高的尖塔，西班牙最後一個晚期哥德式大教堂

第512號　托萊多古城

文化遺產：古城，有三角形的索科多弗廣場、王宮、鉸鏈舊門、最古老的城門，以穆德哈爾人的建築風格建造的聖體曼教堂和散托‧托梅，中堂33公尺高的大教堂，20個藝術家花費了4年時間建成的巨大的中心祭壇，核桃木雕刻的聖壇座位；聖克魯斯醫院，藏有大量格列柯的油畫

所屬洲：歐洲

所屬國：西班牙

地點：托萊多，在馬德里以南

列入名錄年份：1986年

意義：一件具有2000多年歷史的建築藝術傑作；是猶太人、基督徒和穆斯林相互融合的見證

大事記：

西元前193年　提及凱爾特人－古伊比利人的城市托萊圖姆

西元前1世紀　被羅馬人佔領

573年　西哥德王宮遷至托萊多

712年　阿爾‧安達盧斯穆斯林帝國的一部分

1085年　卡斯特勒國王奪回被佔城市

1492年　36000名猶太人被驅逐出城

1561年　托萊多鼎盛時期末，腓力二世王宮遷至馬德里

1574～1614年　格列柯在托萊多

聖地牙哥‧孔波斯拉的朝聖之路─阿斯托加的主教宮殿

1936年9月26日　法國的追隨者包圍王宮70天，最終佔領王宮

第513號　瓦倫西亞的絲綢交易所

文化遺產：有著交易大廳的絲綢交易所，素稱馬卡德勒斯交易所；還有塔樓，作為囚禁無支付能力商人的監獄使用；海洋領事館，原來是一個調解海外貿易爭端的商事法庭地點

所屬洲：歐洲

所屬國：西班牙

地點：瓦倫西亞，在阿利坎特以北，在馬德里的東南

列入名錄年份：1996年

意義：一個晚期哥德式的傑作，是15～16世紀一個地中海商城富裕的見證

大事記：

1469年　決定建造一個新交易所

1482～1533年　絲綢交易所基本建成

1498年　建立海洋領事館

1506年　絲綢交易所的設計師皮爾‧孔姆普特逝世

1548年　建築工程結束

1921年　以諷喻來裝飾法院大廳

第52號　科爾瓦多的清真寺和舊城

（參見112～113頁）

第53號　格拉那達的古城、阿爾漢布拉宮和蓋奈拉利夫宮

（參見114～115頁）

第54號　巴塞隆納的奎埃爾公園、奎埃爾宮殿和安東尼‧高第的米拉宅第

（參見116～117頁）

第55號　特魯埃爾的穆台亞建築藝術風格

（參見118～119頁）

第56號　塞維利亞的大教堂、城堡和印第安檔案館

（參見120～121頁）

第57號　昆卡及其古代防禦工事

（參見122～123頁）

■斯里蘭卡

第514號　古都阿努拉達普拉

文化遺產：曾是119位僧伽羅國王的首都，建有城堡、國王宮殿、「牙齒神廟」（達拉達‧馬利伽瓦）、斯里‧馬哈博迪（「照明樹」宗教無花果

樹）、「紫銅宮殿」（拉瓦馬亞・帕亞）、救濟屋（馬哈帕利），内有8公尺長的石盆（米船），可供6000人用餐；還有「大舍利塔」（魯萬維利塞亞一達哥巴），其周長為283公尺

所屬洲：亞洲

所屬國：斯里蘭卡

地點：阿努拉達普拉，在可倫坡的東北

列入名錄年份：1982年

意義：有1000多年歷史的喬答摩頌揚中心

大事記：

西元前250～西元1017年　僧伽羅王國的首都，以後便「被遺忘在熱帶叢林」

約1820年　被英國的考察隊重新發現

1890年　考古發掘

托萊多古城

第515號　加勒古城及其城堡

文化遺產：由一條長度為2.5公里的防護牆的古城體現了歐洲與南亞建築藝術的融合，城内有格魯特教堂、王宮、新東方旅店、舊門和歷史大廈

所屬洲：亞洲

所屬國：斯里蘭卡

地點：加勒，在可倫坡以南

列入名錄年份：1988年

意義：歐洲人在南亞和東南亞建造的一個有防禦工事的城市建築的最佳範例

大事記：

1505年　葡萄牙人登陸

1640年　一支有12艘船和2000人組成的荷蘭艦隊入侵並接管城市

1663年　修築城堡

約1680年　建造歷史大廈

1684年　建造後來的新東方旅店

1701年　建造鐘樓

1754年　建造格魯特教堂

1796年　英國殖民地同盟接管城市

1863年　駐防管理處改建成新東方旅館

1873年　建造主門

1948年　錫蘭／斯里蘭卡宣佈獨立

第516號　古都坎迪

文化遺產：僧伽羅國王首都的「牙齒神廟」達拉達・馬里加宜珍藏著佛陀的遺物：一顆牙齒；此外還有著名的佛教寺院，例如馬拉瓦特寺院、阿斯基里亞寺院和印度神廟納塔・德瓦勒

所屬洲：亞洲

所屬國：斯里蘭卡

地點：坎迪，在可倫坡的東北

列入名錄年份：1988年

意義：16～19世紀獨立於殖民勢力之外的僧伽羅王國的中心，由於「牙齒神廟」而成為一個著名的和重要的佛教朝拜聖地

大事記：

14世紀　納塔・德瓦勒──城市四個重要的印度神廟之一

1707～1739年　在國王納倫德拉僧伽統治時期，建造今日尚存的牙齒神廟；其繼承人擴建了神廟

1784年　建造接見大廳

1798～1815年　末代坎迪國王斯里・維克拉馬・拉亞僧伽攝政

1801年　修建坎迪湖

1815年　被英國殖民部隊佔領，簽署坎迪公約

1913年　赫爾曼・黑森在他的札記「來自印度」上發表遊記、短文和「坎迪日記」

1972年　斯里蘭卡共和國宣告成立

第517號　波隆納魯瓦城遺址

文化遺產：12個國王的首都，有國王帕拉克馬・巴胡一世的七層宮殿、國王的參議大廳、面積為100×110公尺的達蘭宜一馬盧瓦一寺廟建築群（11～13世紀），圖帕拉馬一聖骨屋（佛陀肖像屋）、「60件聖人遺骨屋」（哈塔達格）、雕像屋（瓦塔達格）、以及城市最大的寺院建築群，阿拉哈納・皮里維納（焚燒場旁的寺院）

所屬洲：亞洲

所屬國：斯里蘭卡

地點：波隆納魯瓦，在可倫坡的東北

列入名錄年份：1982年

意義：僧伽羅王國的第二個首都，有著僧伽羅人建築和雕刻藝術的傑作

大事記：

1017～1235年　國王的中心和宗教中心

1055～1196年　國王維雅亞巴胡一世、帕拉克拉馬・巴胡一世和尼散卡馬拉統治時，處於鼎盛時期

1215年　後放棄作為首都的地位

約1900年　發掘

1935年　供參觀

第518號　西基里亞城遺址

文化遺產：位於海拔200公尺高的花崗岩山上的「天空城堡」，佔地面積12000多平方公尺；有科布拉一阿薩納洞穴、3公尺高的磨光的「鏡子長

廊」、繪有女性形象的濕壁畫，她們身披透明長袍，至臀部位被浮雲所環繞，這些畫暗示著「雷雨公主」和「雲彩女」

所屬洲：亞洲

所屬國：斯里蘭卡

地點：西基里亞，在可倫坡的東北

列入名錄年份：1982年

意義：給人深刻印象的山崖城堡和國王卡薩帕的首都，有著聞名於世的「雲彩女濕壁畫」

大事記：

477～495年　卡薩帕一世統治時期的首都

495年　卡薩帕在哈巴拉訥戰役自殺，尚未分配的權力給他同父異母的兄弟莫伽拉納

513年　直到513年莫伽拉納逝世，他一直把阿努拉達普拉當成首都

19世紀　被英國軍隊和殖民主義官員重新發現

1967年　衝擊濕壁畫

第519號　辛哈拉亞・福雷斯特自然保護區

自然遺產：在北部納坎拉・多拉河與科斯庫拉納・剛伽河之間、在南部馬哈・多拉河與金・剛伽河之間、在西部卡盧坎達瓦・艾拉河與庫塞瓦・剛伽河之間的保護區以及東部的德努瓦・坎達，佔地面積88.64平方公里；高至海拔1170公尺（希尼皮提伽拉・皮克），最近60年紀錄的年平均降雨量為3614～5006公釐

所屬洲：亞洲

所屬國：斯里蘭卡

地點：辛哈拉亞・福雷斯特，在可倫坡的東南

列入名錄年份：1988年

意義：斯里蘭卡最後一塊廣闊的低地常綠林區

動植物誌：一片生長錫蘭龍腦香料的龍腦香料常綠雨林的殘餘，有鬚的龍腦香料連同次級樹林；斯里蘭卡830種本地植物中有139種在辛哈拉亞可以找到，其中有16種珍稀植物；斯里蘭卡的本地哺乳動物和蝴蝶種類的50%生長在這裡，其中有白鬚瘦猴和Atrophaneura jophon；本地產鳥類在鳥類中也佔極大比例（20種內佔了19種），瀕危的鳥類或珍稀鳥類如藍色長尾鳥，屬於馬刺杜鵑的Centropus chlororhynchus，屬於歐京鳥的京鳥科senex，屬於小堅鳥的Garrulax cinereifrons；還有瀕危的豹和印度大象；在爬行動物中有錫蘭美蜥蜴，以及屬於

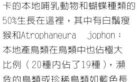
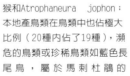

鼻管蜥蜴的aspera

第111號　丹布勒的金色岩廟

（參見230～231頁）

■敘利亞

第520號　歷史名城阿勒波

文化遺產：歷史名城，在275×375公尺的橢圓形城堡高原上聳立著城堡，連同面積為27×24公尺的加冕大廳，還有哈馬姆・阿拉伯迪亞一敘利亞最美的公共游泳池之一，有城市中最早的鄂斯曼的建造的阿爾科斯羅威亞清真寺、阿斯蘇爾塔尼葉高等學校（13世紀）、有坎・阿樹納手工藝市場和12公里長的市集

所屬洲：亞洲

所屬國：敘利亞

地點：阿勒波，在大馬士革以北

列入名錄年份：1988年

意義：位於傳統的商貿之路交匯點，是海地特人、蒙古人、阿拉伯人、麥默洛克人和鄂斯曼人時代的唯一的城市化的融合

大事記：

西元前3世紀　塞勞伊庫斯・尼卡托爾建造古希臘城市，有著相互垂直的道路網

636年　阿拉伯的征服者經過安提奧西亞大門進入

1167年　建造阿伯拉哈姆清真寺

1213年　建造大清真寺

1230年　在城堡丘陵上建造阿尤比登・阿拉西斯宮殿

1354年　比馬里斯坦，阿拉爾古尼老醫院

1516年　在蘇丹塞利姆一世統治時期，鄂斯曼人佔領敘利亞，阿勒波成為一個「近東的香港」

1537年　建造阿爾斯羅威亞清真寺

1682年　荒漠商旅店坎，阿爾瓦西爾

1822年　嚴重的地震使城市的大部分受損

第521號　博斯拉古城

文化遺產：曾經是納巴泰人的根據地和羅馬人的殖民地，建有可容納15000名觀眾的羅馬劇院和呈梯字形的公共溫泉浴場、在柱廊街的北面是建有大教堂的拜占庭中心，有阿拉伯城堡和阿布・阿爾菲達高等學校

所屬洲：亞洲

所屬國：敘利亞

地點：博斯拉，在大馬士革以南

列入名錄年份：1980年

波隆納魯瓦城遺址

意義：在阿拉伯北部荒漠商旅路線上的一個重要交匯點，是一種羅馬早期基督的和穆斯林的建築藝術的融合

大事記：
106年　被羅馬軍隊佔領，成為阿拉伯省的省會
2～3世紀　建造羅馬劇院
約300年　一個大主教的所在地
512～513年　建造博斯拉大教堂
634年　被阿拉伯人佔領
11世紀　在羅馬劇院周圍修築一個阿拉伯城堡
1112～1113年　建造博斯拉的星期五清真寺賈米‧阿盧馬里
1134年　建造阿爾基德清真寺
1211～1251年　擴建城堡
1225～1226年　阿布‧阿爾菲達高等學校
1947～1970年　對羅馬劇院內部進行發掘
1990年　劇院以西發現露天半圓劇場或是競技場遺址

第522號　古都大馬士革
文化遺產：有8個城門的麥地那，例如巴普‧圖馬，以及125個文物古蹟，其中有大清真寺和奧馬亞登清真寺、有建於中世紀的比馬里斯坦‧努拉丁醫院、薩西里葉高等學校、薩拉丁陵墓、有建於12世紀的努拉丁公共游泳池、阿納尼阿斯小教堂和保羅小教堂
所屬洲：亞洲
所屬國：敘利亞
地點：大馬士革
列入名錄年份：1979年
意義：近東最古老的、基督教與伊斯蘭教的歷史聯繫最密集的城市之一
大事記：
西元前1470年　在埃及的神聖符號上有文獻記載
西元前332年　被亞歷山大大帝的軍隊佔領
西元前64年　羅馬人進入
7～8世紀　奧馬亞登的哈里發所在地
705～715年　建造大清真寺
1401年　蒙古人襲擊，將藝術和精神精華劫往撒馬爾罕
自1516年　鄂斯曼人接管城市，長達400年
1898年　威廉二世皇帝來訪
1920年　國際聯盟的法國託管地政府所在地
1946年　法國部隊撤退

第99號　巴爾米拉遺址
（參見206～207頁）

■坦尚尼亞

第523號　吉力馬札羅國家公園
自然遺產：自1921年闢為森林保護區，自1973年闢為國家公園；高度至海拔5895公尺（希莫峰），6個森林走廊地帶佔地753.53平方公里，以及一個面積為929.06平方公里的森林保護區；火山山脈面積3885平方公里，有3個火山頂峰——西拉峰（海拔3962公尺）、希莫峰和馬文西峰的所謂「馬鞍」上有非洲最大的高原凍原，每年兩次雨季：

11月至12月、3月至5月
所屬洲：非洲
所屬國：坦尚尼亞
地點：坦尚尼亞北部，位於莫西和肯亞邊界之間
列入名錄年份：1987年
意義：被山林環繞的、一座火山山脈中的最高的非洲山峰
動植物誌：佔優勢的植物種類是山林、高原沼澤地和高原凍原；海拔4600公尺以上植物種類較少，但在海拔5760公尺處找到新臘菊屬；也有石南樹和山龍眼植物吉力馬札羅山龍眼，狗舌草屬johnstonii cottonii，只在高於海拔3600公尺的地方出現，屬於狗舌草屬，在樹木生長線以下是石觀音杉和沙櫪，有艾博特羚羊、鹿角枝羚羊、大羚羊、灌木山羊、山地沼澤羊，估計有220頭象，靈長目動物有王冠長尾猴和吉力馬札羅瘦長猴，此外還有豹和山林樹獾

第524號　基盧瓦‧基西瓦尼和松哥‧姆納拉遺址
文化遺產：城市遺址，在基盧瓦‧基西瓦尼島和松哥‧姆納拉島上的宮殿、城堡和清真寺建築
所屬洲：非洲
所屬國：坦尚尼亞
地點：坦尚尼亞海濱前的島嶼，在達累斯薩拉姆以南
列入名錄年份：1981年
意義：波斯—阿拉伯貿易在東非落腳的重要見證，在13世紀和16世紀控制著印度洋上的貿易
大事記：
9世紀　在基盧瓦‧基西瓦尼島上最初的居住點
10～12世紀　來自西拉斯的波斯人在此定居
12～14世紀　由於黃金貿易而處於鼎盛時期
14世紀　建造蘇丹宮殿
1505年　葡萄牙人佔領蘇丹統治區基盧瓦
1589年　基盧瓦‧基西瓦尼成為荒野
17～18世紀　來自阿曼的阿拉伯人接管了商貿生意
18～19世紀　城堡格雷薩
1830年　放棄城市
1965年　最近的修復措施

第525號　恩戈羅恩戈羅自然保護區
自然遺產：位於「巨大火山口（1500公尺至3648公尺）高原」，面積為8288平方公里的自然保護區；恩戈羅恩戈羅火山口直徑為16公里至19公里，是世界上最大的尚未「噴湧」的火山口之一；火山口底部佔地264平方公里；1959年闢為自然保護區
所屬洲：非洲
所屬國：坦尚尼亞（阿魯沙區）
地點：坦尚尼亞東北部，在塞倫蓋提國家公園的東南
列入名錄年份：1979年
意義：有著特別豐富的非洲野生動物種類，是一種小的、生存受到威脅的尖嘴犀科的生活空間，是澳大利亞直立猿人boisei和能人——人類的遠房祖先的發現地
動植物誌：金合歡屬樹林，有生長著金合歡屬

Acacia xanthophloea的草原；多至有4000頭卡菲爾水牛，有少量的大象和阿努比狒狒；有7000頭白鬍羚羊、4000頭大草原斑馬、3000頭湯姆森蹬羚、還有獅子、藪貓和亞洲胡狼，此外還有為數不多的瀕危的尖嘴犀科（1995年尚存11～15頭）；在400種鳥類中有矮紅鶴、鴕鳥和體重達14公斤的大鴇

第526號　塞勞斯禁獵區
自然遺產：魯菲基河及其支流從這裡流過，面積為50000平方公里，氣溫高達攝氏41度；早在1905年德國殖民政府統治時期；已部分置於保護之中，1922年闢為禁獵區；80年代由於捕殺野物，大象的數字減少50%，至今是持許可證的猛獸獵人的獵區
所屬洲：非洲
所屬國：坦尚尼亞（莫羅戈羅區、林迪區、穆特瓦拉區和魯武馬區）
地點：在達雷斯薩拉姆的西南
列入名錄年份：1982年
意義：非洲第二大野生動物保護區，有大量的長頸鹿、河馬、獵豹、象和犀科

第527號　塞倫蓋提國家公園
自然遺產：佔地14763平方公里，絕大部分是草原和熱帶稀樹草原，1951年闢為坦尚尼亞第一個國家公園，自1959年擴建後成為坦尚尼亞最大的國家公園
所屬洲：非洲
所屬國：坦尚尼亞（馬拉區、阿魯沙區和希尼安加區）
地點：位於坦尚尼亞東北部，大峽谷以西，肯亞邊界地區
列入名錄年份：1981年
意義：非洲最大的野生動物生存區，最後一個未被破壞的大群動物的「大旅行」
命名：來自「西林格特」（馬薩伊語，意思是「一望無際的平原」）
動植物誌：100多萬頭白鬍羚羊、約10萬頭斑馬、約7000頭馬薩伊長頸鹿、有多至15萬頭的湯姆森蹬羚；有1000多頭非洲象、多至3000頭獅子、7種靈貓科、豹、獵豹、斑點鬣狗、金豺狼、藪貓和靈貓；300多種鳥類，其中有冠鶴、盔珠雞和黃頸鷯

博斯拉古城

命名：按照獵殺猛獸的獵人弗雷德里克‧庫特奈‧塞勞斯命名
動植物誌：非洲森林和森林——熱帶稀樹草原，有2000多種植物種類，約15萬頭羚羊、16萬頭水牛和3萬頭非洲象；有大草原斑馬、黑斑羚、利喜頓斯泰恩母牛、黑馬羚羊、乳頭豬、水山羊和野狗；有250種鳥類，其中有歇利亞蒼鷺、無尾鷲和帶角烏鴉

■泰國

第528號　阿瑜陀耶遺址

文化遺產：曾是33個國王的王宮城，位於昭披耶河（湄南河）畔，有寺院和廟宇建築，例如西汕碧寺廟——作為王族私人神廟而建造，是阿瑜陀耶最大的廟宇建築；有叼武拉納寺廟、普考通遺物收藏處、帕拉拉姆寺廟、納納夢寺廟、馬哈塔寺廟有一個高達46公尺的尖塔

所屬洲：亞洲

所屬國：泰國

地點：阿瑜陀耶，在曼谷以北

列入名錄年份：1991年

意義：昔日暹羅的國王城，被視為佛教建築藝術的一顆明珠，以其嚴謹對稱的阿瑜陀耶風格具有時代特色

大事記：

1350～1767年　五朝阿瑜陀耶王國

1350年　在提波迪國王統治時期，作為首都和王宮城被建造

1350～1488年　阿瑜陀耶藝術的興盛時期

1492～1532年　建造西汕碧寺廟的遺物收藏處

1511年　葡萄牙人發現錫阿姆

1569年　建造80公尺高的普考通遺物收藏處

1590～1605年　國王納雷蘇安

1656～1688年　國王納萊

1767年　被緬甸人破壞

1956年　首次修復

1958年　重新發現叼武拉納寺廟的藝術寶藏

1971年　修葺普泰沙萬寺廟

第529號　班清的考古文物

文化和自然遺產：青銅時代文化的發現地，這種文化已經能夠種植水稻、馴養豬和雞；發現有骷髏、青銅和陶器，陶器飾有繩紋、蛇、魚和蜥蜴科題材的線飾

所屬洲：亞洲

所屬國：泰國，烏龍塔尼（泰國的東北部）

地點：班清，在寮國以南

列入名錄年份：1992年

意義：迄今為止所發掘的最重要的東南亞史前居住地

大事記：

約西元前3500年　出土陶器迄今為止的不確定年代

西元前2500～前2000年　出土青銅迄今為止有爭議的年代

西元前2999～前1350年　確定班清開端的最新年代

1966年　最早發掘物和考古探索

1967年　其他的出土陶器和首次青銅出土

1971年　繼續發掘，有螺旋形花紋的花瓶出土以及環狀青銅物

1972年　在坡斯里奈寺廟附近發現墳墓

1974～1975年　發掘其餘130個墳墓

第530號　素可泰遺址

文化遺產：古老國王城錫阿姆的歷史中心，是佛教特色建築藝術的見證，來自吳哥的高棉文化的影響；有37座神廟建築，例如達帕登寺廟、錫沙外寺廟、馬哈塔寺廟（國王寺廟）——有高大直立的佛像和原本185個遺物收藏處，有一尊巨大佛像的錫春寺廟和有一尊佛像的帕拜鑾寺廟——佛像的臉部酷似國王雅亞瓦曼七世的肖像

所屬洲：亞洲

所屬國：泰國

塞倫蓋提國家公園

地點：素可泰，在曼谷以北

列入名錄年份：1991年

意義：錫安王國最早的首都，泰國建築藝術的搖籃

大事記：

1238年　建立素可泰王國

1240～1270年　國王因德萊特亞攝政

約1275～1317年　國王坎亨攝政

1350年　建立阿瑜陀耶王國

自1378年　素可泰成為阿瑜陀耶新王國的附庸

第531號　通艾—匯加肯野生動物保護區

自然遺產：佔地3200平方公里的通艾·那雷素安自然保護區是泰國最大的自然保護區，連同毗鄰的匯加肯自然保護區，總面積達6222平方公里，成為東南亞最大的自然保護區；高度從海拔250公尺至1811公尺的考泰帕峰；名字「通艾」的意思是「廣闊的田野」，指的是中央大草原，4條重要河流的流域，其中有流入儋艾河的夜功河；有2公里長的破裂彈坑岩溶層；在保護區內有克倫人和荷蒙人的村莊，現在大約為3800人的生存空間

所屬洲：亞洲

所屬國：泰國（北碧和達府）

地點：緬甸邊界達嫩山的南向支脈

列入名錄年份：1991年

意義：一個處於亞熱帶和熱帶過渡地帶的、囊括所有東南亞森林種類的，保存比較完好的生態系統

動植物誌：7種植物類型，其中有山脈常雨林、竹林、熱帶稀樹草原、沿河森林帶和生長著翅果植物的所謂細長森林；出現的樹木種類有緬甸的鐵木樹和Terminalia chebula，有120種哺乳動物、400種鳥類、96種爬行動物、43種兩棲動物和113種淡水魚；大的哺乳動物有最原始的動物，例如虎、霧豹、獏科、蘇門答臘犀科，此外還有最小的犀科、洞角科山羊；有很少的屬於牛類的爪哇野牛、印度野牛和水牛

■捷克

第532號　古都蔡斯基·克魯姆洛弗

文化遺產：德語中稱為「波希米亞克魯茂」的古都，有著一個改建成文藝復興風格宮殿的宮殿城堡、連同宮殿花園和洛可式避暑小行宮貝拉里亞、以及克魯茂塔樓、布德魏澤大門、紅門、大衣橋、集市廣場以及哥德式市政廳、聖維特教堂和在昔日釀酒廠的艾貢——西勒中心；按照布拉格城堡修築的城堡是捷克保存完好的第二大城堡建築群

所屬洲：歐洲

所屬國：捷克（南波希米亞）

地點：蔡斯基·克魯姆洛弗，在布拉格以南，蔡斯克·布德約維克的西南

列入名錄年份：1992年

意義：一個地處歐洲心臟的中世紀小城的傑出範例，擁有自5個多世紀以來的文物古蹟

大事記：

1253年　文獻記載了城堡及其居住區

1302～1602年　羅森貝爾格主人的統治

1422年　通過羅森貝爾格的烏爾里希二世獲得了造幣和規定幣制權

1439年　聖維特教堂落成典禮

1494年　獲得了作為國王城的特權

1602年　通過羅森貝爾格家族的後裔，將城市賣給哈布斯堡的皇帝魯道夫二世

1719年　改建宮殿

1895年　德國詩人萊納·瑪里亞·里爾克來訪

1911年　奧地利畫家艾貢·西勒（1890～1918年）訪問他母親的誕生地

1970～1990年　修葺措施

第533號　賀拉索米亞古村落

文化遺產：18～19世紀南波希米亞村民巴洛克式的鄉村建築藝術，有著美麗如畫的村舍與農莊，房屋的立面山牆有呈幾何圖形和植物形狀的石膏花飾

所屬洲：歐洲

所屬國：捷克（南波希米亞）

地點：賀拉索維斯，在蔡斯克以西

列入名錄年份：1998年

意義：一個在中世紀平面圖上的、保存完好的傳統的中歐村莊

第534號　克羅梅里茨的宮殿和花園

文化遺產：奧爾米茨的主教夏宮；一座高大的，有四翼的宮殿建築和藏書豐富的畫廊，其中有盧卡斯·克拉納赫d.A.的作品，有蒂齊安和皮特爾·布魯格爾d.A.的作品，以及開闊的宮殿花園

所屬洲：歐洲

素可泰遺址

通艾—匯加肯野生動物保護區

所屬國：捷克（南摩拉維亞）

地點：克羅梅里茨，在布魯恩以東

列入名錄年份：1998年

意義：保存完好的歐洲巴洛克時代的宮殿

大事記：

約1100年　奧爾米茨的主教漢斯二世購進克羅梅里茨／克雷姆西爾居住區

1260年　賦予城市權，修築城市防禦工事，以及建造一個城堡和一個修道院

1643年　瑞典軍隊幾乎完全毀壞了文藝復興風格的宮殿

1664～1695年　在卡爾·利喜頓斯泰恩—卡斯特爾孔恩統治時期，作為主教宮殿有著突出的地位

1666年　修建宮殿花園

1686～1711年　建造巴洛克式的宮殿建築

1752年　火災後重建巴洛克式的宮殿

1758年　以洛可可的風格給天花板塗色，在主教大廳繪有展示主教管區形成史的情景

1948年　奧爾米茨的大主教放棄夏宮

第535號　古都庫特納·賀拉和塞德萊克的馬利亞教堂

文化遺產：德語中稱「庫登貝爾格」，曾經是礦工居住區和捷克國歌的作者約瑟夫·卡耶坦·蒂爾（1808～1856年）的誕生地；文物古蹟有：設計為五堂的聖芭芭拉大教堂，及共3個引人注目的帳蓬屋頂（1532年），有昔日按照多梅尼庫·奧爾西（1633～1679年）的計劃建造的耶穌會神學院，有烏爾蘇利嫩修道院、聖約翰內斯·內波穆克教堂、石屋、威爾士宮廷以及國王小教堂，還有按照基奧瓦尼·巴蒂斯塔·散蒂尼（1667～1723年）的計劃、建造在塞德萊克的聖母馬利亞修道院教堂

所屬洲：歐洲

所屬國：捷克（中波希米亞）

地點：庫特納·賀拉

列入名錄年份：1995年

意義：「中世紀的寶藏」，一個建在銀礦上的礦工住宅區

大事記：

1720年　在馬利亞廣場豎起馬利亞柱子

1777～1883年　奧地利兵士宿營

1980～1984年　在金碧輝煌的宮殿大廳裏，修繕裝飾華麗的文藝復興風格的木頭天花板

第537號　茨達爾和薩察沃附近「綠山」上的聖地教堂

文化遺產：一個呈五角星形狀的聖地教堂，獻給「橋聖」聖約翰·內波穆克，是波希米亞和摩拉維亞最重要的朝聖地之一

所屬洲：歐洲

所屬國：捷克（西摩拉維亞）

地點：策萊納·霍拉，在茨達爾和薩察沃附近

列入名錄年份：1994年

意義：捷克著名建築師基奧瓦尼·巴蒂斯塔（1667～1723年）的傑作，人們也稱他為「橋聖」約翰·內波穆克

大事記：

約1350年　波希米亞的保護人—約翰內斯·內波穆克誕生

1389年　聖約翰·內波穆克成為布拉格大主教區的總代理人

1393年　3月20日～21日，在波希米亞的國王文策成

第536號　古都特爾克

文化遺產：「捷克城市中的白色珍珠」，在「捷克文藝復興」街旁是精美的民宅和枝葉茂密的林蔭道

所屬洲：歐洲

所屬國：捷克（在摩拉維亞的西南）

地點：特爾克，在基拉瓦以南

列入名錄年份：1992年

意義：完美的城市建築群，有著哥德式的平面圖，在義大利文藝復興和巴洛克風格中的「現代化」

大事記：

1333～1339年　約翰·馮·盧森堡的兒子——邊境總督卡爾統治特爾克城堡

1336年　作為城市，第一次被提及

1458～1471年　在國王格奧爾克·馮·波德布拉迪統治時期，獲得釀造啤酒和製鹽權

1526～1589年　瑞伊豪斯的托卡賴亞統治

1530年　城市失火

1554～1568年　城堡改建為文藝復興宮殿

1651～1655年　建立耶穌會神學院

1667年　名為「以耶穌的名義」的巴洛克教堂建

1283～1305年　在溫策爾二世統治時期，中波希米亞的「工業化」

約1300年　鑄造著名的「布拉格錢幣」

1318年　瘟疫

1330～1420年　聖雅各教堂

1388～1565年　建造聖芭芭拉大教堂

1419～1434年　塞德萊克修道院在胡斯戰爭中被毀壞

1487～1515年　建造石屋

1498年　印刷著名的庫登貝爾格聖經

1509～1512年　建在山坡上的聖母馬利亞教堂竣工

1547年　鑄造最後的「布拉格錢幣」

1733～1743年　建造烏爾蘇利嫩修道院

1734～1754年　建造聖約翰內斯·內波穆克教堂

1823年　城市失火

爾四世下逮捕令後，殉教者約翰內斯·內波穆克死在伏爾塔瓦河中

自1693年　在布拉格的卡爾橋上豎著保護人的站立像

1719～1722年　建造聖地教堂

1720年　5月16日聖地教堂舉行落成典禮

1725～1727年　建造楊·帕維爾，策爾鮑爾聖壇

1729年　教皇敕封約翰內斯·內波穆克為聖徒

1784年　聖地教堂的天花板失火

第32號　布拉格舊城

（參見72～73頁）

第33號　萊德尼采和瓦爾蒂采的人造園林

（參見74～75頁）

■ ■ 土耳其

第538號　迪弗里基的大清真寺和醫院

文化遺產：面積為64×32公尺的「巴洛克式清真寺」，以及阿梅特·薩·蒙居科格盧建造的醫院

所屬洲：亞洲

所屬國：土耳其（奧爾塔納托利亞）

地點：迪弗里基，位於夏爾蒂·夏伊達，在西瓦斯的東南

列入名錄年份：1985年

意義：由於精美的雕塑和銼製的拱頂結構而成為伊斯蘭建築藝術的傑作

大事記：

1071～1252年　蒙居科格盧王朝統治

1228～1229年　建造大清真寺

1240年　建造天梯

第539號　哈圖薩（海地特人的古都）

文化遺產：從《舊約》（摩西的第一部書，第23章）得知海地特人的古都，建有衛城（比於卡勒）、大神廟以及面積為75平方公尺的祭祀室6公里長×8公尺寬的城牆、國王門、獅子門、建在所謂上城的25座廟宇建築；山崖聖地雅西利卡亞（被描繪的岩石）有著30公尺長的「宙斯的主室」，在浮雕區有天氣神特樹普、太陽女神何帕特以及統治者圖塔利亞四世的

特爾克

描繪

所屬洲：亞洲

所屬國：土耳其（安那托利亞中部）

地點：位於博加茨卡勒附近，在安卡拉以東

列入名錄年份：1986年

意義：西元前時代城市建築的一個值得注意的考古見證，由於被找到的楔形文字板而成為研究印度日耳曼語系的重要源泉

大事記：

西元前17世紀　海地特的首都

西元前15世紀　雅西利卡亞

西元前13世紀　城牆和大神廟

約西元前1450年　海地特王國的鼎盛時期

約西元前1200年　大範圍地被毀壞

240～350年　將衛城作為戰時居民避難城堡使用

1834年　被考察旅行家查理‧特克西爾重新發現

1882年　進行首次地形測繪

1884年　發現土製的楔形文字板

1906～1907年和1911～1912年　繼續考古研究，發現2500塊楔形文字板

1977年　在上城繼續發現

第540號　伊斯坦堡的古蹟區

文化遺產：古城，其中有埃及市集和大市場、高大的入口處、砲門宮殿（托普卡皮‧薩拉伊）、昔日圓頂的「和平神教堂」（愛雷娜教堂）、塞哈札德清真寺、昔日的宦官清真寺成為今日的圖書館，藏有12000份手稿；另有75×70公尺的索菲亞教堂、「藍色清真寺」、及其6個伊斯蘭教寺院尖塔、比亞西特清真寺，以及建自瓦倫斯（364～378年）皇帝攝政時期的瓦倫斯引水高架渠

所屬洲：歐洲

所屬國：土耳其（博斯波魯斯）

地點：伊斯坦堡

列入名錄年份：1985年

意義：位於小亞細亞、巴爾幹、黑海和中海交匯點，具有2000年歷史的建築藝術的傑作

大事記：

西元前658年　建立拜占庭作為希臘殖民地

196年　被塞普蒂米烏斯‧塞維魯斯的羅馬兵團佔領

324年　君士坦丁大帝開入（272～273年或280～337年）

330年　5月11日新城「諾瓦‧羅馬」舉行落成典禮，即後來的土耳其君士坦丁堡的教堂

395年　東羅馬帝國的首都

527～536年　建造塞爾基奧斯教堂和巴克霍斯教堂

532年　建造愛雷娜教堂

532～537年　建造索菲亞教堂

1204年　在第四次十字軍東征時，被十字軍佔領

1453年　被鄂圖曼人佔領

1609～1616年　建造蘇丹－阿梅特清真寺，素稱「藍色清真寺」

1923年　失去作為首都的作用

1934～1935年　索菲亞教堂改建成博物館

第541號　內姆魯特‧達基遺址

文化遺產：在不毛之地的內姆魯特‧達基石灰岩山嶺海拔2150公尺處，建有科馬格尼國王安蒂奧科斯一世的50公尺高的祭祀地和墓地，在西邊傾斜的階地上有巨形人物像、宗教儀式列隊之路、在面積為500平方公尺的東邊傾斜的階地上有階梯聖壇、有大量的雕像，例如有戴著波斯國王頭飾和王冠的大鬍子宙斯，還有頭上頂著一個水果籃的科馬格尼的土地女神

所屬洲：歐洲

所屬國：土耳其，陶魯斯東南部

地點：在阿迪亞曼的東北

列入名錄年份：1987年

意義：古希臘文化時期小亞細亞最有抱負建築之一，是古希臘文化與波斯文化融合的見證

大事記：

西元前163年　在塞琉西王朝衰亡後，科馬格尼王國獨立

西元前69～前38年　安蒂奧科斯一世

72年　科馬格尼王國衰亡，成為羅馬西里亞省的一部分

1882年　卡爾‧胡曼記錄下祭祀地

第542號　撒弗蘭博盧城

文化遺產：工業化前與周圍環境相適應的城市畫像；各種類型的市區，例如市集區，在丘陵地帶（巴格拉爾）的夏季住所區；受到保護的文物古蹟有科普如呂－梅美特－帕沙清真寺、伊策特－梅美特－帕沙清真寺、加西－西萊曼－帕沙法學和神學院，歷史名屋如阿拉法西拉爾‧埃維和居爾特拉爾‧埃維（巴格拉爾）

所屬洲：亞洲

所屬國：土耳其（安那托利亞）

地點：撒弗蘭博盧，在卡拉比克的東北，安卡拉以北

列入名錄年份：1994年

意義：一個由於今日的工業繼續進步而受到威脅的，建自荒漠商貿鼎盛時期的城市

大事記：

約西元前3000年　最初的居住區

西元前63年　成為羅馬帝國的一部分

395年　拜占庭王國的一部分

1196年　塞爾柱人接收這個城市

1322年　在公共游泳池旁建造埃斯基清真寺

1332年　阿拉伯旅行家伊本‧巴圖塔來訪

1354年　城市併入鄂圖曼王國

1451～1566年　城市的鼎盛時期

1662年　建造科普如呂－梅美特－帕沙清真寺

1796年　建造伊策特－梅美特－帕沙清真寺

1846年　建造加西－西萊曼－帕沙法學和神學院

1940年　命名為今日的城名撒弗蘭博盧

1976年　城市置於文物保護之列

自1985年　有1008處文物古蹟置於特別的文物保護之列

第543號　特洛伊城遺址

文化遺產：按照荷馬史詩《伊里亞德》一個在國王普里亞摩斯統治時期的繁榮的商業中心；在特洛伊城46個建築階段進行發掘，其中有南門、劇院、東牆、中央大廳、雅典娜神廟的前廣場、神典入口處、中央建築物以及羅馬音樂廳

所屬洲：亞洲

所屬國：土耳其（土耳其的西北部）

地點：特洛伊城，達爾達內倫的入口處，在夏納卡勒以南

列入名錄年份：1998年

意義：世界上最著名的發掘地之一

大事記：

西元前3500～前3000年　特洛伊的建立階段

西元前2500～前2300年　特洛伊II，「普里亞摩斯的寶藏」

西元前1700年　城市占地18000平方公里

西元前334年　併入亞歷山大帝的王國

西元前85年　幾乎全部被毀

1871～1894年　考古學家亨利希‧施利曼和威廉‧德爾普費爾德博士進行發掘

1890年　亨利希‧施利曼過世

1932～1938年　美國考古學家卡爾‧威廉‧布萊根進行發掘

1988年　在教授曼弗雷德‧考爾弗曼博士（蒂賓根大學）的主持下重新進行發掘，重點是青銅器時期和考古生物

內姆魯特‧達基遺址

1998年　有70位科學工作者參加的發掘工程

第544號　科散托斯遺址及其聖地萊托

文化遺產：城市聯盟的中心，有原本為9公尺高的石柱墓碑，例如鳥身女妖石柱大墓碑、海中仙女石柱大墓碑——曾是一個路西亞君主非常豪華的墓碑，在倫敦不列顛博物館重建過；有衛城柱——這是一根4.75公尺高的柱子，上面是墓室；還有路西亞的衛城和韋斯巴薌拱門（西元69～79年）以及路西亞的聖地萊托——阿波羅的母親

所屬洲：亞洲

所屬國：土耳其

地點：位於基尼克附近，在費蒂葉以南，安塔利亞的西南

列入名錄年份：1988年

意義：路西亞的首都和聖地萊托，作為路西亞歷史特別重要的見證

大事記：

西元前6世紀　出現石柱墓碑

西元前7世紀　呂底亞國王統治

西元前545年　遭到哈帕哥斯統帥的波斯軍隊的破壞

約西元前480年　出現鳥身女妖石柱大墓碑

西元前431～前404年　在斯巴達和雅典之間的伯羅奔尼撒戰爭

西元前429年　科散托斯戰勝了雅典軍艦

西元前334年～前333年　被亞歷山大大帝的軍隊佔領

西元前42年　在羅馬國內戰爭期間遭到破壞

西元2世紀　羅馬統治下新的興盛時期

1838年　被查理‧費勞重新發現

1962年　發掘聖地萊托

第97號　居來美國家歷史公園和卡帕多基亞岩洞文物

（參見202～203頁）

第98號　希拉波立－帕穆克卡萊古城

（參見204～205頁）

■突尼西亞

第545號　突伽古城遺址

文化遺產：「突尼西亞龐貝」的地基依山勢而築，位於克威德－卡萊德平原上一個海拔570公尺的高原上，發掘出的省城曾經約有8000居民；遺址區域有可容納3500名觀眾的劇場，有風圖廣場、古羅馬城堡、水銀廟、埃恩‧道拉公共溫泉

浴場、塞普蒂米烏斯・塞維魯斯凱旋門、音樂廳、自由神廟、利西尼烏斯公共溫泉浴場，以及路西亞－古迦太基陵墓——保存下來的突尼西亞唯一的古迦太基建築

所屬洲：非洲

所屬國：突尼西亞

地點：突伽，在特布爾索克和突尼西亞城的西南

列入名錄年份：1997年

意義：古代的突伽曾一度是努米底亞王國的首都，是北非給人以最深刻印象的羅馬城市遺址之一

大事記：

西元前310年　提及突伽住宅區（陡峭的山崖）

西元前46年　非洲諾瓦的一部份

14～37年　置於蒂貝里烏斯（西元前42～前37年）的統治之下，原名蒂貝里烏斯・尤利烏斯・凱撒・奧古斯都，是努米底亞住宅區和羅馬老兵住宅區的融合

166～169年　修築古羅馬城堡

180～192年　建造水銀廟

205年　突伽成為聯合村

260～268年　在加利埃努斯・普博利烏斯・利西烏斯・埃格納蒂烏斯政府統治下，晉升為殖民地（261年）

1899年　首次發掘

1908～1910年　修繕路西亞－古迦太基的陵墓

第546號　埃爾・德耶姆露天劇場

文化遺產：三層露天劇場，可容納觀眾35000名，劇場長148公尺、寬122公尺、高36公尺，建有68個拱門

所屬洲：非洲

所屬國：突尼西亞

地點：埃爾－德耶姆／蒂斯德魯斯，位於蘇瑟與斯法克斯之間

列入名錄年份：1979年

意義：北非最大的露天劇場，以石製建築證明了羅馬世界帝國的偉大

大事記：

西元前46年　建立蒂斯德魯斯

約230年　建造露天劇場

238年　在特拉基亞出身的羅馬皇帝馬克西米努斯・特拉克斯（173～238年）的軍隊鎮壓了一次起義

7世紀　改建為城堡

1695年　當穆罕默德大公令人打開缺口時局部遭到破壞

第547號　伊西考依爾國家公園

自然遺產：一個在雨季可達126平方公里的昔日的獵區；常年的鹹水湖和群山環繞的德耶貝爾・伊西考依爾山脈；85平方公里的水域，以及面積為28平方公里的低濕地和潮濕地；自1996年被列入瀕危的世界遺產的「紅色目錄」，由於修築堤壩致使水的鹽鹼化程度不斷增高——在夏季達到38～45克／升，此外由於蘆葦的減少，導致紫色雞和白頭赤鳧戲劇性的減少和消失

所屬洲：非洲

所屬國：突尼西亞

地點：在比策爾特的西南

列入名錄年份：1980年

意義：昔日北非一系列湖中僅存的最後一個湖，是十幾萬隻候鳥重要的棲息地和築巢地

動植物誌：229種動物和500種植物，有蜣蟲豆、乳香樹、大戟植物、歐洲櫻花草、橄欖樹、阿月渾子灌木、無花果仙人掌，這裏還是臟禿鷲、茶隼、冠毛雲雀和珍頭裝紅尾的生存空間；在水域或潮濕地區有著無數種鴨的過冬地，例如，平鴨、煙管鴨、槍鴨、赤頸鴨、鷺鴨、牛鷺、灰鷺絹絲鷺、鷗、火鶴、鸕和珩鳥；在被觀察的哺乳動物中有豺狗和水牛

第548號　迦太基城凱爾庫亞內及其大墓地

文化遺產：馬蹄鐵型的城市建設，有一個今日發掘出的老道路網、地基以及圍繞內院所建的住宅的牆基；附近有「帝王手工工場」和大墓地

所屬洲：非洲

所屬國：突尼西亞

地點：凱爾庫亞內，博恩岬角，位於凱利比亞和西迪・拉比亞德之間

列入名錄年份：1985年，1986年擴大範圍

意義：唯一尚存的北部非洲腓尼基人——迦太基的城市文物

大事記：

西元前6世紀　有50個兒童填墓的墓地顯示出這裡曾經是住宅區

西元前310年　敘拉庫斯及其兵士們在博恩岬角登上阿加托克勒斯，凱爾庫亞內遭到局部破壞

西元前264～前241年　第一次迦太基戰爭

約西元前260或前256年　在阿蒂利烏斯・雷古盧斯反抗迦太基的征戰中遭到破壞

西元前218～前201年　第二次迦太基戰爭

西元前183年　迦太基統帥漢尼拔自盡，漢尼拔的對手大西庇阿逝世

西元前149～前146年　第三次迦太基戰爭

439年　隨著汪達爾人的入侵，北部非洲的羅馬時期結束

1952年　重新被人發現

1953年　進行發掘和科學考察

第549號　蘇斯古城

文化遺產：原來的貿易港口，交通便利，是迦太基－萊普蒂斯・馬格納（今日利比亞）的交通樞紐；古城（麥地那）有建於西元9世紀，至今還有2.5公里長的城牆，但在第二次世界大戰期間城牆

伊西考依爾國家公園

地點：蘇斯，哈馬馬特灣

列入名錄年份：1988年

意義：伊斯蘭教最初幾個世紀的典型的城市規劃

大事記：

西元前9世紀　腓尼基人的貿易廣場

2～4世紀　修建地下墓穴，有240條地下通道，15000人安葬於此，是羅馬時期保存的一個見證

800～909年　阿格拉比登的經濟中心

約821年　修建修道院城堡（克薩・埃爾－里巴特）

850～851年　建造大清真寺

859年　修築城牆

874年　修葺城牆

1205年　加固城牆

1881年　被法國人佔領

1942年　在非洲遠征期間，被德國軍隊和義大利軍隊佔領

1943年　被英法同盟兵團重新佔領

第550號　突尼斯古城

文化遺產：古城，有橄欖樹清真寺及其建於19世紀高44公尺的伊斯蘭教寺院尖塔，埃爾－克薩清真寺，西迪－約瑟夫清真寺（1616年），連同梅德爾薩－西迪・馬雷茨，即突尼西亞保護人的墓穴清真寺，還有聖十字教堂（1662年），有坐落在印染工區的四堂印染工清真寺，哈馬姆達大公和達爾・何賽因的宮殿

所屬洲：非洲

所屬國：突尼西亞

地點：突尼斯城，距地中海10公里

列入名錄年份：1979年

意義：12世紀至16世紀伊斯蘭世界最富庶的城市，有700處引人入勝的文物古蹟

大事記：

698年　哈散・本・諾馬内的部隊佔領迦太基，突尼斯的發展，開始伊斯蘭化

732年　首次提及橄欖樹清真寺（德亞馬・埃斯－西圖納）

894年　阿格拉比登・伊布拉西姆二世的首都

1270年　被聖路德維希的部隊包圍

1276年　修築一道新的城牆和新門（巴布・埃爾－德耶迪納）

1535年　卡爾四世進入

埃爾・德耶姆露天劇場

大事記：

遭到嚴重損壞，在40公尺高的北非城堡和修道院城堡（克薩・埃爾－里巴特）之間有露天市場，以及大清真寺

所屬洲：非洲

所屬國：突尼西亞

1574～1705年　土耳其統治，建造哈穆達——帕夏清真寺

1881～1957年　法國殖民勢力統治

第73號　迦太基遺址

（參見154～155頁）

第74號　凱魯萬古城

（參見156～157頁）

■ 烏干達

第551號　布文迪原始森林國家公園

自然遺產：1948年建立中央王國政府的不能穿越的森林保護區，1961年闢為自然保護區，自1991年闢為國家公園，占地320.92平方公里，海拔1190至2607公尺

所屬洲：非洲

所屬國：烏干達

地點：位於基格齊高地（烏干達西南部），在剛果共和國邊境，在卡巴勒的西北

列入名錄年份：1994年

意義：東部非洲無與倫比的、最大的生物界，有200多種樹和104種蕨類植物，是瀕危的山脈大猩猩的家鄉

動植物誌：潮濕的常綠森林，竹林（不足1平方公

蘇斯古城

里）和山林，例如有非洲梅屬以及Newtonia buchananii，Symphonia globulifera和Strombosia scheffleri；120種哺乳動物，有世界上三分之一的山脈大猩猩，以及大鬍子長尾

猴；336種鳥類，其中有12種鳥只生長在布文迪，例如矮雕鴞、寬嘴灰鳥、土鶇屬Zoothera tanganjicae，屬於荊棘鳴鳥類的Bradypterus graueri和屬於飛翁鳥的Melaenornis ardesiaca；有84％的在烏干達出現的蝴蝶種類，例如屬於真燕尾的Papilio leucotaenia和Papilio antimachus

第552號　魯文佐里山脈國家公園

自然遺產：自1991年闢為國家公園，占地996平方公里，高度為海拔1700至5109公尺；其中28平方公里位於海拔2000公尺以下，698平方公里位於海拔2500公尺以上

所屬洲：非洲

所屬國：烏干達

地點：位於烏干達與剛果的邊境，鄰近卡塞塞，在坎帕拉以西

列入名錄年份：1994年

意義：非洲最美麗的高原地區之一，是非洲第三座高山，瑪格麗特峰為海拔5109公尺

動植物誌：在海拔2400公尺以下生長Symphonia globulifera和非洲梅屬；至海拔3000公尺高處，也生長非洲山竹種類，例如高山青籬竹屬；海拔3800公尺以上，生長高至10公尺的Philippia trimera，和銀樹植物山龍眼科Kingaensis，此外還有Kossobaum，密花樹rhododendroides和金絲桃屬Hypericum lanceolatum，和只在魯文佐里山出現的Hypericum bequaertii，以及鵝掌柴。89種林中鳥類（其中27％在烏干達出現）；4種靈長類動物，例如黑猩猩、鬍長尾猴、和魯文佐里鬍猴，以及15種蝴蝶類型（其中22％生活在烏干達）

■ 烏克蘭

第553號　歷史名城利維夫（萊姆貝爾格）

文化遺產：也稱萊姆貝爾格和利沃夫，是羅馬天主教的、烏克蘭東正教的、和亞美尼亞東正教的大主教的所在地；在古城有多明我會教堂、耶穌會教堂、亞美尼亞大教堂和羅馬天主教大教堂，有市政廳、國王中心、聖尼古拉教堂、馬利亞·瑪格達列娜教堂和卡西米爾三世大帝（1333～1370年）城堡遺址

所屬洲：歐洲

所屬國：烏克蘭

地點：利維夫，在基輔以西

列入名錄年份：1998年

意義：一個城市建築群，反映了一種多元文化的社會

大事記：

13世紀　建立城市

1340年　國王卡西米爾三世大帝統治，屬於波蘭

1356年　授予城市權

1360年　卡西米爾三世建造羅馬天主教大教堂

1661年　建立伊凡—弗朗哥大學

1772年　在波蘭第一次分裂時，屬於奧地利，更名為萊姆貝爾格

1919年　城市重新屬於波蘭

1939年　被紅軍佔領

突尼斯古城

1941～1944年　德國佔領區

1945年　屬於烏克蘭社會主義蘇維埃共和國

1991年　烏克蘭獨立，利沃夫重新命名為利維夫

第48號　基輔索非亞大教堂和洞穴大修道院

（參見104～105頁）

■ 匈牙利

第554號　本篤會修道院帕農哈爾馬

文化遺產：素稱聖馬丁大修道院，最古老的匈牙利本篤會修道院，建在帕農尼亞丘陵上，有古典主義的修道院大樓，晚期哥德式修道院十字形回廊和圖書館豪華大廳——匈牙利古典主義的一件傑作；圖書館藏書約30萬冊，其中有建造蒂哈尼修道院的文件（1055年）

所屬洲：歐洲

所屬國：匈牙利

地點：帕農哈爾馬，在基約爾以南

列入名錄年份：1996年

意義：一個修道院建築群，作為「中歐的基督教文化使者」和匈牙利基督教化的里程碑

大事記：

316年　按當地流傳的說法，聖馬丁——帕農哈爾馬名字的保護人，誕生在古羅馬城堡薩瓦里亞·西卡

996年　來自義大利和位於布拉格附近格薩大侯爵莊園的布雷弗諾夫修道院的本篤會修士首次定居

1001年　建造證書

1225年　臨近建造早期哥德式教堂

1575年　土耳其人將修道院付之一炬

1486年　建造晚期哥德式修道院十字形迴廊

1786年　約瑟夫二世的一紙法令關閉修道院

1802年　在世俗化時期，弗蘭茨二世皇帝招回本篤會修士

約1830年　高55公尺的古典主義西塔樓和圖書館豪華大廳竣工

1945年　在1001年舉行落成典禮的老教堂的牆基上修建教堂地下室，安葬著比利時的施特法尼，奧匈帝國太子魯道夫的寡婦

第46號　布達佩斯的布達城堡區和多瑙河中游平原區

（參見100～101頁）

第47號　傳統村莊——霍洛克

（參見102～103頁）

■ 匈牙利／斯洛伐克

第555號　阿格特萊克洞穴和斯洛伐克的岩溶

自然遺產：自1930年旅遊開發的溶洞景觀，匈牙利的阿格特萊克溶洞（197.08平方公里）自1978年置於風景保護之列，自1985年闢為國家公園；斯洛伐克的溶洞（361.65平方公里）自1973年置於風景保護區之列；屬於世界遺產的區域要小的多，因為世界遺產只包括迄今為止所發現和研究的712個洞穴；其中有長21公里的巴拉德拉—多米伽洞穴系統，一個可容納1000名遊客的天然大廳，還有世界上最大的32.7公尺高的石筍，岩層例如「羅馬公共游泳池」和「少女路」以及冥河；有出自布克文化時期（西元前6400～前6100年）的發掘物

所屬洲：歐洲

所屬國：匈牙利、斯洛伐克

地點：斯洛伐克南部和匈牙利東北部的接壤地區，在科西斯的西南

列入名錄年份：1995年

意義：被最深入研究的歐洲溶洞景觀，具有特別的美學魅力

動植物誌：甲蟲如Duvalius bokori bokori，昆蟲如Limonia nubeculosa，Tarnania fenestralis和Eccoptomera obscura，洞穴蟲如Peloscolex velutinus和Rhyacodrilus falciformis，軟體動物如泉蝸牛和普通豌豆蚌，只有這裏出現的蝸牛類sadleriana pannonica，此外還有蟹類如本地種的Niphargus aggtelekiensys和Gammarus fossarum

■烏拉圭

第556號　殖民地薩克拉蒙托古蹟區

文化遺產：位於拉·普拉塔河的河口盆地的城市景觀，在昔日葡萄牙城市殖民地散蒂西摩，薩克拉蒙托的古蹟區融合著西班牙、葡萄牙和後殖民的建築藝術，有名勝古蹟如聖薩克拉蒙托教堂（伊格萊西亞·馬特里茨）、烏拉圭最古老的教堂，以及方濟會修道院

所屬洲：美洲

所屬國：烏拉圭

地點：殖民地薩克拉蒙托，在布宜諾斯艾利斯（阿根廷）以北

列入名錄年份：1995年

意義：17世紀末殖民地城市建築藝術的一個重要見證

大事記：

1680年　建立殖民地薩克拉蒙托

1704～1705年　城市被西班牙佔領破壞

1713年　在烏得勒支和約中承認葡萄牙的國家主權

1722～1749年　在葡萄牙總督安東尼奧·彼得羅·瓦斯孔塞洛斯統治下重建城市

1777年　伊爾德豐索條約保證了西班牙對於殖民地薩克拉蒙托的宗主國權

1810～1828年　獨立戰爭

1823年　由於教堂法衣室的一次爆炸，聖薩克拉蒙托教堂受損，這法衣室曾被當成彈藥庫使用

1828年　烏拉圭獨立

1859年　拆除殘餘的防禦工事

1991年　測定總督瓦斯孔塞洛斯宮殿的準確位置

■美國

第557號　克霍基亞土墩（史前住宅區）

文化遺產：史前丘陵地形的居住區痕跡，估計具有宗教的意義，是享有崇高榮譽者的住宅地，有名字如傑西、拉邁（56號土墩）、克內曼8（8號土墩）、克內曼6（6號土墩），其南北向長22公尺，東西向長30公尺，或是在克霍基亞河畔的祖父土墩（30號土墩）和僧侶土墩

所屬洲：美洲

所屬國：美國（伊利諾州／密蘇里州）

地點：聖路易的城東邊緣

列入名錄年份：1982年

意義：哥倫布發現新大陸前，密西西比河畔文明的一個見證

大事記：

900～1150年　估計是僧侶土墩產生時期

1050～1250年　面積為13平方公里的住宅區，其中

有0.8平方公里的住房，用柱子支撐的長方形房屋連同黏土籬笆

1735～1752年　法國的傳教地

1831年　第一種推測，丘陵並非天然，而是修築而成

1883年　發表考古研究成果

1922年　對僧侶土墩進行科學研究，證明其是由14個「修築階段」構成的人造建築

1971年　威斯康辛－密爾沃基大學的考古學家進行發掘

第558號　卡爾斯巴德大洞穴國家公園

自然遺產：溶洞景觀，至今已知的有81個洞穴；國家公園占地189.26平方公里；560公里長的呈弓形的化石礁石位於德拉瓦雷盆地，形成於彼爾姆時期；由於硫酸的作用，在原本610公尺巨大的礁石裏形成了洞穴景觀，於是出現了深477公尺，長133公里的萊敘基拉洞穴；化石發掘物有棘皮動物門、苔蘚小動物和三葉蟲

所屬洲：美洲

所屬國：美國（新墨西哥州）

地點：在艾娣郡的西南，埃爾·帕索的東北，阿爾布蓋克的東南

列入名錄年份：1995年

意義：一個研究地質過程的地下實驗室

動植物誌：約有800種植物，例如松樹類Pinus edulis和歐洲刺柏Juniperus deppeana，此外還有瀕危種類如掌屬植物lloydii，有屬於火燒蘭屬植物的巨型蘭花、仙人掌Epithelantha micromeris和苔蘚草卷柏科pilifera；64種哺乳動物，其中18種為蝙蝠類，例如巴西和墨西哥的Tadarida黑足伶鼬、陸地灰狐狸、Koyote和紅大山貓；331種鳥類如白頭海雕、洞穴燕、美洲的食肉伯勞鳥和美洲大鵟鴞

第559號　查科國家歷史公園

文化遺產：引人入勝的普韋布洛建築藝術和長達400多公里的廣闊的道路網，直至深入岩石或地面1.5公尺的路線，往返於週邊地區與中心之間；查科作為中心，與其餘75個小村莊相連接，查科文化在聖胡安盆地及其周圍山脈的覆蓋面達到65000平方公里，在大的建築物中，高至五層樓，大多有200個房間，有時也有800個房間的，其中有會堂（供進行宗教儀式等用）和儲藏庫；直徑為19.2公尺的林納達館的宗教儀式型；發現60000多份土其斷簡殘編和各個製造階段的裝飾物

所屬洲：美洲

所屬國：美國（新墨西哥州）

地點：查科峽谷，在新墨西哥州西北的蓋洛普和法明頓之間

列入名錄年份：1987年

意義：所謂查科文化最重要的見證

大事記：

約490年　在查科峽谷建造古印度食野物者的礦山村

約900年　查科文化的開始：在查科峽谷，定居者約1000～1500人

1020～1060年　建造有85個房間的普韋布洛·阿爾托，總共有5個居民

1020～1130年　伴隨建造三個大的普韋布洛、烏納·維達、佩納斯科·布朗科和普韋布洛·博尼托而處於鼎盛時期；土耳其製作的鑾斷權

1075～1115年　居民人數增至5600人；繁忙的建築

1130年　後由於持續乾旱而衰亡

第560號　夏洛特城的蒙蒂塞洛和維吉尼亞大學

文化遺產：湯馬斯·傑弗遜（1743～1826年）的莊園和由他創辦的維吉尼亞大學－作為科學村，建有一個呈U型的樓群，有園亭數座；10所建有教學大樓和教師宿舍的「學校」：帕拉弟恩、弗里亞特、坎布雷和查理·埃拉爾德的古典主義的設計作為設計的藍本，園亭VIII也是如此，湯馬斯·傑弗遜的莊園如今已成為創建紀念館

所屬洲：美洲

所屬國：美國（維吉尼亞）

地點：夏洛特城

列入名錄年份：1987年

意義：功能主義與象徵主義的融合，是新古典主義建築藝術的傑出典範

大事記：

1763～1774年　稅收法導致了英國與其北美殖民地的衝突

1776年7月4日　北美的英國殖民地宣布獨立；傑弗遜作為大會成員主持起草了這項宣言

1782年11月30日　簽署英美和約，旨在調停造反的殖民地與英國之間的戰爭

1783年11月25日　在簽訂了巴黎和約（9月3日）後，英國軍隊撤離紐約

1784～1809年　設計、建造和改建蒙蒂塞洛

1791年　批准權力法案

1801～1809年　傑弗遜當選為美國總統

1819年　創辦維吉尼亞大學，並設計中央有圓形建築物的校園

第561號　埃弗格萊茲國家公園

自然遺產：自1947年闢為國家公園，有200處考古發掘地；占地5929.2平方公里，有著極其豐富的亞熱帶植被和一個具有國際意義的濕地；1993年被列入瀕危世界遺產「紅色目錄」

所屬洲：美洲

所屬國：美國（佛羅里達州）

地點：佛羅里達半島南端，在邁阿密的西南

列入名錄年份：1979年

意義：北美洲最大的，與牙買加人居住的克拉迪

夏洛特市－大學

大峽谷國家公園

負鼠、浣熊、灰角獸和北美滑翔角獸；200種鳥類，7種龜鱉目，8種蜥蜴科，30種蝶蛾亞科，例如只在這個國家公園出現的溪澗矮蝶蛾，還有屬於巨型蝶蛾的爛泥魔鬼，以及23種蛇類

第564號 「夏威夷火山」國家公園

自然文化遺產：由4170公尺高的冒納羅亞和基勞阿火山地形構成的，建立於1916年的夏威夷國家公園，由茂伊島和夏威夷島的一部分組成，1961年分成夏威夷火山國家公園和黑爾卡拉國家公園，自1980年闢為生物圈自然保護區，占地929.34平方公里

所屬洲：美洲

所屬國：美國（夏威夷）

地點：在海洛以南，夏威夷島的東南海岸，美國夏威夷聯邦州最東面的島

列入名錄年份：1987年

意義：作為7千萬年火山現象的結果，是世界上兩座最活躍的，以火山熔岩為其特徵的火山，並有巨大的藤類植物

大事記：

1778年　詹姆斯‧庫克船長發現了今日稱之為夏威夷的群島，並取名為「三明治島」

1794年　首次登上冒納羅亞火山

1840～1841年　美國科學考察隊挺進基勞阿火山，接著，此處便成了旅遊勝地

1912年　地質學教授湯馬斯‧奧吉斯特，傑格爾在基勞阿旁建立觀察站

1959年　塵埃雨毀壞了特萊爾荒野旁的森林區

動植物誌：5個生物區裏的23種植物，從當雨林植被至海灘植被，所有植物中有95%的植物只能在夏威夷才能找到，受到威脅和瀕危的19種國家公園的植物占了國家公園維管植物的10%；只有一種哺乳動物，蝙蝠類Lasiurus cinereus semotus，出現的鳥類有夏威夷鵝，屬於食花蜜的衣鳥有Akepa和Akialoa，以及夏威夷大鵐屬

第565號 馬默斯洞穴國家公園

自然遺產：自1941年闢為國家公園，占地211.91平方公里，中心地帶面積為209.17平方公里，高度從180公尺至231公尺；年平均降雨量為1118毫升；洞穴系統有550多公里長的通道，有巨大的房間和石筍、鐘乳石、「石膏花」和「石膏針」的垂直的井狀空間，國家公園裏有1000多處史前的和古時的發掘地；自1916年為旅遊景點

所屬洲：美洲

所屬國：美國（肯塔基，百倫，埃德蒙松和哈特郡）

地點：在綠河畔的馬默特洞穴，在路易斯村的西南，格拉斯哥的西北，草地滾木球場的東北

列入名錄年份：1981年

意義：國際上重要的岩溶層，世界上最長的洞穴系統

動植物誌：有84種樹木，28種灌木和攀緣植物，29種蕨類植物，209種顯花植物，例如山梗菜屬和藍色山梗菜屬，有屬於鐘形花的美洲小山菜，屬於絲植物的Asclepias syriaca，27種磨菇，和7種苔蘚類；大樹林作為北美東部最古老的樹林之一，生長有白橡樹、栗子橡樹、染色橡樹以及樺樹、楓屬、楊屬、鉛雪松屬和山核桃屬如Spottnuβ；有200種僅在洞穴出現的動物，其中有42種只適應在黑暗中生活；41種哺乳動物，其中12種是蝙蝠，如屬於鼠耳蝙蝠種類的Myotis sodalis和Myotis grisescens；203種鳥類如美洲灰鷺科，雄火雞鳥屬，懸崖鴿，條帶鼻和貓鵲屬；18種爬行動物如灰色的草蝮和圈印蝮；15種兩棲動物如洞穴黃蠑螈、長尾黃蠑螈、銀林蠑螈以及3種洞穴魚

第566號 奧林匹克山國家公園

自然遺產：自1938年6月29日闢為國家公園，1953年範圍擴至到太平洋沿岸地區和奎茨河走廊一

夏威夷火山國家公園

烏姆邊界線相連接的沼澤地，是14種瀕危種類的生存空間

動植物誌：幾乎有950種熱帶植物，其中有65種只生長在南佛羅里達州；25種蘭科植物，120種樹木種類，3種不同的紅樹；36種遭受威脅和面臨危險的動物，例如密西西比鱷、尖嘴鱷魚、佛羅里達豹、以及生長在水裏的屬於海牛目的爪狀海牛，幾乎有350種各種各樣的鳥類，如灌木藍色松鴉、海灘彩巫燕雀屬和白頭尾鷲；60種兩棲動物和爬行動物，其中有瀕危的靛藍蛇類Drymarchon corais

第562號 大峽谷國家公園

自然遺產：自1908年置於受保護之列，自1919年闢為國家公園，自1975年占地4930.77平方公里；一個經由科羅拉多河形成的，長447公里的驚人的大峽谷，包括其北邊緣和南邊緣，總長為447公里

所屬洲：美洲

所屬國：美國（亞利桑那州）

地點：科科尼諾和摩哈弗，在亞利桑那州的北部

列入名錄年份：1979年

意義：一本近20億年的「地質史書」，峽谷幾乎深1500公尺，是世界上最驚人的大峽谷之一

動植物誌：有馬鈴薯冷杉屬、刺松、美國山嗚樹、黃松、杜松類Juniperus osteosperma，以及北美洲7個植被區中5個植被區中1500種一致的植物種類，其中有11種被認為是受到威脅的植物；300多種鳥類和76種哺乳動物，例如游隼和棕色鵯鵑；此外還有叢林狼、山獅、騾鹿科、叉角羚羊、厚角綿羊、麋、紅色大山貓、以及只在北邊緣出現的Kaibab角獸

第563號 大煙山國家公園

自然遺產：自1926年闢為國家公園，自1988年屬於南阿帕拉契生物圈自然保護區；占地2090平方公里；高度從259公尺至2025公尺，其中大煙山峰高達1818公尺，地質結構由片麻岩、Schist和沈積物岩石

所屬洲：美洲

所屬國：美國（田納西州卡羅林北部）

地點：阿帕拉契山的南端；以小田納西河、法國寬河和鴿子河為界

列入名錄年份：1983年

意義：人類居住前時代3500種溫帶植物的避難所和世界上最大量蝶蛾亞目的棲息地

動植物誌：針葉樹植被，松樹林和潮濕草地，3500種植物，其中有130個樹種，例如糖槭屬、美國鵝掌楸和遲開花的葡萄櫻桃樹，此外還有杜鵑花如catawbiense和minus，15種瀕危植物；50種不同的哺乳動物，例如黑熊、紅狐狸、灰狐狸、

帶，1976年擴至到阿齊斯地點和什海峽；自1976年開闢為生物圈自然保護區，面積為3696.59平方公里，高度為2428公尺，奧林匹克山是太平洋海岸近處最高的山脈

所屬洲：美洲

所屬國：美國（華盛頓州）

地點：奧林匹克半島，在華盛頓州的西北，靠近西雅圖

列入名錄年份：1981年

意義：特別豐富的地形地貌和生態系統，是西半球現存最大的溫帶原始常雨林

動植物誌：5種植物區：「溫帶的常雨林」有雲杉屬、西部大鐵杉、巨型生命之樹和闊葉楓屬，低地森林生長海濱樅樹和北美黃杉，山脈森林有北美黃杉和紫樅屬，亞高山地帶有山脈大鐵杉和亞高山草原，以及冰河高山區；50種哺乳動物，其中大約有多至5000頭羅斯福美洲赤鹿，多至300隻雪山羊，此外還有美洲獅、黑熊、屬於角獸的雲杉－金花鼠，奧林匹克彈子動物、奧林匹克馬查馬有袋玄鼠；180種鳥類如游隼和斑梟

第567號　費城獨立會堂

文化遺產：獨立會堂，原本是殖民地賓夕法尼亞的議會大廈，玻璃園亭中的解放鐘屬於獨立國家歷史公園的一部分

所屬洲：美洲

所屬國：美國（賓夕法尼亞洲）

地點：費城

列入名錄年份：1979年

意義：對於美國歷史的一個特別重要的見證

大事記：

1732～1741年　建造獨立會堂

1775年　任命喬治‧華盛頓為美國獨立軍隊總司令

1775～1781年　第二次美洲代表大會會址，其中與會代表有湯馬斯‧傑弗遜、喬治‧華盛頓，班傑明‧富蘭克林和約翰‧亞當斯

1776年　7月4日簽署獨立宣言

1776年　7月8日持續不斷的解放鐘的鐘聲是獨立的象徵

1777年　11月15日代表大會的代表同意聯盟條款

1781年　所有殖民地批准了聯盟條款，籌備聯盟代表大會

1782～1783年　商談關於美國獨立的巴黎條約

1787年　制訂美國憲法，建立美國代表大會

1789～1800年　美國高等法院院址

1976年　將解放鐘安置在一個隔離的玻璃園亭內

第568號　普韋布洛（印第安人村莊）‧道斯

文化遺產：自17世紀是印第安文化的中心和反抗西班牙殖民化、傳教的中心；一個套一個，在5個梯形層面上，由風乾的黏土磚塊建成長方形的建築物，以及地下的會堂和圓頂冰屋狀的黏土爐

所屬洲：美洲

所屬國：美國（新墨西哥州）

地點：普韋布洛‧道斯，在道斯以北，聖菲的東北

列入名錄年份：1992年

費城－獨立會堂

意義：亞利桑那州和新墨西哥州印第安人村莊的見證

大事記：

約1350年　估計建立村莊

1540～1542年　受西班牙王國政府的委託，弗朗西斯科‧瓦斯蓋茨‧科羅納多在途經新墨西哥時尋覓「七座金城」

1598年　西班牙殖民地化和傳教的開始

1615年　西班牙移民在道斯河谷定居

1680年　反抗西班牙殖民者

1692年　在迪戈‧瓦爾加斯統治下，西班牙重新統治新墨西哥

1696年　道斯人民反抗西班牙外族統治鬥爭中斷

1821年　在墨西哥爭取獨立的過程中結束了西班牙的統治

1846年　在美墨戰爭中道斯被佔領，聖菲被斯蒂芬‧卡尼將軍的軍隊佔領

1847年　道斯人民反對美國的佔領

1848年　美墨戰爭結束

1861～1865年　道斯人民在分離戰爭期間，對北方國家聯盟表示忠誠

第569號　紅杉國家公園

自然遺產：80公里長，間於0.3至14公里寬的紅杉國家公園，包括德爾‧諾爾特海岸紅杉州公園，杰迪戴阿‧史密斯紅杉州公園和普萊里河紅杉州公園；1968年建成，1978年擴建

所屬洲：美洲

所屬國：美國（加利福尼亞的東北部）

地點：在舊金山、洪堡和德爾‧諾爾特郡以北

列入名錄年份：1980年

意義：北美太平洋的一個海濱地區，生長著世界上獨特的海濱紅杉，是一種非常值得注意的海洋生態系統

動植物誌：865種植物，其中有699種本地植物；主要生長海濱紅杉——有時也稱之為「海濱巨樹」，人們只能在氣候潮濕的美國西海岸找到這種樹；其他的樹木有北美黃杉、雲杉屬、海濱樅樹、加利福尼亞月桂樹，還有少量的傑弗里松屬和奧勒岡州白橡樹；75種哺乳動物，其中有數量有限的屬於紅鹿的羅斯福美洲赤鹿、騾鹿、灰狐狸、黑熊、水獺、臭鼬、美洲獅和海獅；398種本地的鳥類如褐色鵜鶘科、游隼、笨拙海鳩和瀕危的大理石海燕

第570號　拉‧福塔雷札城堡和聖胡安古城

文化遺產：城堡防禦工事拉‧福塔雷札，埃爾‧莫洛，埃爾‧考埃洛和聖克里斯托巴爾，以及古城聖胡安

所屬洲：美洲

所屬國：美國（波多黎各）

地點：聖胡安

列入名錄年份：1983年

意義：加勒比海唯一傑出的歐洲軍事建築

大事記：

1511年　建立一個西班牙軍事根據地

1519年　建立聖胡安

1532年　建造聖荷西的伊格雷西亞

1533～1540年　修築拉‧福塔雷札

1539年　修築城堡防禦工事埃爾，莫洛和修築聖克里斯托巴爾

1540年　建造大教堂

1589年　在總督迪戈‧梅奈德茨‧瓦爾德斯統治時期改建埃爾‧莫洛

1595年　遭弗朗西斯‧德拉克指揮的海盜的襲擊

1598年　遭喬治‧克利福德——坎伯蘭郡公爵部隊的襲擊；埃爾‧莫洛被佔領

1625年　遭荷蘭人襲擊；聖胡安被毀

1630～1660年　重建聖胡安

1630～1678年　修築城牆

1756～1763年　在七年戰爭中加固防禦工事

1765年　繼續改善聖胡安的防禦系統

1898年　在美西戰爭期間，美國海軍襲擊埃爾‧莫洛；根據巴黎和約，美國接收了波多黎各

1942年　在埃爾‧莫洛建造一個地下室和加固的砲兵部隊瞭望哨

1949年　建立聖胡安國家歷史遺址

1992年　將埃爾‧莫洛修復成18世紀的面貌

第571號　黃石國家公園

自然遺產：自1872年開闢為國家公園，占地8983.59平方公里，其中森林面積為6500平方公里；經由220萬年前、120萬年前和63萬年前火山噴發的三個周期而形成；約有250個活的間歇泉，10000個熱岩層；位於海拔2375公尺的北美洲最大的湖，深119公尺的黃石湖（371.27平方公里）

所屬洲：美洲

所屬國：美國（懷俄明州／愛達荷州）

地點：在落磯山脈的南面，大瀑布以南

列入名錄年份：1978年

意義：近5500萬年火山活動的一本「參考書」，有給人印象深刻的活躍的地熱

動植物誌：80%是森林地帶，絕大多數生長旋轉松

黃石國家公園

樹：1000多種其餘的植物，其中有7種針葉樹和只在黃石出現的草類Agrotis rossae；約有200隻灰熊，此外還有黑熊、美洲野牛、厚角綿羊、駝鹿、狼、叢林狼、山獅、叉角羚羊、白尾鹿、騾鹿、麋和雪山羊

第572號　優勝美地國家公園

自然遺產：國家公園面積為3082.83平方公里，於1890年10月1日建立自然保護區，分別於1929年、

優勝美地國家公園

1930～1932年、1937～1938年和1983年幾次進行擴建，高度為671公尺至3998公尺；最高的塞拉‧內華達山有岩石穹頂和914公尺深的優勝美地峽谷，如特納雅峽谷，以及300個湖

所屬洲：美洲

所屬國：美國（加利福尼亞）

地點：位於加利福尼亞中心的塞拉‧內華達的心臟地區

列入名錄年份：1984年

意義：一個經冰河期形成的花崗岩浮雕地區，有「懸掛著的峽谷」，冰河堆石、U形峽谷和無數瀑布

動植物誌：27不同的植物類型和16種森林類型，有37種樹木種類，例如加利福尼亞松樹、馬鈴薯樅屬、糖松和黃松；有三個地區生長著大片的海濱紅杉，其中有所謂的「大灰熊」，在亞高山地帶主要生長旋轉松和山鐵杉，公園內植物種類繁多，共有1400種植物；有74種哺乳動物，例如斑紋松鼠、黃腹土撥鼠、黑熊、叢林狼、厚角綿羊、以及罕見的雲杉貂和漁貂科；230種鳥類，例如在國家公園築巢的鬍鷲

第84號　梅莎爾地國家公園

（參見176～177頁）

第85號　自由女神像

（參見178～179頁）

■烏茲別克

第573號　赫瓦的古城－伊禪‧卡拉

文化遺產：赫瓦的伊禪‧卡拉古城面積僅為400×720公尺，四周圍著堡壘和一堵10公尺高的防禦牆；直至阿拉伯人入侵，古城一直是索羅亞斯德教古波斯的宗教中心；文物古蹟有達施特‧達瓦澤門、阿塔‧達瓦澤門，有阿克一珠瑪清真寺，寺內有一個被213根柱子環繞的大院，有帕拉萬－馬穆德陵墓，即詩人帕拉萬－馬穆德（1237～1325年）的安息處，以及什爾‧加西罕神學院和可安頓99名學生的阿明罕神學院

所屬洲：亞洲

所屬國：烏茲別克

地點：赫瓦，在布哈拉的西南

列入名錄年份：1990年

意義：昔日絲綢之路上荒漠商隊的休息場所，和中亞伊斯蘭建築藝術的重要例證

大事記：

712年　阿拉伯人入侵

10世紀　建造珠瑪清真寺

1306年　建造塞德‧阿萊丁陵墓

1592年　科勒斯米亞的首都

1616～1623年　建造阿拉伯罕神學院

1715～1730年　什爾‧加西罕神學院

1851～1852年　阿明罕神學院竣工

1855年　卡爾塔‧米納爾－28公尺高的「伊斯蘭教寺院小尖塔」竣工

1873年　俄國沙皇的宗主國權通過赫瓦的可汗權力得到了承認

1910年　建造伊斯蘭‧霍查神學院

1920年　赫瓦的可汗被廢黜

1923年　中亞劃分為5個蘇維埃共和國

第103號　古都布哈拉

（參見214～215頁）

■梵諦岡

第574號　梵諦岡城

文化遺產：梵諦岡城面積為0.44平方公里，文物古蹟有聖彼得大教堂、彼得廣場、教皇宮，梵諦岡花園以及享有治外法權的宮殿和教堂。

所屬洲：歐洲

所屬國：梵諦岡

地點：梵諦岡城，羅馬

列入名錄年份：1984年

意義：世界天主教的中心

大事記：

64或67年　耶穌使徒彼得在尼祿皇帝的競技場死亡

324年　建造第一個彼得教堂

1471～1484年　教皇聖西克斯圖斯四世統治

1473～1483年　在教皇聖西克斯圖斯統治時期建造聖西克斯小教堂

至1541年　藝術家如米開朗基羅對小教堂進行佈置

1506～1590年　新建聖彼得大教堂

1520年　教皇列奧五世頒發教諭《Exsurge Domine》反對路德

1527年　皇帝的軍隊佔領了羅馬，教皇克萊門斯七世逃往恩格斯堡

1626年　教皇烏爾班八世擴建聖彼得大教堂

1656～1667年　修建彼得廣場

1798年　法國佔領羅馬後廢黜教皇庇護六世，宣布成立「羅馬共和國」

1848年　在人民起義前，教皇庇護九世逃往蓋塔的兩個西西里王國

1850年　在法國干涉後，教皇回羅馬

1870年　義大利軍隊佔領羅馬，結束了教會國家的統治

1929年　用拉特蘭協議調停自1870年來持續的與義大利國家和梵諦岡之間由於建立擁有主權的梵諦岡國的衝突

■委內瑞拉

第575號　卡奈馬國家公園

自然遺產：部分地區居住著土著佩蒙人（估計有1萬人）的國家公園（自1962年），占地3萬平方公里，位於卡勞河、列馬山脈（北部交界處）和帕卡賴馬山脈之間，直至在南邊與巴西接壤，在東邊位於維納莫河和羅賴馬山脈之間，在西邊與卡羅尼河為界；國家公園中65%為平頂山（特普伊）卡奈馬中有部分高地（800～1500公尺），西曼塔和奧曼平頂山為沙石高地，還有世界上最高的、落差為1002公尺的瀑布「安哲爾瀑布」

所屬洲：美洲

所屬國：委內瑞拉

地點：在圭亞那和巴西邊界，在波利瓦爾城以南

列入名錄年份：1994年

意義：由於剝蝕而形成的特殊地貌－素稱「平頂山」，高地以及卡羅尼河的保護，國家能源的60%來自卡羅尼河的水力發電

動植物誌：有5000種顯花植物和蕨類植物，以及500種蘭科植物，此外還有平頂山植物，例如羅賴馬茅膏菜屬和洪堡哺蒂水豆；118種哺乳動物，例如巨形水獺、大食蟻獸、巨形犰狳科、林狗、豹貓和長尾貓，有550種鳥類，72種爬行動物和55種兩棲動物

第576號　古都科羅

文化遺產：委內瑞拉最早的殖民地首都，有天然港口拉‧維拉和600餘個歷史古蹟，在科羅有聖克萊門特教堂，聖尼古拉‧巴里教堂、聖弗朗西斯科修道院、拉‧溫塔納斯‧西羅館和拉斯‧托雷斯館；在拉‧維拉有海關、城堡和西班牙步兵連雕像

所屬洲：美洲

所屬國：委內瑞拉（法爾孔）

地點：科羅，位於科羅灣和梅達諾斯地峽以南，在加拉加斯的西北

列入名錄年份：1993年

意義：地區的建築傳統和西班牙穆德哈爾人建築風格、荷蘭巴洛克建築的一種成功的融合

大事記：

1527年　建立聖安娜‧科羅城

1530年　8月24日卡爾四世皇帝在巴洛克那加冕

1531年　科羅成為南美洲建立的第一個主教所在地

1583年　構想為城堡建築的大教堂竣工

1567年、1595年和1659年海盜襲擊這座城市

1806年　8月3日在拉‧維拉升起南美大陸的第一面國旗

1826年　民族英雄西蒙‧波利瓦爾在此逗留

梵諦岡—
使徒保羅的雕像

■越南

第577號　河隆灣

自然遺產：位於一個狹長海灣的、約1600個由灰岩層構成的島嶼和小島，面積為1500平方公里，島的高度達200公尺，小島高為5～10公尺；在岩洞和洞穴裏有部分的灰岩層，連同石筍和鐘乳石；1962年置於保護之中；有無數的考古地，在鴻基上有8000年悠久歷史的和平文化，以及在朵在、玉冰、蓋潭、同奈和吉婆島的所謂河隆文化的石器時代的發掘地

所屬洲：亞洲

所屬國：越南

地點：位於北部灣海灣，在河內的東南

列入名錄年份：1994年

意義：突出於海面的灰岩層有著美學上特殊的魅力

動植物誌：比如在巴蒙島和吉巴島上的熱帶原始森林；在水域有1000多種魚

第119號　順化皇城

（參見246～247頁）

■中非共和國

第578號　馬諾沃—貢達—聖弗羅里斯國家公園

自然遺產：面積為17400平方公里，自1979年闢為國家公園，北面是奧克河和卡姆爾河的氾濫區域，南面是班戈山脈，以及這兩個地區之間的低地，從這山脈流出的有瓦卡河、戈羅河、貢達河、摩姆巴拉河和馬諾沃河

所屬洲：非洲

所屬國：中非共和國（巴明吉—班戈蘭省）

地點：在中非共和國北部，位於乍得邊境，國家公園的西邊以馬諾沃河為界，東北邊以奈德勒河為界

列入名錄年份：1988年

意義：蘇丹—幾內亞地區重要動植物生長地區

動植物誌：森林熱帶稀樹草原，有Shibutterbaum，有屬於非洲桃花心樹的樹種Khaya senegalensis, lsoberlinia doka以及Terminalia laxiflora；哺乳動物有2000到3000種，例如象、豹、獵豹、野狗、長頸鹿、紅額羚羊、尖喙犀科、非洲大羚羊、灰白小羚羊、曲柄羚羊和母牛羚羊、河馬、蘇丹岩礁獾、綠色狒狒、和Galago；320種鳥，例如無尾鷲、鷥、季節性地有淡紅色的鵜鶘和非洲禿鸛；爬行動物有非洲鱷

■辛巴威

第579號　卡米遺址

文化遺產：昔日圖瓦王國的中心，面積為0.4平方公里，是辛巴威第二大遺址城，古老的居住痕跡表明了長達10萬年的居住歷史，中國的瓷器證明了源遠流長的貿易關係

所屬洲：非洲

所屬國：辛巴威（馬塔貝萊蘭省）

地點：卡米，在布拉瓦約以西

列入名錄年份：1986年

意義：昔日大辛巴威王國的首都

大事記：

15世紀中葉　建立被一堵堆積而成的石牆所圍繞的城市作為首都

約1830年　卡米城遭毀

1867年　重新被發現

1868～1894年　國王洛奔古拉攝政

1959年　發表考古學家大衛·倫達爾－麥克維爾，格特魯德·卡通－湯姆遜和凱特·魯賓遜的考古研究

第580號　馬納·普爾斯國家公園，薩皮－切沃爾天然動物園

自然遺產：自1963年有馬納·普爾斯國家公園，自1964年有切沃爾和薩皮天然動物園，佔地6766平方公里，其中馬納·普爾斯國家公園面積為2186平方公里，切沃爾面積為3390平方公里；高度為1244公尺；天然動物園包括了很大部份的三比西礁石，在切沃爾區有30公尺長的穆帕塔峽谷

所屬洲：非洲

所屬國：辛巴威

地點：在三比西峽谷，位於卡里巴湖的東北，在尚比亞邊境

列入名錄年份：1984年

意義：一個最完備的野生動物園

動植物誌：絕大部份生長非洲熱帶稀樹草原的典型植物，以及Miombo和Mopane樹，但緊靠三比西河也生長微白洋槐，此外有納塔爾桃花心木，和次森林裡出現的楝科植物；在旱季，哺乳動物集中在三比西河的泛濫區域，其中有非洲象、河馬、獅子、豹、小斑鬣狗、乳頭豬和灌木豬、尖喙犀科、非洲大鴇、馬刀羚羊和非洲產大羚羊，有380餘種鳥類，例如蛇山雕和閑燕種類Glareola michalis；魚類有虎雨、剛果梭子魚、肺魚類，還有屬於鮭魚的莫三比克小頭魚

■塞浦路斯

第581號　夸羅基蒂亞考古發掘地

文化遺產：一個由圓形建築物（托洛斯）組成的，有防禦牆的住宅區；在墳墓發掘處的26個墳墓中，發現死者呈蹲的姿勢，隨同陪葬物如裝飾品和儲藏容器，以及黑曜岩刀劍；在托洛斯C中發現一具婦女的屍體及其玉器、珍珠項鍊和管筒貝殼；死者的年齡約35歲

所屬洲：歐洲

所屬國：塞浦路斯

地點：夸羅基蒂亞，位於拉納卡和利馬索爾之間，在卡拉瓦索斯的東北

列入名錄年份：1998年

意義：地中海東部最重要的史前地點之一，是亞洲文化在地中海地區傳播的見證

大事記：

約西元前5800年　最早的住宅區

約西元前4500年　新移民遷入

約西元前3500年　住宅區被放棄，至今尚未得到解釋

1878年　發掘

1976～1995年　法國考古布道團進行發掘

第582號　帕福斯遺址

文化遺產：老帕福斯－曾是阿芙羅狄特崇拜中心，在新帕福斯有古希臘文化的國王墓穴「狄奧尼蘇斯神殿」、「忒修斯神殿」、「埃翁神殿」；羅馬的奧德翁和阿戈拉，阿基亞－索羅莫尼，早期基督教地下墓穴，帕納基亞·利梅尼奧蒂薩大教堂、帕納基亞·克呂索波利蒂薩大教堂以及中世紀城堡遺址

所屬洲：歐洲

所屬國：塞浦路斯

地點：帕福斯，在尼科西亞的西南

列入名錄年份：1980年

意義：數百年之久的神廟，有屬於世界上最精美的羅馬鑲嵌藝術

大事記：

西元前4000年　一種祭祀的最早痕跡

西元前12世紀　在帕萊亞－帕福斯（老帕福斯）的阿芙羅狄特宮廷聖地

西元前4世紀末　建立新帕福斯

西元前3世紀　國王墓穴

西元前58年　塞浦路斯成為羅馬的省份

4世紀　塞浦路斯的基督教化，建造大教堂

332～342年　由於地震而荒蕪

647年　阿拉伯人佔領塞浦路斯

1222年　港口要塞被毀

1570年　拆毀碉堡

1962年　發現「狄奧尼蘇斯神殿」

1983年　在「埃翁神殿」發現一組鑲嵌藝術

第69號　特羅多斯山脈中著色的教堂

（參見146～147頁）

第121號～第270號　邵思嬋　譯

第171號～第424號　邵靈俠　譯

第425號～第485號　周何法　譯

第121號～第270號　邵思嬋　譯

第486號～第582號　邵思嬋　譯

帕福斯遺址

「玉龍」山下
麗江古城

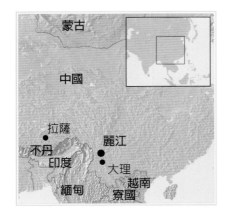

麗江古城
文化遺產：麗江古城位於雲南省麗江縣境
內，古城海拔2416公尺，可遠眺玉龍雪
山；麗江古城依山傍水，有清澈的泉水流
過每條街道，使水網與花石鋪就的道路網
相互交織，有「家家泉水繞詩詠，戶戶垂
柳入畫圖」之妙，麗江是東北藏納西民族
的中心，城內有「五彩石」民居和圍繞著
房屋的花園。
所屬洲：亞洲
所屬國：中國（雲南省）
地　　點：麗江，在大理以北，拉薩的東南
列入名錄年份：1997年
意　　義：一個綜合性的歷史古城的典範，
一個自幾百年來融合了各種不同文化影響
的城市
大事記：
1127－1279年　建立城市和擴建城市
1253年　元世祖忽必烈南征雲南大理時，用
革囊渡金沙江到麗江
1271－1368年　　發展為約有上千戶人家的
城市
自1996年　在一次地震後修復城市

黑龍潭的「得月樓」四面臨水，雕樑畫
棟，遊人在此可欣賞玉龍雪山的壯麗景色。

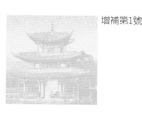
增補第1號

20世紀80年代中期，中國抓住了經濟起飛的機遇。當東南沿海地區的現代化建設如火如荼之時，小城麗江依然保持著古樸自然的原始風貌。在規劃的現代化建設進程中，中國各地紛紛進行舊城改造，鋼筋水泥的高樓大廈高聳入雲，而麗江因特殊原因被耽擱。正因爲如此，一顆建築藝術的瑰寶才得以保存下來，這一珍品在當時的中國幾乎是獨一無二的。

在麗江，展現在世人面前的不是歷史悠久的國家級文物，而是一個景色如畫的古城。在狹窄的水道旁，百年木屋鱗次櫛比，在花石鋪就的路上似乎顯現著百年前的生活情景。路人中有騎自行車的，有推著手推車的，因爲在狹窄的街道上根本沒有小轎車的位置。小城的許多居民依舊穿著古色古香繡滿花邊的民族服裝，他們以傳統的手工業維生——充滿著兒童繪畫的純樸感。

麗江的大多數居民屬於少數民族，他們在語言、文字、宗教風俗習慣上，與中國的漢族人迥然不同。超過半數以上的居民屬於納西民族，他們的語言屬於藏緬語系。其他居民分別是白族、普米族、傈僳族、彝族、藏族和漢族等。

中左圖：納西族婦女——納西民族的文化曾具有母系氏族的特點

偏遠的山區尚能目睹這種男女同居的生活方式。在納西族的民族語言中也可以感受到婦女優先的社會地位：女人的話比男人的話有著更加積極的意義。

1966年的大地震，搖撼了麗江小城。許多房屋倒塌，麗江的田園風光幾乎毀於一旦。在那些水泥的現代建築紛紛倒塌時，城裡老街上的傳統民居卻少有受損。在重建城市的規劃中，中國政府撥鉅款修復和保存麗江古城。正如麗江的父母官親眼目睹，這筆款項是以現金方式支付的。當時，在中國旅遊者眼中，麗江屬於最著名的「最有前途」的旅遊勝地之一。

麗江不僅有如畫的花石子路，而且在週邊還有迷人的自然景觀。山形似龍的玉龍雪山雄偉壯麗，山上終年白雪皚皚，山下植被蒼翠欲滴，令人驚嘆不已的主峰扇子陡海拔5,596公尺——一處令旅遊者、登山者和業餘植物學家神往樂園。同時，隨著旅遊業的發展，經濟奇蹟也出現在這座高原小城——當然是以一種比中國東部的「繁榮城市」要緩和一些的形式。

安克‧考許
（邵思嬋　譯）

納西族的宗教融合了泛靈論、道教、穆斯林和喇嘛教等因素。特別值得一提的是，納西民族原來曾生活在母系氏族社會，被稱爲「友誼」的「走婚制」就屬於這種母權制。在這種婚姻形態中，婦女是家庭的「主人」，她們有各自的情人，這些人雖然被允許在女方過夜，但在白天卻生活在他們母親的家中。雙方可以在任何時候終止這種關係而締結新的婚姻，而教育孩子的義務則由女方單獨承擔，也只有她們擁有繼承權。然而這種生活方式在今日幾乎不再實施，只有在

在星羅棋布的水網邊，抗震的木屋鱗次櫛比（右上圖），如畫的彩石路面（右中圖），麗江古城宛如「兒童畫冊裡的中國」

右下圖：海拔5596公尺高的玉龍雪山的壯麗景色：山上終年白雪皚皚，山下樹木郁郁蔥蔥

古代的錢莊

平遙古城

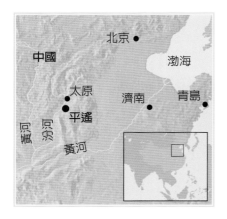

平遙古城

文化遺產：古城自秦朝以來就存在，城內的古建築尤其是明、清時代的古建築多達3800個；從14世紀到19世紀，尤其是在光緒皇帝統治時期，古城成為重要的商業中心，計有15個大市場以及分布在全國各地的錢莊，例如日盛倉

所屬洲：亞洲

所屬國：中國

地　　點：山西平遙，在太原以西

列入名錄年份：1997年

意　　義：中國600年中央集權制的城市綜合建設的範例

大事記：

公元前221－前206年　秦朝

公元前202－前9年和公元25－220年　漢朝

220－265年　三國、魏

265－420年　晉朝

1368－1644年　明朝

1370年　古城城牆擴建

1644－1911年　清朝

1875－1908年　光緒皇帝在位

平遙的錢莊以富麗堂皇的屋宇迎客——例如百川同錢莊，其正門（右上圖）和內院（右下圖）真正體現了王侯官邸的風範。在義和團運動時期，日盛倉錢莊曾資助慈禧逃離北京（上左圖）。

還是在幾年以前，如果提起平遙，人們只能是聳聳肩膀不知所云，這各地方幾乎無人知曉。平遙是個小城，築有一道城牆，這是中國最莊嚴雄偉和保存最為完好的城牆之一。這座修築於公元14世紀的古城城牆周長為6.4公里、高12公尺、寬5公尺，城牆上築有堅固的瞭望塔作為防禦工事。在城牆內這做完好無損的古城裡，建自明、清兩代顯貴富商的莊園和商鋪鱗次櫛比。小街縱橫交錯，城市彷彿成了一個大棋盤；在城內的主幹道上聳立著著名的古代寺廟建築。中國古代城市這種閱兵式的結構，使我依稀記起陶伯河上游風景如畫的羅登堡。

長久以來，人們不知道或無意於這顆中國城市建築藝術的瑰寶，是有其原因的：這個擁有6萬人口的地方，曾經是中國的最重要的金融中心；而人們對這種往昔的「資本主義」並不引以為豪。

位於中國黃土高原中的小城居民，在19世紀的歷史進程中懂得了要將它們的小城建設成中國第一大銀行中心。當地最著名的私人銀行之一是日盛倉，這個店名意味著「繁榮和富裕」。這家錢莊在1796年是從一家小的顏料店開始經營的，半個世紀以後就發展成為中國最有影響的信貸機構之一，並在中國各大城市都設有分號。

在1900年的「義和團」運動中，當中國人民與八國聯軍進行堅苦卓絕的殊死搏鬥時，這家錢莊曾資助惡名昭彰的慈禧太后逃離北京。在她以後的統治時期，日暮途窮的清王朝也靠這家錢莊來維持軍隊的開支。20世紀初，當上海發展成為「東亞的巴黎」，外國銀行像雨後春筍般在上海開張，平遙這些傳統錢莊的盛世便一去不復返了。平遙遠離東南沿海貿易港口——當時東南沿海是賺錢最多的地方，因此，這些傳統的錢莊因在國際競爭中失利而最終不得不關門停業。

20世紀70年代末，當鄧小平宣佈在中國進行經濟改革，並在不久以後提出讓少數人先富起來的口號後，人們開使用正確的眼光看待平遙的歷史。人們又自豪地回憶起平遙的「資本主義」的過去，並將平遙銀行家卓越非凡的企業精神作為典範。同樣，古城街道的獨特氣氛再一次被人們所接受，人們彷彿又回到那個「富有的古老年代」。

此外，人們還在這裡有步驟地進行著旅遊開發。然而，幸運的是：到小城平遙的觀光客還沒有到「陶伯河上游的羅登堡」的遊人多，儘管平遙今天已逐漸又獲得了它理應得到的尊重。

安克·考許
（邵思嬋　譯）

左圖：平遙一家商鋪正門上的繪畫

增補第2號

上圖：在烽火門城牆上

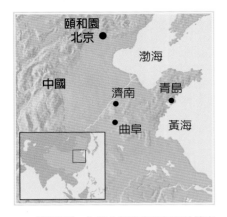

「頤和園」的眾多建築完美無暇地鑲嵌在一片丘陵地帶之中。

慈禧太后頤養天年的地方

頤和園

冬季的頤和園特別妖媚動人。當蕩漾的昆明湖面冰封結凍時，無數人在冰層上輕盈、優美地滑冰。纖細的雪花輕柔地落在絢麗多彩的亭閣上，園中的常青樹銀裝素裹，彷彿撒上了一層白糖，此時的「頤和園」已變成一處美妙動人的魔幻仙境。而當夏季來臨，竟有如此多的遊人蜂擁而至頤和園——這呈丘陵地形的、有著中國傳統殿堂廟館、亭臺樓閣、廊舫橋塔裝飾的皇家園林——以至幾乎忘卻了在安逸休閒中，在內心冥想中去欣賞這被世人傳頌的大自然與建築藝術的完美結合。

北京的夏日酷熱難耐，於是有一位18世紀中葉攝政的皇帝產生了到綠樹成蔭、湖水蕩漾的大自然避暑的想法。他便令人在距北京西北15公里處，環山抱水風景秀麗的地方興建他的夏宮。後繼的清代皇帝不斷修葺這座大型皇家園林，甚至還擴建了碧波垂柳、瀲灩水光的昆明湖。清代著名的乾隆皇帝爲慶祝他母親的60壽辰，於1750年在此建造頤和園——原名清漪園，這是清代北京著名的「三山五園」中最後建成的一座天然山水園。

19世紀下半葉，英法聯軍不僅毀滅了這顆中國古典園林建築藝術的瑰寶，而且還同時野蠻地洗劫了附近十幾座天然山水園。侵略者爲使中國蒙受恥辱而進

增補第3號

最左圖：這艘大理石仿造的明輪船，是遊人們最喜愛拍攝的鏡頭。據說，這是慈禧太后用海軍經費建造的唯一一艘蒸氣輪船。

左圖：昆明湖上的十七孔橋

行了一系列罪惡的勾當：一切都被他們毀掉了！在這次恣意的毀滅性破壞後，頤和園在長達幾乎三十年的時間裡變成了一片廢墟，直到慈禧太后令人在此為她重新建造頤養天年的園林，改名為「頤和園」。據說，頤和園是這位決定了中國命運將近五十年的慈禧太后挪用海軍經費修建的。因此，裝備陳舊的中國艦隊於1895年被日本海軍擊潰也就不足為奇了。至今還有唯一的一艘用這筆海軍艦隊專款建造的蒸汽輪船停泊在昆明湖畔供遊人參觀：這是一艘用大理石仿造的石舫，世界各地的遊人都十分喜愛拍攝這艘魅力無窮的石舫。

　　在遭受八國聯軍洗劫之後，頤和園重新修復。今天人們在園內散步時還可以追隨慈禧的足跡：在頤和園內總共3000座殿堂和廳館，其中在昆明湖北岸有慈禧的私人宮殿。「樂壽堂」是慈禧的寢殿，每年的五月至十月她多半住在這裡。離這組建築群不遠處則是「德和園」，園內有上下三層的大戲台，慈禧經常坐在大戲台對面的「宜芸館」觀賞長達幾天的戲劇表演。沿湖北岸東西逶迤的「長廊」共273間，全長728公尺。長廊的樑上繪有8000多幅精美的彩畫，其中名勝古蹟、歷史故事、神話傳說等無所不有：真是一個名不虛傳的露天美術館！

　　誰要是登上了「萬壽山」，從氣宇軒昂、高達40公尺的「佛香閣」俯瞰全園，映入眼簾的便是那如錦似繡的風景畫卷。荷花鑲邊的昆明湖，朦朧中連綿的山嶺，微呈弧形的十七孔橋和精美絕倫的亭臺

樓閣，如此湖光山色，人間仙境，連慈禧也給予了高度的評價。相傳，慈禧有時也費勁地登山－－儘管穿著那雙並不舒服的滿洲木屐，這雙鞋使得登山成了「搖搖晃晃的郊遊」。

海爾格・貝爾特拉姆
（邵思嬋　譯）

頤和園
文化遺產：「頤和園」是世界上造景豐富，建築薈萃，保存最為完整的中國大型皇家園林。其中有十七孔橋、聽鸝館、長廊、佛香閣、德和園、宜芸館、樂壽堂等精美的世界建築藝術珍品
所屬洲：亞洲
所屬國：中國
地點：位於北京城西北郊，萬壽山為基址
列入名錄年份：1998年
意義：中國風景園林建築藝術與天然丘陵地形相結合的一個傑作
大事記：
1153年　金朝開始建造
1750年　修建「全智海」
1764年　清代建造工程竣工，作為皇帝的夏宮使用
1860年　遭英法聯軍的破壞
1900－1901年　遭八國聯軍的破壞
1903年　再次修復
1924年　開放「頤和園」
自1949年　多次修繕

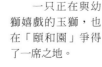

一只正在與幼獅嬉戲的玉獅，也在「頤和園」爭得了一席之地。

藍色琉璃瓦的奇蹟

天壇

天壇

文化遺產：坐落在面積為0.273平方公里的公園內，天壇的建築有「祈年殿」、「祈年門」、「皇穹宇」，350公尺長的「丹陛橋」、「齋宮」及祭天的圜丘，中國古代認為天是陽性，又以奇數為「陽數」，故圜丘的台階、欄杆、鋪地石塊等都取一、三、五、七、九等奇數，以象徵同天的聯繫。

所屬洲：亞洲

所屬國：中國

地點：位於北京的東南

列入名錄年份：1998年

意義：天地關係的象徵及皇帝在這種關係中的重要性

大事記：

1406年　開始建造

1420年　「大祀殿」建成

1530年　建造圓壇，素稱「圜丘」，以及建造「皇穹宇」

1749年　修繕圜丘

1889年「祈年殿」遭雷擊後，重建高38公尺，採用木結構的「祈年殿」

上左圖：顧名思義，「皇穹宇」有其獨特的屋頂結構

上右圖：象徵著皇帝和救星的龍，裝飾著「祈年殿」的漢白玉石砌圓形基座

右圖：「皇穹宇」殿外一側的小廟後面有一圈環形圍牆，俗稱「回音壁」。在回音壁一端的耳語，可傳到回音壁的另一端

　　陽光普照大地，深藍色的琉璃瓦在藍天白雲的襯托下熠熠閃光，這就是天壇最具魅力的三重檐藍色琉璃瓦尖頂圓形建築「祈年殿」。即使是在陰天，深藍色的琉璃瓦依然光彩奪目。冬季來臨，父母親與他們裹的嚴嚴實實的孩子們在這裡嬉鬧玩耍，夏季時分，老婦們坐在樹蔭下的長凳上，悠然自得地晃著腿，陷入冥思遐想之中。

　　象徵著天地合一的天壇是北京最大的公園和祭天建築群，每天有成千上萬的遊人在此駐足觀光，與明清故宮相比，它更屬於北京的市民們。在聳立著乏味的水泥城堡和被交通堵塞所困擾的中國首都，天壇那凸現著和諧氛圍的精美絕倫的建築群，和壇內4000餘株充滿神秘意味的義大利古柏，使天壇成為一處理想的庇護地。

　　天壇是神聖的：明、清皇帝來到這裡祭天和祈禱豐年。每天多至前3天，皇帝離開皇宮，起駕前往天壇。

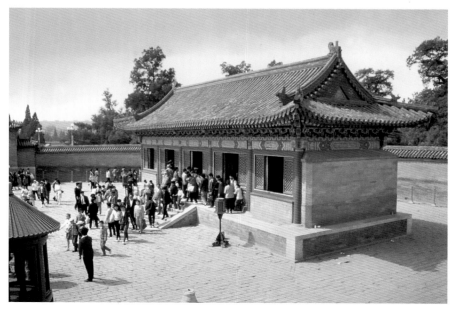

　　祭天慶典的行列富麗堂皇，光彩照人，皇帝端坐輦轎上，全城籠罩著莊嚴肅穆的氣氛。市民們必須留在家中，根據皇帝發布的詔書，在京城生活的外國人只能從遠處觀看皇帝祭天慶典的列隊。直到1912年，普通老百姓才獲准進入這座公園。

　　天壇的興建始於15世紀的最初10年，歷經14年的精工細雕，天壇的主體建築結構雄偉，構架精巧，合祭天地的「大祀殿」即現在的「祈年殿」終於建成。這座藍色琉璃瓦的莊嚴雄偉的建築文物在今日幾乎成了北京的標誌。到了16世紀，為分祀天地，又在「大祀殿」南面建造了祭天

的圓壇，即現在的圜丘：皇帝還特別夏令在圜丘以北建造「皇穹宇」——專用於貯藏祭天所用的「皇天上帝」牌位。殿外有一圈環形圍牆，俗稱「回音壁」，四周滿植蒼翠的古柏，有的柏樹已有五百年的樹齡。天壇有內外兩重圍牆，外牆南北1650公尺，東西1725公尺；內牆南北1243公尺，東西1046公尺。正門朝西。天壇的平面圖有著象徵的意義：內外牆南面的兩個角為方角，北面的兩個角是圓角，以符合中國古代「天圓地方」的說法。

　　「祈年殿」在建築風格上有很多顯著特點：上覆三重檐50,000塊藍琉璃瓦攢尖頂，總高約38公尺，全部採用木結構，不敲一根釘子，靠28根柱子來承托屋頂。殿中央支撐著4根約20公尺高的粗大樑柱，柱上雕著金龍，這4龍井柱便象徵著一年中的4個季節。圍繞著龍井柱的內外圈有12個月和12個時辰，因為中國的歷書規定每兩小時為一個時辰。

　　在1889年毀於雷電，翌年按原式重建的「祈年殿」有著三層漢白玉石砌的圓形基座。每一方玉石都有著象徵的力量，玉石的紋路可以使人回憶起中國古代寓言中重要的動物：龍是皇帝的象徵，鳳則皇后的標誌。而龍和鳳同時也象徵著天和地，使得這美妙動人的畫面具有雙重涵義。

　　「天壇」不僅創造了建築藝術的奇蹟，它還創造了聲學應用的奇蹟：例如著名的「回音壁」，人們在回音壁一端的耳語，會傳播到遠處的另一端，還有「皇穹宇」前的3塊「回音石」提供了一種特別的音響效果：人們站在第一塊石頭上擊掌，就會聽見一聲回音；如果站在第二塊石頭上，就會聽見兩聲回音；站在第三塊石頭上，就會聽見三聲回音。

海爾格・貝爾特拉姆
（邵思嬋　譯）

50,000塊藍琉璃瓦使得「天壇」的屋頂放射出「超自然」的奇光異彩。

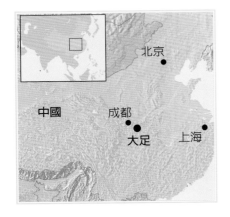

石頭的嫵媚

大足石刻

　　雙眼緊閉、嘴角露出一絲幾乎不為人覺察的微笑，幾百年前在堅硬無比的石頭上雕鑿的柔和線條，賦予了「五山」摩崖造像栩栩如生的嫵媚形象。人們必須抬頭仰望這尊石刻的臉龐，因為大足縣寶頂山的「臥佛」氣勢恢弘，雕刻精美，臥佛長31公尺，高5公尺多。這尊巨大的臥佛絕不會給人威嚴的印象，而是恰恰相反。臥佛讓人感到的是由衷的安慰和心靈的平靜。約在12世紀末～13世紀初創作了成千上萬尊雕像的能工巧匠們爐火純青的精湛技藝，由此可見。

　　大足縣的摩崖造像多達75處，在那裡人們可以看到5萬餘尊富於靈感的各種雕像。長眠的臥佛只是無數精美雕刻中的一件傑作，除了寶頂山以外，人們還可以在北山再次目睹這些雕像的風采。在大足縣城外綿延2千公尺的北山石窟藝術甚至比寶頂山的藝術年代還

　　在山崖和洞穴的岩壁上雕鑿出無數菩薩雕像（右圖）。無數雕像中最大的一尊是寶頂山的「臥佛」，這尊佛像氣勢磅礴、雄偉壯觀，散發出無拘無束和寧靜安詳的氣氛（下圖）。

要久遠。早在西元9世紀末，一位由唐朝統治者供養的軍營指揮官下令在光禿禿的石頭上進行宗教造像。於是在「北山」進行了長達2個半世紀的雕鑿和繪畫。至今保存完好的有290個石窟和岩洞內成千上萬的大小不一的雕像，嫵媚動人的雕像至今仍令人動容。尤其是那些在12世紀創造的人物更富表現力，並具有獨特的個性。標號為136號的岩洞被認為是這種創造性摩崖造像中傑出的典範。1.5公尺高的菩薩——頓悟者，端坐在此，儼然一副導師的姿態。被尊崇為大慈大悲的千手觀音菩薩雕像，其中一隻手拿的是月亮，另一隻手則拿著太陽。

創造了那尊宏偉壯麗的觀音菩薩的藝術家們，也

左圖：「宇宙之輪」描繪出人類生活的循環。

「石窟藝術」之路將遊人帶一處蒼翠的丘陵，緊依丘陵的是層層的水稻梯田；牛車正在犁田——中國遠古鄉村生活的一個片段，在寶頂山的石窟雕鑿中也得到了生動的再現。因為除了表現宗教題材以外，石匠也透過在石頭上的精細雕鑿，真實反映了純樸的田園生活，例如「牧牛童」或是「餵雞的農婦」。

大足石刻除了其文化史上的價值外，還集中表現了一種精神力量的作用，它至今仍對中國產生著影響，寶頂山的巧匠們在他們石刻的「情景地毯」中，不僅織入了佛教因素，還融入了道教因素和儒教的倫理。一個菩薩扛著他父親的棺材，以此來證明——儘管追求頓悟，仍不曾忘記孝敬父母這則孔孟儒家的遺訓。

海爾格・貝爾特拉姆
（邵思嬋　譯）

這些單一的人物造型，不論他們是菩薩還是凡人、或是魔鬼，都具有一種極強的表現力。

大足石刻
文化遺產：原本在北山有10000餘尊著色的石窟雕像，保存至今的尚有190尊佛教石窟雕像，其中有峨嵋山的守護神普賢菩薩和「宇宙之輪」；原本在呈馬蹄形寶頂山的19組雕像中有15000餘尊石窟雕像，其中有「千手慈悲菩薩」，31公尺長、5公尺多高的「臥佛」以及在500公尺長的大佛灣造像群的264個佛龕
所屬洲：亞洲
所屬國：中國
地點：大足的寶頂山和北山山麓，在重慶的西北
列入名錄年份：1999年
意義：興盛於西元9世紀末至13世紀中葉，以「五山」摩崖造像為代表的大足石刻，是當時中國乃至世界石窟藝術最壯麗輝煌的一頁，有著最高的美學價值，大足石刻乃佛教、道教和儒教「三教」合一的造像
大事記：
618～907年　唐朝
692年　北山摩崖造像完成
960～1275年　宋朝
1174～1239年　寶頂山摩崖造像完成
1961年　置於文物保護之列

使得寶頂山上長500公尺、高30公尺的「石窟藝術陳列館」永存不朽。一尊鍍金的千手佛，被雕鑿在一塊約為100平方公尺大的石塊上。除了北山雄偉壯觀的觀音菩薩外，寶頂山鍍金千手佛同樣給人留下了難以磨滅的印象，成了遊人們爭相拍照的最佳模特兒。距離大足縣城15公里處還有一座山，那是四川境內繼峨嵋山後在精神文化方面最重要的佛教勝地。

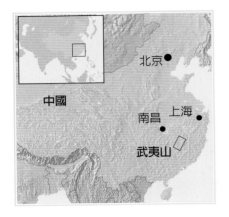

武夷山
自然遺產：武夷自然保護區和風景保護區，按皇帝的法令，自西元8世紀以來置於保護之列，自1979年成為自然保護區，占地面積999.15平方公里，高度從海拔200公尺至2150公尺（主峰黃崗山）
所屬洲：亞洲
所屬國：中國
地點：福建武夷山的西南，南昌的東南
列入名錄年份：1993年
意義：世界上最大、保存最完好的亞熱帶原始森林，生物多樣性和大量瀕臨滅絕的動植物種類
動植物誌：11種植物種類，以涼爽氣候的針葉樹，到常綠的熱帶原始森林，甚至竹林，樹的種類如有台灣松、加拿大鐵杉和Buxus　sinica，罕見種類如鬱金香屬和Torreya　grandis；總共有2888種高等植物，840種低等植物和真菌類；5000種動物種類，其中有71種哺乳動物，如中國虎、豹、雲豹、黑色的Muntjak和Serau；256種鳥類，35種兩棲動物和40種魚類，此外還有4635種昆蟲

十二世紀確定的自然保護區

武夷山

　　毛澤東在遊覽武夷勝地時曾熱情洋溢地讚美道：「這邊風景眞好！」於是，武夷山區便明令禁止砍伐樹木——這是一個值得稱道的行爲。然而這種禁止砍伐的想法並非首創，早在幾百年前，武夷山無與倫比的景色就引起了朝廷的注意，西元8世紀至10世紀，皇帝就將武夷山置於私人的保護之下。因此也可以說，武夷山是世界上最古老的自然保護區之一。

　　武夷山共有36座山峰，主峰黃崗山海拔2158公尺，爲華東大陸「屋脊」。特殊的地形地貌賦予武夷山一種亞熱帶濕潤季風氣候。從西北方吹來的是涼爽的大陸性氣流，而從南方吹來的卻是南中國海潮濕溫暖的氣流。這冷鋒和暖鋒在武夷山交匯，使得武夷山冬天嚴寒，夏天酷熱，一年四季，氣候分明。群山峰間終年雲霧繚繞。滋潤著靈草珍木、奇禽異獸。這裡雨水充足，是茂密樹林生長的

理想氣候條件。在這片世界上最大的亞熱帶森林區內，生長著常綠闊葉林和針葉林，有被稱爲「活化石」的百年銀杏。稀有珍貴的玉蘭屬，橡屬和雪松屬等植物。

　　自西元9世紀末，武夷山吸引了國內乃至世界各地的許多動植物學家，他們在這裡發現了上百種不爲人知的動植物。這些珍稀種類大部分是本地獨有的動植物，這也就是說它們是絕無僅有的，不生長在世界上其他任何地方。遺憾的是這些動植物中的許多種類已瀕臨滅絕。如中國虎、豹、中國巨型蠑螈亞目、幾乎不見蹤影的鬱金香樹和中國紫杉等。

　　武夷山不僅是生物學家探索自然奧秘的寶庫，而且對於中國乃至整個東南亞來說，也是一處意義非凡的人文景觀。在「九曲溪」最爲開闊的「五曲」，有林木蓊鬱的平林洲。在隱屏峰下是具有百年歷史的紫陽書院，在800多年前，這裡曾是南宋理學大師朱熹講學的地方。在他失去了官位後，便回到這處風景名勝區，潛心研究他的學問。朱熹寫了大量講解儒家經傳的著作，對明清兩代的官方哲學，影響深遠。他將道教的思想融入儒教儒理，形成了他的學說。朱熹的經典語錄「存天理，滅人欲」不僅對中國的政治與社會，而且也對整個東南亞國家產生了巨大的影響。每年有成千上萬的旅遊者——尤其是來自大陸其他地區和台灣的遊客，去朝拜朱熹的紀念廟堂，以表示對這位儒家大師的欽佩之情。人們之所以遊覽武夷山，是因爲它得天獨厚的綿延山脈，清新怡人的空氣，深山中茂密的森林——武夷山是在人口稠密的華東地區僅存、處於原始狀態的最後島嶼之一。

安克‧考施
（邵思嬋　譯）

　　武夷山自然保護區展現一處無與倫比的景致；在蜿蜒曲折的河畔，樹木鬱鬱蔥蔥（上右圖）。高聳入雲的陡峭崖壁，彷彿是由一隻巨大的手刻鑿而成（右圖）。

優美的景色令人目不暇接：無論是在令人頭暈目眩的高處涼亭（左圖），還是在一瀉「千丈」的瀑布前，或是在「九曲溪」的「一曲」中都聚集著觀光客。